Heinemann • Unternehmen »Walküre«

Zeitalter der Weltkriege

Begründet vom
Militärgeschichtlichen Forschungsamt

Herausgegeben vom
Zentrum für Militärgeschichte und
Sozialwissenschaften der Bundeswehr

Band 21

Winfried Heinemann

Unternehmen »Walküre«

Eine Militärgeschichte des 20. Juli 1944

DE GRUYTER
OLDENBOURG

Umschlagabbildung:
Mussolini und Hitler besichtigen die zerstörte Lagebesprechungsbaracke des Führerhauptquartiers »Wolfschanze« bei Rastenburg, 20. Juli 1944.
(akg-images)

ISBN 978-3-11-073508-6
e-ISBN (PDF) 978-3-11-063731-1
e-ISBN (EPUB) 978-3-11-063331-3
ISSN 2569-7145

Library of Congress Control Number: 2018967697

Bibliografische Information der Deutschen Nationalbibliothek
Die Deutsche Nationalbibliothek verzeichnet diese Publikation in der Deutschen Nationalbibliografie; detaillierte bibliografische Daten sind im Internet über http://dnb.dnb.de abrufbar.

© 2020 Walter de Gruyter GmbH, Berlin/Boston
Dieser Band ist text- und seitenidentisch mit der 2019 erschienenen gebundenen Ausgabe.

Redaktion: ZMSBw, Potsdam, Fachbereich Publikationen (0867-01)

    Projektkoordination, Lektorat, Bildrechte: Michael Thomae
    Texterfassung, Satz, Bildbearbeitung: Carola Klinke
    Karten: Yvonn Mechtel, Bernd Nogli, Frank Schemmerling

Druck und Bindung: Hubert & Co. GmbH & Co. KG, Göttingen

www.degruyter.com

Inhalt

Vorwort VII
Danksagung IX

I. Widerstand und Militärgeschichte 1
   1. Geschichte des Widerstands als Teil der
      deutschen Militärgeschichte 1
   2. Militärgeschichte in der Erweiterung 2

II. Opposition und Widerstand gegen Hitler 7
   1. Weitere und engere Definitionen des Widerstandsbegriffs 7
   2. Würdigung und Forschung in der Bundesrepublik Deutschland.... 9
   3. Historisierung – weg von der moralisierenden Betrachtung 16

III. Militärpolitische Vorstellungen in der Weimarer Republik
     und der NSDAP 27
   1. Führerheer und Massenheer 27
   2. Staat im Staate 35
   3. Offene Diskussionskultur in der Reichswehr 41
   4. Die Anfänge der NSDAP 44
   5. Hitlers Kriegserfahrung 46
   6. NSDAP und Reichswehr vor 1933 47
   7. Partei und Militär nach 1933 51

IV. Das Militär im polykratischen System des »Dritten Reiches«
    1939–1944 67
   1. Heer, Kriegsmarine, Luftwaffe und Waffen-SS 67
   2. Kriegsspitzengliederung 79
   3. Dilettantismus: Hitler als Feldherr 87
   4. Elitenmanipulation: Hitlers Eingriff in die Personalpolitik
      des Heeres 93
   5. Widerstand in der Luftwaffe, im Reichsluftfahrtministerium
      und in der Kriegsmarine 100

V. Militärische Experten: Der Generalstab des Heeres 111
   1. Die traditionelle Rolle des Generalstabs und
      Becks Rücktritt 1938 111
   2. Beratung im Kriege: Zahlen oder fanatischer Glaube? ... 124
   3. Kein totaler Krieg 127

VI.	Widerstand und Krieg	129
	1. Erschöpfung der Ressourcen	129
	2. Kriegsziele, Sozialdarwinismus und Friedensschluss	133
	3. Verbrechen in den besetzten Gebieten	141
	4. Verbrechen gegen das deutsche Volk	148
	5. Tresckow, Gersdorff, Boeselager, Stauffenberg: Der Widerstand und Russland	151
	6. Der »Volkskrieg« 1813–1815	171
VII.	Der Staatsstreich als militärisches Geschehen	175
	1. Attentat und Eid	175
	2. Zeitdruck	183
	3. Die Organisation	188
	4. Der Plan	199
	5. Kommunikation	223
	6. Realistische Erfolgsaussichten?	229
VIII.	Auswirkungen des Staatsstreichversuchs	231
	1. Der Ehrenhof des Heeres	231
	2. Machtverschiebung im NS-System	238
	3. Kampf bis zum Letzten und Verweigerung im Einzelnen	253
IX.	Politische, militärische und ethische Ziele des Widerstands	257
	1. Schaffung tragfähiger Strukturen	257
	2. Innenpolitische Ziele	259
	3. Kriegsbeendigung im Osten?	264
	4. Kriegsbeendigung im Westen	269
	5. Verbindung mit den Westalliierten	279
	6. Ein Ende der Verbrechen	286
	7. »Endlösung der Machtfrage« – Kriegsende wie 1918/19?	288
	8. »Gemeinsame Zivilität«? Offiziere und Zivilisten	291
	9. Realismus und Idealismus: Schwindende Aussichten und ethische Motive	297
X.	Die Rezeption des militärischen Widerstands nach dem Zweiten Weltkrieg	303
	1. Die Bundesrepublik, die Bundeswehr und die Tradition des Widerstands	304
	2. Der Widerstand in der Tradition der Nationalen Volksarmee der DDR	332
	3. Das österreichische Bundesheer und der Widerstand	339
XI.	Zusammenfassung	343

Abkürzungen ... 349
Quellen und Literatur ... 351
Personenregister ... 400

Vorwort

Der militärische Widerstand gegen das nationalsozialistische Regime, der im Staatsstreichversuch des 20. Juli 1944 gipfelte, ist unverbrüchlicher Bestandteil der Tradition der Bundeswehr. In den Anfangsjahren der jungen Bundeswehr war der 20. Juli 1944 jedoch ein schwieriges Erbe für viele Soldaten. Erste Versuche, sich diesem Thema wissenschaftlich zu nähern, wurden von verbalen Attacken und Schmähungen begleitet. Dennoch fanden der 20. Juli und seine Akteure bald Eingang in das kollektive militärische Gedächtnis der Bundeswehr; sie wurden zu einer tragenden Säule militärischer Tradition. Der Mut und die Entschlossenheit der Attentäter sind vorbildlich: Es war eine Gewissensentscheidung, durch den »Tyrannenmord« einem Unrechtsregime ein Ende zu bereiten, um so zum Frieden zu gelangen, der ein anderes Deutschland – aufrecht vor der Geschichte stehend – hervorbringen sollte.

Immer wieder haben das Attentat auf Hitler und der damit verbundene Umsturzversuch die Medien beschäftigt, vor allem auch die Filmemacher. Prominente Schauspieler und historische Drehorte haben dem Thema »Widerstand«, zivil wie militärisch, auch in den vergangenen Jahren eine hohe Zuschauerschaft beschert. Die historische Fachwissenschaft hingegen hat jahrelang die vielfältigen Formen des zivilen Widerstands in den Mittelpunkt ihrer Arbeiten gerückt und somit die Militärs und ihren Widerstand gegen Hitler im Zeitraum von 1938 bis 1944 eher in eine Nebenrolle gedrängt.

Das Militärgeschichtliche Forschungsamt hat 1984 eine Wanderausstellung erstellt, die unter dem Titel »Aufstand des Gewissens« lange ein erfolgreicher und viel gefragter Bestandteil der historisch-politischen Bildung in der Bundeswehr war und auch in die deutsche Öffentlichkeit gewirkt hat. Der Begleitband dazu ist noch heute lesenswert. Im Jahre 2004 hat der Autor der jetzt vorliegenden Monografie in Band 9/1 des Reihenwerks »Das Deutsche Reich und der Zweite Weltkrieg« den damaligen Forschungsstand zum militärischen Widerstand in einem Großkapitel zusammengefasst.

Der bevorstehende 75. Jahrestag der Ereignisse ist für das Zentrum für Militärgeschichte und Sozialwissenschaften der Bundeswehr (ZMSBw) Anlass, die spezifisch militärischen Aspekte des nationalkonservativen Widerstands im Krieg noch einmal neu zu betrachten. Dabei zeigt sich, dass der 20. Juli 1944 nicht nur integraler Teil der Geschichte des Zweiten Weltkrieges ist, sondern seine Wurzeln in sehr viel älteren Traditionen des deutschen Militärs hat und darüber hinaus Wirkung in beiden deutschen Nachkriegsarmeen ebenso wie im österreichischen Bundesheer entfaltet hat.

Der Autor, Oberst a.D. Prof. Dr. Winfried Heinemann, hat etliche Jahre in verschiedensten Funktionen im Militärgeschichtlichen Forschungsamt und dem daraus hervorgegangenen ZMSBw gearbeitet. Ich hoffe, dass sein Buch anregende Diskussionen auslösen wird.

Dr. Jörg Hillmann
Kapitän zur See und Kommandeur
des Zentrums für Militärgeschichte
und Sozialwissenschaften der Bundeswehr

Danksagung

Dieses Buch ist so etwas wie das Ergebnis eines lebenslangen Lernprozesses. Meine erste Hauptseminararbeit habe ich im Sommersemester 1978 über den militärischen Widerstand gegen Hitler geschrieben. Das Thema hat mich nie wieder losgelassen. So haben mich auf dem Weg zu der jetzt vorliegenden – wenn es nicht zu arrogant ist, das zu sagen – *summa* meiner Forschungsarbeit viele Menschen begleitet. Leider erleben einige von ihnen dieses Buch nicht mehr.

Da ist mein akademischer Lehrer zu erwähnen, Professor Dr. Hans Mommsen, der mich zwar mit einer Arbeit zur NATO-Geschichte promoviert hat, der mich aber immer wieder auch ermutigt hat, die Geschichte gerade des militärischen Widerstands nicht aus dem Blick zu verlieren. Zu nennen gilt es hier ebenso meinen wissenschaftlichen Mentor im Militärgeschichtlichen Forschungsamt (MGFA), Oberst Dr. Norbert Wiggershaus, der im Übrigen selbst schon sehr früh zur Wirkungsgeschichte des Widerstands in der Bundeswehr publiziert hatte. Dr. Friedrich Freiherr Hiller von Gaertringen, damals Schriftleiter des MGFA, war sowohl Zeitzeuge als auch ein im besten Sinne vornehmer Kollege. Ihrer aller gedenke ich in Verbundenheit.

Andere werden dieses Buch noch in Händen halten können. Dr. Georg Meyer war seit meinen ersten Jahren am MGFA in Freiburg im Breisgau immer bereit, sein umfassendes Wissen über den Widerstand mit mir zu teilen. Dr. Reinhard Stumpf hat mich methodische Sorgfalt gelehrt.

Der Austausch mit Fachkolleginnen und -kollegen hat mir stets wertvolle Impulse gegeben. Professor Dr. Joachim Scholtyseck und Dr. Christoph Studt von der Universität Bonn haben mich immer wieder zu den Widerstandstagungen in Königswinter eingeladen; Professor Dr. Johannes Tuchel hat mir Einblick in die Bestände der Gedenkstätte Deutscher Widerstand gewährt, mich mit wertvollen Büchern zum Thema ausgestattet, unerwartete Hinweise gegeben, meinen Thesen geduldig zugehört und am Ende den größten Teil des Manuskripts sehr gründlich, kritisch und zugleich wohlwollend gegengelesen.

Mit Professor Dr. Johannes Hürter vom Institut für Zeitgeschichte habe ich die Fragen des Zusammenhangs zwischen Widerstand und Kriegsverbrechen an der Ostfront sowie der »Elitenmanipulation« ausgiebig diskutieren können. Professor Randall Hansen PhD hat mir zwei Forschungsaufenthalte an der Munk School der Universität Toronto ermöglicht. Dr. Linda von Keyserlingk-Rehbein, Abteilungsleiterin Schriftgut im Militärhistorischen Museum der Bundeswehr, Dresden, hat mich teilhaben lassen an ihrer methodisch innovativen Arbeit, mir die Schätze aus ihrer Sammlung vorgelegt und später wesentliche Teile meines Manuskripts kritisch durchgearbeitet; auch ihr verdanke ich Wesentliches. Von dem Austausch mit Thomas Karlauf habe ich viel profitiert. Andere, die das

Manuskript mit Rat und Tat begleitet haben, waren Wiss. Direktor Dr. Torsten Diedrich und Oberstleutnant Dr. Thorsten Loch vom Zentrum für Militärgeschichte und Sozialwissenschaften der Bundeswehr (ZMSBw) sowie Hofrat Dr. Erwin A. Schmidl von der Landesverteidigungsakademie des österreichischen Bundesheeres in Wien und Oberstleutnant d.R. Dr. Agilolf Keßelring, Porvoo, Finnland.

Professor Dr. Leo Schmidt und Professor Dr. Axel Klausmeier (beide Brandenburgische Technische Universität Cottbus-Senftenberg) sind mir in meiner wissenschaftlichen Arbeit Weggefährten und Freunde geworden; meine Überlegungen zu den baulichen Spuren des Umsturzes sind in vielen Gesprächen mit ihnen entstanden.

Der Kommandeur des ZMSBw von 2013 bis 2017, Oberst Dr. Hans-Hubertus Mack, hat mir dankenswerterweise die Möglichkeit eröffnet, mich nach Jahren in der Wissenschaftsadministration ausschließlich der Arbeit an diesem Buch zu widmen. Sein Nachfolger als Kommandeur, Kapitän z.S. Dr. Jörg Hillmann, hat mir die Freiheit gelassen, das Projekt abzuschließen und in einem großen wissenschaftlichen Kreis zur Diskussion zu stellen.

Aus dem Manuskript, das ein Autor liefert, wird nicht ganz von allein ein Buch. Das ZMSBw hat einen eigenen Bereich »Publikationen« unter der Leitung von Dr. Christian Adam, der die vielen dafür nötigen Arbeitsschritte koordiniert und durchführt. Wer ohne diese Unterstützung ein wissenschaftliches Buch publizieren muss, weiß, welche große Hilfe das bedeutet. Bei dem vorliegenden Band gebührt Dank vor allem dem wissenschaftlichen Lektor, Mag. phil. Michael Thomae; die Karte haben Yvonn Mechtel, Bernd Nogli und Frank Schemmerling gezeichnet; und schließlich hat Carola Klinke den Text in Buchform gebracht.

Unter den vielen Archiven und Bibliotheken, die ich habe nutzen dürfen, ragen drei heraus: das Bundesarchiv-Militärarchiv in Freiburg unter dem Leitenden Archivdirektor Michael Steidel, das Archiv des Instituts für Zeitgeschichte in München unter Dr. Klaus A. Lankheit sowie die Bibliothek des ZMSBw unter ihrer Leiterin Bibliotheksoberrätin Dr. Gabriele Bosch. Ein besonderes Dankeschön muss gehen an Archivoberinspektorin Cynthia Flohr, »unsere« Archivarin in Freiburg, ohne deren fachkundige und gründliche Hilfe manches Aktenstück unentdeckt geblieben wäre, und an Heidrun Pilz aus dem ZMSBw, die so manche Störung bei der Arbeit von mir ferngehalten hat und mir getreulich eine unendliche Zahl von Artikeln eingescannt hat.

Mein älterer Sohn Patrick ist Reserveoffizier und Jurist geworden; seine Dissertation zur Rechtsgeschichte der Reichswehr habe ich für viele Aussagen über die Weimarer Republik mit Gewinn herangezogen. Der jüngere, Kieran, hat wie sein Vater in Geschichte promoviert, aber mit einer gesellschaftsgeschichtlichen Arbeit. Beide haben lange Monologe über den Widerstand klaglos ertragen, mich über Jahre hinweg mit ihren Ideen und Anregungen bereichert und dann in für sie selbst fordernden Zeiten das Manuskript durchgesehen.

Meine Lebenspartnerin ist Historikerin und Professorin für Frühe Neuzeit an der Universität Porto. Sie hat mich in Höhen und Tiefen des Projekts liebevoll begleitet und kollegial ermutigt, aber mir auch wieder dafür die Augen geöffnet, dass es historische Forschung nicht nur über das 20. Jahrhundert gibt. Ohne Amélia Polónia wäre dieser Band nie zustande gekommen. Ihr ist er gewidmet.

Winfried Heinemann

I. Widerstand und Militärgeschichte

1. Geschichte des Widerstands als Teil der deutschen Militärgeschichte

Kurz nach Mittag am 20. Juli 1944 detonierte in Hitlers Führerhauptquartier bei Rastenburg in Ostpreußen (heute das polnische Kętrzyn) eine Bombe von knapp einem Kilo Sprengstoff, während die Militärs dem Diktator die immer problematischer werdende Lage des Deutschen Reiches im Zweiten Weltkrieg vortrugen. Der Sprengsatz tötete Hitler nicht, sondern verletzte ihn nur leicht; vier Anwesende wurden so schwer verletzt, dass sie sofort oder später daran starben. Ein Verbrechen war verübt worden, so das zunächst allgemeine Verständnis, und die Geheime Staatspolizei in Berlin erhielt Anweisung, eine Sonderkommission nach Rastenburg in Marsch zu setzen. Hitler ließ sich notdürftig versorgen und nahm dann wie geplant einen Staatsbesuch seines italienischen Verbündeten, des »Duce« Benito Mussolini, wahr – zum letzten Mal.

Erst im Laufe des späten Nachmittags gaben Fernschreiben aus Berlin der nunmehr rund um Hitler versammelten Spitze des NS-Regimes Grund, das Attentat anders einzuordnen. Panzer rollten Richtung Hauptstadt; Truppen waren in Bewegung, und das Regierungsviertel war bereits abgeriegelt. In Paris wurden die führenden Vertreter des NS-Regimes verhaftet; die Sandsäcke für die geplanten Erschießungen waren schon aufgestapelt.

Wie sich herausstellte, hatte sich im Heer eine Verschwörergruppe gebildet, die zusammen mit Politikern, Beamten und Diplomaten von langer Hand das Attentat und den sich daran anschließenden Staatsstreich geplant hatte. Die Armee putschte. Es war nicht allein darum gegangen, Hitler zu töten, sondern das Ziel war offenbar gewesen, das gesamte NS-System zu stürzen und den Krieg zu einem schnellen Ende zu bringen.

Die Wehrmacht kämpfte in einem Weltkrieg und, wie ihr die NS-Propaganda suggerierte, um das Überleben der deutschen Nation. Wie hatte es geschehen können, dass sich zugleich im Zentrum der Armee eine so umfangreiche Verschwörung, ja Staatsstreichorganisation bilden konnte, zumal doch die meisten Deutschen, und auch die meisten Soldaten, nach wie vor hinter ihrem »geliebten Führer« standen?[1] Wie konnte eine so umfassende militärische Unternehmung

---

[1] Förster, Geistige Kriegführung, S. 627, 638–640; siehe auch Kühne, Zwischen Akribie und Groteske; Baur, Das ungeliebte Erbe, S. 34–39.

zur Sicherung der Reichshauptstadt von den wachen Augen des allgegenwärtigen Regimes unbemerkt geplant und vorbereitet werden?

Opposition gegen das NS-Regime entstand zeitgleich mit der »Machtergreifung« aus der politischen Opposition gegen die NSDAP heraus; Dauer und Machenschaften der NS-Herrschaft bedingten dabei das Wirken der Opposition – und umgekehrt.[2] Widerstand während des Krieges entwickelte sich ebenso in einem dialektischen Prozess: Der Widerstand war vom Kriegsgeschehen beeinflusst, und umgekehrt wirkte er sich auf das Kriegsgeschehen aus. Die militärischen Verschwörer müssen als Teil des militärischen Apparats begriffen werden, dem sie entstammten; damit wird es auch notwendig, die Veränderungen des Militärs als Rahmenbedingungen widerständigen Handelns in den Blick zu nehmen. Doch soll keineswegs unterstellt werden, es habe sich bei den Verschwörern in Uniform um Reaktionäre gehandelt, die jeder Modernisierung ablehnend gegenüberstanden. Trotzdem liegt die Annahme nahe, dass militärischer Widerstand gegen das NS-Regime auch eine Reaktion auf die vom Nationalsozialismus bewirkten Veränderungstendenzen war und dass diese Veränderungen bei den Angehörigen der Militäropposition eine geänderte Einstellung sowohl gegenüber dem Regime als auch gegenüber der Armee zur Folge hatten. Um den Widerstand von Soldaten im Kriege zu verstehen, ist es daher notwendig, ihn im Kontext des militärischen Geschehens und auch der militärischen Sozialisation der Beteiligten zu betrachten. »Das Attentat auf Hitler stellt tatsächlich eine Zäsur in der Geschichte des Zweiten Weltkrieges dar.«[3] Die Geschichte des militärischen Widerstands ist daher nur zu verstehen, wenn man ihn als Teil der deutschen Militärgeschichte interpretiert.

Diese Zusammenhänge sind in der Widerstandsforschung bisher zu wenig beachtet worden:

»Widerstand auf der einen Seite und Kooperation, ja Komplizenschaft mit dem NS-Regime auf der anderen wurden meist nicht nur begrifflich säuberlich getrennt, sondern auch gleichsam streng isoliert voneinander dargestellt. Es gab weder eine Korrelation zwischen diesen derart willkürlich separierten Sphären, noch wurden historische Persönlichkeiten, Institutionen und Faktenkomplexe unter beiden Aspekten zusammen betrachtet. Das führte zu Blickverengungen, die eine tiefere Erkenntnis der historischen Phänomene erschwerten.«[4]

Dieses Buch unternimmt den Versuch, für die Geschichte des militärischen Staatsstreichversuchs diese Kluft zu überbrücken.

2. Militärgeschichte in der Erweiterung

Wenn die Geschichte der Militäropposition gegen das Dritte Reich als Teil der deutschen Militärgeschichte verstanden werden soll, dann ist es notwendig, den

---

[2] Broszat, Zur Sozialgeschichte, S. 296 f.; Broszat, A Social and Historical Typology, S. 25.
[3] Förster, Die Wehrmacht im NS-Staat. Eine strukturgeschichtliche Analyse, S. 131.
[4] Müller, Generaloberst Ludwig Beck, S. 9. Siehe auch Hürter, Militäropposition und Judenmord, S. 137.

I. Widerstand und Militärgeschichte

Begriff der »Militärgeschichte« noch einmal präzise und aktuell zu definieren. Die inzwischen veralteten, aber in der heutigen vorwissenschaftlichen Wahrnehmung durchaus noch wirkmächtigen Konzeptionen von »Militärgeschichte«, heute zutreffender als »Kriegsgeschichte« bezeichnet, beschrieben vor allem die Geschichte militärischer Operationen im Kriege, vielleicht auch die Genese des operativen Denkens. Sie richtete sich vor allem an die Militärs selbst, wurde in der Regel von diesen betrieben, stützte sich auf zumeist noch der militärischen Geheimhaltung unterliegenden Akten und hielt sich bewusst fern vom allgemeinen wissenschaftlich-historischen Diskurs.[5]

Eine solche Konzeption vertrat auch noch die Gruppe ehemaliger Wehrmachtoffiziere unter Leitung des Generalobersten a.D. Franz Halder, die bis in die frühen 1960er Jahre hinein für das amerikanische Heer militärgeschichtliche Studien fertigte.[6] Wie schon vor 1914 und dann in der Zwischenkriegszeit war es nach 1945 das erklärte Ziel dieser klassischen Form von Kriegsgeschichtsschreibung, vor allem das Andenken des Generalstabes rein zu halten – nicht zuletzt, um einer Verfolgung wegen Kriegsverbrechen zu entgehen und die Grundlagen für eine materielle Existenz in der Nachkriegszeit zu schaffen. Es kann nicht überraschen, dass hierbei das Handeln des militärischen Widerstands keine Berücksichtigung fand. Eine Behandlung dieses Themas hätte unweigerlich die Frage aufgeworfen, warum sich so viele Generalstabsoffiziere den Werbungsversuchen des Umsturzes verweigert oder – wie Halder selbst – letztlich von der Verschwörung wieder Abstand genommen hatten. Auch galt der Umsturzversuch nicht als eine militärische Operation, deren Schilderung die US-amerikanischen Geldgeber interessieren hätte können.

Demgegenüber entwickelte sich in dem 1957 von der Bundeswehr aufgestellten Militärgeschichtlichen Forschungsamt in Langenau bei Ulm, später in Freiburg i.Br., eine Form der Militärgeschichtsschreibung, für die emblematisch der erste Leiter der Dienststelle, Oberst i.G. Dr. Hans Meier-Welcker, steht. Dieser war zwar auch Generalstabsoffizier im Zweiten Weltkrieg gewesen,[7] aber er hatte nach dem Krieg in Tübingen, vor allem bei Hans Rothfels, Geschichte studiert und war entschlossen, die wissenschaftliche Arbeit in der neuen Einrichtung an den Methoden und Standards der allgemeinen Geschichtswissenschaft auszurichten. Meier-Welcker stieß hierbei auf erhebliche Widerstände auch im eigenen Haus[8] und konnte seine Konzeption einer Militärgeschichte als Teildisziplin der allgemeinen Geschichtswissenschaft nur allmählich durchsetzen.

Zu diesen Schwierigkeiten trug auch bei, dass die deutsche universitäre Geschichtswissenschaft ihrerseits militärische Themen lange nur sehr zögerlich anging. Wenn die Militärgeschichtsschreibung sich als Teil der allgemeinen Geschichtswissenschaft verstehen wollte, dann war sie dort keineswegs immer willkommen. Auch waren die Akten der Wehrmacht zum Zweiten Weltkrieg von den Alliierten erbeutet worden. Sie lagerten zunächst in den USA und Großbritannien und, wie sich nach 1990 herausstellte, zu geringeren Teilen auch in der

---

[5] Siehe hierzu Lange, Hans Delbrück.
[6] Howell, Von den Besiegten lernen?, S. 240–299. Dort auch das Folgende.
[7] Meier-Welcker, Aufzeichnungen eines Generalstabsoffiziers 1939–1942.
[8] Dokumentiert in Meier-Welcker, Unterricht und Studium; Heidegger, Kann Kriegsgeschichtsunterricht heute noch einen praktischen Nutzen haben?; sowie in weiteren Texten in dem Sammelband Militärgeschichte. Probleme, Thesen, Wege.

Sowjetunion, der Tschechoslowakei und anderswo. Erst Ende der 1960er Jahre kamen die wesentlichen Bestände zurück nach Deutschland und wurden dort der Forschung zugänglich.⁹

Inzwischen sind die damals geführten Debatten über Methodik, Ziele und Inhalte einer modernen Militärgeschichte ihrerseits weitgehend Wissenschaftsgeschichte. Erschien noch 2000 ein Sammelband zu Kernfragen der Militärgeschichtsschreibung unter dem Titel »Was ist Militärgeschichte?«, so setzten Fachkollegen dem 2013 ein Buch unter dem Titel »Das ist Militärgeschichte!« entgegen – wenn auch nicht ohne Kritik der Herausgeber des Bandes von 2000 zu ernten.¹⁰ Auch international hat das Konzept einer modernen »Militärgeschichte in der Erweiterung« inzwischen allgemeine Akzeptanz gefunden.¹¹

»Militärgeschichte« im Zusammenhang dieses Buches ist also die Untersuchung militärischer Vorgänge in ihrer politischen, gesellschaftlichen, wirtschaftlichen und auch kulturellen Verflochtenheit, als Teil und gemäß den Standards der allgemeinen Geschichtswissenschaft.¹² Deutscher militärischer Widerstand im Zweiten Weltkrieg hat diese Dimensionen; er ist als Teil der deutschen Militärgeschichte des Zweiten Weltkriegs zu verstehen und zu beschreiben.

Eine Militärgeschichte des Dritten Reiches muss dabei in den Blick nehmen, dass das Militär Teil des NS-Machtapparats und in dessen Verbrechen an zentraler Stelle verwickelt war. Während die Armee letztlich Hitlers Machtansprüche bis zum Ende mitgetragen hat, war sie zugleich an dem einzigen Akt des Widerstands beteiligt, der das System als Ganzes zu stürzen drohte.

Methodisch ist hierbei aber eine Besonderheit zu beachten. Neben archäologischen Quellen, Zeitzeugenberichten und vielem anderen mehr stützt sich die Erforschung der Zeitgeschichte weit überwiegend auf Schriftgut – in der Regel die Akten von Dienststellen und Behörden, die in Archiven verwahrt werden. Konspirative Organisationen in totalitären Systemen sind jedoch gut beraten, keine Akten anzulegen – das galt auch für die Militäropposition gegen Hitler. Die Tätigkeit der Verschwörer findet daher in den »klassischen« Akten der Wehrmacht kaum einen Niederschlag. Mehr als bei anderen Themen ist der Historiker darauf angewiesen, andere Quellengattungen und gerade auch die mündlichen Überlieferungen der Beteiligten sowie die Akten der Verfolger und Ermittler zu nutzen. Das aber fordert ein erhebliches Maß an quellenkritischer Vorsicht. Über die generell bei Zeitzeugenberichten anzuwendende Skepsis hinaus ist in diesem Zusammenhang zu berücksichtigen, welche Interessen auch nach Kriegsende den Inhalt von subjektiven Berichten beeinflusst haben könnten. Andererseits würde die gelegentlich geforderte Begrenzung der Quellenbasis auf

---

⁹ Eckert, Kampf um die Akten, beschreibt im Wesentlichen die Rückgabe der Akten des Auswärtigen Amtes; eine ähnliche Studie zur Rückgabe des militärischen Schriftguts steht noch aus.
¹⁰ Was ist Militärgeschichte?; Das ist Militärgeschichte!; sowie die Rezension von Benjamin Ziemann zu letzterem Band in H-Soz-u-Kult vom 26.11.2013, <http://www.hsozkult.de/publicationreview/id/rezbuecher-18870?title=neuere-synthesen-der-militaer-und-kriegsgeschichte&recno=38&q=milit%C3%A4rgeschichte&fq=&sort=newestPublished&page=2&total=250>, zuletzt konsultiert am 26.9.2018.
¹¹ Als Beispiel sei genannt Morillo/Pavkovic, What is Military History?
¹² Siehe hierzu auch Echternkamp, Wandel durch Annäherung.

I. Widerstand und Militärgeschichte 5

die amtlichen militärischen Akten[13] eine methodische Vorentscheidung bedeuten, mit der man sich auf die Seite des aktenproduzierenden Herrschaftssystems schlüge – ein Perspektivwechsel, der gerade im Kontext des Widerstands gegen die NS-Herrschaft nicht akzeptabel wäre.[14] Angesichts einer einseitigen aktenmäßigen Überlieferung und der inhärenten Probleme einer interessegeleiteten Zeitzeugenüberlieferung wird nur eine abwägende Kombination aller zu einem Aspekt greifbaren Quellen eine angemessene Darstellung der Ereignisse und deren sachgerechte Einordnung erlauben.

---

[13] So etwa Gerlach, Männer des 20. Juli, S. 427.
[14] Heinemann, Der Widerstand gegen das NS-Regime und der Krieg an der Ostfront, S. 49.

II. Opposition und Widerstand gegen Hitler

1. Weitere und engere Definitionen des Widerstandsbegriffs

Zumindest in Westdeutschland fokussierte die Erinnerung an »Widerstand« gegen das NS-Regime sehr früh auf die nationalkonservativen Gruppen,[1] deren Oppositionstätigkeit im Attentat und Staatsstreichversuch vom 20. Juli 1944 ihren Höhepunkt gefunden hatte. Andere Gruppen und Bestrebungen, vor allem der Arbeiterwiderstand in seinen unterschiedlichsten Formen, traten im öffentlichen Bewusstsein wie im wissenschaftlichen Diskurs dahinter zurück, zumal der Begriff recht bald schon als Mittel der politischen Auseinandersetzung zwischen den beiden Machtbereichen des Kalten Krieges diente.[2] Auch die Angehörigen der Ermordeten und die wenigen Überlebenden drängten darauf, ihre und die Opposition ihrer Angehörigen vor anderen Formen der Ablehnung des Regimes zu würdigen.[3] Für sie galt im Wesentlichen die von Peter Hoffmann gesetzte Beschränkung des Widerstandsbegriffs auf die im Staatsstreichversuch vom 20. Juli 1944 kulminierende Verschwörung:
»Mit Widerstand ist also hier die Tätigkeit gemeint, die auf den Sturz der nationalsozialistischen Regierung von innen gerichtet war und die im Großen und Ganzen von denjenigen Gruppen getragen wurde, die an dem Versuch des 20. Juli 1944 direkt oder indirekt beteiligt waren.«[4]
Die Ausweitung des Widerstandsbegriffs in der westdeutschen Forschung begann in den 1970er Jahren und wurde deutlich sichtbar in dem darauffolgenden Jahrzehnt. Forschungsarbeiten zum kommunistischen Widerstand[5] und zum Arbeiterwiderstand allgemein entstanden[6]; der Jugendwiderstand auch jenseits der »Weißen Rose« geriet in den Blick[7]. Eine große internationale Tagung in West-Berlin 1984 belegte angesichts der Tatsache, dass sie anlässlich des 40. Jahrestages

---

[1] Der Begriff geht vor allem auf Klaus-Jürgen Müller zurück; zur Kritik siehe Schwerin, »Dann sind's die besten Köpfe, die man henkt«, S. 14 f.
[2] Die geteilte Vergangenheit; Der Widerstand gegen den Nationalsozialismus und seine Bedeutung für Gesellschaft und Bundeswehr heute.
[3] Conze, Aufstand des preußischen Adels, S. 490.
[4] Hoffmann, Widerstand – Staatsstreich – Attentat, S. 10. Zur Geschichte des Widerstandsbegriffs und der Kategorienbildung siehe Kißener, Von punktuellen Dissonanzen; und Steinbach, Gescheitert, S. 740 f.
[5] Duhnke, Die KPD von 1933 bis 1945; Peukert, Die KPD im Widerstand.
[6] Mühlen, Die SPD zwischen Anpassung und Widerstand.
[7] Hellfeld, Edelweißpiraten in Köln; Piraten, Swings und Junge Garde.

der Ereignisse vom Sommer 1944 veranstaltet wurde, die Zentralität dieses Datums. Inhaltlich aber dokumentierten die Tagung und der daraus entstandene Band[8] die Breite der Forschungsansätze und Fragestellungen. Sie reflektierten damit die Breite widerständigen Verhaltens im Dritten Reich.[9]

Das kann nicht überraschen, war einer der Organisatoren – und dann auch Herausgeber des Tagungsbandes – doch Peter Steinbach, damals Leiter der Ausstellung »Widerstand gegen den Nationalsozialismus« in Berlin und seit 1989 wissenschaftlicher Leiter der Gedenkstätte Deutscher Widerstand im Berliner Bendlerblock. Steinbach hatte die Konzeption der Gedenkstätte ganz auf einen umfassenden Widerstandsbegriff ausgelegt. Vor allem für seine Entscheidung, auch den Widerstand aus dem Exil und somit auch das Nationalkomitee Freies Deutschland (NKFD) zu berücksichtigen, musste er erhebliche Kritik erdulden, nicht zuletzt aus der Familie Stauffenberg.[10]

Letztlich hat jede Definition etwas Beliebiges. Entscheidend ist, ob sie sich dazu eignet, Phänomene begrifflich zusammenzufassen, die zusammengehören, und sie sinnvoll von anderen zu unterscheiden. Ein weiteres Kriterium ist, ob sie damit ein analytisches Verstehen ermöglicht. Zeitweise war die Definition von »Widerstand« so ausgeweitet worden, dass sie alle Formen resistenten Verhaltens umfasste:

»Die Grenzen zwischen Teilkritik, offener Gegnerschaft und aktivem Widerstand waren unter den gegebenen Bedingungen notwendig fließend. Deshalb ist es auch methodisch ziemlich unergiebig, eine begriffliche Scheidung von aktivem Widerstand und anderen Formen der Resistenz und des oppositionellen Verhaltens vorzunehmen.«[11]

Durch diese Ausweitung aber hatte der Begriff an Trennschärfe verloren, und analytisch war er fast unbrauchbar geworden.[12] Dagegen ist in den letzten Jahren eine erneute Konzentration des Widerstandsbegriffs auf das herausragende Geschehen rund um den 20. Juli 1944 zu verzeichnen:

»es gibt gute Gründe, das Widerstandsgedenken auf den 20. Juli zu konzentrieren: Dafür spricht die Tat selbst, auch wenn diese ihr Ziel verfehlte, die moralische Rigorosität, welche die Verschwörer auszeichnete, und schließlich auch die Tatsache, dass es kein Ereignis und keine Gruppe in der Geschichte des deutschen Widerstands gab, die einem Machtwechsel so nahe kamen wie die Verschwörer des 20. Juli.«[13]

---

[8] Der Widerstand gegen den Nationalsozialismus (1985).
[9] Siehe auch Broszat, A Social and Historical Typology, S. 25 f.; sowie Kißener, Von punktuellen Dissonanzen.
[10] Der Widerstand gegen den Nationalsozialismus (1985), S. XXII; Steinbach, »Widerstand hinter Stacheldraht«?; Lohse/Wehner, Guttenberg, S. 75 f., 224; Klausa, Die Gedenkstätte Deutscher Widerstand, S. 78–80; Morré, Das Nationalkomitee »Freies Deutschland«, S. 541–543.
[11] Mommsen, Der Widerstand gegen Hitler und die deutsche Gesellschaft, S. 11 f.
[12] So etwa Hans-Adolf Jacobsen in seiner Einleitung zu: Spiegelbild einer Verschwörung; Wentker, Der Widerstand gegen Hitler und der Krieg, S. 4, unter Berufung auf Historiker von Rothfels bis Broszat; siehe auch Kershaw, Widerstand ohne Volk, S. 781; oder Thun-Hohenstein, Wehrmacht und Widerstand, S. 66 f. Siehe neuerdings auch Deák, Kollaboration, Widerstand und Vergeltung, S. 264–266.
[13] Conze, Aufstand des preußischen Adels, S. 484.

II. Opposition und Widerstand gegen Hitler

Auch Peter Steinbach selbst formulierte 2016: »Keine Veranstaltung einer Akademie, keine Schulstunde, keine Rundfunksendung, die nicht [...] betont hätte: ›Es gab nicht nur den 20. Juli.‹ Bald schon aber musste betont werden: ›Diesen 20. Juli gab es auch.‹«[14]

Die ins fast Unendliche erweiterten Definitionen des Widerstandsbegriffs haben »sich letztlich nicht durchsetzen können. Widerstand kann sich nicht in einer Haltung erschöpfen, sondern erfordert den Willen und die Bereitschaft zum Handeln. Er findet seine Legitimation und Antriebskraft in [...] dem Wunsch, aktiv dazu beizutragen, die verbrecherische Herrschaft des Regimes zu beenden.«[15] Als Widerstand sollen daher in diesem Band solche Bestrebungen bezeichnet werden, die sich gegen den Fortbestand des gesamten nationalsozialistischen Unrechtsregimes und gegen die Fortführung des von ihm begonnenen Krieges richteten.

Diese Eingrenzung des Begriffs und damit des Forschungsthemas soll allerdings weder eine Geringschätzung des Opfergangs der vielen unbekannten Oppositionellen aus der Arbeiterschaft, den Kirchen oder der Einzelnen bedeuten, noch soll der Eindruck erweckt werden, solche anderen Formen des Widerstands lohnten die Erforschung nicht. Das gilt auch für jene Formen militärischen Verhaltens, die den Kriegs- und Vernichtungsanstrengungen des Regimes zuwiderliefen. Die öffentliche Diskussion ebenso wie die Forschung haben sich das Anliegen der »Retter in Uniform« zu eigen gemacht[16]; die Bundeswehr hat den Judenretter Feldwebel Anton Schmid zweimal durch die Benennung einer Kaserne geehrt[17]. Andere, wie der Oberleutnant z.S. Oskar Kusch, haben ihre Zweifel am »Endsieg« unvorsichtig geäußert und sind dafür zum Tode verurteilt worden[18]. Auch nach dem Scheitern des Umsturzversuches vom 20. Juli 1944 hat es noch Formen widerständigen Handelns in der Wehrmacht gegeben; es wird darauf zurückzukommen sein. Alle diese Personen, von denen die meisten ihr Handeln mit dem Leben bezahlten, sollen hier nicht in ihrer moralischen Bedeutung zurückgesetzt werden. Der vorliegende Band aber stellt jene Bestrebungen von Offizieren in den Mittelpunkt der Betrachtung, deren Widerstand in Attentat und Staatsstreich mündete.

2. Würdigung und Forschung in der Bundesrepublik Deutschland

Der deutschen Gesellschaft vermittelte die NS-Propaganda das Bild einer »ganz kleine[n] Clique ehrgeiziger, gewissenloser und zugleich verbrecherischer dummer

---

[14] Steinbach, Claus Schenk Graf von Stauffenberg, S. 15.
[15] Kroener, Erinnerungen, S. 24. Ähnlich Benz, Der deutsche Widerstand gegen Hitler, S. 8–10.
[16] Retter in Uniform; zur Forschungslage darin besonders Wette, Helfer und Retter in der Wehrmacht.
[17] Wolfram Wette, Entsorgte Erinnerung. Der Umgang der Bundeswehr mit dem Judenretter Anton Schmid zeigt: Bis heute hat die Truppe keine klare Haltung zur NS-Geschichte gefunden. In: Die Zeit, 12.4.2012, S. 19; Ganglmair, Feldwebel Anton Schmid, S. 32–35.
[18] Walle, Die Tragödie; Kühne, Der Judenretter, S. 34.

Offiziere« und eines »ganz kleine[n] Klüngel[s] verbrecherischer Elemente, die jetzt unbarmherzig ausgerottet werden«,[19] um die Umsturzbewegung zu charakterisieren. So schuf sie den Eindruck, es habe sich um eine zahlenmäßig sehr begrenzte und allein aus Offizieren bestehende Bewegung gehandelt, und zunächst verfing dieses Bild in der kontrollierten Öffentlichkeit.[20] Dieser Eindruck ließ sich aber nicht allzu lange aufrechterhalten. Schon die ersten Schauprozesse vor dem Volksgerichtshof demonstrierten den eingeladenen Beobachtern wie den Lesern der gesteuerten Presseberichterstattung, dass hier weitaus mehr Personen beteiligt gewesen waren, als das Regime zuzugeben bereit war, und dass diese zum Teil aus den traditionellen preußisch-deutschen Militär- und sonstigen Funktionseliten stammten. Eine weitere Berichterstattung in den Medien unterblieb daher.[21] Gleichwohl hielt sich der von den NS-Medien erzeugte Eindruck vom Wesen der Verschwörung; der von Freisler geprägte Begriff des »Eidbrüchigen« prägte lange die Diskussion.

Anders als gelegentlich behauptet, haben die Westalliierten in ihren Besatzungszonen keineswegs das Wissen über das »andere Deutschland« »tabuisiert«.[22] Vielmehr war in westlichen Medien bereits zeitnah über das gescheiterte Attentat und den Staatsstreichversuch berichtet worden, und auch das NKFD, gebildet aus deutschen Kriegsgefangenen in sowjetischem Gewahrsam, hatte sich mit einem Aufruf dazu geäußert.[23]

Nach 1945 wurde das Thema breit – wenn auch nicht einheitlich – behandelt. Der »Südkurier« in Konstanz, also in der französischen Besatzungszone, druckte bereits in seiner ersten Nummer vom 8. September 1945 eine eidesstattliche Erklärung des überlebenden Sohnes von Erwin Rommel ab, in der dieser die Vorgänge beim Tod seines Vaters darstellte; eine eidesstattliche Erklärung der Witwe Lucie Rommel zur gleichen Thematik folgte kurz darauf.[24] Allerdings stellten andere Zeitungen im Zuge der beabsichtigten Demilitarisierung Deutschlands die Rolle der Offiziere im Widerstand bewusst hintan oder sie unterstellten ihnen, lediglich die Privilegien ihrer Kaste retten zu wollen.[25] »Die Zeit« hingegen beschrieb den nationalkonservativen Widerstand deutlich positiver, nicht zuletzt unter dem Einfluss ihrer Autorin Marion Gräfin Dönhoff.[26]

In den angelsächsischen Ländern waren es vor allem deutsche Emigranten wie Hans Rothfels, Klemens von Klemperer und Fritz Stern, die sehr früh versuchten, dort, wo sie aufgenommen worden waren, Verständnis für das »andere Deutschland« zu erreichen, wobei sie vorrangig Kriterien wie »character« und

---

[19] »Völkischer Beobachter« vom 22.7.1944, zit. nach Keyserlingk-Rehbein, Nur eine »ganz kleine Clique«?, S. 109.
[20] Meldungen aus dem Reich, S. 6699 (10.8.1944); Echternkamp, Im Kampf an der inneren und äußeren Front, S. 28 f.; Geilen, Das Widerstandsbild in der Bundeswehr, S. 63; Schollwer, Potsdamer Tagebuch, S. 41.
[21] Tuchel, Die Verfahren vor dem »Volksgerichtshof«, S. 141; Kiesel, SS-Bericht, S. 32.
[22] So etwa Ueberschär, Von der Einzeltat, S. 102; oder Frei, Erinnerungskampf, S. 495.
[23] Die Generalsrevolte, S. 26 f. (Dok. 4) und passim.
[24] Manfred Rommel, Rommels Tod. In: Südkurier (Konstanz), 8.9.1945; L[ucie]-M[aria] Rommel, Der Tod des Generalfeldmarschalls Rommel. In: Südkurier (Konstanz), 16.10.1945.
[25] Baur, Das ungeliebte Erbe, S. 62–70.
[26] Conze, Aufstand des preußischen Adels, S. 486 f.

II. Opposition und Widerstand gegen Hitler

»conscience« betonten.[27] Dabei wurden sie unterstützt von Mitarbeitern der Nachrichtendienste wie dem späteren CIA-Direktor Allen Dulles, dessen Agenda jedoch nicht zuletzt darin bestand, seine eigene Tätigkeit im rechten Licht erscheinen zu lassen.[28]

Gleichwohl tat sich die deutsche Nachkriegsgesellschaft mit einer öffentlichen Würdigung des Widerstands gegen das NS-Regime lange schwer.[29] Daran konnten auch erste Veröffentlichungen von Wissenschaftlern und Zeitzeugen nichts ändern, selbst wenn deren Ziel weniger eine historisch-kritische Aufarbeitung als eine Änderung der Wahrnehmung in der breiten Öffentlichkeit war. Hans Rothfels hatte 1949 die in Krefeld erschienene deutsche Fassung seiner Schrift unter den Titel »Die deutsche Opposition gegen Hitler. Eine Würdigung« gestellt.[30] Ebenso war die bis heute nicht übertroffene Goerdeler-Biografie des bedeutenden Historikers Gerhard Ritter vor allem das: eine Würdigung seines ermordeten Freundes.[31] Gleiches gilt wohl für die Stauffenberg-Biografie aus der Feder seines Schulkameraden Eberhard Zeller;[32] auch hier war die moralische »Würdigung« des »Geistes« zentral. Stilbildend bis in die Wortwahl hinein waren die beiden von Annedore Leber, der Witwe von Julius Leber, besorgten Sammelbände mit Kurzbiografien von Opfern des Widerstands: »Das Gewissen steht auf« erschien 1954, zum zehnten Jahrestag des Umsturzversuchs, und das Wort vom »Aufstand des Gewissens« hat sich gehalten bis in die Gegenwart. Ein Folgeband erschien dann 1957.[33] Allen diesen Bemühungen zum Trotz glaubten 1952 noch immer ein Drittel der Bundesbürger, Deutschland hätte den Zweiten Weltkrieg gewonnen, hätte es den Widerstand nicht gegeben. Vor allem unter den ehemaligen Berufssoldaten überwog mit 59 Prozent klar eine negative Bewertung von Attentat und Staatsstreichversuch.[34] Angesichts dessen darf man »die von der politischen Klasse der Bundesrepublik in den fünfziger Jahren erbrachte Leistung, die die normative Durchsetzung einer wenigstens prinzipiellen Anerkennung der Legitimität des Widerstandes gegen Hitler damals bedeutete«,[35] keinesfalls unterschätzen.

---

[27] Lamberti, The Search for the »Other Germany«, S. 403–405; Klemperer, Sie gingen ihren Weg, S. 1100; zu Klemperer jetzt auch Klausa, Klemens von Klemperer. Ein Lebensbild, S. 21 und passim. Siehe auch Kettenacker, Der nationalkonservative Widerstand aus angelsächsischer Sicht, S. 712.
[28] Dulles, Verschwörung in Deutschland.
[29] Zur Widerstandsrezeption in der Nachkriegszeit sei aus der Fülle der Literatur nur verwiesen auf Baur, Das ungeliebte Erbe; Der vergessene Widerstand; Steinbach, Widerstand im Widerstreit.
[30] Rothfels, Die deutsche Opposition gegen Hitler. Siehe hierzu Cornelißen, Hans Rothfels; sowie Cornelißen, Der 20. Juli 1944 in der deutschen Erinnerungskultur, S. 20.
[31] Ritter, Carl Goerdeler. Siehe hierzu Cornelißen, Gerhard Ritter; und Cornelißen, Der 20. Juli 1944 in der deutschen Erinnerungskultur, S. 21.
[32] Zeller, Oberst Claus Graf Stauffenberg. Siehe hierzu Schlie, Es lebe das heilige Deutschland, S. 175.
[33] Das Gewissen steht auf; Das Gewissen entscheidet. Siehe hierzu auch Holler, 20. Juli 1944, S. 140 f.
[34] Baur, Das ungeliebte Erbe, S. 86 f.; Frei, Erinnerungskampf, S. 495. Zu dem Gesamtkomplex siehe auch Mommsen, Die Geschichte des deutschen Widerstands, S. 4; und Klausa, Klemens von Klemperer. Ein Lebensbild, S. 22.
[35] Frei, Erinnerungskampf, S. 504.

Schon bald nach Kriegsende hatten sich Angehörige der ermordeten Verschwörer zusammengefunden, um gemeinsam die Erinnerung an die Opfer des Widerstands zu pflegen, sich gegenseitig in oft bitterer Not beizustehen und auch, um im In- und Ausland um Unterstützung für jene zu werben, die zunächst durch alle Maschen des ohnehin wenig tragfähigen sozialen Netzes fielen.[36] Eine zentrale Rolle spielte dabei die Familie des Grafen Carl-Hans von Hardenberg, der zwar die Gestapohaft und den Krieg überlebt hatte, aber von seinem Familiensitz in Neuhardenberg östlich von Berlin (alsbald umbenannt in »Marxwalde«) vertrieben worden war. So entstand das »Hilfswerk 20. Juli 1944«, bald aus steuerrechtlichen Gründen umorganisiert in die »Stiftung Hilfswerk 20. Juli 1944«;[37] ab 1951 leistete die Bundesregierung finanzielle Unterstützung für die Familien der ermordeten Widerständler in Form eines jährlichen Zuschusses an diese Stiftung.

Nach der Behebung der dringendsten Not trat Anfang der 1950er Jahre die Frage nach einem angemessenen Widerstandsbild der deutschen Öffentlichkeit in den Vordergrund. Die Stiftung konnte es sich als Erfolg anrechnen, dass im Sommer 1952 erstmals der West-Berliner Senat eine Gedenkfeier im Bendlerblock ausrichtete, bei der der Regierende Bürgermeister Ernst Reuter sprach. Auch der Umbau des Hinrichtungsschuppens im Gefängnis Berlin-Plötzensee zu einem Gedenkort 1954 gehört in diesen Zusammenhang;[38] und dass Bundespräsident Heuss am 19. Juli 1954 in Berlin redete, entsprach einem Wunsch des Vorstands der Stiftung.[39]

Auch lag es der Stiftung daran, Vorbereitungen für eine in ihrem Sinne angemessene wissenschaftliche Aufarbeitung zu schaffen. Zum Umfeld der Stiftung gehörte der Freiburger Historiker Gerhard Ritter, der mit dem im Widerstand umgekommenen ehemaligen Leipziger Oberbürgermeister Carl Friedrich Goerdeler befreundet gewesen war. Ihm sowie dem Althistoriker Alexander Graf Stauffenberg, dem Bruder von Claus und Berthold, übertrug die Stiftung die Aufgabe, zunächst einmal alles verfügbare Material zu sammeln.[40] Diese Zusammenarbeit erwies sich als wenig ergiebig: Stauffenberg konzentrierte sich auf seine althistorischen Studien,[41] und Ritters 1954 erstmals erschienenes Buch beschränkte sich auf eine Biografie Goerdelers. Erst Anfang der 1960er Jahre unternahm die Stiftung einen erneuten Anlauf, einen Historiker mit einer Gesamtdarstellung zu beauftragen. Sie wählte dazu einen Schüler von Franz Schnabel und auch von Hans Rothfels aus, den Tübinger Historiker Peter Hoffmann.[42] Über mehrere Jahre zahlte die Stiftung Hoffmann einen Unterhaltsbeitrag und die anfallenden Sachkosten. Allerdings verweigerte sich Hoffmann dem Ansinnen der Stiftung, die Inhalte seiner Arbeit zu kontrollieren, obwohl es darüber und

---

[36] Toyka-Seid, Gralshüter; Aretin, Die Enkel des 20. Juli 1944, S. 49–60.
[37] Hardenberg, Auf immer neuen Wegen, S. 136 f.
[38] Schuppener, Das Gedenken an den 20. Juli 1944, S. 105 f.
[39] Stiftung Hilfswerk 20. Juli 1944, Protokoll der Vorstandssitzung vom 28.11.1953, GDW, Stiftung 20. Juli 1944, Bd 67 Kuratorium/Vorstand.
[40] Stiftung Hilfswerk 20. Juli 1944, Protokoll einer Sitzung vom 4.2.1950, IfZ, ED 715/1, fol. 2, Stiftung Hilfswerk 20. Juli 1944. Rundschreiben 1946–1971, Bd 1.
[41] Christ, Der andere Stauffenberg, S. 62–80.
[42] Schreiben Dr. Walter Bauer an die Professoren Bergstraesser, Eschenburg und Rothfels vom 25.6.1962; Schreiben Prof. Dr. Hans Rothfels an Dr. Walter Bauer, beide in GDW, Stiftung 20. Juli 1944, Bd 117 Peter Hoffmann.

II. Opposition und Widerstand gegen Hitler

über eine mögliche Rückzahlung des Zuschusses aus den Verlagshonoraren beinahe zum Rechtsstreit gekommen wäre;[43] lediglich dem Verhandlungsgeschick und dem Realismus des Verfassungsrichters Fabian von Schlabrendorff, selbst Angehöriger der Verschwörung im Stab der Heeresgruppe Mitte und langjähriger »Rechtswahrer« der Stiftung, gelang es, einen Eklat zu vermeiden.[44] Im Ergebnis erschien 1969 die voluminöse Gesamtdarstellung »Widerstand – Staatsstreich – Attentat«, deutlich umfassender als dies der Stiftung ursprünglich vorgeschwebt hatte, aber in vieler Hinsicht das grundlegende Standardwerk zum nationalkonservativen Widerstand.

Eine Gelegenheit, die Haltung der deutschen Öffentlichkeit zum Widerstand nachhaltig zu beeinflussen, ergab sich infolge des Wahlkampfs der Sozialistischen Reichspartei (SRP), einer klar nationalsozialistisch eingestellten Partei. Ihren Schwerpunkt hatte sie in Niedersachsen, wo ihr Zugpferd im Landtagswahlkampf des Jahres 1951 jener Generalmajor a.D. Otto Ernst Remer war, der am 20. Juli 1944 das Wachbataillon in Berlin befehligt hatte. Seine eigene Beteiligung an der Niederschlagung des Staatsstreichversuchs hatte Remer immer wieder deutlich und auch übertreibend herausgestellt, dabei zugleich die Angehörigen des nationalkonservativen Widerstands diffamiert: »Diese Verschwörer sind zum Teil in starkem Maße Landesverräter gewesen, die vom Auslande bezahlt wurden.«[45]

Der Generalstaatsanwalt in Braunschweig, der aus dem Exil zurückgekehrte jüdische Jurist Fritz Bauer, nahm diese Formulierung zum Anlass für eine Anklage wegen Beleidigung des Ansehens Verstorbener und übler Nachrede, wenn auch gegen erhebliche Widerstände in seiner eigenen Dienststelle.[46] Bauers Absicht war es jedoch, über den konkreten Einzelfall hinaus die Legitimität widerständigen Handelns gegen den Nationalsozialismus und den Krieg quasi gerichtlich feststellen zu lassen.[47] Es ging ihm um eine moralische Rechtfertigung von Widerstand. Um seine Anklage zu untermauern, bot Bauer eine ganze Reihe von Sachverständigen auf. Seiner Zielsetzung entsprach es, dass er neben einem Historiker insgesamt drei Moraltheologen als Sachverständige benannt hatte. Der Historiker war zudem der Göttinger Professor für Mittelalterliche Geschichte Percy Ernst Schramm, der also weniger als Fachhistoriker für das Dritte Reich und den Zweiten Weltkrieg, sondern vielmehr als Zeitzeuge geladen war: Schramm hatte während des Zweiten Weltkrieges das Kriegstagebuch des Oberkommandos der Wehrmacht geführt.[48] Er sagte nun zu der Frage aus, ob der Krieg im Sommer 1944 noch zu gewinnen gewesen wäre, und kam zu dem Ergebnis, dass die Niederlage damals bereits unabwendbar gewesen sei:

---

[43] Vereinbarung Stiftung Hilfswerk 20. Juli 1944 mit Dr. Peter Hoffmann vom 5.5.1967, GDW, Stiftung 20. Juli 1944, Bd 117 Peter Hoffmann.
[44] Schreiben Dr. Peter Hoffmann, Cedar Falls, Iowa, an Dr. Fabian von Schlabrendorff vom 5.9.1968, GDW, Stiftung 20. Juli 1944, Bd 117 Peter Hoffmann.
[45] Urteil des Landgerichts Braunschweig vom 15.3.1952 in der Strafsache gegen Generalmajor a.D. Remer wegen übler Nachrede, Az 1 K Ms 13/51, abgedr. in: Die im Braunschweiger Remerprozeß erstatteten moraltheologischen und historischen Gutachten, S. 105–136, hier S. 107; Rütters, Zur Instrumentalisierung des »20. Juli 1944«, S. 533.
[46] Zu Bauer siehe Wojak, Fritz Bauer, hier vor allem S. 265–283.
[47] Kleine, Der geschichtspolitische Ort des 20. Juli 1944.
[48] Kriegstagebuch des Oberkommandos der Wehrmacht.

>Wie man die Dinge auch dreht und wendet, von welcher Ebene aus, aus welchem Sektor heraus man auch den Krieg betrachten mag; der Krieg war am 20. Juli 1944 verloren. Die Schlusskatastrophe war gewiss – nur über ihr Datum konnte man noch streiten.«[49]

Dieser Zeitzeugenbewertung standen die drei Theologen gegenüber: Professor Dr. Hans-Joachim Iwand aus Bonn und, ebenfalls aus Göttingen, Professor Dr. Ernst Wolf, dazu der katholische Moraltheologe Professor Dr. Rupert Angermair aus Freising. Aus der Sicht ihrer Disziplin nahmen sie Stellung zu der ethischen Berechtigung des Tyrannenmordes; alle drei kamen – bei Nuancen im Einzelnen – zu dem Schluss, den Angermair so auf den Punkt brachte: »Die Männer des 20. Juli sind, soweit es auf ihre sittliche Absicht und Haltung ankommt, verteidigt.«[50]

Bauer lieferte am Ende der Verhandlung ein furioses Plädoyer, das in der Feststellung gipfelte:

>Am 20. Juli war das deutsche Volk total verraten, verraten von seiner Regierung, und ein total verratenes Volk kann nicht mehr Gegenstand eines Landesverrats sein. Genauso wenig, wie man einen toten Mann durch einen Dolchstoß töten kann.«[51]

Allerdings gab es gegen Bauers Position Protest unter anderem vonseiten jener, denen es beim Reden über Widerstand vorrangig auf den »sittlichen und politischen Kern des Problems« ankam, wie etwa Hans Rothfels.[52]

Remer wurde zu drei Monaten Gefängnis ohne Bewährung verurteilt. Entscheidend in den Auswirkungen war, dass sich zum ersten Mal ein deutsches Gericht auf die Seite der Verschwörer gestellt und deren Ehrenhaftigkeit bestätigt hatte.[53] In unserem Kontext ist jedoch wichtig, dass es sich hier weit überwiegend um eine Argumentation auf der moralischen Ebene handelte – die Sachaufklärung der Vorgänge vom 20. Juli 1944 stand keineswegs im Vordergrund, sondern ihre Bewertung. Freislers Angriffe auf die »ehrlosen [...] Verräter« strukturierten auch jetzt noch den Diskurs, und sei es nur, dass sie das definierten, was es zu widerlegen galt.

Diese Linie hielt sich die gesamten 1950er Jahre. Die ihr entsprechenden Buchtitel sind bereits genannt worden. Die Rede von Bundespräsident Heuss am 19. Juli 1954 in Berlin aus Anlass des zehnten Jahrestages, aber wohl auch in Reaktion auf die Niederschlagung des Volksaufstandes vom 17. Juni 1953 ein gutes Jahr zuvor, bewegte sich in diesem Begriffsfeld:[54]

>Der Sinn dieser Stunde kann nicht sein, ein Geschichtsbild jener Vorgänge zu entwerfen, die zu dem 20. Juli 1944 führten, und dabei den Beitrag, die Haltung der einzelnen Männer zu charakterisieren.«

---

[49] Gutachten Prof. Dr. Percy Ernst Schramm, in: Die im Braunschweiger Remerprozeß erstatteten moraltheologischen und historischen Gutachten, S. 63–81, hier S. 80.
[50] Prof. Dr. Rupert Angermair, Moraltheologisches Gutachten über das Widerstandsrecht nach katholischer Lehre, in: Die im Braunschweiger Remerprozeß erstatteten moraltheologischen und historischen Gutachten, S. 29–39, hier S. 38.
[51] Bauer, Eine Grenze hat Tyrannenmacht, S. 195.
[52] Johst, Begrenzung des Rechtsgehorsams, S. 81, mit weiteren Belegen.
[53] Wassermann, Zur juristischen Bewertung.
[54] Heuss, Bekenntnis und Dank. Zur Einordnung siehe Cornelißen, Der 20. Juli 1944 in der deutschen Erinnerungskultur, S. 16, 25; sowie Steinbach, Gescheitert, S. 737.

II. Opposition und Widerstand gegen Hitler

Dann griff Heuss – wie zwei Jahre zuvor Fritz Bauer – auf Schillers »Wilhelm Tell« zurück und zitierte Stauffacher:
> »Nein, eine Grenze hat Tyrannenmacht,
> Wenn der Gedrückte nirgends Recht kann finden,
> Wenn unerträglich wird die Last – greift er
> Hinauf getrosten Mutes in den Himmel,
> Und holt herunter seine ew'gen Rechte,
> Die droben hangen unveräußerlich,«[55]

um mit dem Bekenntnis zu schließen: »Das Vermächtnis ist noch in Wirksamkeit, die Verpflichtung noch nicht eingelöst.« Auch hier ging es um die moralische Berechtigung und sogar Verpflichtung zum Widerstand, unter explizitem Außerachtlassen einer wissenschaftlich-aufklärerischen Herangehensweise.

Dies galt nicht nur für den militärischen Widerstand des 20. Juli 1944. Inge Aicher-Scholl etwa, die sich zur Sachwalterin des Andenkens ihrer ermordeten Geschwister gemacht hatte, sammelte gezielt alles verfügbare Material, auch mit dem Ziel, den Diskurs über die »Weiße Rose« zu kontrollieren und in ihrem Sinne auszurichten. Zeit ihres Lebens stand sie den professionellen Historikern mit ihrer völlig anders gearteten Herangehensweise ablehnend gegenüber.[56]

Es ist schwierig, die Entwicklung der Forschung und jene der politischen, gesellschaftlichen und militärischen Wahrnehmung (wie unten in Kapitel X.1 dargestellt) sauber zu trennen, denn auch die wissenschaftliche Aufarbeitung verlief nicht im luftleeren Raum, sondern unter spezifischen und zeitbedingten Entwicklungen:

> »Fragestellungen der Widerstandsgeschichte entwickelten sich immer wieder aus öffentlich ausgetragenen Kontroversen, in denen deutlich wurde, dass die beiden deutschen Staaten, aber auch Konfessionen und Parteien, Verbände und selbst Regionen widerstandsgeschichtliche Traditionen zu entwickeln versuchten. Diese Bestrebungen beeinflussten die Forschung, wirkten auf die öffentlichen Debatten zurück und veränderten im Laufe von mehr als sieben Jahrzehnten das Bild des Widerstands.«[57]

Selbst die nach dem Krieg wiedererstandene SPD kam anfangs der 1950er Jahre zu einer Position, in der sie den klassen- und schichtenübergreifenden Charakter des Aufstands vom 20. Juli 1944 betonte und den nationalkonservativen Widerstand damit zumindest teilweise für sich reklamieren konnte. Fritz Erler schrieb 1951, es entstehe eine »Legende«, »die den Widerstand zur alleinigen Sache der konservativen Reaktion und des christlichen Klerus erkläre«.[58] Immerhin hatten sich auch Männer wie der Sozialdemokrat Julius Leber an der Verschwörung beteiligt, und vor allem im Kreisauer Kreis war durchaus sozialistisches Gedankengut entwickelt worden. Allerdings gelang der SPD dieser Anschluss an den »20. Juli« um den Preis, den genuin sozialdemokratischen Arbeiterwiderstand zeitweise aus dem Blick zu verlieren.[59]

Das alles änderte nichts daran, dass – Umfrageergebnissen zufolge – ein erheblicher, allerdings konstant abnehmender Anteil der Bevölkerung noch die ge-

---

[55] Friedrich Schiller, Wilhelm Tell, 2. Akt, 2. Aufzug.
[56] Hikel, Sophies Schwester.
[57] Steinbach, Gescheitert, S. 737.
[58] Meyer, Die SPD und die NS-Vergangenheit, S. 197.
[59] Ebd., S. 192–199.

samten 1950er Jahre hindurch Attentat und Staatsstreichversuch als »Verrat« ablehnte, wobei diese Ablehnung bei ehemaligen Berufsoffizieren regelmäßig etwa doppelt so hoch war wie bei der Gesamtbevölkerung.[60]

Die Auswirkungen des 20. Juli 1944 auf den Aufbau und die innere Verfasstheit der jungen Bundeswehr werden später noch zu diskutieren sein. Hier sei aber jetzt schon verwiesen auf den Tagesbefehl, mit dem Generalinspekteur Adolf Heusinger, damals als Chef der Operationsabteilung des Generalstabs des Heeres von Stauffenbergs Bombe selbst verwundet, im Lazarett wegen vermuteter Mitwisserschaft verhaftet, letztlich aber freigelassen, im Sommer 1959 die westdeutsche Armee auf die Tradition des »Aufstands des Gewissens« einschwor:

> »Die Tat des 20. Juli 1944 – eine Tat gegen das Unrecht und gegen die Unfreiheit – ist ein Lichtblick in der dunkelsten Zeit Deutschlands [...] Das christlich-humanistische Verantwortungsbewusstsein, das diesen Entschluss bestimmte, gab ihrem Märtyrertum die Weihe.«[61]

Entsprechend stellte das Militärgeschichtliche Forschungsamt der Bundeswehr noch 1984 seine Wanderausstellung unter den Titel »Aufstand des Gewissens«, wobei der Begleitband doch schon ein erhebliches Maß an wissenschaftlicher Analyse bot.[62]

3. Historisierung – weg von der moralisierenden Betrachtung

Die Forschung auf diesem Gebiet ist immer stark abhängig gewesen von den zu einem bestimmten Zeitpunkt zur Verfügung stehenden Quellen.[63] Parallel zu den ersten Darstellungen erschienen bereits die Erinnerungen Beteiligter. Hierzu gehörte etwa Rommels Generalstabschef Generalleutnant a.D. Hans Speidel, der 1949 unter Mitwirkung von Ernst Jünger seinen Feldmarschall als zentralen Verschwörer darstellte und den Eindruck erweckte, ohne Rommels schwere Verwundung am 17. Juli 1944 hätte der frühere »Wüstenfuchs« den Krieg an der Westfront beenden können.[64] Die Verschwörung im Bereich der Heeresgruppe Mitte hatte die Gestapo nur sehr unvollständig aufklären können; infolgedessen gab es aus dieser Gruppe mehrere Überlebende, die ihre Sicht der Dinge öffentlich darlegen konnten.[65] Allein, auch deren Erinnerungen waren nicht

---

[60] Lockenour, Soldiers as Citizens, S. 165–171.
[61] Heusinger, Tagesbefehl.
[62] Der Band »Aufstand des Gewissens« ist in insgesamt fünf Auflagen erschienen (die erste 1984, die letzte 2000), wobei die späteren Auflagen erheblich mehr Material bieten als die früheren; im Folgenden wird nach der letzten (fünften) Auflage zitiert.
[63] Schulz, Nationalpatriotismus im Widerstand. Zu grundsätzlichen Aspekten der Quellenkritik in diesem Zusammenhang Hürter, Auf dem Weg zur Militäropposition, S. 528; und Heinemann, Der Widerstand gegen das NS-Regime und der Krieg an der Ostfront, S. 49.
[64] Speidel, Invasion 1944.
[65] Die wesentlichen publizierten Quellen sind Gersdorff, Soldat im Untergang; Schlabrendorff, Offiziere gegen Hitler (erste Auflage 1946). Zu den verschiedenen öffentlichen Auftritten des Beteiligten Philipp Freiherr von Boeselager siehe Meding/Sarkowicz, Philipp von

II. Opposition und Widerstand gegen Hitler

unumstritten: Generalfeldmarschall Erich von Manstein etwa zwang Fabian von Schlabrendorff, einzelne Passagen seiner Memoiren in späteren Auflagen zu korrigieren; noch die Generation der Kinder ließ 1984 diesen Zwist wieder aufleben.[66] Neuere Forschungen haben ergeben, dass die weitgehend übereinstimmenden Aussagen Schlabrendorffs und Gersdorffs über die Mordaktionen im Verantwortungsbereich der Heeresgruppe Mitte 1941 nicht den Tatsachen entsprechen,[67] wie überhaupt vor allem Gersdorffs Memoiren mit großer Vorsicht zu betrachten sind:

»Gersdorffs *Soldat im Untergang* ist – um mit der am häufigsten zitierten Quelle gesondert zu beginnen – schlichtweg das, was es eigentlich ist: ein Zeugnis aus der Zeit nach dem Zweiten Weltkrieg.«[68]

Es zeigt sich am konkreten Beispiel das bereits oben Gesagte: dass nämlich im Bereich der Widerstandsgeschichte Zeitzeugenaussagen offenkundig mit besonderer quellenkritischer Sorgfalt zu nutzen sind.[69]

Die Familie des deutschen Botschafters in Rom Ulrich von Hassell, des führenden Außenpolitikers unter den Nationalkonservativen, edierte bereits 1946 in Zürich die erhaltenen Tagebücher ihres ermordeten Vaters, allerdings gekürzt;[70] der volle Text war erst 1988 zugänglich.[71]

Die Quellenlage war auch dadurch verzerrt, dass als Zeitzeugen fast nur Männer (und wenige Frauen) aus der Peripherie der Verschwörung zur Verfügung standen; der personelle Kern des Umsturzversuchs war ermordet worden oder hatte sich unter dem Druck der Ereignisse das Leben genommen. Darauf wies der Überlebende Gottfried Freiherr von Falkenhausen bereits im November 1945 in einem Leserbrief an den Konstanzer Südkurier hin, der sich der Widerstandsthematik besonders engagiert angenommen hatte.[72]

Überlebt hatten auch einige Zeitzeugen, welche die Ereignisse miterlebt hatten, aber nicht an der Verschwörung beteiligt gewesen waren. Es kann nicht überraschen, dass einige von ihnen zu der Zeit, als die öffentliche Bewertung des Widerstands eindeutiger positiv wurde, ihre eigene Rolle etwa bei der Niederschlagung herunterspielten oder gar ganz leugneten. Der Oberst a.D. Karl Pridun, wegen seiner Rolle am Nachmittag des 20. Juli 1944 im Bendlerblock vorzeitig zum Oberst befördert, schrieb etwa 1953 an Eberhard Zeller:

    Boeselager; sowie Heinemann, Georg und Philipp von Boeselager. Zur Quellenlage zum Widerstand an der Ostfront allgemein Keyserlingk-Rehbein, Nur eine »ganz kleine Clique«?, S. 231.

[66] Abschrift eines Schreibens von Manstein an Schlabrendorff, mit Anlage: Richtigstellung vom 1.7.1952, IfZ, ZS/A 31 (Bestand Scheurig), Bd 3; Breithaupt, Zwischen Front und Widerstand, S. 83 und S. 119, Anm. 9.

[67] Hürter, Militäropposition und Judenmord, S. 138 f.; eine detaillierte Untersuchung findet sich bei Hiemann, Rudolf-Christoph Freiherr von Gersdorff.

[68] Hiemann, Rudolf-Christoph Freiherr von Gersdorff, S. 82.

[69] Heinemann, In den Herzen der Deutschen, S. 199; pointierter bei Ringshausen, Kuriergepäck und Pistolen, S. 416.

[70] Hassell, Vom andern Deutschland.

[71] Im Folgenden wird daher aus dieser wissenschaftlichen Edition zitiert: Hassell, Die Hassell-Tagebücher 1938–1944.

[72] G. Freiherr von Falkenhausen, Badenweiler, an Schriftleitung des Südkuriers, Konstanz, 29.11.1945 [Durchschlag], IfZ, ED 88/1, fol. 31–36.

»Wenn nun in verschiedenen literarischen Erzeugnissen meine Handlungsweise am 20. Juli aus irgendwelchen mir nicht näher bekannten Motiven so dargestellt wird, als ob ich aktiv eine sogenannte Gegenaktion geleitet hätte, so stellt dies eine vollkommene Verdrehung der Tatsachen und üble Verleumdung dar.«[73]

Kein Ego-Dokument waren die 1961 erstmals vom rechtslastigen »Archiv Peter« unter dem Titel »Spiegelbild einer Verschwörung« herausgegebenen Ermittlungsberichte der Gestapo für Hitler, auch »Kaltenbrunner-Berichte« genannt. Hier wäre eine besondere quellenkritische Vorsicht erforderlich gewesen: Die Verschwörer waren gefoltert worden, sodass schon der Stellenwert ihrer Aussagen zweifelhaft scheinen musste. Die hier abgedruckten Dokumente waren aber keineswegs die originalen Vernehmungsprotokolle,[74] sondern das, was die Gestapo daraus für Hitler destillierte – eine Gestapo, die ihrerseits am Tage des Umsturzversuches keine gute Figur gemacht hatte. Immer wieder spürt der aufmerksame Leser, dass die Gestapo ihre eigenen Versäumnisse im Vorfeld zu beschönigen oder doch zu entschuldigen suchte.[75] Die Kritik der Fachleute an der Publikation, die eindeutig das Ziel verfolgte, die verhafteten Hitlergegner zu diskreditieren, war einhellig.[76] Unter den Angehörigen der Getöteten war die Ablehnung besonders stark:

»der Autor ist Obersturmbannführer von Ki[e]lpinski. Er will mit seinem Bericht Hitler die Größe der Gefahr zeigen, will die Beteiligten herabsetzen und will Gruppen innerhalb der nationalsozialistischen Führung treffen: Ley, Göring und andere. Es sind kluge Berichte, aber sie sind nicht objektiv.«[77]

Hans Rothfels verstärkte die Reihen der Kritiker, obwohl man ihm entgegenhalten konnte, dass auch das Institut für Zeitgeschichte über die Dokumente verfügte und selbst keine Edition veranstaltet hatte.[78]

Die Quellenbasis zur Erforschung des militärischen Widerstands hat in den Jahren nach dem Ende des Kalten Krieges noch einmal eine Erweiterung erfahren. Die politischen Entwicklungen nach dem Zerfall der Sowjetunion haben einzelne Stücke aus sowjetischen Archiven bekannt werden lassen, vor allem solche, die im Zusammenhang mit dem in sowjetische Kriegsgefangenschaft geratenen Verschwörer Major i.G. Joachim Kuhn stehen.[79] Auch hat eine genauere

---

[73] Generalsekretär Karl Pridun, Bregenz, Betr.: 20. Juli 1944. Anschreiben an Eberhard Zeller, undatiert, und Stellungnahme vom 30.10.1953, IfZ, ZS 1769, fol. 9.
[74] Spiegelbild einer Verschwörung. Die Kaltenbrunner-Berichte (1961); im Folgenden wird aus der erweiterten, aber nur unwesentlich besser kommentierten Fassung von 1984 zitiert. Siehe auch Kiesel, SS-Bericht, S. 35.
[75] So etwa Spiegelbild einer Verschwörung, S. 524 (12.12.1944), wo die »weitverzweigten Verbindungen« der Verschwörer als Begründung dafür angeführt werden, dass selbst Verhaftete weiter mit den anderen Oppositionellen kommunizieren konnten.
[76] Booms, Bemerkungen zu einer fragwürdigen Quellenedition; siehe hierzu auch Jacobsen, Die »Sonderkommission 20. Juli«. Aktueller: Ramm, Kritische Analyse.
[77] Stiftung Hilfswerk 20. Juli 1944: Vortrag von Herrn Emil Henk, Der 20. Juli 1944 mit den Augen der Gestapo [gehalten in Frankfurt im Rahmen eines Jugendtreffens des Hilfswerks im April 1962], IfZ, ED 715/2. Stiftung Hilfswerk 20. Juli 1944. Rundschreiben 1946–1971, Bd 2, fol. 8.
[78] Holler, 20. Juli 1944, S. 142.
[79] Chavkin/Kalganov, Neue Quellen; Hoffmann, Tresckow und Stauffenberg; Hoffmann, Oberst i.G. Henning von Tresckow. Zu dem Gesamtkomplex vor allem Hoffmann, Stauffenbergs Freund.

II. Opposition und Widerstand gegen Hitler

Archivrecherche noch mehrere Vernehmungsprotokolle, Anklageschriften und Urteile gegen die Angehörigen der Umsturzbewegung zutage gefördert.[80] Die Abhörprotokolle vor allem aus Kriegsgefangenenlagern in Großbritannien noch während des Krieges haben bessere Einblicke in die Denkweise der nicht an der Umsturzplanung beteiligten deutschen Offiziere ermöglicht – und dabei den einen oder anderen Hinweis auf tatsächliches Widerstandsgeschehen gegeben.[81]

Die Quellenbasis hat sich dadurch vertieft, aber nicht revolutionär verändert. Sie erlaubt ein besseres, umfassenderes Verständnis, hat jedoch in Kernfragen zu keiner grundsätzlichen Neubewertung des militärischen Widerstands geführt.

Erste Ansätze zu einer kritischen Forschung ergaben sich im Wesentlichen erst in den 1960er Jahren, die ja allgemein durch einen ersten Historisierungsschritt des Dritten Reiches geprägt waren: »in the name of sobriety and objectivity, to define research as a task in which memory had to be transformed and transmuted into history.«[82]

Zu unserer Fragestellung des nationalkonservativen Widerstands publizierten die beiden zeitweise am Institut für Zeitgeschichte in München tätigen Historiker Hermann Graml und Hans Mommsen 1966 in einem Sammelband zwei Aufsätze, in denen sie erstmals nach den politischen Zielvorstellungen des nationalkonservativen Widerstands fragten.[83] Dabei machte Hermann Graml deutlich, dass Männer wie Ulrich von Hassell und Carl Goerdeler außenpolitischen Vorstellungen angehangen hatten, die zum Teil auf das Kaiserreich zurückgingen und die zudem im Sommer 1944 völlig unrealistisch waren. Zwar war es dem nationalkonservativen Widerstand um einen friedlichen Ausgleich in Europa zu tun, aber dieser sollte doch unter der Prämisse einer deutschen Hegemonie stehen.[84] Ebenso stellte Hans Mommsen klar, dass gesellschafts- und staatspolitisch der Aufstandsversuch vom 20. Juli 1944 keineswegs in einer geraden Linie zum parlamentarisch-demokratischen System der Bundesrepublik gestanden hatte. Vielmehr hatten sich in den teils quälend langen konspirativen Diskussionen überwiegend ständestaatliche oder auch monarchistische Vorstellungen durchgesetzt. Die politischen Vorstellungen gingen indes weit auseinander; der Kreisauer Kreis etwa vertrat eher sozialistische Vorstellungen oder solche, die in einer Nähe zur katholischen Soziallehre standen. Unter den Verschwörern herrschte weitgehende Übereinstimmung darin, dass das parlamentarische System zu einer »Vermassung« und damit einer Auflösung der individuellen Verantwortung geführt hatte und deshalb in den meisten mitteleuropäischen Staaten gescheitert war.[85]

---

[80] Keyserlingk-Rehbein, Nur eine »ganz kleine Clique«?, S. 63–96.
[81] Neitzel, Abgehört; Neitzel/Welzer, Soldaten.
[82] Berg, Nicolas, The Holocaust and West German Historians, S. 96. Siehe auch Müller, Die deutsche Militäropposition, S. 101.
[83] Graml, Die außenpolitischen Vorstellungen des deutschen Widerstandes; Mommsen, Gesellschaftsbild und Verfassungspläne.
[84] Siehe auch Heinemann, Außenpolitische Illusionen des nationalkonservativen Widerstands.
[85] Zur Einordnung in das zeitgeschichtliche Umfeld Wildt, Geschichte des Nationalsozialismus, S. 8–10.

Mit solchen Forschungsansätzen begann eine erste Phase der »Historisierung« auch des Widerstands.[86] Ger van Roon publizierte seine große Arbeit über den Kreisauer Kreis,[87] Christian Petry veröffentlichte gegen den erheblichen Protest von Inge Aicher-Scholl eine erste wissenschaftliche Arbeit über die »Weiße Rose«,[88] und 1969 legte Peter Hoffmann seine in ihrer Detaillierung bis heute unerreichte, ereignisgeschichtlich orientierte Gesamtgeschichte des bürgerlichen und militärischen Widerstands vor.[89] Insgesamt führten die Studien dieser Jahre zu dem Ergebnis, so Mommsen,

> »dass die Verschwörer in aller Regel von der Absicht getragen waren, in ihrer Lebenszeit politisch zu gestalten und zu handeln, sodass es an den Tatsachen vorbeigeht, wenn man versucht, sie als Inbegriff moralischer Lebensführung zu schildern und alles, was damit nicht vereinbar erscheint, aus der Überlieferung zu tilgen.«[90]

Mommsen bezieht sich hier bezeichnenderweise allein auf das »politische« Gestalten.

Eine Frage allerdings blieb bei allen Diskussionen über die politische Programmatik des nationalkonservativen Widerstands zunächst ausgeklammert: Wie hatten die Angehörigen der zivilen und der militärischen Opposition zur Ausgrenzung und letztlich zur Ermordung der deutschen und europäischen Juden gestanden? Diese Frage warf 1983 Christof Dipper mit einem Artikel in »Geschichte und Gesellschaft« auf;[91] im Rahmen der bereits genannten Widerstandstagung 1984 in Berlin legte er seine Vorwürfe noch einmal ausführlicher dar: Die Angehörigen der Verschwörung seien durchaus so antisemitisch gewesen, wie es in großbürgerlichen Kreisen seinerzeit gesellschaftlich üblich war.[92] Auch hiergegen erhob sich naturgemäß Protest; die Debatte hielt über einen längeren Zeitraum an[93] und ist weder mit der Anregung Ekkehard Klausas, zwischen einem »leichten« und einem »schweren« Antisemitismus zu unterscheiden,[94] noch mit dem problematischen Rettungsversuch von Peter Hoffmann 2013 zu einem Ende gekommen.[95] Erneut stieß die Forderung nach Betrachtung der Verschwörer in ihrem gesellschaftlichen Kontext auf eine andere wissenschaftliche Tradition, nämlich sie allein als »Widerstandskämpfer« zu begreifen, sie damit aber eben auch ein Stück weit zu entpolitisieren.[96]

Ähnliches galt für eine Kontroverse, welche die beiden bedeutenden Widerstandshistoriker Peter Hoffmann und Klaus-Jürgen Müller in den späten 1980er

---

[86] Klemperer, Der deutsche Widerstand gegen den Nationalsozialismus. Gestaltwandel, S. 231.
[87] Roon, Neuordnung im Widerstand.
[88] Petry, Studenten aufs Schafott; zu der Rolle von Inge Aicher-Scholl siehe Hikel, Sophies Schwester, S. 183–188.
[89] Hoffmann, Widerstand – Staatsstreich – Attentat.
[90] Mommsen, Neuordnungspläne, S. 202 f.
[91] Dipper, Der deutsche Widerstand und die Juden; siehe dazu später Mommsen, Der Widerstand gegen Hitler und die nationalsozialistische Judenverfolgung, S. 348.
[92] Dipper, Der Widerstand und die Juden.
[93] Mommsen, Die moralische Wiederherstellung der Nation.
[94] Klausa, Ganz normale Deutsche.
[95] Hoffmann, Carl Goerdeler; siehe dazu u.a. meine Rezension in Sehepunkte 2014, 4.
[96] Klausa, Ganz normale Deutsche, S. 184.

II. Opposition und Widerstand gegen Hitler   21

Jahren ausfochten. Klaus-Jürgen Müller hatte dargelegt, dass General Ludwig Beck 1938 ganz in der Tradition des Generalstabs des Heeres gehandelt hatte, als er wegen Hitlers Kriegstreiberei zurücktrat.[97] Während Hoffmann darauf beharrte, Becks Rücktritt sei als erster Schritt in den Widerstand zu verstehen,[98] hatte Müller sich dem Generalstabschef aus der Perspektive einer umfassenderen Geschichte der Wehrmacht im NS-System genähert;[99] er betonte, Beck sei es 1938 um Militärpolitik, nicht um eine grundlegende Opposition gegen Hitler gegangen.[100] Man werde Beck nicht gerecht, wenn man ihn immer nur unter dem Aspekt seiner am Ende widerständigen Handlungsweisen betrachte. Es komme darauf an, nicht die politischen Umstände des Historikers der 1960er Jahre zum Maßstab zu machen, sondern Becks militärische Sozialisation und seine Rolle im Machtsystem der Zeit.[101] Hier war erstmals die militärische Dimension widerständigen Handelns eigenständig thematisiert.

Die Kontroverse zwischen Hoffmann und Müller war in der Sache hart, in der Form aber verbindlich und wissenschaftlich-nüchtern geführt worden. Emotionaler ging es 1995 zu, als der Historiker Christian Gerlach in dem Begleitband zu der insgesamt umstrittenen Ausstellung »Vernichtungskrieg. Verbrechen der Wehrmacht« den Angehörigen der Verschwörung in der Heeresgruppe Mitte eine Beteiligung an den Verbrechen in den besetzten sowjetischen Gebieten unterstellte – oder zumindest doch ein vertieftes Wissen darüber.[102] Damit begann eine umfassende Diskussion, in welchem Maße und in welcher Weise die militärischen Verschwörer nicht nur »Opfer«, sondern auch »Täter« waren (siehe unten Kapitel VI.6). Hier stand aber wiederum auf einer moralischen Ebene deren Traditions-»Würdigkeit« zur Debatte; Gerlach hatte am Ende seines Aufsatzes die Richtung vorgegeben:

»Die Ehrungen im Jahr 1994 zum 50. Jahrestag des Hitlerattentats haben gezeigt, dass ›der 20. Juli‹ in der Bundesrepublik Deutschland eine staatswichtige Angelegenheit ist. Und die Beteiligten werden weiter geehrt werden, einschließlich aller Widerständler aus der Heeresgruppe Mitte. Nur sollte jeder wissen können, wen man ehrt.«[103]

Auch hier ging es – im Gewande einer Ausstellung und eines Begleitbandes – weniger um Erforschung als darum, ob eine Ehrung heute noch zu rechtfertigen sei.

Die Erforschung des militärischen Widerstands gegen den Nationalsozialismus konnte letztlich ihren Ort nur im Gesamtzusammenhang der Geschichte des Dritten Reiches und des Zweiten Weltkrieges finden. Die Rückgabe der hierfür benötigten Akten durch die Westalliierten begann erst in den 1960er Jahren und war nicht vor Anfang der 1970er abgeschlossen. Bis dahin bestimmten die Memoiren

---

[97] Müller, General Ludwig Beck. Studien und Dokumente.
[98] Hoffmann, Generaloberst Ludwig Becks militärpolitisches Denken.
[99] Müller, Das Heer und Hitler.
[100] Müller, Militärpolitik, nicht Militäropposition!
[101] Lamberti, The Search for the »Other Germany«, S. 417.
[102] Gerlach, Männer des 20. Juli; später (2000) noch einmal auf die Kritik eingehend: Gerlach, Hitlergegner.
[103] Gerlach, Männer des 20. Juli, S. 441.

deutscher Feldmarschälle weitgehend die Wahrnehmung des Krieges.[104] Hinzu kamen die Arbeiten jener bereits genannten ehemaligen deutschen Generale, die unter Führung des früheren Generalstabschefs Halder in amerikanischen Diensten operative Studien erstellten, dabei aber sehr wohl auch ihr eigenes Interesse an einer »Sauberhaltung« des Andenkens des Generalstabes verfolgten.[105] Die historische Fachwissenschaft hingegen hielt sich, was Untersuchungen zum militärischen Geschehen des Krieges anging, lange bedeckt. Die »amtliche« Militärgeschichtsschreibung der Bundeswehr begann ihre Auseinandersetzung mit der Wehrmacht mit Studien zum Verhältnis von Militär und NS-Regime während der »Friedensjahre« 1933-1939.[106]

Die bis dahin erschienenen wissenschaftlichen Arbeiten zur Widerstandsgeschichte konnten insofern die Einbettung des von ihnen beschriebenen Geschehens in eine umfassende Geschichte des Zweiten Weltkriegs nicht leisten; bereits 1949 beklagte Gerhard Ritter die schlechte Quellenlage:

»Alle Quellen und Unterlagen der Zeit von 1919 bis 1945 sind ins Ausland (Washington, London, Moskau) gebracht worden, sodass man in Deutschland nicht einmal in der Lage ist, die Geschichte der eigenen Katastrophe zu schreiben.«[107]

Daraus resultiert wohl jene seltsame Spaltung zwischen der damals noch nicht zu schreibenden Militärgeschichte und einer »integralen« Widerstandsgeschichte, die vor allem Klaus-Jürgen Müller immer wieder bedauert hat.[108]

Analog zu den bereits früher erschienenen offiziellen Geschichtswerken der Angloamerikaner, aber auch zur sowjetischen Reihe »Der Große Vaterländische Krieg« erarbeitete das Militärgeschichtliche Forschungsamt eine eigene quellengestützte Gesamtdarstellung, deren erster Band 1978 erschien.[109] Vor allem Band 4 löste in der Fachwelt scharfe Diskussionen aus: In aller Deutlichkeit wurde hier die Beteiligung der Wehrmacht an den deutschen Verbrechen in der Sowjetunion thematisiert, lange bevor die Ausstellung »Vernichtungskrieg. Verbrechen der Wehrmacht« diesen wissenschaftlichen Erkenntnisstand populär verbreitete.[110] Aber weder dort noch in Monografien zu Teilaspekten dieser verbrecherischen Kriegführung wurde die Beteiligung von Angehörigen des Widerstands thematisiert.[111] Angesichts des Anspruchs des Reihenwerks muss es als außerordentlich

---

[104] Zentral in diesem Zusammenhang Manstein, Verlorene Siege; Guderian, Erinnerungen eines Soldaten; Rommel, Krieg ohne Haß; sowie posthum von dem britischen Militärschriftsteller Basil H. Liddell Hart herausgegeben: Rommel, The Rommel Papers.

[105] Wegner, Erschriebene Siege; jetzt umfassender Howell, Von den Besiegten lernen?

[106] Grundlegend Messerschmidt, Die Wehrmacht im NS-Staat; Müller, Das Heer und Hitler.

[107] Hilfswerk 20. Juli 1944 [Protokoll einer Tagung des Kuratoriums in Wiesbaden am 7.2.1949, Datum unleserlich], IfZ, ED 715/1. Stiftung Hilfswerk 20. Juli 1944. Rundschreiben 1946-1971, Bd 1.

[108] Müller, Generaloberst Ludwig Beck, S. 9; Müller, Generaloberst Ludwig Beck. Eine Biographie, S. 13.

[109] Müller, Das Deutsche Reich und der Zweite Weltkrieg, v.a. S. 312-315.

[110] Förster, Das Unternehmen »Barbarossa« als Eroberungs- und Vernichtungskrieg. Eine polemische Kritik daran findet sich bei Proske, Wider den Missbrauch der Geschichte. Die immer wieder vorgebrachte Unterstellung, erst die Ausstellung »Vernichtungskrieg« habe die Erforschung dieser Thematik ausgelöst (siehe etwa Herbert, The Holocaust in German Historiography, S. 80) übersieht wichtige Teile der Forschungsgeschichte.

[111] Streit, Keine Kameraden.

II. Opposition und Widerstand gegen Hitler

bedauerlich erscheinen, dass die Reihe nach dem Erscheinen der ersten Bände in den 1970er Jahren so zögerlich fortgeführt wurde, dass eine Einordnung des militärischen Widerstands in den Kontext des Kriegsgeschehens, wiewohl von Anfang an beabsichtigt, bis in das neue Jahrtausend auf sich warten ließ.

Aber schon frühere Abschnitte legten Grundlagen für ein besseres Verständnis der militärischen Opposition, auch wenn sie zunächst nicht in diesen Kontext zu passen scheinen. Die großen Abschnitte in den Bänden 5/1 und 5/2 zum Umgang des NS-Regimes mit den personellen Ressourcen des Reiches[112] waren vorrangig auf eine Analyse der Gesamtkriegführung in diesem zentralen Handlungsfeld ausgerichtet. Eine zentrale Rolle bei der Formulierung und Umsetzung dieser Politik spielte allerdings eben jene Dienststelle des Befehlshabers des Ersatzheeres, die ab dem Herbst 1943 zur zentralen Koordinierungsstelle für den militärischen Widerstand wurde. Aus diesem Ansatz heraus erweiterte der Autor Bernhard R. Kroener dann mit seiner darauf fußenden umfangreichen Fromm-Biografie das Verständnis dafür, wie die während des Krieges sich verschärfenden Konflikte schon weit früher angelegt waren und welche militärisch-fachlichen Aspekte zunächst zu einer systemloyalen Alternativpolitik des Befehlshabers Fromm führten, aus der dann bei einigen seiner Untergebenen der Entschluss zum systemsprengenden Widerstand reifte.[113]

Kroeners Fromm-Biografie ist hierbei im Zusammenhang zu sehen mit einem weiteren Werk, das nur kurz danach erschienen ist: der ebenso bedeutenden Biografie des Generalobersten Beck, die der leider inzwischen verstorbene Klaus-Jürgen Müller vorgelegt hat.[114] Beide Arbeiten zeigen, wie ihre jeweiligen Protagonisten schon vor 1933 an militärischen und militärpolitischen Kontroversen beteiligt waren, die eine Kontinuität bis in den Sommer 1944 entfalteten.

Der Autor des hier vorliegenden Buches hat dann in Band 9/1 des Reihenwerks »Das Deutsche Reich und der Zweite Weltkrieg« das Widerstandsgeschehen während des Krieges detailliert aufbereitet.[115] Die Entscheidung der Herausgeber, das Thema »Widerstand« in dem Doppelband zur deutschen Kriegsgesellschaft 1939-1945 aufzugreifen, setzte gleichwohl einer Einordnung des militärischen Widerstands in das Kriegsgeschehen gewisse Grenzen. Zudem lagen wesentliche Forschungsergebnisse wie etwa die genannten Biografien zu Beck und Fromm damals noch nicht vor, die für genau eine solche Einordnung erheblichen Erkenntnisgewinn brachten. Dieses Buch ist daher der Versuch, das seinerzeit (2004) erarbeitete Wissen zu vertiefen, zu verbreiten und unter einer spezifisch militärgeschichtlichen Fragestellung kritisch weiterzuentwickeln. So wie die Widerstandsforschung im Allgemeinen einen Prozess der Historisierung durchlaufen hat, soll dies hier auch für die Analyse des militärischen Widerstandes versucht werden.[116]

---

[112] Kroener, Die personellen Ressourcen; und Kroener, Menschenbewirtschaftung.
[113] Kroener, Der starke Mann im Heimatkriegsgebiet; siehe auch meine Besprechung dazu in: Militärgeschichtliche Zeitschrift (MGZ), 65 (2006), S. 649 f.
[114] Müller, Generaloberst Ludwig Beck. Eine Biographie; und meine Rezension in MGZ, 67 (2008), S. 560.
[115] Heinemann, Der militärische Widerstand und der Krieg.
[116] Siehe die methodologischen Überlegungen bei Wette, Wir müssen etwas tun, S. 74 f.

Die Geschichtsschreibung zum Dritten Reich war lange von einer Tendenz geprägt, die NS-Herrschaft als das Werk des »Führers« Adolf Hitler anzusehen. Grob vereinfacht habe dieser in seinem programmatischen Buch »Mein Kampf« seine Absichten niedergelegt und diese dann Zug um Zug umgesetzt. Publizistisch führender Exponent dieser Richtung war wohl Joachim Fest.[117] Dem standen Historiker wie Martin Broszat und Hans Mommsen gegenüber, die nach jenen Umständen und Strukturen fragten, die es Hitler und seiner Umgebung ermöglicht hatten, ihre verbrecherische Politik umzusetzen; ein Ansatz, der als »strukturalistisch« oder – treffender – als »funktionalistisch« bekannt wurde. Mommsen etwa hatte schon früh in seiner Habilitationsschrift die Rolle der zivilen Funktionsträger im NS-Herrschaftssystem beschrieben und damit die Grundlagen für dessen Darstellung als »polykratische Struktur« gelegt,[118] diesen Interpretationsansatz aber nie für die militärische Seite des Machtapparats genutzt.[119] Auch wenn der Polykratiebegriff inzwischen nicht ohne Kritik geblieben ist,[120] so soll er hier doch auf das NS-Herrschaftssystem angewendet werden, denn er bezeichnet jene Wahrnehmung der Auflösung geregelter staatlicher Strukturen, die Beamte, Diplomaten und Offiziere in den Widerstand getrieben hat.

Der Widerstand von Soldaten gegen das NS-Regime und dessen Kriegführung ereignet sich aber genau in dem Geflecht solcher Strukturen. Es wird daher zu fragen sein, wo in den militärischen Herrschaftsstrukturen Widerstand entstanden ist, durch welche systeminternen Konflikte er begünstigt wurde und wie er sich auf die Machtstrukturen des Dritten Reiches letztlich ausgewirkt hat. Die miteinander rivalisierenden Strukturelemente des Regimes haben durch ihre Konkurrenz beim »working towards the Führer«[121] zu einer »kumulativen Radikalisierung«[122] geführt. Daher muss auch die zunehmende Verdrängung der Militärs von den Schalthebeln der Macht als Handlungsbedingung Teil einer Militärgeschichte des Widerstands sein. Dass die Radikalisierung nach innen sich als Folge des Umsturzversuchs noch verschärft hat, ist hier ebenso zu erwähnen.

Die Nationalkonservativen haben diesen Prozess sehr wohl intuitiv wahrgenommen, obwohl sie ihn nicht immer systematisch verstanden oder gar beschrieben haben. Die kumulative Radikalisierung als zunehmendes Vorgehen gegen Gruppen, die ursprünglich als Teile der »Volksgemeinschaft« gegolten hatten, darunter immer häufiger die »Reaktion«, ließ den Krieg vor allem seit seiner Ausweitung zum Weltkrieg 1941 zu einem anderen als jenem Konflikt werden, an dem teilzunehmen die konservativen Eliten ursprünglich bereit gewesen waren. Dass dieser Krieg auch »nach innen geführt« würde, hatte Hitler schon am

---

[117] Fest, Hitler. Zu Fest siehe Brechtken, Joachim Fest; ebenso Heinemann, In den Herzen der Deutschen, S. 194 f.
[118] Mommsen, Beamtentum im Dritten Reich; Mommsen, Hitlers Stellung im nationalsozialistischen Herrschaftssystem.
[119] Nolzen, Von der geistigen Assimilation, S. 71; siehe auch Wildt, Geschichte des Nationalsozialismus, S. 8–10; oder Fröhlich/Kranz, Generäle auf Abwegen?, S. 229.
[120] Siehe etwa Herbert, The Holocaust in German Historiography, S. 74 f.; Fröhlich/Kranz, Generäle auf Abwegen?
[121] Kershaw, Working towards the Führer.
[122] Zum Begriff Mommsen, Der Nationalsozialismus. Kumulative Radikalisierung, S. 786.

II. Opposition und Widerstand gegen Hitler   25

1. September 1939 angekündigt: »Wer aber glaubt, sich diesem nationalen Gebot, sei es direkt oder indirekt, widersetzen zu können, der fällt!«[123]

Die strukturalistische Sichtweise auf das Dritte Reich ebenso wie auf den Widerstand ist schon früh dahingehend kritisiert worden, dass sie die Verantwortung einzelner hinter der Darstellung von Strukturen zurücktreten lasse. Stattdessen richtete sich der Blick auf die breite Gruppe der Täter und deren Einbettung in die »Volksgemeinschaft«.[124] Unter diesem Gesichtspunkt wird der Frage nachzugehen sein, inwieweit die Angehörigen der Militäropposition als Teil der Tätergemeinschaft zu verstehen sind und wie weit sie außerhalb der nationalsozialistisch postulierten »Volksgemeinschaft« standen.

Dieses Buch will also danach fragen, wie Attentat und Staatsstreich von Soldaten im Zweiten Weltkrieg in der deutschen Militärgeschichte zumindest der Zeit seit dem Ersten Weltkrieg zu verorten sind. Es wendet dazu, wie im ersten Kapitel beschrieben, die Methoden einer modernen Militärgeschichtsschreibung auf ein Thema an, das ansonsten unter fast jedem anderen Gesichtspunkt bisher schon analysiert worden zu sein scheint. Die Forschungsfrage bezieht sich also weniger auf die Auswertung neuer Quellenbestände (wenn auch im Einzelfall solche noch einmal gefunden werden konnten), sondern auf eine methodisch andere Herangehensweise an einen bekannten Stoff.

Dazu gehört, im Sinne einer »longue durée« die Begrenzung auf die Jahre 1938–1944 zu überwinden. Im Folgenden soll geklärt werden, in welcher Weise militärisch-fachliche, politische, letztlich aber auch ethische und moralische Motive zusammengewirkt haben, einige wenige unter den Millionen Wehrmachtangehörigen dazu zu bewegen, das System stürzen und den Krieg beenden zu wollen. Am Ende soll aber ebenso die Frage stehen, welche Folgen der gescheiterte Staatsstreich für die Kriegführung des Reiches bis zur Kapitulation im Mai 1945 gehabt hat und welche Auswirkungen in den beiden deutschen Armeen der Nachkriegszeit sowie im österreichischen Bundesheer festzustellen sind.[125]

---

[123] Rede Hitlers vor dem Reichstag am 1.9.1939, in: Domarus, Hitler, Bd 2, S. 1316 f.; siehe auch Mommsen, Die Rückkehr zu den Ursprüngen, S. 322 f.
[124] Volksgemeinschaft. Neue Forschungen; Wildt, »Volksgemeinschaft«. Eine Antwort.
[125] Heinemann, Plädoyer.

III. Militärpolitische Vorstellungen in der Weimarer Republik und der NSDAP

1. Führerheer und Massenheer

Fragt man nach der militärischen Sozialisation der an der Verschwörung beteiligten Offiziere, so hilft die ansonsten gängige dichotomische Einteilung in eine »jüngere« und eine »ältere« Gruppe, wie sie für die zivilen Verschwörer passend sein mag,[1] nicht weiter. Bernhard R. Kroener hat stattdessen vorgeschlagen, neben den älteren Offizieren, die noch im Kaiserreich Soldat geworden waren und im Ersten Weltkrieg gekämpft hatten, jene Offiziere zu betrachten, »die erst nach dem Ende des Ersten Weltkrieges die militärische Laufbahn eingeschlagen hatten, und die, welche bis zum Sommer 1944 zum Offizier befördert worden waren«.[2] Diese jüngste Kohorte, die bereits zu einem erheblichen Teil im Dritten Reich sozialisiert worden war (»HJ-Offiziere«[3]), stellte allerdings nur den geringsten Teil der Verschwörer.

Die meisten Offiziere waren durch die Kontingentheere der Zeit vor 1918 oder durch die Reichswehr der Weimarer Republik sozialisiert worden. Generaloberst Beck etwa war noch im 19. Jahrhundert, 1898, Offizier geworden. General der Infanterie Friedrich Olbricht war 1907 in ein sächsisches Regiment eingetreten[4] – dem Jahr, in dem Stauffenberg geboren wurde. Stauffenberg selbst wurde erst 1926 Soldat. Henning von Tresckow hingegen hatte sich 1917 als Freiwilliger gemeldet und war noch im Krieg Leutnant geworden; jedoch schied er Anfang der 1920er Jahre aus der Reichswehr aus, nahm ein Studium auf und wurde erst 1926 wieder als Offizier eingestellt.

Die führenden Köpfe der Umsturzbewegung waren also durch die Schule der Reichswehr gegangen. Selbst die wenigen sehr jungen Offiziere wie etwa Ewald-Heinrich von Kleist (geboren 1922 und erst 1941 Soldat geworden) stammten

---

[1] Schwerin, »Dann sind's die besten Köpfe, die man henkt«, S. 9–16; Schwerin, Die Jungen des 20. Juli; Schieder, Zwei Generationen; Heinemann, Vom Verlust gemeinsamer Wertmaßstäbe und Verhaltensweisen.
[2] Kroener, Erinnerungen, S. 31.
[3] Thun-Hohenstein, Wehrmacht und Widerstand, S. 62; Graml, Die Wehrmacht im Dritten Reich, S. 370.
[4] Page, General Friedrich Olbricht, S. 17 f.

aber weit überwiegend aus traditionsreichen Familien, deren Erfahrungsschatz ebenfalls weit vor das Jahr der »Machtergreifung« 1933 zurückreichte.[5]

Der Stauffenberg-Biograf Peter Hoffmann verwendet einen erheblichen Anteil seiner Darstellung darauf, die Verbundenheit des späteren Attentäters mit Stefan George und seinem Kreis herauszustellen.[6] Auf die militärischen Prägungen, die er familiär, durch die Reichswehr und noch einmal speziell durch sein »vornehmes« Regiment, das in Bamberg stationierte Reiterregiment 17 (»Bamberger Reiter«),[7] erfahren hat, und auf etwaige Auswirkungen auf die Staatsstreichplanungen geht er deutlich zurückhaltender ein.

»Die Verschwörung gegen Hitler am 20. Juli 1944 hat ihren Ursprung in der Zeit und in Ereignissen, die vor der Machtübernahme liegen.«[8] Für die Verschwörung insgesamt ist schon vor langer Zeit darauf hingewiesen worden, dass sie ihre geistigen und politischen Ursprünge im nationalkonservativen Denken der Weimarer Republik hatte,[9] wenn auch der Begriff »nationalkonservativ« früher als unpassend, weil diffamierend zurückgewiesen wurde.[10] Für ihr militärisches Denken fehlt ein paralleler Ansatz bisher völlig. Im Rahmen einer Militärgeschichte der Verschwörung ist daher zu fragen, wie das Kaiserreich und vor allem die Reichswehr diese Offiziere geformt haben, welchen militärpolitischen Vorstellungen sie anhingen und in welcher Weise sich dies in den Planungen für den Umsturz niedergeschlagen hat. Dazu ist es erforderlich, einige Grundlinien der Geschichte der Reichswehr noch einmal aufzuzeigen, um solche Einflüsse erkennen zu können.[11]

Die Geschichte der Reichswehr ist in den 1960er und 1970er Jahren Gegenstand reicher Forschung gewesen; hier sind Namen wie Wilhelm Deist, Michael Geyer und Francis L. Carsten zu nennen.[12] In den letzten Jahren sind allenfalls Spezialstudien hinzugekommen,[13] zudem einige Biografien von Offizieren, die bereits in der Reichswehr eine einflussreiche Rolle gespielt haben,[14] sowie Arbeiten, welche die Reichswehr in Längsschnittstudien zur deutschen Militärgeschichte einordnen.[15] So werden hier in den nächsten Jahren hoffentlich neue Erträge der Forschung zu erwarten sein. Diese Studie hingegen muss sich auf den derzeit erreichten Forschungsstand stützen.

Die Reichswehr ging aus den unter dem Oberbefehl des Deutschen Kaisers zusammengefassten und während des Kriegsverlaufs bereits zunehmend verein-

---

[5] Für den zivilen Bereich hat das Mommsen, The Political Legacy, S. 160, bereits vor langer Zeit dargelegt.
[6] Hoffmann, Claus Schenk Graf von Stauffenberg und seine Brüder, S. 61–78 und passim.
[7] Metzger, Offiziersehre und Widerstand.
[8] John, Am achten Jahrestag.
[9] Mommsen, The Political Legacy, S. 160.
[10] So noch 2008 Retter, Theological-Political Resistance, S. 91, wenn auch mit Fokus auf den Kreisauer Kreis.
[11] Weinberg, Rollen und Selbstverständnis, S. 66.
[12] Als Beispiele seien genannt Deist, Die Reichswehr und der Krieg der Zukunft; Geyer, Aufrüstung oder Sicherheit; und Carsten, Reichswehr und Politik.
[13] Verdienstvoll u.a. Reichherzer, Alles ist Front!; Bergien, Die bellizistische Republik; Keller, Die Wehrmacht; und Heinemann, Rechtsgeschichte der Reichswehr.
[14] So etwa Schäfer, Werner von Blomberg; Müller, Generaloberst Ludwig Beck. Eine Biographie; Schönrade, General Joachim von Stülpnagel.
[15] Vor allem Groß, Mythos und Wirklichkeit; und Pöhlmann, Der Panzer.

III. Militärpolitische Vorstellungen

heitlichten Kontingentheeren des Kaiserreichs und des Ersten Weltkrieges hervor. Sie musste sich moralisch, politisch und auch doktrinär fragen, wie die Niederlage zustande gekommen war. Aus der Antwort auf diese Frage musste sich ergeben, wie man mit den geringen vom Versailler Vertrag erlaubten Truppenstärken eine optimale Vorbereitung auf den nächsten Krieg betreiben konnte.[16]

Hier ist zuerst die Frage nach einer mobilen Kampfführung zu betrachten. Danach sollen die Überlegungen zu einer Militarisierung der Gesellschaft oder zu einer kleinen, weitgehend von der Gesellschaft isolierten Armee in den Blick genommen werden. Beide Denktraditionen erwiesen sich für die Militäropposition gegen Hitler während des Zweiten Weltkrieges von zentraler Bedeutung. Zudem wird aber, quasi auf einer Metaebene, zu schildern sein, in welcher Weise solche militärpolitischen Diskussionen in der Reichswehr geführt wurden, weil dies wiederum den Kommunikationsstil bis hin zum Aufbau konspirativer Strukturen in der Wehrmacht beeinflusst hat.

Erst danach soll der Blick auf die Haltung der Reichswehr zur NSDAP in der agonalen Phase der Weimarer Republik betrachtet werden. Wenn es zutrifft, dass sich Widerstand im Dritten Reich aus den politischen Kämpfen der Weimarer Republik heraus entwickelt hat,[17] dann muss genau dieses Verhältnis zwischen Reichswehr und der an Bedeutung gewinnenden NS-Partei in den Blick genommen werden. In einem letzten Schritt soll, schon über die Weimarer Zeit hinausgreifend, nach dem Verhältnis zwischen Staat und Partei während der »Friedensjahre« des NS-Regimes bis 1937 gefragt werden.

Der Gefreite Hitler hatte den Krieg fast ausschließlich an der Westfront erlebt; seine Kriegserfahrung war die eines stagnierenden Grabenkrieges, bei dem Feuer das Element der Bewegung bei Weitem überwog. Der Übergang des deutschen Heeres zu einer beweglicheren Kampfführung im Winter 1917/18 hat ihn dagegen offenkundig weniger geprägt.[18] Gleichwohl hatten im letzten Kriegsjahr die Truppen der Entente auch an der Westfront wieder ein Element der taktischen Beweglichkeit eingeführt, indem sie mit gepanzerten Fahrzeugen die deutschen Stellungen angriffen.[19] Es stellte sich daher für die zeitgenössischen Beobachter die Frage, ob es die technologische und quantitative Überlegenheit der Briten, Amerikaner und Franzosen gewesen war, der die deutschen Truppen am Ende unterlagen, oder ob die Niederlage andere Gründe hatte. Der Militärtheoretiker George Soldan etwa ging davon aus, dass hochtechnisierte bewegliche Operationen einen Krieg eröffnen würden; sollten diese keine Entscheidung bringen und die Massenheere mobilisiert werden müssen, dann sei es an der Zeit, der ganzen Auseinandersetzung ein diplomatisches Ende zu bereiten, bevor sie sich in einem erneuten Stellungskrieg verkämpften.[20]

Die alternative Erklärung war die als »Dolchstoßlegende« bezeichnete Annahme, dass die Moral in »der Heimat« am Ende nicht ausgereicht habe, das

---

[16] Weinberg, Rollen und Selbstverständnis, S. 66.
[17] Heinemann, Der militärische Widerstand und der Krieg, S. 744.
[18] Weber, Hitlers erster Krieg; Chapoutot, Nous ne capitulerons jamais!, S. 55.
[19] Pöhlmann, Der Panzer, S. 60–83.
[20] Pöhlmann, Von Versailles nach Armageddon, S. 342 f.

»im Felde unbesiegte« Heer zu unterstützen, und dass es in der Folge auch zu Auflösungserscheinungen bei der Truppe selbst gekommen sei.[21]

Welche Antwort auf diese hier verkürzt wiedergegebene Alternative gewählt wurde, war für den militärischen Wiederaufstieg entscheidend: Im einen Fall kam es darauf an, eine hochtechnisierte und hochbewegliche Armee zu schaffen, bei der die (unterstellte) überlegene Führungsfähigkeit des deutschen Generalstabs die quantitative Unterlegenheit ausgleichen konnte.[22] In dem anderen Fall aber waren die entscheidenden Faktoren die Erziehung des gesamten Volkes zur »Wehrhaftigkeit« und seine Vorbereitung auf den »totalen Krieg«, wobei die Wichtigkeit der industriellen Waffenfertigung auch das politische Gewicht der dort tätigen Arbeiterschaft selbst während des Krieges anwachsen lassen würde.[23] Die Rolle der Armee im Frieden war dann eher darin zu sehen, Teil dieser volkspädagogischen Anstrengung zu sein. Das Ziel, alle »Volkskräfte« in diesem Sinn zu einen, führte letztlich zu dem, was der General des Ersten Weltkrieges und rechtsradikale Politiker Erich Ludendorff und andere unter Benutzung eines Clausewitz-Begriffs als den »totalen Krieg« bezeichneten.[24]

Diese Diskussion war im Übrigen nicht auf Deutschland beschränkt. In Frankreich etwa vertrat der junge Oberst Jean de Lattre de Tassigny ebenfalls das Konzept eines Volkskrieges und einer Armee, die der Vorbereitung des ganzen Volkes auf eine totale Auseinandersetzung dienen sollten.[25] Zur gleichen Zeit aber trat der umstrittene Oberst Charles de Gaulle für ein kleines, hochbewegliches und professionelles mechanisiertes Heer ein.[26] Die Überzeugung, es komme im modernen industrialisierten Krieg auf die Moral in der Heimat mindestens ebenso an wie auf die Kampfkraft der Truppe, führte in Großbritannien zur Entwicklung einer Luftkriegsdoktrin, die genau auf diese Moral der Zivilbevölkerung zielen sollte.[27]

In der Reichswehr mündeten diese Auseinandersetzungen in das Begriffspaar »Führerheer« versus »Massenheer«.[28] Der prägenden Gestalt der Reichswehr zumindest bis 1926, dem Chef der Heeresleitung Generaloberst Hans von Seeckt, kam es darauf an, im Rahmen der restriktiven Bestimmungen des Versailler Friedensvertrages ein qualitativ hochwertiges Offizierkorps und eine zuverlässige, von den innenpolitischen Auseinandersetzungen unberührte Truppe zu schaffen. Seeckts Ziel war ein Eliteheer, das sich weitgehend an der preußischen Armee orientieren sollte. Wenn er von der »inneren Geschlossenheit des Heeres« sprach,[29] dann meinte das vor allem ein sozial und politisch homogenes, in sich geschlosse-

---

[21] Deist, Die Reichswehr und der Krieg der Zukunft, S. 81; Weinberg, Rollen und Selbstverständnis, S. 66; Groß, Das Ende des Ersten Weltkriegs, S. 127–141.
[22] Groß, Mythos und Wirklichkeit, S. 145–149.
[23] Deist, Die Reichswehr und der Krieg der Zukunft, S. 83.
[24] Pöhlmann, Der »moderne Alexander im Maschinenkrieg«.
[25] Boniface, De Lattre.
[26] De Gaulle, Vers l'Armée de Métier; Cambre, L'action d'influence en faveur des chars.
[27] Boog, Der strategische Bombenkrieg; Hansen, Fire and Fury, S. 27–31; Böhm, Die Royal Air Force, S. 76–95.
[28] Zum Folgenden Förster, Vom Führerheer der Republik; Hürter, Hitlers Heerführer, S. 96; Deist, Die Reichswehr und der Krieg der Zukunft; Schäfer, Die Militärstrategie Seeckts, S. 130–138.
[29] Meier-Welcker, Seeckt, S. 307 f.

III. Militärpolitische Vorstellungen

nes und nach außen abgekapseltes Offizierkorps. Dieses Konzept verfolgte Seeckt konsequent seit Kriegsende, in scharfem Gegensatz etwa zu den gesamtpolitischen und volkswirtschaftlichen Thesen, wie sie schon damals der Major Kurt von Schleicher vertrat.[30]

Dem entsprach, dass die Rüstungsbeschränkungen auch kein Wiedererstehen einer nennenswerten Rüstungsindustrie zuließen; die Reichswehr der 1920er Jahre war hinter den technologischen Stand der Vorkriegszeit zurückgefallen,[31] womit auch eine Verbindung des Militärs zur Wirtschaft allgemein und somit das wirtschaftliche Denken der Offiziere kaum noch gegeben waren. Die Fokussierung auf das operative Denken machte viele Offiziere blind für gesamtstrategische und rüstungswirtschaftliche Fragen.[32] Einer der wenigen Offiziere, die fast durchgängig mit Fragen der »Landesverteidigung«, also der Vorbereitung von Staat und Gesellschaft auf den nächsten Krieg, befasst waren, war der spätere Befehlshaber des Ersatzheeres und Chef Heeresrüstung (BdE/Chef HRüst) Friedrich Fromm. Bereits im November 1925 forderte er für den nächsten Krieg einen »Kriegswirtschaftsdiktator«, der auch steuernden Zugriff auf die »Ausnutzung der wehrfähigen Bevölkerung«, also auf die Verteilung von Arbeitskräften auf die Industrie und die Truppe, haben müsse.[33] Fromms Denken in Zahlen und Fakten war später Hitler spürbar zuwider, aber Fromm erwies sich während des Zweiten Weltkriegs als einer der wenigen Fachleute auf diesem Gebiet und daher als unentbehrlich.[34]

Fromm war an Bestrebungen beteiligt, die gelegentlich sogar als »Fronde« bezeichnet wurden und sich um Oberstleutnant Joachim von Stülpnagel gruppierten, den Chef der Heeresabteilung, der getarnten Operationsabteilung des Generalstabes im Truppenamt. Stülpnagel hielt im Februar 1924 vor Offizieren des Reichswehramtes einen Vortrag unter dem Titel »Gedanken über den Krieg der Zukunft«.[35] Im Gegensatz zu Seeckt und den »operativen Traditionalisten in der Armeeführung« sah er einen Volkskrieg voraus, für den eine Vorbereitung des ganzen Landes, von Staat und Gesellschaft wichtiger sein würde als die Planung raumgreifender Operationen.[36] Seine Vorstellung, das ganze Volk an der Bekämpfung des in die Tiefe des deutschen Gebietes vorgedrungen Feindes teilhaben zu lassen, legte ein Stück weit schon die geistigen Grundlagen für die Radikalisierung der Kriegführung bis hin zum Vernichtungskrieg, forderte er doch nichts weniger als »die Umwandlung der Weimarer Republik in einen autoritären Staat, der [...] alles Undeutsche und Pazifistische ausrottet, die Jugend zum Hass gegen den äußeren Feind erzieht und die Zivilbevölkerung systematisch auf

---

[30] Ebd., S. 200; Kroener, Der starke Mann im Heimatkriegsgebiet, S. 115; Heinemann, Rechtsgeschichte der Reichswehr, S. 93.
[31] Pöhlmann, Der Panzer, S. 149.
[32] Meier-Welcker, Seeckt, S. 636.
[33] Kroener, Der starke Mann im Heimatkriegsgebiet, S. 162.
[34] Ebd., S. 145 f.
[35] Vortrag General Joachim von Stülpnagel vor den Offizieren des Reichswehrministeriums, BArch, N 5/10.
[36] Groß, Mythos und Wirklichkeit, S. 159, unter Verweis auf Geyer, Aufrüstung oder Sicherheit, S. 84–97, und Vardi, Joachim von Stülpnagel's Military Thought. Siehe auch Schönrade, General Joachim von Stülpnagel, S. 83–119; und Schäfer, Die Militärstrategie Seeckts, S. 245–248.

den Krieg einschwört«[37] – eine erstaunliche Überzeugung angesichts der Tatsache, dass erst wenige Monate zuvor der erste Versuch eines »passiven Widerstands«, und zwar gegen die französisch-belgische Besetzung des Ruhrgebiets, letztlich gescheitert war.[38] Auch der damalige Hauptmann Friedrich Fromm vom Stab der 3. Division verfocht bereits 1925 ähnliche, pointiert gegen Seeckt gerichtete Ideen: »Denn nicht mit 100 000 Mann, und wären sie noch so gute Führer, kann das Reich einen Krieg führen, sondern nur mit Millionen ausgebildeter Soldaten.«[39]

Man mag fragen, inwieweit für das Thema des militärischen Widerstandes die Auffassungen und Prägungen ausgerechnet jenes Mannes relevant sind, der in der Nacht des 20. Juli 1944 die Hauptverschwörer hat erschießen lassen. Eines der Verdienste von Bernhard R. Kroeners Fromm-Biografie liegt aber genau darin, das Verhältnis des Generalobersten zur Verschwörung klarer analysiert zu haben. Danach hat sich Fromm immer alle Optionen offen gehalten. Er hat sehr wohl um die Vorgänge in seinem Befehlsbereich gewusst und diese aus seiner inneren Überzeugung heraus auch gedeckt, sich aber selbst nie im Sinne der Umsturzbewegung exponiert. Erst die offenkundige Missachtung seiner Befehlsbefugnisse und Zuständigkeiten durch Stauffenberg, Olbricht und Albrecht Ritter Mertz von Quirnheim ist es dann gewesen, die Fromm bewegt hat, sich gegen den Staatsstreich in seiner Dienststelle zu positionieren.[40]

Seeckt wusste zunächst die Umsetzung solcher Gedanken zu verhindern, wenn er auch feststellen musste, dass der »Fronde« eine nennenswerte Anzahl jüngerer Generalstabsoffiziere angehörten. Neben den Exponenten des »totalen Krieges« aus dem Ersten Weltkrieg und der unmittelbaren Nachkriegszeit wie etwa Ludendorff oder Waldemar Pabst fanden sich hier Männer wie Kurt von Schleicher, bei dem allerdings der persönliche Ehrgeiz das Interesse an der Sache zunehmend überstieg, sodass Joachim von Stülpnagel 1931 entnervt um seinen Abschied einkam.[41]

Der neue Chef des Truppenamtes, des getarnten Generalstabs des Heeres, Oberst Werner von Blomberg, war zwar ein Zögling des letzten preußischen Kriegsministers, General Walther Reinhardt, gewesen, der ebenfalls auf Massenheere gesetzt hatte, und in den 1920er Jahren hatte auch er mit Joachim von Stülpnagels Ideen vom Volkskrieg sympathisiert.[42] Bei seinen operativen Planungen und Kriegsspielen setzte Blomberg diese dann aber doch nur sehr zurückhaltend um,[43] und noch die von Ludwig Beck und Carl-Heinrich von Stülpnagel wesentlich geprägte Heeresdienstvorschrift (H.Dv.) 100 »Truppenführung« aus dem Jahre 1933 atmete ganz den Geist des Vorrangs der operativen Führung vor allen anderen Erwägungen.[44] Dabei hatte Beck doch schon in einer Ausarbeitung

---

[37] Zitat bei Groß, Mythos und Wirklichkeit, S. 161; siehe auch Deist, Die Reichswehr und der Krieg der Zukunft, S. 85 f.; und Strohn, The German Army, S. 171–176.
[38] Strohn, Les Jeunes Turcs allemands, S. 222 f.
[39] Zit. nach Kroener, Der starke Mann im Heimatkriegsgebiet, S. 164.
[40] Ebd., S. 704–708.
[41] Kilian, Wir wollen die geistige Führung der Armee, S. 178–182.
[42] Schäfer, Werner von Blomberg, S. 37 f.; Strohn, Les Jeunes Turcs allemands, S. 223.
[43] Groß, Mythos und Wirklichkeit, S. 166; Schäfer, Werner von Blomberg, S. 39–66.
[44] Groß, Mythos und Wirklichkeit, S. 171; Müller, Generaloberst Ludwig Beck. Eine Biographie, S. 97 f.

III. Militärpolitische Vorstellungen

über die Fehler der Generalstabsausbildung vor dem Ersten Weltkrieg darauf hingewiesen, dass ein Verständnis für gesamtstrategische Fragen einschließlich jener von Politik und Wirtschaft für einen Generalstabsoffizier zwingend sei.[45] Dem entsprach in den 1920er Jahren die zentrale Rolle des Truppenamtes, die aber nach dem Ausscheiden Seeckts zu wanken begann. Das Heereswaffenamt gewann an Bedeutung, weil jede Aufrüstung vor allem im Entwicklungs- und Beschaffungsbereich große Forderungen an das Militär wie an die Industrie und Volkswirtschaft des Reiches stellen würde, für die das Truppenamt nicht der geeignete Ansprechpartner war. Die Ressortkämpfe zwischen Generalstab und Chef Heeresrüstung, wie sie für den Zweiten Weltkrieg so typisch waren, nahmen hier bereits Ende der 1920er Jahre ihren Anfang,[46] und zunächst schien es, als würden angesichts der Rüstungsbeschränkungen des Versailler Vertrages und der beschränkten finanziellen Mittel die Logistiker gegenüber den Operateuren, die Vertreter einer rüstungswirtschaftlich breit angelegten langfristigen Aufrüstung gegenüber jenen einer schnellen, aber langfristig nicht durchzuhaltenden Rüstung obsiegen.[47]

Die Schaffung eines mobilen, hochtechnisierten Führerheeres setzte zudem voraus, dass Deutschland über die entsprechende Technologie verfügte, auch wenn deren Besitz im Versailler Vertrag verboten war. Das galt im Besonderen für Panzer und Flugzeuge. Seeckt entstammte dem Alexander-Garde-Regiment und war schon von daher traditionell Russland verbunden. Schon in seinen Verwendungen an der Ostfront des Ersten Weltkrieges hatte er Russland kennengelernt, und obwohl er den Bolschewismus schärfstens ablehnte, sah er doch die realpolitische Notwendigkeit einer militärpolitischen und -technologischen Zusammenarbeit.[48] Seeckt konnte dabei an eine noch aus der Zeit der Freiheitskriege stammende, romantisch-latente pro-russische Haltung unter deutschen Konservativen anknüpfen, die auch die Revolution und mit ihr die Vernichtung der alten russischen Führungsschicht nicht gänzlich hatten beseitigen können.[49] Jetzt setzte er auf eine rüstungspolitische Zusammenarbeit mit der jungen Sowjetunion, um der Reichswehr den technologischen Anschluss zu ermöglichen.

Und doch gab es auch in der Reichswehr Offiziere, die Joachim von Stülpnagels weitgehende Thesen zumindest teilweise stützten. Zu ihnen gehörten etwa die späteren Generalfeldmarschälle Wilhelm Keitel, Blomberg und Walter von Reichenau, die sich beispielsweise dafür einsetzten, dass die Reichswehr wehrsportliche Tätigkeiten der Jugend förderte.[50] Ihre Sorge ging dahin, dass eine Beschränkung der Reichswehr auf die Heranbildung militärischer Spezialisten die »Wehrbereitschaft« der Bevölkerung insgesamt verkümmern lassen würde.[51]

---

[45] Müller, Generaloberst Ludwig Beck. Eine Biographie, S. 71.
[46] Ebd., S. 115.
[47] Kroener, Der starke Mann im Heimatkriegsgebiet, S. 179 f.
[48] Zeidler, Reichswehr und Rote Armee, S. 31 f.
[49] Ebd., S. 37; Müller, An der Seite der Wehrmacht, S. 204.
[50] Geyer, Professionals and Junkers, S. 90, 102. Eine wissenschaftlichen Kriterien genügende Keitel-Biografie ist nach wie vor ein echtes Desiderat der Forschung, das auch durch Aufsätze wie Mueller, Wilhelm Keitel, nicht ausgeglichen wird.
[51] Geyer, Aufrüstung oder Sicherheit, S. 400–402.

Nach der Machtübernahme durch die Regierung Hitler im Januar 1933 sah die Schlägertruppe der NSDAP, die »Sturmabteilung« unter Ernst Röhm, ihre zukünftige Rolle als eine parteigestützte Volksmiliz, die das Eliteheer der Reichswehr verdrängen sollte. Der Konflikt löste sich erst im Sommer 1934, als Hitler im »Röhm-Putsch« die ihm gefährlich werdenden revolutionären Elemente seiner Partei ausschaltete.[52] Gleichwohl wurden beide Positionen auch nach 1933 im Heer mit großer Vehemenz und teilweise auch in erstaunlichen Zusammenhängen vertreten. Der junge Oberleutnant Graf Stauffenberg schrieb auf der Kriegsakademie eine später veröffentlichte Studie, in der er den Einsatz von Fallschirmtruppen analysierte. Er fasste das Thema aber durchaus weit. Ausgehend von der »in unserem Land erfolgreiche[n] feindliche[n] Propaganda im Weltkrieg« kam er zu dem Ergebnis, »außer der einheitlichen Kriegsleitung [sei] straffste Organisation und Zentralisierung der gesamten Verwaltung« notwendig – ein deutliches Bekenntnis zu Vorstellungen des totalen Volkskrieges in einer Arbeit, die ansonsten eine schnelle Kriegführung mit hochbeweglichen Kräften favorisierte.[53] Die Tendenz, eine elitäre Position zu beziehen, prägte Stauffenbergs zweite große Ausarbeitung zur Heereskavallerie, in der er schrieb, das Heer dürfe nicht der »Demokratie« der vollständigen Mechanisierung unterworfen werden[54] – eine bezeichnende Verknüpfung von militärisch-technischer und grundsätzlicher militärpolitischer Argumentation, die unmittelbar in die oben beschriebene Auseinandersetzung um den »Krieg der Zukunft« hineinreichte.[55]

Die Diskussion endete keineswegs mit dem Beginn des Zweiten Weltkrieges. Im Gegenteil entstanden in der SS im Zuge der zunehmenden Radikalisierung auch nach innen Überlegungen, das Heer als »Volksheer«, weitgehend infanteristisch und an den Raum gebunden auszugestalten, während die Waffen-SS »eine ständig mobile, stark technisierte Truppe in der Stärke etwa einer Heeresgruppe sein« sollte.[56] Wenn Roland von Hößlin bei der Gestapo zu den Kriegsaussichten erklärte:

> »Zur augenblicklichen Situation des Krieges will ich noch bemerken, dass ich es für Wahnsinn hielt, nach Erschöpfung der Kampfkraft des Feldheeres in Deutschland einen Partisanenkrieg nach zwei Fronten gegen hoch gerüstete moderne Heere zu führen,«[57]

dann war das genau die Absage an jenes Kriegsszenario, das Joachim von Stülpnagel vertreten hatte und das die NSDAP für den Kampf im Reichsgebiet wiederaufleben lassen wollte.

Diese Breite an Kriegsbildern während der Reichswehrzeit wirkte sich im Zusammenhang mit dem militärischen Widerstand in verschiedener Hinsicht aus.[58] Zum einen erwies sich der Zweite Weltkrieg in allen seinen Phasen als ein mechanisierter Bewegungskrieg. Dass Hitler mit seiner beschränkten Kriegserfahrung dieses Konzept intellektuell nicht nachvollziehen konnte, war einer der

---

[52] Wette, Ideologien, Propaganda und Innenpolitik, S. 148; Geyer, Professionals and Junkers, S. 111.
[53] Stauffenberg, Gedanken zur Abwehr feindlicher Fallschirmeinheiten, S. 461 f.
[54] Krolak, Der Weg zum Neuen Reich, S. 551.
[55] Pöhlmann, Der Panzer, S. 168.
[56] Förster, Die Wehrmacht im NS-Staat. Eine strukturgeschichtliche Analyse, S. 146.
[57] Spiegelbild einer Verschwörung, S. 373 (9.9.1944).
[58] Siehe hierzu auch Müller, Generaloberst Ludwig Beck. Eine Biographie, S. 72 f.

III. Militärpolitische Vorstellungen 35

offenkundigsten Gründe, ihm »Dilettantismus« vorzuwerfen (siehe Kapitel IV.3). Zugleich aber war der Zweite Weltkrieg ein Massenkrieg, der die menschlichen und industriellen Potenziale aller kriegführenden Parteien bis an ihre Grenzen forderte. Die Sorge um das Durchhalten der »Heimat« prägte die NS-Politik während des Krieges ganz zentral.

Die verschiedenen Kriegsbilder führten aber auch zu verschiedenen Wehrformen, von denen die eine, die Massen- oder »Volksarmee«, der nationalsozialistischen Volksgemeinschaftsideologie deutlich am ehesten entsprach (siehe Kapitel III.7). Allerdings vermischten sich im Widerstand gegen das NS-Unrecht auch die verschiedenen Denkschulen der Reichswehr: Beck stand eindeutig für die Priorität des operativen Denkens in der Tradition Seeckts und letztlich Schlieffens; Stauffenberg hingegen wurde später engster Mitarbeiter von Keitels langjährigem Rivalen Fromm und wusste um die logistischen und volkswirtschaftlichen Grenzen der deutschen Kriegführungskapazitäten.

2. Staat im Staate

Aus der Frage nach Führerheer oder Massenheer ergaben sich unterschiedliche Vorstellungen vom Verhältnis zwischen dem Staat und seinen militärischen Verbänden. Die Geschichtsschreibung der frühen Bundesrepublik hat von der Reichswehr als »Staat im Staate« gesprochen.[59] Die neuere Literatur sieht dies differenzierter; die Reichswehr habe sich die Unterstützung für ihre Rüstungsprogramme durch ein partielles Wohlverhalten erkauft; die Rede ist von einer »bellizistischen Republik«,[60] deren zivile Organe weit umfassender an Kriegsvorbereitungen beteiligt waren als bisher angenommen. Der »paralegale Charakter« der Reichswehr wird jedoch weiterhin von der extrakonstitutionellen Stellung des Militärs in der preußisch-deutschen Monarchie abgeleitet.[61]

Die Weimarer Reichsverfassung (WRV) hatte eigentlich das Militär als Teil der Exekutive sehen wollen und unterstellte es daher dem parlamentarisch verantwortlichen Reichswehrminister als Oberbefehlshaber. Artikel 47 WRV legte gleichwohl den Reichspräsidenten als Obersten Befehlshaber fest (ohne diesem den dazu erforderlichen administrativen Unterbau zuzubilligen) und hob die Streitkräfte damit doch wieder aus dem Umfeld der übrigen exekutiven Organe heraus.[62] Das galt schon, solange der Sozialdemokrat Friedrich Ebert Reichspräsident war; die Tendenz, die Anbindung des Militärs an den Reichspräsidenten zu betonen und die Zuständigkeit des Parlaments zu minimieren,

---

[59] Zu dieser Diskussion siehe Ullrich, Der Weimar-Komplex, S. 429. Grundlegend damals Wheeler-Bennett, The Nemesis of Power, der 1953 auch als erster auf die Bezüge zwischen der Reichswehr und dem militärischen Widerstand hingewiesen hat. Siehe auch Showalter, Conscience, Honor and Expediency, S. 70 f.
[60] Bergien, Die bellizistische Republik.
[61] Heinemann, Rechtsgeschichte der Reichswehr, S. 22.
[62] Ullrich, Der Weimar-Komplex, S. 434; Heinemann, Rechtsgeschichte der Reichswehr, S. 101 f., 112.

nahm unter Generalfeldmarschall von Hindenburg als Eberts Nachfolger noch zu.

Das lag vor allem an Seeckt, dessen Konzept einer hochtechnisierten, vom Generalstab als einer Funktionselite geführten Armee eine Reduzierung der parlamentarischen Kontrolle ebenso verlangte wie eine Abschottung der Soldaten und Offiziere gegen die »schädlichen« Einflüsse der Zivilgesellschaft. Seeckt lehnte auch die paramilitärischen Verbände ab, die in den ersten Jahren der Weimarer Republik zu deren Schutz nach innen und außen unentbehrlich schienen und die sich als eine Form der Volksbewaffnung verstanden. Gerade deren Disziplinlosigkeit und die Bereitschaft, auch gegen die Republik vorzugehen, wenn es ihnen notwendig erschien, machten sie dem Chef der Heeresleitung suspekt. Die SA und die anderen Wehrverbände waren so eng mit der bayerischen Reichswehr verflochten, dass beim Hitler-Ludendorff-Putsch Teile der in München stationierten Reichswehr sich einem Vorgehen gegen die Putschisten verweigerten.[63] Seeckt und die (außer-bayerische) Reichswehr übernahmen zur Niederschlagung dieses Putschversuches die vollziehende Gewalt im gesamten Reichsgebiet – zum ersten, aber nicht zum letzten Mal übertrug der Reichspräsident diese Vollmacht nicht an den Reichskriegsminister, sondern an den Chef der Heeresleitung, Seeckt, unmittelbar.[64]

Das Offizierkorps sah sich nicht im Dienste an der Republik und erst recht nicht der Reichsregierung, sondern glaubte, »dem Staat« und der »Nation« unabhängig von der jeweiligen Regierungs- oder Staatsform dienen zu sollen. Damit war aber auch eine Situation denkbar, in der die Reichswehrführung einen Widerspruch sah zwischen der konkreten Staatsform und den Interessen der »Nation«, wie die Generalität sie wahrnahm[65]. Es sah so aus, als ob sich die oberste militärische Führung »das Recht auf Ungehorsam vorbehielt, es aber vorläufig nicht ausübte, sondern eine Wartestellung bezog.«[66]

Letztlich standen das Militär und vor allem das Offizierkorps der Staats*form* indifferent gegenüber, sahen aber »den Staat« an sich als einen moralischen Wert an.

> »Die Ausrichtung auf ein solches abstraktes Staatsideal hat konkret mitgeholfen, die Republik als das gegenwärtige ›Gefäß‹ eines metapolitisch verstandenen Staates zu stabilisieren, aber nicht, dem Offizierkorps eine engere Bindung an die parlamentarische Regierungsform zu verschaffen.«[67]

Wenn der damalige General der Artillerie Franz Halder 1939 an Goerdeler geschrieben hat: »Das Heer wird seine Pflicht für das Vaterland auch gegen die Regierung Hitlers tun, wenn es die Lage verlangt«[68] – dann ist das genau diese Denkweise.

---

[63] Dornberg, Der Hitlerputsch; Das Krisenjahr 1923; Heinemann, Eduard Dietl, S. 101 f.
[64] Carsten, Reichswehr und Politik, S. 215; Heinemann, Rechtsgeschichte der Reichswehr, S. 86.
[65] Carsten, Reichswehr und Politik, S. 239.
[66] Sauer, Die Mobilmachung der Gewalt, S. 698. Siehe auch Carsten, Reichswehr und Politik, S. 239. Hürter, Hitlers Heerführer, S. 98, nennt dies Seeckts »Attentismus«.
[67] Müller, Generaloberst Ludwig Beck. Eine Biographie, S. 73.
[68] Zitiert, wenn auch mit dem Vorbehalt, Halder »solle« geschrieben haben, in Hoffmann, Widerstand – Staatsstreich – Attentat, S. 213.

III. Militärpolitische Vorstellungen   37

Das unterschied jedoch die konservativen Offiziere der Reichswehrgeneration von der späteren Tendenz des Nationalsozialismus, Staatlichkeit insgesamt auszuhöhlen, staatliche Strukturen durch Ad-hoc-Gremien und parallele Parteiorganisationen zu ersetzen und so eine Grundtendenz der Entstaatlichung, der Entmachtung staatlicher Organe zu verfolgen.[69]

Mit dem Ende der Ära Seeckt und vor allem mit dem Amtsantritt des Reichswehrministers Wilhelm Groener setzte zugleich – wenn auch von den Zeitgenossen kaum wahrgenommen – der Niedergang des Truppenamtes (Generalstabes) ein:

»Bereits 1928 begann die Zurückdrängung des Generalstabes aus den Sphären militärpolitischer Planungskompetenz und setzte eine allmähliche Beschränkung seiner Verantwortlichkeit in Richtung auf eine weisungsabhängige Operationsplanung ein.«[70]

Der Staatsstreichversuch vom 20. Juli 1944 stützte sich im Wesentlichen auf die »Übernahme der vollziehenden Gewalt durch das Heer«. Die Planungen setzten dabei auf eine Tradition, die als »Belagerungszustand«, »Ausnahmezustand« oder »Kriegsrecht«, aber auch als »Übernahme der Vollziehenden Gewalt durch das Heer« in der preußisch-deutschen Militärtradition durchaus gängig war. Planungen unter dem Stichwort »Walküre« für die Übernahme der Vollziehenden Gewalt durch das Heer zumindest für den Fall einer von außerhalb des Militärs und des NS-Staates kommenden Bedrohung (kommunistischer Aufstand, Unruhen unter den Zwangsarbeitern, Luftlandung) konnten zumindest heeresintern im Sommer 1943 relativ offen vorangetrieben werden.[71]

Die meisten Rechtsregelungen für den militärischen Ausnahmezustand gingen zurück auf das preußische Gesetz über den Belagerungszustand vom 4. Juni 1851,[72] das mangels reichsgesetzlicher Regelung im gesamten Kaiserreich (außer Bayern) bis zu dessen Ende Bestand hatte. Es unterschied zwischen der äußeren und der inneren Bedrohung. Bei einer Bedrohung von außen konnten die Kommandierenden Generale und die Festungskommandanten von sich aus den Ausnahmezustand ausrufen. Im Falle eines »Aufruhrs« oblag die Erklärung des Ausnahmezustandes vorrangig der zivilen Regierung, aber selbst in diesem Fall konnten die Generale von sich aus tätig werden, mussten ihre Entscheidung dann aber von der zivilen Autorität bestätigen lassen. Inhaltlich bedeutete der Belagerungszustand, dass alle zivilen wie militärischen Verwaltungsbehörden dem jeweiligen Kommandierenden General (als Befehlshaber im Wehrkreis) oder, soweit gegeben, dem Festungskommandanten untergeordnet waren. Zugleich sollten Kriegsgerichte die Funktion der allgemeinen Gerichtsbarkeit übernehmen. Dass die innere Sicherheit vor allem Aufgabe des Militärs sei, war eine alte preußische Tradition.[73]

---

[69] Mommsen, Politische Perspektiven des aktiven Widerstands, S. 29 f.; Kershaw, Working towards the Führer, S. 104; Heinemann, Rechtsgeschichte der Reichswehr, S. 370 f.
[70] Kroener, Der starke Mann im Heimatkriegsgebiet, S. 178. Zu Groener siehe auch Hürter, Wilhelm Groener, S. 16–21; und Deist, Auf dem Wege zur ideologisierten Kriegführung, S. 386–388.
[71] Hoffmann, Oberst i.G. Henning von Tresckow, S. 338.
[72] Hierzu und zum Folgenden Deist, Der Kriegszustand, S. XXXI–XXXIV.
[73] Hürten, Reichswehr und Ausnahmezustand, S. 6 f.

In ihrem Artikel 68 erkannte die Reichsverfassung von 1871 das Recht auf Ausrufung des »Kriegszustandes« dem Kaiser als Oberstem Kriegsherren zu. Trotz des neu gewählten Begriffs war jedoch deutlich, dass sich die Bestimmungen insbesondere auf die Bekämpfung innerer, also vor allem sozialdemokratischer Unruhen bezogen, zumal die Polizeikräfte kaum ausreichen würden, einen gewaltsamen Massenaufstand niederzuschlagen.[74]

Während des Ersten Weltkrieges hatte die Vollziehende Gewalt im Reichsgebiet folgerichtig bei den Kommandierenden Generalen gelegen, wobei die Effizienz dieser Regelungen immer wieder in Frage gestellt wurde.[75] Das Militär verstand diese zentrale Kontrolle durchaus als ein Mittel, die Versorgung der Bevölkerung planmäßig sicherzustellen (wie im ursprünglichen »Belagerungszustand«) und somit innere Unruhen zu vermeiden.[76] Diese Artikel und Gesetze waren dann auch die scheinlegale Grundlage für das Vorgehen des Militärs gegen die räterevolutionären Bestrebungen der Jahre 1918/19.[77] Bereits 1920 erschienen erste Teile eines »Sammelheft[s] der Bestimmungen über Verwendung der Wehrmacht im Reichsgebiet bei öffentlichen Notständen und inneren Unruhen«, mit dem Seeckt die Nutzung dieses Instruments zu reglementieren suchte.[78]

Die Republik hatte in der Folgezeit wiederholt zum Mittel des militärischen Ausnahmezustandes gegriffen, zumal Artikel 48 der Weimarer Reichsverfassung dies ausdrücklich vorsah. Als im März 1920 das Militär unter der Führung Ludendorffs, des Generals Walther von Lüttwitz und des Generallandschaftsdirektors Wolfgang Kapp gegen die Republik putschte, stützte es sich – erfolglos – auf die Übernahme der Vollziehenden Gewalt.[79] Das militärische Abenteuer scheiterte vor allem angesichts des Generalstreiks der Arbeiterschaft. Die Erfahrung, den seit dem Kaiserreich für das Militär konstitutiven Kampf gegen die Arbeiterschaft verloren zu haben, war für viele Offiziere traumatisch gewesen: Der Generaloberst von Hammerstein etwa, seit 1933 ein erklärter Gegner des NS-Regimes, forderte von den ihm bekannten oppositionellen Offizieren noch 1943: »Macht nur keinen Kapp-Putsch.«[80] Stauffenbergs Entscheidung, an Goerdeler vorbei mit Julius Leber Kontakt aufzunehmen und sich damit einen eigenständigen Zugang zur Arbeiterschaft zu sichern, ist in diesem Zusammenhang zu sehen.[81]

Auch der Hitler-Ludendorff-Putsch von 1923 führte zur Ausrufung des Ausnahmezustands und dazu, dass die vollziehende Gewalt an Seeckt und die Reichs-

---

[74] Keller, Die Wehrmacht, S. 29 f.; Heinemann, Rechtsgeschichte der Reichswehr, S. 35.
[75] Schmidt-Richberg, Die Regierungszeit Wilhelms II., S. 125–127; Leonhard, Die Büchse der Pandora, S. 207 f.; Hürten, Reichswehr und Ausnahmezustand, S. 8; Müller, Die Mobilisierung der deutschen Wirtschaft; Keller, Die Wehrmacht, S. 32.
[76] Heinemann, Rechtsgeschichte der Reichswehr, S. 93 f.
[77] Schmidt, Heimatheer und Revolution, S. 25–41.
[78] Heinemann, Rechtsgeschichte der Reichswehr, S. 35 f. und S. 91.
[79] Möllers, Reichswehr schießt nicht auf Reichswehr; Wette, Gustav Noske, S. 627–685; Mommsen, Verfassungs- und Verwaltungsreformpläne, S. 581 f.; Meinl, Das gesamte bewegliche und unbewegliche Vermögen, S. 54. Zur Einordnung in die Geschichte der Reichswehr insgesamt Broszat, Die Machtergreifung, S. 75–78.
[80] Hassell, Die Hassell-Tagebücher 1938–1944, S. 356 (28.3.1943); Kroener, Erinnerungen, S. 32.
[81] Tuchel, Kontakte zwischen Sozialdemokraten und Kommunisten; Heinemann, Der militärische Widerstand und der Krieg, S. 842.

III. Militärpolitische Vorstellungen

wehr übertragen wurde,[82] wobei in der Generalität durchaus mit dem Gedanken gespielt wurde, mit Seeckt an der Spitze gegen die demokratische Regierung zu putschen, sollte diese den Alliierten gegenüber zu viel Entgegenkommen zeigen.[83] Bei dem an der Feldherrnhalle erschossenen Nationalsozialisten Theodor von der Pfordten fand sich der Entwurf einer »Notverfassung«, die auf eine »militärische Wirtschaftsdiktatur« hinausgelaufen wäre. In § 9 hieß es: »Über das gesamte Reichsgebiet wird der Belagerungszustand verhängt.«[84]

In einem Punkt veränderte die Weimarer Reichsverfassung jedoch gegenüber den Regelungen aus dem Kaiserreich die Machtverhältnisse spürbar: Das Militär (die Wehrkreisbefehlshaber) waren nun nicht mehr berechtigt, den Belagerungszustand selbst auszurufen, vielmehr konnten sie nur nach Beauftragung durch die zivilen Autoritäten tätig werden. Allerdings wies Seeckt die Reichswehrgruppenkommandos schon 1919 darauf hin, bei Bedarf seien eben Anträge nach oben zu geben, womit die Initiative letztlich immer noch beim Militär lag. Reichswehrminister Gustav Noske erarbeitete etwa zur gleichen Zeit einen Entwurf für die gegebenenfalls erforderlich werdenden Notstandsverordnungen.[85]

Dass die Reichswehr möglicherweise die Macht würde an sich reißen müssen, war ein Topos, der sich durch die gesamte Phase der Weimarer Jahre hielt. 1926 etwa, auf einer Tagung des »Heimatbundes« in Berlin, wies der später im Widerstand aktive Monarchist Carl-Hans Graf von Hardenberg auf die von den Kommunisten ausgehende Gefahr hin und forderte, der Reichspräsident müsse sich im Notfall, gestützt auf Artikel 48 der Weimarer Reichsverfassung, der Reichswehr bedienen können, um einen kommunistischen Aufstand niederzuschlagen. Sollten deren Kräfte nicht ausreichen, müssten die »Vaterländischen Verbände« hinzugezogen werden. Man arbeite mit dem Wehrkreiskommando vertrauensvoll zusammen; für dieses war der Hauptmann Friedrich Fromm erschienen, der sich in ähnlichem Sinne äußerte.[86]

»Richtlinien zur Handhabung des Gesetzes über den Belagerungszustand« entwarf – nun schon im Rahmen oppositioneller Bestrebungen – vermutlich 1938 der hochkonservative Reichsminister ohne Geschäftsbereich und preußische Finanzminister Johannes Popitz (der noch 1937 von Hitler das Goldene Parteiabzeichen entgegengenommen hatte[87]). In enger Zusammenarbeit mit dem Rechtsanwalt Dr. Carl Langbehn und anderen hochkonservativen Oppositionellen wurde das Dokument noch 1941 intensiv weiterentwickelt.[88] Auch er ging davon aus, dass das Militär nur auf Anforderung der Politik eingesetzt werden würde; die Planungen der Verschwörer von 1944 unterschieden sich davon in diesem wesentlichen Punkt. Auch sollten nach den »Walküre«-Befehlen die »Politischen Beauftragten« wie im Ersten Weltkrieg ihren jeweiligen Wehrkreisbefehlshabern unterstellt sein.[89] Ansonsten aber griffen die Befehle vom Sommer 1944 teilweise

---

[82] Pyta, Vorbereitungen, S. 387.
[83] Carsten, Reichswehr und Politik, S. 224.
[84] Meinl, Das gesamte bewegliche und unbewegliche Vermögen, S. 44–47, 54.
[85] Heinemann, Rechtsgeschichte der Reichswehr, S. 48 f.
[86] Kroener, Der starke Mann im Heimatkriegsgebiet, S. 170 f.
[87] <https://www.deutsche-biographie.de/sfz96822.html#ndbcontent>, zuletzt konsultiert am 11.9.2018.
[88] Langbehn, Das Spiel des Verteidigers, S. 119.
[89] Mommsen, Verfassungs- und Verwaltungsreformpläne, S. 581 f.

bis in den Wortlaut auf die Entwürfe von Popitz und seinem Umfeld (Botschafter a.D. von Hassell) zurück. Ein einzelner Vergleich soll genügen: Popitz hatte formuliert:

»Bei allen Maßnahmen ist, unbeschadet des nach Lage des Falles unnachsichtigen Durchgreifens, so zu verfahren, dass sich die Bevölkerung des Abstandes zu den willkürlichen Methoden der bisherigen Machthaber bewusst wird.«[90]

Am 20. Juli 1944 hieß es dann in einem Fernschreiben aus dem Bendlerblock: »Die Bevölkerung muss sich des Abstandes zu den willkürlichen Methoden der bisherigen Machthaber bewusst werden.«[91]

Zwar hatte sich die NSDAP die Fürsorge für die Bombenopfer zur Aufgabe gemacht, aber die großen Bombenangriffe auf das Reichsgebiet in der zweiten Kriegshälfte ließen die Unfähigkeit der Gauleiter und ihrer Parteiorganisationen erkennen, die erforderlichen Maßnahmen von Luftabwehr, Feuerwehr, Ersatzheer, Polizei und Partei zu koordinieren. Erneut kam der Gedanke auf, die Koordination beim Ersatzheer anzusiedeln, doch Himmler wollte seine Höheren SS- und Polizeiführer damit beauftragt sehen. Goebbels und Bormann dagegen erreichten mit vereinten Kräften, dass die führende Rolle der Partei unangetastet blieb.[92]

Entscheidend ist, dass das Militär selbst im Sommer 1944 noch davon ausgehen konnte, dass die Übernahme der Macht durch das Heer in einer inneren Krise des Reiches keineswegs als abwegig erscheinen würde. Am Nachmittag und Abend des 20. Juli 1944 haben viele Wehrkreiskommandos die verspätet übermittelten Befehle nur zögerlich umgesetzt und gelegentlich die zugrunde gelegte Lage (»Der Führer ist tot«) hinterfragt. Die grundsätzliche Berechtigung des Militärs zum Handeln hat aber innerhalb der Wehrmacht bezeichnenderweise niemand in Frage gestellt.

Letztlich war so der Verstoß gegen die Verfassung zum Alltagsgeschäft des Militärs geworden. Die Politik der »Wehrhaftmachung« war auch insofern »paralegal«, als sie Angehörige der Reichswehr wie jene der zivilen Behörden zu permanenten Rechtsbrüchen zwang. Der Versailler Vertrag mit seinen Abrüstungsbestimmungen war geltendes innerdeutsches Recht, und doch war seine systematische Umgehung die Regel:

»Der pommersche Landarbeiter etwa, der zur Zeit der deutsch-polnischen Nachkriegskämpfe in einer Scheune ein Waffenlager entdeckte und an die Polizei meldete, galt dem nationalen Lager als ›Landesverräter‹.«[93]

Schon die permanenten Rechtsbrüche einer an Gewaltanwendung gewohnten Soldateska in den Straßenkämpfen der Revolution hatte dazu geführt, dass viele das »Recht des Stärkeren« höher bewerteten als die »Majestät des Rechts«[94], wie es der nationalkonservative Widerstand später beschreiben sollte.[95] Auch spätere Angehörige des Widerstands waren hier nicht unbeteiligt gewesen. Der damalige Kapitänleutnant Wilhelm Canaris beispielsweise hatte an dem Prozess gegen die

---

[90] Hassell, Die Hassell-Tagebücher 1938–1944, S. 465.
[91] Fernschreiben KR – HOKW 02155 vom 20.7.1944, abgedr. in: Spiegelbild einer Verschwörung, S. 66 f. (Anlage zum Bericht vom 27.7. 1944), hier S. 67.
[92] Kroener, Der starke Mann im Heimatkriegsgebiet, S. 629–631.
[93] Bergien, Die bellizistische Republik, S. 14.
[94] Beck und Goerdeler, S. 233.
[95] Heinemann, Rechtsgeschichte der Reichswehr, S. 22.

III. Militärpolitische Vorstellungen   41

Mörder von Rosa Luxemburg und Karl Liebknecht als Beisitzer teilgenommen und einem der verurteilten Täter später zur Flucht verholfen.⁹⁶

Die Gründung und Unterhaltung einer geheimen »Landesschutzorganisation« etwa diente zu nichts anderem, als ein Reservoir militärisch ausgebildeten Personals in Grenznähe über die vom Versailler »Diktat« festgelegten Obergrenzen hinaus zu schaffen.⁹⁷ An diesem Unternehmen war unter anderem der spätere Generaloberst Fromm in seiner Verwendung beim Wehrkreiskommando III (3. Division) an zentraler Stelle beteiligt.⁹⁸ Zu seinen Aufgaben gehörte Waffenschmuggel ebenso wie die verdeckte Zusammenarbeit mit den Instanzen der Zivilverwaltung, denen ihrerseits die Missachtung etwa des Haushaltsrechts abverlangt wurde.⁹⁹ Letztlich galt in der Reichswehr und in der Weimarer Republik insgesamt »Rechtsbruch als nationale Verpflichtung«.¹⁰⁰ Angesichts der Vereidigung der Reichswehr auf die Verfassung bedeutete das zugleich: »Eidbruch [wurde] unter den Offizieren des Heeres und der Marine – salopp gesagt – zur Mode«.¹⁰¹

Für eine Geschichte des militärischen Widerstands ist festzuhalten, dass die Reichswehr bereits in sich eine Tradition schuf, das formale Recht und insbesondere die Verfassung gering zu achten und sich stattdessen an einem übergeordneten, aber nicht klar definierten »Staatswohl« zu orientieren. Das erleichterte einerseits den NS-Machthabern die Instrumentalisierung der Wehrmacht für ihre Menschheitsverbrechen. Es führte andererseits bei einigen wenigen Offizieren zu dem Entschluss, im Angesicht einer Staat und Nation ins Verderben führenden Politik dem formalen Recht zuwider zu handeln und den Staatsstreich mit militärischen Mitteln zu versuchen. Dass die Wehrmacht des Reiches auch nach 1939 eine innenpolitische Rolle spielen sollte, galt als selbstverständlich.

3. Offene Diskussionskultur in der Reichswehr

Stauffenbergs oben bereits erwähnte Arbeit an der Kriegsakademie über die Abwehr von Fallschirmjägerverbänden lässt ein Weiteres erkennen: Noch in der Wehrmacht des Jahres 1938 konnte man professionelle Themen sehr offen und durchaus kontrovers diskutieren. In einer weiteren Studie, die dann wohlweislich unveröffentlicht blieb, trat Stauffenberg dafür ein, dass auch in Zukunft berittenen Truppen eine wichtige Rolle auf dem Gefechtsfeld zukam. Die Studie wurde wiederholt als »unzeitgemäß« bewertet, aber negative Auswirkungen auf die Karriere des jungen Autors hatte das keineswegs.¹⁰²

---

⁹⁶ Mueller, Canaris, S. 99; Heinemann, Rechtsgeschichte der Reichswehr, S. 39; Messerschmidt, Die Wehrmachtjustiz 1939–1945, S. 9.
⁹⁷ Nakata, Der Grenz- und Landesschutz.
⁹⁸ Kroener, Der starke Mann im Heimatkriegsgebiet, S. 162.
⁹⁹ Ebd., S. 156; Bergien, Die bellizistische Republik, S. 27.
¹⁰⁰ Kroener, Der starke Mann im Heimatkriegsgebiet, Kapitel II.
¹⁰¹ Weinberg, Rollen und Selbstverständnis, S. 67. Siehe hierzu aber auch die kritische Gegenposition bei Lange, Der Fahneneid, S. 110.
¹⁰² Bentzien, Claus Schenk Graf von Stauffenberg, S. 80 f.

Die genannte Offenheit zeigte sich schon in den Diskussionen um den »Krieg der Zukunft«.[103] Fragen des Einsatzes von Panzern, Luftstreitkräften und schwerer Artillerie ließen sich angesichts der Rüstungsbeschränkungen nicht durch praktische Erprobung lösen, sondern verlagerten sich »deshalb vom Hörsaal bzw. dem Übungsplatz ins Forum der Fachzeitschrift«.[104] In Periodika wie dem »Militärwochenblatt« oder eben »Wissen und Wehr« trafen kontroverse Auffassungen aufeinander, ohne dass eine Zensur eingriff.[105] Das war keineswegs überall so: Zum Vergleich mag dienen, dass ungefähr zur gleichen Zeit die Vorgesetzten dem Major Dwight D. Eisenhower mit dem Kriegsgericht drohten, sollte er seine Auffassungen über eine eigenständige Rolle der Panzer noch einmal publizieren.[106]

Die Diskussionsfreudigkeit in militärischen und auch militärpolitischen Fragen war ein Stück weit Ausweis der zunehmenden Professionalisierung der Reichswehr[107]. Noch immer stammten die meisten Offiziere aus den »erwünschten Kreisen«, aber operative und technische Brillanz galt nach den Erfahrungen des technisierten Krieges doch mehr als früher; entsprechend nahm die Relevanz adeliger Herkunft ab. Der rege Gedankenaustausch verband die Reichswehr zudem mit den militärischen Entwicklungen in anderen Staaten; neben die Rüstungskooperation etwa mit Schweden und Russland trat die Rezeption britischer, französischer, italienischer und anderer Fachzeitschriften.[108]

In den einschlägigen Zeitschriften publizierte Inhalte waren regelmäßig Gegenstand der Kasinogespräche in den Regimentern. Auch hier galt, dass das, was im Kasino geäußert wurde, nicht nach draußen drang und dass auch abwegige und Minderheitenmeinungen keine negativen Konsequenzen haben durften. So sehr die Reichswehr sich in vieler Hinsicht abkapselte: Manche Kasinos, vor allem der traditionsreichen Regimenter wie des Potsdamer Infanterieregiments 9, entwickelten sich zu Orten des hochstehenden, internen intellektuellen Austausches über politische, gesellschaftliche oder wirtschaftliche Fragen.[109] Die Tradition eines relativ offenen innermilitärischen Diskurses war Teil der »Milieubildung« der Reichswehr und wurde vom Reichswehrministerium aktiv unterstützt.[110]

Dieser Habitus eines von der Zivilgesellschaft abgesetzten, aber intern offenen Diskurses setzte sich im Dritten Reich fort. Das begann damit, dass die Militärzeitschriften als einzige Druckerzeugnisse nicht von der Reichspressekammer

---

[103] Deist, Die Reichswehr und der Krieg der Zukunft, S. 83.
[104] Pöhlmann, Der Panzer, S. 148. Siehe auch Diedrich, Paulus, S. 93.
[105] Heinemann, A artilharia na Primeira Guerra Mundial; Stumpf, Die Wehrmacht-Elite, S. 166–169.
[106] Ty Seidule, Eisenhower pendant l'entre-deux guerres, S. 267.
[107] Hier verdanke ich wichtige Hinweise meinem Kameraden Oberstleutnant Dr. Thorsten Loch, der ein Buch über die Professionalisierung der Generalität von Bundeswehr und Nationaler Volksarmee vorbereitet und mir Einsicht in sein Manuskript gewährte.
[108] Geyer, Professionals and Junkers, S. 82; Groß, Mythos und Wirklichkeit, S. 150; Haller, Militärzeitschriften in der Weimarer Republik, S. 487; Strohn, Les Jeunes Turcs allemands, S. 227. Schäfer, Werner von Blomberg, S. 42, differenziert hier zu wenig zwischen den Positionen des Bewegungs- und des Volkskrieges.
[109] Finker, Das Potsdamer Infanterieregiment 9 und der konservative militärische Widerstand, S. 455 f.
[110] Haller, Militärzeitschriften in der Weimarer Republik, S. 215–229.

kontrolliert wurden. Auch die Gestapo durfte in den Kasernen nicht ermitteln, weil die Soldaten der wiedererrichteten Wehrmachtjustiz unterstanden.[111]

Wie Stauffenberg waren die meisten der Verschwörer zu jung, um noch selbst in der Zeit vor 1933 publiziert zu haben. Viele aber entstammten genau jenem Milieu, das diese publizistischen Diskussionen getragen hatte: Unter den häufig veröffentlichten Autoren befand sich beispielsweise der frühere General Hermann Ritter Mertz von Quirnheim, Präsident des Reichsarchivs und Vater des am 20. Juli ermordeten Obersten i.G. Albrecht Ritter Mertz von Quirnheim. Genauso publizierte sein Nachfolger im Reichsarchiv, Generalmajor Hans von Haeften, wiederholt, und auch seine Söhne Hans-Bernd und Werner kamen im Widerstand um.

Dieser Aspekt einer militärischen Milieubildung ist eine Erklärung dafür, dass einige der traditionsreichsten Regimenter wie eben das Potsdamer I.R. 9 und Stauffenbergs Reiterregiment 17 (»Bamberger Reiter«) deutlich stärker als andere in der Militäropposition und in der konkreten Staatsstreichplanung vertreten waren.[112] Dieses Milieu machte es dann nach 1939 und noch 1943/44 möglich, offen die Kriegslage anzusprechen und dabei auch pessimistische Äußerungen zu tätigen, weil man davon ausgehen konnte, dass Äußerungen dieser Art innerhalb des Regiments oder der Dienststelle blieben.[113] Solche gesellschaftlichen Beziehungen wie die Zugehörigkeit zum selben Regiment oder die gemeinsame Teilnahme am Generalstabslehrgang waren inzwischen wichtiger geworden als etwa die soziale Herkunft.[114] Die Gestapo selbst drückte nach dem 20. Juli 1944 wiederholt ihr Erstaunen über diese Offenheit aus:

»Auffällig ist, mit welcher Offenheit von der Verschwörerclique die militärische Lage in einer äußerst pessimistischen Tendenz weit über den engeren Verschwörerkreis hinaus monatelang besprochen werden konnte. Abgesehen von den unmittelbar Beteiligten, wie Beck und Hoepner, wurde ständig ein großer, durch persönliche, zum Teil verwandtschaftliche Beziehungen verknüpfter Personenkreis in der angegebenen Weise mit Problemen der militärischen Lage befasst. Es scheint in der Bendlerstraße üblich gewesen zu sein, dass in dieser Hinsicht fortgesetzt über alle dienstlichen Erfordernisse und über alle gebotene Vorsicht hinausgegangen worden ist.«[115]

Solche kritischen Gespräche über fachliche Fragen wiederum boten den Anknüpfungspunkt, mögliche Mitverschwörer anzusprechen, ohne sich selbst und die bereits aufgebaute Staatsstreichorganisation mehr als nötig zu exponieren. Beeindrucken muss ja nicht nur die doch erhebliche Zahl von an der Umsturzplanung Beteiligten, sondern ebenso die vielen, zumeist unbekannt gebliebenen Gespräche, die zu keiner Rekrutierung für den Widerstand führten, die aber eben auch nicht in einer Denunziation mit anschließender Verhaftung mündeten.[116] Hans Karl Fritzsche, der am Rande der Verschwörung stand und den

---

[111] Ebd., S. 492; Mühleisen, Das letzte Duell.
[112] Zum Reiterregiment 17 siehe neuerdings den Begleitband zur Ausstellung: Metzger, Offiziersehre und Widerstand.
[113] Kroener, Der starke Mann im Heimatkriegsgebiet, S. 4.
[114] Anders noch 1984: Mommsen, Der Widerstand gegen Hitler und die deutsche Gesellschaft, S. 8 f.; dagegen aktueller Keyserlingk-Rehbein, Nur eine »ganz kleine Clique«?, S. 31, 285.
[115] Spiegelbild einer Verschwörung, S. 49 (25.7.1944).
[116] Graml, Militärischer Widerstand, S. 92.

Krieg überlebte, beschreibt den Verlauf eines solchen »Rekrutierungsgesprächs«, das trotz Ablehnung des Umworbenen zu keinerlei Konsequenzen führte,[117] und Roland von Hößlin, gefragt, warum er Stauffenbergs Umsturzbestrebungen nicht gemeldet habe, antwortete lakonisch, aber vermutlich völlig zutreffend: »dieser Gedanke sei ihm nicht gekommen«.[118]

Umgekehrt erklären die frühen Kontakte lang nachwirkende Rivalitäten etwa zwischen Keitel, Fromm und Beck, die sich bis zum 20. Juli 1944 hielten. Sie hatten ihre Ursache sowohl in persönlichem Ehrgeiz als auch in einem unterschiedlichen Verständnis von Rolle und Funktion der Armee, wie den Zeitgenossen durchaus bewusst war.[119] Für die Staatsstreichplanung waren sie von erheblicher Relevanz.[120]

Die Gestapo hat die Offenheit nach innen und die Verschwiegenheit des Offizierkorps nach außen im Nachhinein in ihren Berichten über ihre Ermittlungsergebnisse scharf gegeißelt, nicht zuletzt, um von der Frage abzulenken, warum sie die Verschwörung nicht rechtzeitig aufgeklärt hat.[121] In der sozialen Kohärenz des Offizierkorps traditioneller Prägung sahen die Ermittler sehr zu Recht eine Vorbedingung für die Umsturzvorbereitungen. Indem sie zunächst Stauffenberg zitierten, behaupteten sie:

»›Es ist die Stunde, da der Offizier und der Offizier allein sich durchsetzen muss.‹ Es war die Hoffnung auf die von der politischen Verpflichtung an den Nationalsozialismus freie Bindung an das Korps, die Stauffenberg hier aussprach. Dieses Korps stellte nicht nur einen einheitlichen und, wie man hoffte, durch einige Fernschreiben zu steuernden Gehorsamskörper dar, sondern man glaubte auch, dass es durch die vielfachen gesellschaftlichen, verwandtschaftlichen, kameradschaftlichen und standesmäßigen Bindungen als eine geschlossene und politisch weitgehend indifferente Einheit angesehen werden könnte.«[122]

4. Die Anfänge der NSDAP

Ebenso wie sich das Verhältnis der Reichswehr zur Weimarer Republik auf die spätere militärische Opposition auswirkte, muss auch gefragt werden, ob die frühen Berührungen der Reichswehr mit der NSDAP und insbesondere ihrer Schlägertruppe, der SA, Folgen für den späteren Entschluss zum Widerstand gehabt haben.

Die NSDAP entstand – zunächst unter dem Namen »Deutsche Arbeiter-Partei« (DAP) – als bayerische Splitterpartei mit politisch verquastem Gedankengut, das

---

[117] Fritzsche, Ein Leben im Schatten des Verrates, S. 41, 71.
[118] Spiegelbild einer Verschwörung, S. 375 (9.9.1944).
[119] Notiz Generalmajor Carl-Erik Koehler, Chef des Stabes beim BdE/Chef HRüst, über ein Gespräch mit Generalleutnant Rudolf Schmundt in seinem Diensttagebuch vom Juli 1942, zit. nach Kroener, Der starke Mann im Heimatkriegsgebiet, S. 455.
[120] Ebd., S. 150, 323.
[121] Spiegelbild einer Verschwörung, S. 296 (24.8.1944).
[122] Ebd., S. 298 (24.8.1944).

III. Militärpolitische Vorstellungen

antiparlamentarisch angelegt war und sowohl nationalistische als auch sozialistische Elemente in sich vereinte. Prägend von Anfang an war die starke antisemitische Ausrichtung, wobei aber weder diese noch die anderen Programmelemente in der damaligen aufgerührten politischen Landschaft singulär waren. Von anderen, ähnlichen Gruppierungen unterschied sie sich dadurch, dass sie sich sehr früh auf den Weltkriegsgefreiten Adolf Hitler als ihren »Führer« festlegte, und durch ihre von Anfang an konstitutive Gewaltbereitschaft.[123]

Auch für Soldaten und für ehemalige Soldaten war diese Gruppierung, die sich selber eher als »Bewegung« denn als »Partei« verstand, attraktiv. Hitler selbst hatte nach Kriegsende noch als Propagandaredner bei der Reichswehr gedient, und zu seinen frühesten Gefolgsleuten gehörte etwa der spätere Generaloberst Eduard Dietl.[124] Allerdings verbot das Reichswehrgesetz von 1921 Soldaten die Mitgliedschaft in politischen Parteien, sodass sich danach keine aktiven Soldaten unter den Mitgliedern mehr befanden. Das änderte aber nichts an der Affinität von Teilen des Militärs zur »völkischen« rechtsradikalen Bewegung. Ganz im Sinne der bereits geschilderten »bellizistischen« Grundstruktur der Weimarer Republik sah das Heer in den »völkischen Verbänden« (zu denen es die SA neben einigen anderen rechnete) ein Reservoir an Kämpfern nach innen wie nach außen; der genannte Hauptmann Dietl beispielsweise war im Auftrag seiner Vorgesetzten den Sommer 1923 über der militärische Ausbilder der SA.[125] Schon im Frühjahr war es zu gemeinsamen Übungen und Ausbildungsvorhaben zwischen Reichswehr und der »Arbeitsgemeinschaft vaterländischer Kampfverbände« gekommen, was auch in der Öffentlichkeit bekannt geworden war. Diese Vorhaben verstießen zwar gegen eindeutige Erlasse der Berliner Reichswehrspitze,[126] aber sie fanden mit Wissen und auf Veranlassung der bayerischen Reichswehrführung (7. Division) statt. Ihr Ziel bestand darin, »für die Truppe brauchbare Soldaten heranzuziehen«. Eine Ausbildung für den Bürgerkrieg war ausdrücklich verboten.[127] Das erklärt auch, warum sich Teile der bayerischen Reichswehr (darunter Dietl) verweigerten, als es im November 1923 darum ging, Hitlers Putschversuch niederzuschlagen. Die Berührungsflächen waren so groß geworden, dass ein Vorgehen gegen die Kampfgefährten und dazu noch gegen den »Weltkriegshelden« Ludendorff undenkbar schien.[128]

---

[123] Wildt, Geschichte des Nationalsozialismus, v.a. S. 20 f.; siehe hierzu die Rezension von Hans Mommsen in Neue Politische Literatur, 53 (2008), 1, S. 15; Kershaw, Hitler 1889–1936, S. 131–212.
[124] Heinemann, Eduard Dietl, S. 99–101.
[125] »Befehl Nr. 3 des Führers der ›Reichsflagge‹, Röhm, vom 10. April 1923«, zit. in Münchner Post, Nr. 89 vom 17.4.1923, StA München, Pol.Dir. 6697: »Nationalsozialisten auf dem südlichen Teil des Exerzierplatzes [...] Hauptmann Dietl, Infanterieregiment Nr. 19, 1. Bataillon, meldet sich 11.30 vormittags [...] beim Führer der Nationalsozialisten.«
[126] Münchner Post, 3.4.1923, StA München, Pol.Dir. 6697.
[127] Richtlinien für die Ausbildung; sowie Muster: Verpflichtungserklärung, beide BArch, RH 53-7/388.
[128] Gordon, Hitlerputsch, S. 304–306; Aufzeichnung Kdr. I.R. 19, OTL v. Wenz, BArch, RH 37/213a, teilweise abgedr. in: Das Krisenjahr 1923, Nr. 72 und Nr. 102.

5. Hitlers Kriegserfahrung

Hitler selbst hatte den Ersten Weltkrieg in den Schützengräben der Westfront erlebt. Seine Kriegserfahrung war, entgegen der Darstellung in seiner vorgeblichen Autobiografie »Mein Kampf«, nicht die des »Frontkämpfers«, sondern die eines beim Regimentsstab untergebrachten und auch organisatorisch angebundenen Meldegängers.[129] Die keineswegs ungewöhnliche Auszeichnung mit dem Eisernen Kreuz Zweiter Klasse sowie die deutlich seltenere Verleihung der Ersten Klasse des Eisernen Kreuzes im August 1918, auf die der spätere Parteiführer die Behauptung seiner eigenen Tapferkeit zu stützen pflegte, waren wohl eher auf seine Zugehörigkeit zum Regimentsstab und seine Vertrautheit mit den dortigen Offizieren zurückzuführen.[130]

Entscheidend war aber auch, dass Hitler die Phase des Kriegsendes nicht bei der Truppe, sondern im Lazarett in der Heimat verbrachte. Damit blieb ihm die Erfahrung erspart, dass die Stimmung in den Regimentern umkippte und die deutschen Soldaten nicht mehr kampfwillig waren. Wenn Hitler später, vor allem in »Mein Kampf«, den mangelnden Durchhaltewillen der Heimat als Ursache für die deutsche Niederlage ausmachte, dann war das nicht nur eine durch die Gefängniszelle in Landsberg verzerrte Darstellung; sie ging unter anderem auf Hitlers Abwesenheit von der Front in den entscheidenden Wochen zurück.[131] Für Hitler war damit später, den gesamten Zweiten Weltkrieg hindurch, die Aufrechterhaltung der Stimmung in der Heimat, so durch die Ausplünderung der besetzten Gebiete im Osten zugunsten einer besseren Lebensmittelversorgung in Deutschland, aber ebenso die Erhaltung der »Mannszucht« durch drastische Strafen gegen Deserteure, eine zwingende Erfordernis.

Hitler hat den Krieg nur als Stellungskrieg kennengelernt; den hochtechnisierten Bewegungskrieg oder die raumgreifenden Operationen an der Ostfront hat er selbst nie erfahren. Zudem hat Hitler, der Österreicher, in einem bayerischen Regiment gedient und somit nie eine nähere Vertrautheit mit den anderen Kontingenten, und vor allem nicht mit dem preußischen, entwickeln können. Die Vorstellungen vom Krieg, die der »Gefreite des Weltkrieges« zwischen 1914 und 1918 gewonnen hat, haben auch sein späteres Handeln als Oberster Kriegsherr des Reiches geprägt. Seine Bevorzugung bürgerlicher Infanterieoffiziere und seine Abneigung gegen adelige Generalstabsoffiziere, zumal wenn sie der Artillerie entstammten, haben hier ihren Ursprung. Besonders galt das für preußische Offiziere: »wie er überhaupt feststellen müsse, dass anscheinend das bayrische Offizierskorps bedeutend fortschrittlicher und dem Nationalsozialismus gegenüber mehr positiv eingestellt sei als das sogenannte preußische Offizierskorps«.[132]

---

[129] Siehe hierzu vor allem Weber, Hitlers erster Krieg. Dadurch sind frühere Darstellungen etwa bei Kershaw, Hitler 1889-1936, S. 91-97, oder erst recht bei Longerich, Hitler, S. 42-55, überholt.
[130] Weber, Hitlers erster Krieg, S. 285 f.
[131] Kellerhoff, »Mein Kampf«, S. 122.
[132] Engel, Heeresadjutant bei Hitler, S. 33.

III. Militärpolitische Vorstellungen 47

6. NSDAP und Reichswehr vor 1933

Viele nationalkonservative Politiker und Militärs lehnten den Hitler-Ludendorff-Putsch ab. Insgesamt erschien ihnen die nationalsozialistische Bewegung als zu »pöbelhaft«, und das galt besonders für die Schlägertruppe der SA. Die später wegen Beteiligung am 20. Juli hingerichteten Ulrich-Wilhelm Graf von Schwerin, Karl Ludwig Freiherr von und zu Guttenberg und Eduard Brücklmeier waren teils Augenzeugen des Münchener Putsches geworden, teils hatten sie versucht, die von den Nationalsozialisten aufgehetzten Studenten zu beruhigen; dabei hatten sie den berühmten Chirurgen Prof. Dr. Ferdinand Sauerbruch vor den Tumulten in Sicherheit gebracht.[133] Schwerin arbeitete später lange an einer Festigung des deutschen Volkstums in Polen; für ihn ist bezeugt, dass er angesichts der von der NSDAP oder der SA dort begangenen Gräueltaten schon vor 1933 den gewaltbereiten und letztlich verbrecherischen Charakter des Nationalsozialismus erkannt hatte.[134]

Die NSDAP ihrerseits pflegte zunächst ein Nicht-Verhältnis zur Reichswehr. Zwar forderten Hitler und seine »Bewegung« immer wieder lautstark ein »Wiedererstarken« Deutschlands, wie genau aber das aussehen sollte und welche Rolle darin die etablierte Reichswehr spielen sollte, blieb weitgehend offen. Das 25-Punkte-Programm der NSDAP vom 24. Februar 1920 war zwar nach offizieller Lesart unveränderbar und ewig fortwirkend, praktische politische Wirkung erzielte seine Ziffer 22 (»Wir fordern die Abschaffung der Söldnertruppe und die Bildung eines Volksheeres[135]«) jedoch nicht. Selbst wenn man, was methodisch problematisch ist, »Mein Kampf« als programmatisches Werk lesen will, finden sich darin wenig konkrete Hinweise zur Militärpolitik der NSDAP. An dieser für Hitlers Politikverständnis konstitutiven Unschärfe änderte sich bis 1933 wenig.

Für Hitler war das Scheitern des Putsches von 1923 Beweis dafür, dass ein bürgerkriegsartiges Vorgehen gegen die Weimarer Republik keinen Erfolg versprach. Bei aller Gewaltrhetorik blieb ihm nichts anderes übrig, als sich nach seiner Entlassung aus dem Gefängnis um Erfolg beim Wähler zu bemühen. Die SA wurde dazu wieder straffer der Partei unterstellt und bekam mit Franz Pfeffer von Salomon einen neuen »Obersten Führer«, der sie eng an die Person Hitlers band.[136] Erst der Wechsel von Pfeffer zu Ernst Röhm Anfang 1931 brachte dann neben einem erheblichen zahlenmäßigen Aufwuchs eine spürbare Remilitarisierung mit sich. Die SA orientierte sich in der Folge in ihren Rangbezeichnungen statt wie bis dahin an den Funktionen nunmehr an der militärischen Dienstgradstruktur; gerade damit wurde die Parteiarmee aber zu einem ernstzunehmenden Rivalen der Reichswehr.[137]

---

[133] Schwerin, Die Jungen des 20. Juli, S. 42 f.
[134] Ebd., S. 45.
[135] Das 25-Punkte-Programm der Nationalsozialistischen Deutschen Arbeiterpartei [vom 24. Februar 1920], <http://www.documentarchiv.de/wr/1920/nsdap-programm.html>, zuletzt konsultiert am 11.9.2018. Siehe allerdings auch eine Rede des NSDAP-Reichstagsabgeordneten Hans Dietrich vom 27.5.1927, zit. in Löffelbein, Ehrenbürger der Nation, S. 112.
[136] Bessel, Militarismus, S. 208 f.
[137] Ebd., S. 210.

Einige aufmerksame Reichswehroffiziere, vor allem solche, zu deren Aufgaben die Zusammenarbeit mit den »Wehrverbänden« gehörte, beobachteten das Treiben der SA und der hinter ihr stehenden NSDAP durchaus kritisch, selbst wenn sie im Kern zu einer anderen Linie als der Seeckts neigten. Der im Wehrkreiskommando III eingesetzt Hauptmann Fromm beispielsweise lehnte den Alleinstellungsanspruch der NS-Verbände scharf ab und war durchaus bereit, auch mit den »Parteiarmeen« der demokratischen Parteien zusammenzuarbeiten.[138]

Im Jahre 1928 noch befand sich Hitler auf Konfrontationskurs zum Militär der Republik. In seinem »Zweiten Buch« forderte er, die als »Söldnerheer« titulierte Reichswehr durch ein »wahrhaft deutsches Volksheer« zu ersetzen, das zugleich die »sozialistischste Einrichtung des Staates« zu sein habe.[139] Noch deutlicher wurde er, jetzt auch öffentlich, im darauffolgenden Jahr: Er griff die fortwirkende Forderung von Seeckt und Reichswehrminister Otto Geßler auf, der Soldat der Reichswehr habe unpolitisch zu sein. Während einer Rede am 15. März 1929 in München erklärte er:

»Herr General von Seeckt und der ehemalige Reichswehrminister Geßler haben in einer Rede [Seeckt am 5. März 1929 in Königsberg] Auffassungen geäußert, aus denen immer noch der Zweifel hervorgeht, ob der Soldat politisch sein darf, oder ob er im Gegenteil unpolitisch sein muss [...] Für uns Nationalsozialisten ist die Reichswehr, sowohl als eine Miliz, ein Volksheer oder eine stehende Armee, immer nur ein Mittel zum Zweck.«[140]

In der Folge machte er deutlich, dass die NSDAP ganz auf eine breite, hochgradig politisierte Volksarmee setzte, die einer volkspädagogischen Erziehung der Nation zur Wehrfähigkeit dienen sollte; im folgenden Jahr bezeichnete er die Reichswehr gar als »republikanisch-demokratische Parlamentswache«.[141] Hitler begab sich damit in klaren Gegensatz zum Selbstverständnis der Reichswehrspitze.[142] Ähnlich deutlich wurde in dieser Zeit auch Konstantin Hierl, ein kriegsgedienter ehemaliger Offizier und Vertrauter Ludendorffs, der nach dem Putsch von 1923 seinen Abschied hatte nehmen müssen und nach seinem Eintritt in die NSDAP 1929 so etwas wie Hitlers »Militärexperte« war. Hierl beteiligte sich an der publizistischen Auseinandersetzung über die Armee der Zukunft und lehnte durchgehend mechanisierte Streitkräfte ab, weil sie der von der NSDAP politisch gewollten Wehrverfassung widersprachen. Stattdessen forderte er das, was sein Lehrer Ludendorff Mitte der 1930er Jahre als »totalen Krieg« propagierte.[143]

Am Anfang der 1930er Jahre näherten sich, wie vom Reichspräsidenten gefordert, die bürgerlichen Parteien allmählich an die NSDAP an.[144] Dazu gehörte auch, dass aus dem ursprünglichen »Wehrkonsens« der Weimarer Republik unter Einschluss der SPD nunmehr eine gegen die Sozialdemokratie gerichtete punktuelle Zusammenarbeit zwischen Reichswehr und SA wurde. Führend daran beteiligt war der ohnehin dem Konzept des »Volkskrieges« aufgeschlos-

---

[138] Kroener, Der starke Mann im Heimatkriegsgebiet, S. 166 f.
[139] Förster, Vom Führerheer der Republik, S. 314.
[140] Hitler, Reden, Schriften, Anordnungen, S. 46 f. (Dok. 6).
[141] Ramm, Der 20. Juli vor dem Volksgerichtshof, S. 10.
[142] Hitler, Reden, Schriften, Anordnungen, S. 70 f. (Dok. 6).
[143] Pöhlmann, Der Panzer, S. 192.
[144] Kroener, Der starke Mann im Heimatkriegsgebiet, S. 190.

III. Militärpolitische Vorstellungen

sene Chef des Stabes des Wehrkreises I, Walter von Reichenau.[145] In der Folge waren auch andere Offiziere der Reichswehr nicht länger gewillt, die Hitler-Partei völlig auszugrenzen. So fand ihre Forderung nach Aufrüstung naturgemäß breite Zustimmung im Offizierkorps. Zu einem Zeitpunkt, wo die personellen Ressourcen für eine schnelle Wiederaufrüstung zu versiegen drohten, weil die kriegsgedienten Jahrgänge aus Altergründen bald nicht mehr für eine Mobilmachung zur Verfügung stehen würden, hatte die NS-Forderung nach einem »Volksheer« etwas Verführerisches.[146]

Die Versuche der NSDAP, sich der Reichswehr oder doch zumindest deren einem »Massenheer« aufgeschlossenen Flügel anzunähern, rückten ins Bewusstsein einer breiteren Öffentlichkeit, als drei Subalternoffiziere aus dem Artillerieregiment 5 in Ulm, dessen Kommandeur der damalige Oberst Ludwig Beck war, wegen Verschwörung und Vorbereitung zum Hochverrat verhaftet und vor Gericht gestellt wurden.[147] Beck sah sich besonders dadurch herausgefordert, dass entgegen seinen ursprünglichen Absichten, die konspirative Zusammenarbeit seiner Offiziere mit der NSDAP disziplinarisch zu lösen, die drei Beschuldigten von der Polizei im Auftrag der zivilen Justiz verhaftet wurden. In seinem Wertehorizont gehörten Vorfälle wie die Vorbereitung eines hochverräterischen Unternehmens durch Offiziere in die interne Rechtssphäre des Militärs. Beck stand damit nicht allein; sein späterer Mitverschwörer Hellmuth Stieff, damals Oberleutnant, schrieb an seine Frau: »Diese Angelegenheit gehörte vor einen Ehrenrat.«[148] Ehrenräte allerdings waren der kaum übertünchte Ersatz für die in der Weimarer Republik abgeschafften Ehrengerichte des Kaiserreichs.[149]

Der Ulmer Reichswehrprozess im September/Oktober 1930 bot vor allem Hitler, der als Zeuge geladen worden war, eine Bühne, um seine veränderte Strategie und die vorgebliche Abkehr von der Gewalt öffentlich bekanntzumachen. In einem »Legalitätseid« bekannte er sich dazu, ausschließlich mit legalen Mitteln die Macht anstreben zu wollen, fügte aber zugleich hinzu, danach werde er den Staat so umgestalten, wie er den nationalsozialistischen Vorstellungen entspreche.[150] Hier äußerte er zudem programmatische militärische Vorstellungen, die sich im Begriff einer »Volksarmee« zusammenfassen lassen.[151]

Die Wahlerfolge der NSDAP ab 1930, spätestens deren haushoher Wahlsieg in den Juliwahlen 1932, ließen das Scheitern der Weimarer Republik offenkundig werden. Damit gewann die NS-Bewegung jetzt auch im Bürgertum Zulauf, weil man allein ihrer Gewaltpolitik bei aller Ablehnung noch zutraute, der kommunistischen Bedrohung Herr zu werden.[152]

---

[145] Simms, Walther von Reichenau, S. 426; Bergien, Die bellizistische Republik, S. 185 f.; Mueller, Canaris, S. 167.
[146] Müller, Generaloberst Ludwig Beck. Eine Biographie, S. 91.
[147] Hierzu nach wie vor unübertroffen Bucher, Der Reichswehrprozess. Siehe auch Heinemann, Rechtsgeschichte der Reichswehr, S. 364–367.
[148] Brief Stieff an seine Frau vom 10./11.10.1930, in: Stieff, Ausgewählte Briefe, S. 63; siehe auch Bucher, Der Reichswehrprozess, S. 123.
[149] Heinemann, Rechtsgeschichte der Reichswehr, S. 323–336.
[150] Bucher, Der Reichswehrprozess, S. 84–88.
[151] Ebd., S. 86.
[152] Wildt, Nationalsozialismus oder deutscher Faschismus?, S. 109 f.; Kershaw, Der 30. Januar 1933, S. 277 f.

Andererseits warfen die konservativen Kräfte Hitler und seiner Partei genau das vor, was für diese das Überleben gesichert hatte: den »Rückfall in parlamentarische Methoden«.[153] Daraus ergab sich eine eigentümliche Ambivalenz, die auch im Offizierkorps der Reichswehr anzutreffen war; vor allem bei den Anhängern eines »Führerheeres« Seecktscher Prägung überwog die Ablehnung, wogegen Reichenau etwa durchaus nichts gegen den Versuch einer Zusammenarbeit einzuwenden hatte.[154]

Seit dem Sommer 1932 stellten Reichskanzler Franz von Papen, die Reichswehrführung und ihr hochkonservatives Umfeld Überlegungen an, wie die Ernennung Hitlers zum Reichskanzler zu verhindern sei. Da die NSDAP nunmehr die eindeutig größte Partei im Reichstag war, ging es darum, dem Reichspräsidenten ein Vorgehen gegen das Parlament und damit den offenen Bruch der – ohnehin ungeliebten – Verfassung als Option anzubieten, nachdem dieser Papen gegenüber sein grundsätzliches Interesse an einer solche Lösung bekundet hatte.[155] Die rechtlichen Optionen ließen sich die Militärs von dem Staatsrechtler Dr. Carl Schmitt ausarbeiten, der mit dem Hauptmann Dr. Hans Speidel vom Truppenamt befreundet war; Schmitt wiederum beteiligte auch seinen Schüler Ernst-Rudolf Huber.[156]

Am 18. November 1932 lud daher der Leiter des Ministeramts im Reichswehrministerium, Oberst Ferdinand von Bredow, zu dem »Planspiel Ott« ein, in dem die Reichswehrführung die Möglichkeit einer solchen Machtübernahme durch das Heer prüfen wollte – wohlgemerkt immer auf Anweisung des Reichspräsidenten unter Anrufung des Notstandsartikels 48 der Weimarer Reichsverfassung. Das Planspiel fand dann hochgeheim am 25. und 26. November 1932 im Reichswehrministerium statt. Es stellte sich aber heraus, dass mehrere Reichswehrkommandeure in der Region Berlin nicht zuverlässig bereit waren, den Weg eines von der Mehrheit der Bevölkerung abgelehnten Militärputsches mitzutragen, unter ihnen der spätere Generalfeldmarschall Ernst Busch, damals Kommandeur des Infanterieregiments 9, Fromm und Oberstleutnant Erich Hoepner, Kommandeur des Reiterregiments 4 in Potsdam.[157] Das zahlenmäßig schwache 100 000-Mann-Heer würde den Anforderungen einer Auseinandersetzung mit den Nationalsozialisten und eines möglichen gleichzeitigen Generalstreiks unter der Führung von SPD und KPD nicht gewachsen sein, zumal in Rechnung zu stellen war, dass die innere Schwäche des Reiches eine parallele äußere Bedrohung hervorrufen konnte.[158]

Gleichwohl blieb das Planspiel nicht ohne Folgen. Im Januar 1933 schloss die Reichswehr ihre Planungen für den Ausnahmezustand ab und gab an die Wehrkreisbefehlshaber am 27. Januar 1933 die Heeresdienstvorschrift 469 »Sammel-

---

[153] Mommsen, Regierung ohne Parteien, S. 8.
[154] Simms, Walther von Reichenau, S. 426 f.; siehe auch Ramm, Der 20. Juli vor dem Volksgerichtshof, S. 10 f.
[155] Pyta, Vorbereitungen, S. 385 f.; siehe auch Berthold, Carl Schmitt und der Staatsnotstandsplan, v.a. S. 16 f.
[156] Heinemann, Rechtsgeschichte der Reichswehr, S. 368 f., 378; Krüger, Hans Speidel und Ernst Jünger, S. 25.
[157] Kroener, Der starke Mann im Heimatkriegsgebiet, S. 197.
[158] Pyta, Vorbereitungen, S. 390; John, Am achten Jahrestag; Hoffmann, Widerstand – Staatsstreich – Attentat, S. 42 f.

heft der Bestimmungen über Verwendung der Wehrmacht im Reichsgebiet bei öffentlichen Notständen und inneren Unruhen« neu heraus. Zwar entschied sich Hindenburg letztlich für das Konzept der »Zähmung« Hitlers und gegen ein militärisches Eingreifen, aber der Gedanke war weiterhin im Raum und die konzeptionellen Grundlagen standen bereit.[159]

Der als Quelle hoch problematische Gisevius (Spitzname: »der Karl May des deutschen Widerstandes«[160]) schreibt, bei der Vorbereitung des Staatsstreichversuches 1938 habe man alle Befehle neu abfassen müssen; nach dem »Röhm-Putsch«, bei dem auch die beiden leitenden Offiziere des »Planspiels Ott«, Schleicher und Bredow, ermordet worden waren, seien alle Unterlagen auf Befehl Blombergs an die Polizei abgegeben worden.[161] Demgegenüber erwähnte der Chef des Generalstabs des Heeres, Beck, 1935 im sehr vertrauten Kreis gelegentlich die Möglichkeit eines Militärputsches gegen den »Führer«, sodass diese Option auch in den »Friedensjahren« des Regimes nie völlig ausgeschlossen war.[162] Er konnte sich dabei darauf stützen, dass das Reichsverteidigungsgesetz von 1935 vorsah, dass im Kriegsfall die Vollziehende Gewalt beim Reichskriegsminister liegen sollte, der sie auf die Wehrkreisbefehlshaber delegieren konnte.[163]

Für die Offiziere der Reichswehr muss es eine traumatische Erfahrung gewesen sein festzustellen, dass »gegen einen Widerstand der Mehrheit der Bevölkerung die militärische Macht nicht ausreiche, einen gewaltsamen Systemwechsel herbeizuführen«[164] – und das unter der Bedingung eines grundsätzlich positiv eingestellten Staatsoberhauptes. Ein Vorgehen gegen einen charismatischen »Führer« würde noch ganz andere Probleme hervorrufen.[165]

7. Partei und Militär nach 1933

Das Verhältnis zwischen NSDAP und Reichswehr war also ambivalent, als Hitler Reichskanzler wurde. Auch wenn es sich schnell eingebürgert hatte, von der Reichswehr als einer der zwei Säulen des NS-Regimes zu sprechen, hat die Nachkriegsforschung gleichwohl lange gebraucht, ihre Rolle als wesentlicher Teil des NS-Regierungssystems angemessen in den Blick zu nehmen:

---

[159] Heinemann, Rechtsgeschichte der Reichswehr, S. 380; Kolb/Pyta, Die Staatsnotstandsplanung, S. 179.
[160] Rudolf Augstein in Der Spiegel, 27.4.1960, unter Berufung auf Rudolf Pechel; Karl-Heinz Janßen, Die Halder-Legende oder: Die abenteuerliche Geschichte der Generäle, die im Herbst 1938 angeblich gegen Hitler putschen wollten. In: Die Zeit, 1.10.1998. Siehe auch die Kritik bei Keyserlingk-Rehbein, Nur eine »ganz kleine Clique«?, S. 126, Anm. 32.
[161] Gisevius, Bis zum bittern Ende, Bd 2, S. 63 f. Nach Heinemann, Rechtsgeschichte der Reichswehr, S. 382, wurden sie «eingezogen«.
[162] Müller, General Ludwig Beck. Studien und Dokumente, S. 88.
[163] Reichsverteidigungsgesetz vom 21.5.1935, RGBl. I, 1935, S. 375; Kroener, Der starke Mann im Heimatkriegsgebiet, S. 285.
[164] Kroener, Der starke Mann im Heimatkriegsgebiet, S. 199.
[165] Mommsen, Forschungskontroversen zum Nationalsozialismus, S. 19.

> »Obgleich unter Historikern eigentlich unstrittig sein sollte, dass Krieg und Nationalsozialismus konstitutiv zusammengehören, orientieren sich Gesamtinterpretationen des Dritten Reiches immer noch weit stärker an den Friedens- als an den Kriegsjahren, wird selbst in einschlägigen Publikationen zum nationalsozialistischen Krieg die Wehrmacht nicht als Strukturelement des NS-Staates zentral thematisiert, sondern in einzelne Fallstudien zerlegt.«[166]

Analog zu dieser im Kontext einer Widerstandstagung getroffenen Feststellung gilt auch für die Erforschung des Widerstands, dass Reichswehr und Wehrmacht als wesentlich handlungsbestimmende Umgebung für militärische Opposition bisher zu wenig berücksichtigt worden sind. Konnte noch 1969 Peter Hoffmann schreiben, die Reichswehr habe bei der Ernennung Hitlers zum Reichskanzler »stillgehalten«,[167] so muss man im Licht der heutigen Forschung davon ausgehen, dass Teile der Reichswehr die »Machtergreifung« aktiv unterstützt und mit vorbereitet haben.

Hitlers Regierung war die erste nach fast drei Jahren, die sich im Reichstag wieder auf eine Mehrheit stützen konnte.[168] Gerade deshalb gab es unter den Hochkonservativen in Politik und Militär von Anfang an erhebliche Vorbehalte gegen die neuen Machthaber – aber nicht, weil diese die offenkundig gescheiterte Weimarer Republik endgültig liquidierten, sondern weil Männern wie etwa dem Publizisten Edgar Jung, dem Juristen Fabian von Schlabrendorff, dem Gutsbesitzer Ewald von Kleist-Schmenzin oder dem Oberstleutnant d.R. Carl-Hans Graf von Hardenberg bei aller Übereinstimmung in vielen politischen Fragen die neuen Herrscher doch etwas zu »pöbelhaft« erschienen. Sie und einige wenige andere hatten offenkundig ein feines Gespür für das dem Nationalsozialismus innewohnende sozialrevolutionäre, auf gesellschaftliche Veränderung drängende Element.[169] Das wirkte sich auf die Motivation für den nationalkonservativen Widerstand aus:

> »Sowohl die hochkonservative Verschwörergruppe [...] als auch der deutschnationale Flügel des Goerdeler-Kreises, desgleichen [Admiral Wilhelm] Canaris und [Oberst Hans] Oster, empfanden sich als Repräsentanten und Vollstrecker der ›nationalen Revolution‹ von 1932/33, deren Rückbildung in ein Parteiregime sie beklagten.«[170]

Zunächst schien es durchaus, als verschärfe sich der Konflikt zwischen den verschiedenen Denkschulen hinsichtlich der Wehrform weiter. Die Reichswehrführung, maßgeblich beeinflusst von dem neuen Chef des Truppenamtes Generalleutnant Ludwig Beck, nutzte die sich abzeichnende Aufrüstung in ihrem Sinne. Dass Hitler sich für eine Einführung der Wehrpflicht entschied und Plänen wie etwa dem Schleichers, im Einvernehmen mit den Siegermächten des Ersten Weltkrieges eine Milizkomponente zusätzlich zur Reichswehr zu schaffen, eine klare Absage erteilte, verstärkte beispielsweise Becks Sympathien für die neue Regierung

---

[166] Förster, Die Wehrmacht im NS-Staat. Ein grauer Fels, S. 99 f.
[167] Hoffmann, Widerstand – Staatsstreich – Attentat, S. 43.
[168] Klausa, Zu wenig und zu spät?, S. 260.
[169] Schlabrendorff, Offiziere gegen Hitler, S. 12; Hoffmann, Widerstand – Staatsstreich – Attentat, S. 36 f.; Hardenberg, Auf immer neuen Wegen, S. 33, 61–63; Klausa, Politischer Konservativismus und Widerstand, S. 222–228; Thamer, Die Erosion einer Säule, S. 420.
[170] Mommsen, Verfassungs- und Verwaltungsreformpläne, S. 573.

III. Militärpolitische Vorstellungen

deutlich.[171] Andererseits forderte der frisch ernannte Reichswehrminister von Blomberg schon am 3. Februar 1933, seine früheren Sympathien für die Ideen Joachim von Stülpnagels aufgreifend, eine »Untermauerung und Stärkung der Wehrmacht durch Wehrhaftmachung des breiten Volkes«.[172] Die Ausweitung hin zu einem größeren Heer ohne eine Übernahme des Milizgedankens ließ raumgreifende Operationen in Zukunft möglich erscheinen, was sich in der von Beck und Oberst i.G. Carl-Heinrich von Stülpnagel redigierten H.Dv. 300 »Truppenführung«[173] vom Oktober 1933 niederschlug. Dass vor allem der Angriff wieder als die bevorzugte Form der Kampfführung hervortrat, stellte zugleich eine Annäherung an nationalsozialistische Ideologeme dar.[174]

Wie Beck hatten auch viele andere Offiziere des Heeres eine selektive Wahrnehmung, bei der die »Teilidentität der Ziele« im Vordergrund stand, wogegen programmatische Differenzen und der Hang der Nationalsozialisten zur Gewalt vorerst ausgeblendet wurden.[175] Besonders sind hier der von Hindenburg selbst – noch vor der Ernennung Hitlers zum Reichskanzler – ernannte Reichskriegsminister Blomberg und sein engster politischer Berater Reichenau, der bald darauf Generalmajor wurde, zu nennen. Für sie alle standen die Sicherung der Position der Armee im neuen Staat und die Aufrüstung im Vordergrund[176].

Wesentlicher Rivale der Reichswehr in den ersten Monaten des Dritten Reiches war die SA unter Führung ihres »Obersten Stabschefs« Ernst Röhm, eines »Alten Kämpfers« und Weggefährten Hitlers. Röhm verkörperte das, was von dem revolutionären Element der NSDAP noch verblieben war, seit sich Hitler den Konservativen und Bürgerlichen zugewandt hatte. Unentwegt forderte er nach der »Machtergreifung« die »zweite Revolution«[177] – nicht zuletzt, um die Erwartungen seiner zumeist aus einfachen Verhältnissen stammenden SA-Schläger erfüllen zu können. Dazu gehörte auch, dass Röhm seine Parteiarmee langfristig als Kern einer Milizarmee sah – also genau jenes Konzept vertrat, das die Reichswehr seit mehreren Jahren ebenso nachhaltig wie erfolgreich bekämpft hatte. Sein Vertreter in Berlin war Wolf-Heinrich Graf Helldorff, trotz seiner adeligen Herkunft ein bekannter SA-Führer, von dem immer wieder gerüchteweise kolportiert wurde, er plane in Berlin eine gewaltsame Aktion, um der SA zur Macht zu verhelfen und die »zweite Revolution« auszulösen[178]. Das hinderte Göring nicht, seinen Günstling Helldorff, der immerhin auch Fraktionsvorsitzender der NSDAP im Preußischen Landtag war, im Juli 1935 zum Polizeipräsidenten von Berlin zu machen und ihn auch danach immer wieder finanziell zu unterstützen, wenn der Lebemann Helldorff seine Schulden nicht begleichen konnte.[179]

---

[171] Müller, Generaloberst Ludwig Beck. Eine Biographie, S. 91.
[172] Zit. nach Thamer, Die Erosion einer Säule, S. 421.
[173] H.Dv. 300: Truppenführung.
[174] Groß, Mythos und Wirklichkeit, S. 171, 173.
[175] Deist, Die Aufrüstung der Wehrmacht, S. 520; vgl. aber Kroener, Strukturelle Veränderungen, S. 270 f.
[176] Müller, Generaloberst Ludwig Beck. Eine Biographie, S. 93, 103 f.
[177] Mau, Die »Zweite Revolution«.
[178] Harrison, Alter Kämpfer, S. 393. Darauf abgestützt Kroll, Ein nationalsozialistischer Aktivist.
[179] Bajohr, Parvenüs und Profiteure, S. 37.

Vorrangig der neu ernannte Chef des Truppenamtes, Generalleutnant Ludwig Beck, sah in Röhms Plänen eine direkte Herausforderung der Reichswehr, mit der die Zwei-Säulen-Theorie vom Vorjahr in bedenklicher Weise in Frage gestellt wurde.[180]

Hitler war sehr wohl bewusst, dass er vorerst auf die Unterstützung der Reichswehr angewiesen war und ihr machtpolitisch entgegenkommen musste.[181] In einer von langer Hand geplanten Mordaktion ließ er Röhm und mit ihm weitere innenpolitische Widersacher beseitigen, darunter zwei Generale: den früheren Reichskanzler und General der Infanterie Kurt von Schleicher sowie den gerade erst zum Generalmajor ernannten Ferdinand von Bredow; die beiden waren die führenden Köpfe beim »Planspiel Ott« gewesen.[182] Schleicher allerdings hatte im Winter 1933/34 wohl bei verschiedenen Offizieren, darunter Friedrich Fromm, sondiert, ob sie für ein gewaltsames Vorgehen gegen die Regierung Hitler zur Verfügung stünden.[183]

Den Konflikt zwischen Führerheer und Massenheer löste Hitler mit der Beseitigung der SA-Führung nur vordergründig zugunsten der Operateure und Befürworter einer Elitearmee. In Wirklichkeit bedeuteten die Einführung der allgemeinen Wehrpflicht und die fast zeitgleiche Entstehung bewaffneter SS-Verbände den Anfang einer Entwicklung, die eine schleichende Umformung des Heeres hin zu einer »nationalsozialistischen Volks-Wehrmacht« zum Ziel hatte.[184] Bis zum Sommer 1938 hatten sich diese SS-Verbände so weit verselbständigt, dass sie »als gleichberechtigter Waffenträger neben das Heer« traten.[185] Beim Einmarsch in Österreich war dann die SS erstmals neben dem Heer eingesetzt; zusätzlich zu den Distinktionen am Kragen trugen die SS-Männer die Schulterstücke des Heeres[186]. Damit hatte auch das Militär Anteil an dem für das gesamte NS-System charakteristischen Prozess der »vorgetäuschten Modernisierung«.[187] Vom »Staat im Staate« wandelte sich das Militär zu einem integralen Bestandteil der »Volksgemeinschaft«, wodurch sich sein Selbstverständnis entsprechend veränderte: Der »ausgrenzende Effekt der Volksgemeinschaft« etwa zeigte sich in der Beflissenheit, mit der Blomberg das »Gesetz zur Wiederherstellung des Berufsbeamtentums« ohne Not (Soldaten waren darin nicht genannt) sinngemäß auf ihre jüdischen Angehörigen anwandte und die wenigen Proteste dagegen, etwa von Oberst i.G. Erich von Manstein, brüsk zurückwies; all das offenkundig, um sich im Konflikt mit den Ansprüchen der SA die Gunst des »Führers« nicht zu verscherzen.[188]

---

[180] Mommsen, Militär und zivile Militarisierung in Deutschland, S. 275 f.; Müller, Generaloberst Ludwig Beck. Eine Biographie, S. 133; Thamer, Die Erosion einer Säule, S. 423.
[181] Kershaw, Hitler 1889–1936, S. 499–517.
[182] Strenge, Kurt von Schleicher, S. 168–170, 224 f.
[183] Kroener, Der starke Mann im Heimatkriegsgebiet, S. 211.
[184] Förster, Die Wehrmacht im NS-Staat. Ein grauer Fels, S. 103.
[185] Besson, Zur Geschichte, S. 77.
[186] Hinweis von Hofrat Dr. Erwin Schmidl, Wien, vom 4.4.2018.
[187] Mommsen, Nationalsozialismus als vorgetäuschte Modernisierung; für das Militär siehe Förster, Vom Führerheer der Republik, S. 311; und Kroener, Strukturelle Veränderungen, S. 267.
[188] Wildt, Nationalsozialismus oder deutscher Faschismus, S. 115; Messerschmidt, Juden im preußisch-deutschen Heer, S. 56–59; Wrochem, Erich von Manstein, S. 38 f.; Syring, Erich von Manstein, S. 330; Müller, Generaloberst Ludwig Beck. Eine Biographie, S. 143.

III. Militärpolitische Vorstellungen 55

Weiterer Ansinnen hinsichtlich eines Zugriffs auf die Personalpolitik, wie sie Hitler schon vor 1933 angekündigt hatte,[189] konnte sich das Heer dagegen vorerst noch erwehren. Hingegen setzten sich weiterhin diejenigen durch, die ein zweigliedriges Wehrsystem mit der SA als Miliz ablehnten. Aber »die Entscheidung für das Massenheer war zugleich auch eine gegen das von Seeckt angestrebte Eliteheer«,[190] nicht nur zahlenmäßig, sondern ebenso, was die Zugriffsmöglichkeiten des NS-Regimes auf das Personal anbetraf, wie sich alsbald klarer zeigen sollte. Die wachsenden verbalen und physischen Übergriffe von Parteifunktionären wie von Angehörigen der zunehmend an Gewicht gewinnenden bewaffneten SS-Verbände auf Soldaten und Offiziere des Heeres ließen hier für die Zukunft Schlimmes ahnen; alle Versuche, an der Spitze des Reiches auf Änderung zu drängen, verpufften wirkungslos.[191]

Gleichwohl hatte die Generalität die Ermordung zweier der Ihren hingenommen, ohne dagegen aufzubegehren. Gewiss, Schleicher hatte sich als »politisierender« General ein wenig außerhalb der herrschenden Meinung der noch vom Seecktschen Denken geprägten Reichswehrführung gestellt, und Bredow galt als sein enger Verbündeter – das alles änderte nichts daran, dass sich die Reichswehrführung durch die stillschweigende Hinnahme der Generalsmorde selbst kompromittiert hatte. Auf die Frage, warum die Generale keinen Widerstand geleistet hätten, antwortete Stauffenberg später: »Von Leuten, die sich schon ein- oder zweimal die Wirbelsäule gebrochen hätten, könne man nicht erwarten, dass sie bei einer neuen Entscheidung gerade stünden.«[192] Der erste Bruch des Rückgrats war genau dieser Vorgang gewesen. Auch für den damaligen Major i.G. Henning von Tresckow war der Sommer 1934 Anlass zum Beginn seiner inneren Abkehr vom Nationalsozialismus, und Generalmajor Hans Oster erklärte seinen Vernehmern, nach seiner Überzeugung und der »eines Kreises von Generalstabsoffizieren« hätte die Reichswehr bei dieser Gelegenheit einschreiten und »die Methoden einer Räuberbande im Keim [...] ersticken« müssen.[193] General der Artillerie Beck schrieb in einer seiner Denkschriften vom Juli 1938: »Für den Führer! Gegen den Krieg! Gegen die Bonzokratie! Friede mit der Kirche! Freie Meinungsäußerung! Schluss mit den Tschekamethoden! Wieder Recht im Reich!« Mit »Tschekamethoden« waren unüberhörbar die Morde vom Juni 1934 gemeint. Aber die Reichswehrgeneralität war schon 1934 skeptisch, ob die Truppe bei einem etwaigen Vorgehen gegen Hitler zur Ehrenrettung der beiden Ermordeten hinter ihren Vorgesetzten gestanden hätte.[194]

Blomberg beklagte 1935, im Heer gebe es »vielfach mangelndes Verständnis dafür, dass im Dritten Reich nur eine Partei existiert und dass diese Partei gleichgesetzt ist mit dem Staat [und] dass heute der Staat durch die Partei geformt werde«. Das bedeutete nichts anderes als eine schleichende Aufgabe der Zwei-Säulen-Theorie, eine »Beerdigung der unpolitischen Reichswehr« schon Mitte

---

[189] Hitler, Reden, Schriften, Anordnungen, S. 52 (Dok. 6).
[190] Groß, Mythos und Wirklichkeit, S. 175.
[191] Müller, General Ludwig Beck. Studien und Dokumente, S. 67, 77.
[192] Müller, Oberst i.G. Stauffenberg, S. 148.
[193] Spiegelbild einer Verschwörung, S. 451 (16.10.1944); siehe dazu auch Ueberschär, Generalmajor Henning von Tresckow, S. 257; Thun-Hohenstein, Der Verschwörer, S. 47.
[194] Graml, Die Wehrmacht im Dritten Reich, S. 370.

der 1930er Jahre.[195] Das aber war der Punkt, wo ihm traditionell gesonnene Offiziere wie Beck nicht mehr folgen konnten, weil Blomberg hier die eigenständige Rolle und das Eigengewicht der Armee im Staat aufzugeben begann.[196] Im Gespräch mit einem Vertrauten Ludendorffs schnitt er 1935 erneut das Thema einer Militärdiktatur an.[197] Der Gedanke einer »klärenden Auseinandersetzung zwischen Wehrmacht und SS« taucht dann wieder – lange vor dem Sommer 1944 – in jenen Überlegungen auf, mit denen Beck am 16. Juli 1938 den Oberbefehlshaber des Heeres zu einem Widerspruch gegen Hitlers Kriegspolitik bewegen wollte, wobei es auffallen muss, dass Beck die Partei und die SS als »radikale Seite« bezeichnet:

»Man wird von radikaler Seite erklären, dass die Durchführung der Absichten des Führers an der Unfähigkeit der Wehrmacht und ihrer Führer gescheitert ist. Erneute und verstärkte Diffamierungen werden einsetzen. Hier gilt es, ein wachsames Auge und Ohr zu behalten [...] Man wird sich daher entschließen müssen, in unmittelbarer oder nachfolgender Verbindung mit einem Einspruch nunmehr eine klärende Auseinandersetzung zwischen Wehrmacht und SS herbeizuführen.«[198]

Blombergs und Reichenaus Linie blieb innerhalb der Reichswehr, vor allem unter den bei Blombergs Ernennung übergangenen deutlich dienstälteren Offizieren, nicht ohne Widerspruch. Die einen verliehen ihm hinter vorgehaltener Hand den Spitznamen »Gummilöwe«, die anderen betrachteten mit Sorge Reichenaus ungebremsten Drang zur Macht, dem er, wenn nötig, alle Prinzipien opferte.[199] Sollte es 1933 noch ein einheitliches Offizierkorps der Reichswehr gegeben haben, woran man Zweifel anmelden kann, so wurden die schon in der Reichswehrzeit angelegten Gräben und Konflikte ständig weiter aufgerissen. Eine offene Auflehnung gegen Blomberg, die ja letztlich auch eine Auflehnung gegen Hitler gewesen wäre, entstand daraus aber nie.

Der eigentliche Nutznießer der Vorgänge war indes Himmler, der in der Folge einen Teil seiner SS militärisch bewaffnen und ausbilden durfte; die Anfänge der Waffen-SS gehen auf den 30. Juni 1934 zurück. Das hat Himmler viel später, kurz nach dem 20. Juli 1944, nicht gehindert, den »Röhm-Putsch« als einen zwischenzeitlichen Rückschritt auf dem Weg zum Endziel einer nationalsozialistischen Volksarmee darzustellen: »Damals im Jahre 1934 hätte Röhm [...] mit der SA manchen Einfluss auf die Armee gewinnen können. Der 30. Juni 1934 zerstört [!] diese Möglichkeit.«[200]

Nationalkonservative wie Goerdeler, der Chef des Amtes Ausland/Abwehr, Admiral Canaris, sein enger Mitarbeiter Major Oster, aber auch Männer wie der Mitbegründer der Gestapo, Hans-Bernd Gisevius, empfanden Hitlers »Durchgreifen« zunächst als Befreiung von sozialistischen Tendenzen und begrüßten es

---

[195] Müller, Generaloberst Ludwig Beck. Eine Biographie, S. 156 (dort auch das Zitat); siehe auch Schäfer, Werner von Blomberg, S. 111–114.
[196] Müller, General Ludwig Beck. Studien und Dokumente, S. 78.
[197] Ebd., S. 88.
[198] Vortragsnotiz Becks vom 16. 7.1938, zit. nach ebd., Nr. 50, S. 552 f.
[199] Schäfer, Werner von Blomberg, S. 126; Simms, Walther von Reichenau, S. 427–429.
[200] Himmler, Die Rede, S. 366. Zur Einordnung siehe auch Förster, Die Wehrmacht im NS-Staat. Eine strukturgeschichtliche Analyse, S. 145.

III. Militärpolitische Vorstellungen							57

teilweise. Von den brutalen Methoden der noch neuen Machthaber waren sie aber gleichzeitig abgestoßen (siehe oben).

Mit der Mordaktion vom 30. Juni 1934 hatten sich auch Überlegungen zu einem konservativen Staatsstreich vorerst erledigt. Sie lebten erst wieder auf, als 1937/38 »der bis dahin relativ unversehrte Staatsapparat einschließlich der Spitzengliederung der Reichswehr durch die Intrigen und den Machtehrgeiz der nationalsozialistischen Satrapen [...] zunehmend ausgehöhlt wurde«, was dann auch einer Radikalisierung der NS-Politik nach innen und außen entsprach.[201]

Am 2. August 1934 starb der greise Reichspräsident von Hindenburg. Schon am Tag darauf wurde die gesamte Reichswehr auf die Person Hitlers neu vereidigt. Um zu verstehen, welche Bedeutung dieser Vorgang hatte, ist ein knapper Rückgriff auf die Geschichte des Eides im deutschen Militär erforderlich.

Der promissorische Eid, das feierliche Versprechen, in der Zukunft etwas zu tun oder zu lassen, entfaltet als solcher keine rechtliche Wirkung, sondern verspricht jemandem – in der Regel dem Monarchen – ein persönliches Treueverhältnis, das auf Gegenseitigkeit beruht. Dem Eid wohnt damit zwingend ein transzendentes Element inne – die Bindung, die er herstellt, unterliegt nicht menschlichem Recht, sondern einer höheren Macht.[202]

Das Aufkommen des Fahneneids geht einher mit der Schaffung stehender Heere in der Frühen Neuzeit; er stellt sich durchgängig dar als eine persönliche Bindung des Offiziers oder Soldaten an den Kriegsherrn. Damit trat nach dessen Tod gewissermaßen ein »eidfreier« Zustand ein, der eine sofortige Neuvereidigung auf die Person des neuen Monarchen – manchmal sogar nachts – erforderte. Noch im Kaiserreich blieb es bei der Vereidigung der Soldaten und Offiziere auf die Person des jeweiligen Bundesfürsten und den Deutschen Kaiser als Obersten Kriegsherrn. In diesem Zusammenhang entstand der Begriff des »unbedingten« Gehorsams, wobei es sich keineswegs um einen »unbegrenzten« Gehorsam handelte. Vielmehr sollte diese Formulierung ausschließen, dass die Gehorsamspflicht an offene oder verdeckte Bedingungen, etwa Reservate der jeweiligen Landesfürsten, geknüpft war.[203] Nach herrschender Lehre schränkte dagegen die ausdrückliche Erwähnung der Kriegsartikel in der Eidesformel die Gehorsamspflicht des Soldaten – und damit die Befehlsbefugnis des Eidnehmers – auf die darin enthaltenen Rechtsvorschriften ein.

Die Entstehung der Reichswehr brachte ab 1920 mit der Verreichlichung des Heerwesens ein Ende der unterschiedlichen Eidesformeln, nachdem Wilhelm II. ohnehin bei seiner Abdankung alle deutschen Soldaten aus ihrer eidlichen Verpflichtung entlassen hatte. Hatte es in der preußischen Verfassung von 1850 noch ausdrücklich geheißen: »Eine Vereidigung des Heeres auf die Verfassung findet nicht statt«,[204] so wurde jetzt die Vereidigung des gesamten deutschen Militärs auf die Verfassung Realität. 1919 legte Reichspräsident Friedrich Ebert die Eidesformel der deutschen Soldaten so fest:

---

[201] Mommsen, Verfassungs- und Verwaltungsreformpläne, S. 572 f.
[202] Hierzu und zum Folgenden Heinemann, Ich schwöre bei Gott diesen heiligen Eid.
[203] Lange, Der Fahneneid, S. 75 f.
[204] Verfassungsurkunde für den Preußischen Staat vom 31.1.1850, Preußische Gesetzsammlung 1850, S. 17–35. Siehe auch Art. 64 Abs. 1 RV 1871; beide zit. nach Heinemann, Rechtsgeschichte der Reichswehr, S. 134, Anm. 147.

> »Ich schwöre Treue der Reichsverfassung und gelobe, dass ich als tapferer Soldat das Deutsche Reich und seine gesetzmäßigen Einrichtungen jederzeit schützen, dem Reichspräsidenten und meinen Vorgesetzten Gehorsam leisten will.«[205]

Diese Formel wurde nach den Unruhen des Jahres 1923 noch einmal leicht verändert und um ein Bekenntnis zur Verfassung des jeweiligen Heimatstaates ergänzt – ein letzter Rest bayerischer Reservatrechte –, behielt aber im Wesentlichen bis 1933 ihre Gültigkeit. Auffallen muss an ihr auch, dass zwar weiterhin ein Element personaler Bindung (nun an den Reichspräsidenten) enthalten war, dass aber – der generellen Tendenz eines schmuckloseren Staatswesens folgend und als Konsequenz einer weitergehenden Trennung von Kirche und Staat – der Eid im Regelfall ohne religiöse Beteuerungsformel geleistet wurde. Für viele konfessionell gebundene Soldaten und vor allem Offiziere minderte das seine Bindungskraft erheblich.[206]

Bereits 1933 war der Eidestext erstmals verändert worden. Zum einen war de facto mit der Reichstagsbrandverordnung und dem Ermächtigungsgesetz die Basis einer Vereidigung auf die Verfassung entfallen, zum anderen hatte die NSDAP die Vereidigung des Militärs auf die Verfassung schon immer bekämpft. Der Text lautete ab Dezember 1933:

> »Ich schwöre bei Gott diesen heiligen Eid, dass ich meinem Volk und Vaterland allzeit treu und redlich dienen und als tapferer und gehorsamer Soldat bereit sein will, jederzeit für diesen Eid mein Leben einzusetzen.«[207]

In dieser Form wurden aber nur neu zur Truppe stoßende Rekruten vereidigt; eine allgemeine Neuvereidigung fand nicht statt.

Aus alledem ergibt sich, dass die Neuvereidigung der Reichswehr auf Hitler unmittelbar nach dem Tod des Reichspräsidenten und Generalfeldmarschalls von Hindenburg keineswegs außerhalb aller deutschen Militärtradition stand[208]. Auch hat nicht Hitler der Reichswehr diesen Eid oktroyiert; Reichswehrminister von Blomberg hat ihre Position bei Hitler in der Situation nach der Zerschlagung der rivalisierenden SA im Juni 1934 durch die Vereidigung auf die Person Hitlers weiter stärken wollen. Die neue Eidesformel ging im Wesentlichen auf Reichenau zurück.[209] Sie lautete nunmehr:

> »Ich schwöre bei Gott diesen heiligen Eid, dass ich dem Führer des Deutschen Reiches und Volkes, Adolf Hitler, dem Oberbefehlshaber der Wehrmacht, unbedingten Gehorsam leisten und als tapferer Soldat bereit sein will, jederzeit für diesen Eid mein Leben einzusetzen.«[210]

Es fällt ins Auge, dass der Gottesbezug entgegen der Praxis der Weimarer Republik wiederhergestellt war; Reichenau selbst hatte kategorisch festgestellt, ein Eid ohne Gott sei kein Eid.[211] Dabei konnte der Gottesbezug im Eid auch implizieren, dass alle Versprechen des Eides unter dem Vorbehalt von Gottes Weisung standen und

---

[205] Heinemann, Rechtsgeschichte der Reichswehr, S. 135; Lange, Der Fahneneid, S. 100.
[206] Lange, Der Fahneneid, S. 99 f.
[207] Ebd., S. 113.
[208] Anders als etwa bei Hoffmann, Widerstand – Staatsstreich – Attentat, S. 46, dargestellt.
[209] Schäfer, Werner von Blomberg, S. 151–156. Zu den Absichten der Reichswehrführung auch Volkmann, Von Blomberg zu Keitel, S. 60.
[210] Schäfer, Werner von Blomberg, S. 152; gleichlautend Lange, Der Fahneneid, S. 118.
[211] Lange, Der Fahneneid, S. 118, unter Berufung auf Foertsch, Schuld und Verhängnis, S. 64.

III. Militärpolitische Vorstellungen 59

jedenfalls zu nichts verpflichten konnten, was dem Willen Gottes offenkundig entgegenstand.

Die Vereidigung auf eine namentlich genannte Person erschien damals vielen als Bruch mit der Tradition; wie oben gezeigt, war sie jedoch nicht ohne Vorläufer in der Zeit des Absolutismus. Neu war, dass in dem Eid nicht mehr von »Treue« die Rede war, sondern nur noch von »Gehorsam«. »Treue« bezeichnet eine gegenseitige Bindung, »Gehorsam« dagegen eine einseitige Verpflichtung. Der Begriff »unbedingt« hatte hier seine ursprüngliche Bedeutung verloren und konnte jetzt nur noch als »uneingeschränkt« verstanden werden. Dem stand entgegen, dass die Rechtsgrundlage des soldatischen Dienstes, vor allem das Militärstrafgesetzbuch und damit die darin niedergelegten Grenzen der Gehorsamspflicht, unverändert blieben. So entstand eine Situation, in der sich die Eidesbindung von den gesetzlichen Pflichten des Soldaten unterschied, was angesichts der bereits geschilderten häufig rechts- und damit eidbrüchigen Praxis der Reichswehr aber kein absolutes Novum war.

Die Vereidigung auf Hitler als Person hatte allerdings eine wohl nicht mitbedachte Kehrseite: Sollte Hitler durch Tod, Gefangennahme oder seinen Rücktritt als Eidnehmer wegfallen, war keine Nachfolgeregelung vorgesehen, wie ja das Dritte Reich insgesamt keine wirksame Nachfolgeregelung für den »Führer« kannte. Die Vereidigung entsprach der allgemeinen Vereinnahmung aller Lebensbereiche durch das totalitäre NS-System, das zwar doktrinär wenig ausgeprägt war, dafür aber mit seinem sich radikalisierenden Hang zur Gewalt einen umfassenden Herrschaftsanspruch durchzusetzen versuchte.[212]

Mit der Schaffung einer »Luftwaffe« als eigenständigem Wehrmachtsteil stellte sich schärfer als bisher die Frage nach der militärischen Beratungskompetenz für den »Führer« – und damit die Frage der militärischen Spitzengliederung des Reiches. Traditionell hatte der Generalstab des Heeres eine Gesamtkompetenz für die Planung der Kriegführung wahrgenommen; seit Moltkes des Älteren Zeiten konnte sich der Chef des Generalstabes des Heeres als erster Berater des Kriegsherrn sehen, der zumindest nominell die Armee noch persönlich führte. Die Folge war allerdings, dass für die Formulierung einer Gesamtstrategie, die auch die Kaiserliche Marine eingeschlossen hätte, niemand wirklich kompetent war. Aus dieser Erfahrung heraus war bereits zu Beginn der 1920er Jahre über einen »Wehrmachtführungsstab« nachgedacht worden, der sich aber angesichts der Beschränkungen des Versailler Vertrages nicht realisieren ließ.[213]

Das Erscheinen einer dritten Teilstreitkraft, zusammen mit dem Wegfall der Versailler Beschränkungen, musste diesen Überlegungen neuen Auftrieb verleihen, zumal an ihrer Spitze mit Hermann Göring einer der wichtigsten NS-Führer nach Hitler stand, der nicht gewillt war, sich einer vom Heer allein betriebenen Planung widerspruchslos unterzuordnen. Immerhin hingen von solchen Planungen auch die Ressourcenverteilung und damit die Stellung der konkurrierenden Personen im polykratischen System ab.

Hinzu kam, dass Blomberg nun offiziell Oberbefehlshaber der Wehrmacht war. Zwar war Hitler nach Hindenburgs Tod als Staatsoberhaupt »Oberster Befehlshaber der Wehrmacht«, aber de facto lag der Oberbefehl beim

---

[212] Maier, Das »Dritte Reich« im Visier seiner Gegner.
[213] Groß, Mythos und Wirklichkeit, S. 189–191.

Reichskriegsminister. So musste das Heer befürchten, dass Blomberg sich ebenso den Bestrebungen zur Schaffung eines Wehrmachtgeneralstabes anschloss. Generalstabschef Beck warnte immer hörbarer vor einer solchen Entwicklung, die umgekehrt das Heer bei zukünftigen Ressourcenverteilungen schlechterstellen würde.[214] Dies war aus Sicht des Heeres umso bedenklicher, als der für die Verteilung der materiellen Ressourcen zuständige Chef des Allgemeinen Heeresamtes, Generalleutnant Fromm, sich ebenfalls auf die Seite Blombergs zu schlagen begann.[215] Fromm ging es darum, dass die von Beck betriebene Aufrüstung, vor allem die Ausrüstung mit operativ einsetzbaren, schnellen und beweglichen Panzern, in einer Form erfolgte, die langfristig wirtschaftlich tragfähig war und nicht zu einer aufgeblähten Rüstungsindustrie führte, die dann nach Erreichen der Rüstungsziele keine Funktion mehr hätte.[216] Fromm wollte die Aufrüstung nicht einseitig einem Primat des Militärischen ausliefern. Nicht zuletzt trieben ihn und andere die Sorgen um, eine überstürzte Aufrüstung werde in einer wirtschaftlichen Katastrophe enden und damit zugleich die innere Stabilität des Reiches gefährden, wogegen der Generalstab die Notwendigkeit sah, einen schnellen Sieg zu erreichen, weil nicht zuletzt aus Gründen der inneren Stabilität ein langer Krieg nicht durchzustehen war. Beide Seiten arbeiteten mit dem Topos des mangelnden Durchhaltewillens der Bevölkerung und der Gefährdung der inneren Stabilität des Regimes, der letztlich, mehr als fünf Jahre später, auch den Planungen für das Unternehmen »Walküre« zugrunde lag.[217]

Fromm stimmte hier mit dem Auswärtigen Amt überein, das die Gefahr sah, eine überstürzte Aufrüstung werde bewaffnete Interventionen der Signatarmächte des Versailler Vertrages hervorrufen. Die Diplomaten hätten naturgemäß eine außenpolitisch abgesicherte, also durch diplomatische Zugeständnisse der Siegermächte von Versailles legitimierte Aufrüstung vorgezogen, wie Staatssekretär von Bülow Beck in mehreren langen, vertraulichen Gesprächen darlegte.[218] Dieser hingegen setzte darauf, dass gerade eine schnelle Aufrüstung den »Feindmächten« keine Zeit für eine konzertierte Aktion zu ihrer Verhinderung ließe. Nur unter dem Einfluss seines Vertrauten, des Militärattachés in London, Generalmajor Leo Geyr von Schweppenburg, sah Beck langsam und halbherzig die Komplexität und wachsende Eigendynamik der Aufrüstungspolitik ein.[219] Es blieb aber letztlich bei der von ihm favorisierten schnellen »Breitenrüstung«, die den Vorstellungen des Generalstabes des Heeres vom modernen, durch das überlegene deutsche Führungskönnen geprägten Bewegungskrieg am meisten entsprach. Eine Fortführung dieser Politik, so erkannte dagegen Fromm, würde das Reich spätestens 1940 vor die Alternative stellen, vorhandene Rüstungskapazitäten abzubauen oder den Bedarf drastisch zu steigern – durch Krieg.[220]

General der Artillerie Beck erscheint hier als ein klassisch geprägter preußischer Militär mit geringem Verständnis für die politischen oder gar gesamtwirt-

---

[214] Müller, Generaloberst Ludwig Beck. Eine Biographie, S. 125.
[215] Kroener, Der starke Mann im Heimatkriegsgebiet, S. 245.
[216] Ebd., S. 257.
[217] Müller, Generaloberst Ludwig Beck. Eine Biographie, S. 204.
[218] Ebd., S. 198.
[219] Ebd., S. 200.
[220] Groß, Mythos und Wirklichkeit, S. 176; Müller, Generaloberst Ludwig Beck. Eine Biographie, S. 224.

III. Militärpolitische Vorstellungen

schaftlichen Dimensionen von Krieg.[221] Von einer übergreifenden Persönlichkeit, die politische und militärische Überlegungen einer Umsturzplanung ausbalancierte, kann hier noch kaum die Rede sein.[222] Seine fachliche ebenso wie seine persönliche Rivalität sowohl mit Fromm als auch mit Keitel hatte ihre Ursachen in den unterschiedlichen Kriegsbildern der 1920er Jahre gehabt, zog sich aber konsequent durch die »Friedensjahre« des NS-Regimes weiter und bestimmte letztlich das Verhältnis der drei Generale untereinander bis zum Juli 1944.

Die maßlose Aufrüstung wirkte dabei aber auch in andere Richtungen. Der Bedarf an Offizieren etwa war durch hergebrachte Methoden nicht zu decken. Kriegsgediente und später verabschiedete Offiziere wurden als »Ergänzungsoffiziere« (»E-Offiziere«) reaktiviert;[223] es wurden Offiziere der Bereitschaftspolizeien der Länder übernommen und auch Unteroffiziere zu Offizieren befördert. Aus dem österreichischen Bundesheer wurden komplette Verbände übernommen und deren Offizierkorps zunächst »gesäubert«; von den dabei Entlassenen wurden jedoch einige später wieder als E-Offiziere eingeliedert.[224] »Von den 22 600 Mann, die Ende 1938 das [aktive] Offizierkorps der Wehrmacht bildeten, war nur etwa ein Siebtel bereits vor 1933 in der Reichswehr Offizier gewesen.«[225] Die soziale Enthomogenisierung war als Schritt hin zur »Volksgemeinschaft« durchaus gewollt. Sie bedeutete aber auch den Anfang vom Ende jenes homogenen Kommunikationsraumes, den das Offizierkorps der Reichswehrzeit dargestellt hatte.[226]

Noch zum Jahrestag der »Machtergreifung« am 30. Januar 1937 hatte der »Führer« dem Reichskriegsminister von Blomberg, den Oberbefehlshabern des Heeres (Werner von Fritsch) und der Kriegsmarine (Erich Raeder) sowie dem Generalinspekteur der Luftwaffe (Erhard Milch) das Goldene Parteiabzeichen verliehen.[227] Anfang Februar 1938 tauschte Hitler die Spitzen der Wehrmacht und des Heeres aus. Die Nachfolge von Reichskriegsminister Generalfeldmarschall Werner von Blomberg übernahm er selbst; Oberbefehlshaber des Heeres wurde Generaloberst Walther von Brauchitsch.

Anlass war, dass Blomberg »unstandesgemäß« geheiratet hatte: Seine zweite Frau war im Rotlichtmilieu der Reichshauptstadt tätig gewesen. Besonders schlimm war aus Sicht des Regimes, dass Blomberg Hitler als Trauzeugen eingeladen hatte. Zur gleichen Zeit legte die Gestapo Hitler Unterlagen vor, wonach Fritsch homosexuell sei und in entsprechenden Berliner Kreisen verkehre – ein in der damaligen Zeit mit Zuchthaus bewehrtes Verbrechen.[228]

---

[221] So Groß, Mythos und Wirklichkeit, S. 184; siehe aber die Gegenargumentation bei Müller, Generaloberst Ludwig Beck. Eine Biographie, S. 218.
[222] So schon Thun-Hohenstein, Der Verschwörer, S. 77.
[223] Stumpf, Die Wehrmacht-Elite, S. 55–58.
[224] Schmidl, Der »Anschluß« Österreichs, S. 220–222.
[225] Kroener, Die personellen Ressourcen, S. 733; Boehnert, The Third Reich, S. 204, 207.
[226] Wohlfeil, Heer und Republik, S. 175; Förster, Vom Führerheer der Republik, S. 315; Ueberschär, Militäropposition gegen Hitlers Kriegspolitik, S. 346; Mommsen, Der Widerstand gegen Hitler und die deutsche Gesellschaft, S. 8.
[227] Heeresverordnungsblatt 19 (1937), S. 49.
[228] Als Gesamtdarstellung nach wie vor unübertroffen Janßen/Tobias, Der Sturz der Generäle; siehe aber auch Mühleisen, Die Fritsch-Krise. Zu Blomberg gibt es eine ausführliche und gute Biografie: Schäfer, Werner von Blomberg. Zu Fritsch steht eine entsprechen-

In dem Maße, wie dem Offizierkorps die Details bekanntwurden, war der Fall Blomberg klar: Der Feldmarschall musste seinen Abschied nehmen. Mit ihm ging einer jener Spitzenoffiziere, die dem »Führer und Reichskanzler« das Heer dienstbar gemacht hatten, im Vertrauen darauf, dass die von Hitler beabsichtigte »Volksarmee« seine eigenen Konzepte aus der Reichswehrzeit realisieren würde. Insofern ist es zunächst einmal in unserem Zusammenhang wenig sinnvoll, wegen des zeitlichen Zusammenfallens von einer «Blomberg-Fritsch-Krise» zu sprechen; für die Genese des militärischen Widerstands ist allein der Umgang mit dem Generalobersten Freiherr von Fritsch wesentlich.

Fritsch war Artillerist und vielen der Hitler-Gegner aus gemeinsamen Verwendungen persönlich vertraut. So war er Hans Osters Kommandeur im Artillerieregiment 2 in Schwerin gewesen; Oster, Admiral Wilhelm Canaris und der spätere Generalfeldmarschall Erwin von Witzleben bildeten mit Fritsch einen Kreis befreundeter Militärs, dem auch der Oberquartiermeister I (und damit der stellvertretende Chef des Generalstabs des Heeres), Generalleutnant Franz Halder, angehörte.[229] Das Verhältnis von Fritsch zu seinem engsten Mitarbeiter Beck scheint dagegen vor allem von gegenseitigem professionellem Respekt geprägt gewesen zu sein.

Dass die Vorwürfe gegen Fritsch fingiert waren, wurde im Generalstab des Heeres relativ schnell bekannt; Oberstleutnant Oster, weiterhin im Amt Ausland/Abwehr, aber inzwischen als Offizier reaktiviert, war mit dem ehemaligen Gestapo-Beamten Hans-Bernd Gisevius befreundet, der hierzu nähere Informationen weitergab. Der Polizeipräsident von Berlin, der berüchtigte SA-Schläger Wolf-Heinrich Graf von Helldorff, war über das Vorgehen der SS und letztlich Himmlers entrüstet; auch er steuerte einige Dokumente zu dem Fall bei, und Fritschs Verteidiger in dem von ihm selbst beantragten Ehrenverfahren drängte ebenfalls auf Aufklärung.[230] Letztlich erreichte Fritsch zwar einen uneingeschränkten Freispruch, Hitler verhinderte jedoch, dass dieser öffentlich bekannt wurde, und setzte Fritsch vor allem nicht mehr in sein altes Amt ein. Der gedemütigte und gebrochene Generaloberst suchte in den ersten Tagen des deutschen Krieges gegen Polen an der vordersten Front den Tod.[231]

Der Chef des Wehrmachtamtes, General der Artillerie Wilhelm Keitel, und dahinter Hitler nutzten die Gelegenheit zu einer umfassenden Neugestaltung der Kriegsspitzengliederung. Nicht nur, dass Hitler selbst nunmehr den Oberbefehl über die Wehrmacht übernahm (in der Nachfolge des letzten Reichspräsidenten war er nominell »Oberster Befehlshaber« gewesen) – Keitels Stab wurde zum »Oberkommando der Wehrmacht« (OKW) aufgewertet. Damit entstand eine Dualität zwischen diesem und dem OKH, die sowohl die Kriegführung des Reiches bis 1945 prägte als auch ein wesentliches Movens für militärischen Widerstand bildete (siehe hierzu Kapitel IV.4).[232]

---

de Biografie noch aus; siehe stattdessen Mühleisen, Generaloberst Werner Freiherr von Fritsch; oder auch Murray, Werner Freiherr von Fritsch.
[229] Thun-Hohenstein, Der Verschwörer, S. 31–34.
[230] Harrison, Alter Kämpfer, S. 413; Müller, Generaloberst Ludwig Beck. Eine Biographie, S. 292.
[231] Brausch, Der Tod des Generalobersten Werner Freiherr v. Fritsch.
[232] Müller, General Ludwig Beck. Studien und Dokumente, S. 128.

III. Militärpolitische Vorstellungen

Der Februar 1938 ist für das Militär die Parallele zu Hitlers Vorgehen in anderen staatlichen Bereichen gewesen. So wie etwa die Ersetzung des Berufsdiplomaten Konstantin von Neurath als Reichsaußenminister durch den Parteimann Joachim von Ribbentrop eine »Entprofessionalisierung« des Auswärtigen Dienstes anzeigte, bedeutete Hitlers Übernahme des Oberbefehls eine Politisierung der Armee zulasten jener professionellen Qualität, die doch nach dem Verständnis der traditionellen Eliten Garant ihrer Überlegenheit sein sollte.[233] Hitler hatte dabei durchaus ein Gespür dafür, dass diese traditionellen Eliten und ihre systematische Denk- und Arbeitsweise bei aller Teilidentität der Ziele langfristig in einen Gegensatz zu seinen revolutionären Absichten münden mussten; schon die Entlassung von Fritsch erklärte er im engeren Kreise damit.[234] Von den »zwei Säulen« des Regimes hatte Hitler die eine – das Militär – enthauptet; den klarer blickenden unter den konservativen Offizieren wurde das entsprechend deutlich.[235]

Dass Hitler sich auch dann noch einer öffentlichen Rehabilitierung Fritschs verweigerte, als die Haltlosigkeit aller Vorwürfe feststand, führte dazu, dass erneut der Gedanke eines Vorgehens des Heeres gegen Hitler aufkam, dieses Mal in Form einer gemeinsamen Demarche der Generalität beim »Führer«. Diese sollte durchaus unter der Führung des neuen ObdH, Generaloberst von Brauchitsch, erfolgen – also keineswegs eine Wiedereinsetzung Fritschs in seine frühere Funktion bewirken. Allerdings ließ der in diesem Zusammenhang bereits benutzte Begriff der »Tscheka« erkennen, dass die geplante Demarche als Konflikt mit Himmler, seiner Gestapo und letztlich der ganzen SS angelegt war; auch in der SS wurde durchaus mit einem Vorgehen des Heeres gegen die Gestapo gerechnet.[236] Hitlers schamlose Behandlung eines verdienten Offiziers und des Heeres allgemein ist später immer wieder als ein Motiv für widerständiges Verhalten genannt worden; dies ist sogar für Zivilisten wie Goerdeler belegt.[237] Fritz-Dietlof von der Schulenburg sagte mehrmals bei der Gestapo Ähnliches aus:

»Die Wurzel der Entwicklung, die am Ende zu dem Unternehmen vom 20.7. führte, liegt m.E. ziemlich weit zurück, und zwar sehe ich ihren Anfang am 4.2.1938, verbunden mit dem Ausscheiden von Fritsch aus dem aktiven Heeresdienst. Hierdurch spaltete sich das Heer.«[238]

Stauffenbergs bereits zitiertes Wort von der zweimal gebrochenen Wirbelsäule bezog sich ganz klar neben dem »Röhm-Putsch« auf die Entlassung von Fritsch.

Das Verhalten der Heeresgeneralität war noch weit entfernt von Überlegungen, das nationalsozialistische System zu stürzen. Vielmehr zeigt es an, dass die Träger der klassischen Vorstellungen vom Offizierkorps und seiner Rolle im Staat Anfang 1938 durchaus noch davon ausgingen, ihre Ziele letztlich in Übereinstimmung mit Hitler erreichen zu können:

---

[233] Mommsen, Nationalsozialismus als vorgetäuschte Modernisierung, S. 413; siehe auch Müller, Nationalkonservative Eliten zwischen Kooperation und Widerstand, S. 31, 35; und Knox, 1 October, S. 815.
[234] Engel, Heeresadjutant bei Hitler, S. 24.
[235] Klausa, Zu wenig und zu spät?, S. 277.
[236] Janßen/Tobias, Der Sturz der Generäle, S. 188–192.
[237] Mommsen, Carl Friedrich Goerdeler, S. LIX.
[238] Spiegelbild einer Verschwörung, S. 87 (28.7.1944), S. 273 (20.8.1944).

»Ein solches zeitweiliges Nebeneinander von Opposition und teilweiser Kooperation war als Durchgangsstufe zu fundamentalem Widerstand typisch für die Entwicklung der nationalkonservativen Opposition [...] typisch für diese Phase der Entwicklung, dass nationalkonservative Opposition über gewisse Strecken hin auch Reflex eines system-internen Machtkampfes zwischen konkurrierenden beziehungsweise punktuell bereits antagonistischen Eliten war.«[239]

Zugleich hat die Fritsch-Affäre den Prozess einer Annäherung zwischen den zivilen Oppositionellen um Goerdeler, Hassell und Popitz und den nationalkonservativen Militärs um Beck spürbar vorangetrieben und damit eine strukturelle Voraussetzung aller späterer Widerstandsaktivitäten schaffen geholfen.[240] Hatte die Gegenbewegung ursprünglich darauf gezielt, den Oberbefehlshaber des Heeres rehabilitiert sehen zu wollen, so fanden jetzt die militärischen und die zivilen Regimegegner näher zusammen; letztlich mündete das in die gemeinsame Planung eines Umsturzes im September desselben Jahres. Die Initiative ging von Oster in der »Abwehr« aus und umfasste neben ihm weitere Angehörige des Nachrichtendienstes wie Friedrich Wilhelm Heinz, Major i.G. Helmut Groscurth und den Kapitänleutnant Franz Liedig, ohne dass jedoch der Amtschef, Admiral Canaris, sich damit offen identifizierte.[241] So etablierte sich im Amt Ausland/Abwehr bis zu dessen Übernahme durch die SS 1943/44 eine Zentrale der Militäropposition.[242]

Alle in diesem Kapitel angesprochenen militärpolitischen Entwicklungen waren noch keine Vorstufe zum systemstürzenden Widerstand. Ein solcher Widerstand ist weder vor noch nach 1933 vorgezeichnet. Aus der allen Offizieren dieser Generation gemeinsamen Erfahrung der Weimarer Zeit und der ersten sechs Jahre der NS-Herrschaft haben unterschiedliche Charaktere unterschiedliche Konsequenzen gezogen. Einige haben auch erst im Rückblick die Weimarer Zeit angemessen zu beurteilen vermocht:

»Stauffenberg meinte in Gesprächen mit seinem Freund Oberstleutnant i.G. Peter Sauerbruch Ende 1943 und Anfang 1944, die Bedeutung der Weimarer Republik sei von vielen damals Führenden nicht erfasst worden [...] In der Republik sei eine Chance versäumt worden.«[243]

Trotzdem sind die geschilderten Stränge einer Vorgeschichte nicht ohne Belang. Der spätere Entschluss zum Widerstand bestand bei den meisten der Beteiligten aus einer Vielzahl kleiner Schritte, von denen die ersten bereits Anfang der 1930er Jahre oder aber doch beginnend mit dem Jahr 1938 getan wurden. Die Sozialisierung der traditionell eingestellten Offiziere, ihre Ausrichtung auf eine elitäre Kaderarmee mit einem verschworenen und verschwiegenen Offizierkorps, das sich nicht als Werkzeug einer bestimmten Partei verstand, das aber der politischen Führung hochqualifizierte Beratung in Fragen von Krieg und Frieden zu bieten hatte – das alles konnte (musste aber nicht) unter den existenziellen

---

[239] Müller, Nationalkonservative Eliten zwischen Kooperation und Widerstand, Zitat S. 29; siehe auch S. 33.
[240] John, Am achten Jahrestag; Steinbach, Zum Verhältnis der Ziele, S. 982.
[241] Mueller, Canaris, S. 219; Meyer, Staatsstreichplanung, S. 334–338. Zu Heinz siehe Meinl, Nationalsozialisten gegen Hitler, hier besonders S. 268–298.
[242] Thun-Hohenstein, Wehrmacht und Widerstand, S. 83.
[243] Hoffmann, Claus Schenk Graf von Stauffenberg und seine Brüder, S. 321.

III. Militärpolitische Vorstellungen 65

Bedingungen eines verbrecherischen Krieges und der Gefährdung der Existenz Deutschlands die Grundlage für einen Schritt in die Radikalopposition bilden. Die Ermittler der Gestapo haben diesen Zusammenhang nach dem 20. Juli 1944 sehr wohl erkannt. In ihren Berichten an Hitler schrieben sie:

»Die Folge dieser ›unpolitischen‹ Haltung des Soldaten ist es, dass sich ein bestimmter Teil des Offizierskorps in keiner Weise dem nationalsozialistischen Reich und dem Führer innerlich verpflichtet fühlt [...]

Die Treueverpflichtung gegenüber Adolf Hitler ist nicht tiefer als die gegen Ebert. Man marschiert befehlsmäßig gegen jeden, der einem als Gegner bezeichnet wird (General Gröner) [...]

Die Wehrmacht ist nach Auffassung dieses Teils des Offizierskorps ein nach eigenen Gesetzen lebendes Gebilde. Die bewusste Abschnürung vom politischen Leben fand ihren Ausdruck darin, dass man auch außerhalb des Dienstes stets ›unter sich‹ blieb und den kameradschaftlichen und gesellschaftlich-familiären Verkehr auf die Verbindungen von Offizier zu Offizier beschränkte [...]

Dieses in sich geschlossene Korps, das unbedingt ›unpolitisch‹ sein wollte, wehrte sich gegen jedes Eindringen einer politischen Kraft in das Offizierskorps.

Bei allen Stellungnahmen der älteren ›Nur-Soldaten‹ wird mit einem engen und flachen Begriff der Politik operiert [...] Der Nationalsozialismus und die NSDAP haben sich für diese Offiziere von den vielen Parteien der Systemzeit nur insofern angenehm unterschieden, als sie allgemein nationale Ziele verfolgten, die Befreiung vom Versailler Diktat, die Wiederherstellung der nationalen Ehre und Unabhängigkeit, die Herausstellung des Wehrgedankens und den Wiederaufbau einer großen Wehrmacht und ähnliches [...]

Die scheinbar unpolitische Haltung des ›Nur-Soldaten‹ enthüllt sich bei näherem Zusehen als stures Festhalten an dem Weltbild und den Vorstellungen des 19. Jahrhunderts und der Zeit vor Beginn des ersten Weltkrieges.«[244]

Das Zitat wird hier so ausführlich im Wortlaut wiedergegeben, weil sich treffender das Weiterwirken der sozialen Prägung der meisten Verschwörer aus der Zeit vor Beginn der NS-Diktatur kaum beschreiben lässt. Allerdings darf man nicht übersehen, dass diese Charakterisierung der Verschwörer in die agonale Phase der sich beschleunigenden kumulativen Radikalisierung des NS-Systems fällt, in der ganz allgemein die sozialrevolutionären Ziele der »Bewegung« noch einmal deutlicher hervortraten. Die Gestapo schrieb in diesem Zusammenhang in den Kaltenbrunner-Berichten offen von einer »sozialistischen« Revolution:

»Seine [Osters] Darstellung, die für einen ganzen Kreis älterer Offiziere Gültigkeit hat, beweist, dass das nationalsozialistische Reich gezwungen war, den weltanschaulichen Kampf um die Durchsetzung einer sozialistischen Revolution zum Teil mit Offizieren zu führen, die den geschichtlichen Sinn eben dieser Revolution noch nicht erkannt haben.«[245]

Der Vorwurf, die Militäropposition sei rückwärtsgewandt gewesen, wird man in dieser Einseitigkeit gleichwohl nicht stehen lassen können; auch für die militä-

---

[244] Spiegelbild einer Verschwörung, S. 273 f. (20.8.1944).
[245] Spiegelbild einer Verschwörung, S. 303 (Anlage 1 zu Meldung vom 25.8.1944).

rischen Verschwörer gilt, dass ihre innen- und gesellschaftspolitischen Zielvorstellungen differenzierter waren, als die Gestapo das zuzugestehen bereit war.

Insgesamt lässt sich sagen, dass fast alle Offiziere in der Verschwörung in unterschiedlicher Weise durch die Reichswehr sozialisiert worden sind. Sie standen der Ausweitung des Heeres zu einem Massenheer skeptisch gegenüber, nicht zuletzt, weil es sich abzeichnete, dass die Waffen-SS die Rolle des elitären, hoch technisierten, mobilen und auch zum Einsatz im Innern geeigneten Staatsschutzinstruments übernehmen sollte. Ihre Bindung galt einem abstrakt gedachten »Staat« oder »Deutschland«, nicht aber seiner konkreten Ausformung. Die »unpolitische« Haltung der Reichswehr, zuzeiten der Republik ein Grund für deren Destabilisierung, resultierte bei manchen Offizieren in einer distanzierten Attitüde gegenüber dem NS-Staat – und diese wiederum bei einigen wenigen in der Beteiligung an der Umsturzplanung. Dabei darf der in der sozialen Isolierung der Reichswehr entstandene geschützte Kommunikationsraum der traditionellen Offizierkorps in seiner Bedeutung für die Schaffung konspirativer Strukturen nicht unterschätzt werden.

Die zur »Wehrmacht« umbenannte Reichswehr war Teil des Dritten Reiches geworden und musste ihre Rolle in diesem System neu bestimmen. Auch dabei entstanden Konflikte, die nicht zwingend zur Militäropposition führten – nur die wenigsten zogen diese extreme Konsequenz –, die aber doch den Schritt in den Widerstand begünstigten.

IV. Das Militär im polykratischen System des »Dritten Reiches« 1939–1944[1]

1. Heer, Kriegsmarine, Luftwaffe und Waffen-SS

Die »Wehrmacht« – so die offizielle Bezeichnung nach dem Reichswehrgesetz von 1935 – war Teil des Dritten Reiches und seiner Kriegspolitik geworden. Dass sie der wesentliche Träger des Kampfes gegen den – von Deutschland angegriffenen – äußeren Feind war, bedeutete aber nicht, dass sie nicht zugleich auch Teil des für das NS-System charakteristischen inneren Machtkampfes gewesen wäre. Dabei war die Wehrmacht ja ihrerseits kein homogenes Gebilde, und die bereits angesprochenen komplizierten Befehls- und damit Machtverteilungsmechanismen hatten wiederum zur Folge, dass die Wehrmachtteile Heer, Kriegsmarine und Luftwaffe bis zum Ende um eine sachgerechte Ressourcenverteilung stritten.

Noch die Rüstungsbeschränkungen des Versailler Vertrages hatten das Heer und die Reichsmarine gesondert behandelt,[2] ihnen vor allem getrennt aufgeschlüsselte zahlenmäßige Stärken zugestanden. Zwar unter einem gemeinsamen Reichswehrminister zusammengefasst, hatten sie gleichwohl in der Weimarer Republik weitgehend ein Eigenleben geführt und im Kampf um Ressourcen gelegentlich auch miteinander rivalisiert. Ohne dass dies irgendwo festgeschrieben gewesen wäre, lag die Planung für eine Gesamtkriegführung beim Truppenamt, der Denkfabrik des Heeres. Schon vor dem und im Ersten Weltkrieg hatte diese Bevorzugung der Landmacht eine beschränkte kontinentale Denkweise der politisch Verantwortlichen zur Folge gehabt, und eine strategische Gesamtkriegsplanung unterblieb auch danach weitgehend.[3]

Angesichts der Rüstungsbeschränkungen traten Rivalitäten zwischen den beiden Teilstreitkräften zumeist nicht offen zutage, aber die Frage, in welchem Maße Heer oder Marine im Falle einer Überwindung des Versailler »Diktats« Vorrang bei den dann möglichen Aufrüstungsschritten haben würden, stand ungeklärt im Raum.[4] Dass General Fromm als »Chef der Heeresrüstung« schon seit 1935 einerseits dem Oberkommando des Heeres angehörte und die Rüstungsinteressen

---

[1] Dieses Kapitel greift Argumente auf und entwickelt sie im Lichte des heutigen Forschungsstandes weiter, die ich bereits in Heinemann, Der militärische Widerstand und der Krieg, Abschnitt II, dargelegt habe.
[2] RGBl. I, 1919, S. 687, Teil V, Abschnitte I und II.
[3] Salewski, Die bewaffnete Macht im Dritten Reich, S. 173; Deist, Die Reichswehr und der Krieg der Zukunft, S. 88; Rahn, Reichsmarine und Landesverteidigung, S. 146–161.
[4] Geyer, Professionals and Junkers, S. 104 f.

der Landstreitkräfte zu vertreten hatte, zugleich aber andererseits für die personelle Rüstung der ganzen Wehrmacht verantwortlich war und damit dem Oberkommando der Wehrmacht unterstand, bildete diesen Interessenkonflikt in der Spitzengliederung des Reiches treffend ab.[5]

Allerdings trafen Hitlers Unmut und seine Verachtung der höheren Offiziere vor allem das Heer, weil der Diktator sich hier eine Kompetenz anmaßte, die er in Fragen des See- und Luftkriegs nicht besaß. Seine scharfen Angriffe auf die Heeresgeneralität schon lange vor Kriegsausbruch, seine Behandlung von Blomberg und Fritsch, aber auch seine offenkundige Bevorzugung des Oberkommandos der Wehrmacht ließen Zweifel an der Bedeutung des Heeres als zentralem Element der nationalsozialistischen Kriegsmaschinerie aufkommen.[6] Unter den Bedingungen des Krieges verschärften sich die Rivalitäten noch weiter. Selbst als im Winter 1939/40 noch nicht klar war, welche Form der Krieg in den nächsten Monaten annehmen würde, versuchten alle Beteiligten, sich mit Hitlers Gunst in eine möglichst vorteilhafte Ausgangsposition zu manövrieren. Fromms Versuche, unter Hinweis auf die begrenzten Ressourcen des Reiches eine klare Prioritätensetzung Hitlers zugunsten des Heeres zu erreichen, empfanden dieser und sein getreuer Keitel als »ungeheuerliche Erpressung«; sie waren mit ein Grund dafür, warum Fromm in der zweiten Kriegshälfte im Führerhauptquartier nicht mehr gut angesehen war.[7]

Letztlich war das Militär des Dritten Reiches auch in dieser Hinsicht ein Abbild seines Staates:

»Pointiert ausgedrückt, herrschten in der Wehrmacht dieselben polykratischen Strukturen vor wie auch bei anderen Herrschaftsträgern im ›Dritten Reich‹, namentlich denjenigen aus dem staatlichen Bereich.«[8]

Diese »Diadochenkämpfe [... zur] individuellen Positionssicherung im engsten Kreis der Macht«[9] aber mussten grundsätzlich Kritik an der Kriegführung des NS-Staates aufkommen lassen, besonders aus dem Heer, dessen zentrale Stellung bis 1933 unangefochten gewesen war.

Anders als erwartet erwies sich die Marine nach 1933 nicht als der eigentliche Gegenspieler in Aufrüstungsfragen oder im Kampf um die weiterhin begrenzten Ressourcen. Hitlers Perspektive war eindeutig auf den Landkrieg konzentriert, sodass es der »Kriegsmarine«, so die Bezeichnung nach 1935, unter Admiral Raeder schwerfiel, im schnell beginnenden Verteilungskampf überhaupt das Gehör der «Führers« zu finden. Stellte sich der Angriff auf Dänemark und Norwegen 1940 als ein gelungenes gemeinsames Unternehmen aller drei Teilstreitkräfte dar, so ließ schon der kurz darauf begonnene Frankreichfeldzug die Marine wieder in ihrer Bedeutung zurücktreten.

Auch war ein nennenswertes Gewicht der Kriegsmarine in einer militärischen Auseinandersetzung im Inneren kaum zu erwarten; in Berlin etwa lagen durch-

---

[5] Kroener, Der starke Mann im Heimatkriegsgebiet, S. 223; Müller, Generaloberst Ludwig Beck. Eine Biographie, S. 120.
[6] Mueller, Canaris, S. 216.
[7] Kroener, Der starke Mann im Heimatkriegsgebiet, S. 354 f., 417–419.
[8] Nolzen, Von der geistigen Assimilation, S. 71. Siehe auch Mommsen, Nationalsozialismus als vorgetäuschte Modernisierung, S. 408 f.; Heinemann, Der Wert funktionalistischer Erklärungen.
[9] Kroener, Der starke Mann im Heimatkriegsgebiet, S. 474.

IV. Das Militär im polykratischen System

aus einige Truppenteile der Luftwaffe, aber keine der Marine. Insofern fiel die durchaus gegebene Rivalität des Heeres mit der Kriegsmarine – beispielsweise bei der Stahlzuteilung – für den militärischen Widerstand und die Planung eines Umsturzes nicht allzu sehr ins Gewicht.[10] Hinzu kam, dass die Marine zwar eher als konservativ denn als nationalsozialistisch gesonnen galt, dass sie aber vom Trauma des Novembers 1918 geprägt war, als es Matrosen gewesen waren, deren Aufstand die Revolution ausgelöst hatte.[11] Eine strenge, ja drakonische Disziplin und die Ablehnung jeder Form von kritischem Aufbegehren gehörten daher bis zum bitteren Ende zum Selbstverständnis der Kriegsmarine, und es ist bezeichnend, dass aus den Reihen der Marine lediglich zwei Offiziere, einer davon zudem ein Jurist und kein Seeoffizier, den Weg in den militärischen Widerstand des 20. Juli 1944 gefunden haben.[12]

Anders stellten sich die Dinge im Verhältnis des Heeres zur Luftwaffe dar. Die Luftwaffe war als eigenständiger Wehrmachtteil entstanden, vor allem, um Hermann Görings Eitelkeit entgegenzukommen.[13] Göring, Mitte der 1930er Jahre der zweite Mann hinter Hitler, war im Ersten Weltkrieg Jagdflieger und Kommodore des Geschwaders »Richthofen« gewesen; es lag nahe, dass Hitler ihn mit dem Aufbau einer militärischen und zivilen Luftfahrt beauftragte, aber da man ihn keinesfalls einem Heeresgeneral unterstellen konnte, war der Aufbau von Luftstreitkräften (die Bezeichnung »Luftwaffe« stammt aus dem Dritten Reich) als eigenständige Teilstreitkraft zwingend. Der Nationalsozialismus verstand sich als »Bewegung«, als jung und dynamisch, und Hitler inszenierte sich gerne in großen Autos oder beim Verlassen von Flugzeugen. Görings Verantwortungsbereich unterschied sich daher ideologisch von Anfang an von der übrigen Wehrmacht – beispielsweise, indem es in der Luftwaffe keine Militärseelsorge gab.

War ein solcher eigenständiger dritter Wehrmachtteil strukturell neu und zukunftsweisend, so blieb der neuen Luftwaffe personell nichts anderes übrig, als sich auf bewährtes Personal des Heeres abzustützen. Bei aller Verachtung für dessen Generalstabswesen übernahm Göring doch vom Heer eine erhebliche Anzahl von hoch qualifizierten Offizieren, weil nur dort die Expertise im Aufbau und in der Führung großer Verbände zur Verfügung stand. Der spätere Generalfeldmarschall Albert Kesselring etwa entstammte der Artillerietruppe. 1940 wurde er unter Überspringung des Dienstgrades Generaloberst unmittelbar vom General der Flieger zum Generalfeldmarschall befördert, was nicht nur Görings Drang nach Gleichbehandlung »seiner« Teilstreitkraft entsprang, sondern auch die im Vergleich zum Heer erheblich besseren Karriereaussichten bei der Luftwaffe illustrierte.[14] Lediglich beim nachwachsenden Führungspersonal konnte die Luftwaffe der nationalsozialistischen Denkweise folgend die sozia-

---

[10] Deist, Die Aufrüstung der Wehrmacht, S. 449–453; Schulze-Wegener, Seestrategie und Marinerüstung.
[11] Neitzel, Der Bedeutungswandel der Kriegsmarine, S. 245.
[12] Zu Korvettenkapitän Alfred Kranzfelder: Zeugen für Christus, S. 61–64; zu Marineoberstabsrichter Berthold Schenk Graf Stauffenberg: Hoffmann, Claus Schenk Graf von Stauffenberg und seine Brüder, passim.
[13] Zu Göring siehe vor allem die Biografien Overy, Hermann Göring; und Martens, Hermann Göring; zur Kritik an Irving, Göring, siehe vor allem die Rezension von Horst Boog in: Militärgeschichtliche Mitteilungen (MGM), 48 (1990), S. 207–211.
[14] Stumpf, Die Wehrmacht-Elite, S. 36, 65.

le Zusammensetzung ihres Nachwuchses breiter gestalten und sie unabhängig vom Heer in ihrem eigenen »Geist« erziehen.[15] Hitler selbst hingegen attestierte Göring (in einem Gespräch mit Goebbels), er habe bei der Führung der Luftwaffe »versagt«, sie »ins Hintertreffen geraten« lassen, und sie sei genauso bürokratisch-starr geworden wie das Heer.[16]

Göring war zugleich preußischer Ministerpräsident und Innenminister; ihm unterstand damit die preußische Polizei. Im Zuge der Aufrüstung bildeten deren kasernierte Formationen den Kern eines Verbandes, der bis Kriegsende zum »Fallschirmpanzerkorps Hermann Göring« aufwuchs – bei Kriegsbeginn war es noch ein Regiment gewesen.[17] Damit war der Grundstein gelegt für die Schaffung von Erdkampfverbänden der Luftwaffe, zu denen sehr bald und noch vor Kriegsbeginn die Fallschirmtruppe trat (damals anders als heute Teil der Luftwaffe und nicht des Heeres). Während des Krieges kamen noch die »Luftwaffenfelddivisionen« dazu, aufgestellt aus solchem Bodenpersonal, das angesichts der hohen Verluste an Flugzeugen und Piloten nicht mehr in seiner eigentlichen Funktion benötigt wurde. Göring selbst gab im September 1942 die »Führerentscheidung« bekannt: »Der Führer hat mir den Auftrag erteilt, aus Angehörigen meiner Luftwaffe einen starken Verband aufzustellen, dessen Aufgabe es sein soll, in die Erdkämpfe an der Ostfront einzugreifen.«[18] Dass das OKW die Belange des Heeres nicht angemessen vertreten würde und das OKH angesichts der Rückschläge an den Fronten an Einfluss bei Hitler verloren hatte, wurde mit einer solchen Entscheidung augenfällig. Sie entzog dem an der Ostfront schwer ringenden Heer nicht nur rund 200 000 Mann, sondern auch in erheblichem Umfang Fahrzeuge, Waffen und Gerät. Sie offenbarte die Schwäche des Gesamtsystems: »Selbst angesichts kaum mehr hinzunehmender personeller und materieller Lücken war Hitler offenbar nicht bereit, zugunsten des Heeres gegen Ressortegoismen und Prestigedenken in seiner engsten Umgebung vorzugehen.«[19]

Stauffenberg wandte sich nicht grundsätzlich gegen Erdkampfverbände der Luftwaffe; in seiner bereits zitierten Studie während seiner Zeit an der Kriegsakademie hatte er sich mit dem Thema der luftgelandeten Truppen durchaus positiv auseinandergesetzt.[20] Die Aufsplitterung der wenigen verbliebenen Ressourcen dagegen empfand er – aus seiner Perspektive als Organisationsfachmann des Heeres – als unvertretbar im Sinne einer konzertierten Gesamtkriegführung.[21]

Die Stellung der Luftwaffe war allerdings in der Wahrnehmung vieler Deutscher, ob in Zivil oder in Uniform, dadurch erschüttert, dass es der Reichs-

---

[15] Hürter, Konservative Akteure, S. 51.
[16] Goebbels, Die Tagebücher, T. II, Bd 12, S. 520 (22.6.1944).
[17] Bei aller politischen Einseitigkeit – siehe meine Rezension in MGM, 54 (1995), S. 626 – ist die Darstellung von Kurowski, Von der Polizeigruppe z.b.V. »Wecke« zum Fallschirmpanzerkorps »Hermann Göring«, unübertroffen.
[18] Stumpf, Die Luftwaffe als drittes Heer, Zitat S. 876 f. Eine befriedigende Gesamtgeschichte der Fallschirmtruppe steht noch aus.
[19] Kroener, Der starke Mann im Heimatkriegsgebiet, S. 470 f.
[20] Bentzien, Claus Schenk Graf von Stauffenberg, S. 80; siehe oben Kapitel III.3.
[21] Eigenhändige Aussagen des Kriegsgefangenen der deutschen Wehrmacht Major Joachim Kuhn vom 2.9.1944, S. 5, abgedr. in: Hoffmann, Stauffenbergs Freund, S. 186–210, hier S. 190; ebenso Chavkin/Kalganov, Neue Quellen, S. 378.

IV. Das Militär im polykratischen System

luftverteidigung nicht gelang, die deutschen Städte vor den immer schwereren Luftangriffen der Westalliierten zu bewahren. Die Unruhe in der Heimatbevölkerung, die abfärbte auf die Stimmung an den Fronten, war denn auch eines der Argumente, mit denen die Organisatoren des Umsturzes zusätzliche Teilnehmer zu rekrutieren versuchten.[22]

Die Konkurrenz mit der Luftwaffe war für die Verschwörer jedoch keineswegs von so zentraler Bedeutung wie jene mit der SS, vor allem der Waffen-SS. Die Umsturzplanung des Herbstes 1943 sah beispielsweise vor, Himmlers Hauptquartier in Arys (Ostpreußen) mit einem ganzen Bataillon zu zernieren, zu Görings Hauptquartier in Rominten dagegen lediglich einen Offizierspähtrupp zu entsenden. Offenkundig erwartete man von Göring und seiner Umgebung erheblich weniger Widerstand gegen den Putschversuch als von der SS und ihren bewaffneten Verbänden.[23] Ob die Verschwörer die Rivalitäten zwischen den NS-Größen in ihr Kalkül einbezogen haben, oder ob sie von einem monolithischen Gegner auch nach Hitlers Tod ausgingen, muss offenbleiben.[24]

Schon nach der von der Gestapo inszenierten Ausschaltung des Generalobersten Freiherr von Fritsch hatte in Himmlers Imperium die Sorge bestanden, das Heer könne gewaltsam gegen Gestapo und SS vorgehen.[25] Aus der Sicht der Gestapo und der SS waren die Wehrmacht und dort vor allem das Heer auch während des Krieges nach wie vor bemüht, die apolitische Haltung der Seeckt-Jahre durchzuhalten:

»Man nahm an, dass auch nach einer Machtergreifung durch den Nationalsozialismus irgendwelche Eingriffe, die die Selbstständigkeit der Wehrmacht berühren könnte [!], unterbleiben würde [!], und dass der Einfluss der Wehrmacht in dem Maße steigen würde, wie die revolutionären Ideen sich im täglichen Gebrauch abnutzen mussten.«[26]

Die Berichte der Ermittler an Hitler nach dem 20. Juli 1944 hoben immer wieder die mangelnde Verbindung zwischen Heer und Nationalsozialismus hervor – nicht zuletzt um zu vertuschen, dass es das Heer selbst gewesen war, das den Aufstand niedergeschlagen hatte, während Gestapo und SS untätig geblieben waren.

Der Konflikt zwischen den Nationalkonservativen und den Nationalsozialisten war also keineswegs eine neue Erscheinung, die erst während des Krieges hervorgetreten wäre. Aber die Entstehung der bewaffneten SS-Formationen ließ eine Situation absehbar werden, in der das Militär noch weiter ins Hintertreffen gegenüber den verschiedenen Kräften des Regimes geraten würde; die Balance verschob sich noch weiter gegenüber jenen Stärkeverhältnissen, die etwa dem »Planspiel Ott« 1932 zugrunde gelegen hatten. Schon für 1938 sagte Gisevius, selbst früherer Gestapo-Beamter, aus, man habe das Vorgehen der Geheimpolizei gegen Fritsch als Putsch gegen das Militär betrachtet:

»Wir sagen: ›Es ist soweit.‹ Seit Jahren haben wir den großen Handstreich der SS auf das Kriegsministerium kommen sehen [...] Das ist ein kalter Staats-

---

[22] Spiegelbild einer Verschwörung, S. 314 (29.8.1944).
[23] Hoffmann, Oberst i.G. Henning von Tresckow, S. 350.
[24] Hierzu spekulativ Jäckel, Wenn der Anschlag gelungen wäre, S. 71.
[25] Müller, Das Heer und Hitler, S. 155; Janßen/Tobias, Der Sturz der Generäle, S. 192.
[26] Abschrift Aussage [Walter] Huppenkothen, Verhältnis Wehrmacht – Sicherheitspolizei [I.], undatiert [vermutlich vor 1947], IfZ, ZS 249/1, fol. 1–15, hier fol. 1.

streich und der bedeutet Krieg! Darum muss gehandelt werden, und zwar sofort. Die Wehrmacht muss der Gestapo zuvorkommen. Sie muss die Prinz-Albrecht-Straße besetzen.«[27]

Gisevius unterstellte Himmler und seinem Imperium schon für diese relativ frühe Zeit eine planmäßige Abdeckung des Reichsgebiets zur Machtausübung nach innen:

>»Erst jetzt erkannten wir, mit welchem Geschick die Ordensburgen, die SS-Junkerschulen, die Konzentrationslager mit den sie bewachenden Totenkopfverbänden, nicht zuletzt die Garnisonen der Waffen-SS über das ganze Reichsgebiet verteilt waren. Nicht einmal im Kriegsministerium waren, wie Osters diskrete Nachforschungen erwiesen, genaue Aufstellungen hierüber vorhanden. In aller Stille hatte die SS ihre schwerbewaffneten Schlüsselstellungen errichtet.«[28]

Das war kurz nachdem Hitler im August 1938 die Stellung der bewaffneten SS-Verbände grundlegend aufgewertet und ihre zahlenmäßigen Obergrenzen kurzerhand aufgehoben hatte; eine »bewusste *Entscheidung* der Reichsführung, die SS nunmehr auch zu einem militärisch bedeutsamen Faktor innerhalb des Regimes auszubauen«.[29]

Dieses Problem blieb bis zum Sommer 1944 virulent; die Umsturzplanungen im Herbst 1943 und Frühjahr 1944 mussten der Tatsache Rechnung tragen, dass man über die Stärke der Waffen-SS im Reichsgebiet nicht viel wusste und diese offenbar auch variierte.[30] Die SS war im Heer allgemein verhasst; die zunehmende Zuweisung personeller und materieller Ressourcen während des Krieges und die insgesamt bevorzugte Behandlung von Himmlers angeblicher Elitetruppe wurden im Heer durchweg als ungerechtfertigt empfunden[31]. Ein Vorgehen gegen die SS – anders als gegen einen noch lebenden Hitler – konnte man von den meisten Verbänden des Heeres durchaus erwarten.

Himmler hatte im Schacher um die personellen Ressourcen des Reiches einen wichtigen Trumpf in der Hand: Er verfügte mit den Insassen der Konzentrationslager über ein erhebliches Potenzial, das zwar ursprünglich der »Vernichtung durch Arbeit« hatte zugeführt werden sollen, sich aber zunehmend zur Stützung der wankenden Kriegswirtschaft nutzen ließ. Nachdem der Versuch einer eigenständigen SS-Rüstungsindustrie an der Inkompetenz der Beteiligten, aber ebenso am Widerstand der zivilen Industrie und nicht zuletzt des Reichsministers für Bewaffnung und Munition Albert Speer gescheitert war, nutzte die SS dieses Arbeitskräftepotenzial, indem sie es ab 1942/43 der Rüstungsindustrie zur Verfügung stellte; es entstanden die unzähligen »Außenlager« der großen KZ, in denen Häftlinge nahe an ihren Einsatzorten in den Fabriken untergebracht wurden.[32] Damit gewann die SS neben ihrer politischen und militärischen zunehmend (rüstungs-)wirtschaftliche Macht.

---

[27] Gisevius, Bis zum bittern Ende, Bd 1, S. 358.
[28] Gisevius, Bis zum bittern Ende, Bd 2, S. 63.
[29] Zitat: Wegner, Hitlers politische Soldaten, S. 264 f.; siehe auch Deist, Die Aufrüstung der Wehrmacht, S. 518.
[30] Schlabrendorff, Offiziere gegen Hitler, S. 88.
[31] Müller, Das Heer und Hitler, S. 147 f.
[32] Longerich, Heinrich Himmler, S. 707.

IV. Das Militär im polykratischen System

Himmler zeigte während des Krieges immer größeres Interesse daran, die prestigeträchtigen Rüstungsvorhaben des Dritten Reiches unter seine Kontrolle zu bekommen.[33] Heer und Luftwaffe hatten getrennt voneinander – besser: in Konkurrenz zueinander – zwei »V-Waffen« entwickelt: das Heer als Weiterentwicklung seiner Artillerie eine hochkomplexe ballistische Rakete und die Luftwaffe ein deutlich einfacheres, aber auch leichter abzufangendes unbemanntes Flugzeug, quasi die Vorläufer aller heutigen zivilen und militärischen ballistischen Raketen sowie andererseits der heutigen Marschflugkörper. Beide Projekte wurden in Peenemünde auf der Insel Usedom vorangetrieben.[34]

Hitler präferierte sehr bald (mit wechselnder Intensität) das spektakuläre und propagandistisch besser auszuschlachtende Heeresprojekt. Die Verantwortung dafür lag beim Heereswaffenamt, das wiederum Generaloberst Fromm als Chef Heeresrüstung unterstand. Himmler wusste um die Konflikte zwischen Fromm und Keitel, und er versuchte Keitel dafür zu gewinnen, ihm und seiner SS die Verantwortung für das immer wieder stockende Projekt zu übertragen. Hitler hatte Wernher von Braun, den Spiritus Rector des Raketenprojekts, mit 28 Jahren zum Professor berufen; Himmler dagegen ernannte ihn zum Sturmbannführer der SS, jedoch vorerst ohne den gewünschten Erfolg.[35] Himmler ging es um die Sicherung einer zukunftsfähigen Rolle der SS im NS-System – und damit um die langfristige Absicherung seiner eigenen Person:

»Dabei korrespondierte die Vorstellung von den Eliteverbänden für den rasseideologischen Weltkampf der Zukunft mit dem Wunsch, auch über die möglicherweise entscheidenden Waffensysteme der Zukunft zu verfügen. Der Kampf um das A4-Programm ordnet sich damit in die Planungen Himmlers ein, die Waffen-SS nicht nur personell, sondern auch waffentechnisch zur eigentlichen militärisch-ideologischen Speerspitze des NS-Regimes werden zu lassen.«[36]

Göring wiederum erhoffte sich verstärkte Unterstützung von Himmler, als er im März 1944 dem General der Waffen-SS Hans Kammler die Verantwortung für die Produktionsanlagen der »fliegenden Bombe« übertrug, allerdings ohne damit die Produktionszahlen zu steigern und ohne den erhofften langfristigen Machtgewinn für den »Reichsmarschall«.[37]

Im ersten Kriegswinter verschärften sich diese Auseinandersetzungen angesichts der Forderungen Himmlers, seine bewaffneten Kräfte zu verdreifachen. Erneut entstand im Oberkommando des Heeres der Eindruck, seine eigene Position werde im Machtgefüge des Dritten Reiches immer weiter beschnitten.[38] In der Tat konnte Himmler dann im Mai 1942 ein ganzes SS-Armeekorps aufstellen, das von dem SS-Obergruppenführer (später SS-Oberstgruppenführer, also Generaloberst der Waffen-SS) Paul Hausser geführt wurde; die dazu benö-

---

[33] Ebd., S. 708.
[34] Zum Gesamtkomplex siehe Boog, Strategischer Luftkrieg in Europa, S. 380–385; zur »V 2« siehe detaillierter Neufeld, Die Rakete und das Reich; zu Peenemünde als Ort der Entwicklung: Schmidt/Mense, Denkmallandschaft Peenemünde.
[35] Kroener, Der starke Mann im Heimatkriegsgebiet, S. 508.
[36] Ebd., S. 509.
[37] Longerich, Heinrich Himmler, S. 709.
[38] Kroener, Der starke Mann im Heimatkriegsgebiet, S. 355.

tigten Divisionen wurden als »SS-Panzergrenadierdivisionen« bezeichnet und durchgängig mit modernstem Gerät motorisiert. Im August desselben Jahres gelang es Himmler, bei Keitel eine Verdreifachung der Rekrutierungsquote im Inland durchzusetzen, naturgemäß erneut vor allem zulasten des Heeres.[39] Die Aufstellung eigener Ersatzeinheiten bedeutete zugleich, dass die SS sich einen eigenständigen Machtfaktor im Reichsgebiet schaffen konnte;[40] bei den Planungen für den Umsturz (siehe unten Kapitel VII.3) galten die Ersatzeinheiten der Waffen-SS-Division »Leibstandarte« in Berlin-Lichterfelde als die gefährlichste Bedrohung des militärischen Staatsstreichs.

Noch bedrohlicher musste dem Heer die Situation im Sommer 1944 erscheinen. Am 15. Juli 1944 war Stauffenberg zum zweiten Mal mit der Bombe im gerade nach Ostpreußen verlegten Führerhauptquartier; wie schon am 11. Juli zündete er den Sprengsatz nicht. Ob die erneute Abwesenheit Himmlers der Grund war, muss offenbleiben; er fehlte, weil er später gesondert bei Hitler vortragen wollte. Himmler verlangte – und bekam – die Zuständigkeit für die »Volksgrenadierdivisionen«, Verbände des Heeres, die er aufstellen und ideologisch auf Linie bringen sollte; auch disziplinarisch sollten sie dem Reichsführer SS unterstehen. Zudem wollte er seine Befugnisse ausgeweitet sehen auf die Bekämpfung feindlicher Luftlandungen; damit bewegte er sich schon sehr nah an dem offiziellen Szenario für «Walküre« und drohte somit den Aufstandsplanungen den Boden zu entziehen.[41]

Bei der Auseinandersetzung um die personellen Ressourcen ging es zunehmend nicht mehr nur um die Reichsdeutschen. Aller Theorie um »arische« Herkunft zum Trotz war auch die SS bemüht, Personal von außerhalb des Reiches zu rekrutieren. Stauffenberg war seit Langem damit befasst gewesen, aus russischen Kriegsgefangenen fremdvölkische Verbände aufzustellen;[42] selbst hier warnte er bereits im Dezember 1942 davor, die SS wolle diese »Freiwilligen« dem Heer wegnehmen.[43] Die Ansprüche der Waffen-SS wuchsen dabei immer weiter, und seit Himmler im Sommer 1943 den Reichsinnenminister Wilhelm Frick ersetzt hatte, war klar, dass er nun versuchen würde, seine Macht im Reichsgebiet zu arrondieren und den gesamten Befehlsbereich des Generaloberst Fromm, also sowohl die Verwaltung der personellen wie der materiellen Ressourcen, unter seine Kontrolle zu bringen. Je mehr Goebbels bei Hitler Fromm als unzuverlässig und defätistisch diffamierte, umso mehr zeichnete sich ab, dass Himmler von der Demontage des Logistikexperten Fromm profitieren würde.[44] Himmler hatte schon immer gehofft, sich als militärischer Führer im Krieg profilieren zu kön-

---

[39] Longerich, Heinrich Himmler, S. 621; siehe auch Kroener, Menschenbewirtschaftung, S. 991–995.
[40] Kroener, Die personellen Ressourcen, S. 832.
[41] Hoffmann, Widerstand – Staatsstreich – Attentat, S. 454; Kroener, Friedrich Fromm. Der starke Mann, S. 183; zur Einordnung Stumpf, Die Luftwaffe als drittes Heer, S. 892–895.
[42] Siehe unten Kapitel VI.6.
[43] Hoffmann, Claus Schenk Graf von Stauffenberg. Die Biographie, S. 269; siehe auch Longerich, Heinrich Himmler, S. 693.
[44] Siehe unten Kapitel V.3 und Kroener, Friedrich Fromm. Der starke Mann, S. 182. Ähnlich die Wahrnehmung bei den Westalliierten: From Hitler's Doorstep, S. 111, Doc. 1–130, Telegram 5240.

IV. Das Militär im polykratischen System

nen; die Übernahme des Ersatzheeres und der Heeresrüstung kündigte sich schon seit Längerem an.[45]

Als besonders abstoßend empfanden die nationalkonservativen Verschwörer die »Bonzokratie«, also das parvenühafte Auftreten vieler der neuen Machthaber und deren Hang zur uneingeschränkten Selbstbereicherung.[46] Einer der übelsten Profiteure des Regimes war der SA-Mann und Polizeipräsident von Berlin Helldorff, den Göring protegierte und dem dieser immer wieder aus seinen durch Frauengeschichten, Spielsucht und Alkoholexzessen entstandenen Schulden heraushalf. Helldorff war mit Gisevius gut bekannt, weil die beiden die polizeiliche Absicherung der Olympischen Spiele 1936 koordiniert hatten.[47] Da aber Görings Großzügigkeit ihre Grenzen hatte und Himmler ihm angesichts seiner mangelnden Führungsfähigkeiten misstraute und ihn nicht weiter förderte, verbitterte Helldorff immer mehr und diente sich den von Gisevius aktiv betriebenen oppositionellen Bestrebungen an,[48] dabei beeinflusst durch seinen Polizeivizepräsidenten, Fritz-Dietlof von der Schulenburg.[49] Allerdings waren die Vorbehalte im Kreise der Verschwörer gegen Helldorff groß: Stauffenberg sprach mit Helldorff nicht mehr als nötig,[50] und offenkundig war beabsichtigt, ihn nach dem Umsturz loszuwerden.[51] Sogar bei den Alliierten ließ die Mitwirkung von Männern wie Helldorff die ohnehin vorhandene Skepsis gegenüber der Militäropposition noch weiter anwachsen.[52]

Der dritte Polizeibeamte im Kreise der Verschwörung war Arthur Nebe, ein besonders problematischer Fall. Nebe war seit 1937 Reichskriminaldirektor und damit Chef der deutschen Kriminalpolizei; in dieser Verwendung hatte er sich einen Namen gemacht durch die Verhaftung von »Sozialschädlingen« und »Zigeunern«, den erfolgreichen Abschluss der Ermittlungen nach Georg Elsers Attentat auf Hitler im November 1939 sowie durch aktive Teilnahme an der Euthanasie-Aktion »Unternehmen T 4« und die Entwicklung der Vergasung als Methode des Massenmords. Nebe war aber auch schon 1938 an den Bestrebungen im Heer beteiligt gewesen, das Komplott gegen Fritsch aufzudecken, und wusste um die Staatsstreichpläne des Herbstes 1938.[53]

---

[45] Zu dem gesamten Komplex siehe auch Weinberg, Eine Welt in Waffen, S. 516.
[46] Bajohr, Parvenüs und Profiteure.
[47] Harrison, Alter Kämpfer.
[48] Ebd., S. 410 f.
[49] Heinemann, Ein konservativer Rebell, S. 46–48; zu Schulenburg auch Keyserlingk, Der 20. Juli.
[50] Siehe etwa den Bericht von Urban Thiersch, ehem. Oberleutnant der Artillerie, über seine Begegnung mit Oberst Graf Stauffenberg im Juli 1944 (niedergeschrieben München 1949), IfZ, ED 88/2, fol. 333–336; Gisevius, Bis zum bittern Ende, Bd 2, S. 315; Harrison, Alter Kämpfer, S. 418; Aussage Fritz-Dietlof von der Schulenburg bei der Gestapo: Spiegelbild einer Verschwörung, S. 99 (30.7.1944).
[51] Wassiltschikow, Die Berliner Tagebücher, S. 119, 168; Schulenburg bei der Gestapo: Spiegelbild einer Verschwörung, S. 99 (30.7.1944); Mommsen, Der Widerstand gegen Hitler und die nationalsozialistische Judenverfolgung, S. 406. Ansonsten hat auch die Gestapo keine Konflikte zwischen Nebe oder Helldorff und den übrigen Verschwörern ausgemacht: Keyserlingk-Rehbein, Nur eine »ganz kleine Clique«?, S. 264 f.
[52] Harrison, Alter Kämpfer, S. 385.
[53] Parssinen, Die vergessene Verschwörung, S. 50 f.

Zu Beginn des Angriffs auf die Sowjetunion übernahm er die Leitung der Einsatzgruppe B, eines gut 650 Mann starken Verbandes, dem unter Nebes Führung der Mord an mindestens 45 000 Zivilisten, vorwiegend Juden, anzulasten ist.[54] Nebe entstammte dem hochkonservativen Milieu und war unter anderem mit Gisevius, Schlabrendorff und Tresckow schon länger bekannt; dass er ausgerechnet die im Rücken der Heeresgruppe Mitte agierende Einsatzgruppe B übertragen bekam, war wohl auch auf Betreiben Tresckows, angeblich sogar auf das von Beck zurückzuführen.[55] Nebe war gesundheitlich angeschlagen, und seine Zeit in der Sowjetunion veränderte ihn nach übereinstimmenden Berichten nachhaltig. Er agierte einerseits höchst vorsichtig, gefährdete sich aber andererseits durch häufig wechselnde Frauenbekanntschaften. Stauffenberg hielt Nebe ebenso wie Helldorff auf Distanz – wenn man Gisevius glauben darf, so sehr, dass Nebe kurz davor stand, sich aus der Umsturzplanung zurückzuziehen.[56] Schon in der Heeresgruppe Mitte hatten sich manche über Nebes guten Kontakt zu Tresckow gewundert, weil man »wusste, was das für ein Verbrecher war«.[57]

Die Beteiligung von Charakteren wie Gisevius, Helldorff und Nebe an der Verschwörung stellt in besonders klarer Weise die Frage nach historischer Einordnung oder moralischer Bewertung. Unter dem Gesichtspunkt des »Aufstands des Gewissens« betrachtet, werfen sie ein zweifelhaftes Licht auf die Militäropposition. Den Mitverschwörern aber schienen die vermuteten Machtpositionen dieser Männer für einen erfolgreichen Umsturz wichtig; für sie war das Gelingen ihres Staatsstreichs das entscheidende Kriterium.

Mit der Wiedereinführung einer eigenständigen Militärjustiz[58] war es der zivilen Polizei im Grunde untersagt, gegen Militärpersonen zu ermitteln; das war Ausfluss des vom Militär angestrebten eigenständigen Status. Deswegen durfte die Gestapo nicht in den Kasernen spitzeln. Wohl aber gerieten Wehrmachtangehörige in den Blick der Geheimpolizei, wenn sie zusammen mit Nicht-Militärs an Straftaten gegen das Regime beteiligt waren. Während des Krieges war die Gestapo jedoch bemüht, diese grundsätzliche Trennung aufzuweichen, indem sie zunehmend in den Bereich der Wehrmacht übergriff. Schon früh entstand beim Sicherheitsdienst der SS (SD) der Eindruck, dass Teile des Amtes Ausland/Abwehr in unzulässiger Weise im Inneren tätig waren und oppositionelle Bestrebungen im Reich unterstützten; ebenso war dem SD bekannt, dass der Termin der deutschen

---

[54] Zu Nebe Kiess, Der Doppelspieler (zu den Verbrechen der Einsatzgruppe B vor allem S. 195–197); die Zahl von 45 000 Ermordeten findet sich bei Weise, Reichskriminaldirektor Arthur Nebe, S. 245. Rathert, Verbrechen und Verschwörung, stützt sich sehr stark auf eine spekulative Serie über Nebe im »Spiegel« von 1950 ab. Die eigenen Meldungen der Einsatzgruppe B beziffern die Zahl der Opfer für den Zeitraum bis zum 14.11.1941 auf 45 467; Die Einsatzgruppen in der besetzten Sowjetunion, S. 62; Krausnick/Wilhelm, Die Truppe des Weltanschauungskrieges, S. 179–186.

[55] Hürter, Auf dem Weg zur Militäropposition, S. 533.

[56] Gisevius, Bis zum bittern Ende, Bd 2, S. 316 f. Gisevius schrieb kurz nach dem Krieg, als in der Öffentlichkeit Nebes Rolle als Chef der Einsatzgruppe B noch nicht allzu bekannt war; Gisevius geht auf die Beteiligung seines Freundes am Massenmord auch nicht weiter ein. Seine Schilderung der Spannungen zwischen Nebe und Stauffenberg ist darauf ausgerichtet, dem Ansehen des von Gisevius ungeliebten Stauffenberg zu schaden, und daher mit quellenkritischer Vorsicht zu betrachten.

[57] Gespräch Philipp Freiherr von Boeselager mit dem Verfasser, Kreuzberg/Ahr, 21.7.1997.

[58] Messerschmidt, Die Wehrmachtjustiz 1939–1945, S. 43–47.

IV. Das Militär im polykratischen System

Westoffensive von einem deutschen Offizier verraten worden war, und Himmlers Geheimdienst verdächtigte schon damals sehr wohl die Konkurrenz von der »Abwehr«.[59]

Hinzu kam, dass bei dem Ermittlungsverfahren gegen Angehörige des Amtes Ausland/Abwehr (Oster, Dohnanyi, Bonhoeffer u.a.) wegen angeblicher Devisenvergehen im Zusammenhang mit dem »Unternehmen Sieben«[60] den ermittelnden Militärstaatsanwälten Beamte der Gestapo beigegeben wurden, um die militärischen Ermittlungen mit den gleichlaufenden zivilen Verfahren zu koordinieren; immerhin hatte kein Geringerer als der Chef des OKW, Generalfeldmarschall Keitel, diesem Eingriff in die Justizhoheit des Militärs zugestimmt.[61] Es war wohl kein Zufall, dass hier für einen Vorgang im Bereich des OKW Ermittlungsbeamte der Luftwaffenjustiz unter dem berüchtigten Oberstkriegsgerichtsrat Manfred Roeder herangezogen wurden.[62]

Bis zum Frühjahr 1943 war das Zentrum der militärischen Staatsstreichplanung im Amt Ausland/Abwehr angesiedelt gewesen.[63] Hier ließen sich am ehesten Sprengstoffe beschaffen, Verbindungen ins feindliche Ausland aufnehmen und ganz allgemein konspirative Planungen durchführen. Auch wusste man bei der »Abwehr« genug über die von Deutschen begangenen Verbrechen, um nach einem gelungenen Umsturz die Verantwortlichen zur Rechenschaft ziehen zu können. Dabei darf nicht der Eindruck entstehen, das Amt Ausland/Abwehr unter Canaris sei ein Nest von Widerständlern gewesen; auch in dieser Dienststelle waren nur die wenigsten darüber im Bilde, was ihr Chef und vor allem sein Leiter der Zentralabteilung, Generalmajor Hans Oster, in Wirklichkeit planten. Die weitgehende Ausschaltung der »Abwehr« durch den machthungrigen SD im Frühjahr 1943 bis hin zu ihrer völligen Übernahme Anfang 1944 zwang die militärischen Verschwörer,[64] eine völlig neue Struktur und Ablaufplanung ins Auge zu fassen; hier liegen die Anfänge der Abstützung auf den Befehlshaber des Ersatzheeres und der Planungen, die unter dem Stichwort »Walküre« zusammengefasst waren.

Insgesamt lassen die Planungen für den Staatsstreich erkennen, dass die Verschwörer in den bewaffneten Formationen der SS die größte Bedrohung für das Gelingen ihres Staatsstreichplans sahen, wie bereits oben im Zusammenhang mit der Luftwaffe zu sehen gewesen ist.[65] Ebenso sind der Auftrag an die Panzertruppenschule Krampnitz, am Tage X aus dem Verfügungsraum im Tiergarten, also in unmittelbarer Nähe des Bendlerblocks, nach Süden aufzuklären und etwaige Bewegungen der Ersatztruppenteile der SS-Division »Leibstandarte« in

---

[59] Wildt, Generation des Unbedingten, S. 702.
[60] Zu diesem Komplex siehe Meyer, Unternehmen Sieben; sowie Fliess, Unternehmen Sieben.
[61] Dohnanyi, Mir hat Gott keinen Panzer ums Herz gegeben, S. 27 f.; Wildt, Generation des Unbedingten, S. 704; Sälter, Phantome des Kalten Krieges, S. 174.
[62] Bergander, Die Ermittlungen; Dohnanyi, Mir hat Gott keinen Panzer ums Herz gegeben, S. 27.
[63] Aus der Fülle der – nicht immer wissenschaftlich orientierten – Literatur sei hier nur verwiesen auf einige neuere und allen Ansprüchen genügende Titel: Scholtyseck, Das »Amt Ausland/Abwehr«; Das Amt Ausland/Abwehr im Oberkommando der Wehrmacht; Mühleisen, Die Canaris-Tagebücher; Mueller, Canaris; Mühleisen, Das letzte Duell.
[64] Zu den Zielen Himmlers in dieser Situation Wildt, Generation des Unbedingten, S. 703.
[65] Siehe Hoffmann, Oberst i.G. Henning von Tresckow, S. 350; und auch Nagel, Johannes Popitz, S. 178 f.; sowie unten Kapitel VI.3.

der Kaserne Lichterfelde zu überwachen, sowie der Auftrag an die in Cottbus garnisonierenden Ersatztruppenteile der (Heeres-)Division »Großdeutschland«, mit Masse ihrer Kräfte von Süden her nach Berlin einzudringen, nur so zu verstehen, dass es darauf ankam, die als durchaus schlagkräftig eingeschätzten SS-Truppenteile zuverlässig zu neutralisieren.[66]

Das war durchaus realistisch gedacht, denn letztlich war die Sicherung nach innen das, was Hitler langfristig als »Friedensaufgabe« der SS vorschwebte. Umgekehrt hatte er für das Heer sehr bewusst für die Zukunft keine Aufgabe im Bereich der inneren Sicherheit vorgesehen – nicht im Krieg und erst recht nicht im Frieden.[67] Es lag somit auf der Hand, dass das Heer in einem künftigen »Endkampf nach innen« den Kürzeren ziehen sollte und würde.

Am Kampf um die Ressource »Mensch« war neben der Rüstungsindustrie noch ein weiterer Akteur beteiligt: die NSDAP. Hatte die Partei während der »Friedensjahre« des Regimes an Bedeutung eingebüßt, so gelang es ihr während des Krieges, ihre Rolle stärker herauszustellen. Vor allem in der Betreuung der ausgebombten Menschen in den Städten und in der kumulativen Radikalisierung nach innen erarbeitete sie sich eine neue Rolle.[68]

> »Im Zusammenhang mit der Übertragung der Zuständigkeit für die innere und allgemeine Verwaltung an die Gauleiter in ihrer Eigenschaft als Reichsverteidigungskommissare zog die Partei im zunehmenden Umfang öffentliche Positionen an sich.«[69]

Das bedingte aber ebenso einen erhöhten Personalbedarf, der auf dem Weg über »Unabkömmlichstellungen« bewerkstelligt werden musste: Die entsprechenden Parteifunktionäre wurden dem Dienst in der Wehrmacht entzogen, womit der Konflikt vorprogrammiert war.[70] Umgekehrt war es vor allem Goebbels, der Hitler immer wieder einflüsterte, die Wehrmacht halte sich einen aufgeblähten Apparat, und es komme darauf an, »ihren zum Himmel schreienden Menschenluxus schnellstens abzustellen«.[71] Das sei aber nur durch eine Auswechslung des Führungspersonals möglich. Dabei hatte Goebbels nicht nur den verhassten Fromm im Sinn, sondern ebenso Hitlers altvertrauten »Lakeitel«, den Chef des OKW.

> »Der Kampf um den Menschen im modernen industrialisierten Massenkrieg führte im autoritären Führerstaat zwangsläufig zu Reibungen [...] Im Krieg gehörte die Entscheidung, wer oder welche Gruppe von Wehrfähigen in der Heimat zurückbleiben durfte, zu den brisanten politisch-ideologischen Konfliktfeldern.«

Die militärische Zuständigkeit hierfür lag bei genau jener Dienststelle, in der die letzte Zentrale der Umsturzplanung entstand:

> »Das AHA [Allgemeine Heeresamt unter General der Infanterie Friedrich Olbricht] stand nicht nur in einem latenten Spannungsverhältnis zu den verschiedenen Interessengruppen außerhalb der Wehrmacht, sondern befand

---

[66] Hoffmann, Widerstand – Staatsstreich – Attentat, S. 509 f., 514.
[67] Zitat bei Kroener, Der starke Mann im Heimatkriegsgebiet, S. 517, leider ohne näheren Nachweis.
[68] Nolzen, Die NSDAP, S. 151–159; Blank, Kriegsalltag und Luftkrieg, S. 420–429.
[69] Mommsen, Die Rückkehr zu den Ursprüngen, S. 314.
[70] Zu den Details siehe Nolzen, Von der geistigen Assimilation, S. 76.
[71] Goebbels, Die Tagebücher, T. II, Bd 12, S. 519 (22.6.1944).

IV. Das Militär im polykratischen System

sich auch im Schnittpunkt unterschiedlicher Zuständigkeiten zwischen den Wehrmachtteilen.«[72]
Je mehr sich die NSDAP auf die Erfahrungen ihrer frühen Jahre als »Kampfzeit« zurückbesann, sich so auch innenpolitisch wieder radikalisierte und vor allem den inneren und den äußeren Feind gleichsetzte, desto mehr wurden die »Reaktion« allgemein und mit ihr die Heeresführung zum Feindbild.[73] Anders als in Italien lag es daher außerhalb jeder Vorstellung, dass die Partei sich in der Stunde der Not gegen ihren »Führer« erheben und diesen von der Macht entfernen könnte. Dafür besaß sie schon die strukturellen Voraussetzungen nicht: Es gab kein dem »Großen Faschistischen Rat« vergleichbares Gremium, in dem eine solche Gegenbewegung hätte koordiniert werden können; Hitler hatte die Entstehung eines »Senats«, der irgendwann einmal seine Nachfolge regeln sollte, immer wieder hinauszuzögern gewusst. Die Partei hatte sich »selbst alle Rückzugsmöglichkeiten abgeschnitten.«[74] Das ließ das Militär als die einzige Organisation erscheinen, die eine Änderung des Regimes würde herbeiführen können.[75] Aus Sicht der Partei wiederum ging es darum, dem als konservativ bis reaktionär eingeschätzten Heer nicht die Gelegenheit zu einer Abschwächung des »revolutionären« Elans der Partei zu geben.[76]

Die Verschwörer aus dem Heer zielten 1944 bei ihrem Widerstand gegen diesen sich beschleunigenden Prozess daher nicht in erster Linie auf die Wahrung hergebrachter Privilegien, sondern sie sahen, dass sich die Gewichte für den zu erwartenden Endkampf im Inneren zunehmend zugunsten des nationalsozialistischen Machtapparates aus Partei und SS verschoben. Wollte man überhaupt noch mit Aussicht auf Erfolg dagegen angehen, dann musste man handeln, bevor es zu spät war.[77]

2. Kriegsspitzengliederung

Die Strukturen an der Spitze des NS-Systems reflektierten Hitlers persönlichen, in eigentümlicher Weise zwischen Moderne und Reaktion gespaltenen Führungsstil:
»Die Ersetzung des auf dem Prinzip der Kompetenzentrennung und Arbeitsteilung beruhenden modernen bürokratischen Anstaltsstaats durch einen personalen Herrschaftstypus, der auf unbedingtem Gehorsam einer verschworenen Gefolgschaft beruhte, stellte eine rückwärtsgewandte Utopie dar, die atavistische Züge trug.«[78]

---

[72] Beide Zitate in Kroener, Der starke Mann im Heimatkriegsgebiet, S. 269.
[73] Mommsen, Die Rückkehr zu den Ursprüngen, S. 313.
[74] Kershaw, Working towards the Führer, S. 110; Maier, Das »Dritte Reich« im Visier seiner Gegner.
[75] Kershaw, Working towards the Führer, S. 108–110.
[76] Abschrift Aussage [Walter] Huppenkothen, Verhältnis Wehrmacht – Sicherheitspolizei [I.], undatiert [vermutlich vor 1947], IfZ, ZS 249/1, fol. 1–15, hier fol. 1.
[77] Weinberg, Rollen und Selbstverständnis, S. 69.
[78] Mommsen, Nationalsozialismus als vorgetäuschte Modernisierung, S. 419.

Hitler weitete sein System der »polykratischen Strukturen« auch auf das Militär aus. Damit aber wurde die Frage der politischen und militärischen Spitzenorganisation des Reiches kriegsentscheidend.[79] Zugleich war dies ein Topos, der in der weitgehend geschützten Diskurssituation der traditionellen Offizierkorps häufig diskutiert wurde und der sich in vielerlei Hinsicht zur Anknüpfung von konspirativen Gesprächen eignete. Zu Ende gedacht, bedeutete er aber nach 1938 den Rücktritt Hitlers vom Oberkommando der Wehrmacht, ab 1942 dann – noch drängender – vom Oberkommando des Heeres.

Generalleutnant Beck hatte 1933 noch angenommen, der neue Reichskanzler werde die »Fesseln von Versailles« sprengen und das von ihm geführte »Truppenamt« wieder als »Generalstab des Heeres«, wie in der preußisch-deutschen Tradition bis 1914 üblich, zu seinem obersten militärischen Beratungsorgan machen. Beck ging davon aus, Hitler werde die seit Langem anhaltende und – wie in Kapitel III geschildert – in unterschiedlichen Kriegsbildern begründete Auseinandersetzung mit den anderen Ämtern des Heeres, vor allem dem Heereswaffenamt, zugunsten der operativen Planer im Generalstab entscheiden. Damit wäre der Generalstabschef des Heeres wieder zur zentralen Beratungsinstanz des Obersten Befehlshabers aufgerückt und der Primat des operativen Denkens wäre wiederhergestellt gewesen.[80]

Die Schaffung einer Luftwaffe als eigenständige dritte Teilstreitkraft hatte jedoch zur Folge, dass sich – wie bereits ausgeführt – das bisherige Wehrmachtamt zum Oberkommando der Wehrmacht und zum Wehrmachtführungsstab entwickelte,[81] wobei der persönliche Ehrgeiz des dem Nationalsozialismus schon lange näherstehenden Generalleutnants Walter von Reichenau eine treibende Kraft entwickelte.[82] Hitler war der preußische Generalstab traditioneller Prägung mit seinen standesbewussten adeligen Offizieren immer ein Gräuel gewesen. Die Schaffung eines neuen, »moderneren« Wehrmachtgeneralstabes schien ihm eher die Möglichkeit zu bieten, die alten preußisch-deutschen Militäreliten von der Macht fernzuhalten. Nach der Auffassung des Generalleutnants Keitel, seit Oktober 1935 der neue Chef des Wehrmachtführungsamtes, und seines Abteilungsleiters Landesverteidigung, Oberst i.G. Alfred Jodl, brauchte der »Führer« keinen »Großen Generalstab«, der ihn bei Entschlüssen beriet, sondern lediglich einen Führungsstab, der seine Entscheidungen effizient umsetzte. Die NS-Führerideologie begann, sich auf die Organisation der bewaffneten Macht des Reiches auszuwirken.[83] 1938, im Vorfeld der Tschechoslowakei-Krise, ließ Beck erneut eine Denkschrift entwerfen, die über die konkrete Situation hinaus Fragen der Spitzengliederung ansprach. Die Wirkung allerdings war eher kontraproduktiv:

---

[79] Förster, Die Wehrmacht im NS-Staat. Ein grauer Fels, S. 102 f. Siehe auch Der Widerstand gegen den Nationalsozialismus (1985), S. XXV (Einführung); und Kershaw, Working towards the Führer, S. 109.
[80] Müller, Generaloberst Ludwig Beck. Eine Biographie, S. 114–117, 124 f.
[81] Müller, General Ludwig Beck. Studien und Dokumente, S. 121 f.
[82] Simms, Walther von Reichenau, S. 427.
[83] Müller, Generaloberst Ludwig Beck. Eine Biographie, S. 129.

IV. Das Militär im polykratischen System   81

»Große Aufregung bei Schm[undt], K[eitel] und auch F[ührer]. Wird von diesem radikal abgelehnt. Gerade das Gegenteil wolle er. Dies seien reaktionäre Gedanken Beckscher Prägung, nur um seine politischen Ziele zu sabotieren.«[84] Die »militärische Machtergreifung«,[85] also die Übernahme des Reichskriegsministeriums und des Oberbefehls über die Wehrmacht durch Hitler, beraubte die Gesamtkriegführung des Reiches einer übergreifenden, militärisch kompetenten Instanz. Viele Offiziere – auch außerhalb des militärischen Widerstands – sahen darin während des Krieges Grund zu erheblicher Kritik.[86]

Eine weitere Verschiebung gegenüber der ursprünglich vorgesehenen Spitzengliederung ergab sich kurz vor Kriegsbeginn. Vorgesehen gewesen war die Errichtung eines Befehlshabers des Ersatzheeres, wobei der Begriff »Ersatzheer« statt »Heimatheer«[87] bereits andeutete, dass seine Zuständigkeit sich lediglich auf die Organisation des Personalersatzes erstrecken sollte. Keiner der Beteiligten hatte vergessen, dass 1918 das »Heimatheer« eingesetzt worden war, um gegen Unruhen im Inneren vorzugehen; insbesondere hatte es die »bolschewistischen« Kieler Matrosen in Schach halten sollen.[88] Das Reichsverteidigungsgesetz von 1935 hatte dem Befehlshaber des Ersatzheeres noch im Kriegsfall die vollziehende Gewalt in der Heimat übertragen; entsprechend hatte Beck seinen Oberquartiermeister I, Generalmajor Erich von Manstein, mit einer Denkschrift beauftragt, in der gefordert wurde, im Kriegsfall ein militärisches Reichssicherheitsamt zu errichten, dem SS und Polizei unterstehen sollten – eine für Himmler völlig inakzeptable Idee.[89] Stattdessen wurde Himmler im Juni 1936 zusätzlich noch »Chef der Deutschen Polizei«, zwar nominell »im Reichsministerium des Inneren«, aber de facto unmittelbar unter Hitler. Der Kommandierende General im Wehrkreis III, Witzleben, hatte sofort erkannt, dass diese Rolle zulasten der Verantwortung und der Operationsfreiheit des Ersatzheeres ging.[90] In der nach der Blomberg-Fritsch-Krise erarbeiteten Neufassung des Reichsverteidigungsgesetzes (1938) war die Zuständigkeit des Heeres für die Aufrechterhaltung der inneren Sicherheit im Reich während des Krieges und für die Mobilisierung der Bevölkerung weggefallen. Das Militär hatte diese Rolle an die Partei und an Himmlers Polizeiorgane verloren; es war nur konsequent, dass der Reichsführer SS im Gegenzug während des Krieges versuchte, seinerseits das Ersatzheer als die potenziell stärkste Macht im Reich unter seine Kontrolle zu bringen.[91]

Vorgesehen als Befehlshaber des Ersatzheeres war der eigentlich seit 1932 im Ruhestand lebende, nun aber reaktivierte General der Infanterie Joachim von Stülpnagel, der in den 1920er Jahren mit seinen Thesen den Gegenpol zu Seeckts

---

84 Engel, Heeresadjutant bei Hitler, S. 29.
85 Stumpf, Die Wehrmacht-Elite, S. 315.
86 Wegner, Einführende Bemerkungen, S. 138.
87 Keller, Die Wehrmacht, S. 32; Kroener, Der starke Mann im Heimatkriegsgebiet, S. 285–287.
88 Schmidt, Heimatheer und Revolution, S. 16 f.
89 Müller, General Ludwig Beck. Studien und Dokumente, S. 134. Manstein beriet nach dem Zweiten Weltkrieg auch das Bundesministerium für Verteidigung in Fragen der militärischen Spitzengliederung: Wrochem, Erich von Manstein, S. 332.
90 Thun-Hohenstein, Wehrmacht und Widerstand, S. 79.
91 Kroener, Der starke Mann im Heimatkriegsgebiet, S. 350; Kroener, Friedrich Fromm. Der starke Mann, S. 183.

Vorstellungen vom Führerheer gebildet hatte. Er galt als der nationalsozialistischen Wehrpolitik gegenüber aufgeschlossen. Am 27. August 1939 trat der inzwischen 59jährige planmäßig seinen Dienst an; bereits am 31. August allerdings eröffnete ihm der Oberbefehlshaber des Heeres, Generaloberst von Brauchitsch, dass er auf persönliche Weisung Hitlers wieder entlassen sei.[92] Stülpnagel selbst ging davon aus, Hitler habe ihn als »politisierenden General« und früheren Verbündeten Schleichers nicht in einer innenpolitisch so mächtigen Position sehen wollen.[93] Für Hitler war eindeutig, dass die innere Stabilität des Reiches Aufgabe der Partei und nicht des Heeres sein sollte; von einer Zwei-Säulen-Theorie konnte keine Rede mehr sein.[94]

Die gegenüber dem Ersten Weltkrieg deutlich reduzierten Aufgaben des »Befehlshabers des Ersatzheeres« wurden nunmehr zusätzlich dem Chef des Allgemeinen Heeresamtes und Chef Heeresrüstung, General der Artillerie Fromm, übertragen. Dieser vereinigte damit, nachdem er die Führung des Allgemeinen Heeresamtes im Februar 1940 an General der Infanterie Olbricht übergeben hatte, zwei unterschiedliche Rollen in sich. Als Befehlshaber des Ersatzheeres trug er die Verantwortung für den Personalersatz der gesamten Wehrmacht und führte die im Reich stationierten Truppen (mit bis zu 1,8 Millionen Mann immerhin die zahlenmäßig stärkste Macht überhaupt[95]). Als Chef Heeresrüstung oblag ihm de facto die materielle Ausstattung der gesamten Wehrmacht.[96] Damit schien es, als sei die dem »totalen Krieg« angemessene Gleichstellung operativer und logistischer Führung endlich erreicht – etwas, wofür Fromm immer und besonders nachhaltig gegen Beck gekämpft hatte.[97]

Das Ziel einer Kriegsverhinderung, das die Verschwörung im Herbst 1938 angetrieben hatte, war mit dem 1. September 1939 obsolet geworden. Die Anfangserfolge der Wehrmacht ließen danach keinerlei Diskussion über die Zweckmäßigkeit ihrer Spitzengliederung aufkommen. Die offen brüskierende Zurückweisung der sachkundigen Empfehlungen des Generalstabs des Heeres, etwa bei Hitlers Entscheidung vom August 1941, den Schwerpunkt des Angriffs im Osten weg von Moskau zu verlegen, führten dann aber zu einer erneuten Entfremdung.[98] Insbesondere die Übernahme des Oberbefehls über das Heer durch Hitler am 19. Dezember 1941 – also als Reaktion auf die ersten Rückschläge beim Angriff auf Moskau – ließen das Thema der Kriegsspitzengliederung unter den Offizieren des Heeres wieder virulent werden.[99]

Der Befehlshaber des Ersatzheeres und Chef Heeresrüstung war bisher dem ObdH direkt unterstellt gewesen. Das hätte unter der neuen Spitzengliederung bedeutet, dass Fromm Hitler unmittelbar hätte vortragen können. Sein alter Rivale, Generalfeldmarschall Keitel, wusste das dadurch zu verhindern, dass Fromm nunmehr dem Oberkommando der Wehrmacht, also Keitel, unterstellt wurde. Was formal eine Höherstellung schien (OKW statt OKH), war in Wirklichkeit

---

[92] Kroener, Die personellen Ressourcen, S. 741.
[93] Schönrade, General Joachim von Stülpnagel, S. 138, mit weiteren Nachweisen.
[94] Strohn, The German Army, S. 176.
[95] Kroener, Friedrich Fromm. Der starke Mann, S. 171.
[96] Kroener, Der starke Mann im Heimatkriegsgebiet, S. 352 f., 368.
[97] Ebd., S. 352; Müller, General Ludwig Beck. Studien und Dokumente, S. 109–112.
[98] Groß, Mythos und Wirklichkeit, S. 256.
[99] Für den operativen Zusammenhang siehe Klink, Heer und Kriegsmarine, S. 613 f.

eine Kaltstellung.[100] Das Beispiel lässt erkennen, zu welchen Widersprüchen, ja Widersinnigkeiten die verquere Spitzengliederung führen konnte.

Der in Kapitel III.3 beschriebene geschützte Kommunikationsraum des Offizierkorps funktionierte noch. Kritische Überlegungen wurden darüber hinaus in Kreisen angestellt, die keineswegs grundsätzlich oppositionell dem Regime und Hitler gegenüber eingestellt waren. Der damalige Major i.G. Ulrich de Maizière schildert, man habe diese Veränderung als »Systemwechsel« empfunden;[101] der Chef der Operationsabteilung im Generalstab des Heeres, Generalmajor Heusinger, machte das »immerwährende Misstrauen Hitlers gegen das Heer« für diesen Wechsel verantwortlich.[102] Selbst unter den zur ideologischen Stärkung des Heeres neu eingeführten Nationalsozialistischen Führungsoffizieren sah man die negativen Auswirkungen auf die Stimmung der Heeresoffiziere; Hitlers Festhalten am Oberbefehl müsse »als eine negative Beurteilung der heutigen Qualität der Führerschicht empfunden werden«.[103]

Für Oberst i.G. von Tresckow, den Ia der Heeresgruppe Mitte, war die fortschreitende Entmachtung des im Generalstab vereinten Sachverstandes ein wesentliches Motiv, notfalls mit Gewalt eine Änderung der Kriegsspitzengliederung zu erzwingen.[104] Am weitesten verbreitet war die Kritik an der Spitzenorganisation jedoch wohl in Berlin in Kreisen des Generalstabs des Heeres, wie unter anderem von Angehörigen der Verschwörung nach dem 20. Juli 1944 bestätigt wurde:

»Blumenthal sagt aus, dass in der Bendlerstraße ziemlich allgemein die Führung des Krieges und die Stellung der Wehrmacht im nationalsozialistischen Staat kritisiert worden sei [...] Bei allen Kritikern geht die Ansicht durch, dass die Stellung der Wehrmacht schon bei Beginn des Krieges nicht die gewesen sei, die sie hätte sein sollen. Oberleutnant von Haeften hat Blumenthal gegenüber mehrfach angeführt, dass man auf eine stärkere Einflussnahme des Generalstabes und des Offizierkorps auf die Wehrmacht hinwirken müsse [... Blumenthal:] Beispiel: Wir haben keinen Kriegsminister. Hierdurch werden für die gesamte Reichsverteidigung Schwierigkeiten ausgelöst [...] Schon Ende 1941 sei in den Dienststellen des OKH und des OKW die Tendenz spürbar gewesen, dass der Krieg ein schlechtes Ende nehme, wenn nicht gewisse Veränderungen in der Stellung der Wehrmacht und in der Führung des Krieges Platz greifen würden.«[105]

Eine solche Situation konnte dem Effizienzdenken der Generalstäbler nicht entsprechen. Der Major i.G. Stauffenberg von der Organisationsabteilung des Oberkommandos des Heeres konnte dem nur noch mit Sarkasmus begegnen; Vorträge über die Kriegsspitzengliederung leitete er mit der Bemerkung ein, »die Kriegsspitzengliederung der deutschen Wehrmacht sei noch blöder, als die be-

---

[100] [General der Kavallerie] Carl-Erik Köhler und [Generalmajor a.D.] Hellmuth Reinhardt, Der Chef der Heeresrüstung und Befehlshaber des Ersatzheeres im Rahmen des Oberkommandos des Heeres. Study P-041dd [1950], BArch, ZA 1/1932, fol. 140, 180 f.; Kroener, Der starke Mann im Heimatkriegsgebiet, S. 219.
[101] Maizière, In der Pflicht, S. 79.
[102] Meyer, Adolf Heusinger, S. 168.
[103] Förster, Geistige Kriegführung, S. 609.
[104] Mommsen, Die Stellung der Militäropposition, S. 122 f.; Aretin, Henning von Tresckow, S. 297.
[105] Spiegelbild einer Verschwörung, S. 334 f.

fähigsten Generalstabsoffiziere sie erfinden könnten, wenn sie den Auftrag bekämen, die unsinnigste Kriegsspitzengliederung zu erfinden«. Manchmal zeichnete er ein Wirrwarr von Kästchen und Linien auf die Tafel und fragte seine Zuhörer dann, ob sie meinten, mit einer solchen Spitzengliederung könne man den Krieg gewinnen.[106] Solche offenherzigen Bemerkungen erfolgten im Kreise von Offizieren, ohne dass davon je etwas dem vorwitzigen Major zum Nachteil gereicht hätte. Generaloberst Fromm ließ im August 1942 eine Denkschrift für Hitler erarbeiten, in der er eine Politik zur Kriegsbeendigung und bis dahin eine »arbeitsfähige Kriegsspitzengliederung« forderte.[107]

Viele Veränderungen an der Führungsspitze im Gesamtgefüge der Wehrmacht gingen zudem zulasten des Heeres.[108] Dass der für den personellen wie materiellen Ersatz der Wehrmacht zuständige Befehlshabers des Ersatzheeres und Chef Heeresrüstung, Fromm, wie dargestellt aus dem OKH herausgenommen und weitgehend dem OKW unterstellt wurde, beraubte das Heer des unmittelbaren Zugriffs auf seine wichtigsten Ressourcen.[109] Die Umorganisationen auf allen Ebenen waren zwar zunächst der krisenhaften Kriegslage geschuldet, hatten aber langfristige Konsequenzen: So »nutzten verschiedene Machtträger des Regimes die Gunst der Stunde, um unter dem Hinweis auf eine notwendige Konzentration aller Kräfte auf den Krieg ihr eigenes Gewicht im Spiel der Kräfte zu verstärken.« Dieser »administrative Darwinismus« resultierte in einem Erlass Hitlers vom 16. November 1942 über die Rechtsstellung der NSDAP, »in dem konsequent der Parteiapparat dem Staatsapparat übergeordnet wurde [...] Ähnlich wie im Frühjahr 1940 und im Dezember 1941 nutzte das Regime einen militärischen Schwächezustand geschickt zu einer weiteren Entmachtung der traditionellen Eliten.«[110]

Als endlich einige der Feldmarschälle im Herbst 1943 Hitler die Einsetzung zumindest eines Oberbefehlshabers Ost – analog zum »Oberost« des Ersten Weltkrieges – nahelegen wollten, verlief auch dieser zaghafte Vorstoß im Sande.[111] Generalfeldmarschall von Manstein, der wiederholt Hitler zu einem solchen Schritt gedrängt hatte, sah keine Möglichkeit, Druck auf den »Führer« auszuüben, geschweige denn, dass er sich an einer Gewaltaktion beteiligt hätte.[112]

---

[106] Hoffmann, Claus Schenk Graf von Stauffenberg und seine Brüder, S. 239.
[107] Kroener, Der starke Mann im Heimatkriegsgebiet, S. 458 f.
[108] Kershaw, Hitler 1936–1945, S. 94.
[109] Kroener, Der starke Mann im Heimatkriegsgebiet, S. 424 f.; Stumpf, Die Wehrmacht-Elite, S. 305; [General der Kavallerie] Carl-Erik Köhler und [Generalmajor a.D.] Hellmuth Reinhardt, Der Chef der Heeresrüstung und Befehlshaber des Ersatzheeres im Rahmen des Oberkommandos des Heeres. Study P-041dd [1950], BArch, ZA 1/1932, fol. 181.
[110] Beide Zitate aus Kroener, Menschenbewirtschaftung, S. 847.
[111] Meyer, Adolf Heusinger, S. 6 f., 227 f.; Gersdorff, Soldat im Untergang, S. 135. Nach seiner eigenen Darstellung nach dem Krieg hat Generaloberst Guderian im März 1943 versucht, Goebbels dazu zu bewegen, bei Hitler eine zweckmäßige Kriegsspitzengliederung zu erreichen, mit einem »Chef Wehrmachtgeneralstab« mit operativen Befähigungen – wofür Guderian zweifelsfrei sich selbst als den geeigneten Mann ansah; Guderian, Erinnerungen eines Soldaten, S. 266.
[112] Hoffmann, Claus Schenk Graf von Stauffenberg und seine Brüder, S. 264–266; Spiegelbild einer Verschwörung, S. 88 (28.7.1944); Mühleisen, Hellmuth Stieff, S. 348 f.; Generalmajor Freiherr von Gersdorff: Beitrag zur Geschichte des 20. Juli 1944, Oberursel,

IV. Das Militär im polykratischen System 85

Für Heusinger war die Aufteilung der militärischen Führung in OKH- und OKW-Kriegsschauplätze ein dauerndes Ärgernis, weil sie zu unnötigen Friktionen führte.[113] Als ihn dann Anfang Juni 1943 Tresckow in die Verschwörung gegen Hitler einweihte, die genau diesem Missstand abhelfen sollte, beteiligte sich Heusinger nicht, unternahm aber auch nichts gegen Tresckow.[114]

Ende August 1943 nutzte Generalmajor Stieff das Thema der Kriegsspitzengliederung für ein Anbahnungsgespräch mit dem Oberbefehlshaber der Heeresgruppe Mitte, Generalfeldmarschall Hans Günther von Kluge;[115] erneut ohne Erfolg – und ohne Konsequenzen für Stieff. Bei dem ersten konspirativen Zusammentreffen Becks mit dem von Hitler abgelösten Generalfeldmarschall von Witzleben ging es um das gleiche Thema, wie letzterer bei der Gestapo aussagte: »Unsere Unterhaltung ging so weit, dass wir Kritik an den militärischen Maßnahmen des Führers übten. Wir waren insbesondere darüber verärgert, dass nach unserer Auffassung so fähige Leute wie Brauchitsch, Halder, List und andere ausgeschaltet worden waren ... Wir verurteilten vor allen Dingen die Ausschaltung des Oberbefehlshabers des Heeres. Wir waren uns beide darüber einig, dass irgend etwas geschehen musste, um diese befähigten Leute wieder einzusetzen. In diesem Zusammenhang habe ich mich dahingehend geäußert, dass ich mich gern als Oberbefehlshaber des Heeres zur Verfügung stellen würde, wenn es soweit wäre.«[116]

Major i.G. Joachim Kuhn erwähnte gegenüber seinen sowjetischen Befragern im Herbst 1944 als Motiv für seinen Widerstand mit als erstes, dass er bis März 1944 in der Organisationsabteilung des Generalstabs des Heeres, und zwar zuerst (1942) unter der Leitung Stauffenbergs, für Fragen der Kriegsspitzengliederung zuständig gewesen sei.[117] Schon damals hatte Stauffenberg massiv auf Änderung gedrängt, die Beseitigung Hitlers gefordert und sich selbst dazu bereit erklärt.[118] Nach seiner schwerer Verwundung in Afrika im Oktober 1943 nutzte Stauffenberg erneut dieses Thema als Kernargument für ein Vorgehen gegen Hitler: »Die Fragen, ob sich durch den militärischen Ausnahmezustand eine Lage herbeiführen lasse [...] und wie die von militärischen Kreisen als zweckmäßig erachtete Einschränkung der unmittelbaren Führung des Krieges durch den Führer wirksam werden könne, haben in der Folgezeit Stauffenberg stark beschäftigt [...] Durch den Ausnahmezustand sollten alle Stellen, die sich in die

---

12.1.1946, IfZ, ED 88, S. 93–104, hier S. 94; Gersdorff, Soldat im Untergang, S. 135; Meyer, Adolf Heusinger, S. 6.

[113] Meyer, Adolf Heusinger, S. 224; Stumpf, Die Luftwaffe als drittes Heer, S. 858; Kroener, Menschenbewirtschaftung, S. 998; Gersdorff, Soldat im Untergang, S. 95.

[114] Meyer, Adolf Heusinger, S. 273, 277.

[115] Spiegelbild einer Verschwörung, S. 88 (28.7.1944); Mühleisen, Hellmuth Stieff, S. 348 f. Kluge sprach das Thema von sich aus Admiral Canaris gegenüber an, als dieser sich 1943 in Smolensk aufhielt: Spiegelbild einer Verschwörung, S. 424.

[116] Spiegelbild einer Verschwörung, S. 42 f. (24.7.1944); IMT, Bd 33, Dok. 3881-PS, S. 352.

[117] Hoffmann, Tresckow und Stauffenberg, S. 9; Eigenhändige Aussagen des Kriegsgefangenen der deutschen Wehrmacht Major Joachim Kuhn vom 2.9.1944, S. 5, abgedr. in: Hoffmann, Stauffenbergs Freund, S. 186–210, hier S. 189; ebenso Chavkin/Kalganov, Neue Quellen, S. 377.

[118] Hoffmann, Claus Schenk Graf von Stauffenberg und seine Brüder, S. 253 f.

Kriegsführung eingeschaltet hätten, durch die hierfür eigentlich zuständigen militärischen Stellen ersetzt werden.«[119]

Fast wortgleich stellte Hauptmann Ludwig Gehre von der »Abwehr« bei der Gestapo das Ziel der Verschwörer als systemimmanente Alternativpolitik zur Steigerung der Kriegsfähigkeit dar:

»Es wird darauf ankommen, dass man alle diejenigen Stellen, die sich in die Kriegführung eingeschaltet haben, durch die hierfür eigentlich zuständigen militärischen Stellen ersetzt. Das Mittel hierfür war der militärische Ausnahmezustand.«[120]

Es sollte jetzt offenkundig nicht mehr nur darum gehen, die Führung der militärischen Operationen an der Ostfront auf eine neue Basis zu stellen, sondern alle anderen Aspekte der Gesamtkriegführung der Partei – und damit der Politik – zu entziehen und in militärische Hände zu legen; die Militäropposition griff hier Vorstellungen auf, die spürbar vom Denken Seeckts herrührten. Ende 1943 formulierte Stauffenberg diesen Gedanken dann noch klarer, als er seinen Regimentskameraden Major Ludwig Freiherr von Leonrod für den Umsturz rekrutierte: »Leonrod war im Bilde, dass die Regierung beseitigt werden und die Wehrmacht die vollziehende Gewalt übernehmen sollte.«[121]

Das Reiterregiment 17 war ein Stauffenberg vertrauter Diskursraum;[122] anderen gegenüber äußerte er sich zwar drastisch, hinsichtlich seiner Ziele aber zurückhaltender. Dem Rittmeister Friedrich Scholz-Babisch gegenüber sprach Stauffenberg im Dezember 1943 nur von einer »Vereinheitlichung der militärischen Führung« – dazu war Scholz-Babisch bereit.[123] Seinen Kameraden von der Kriegsakademie, Oberst i.G. Eberhard Finckh, sprach Stauffenberg am 23. Juni 1944 an:

»[Er nahm ihn] plötzlich beiseite und entwickelte ihm, ohne ihm irgendeine Schweigepflicht aufzuerlegen, in aller Schärfe seine Absichten [!] von der militärischen Lage. Er schloss folgendermaßen: ›Wir haben ja keine richtigen Marschälle mehr. Alle haben die Hosen voll und widersprechen nicht dem Führer, wenn er etwas befiehlt. Sie bringen ihre Ansichten über den Ernst der Lage nicht genügend zur Geltung.‹«[124]

Die Vernehmungsbeamten, mit den militärischen Gepflogenheiten wenig vertraut, berichteten an Hitler: »Es scheint in der Bendlerstraße üblich gewesen zu sein, dass in dieser Hinsicht fortgesetzt über alle dienstlichen Erfordernisse und über alle gebotene Vorsicht hinausgegangen worden ist.«[125]

Auffallen muss, dass diese Einsichten vor allem bei den jüngeren Spitzenoffizieren, den Oberstleutnanten, Obersten und frisch beförderten Generalmajoren,

---

[119] Spiegelbild einer Verschwörung, S. 335 (1.9.1944); siehe auch S. 291–294 (23.8.1944, Anlage 1). Stauffenberg hatte jedoch bereits zu seiner Zeit in der Organisationsabteilung im Generalstab des Heeres Kameraden gefragt: »Wie kann es bei dieser Führung weitergehen und wie soll das enden?« Bericht Dietz Freiherr von Thüngen über Stauffenberg, 25.1.1946, IfZ, ED 88-2, S. 352–357, hier S. 353.
[120] Spiegelbild einer Verschwörung, S. 527 (15.12.1944).
[121] Ebd., S. 54 (26.7.1944).
[122] Siehe etwa auch Loeben, Graf Marogna-Redwitz; Sauerbruch, Bericht.
[123] Spiegelbild einer Verschwörung, S. 312 (29.8.1944).
[124] Ebd., S. 313 (29.8.1944).
[125] Ebd., S. 49 (25.7.1944); siehe auch S. 291–294 (23.8.1944, Anlage 1).

gegriffen zu haben scheinen. Der Satz »Aufs Ganze gesehen, konnte von einer fachlichen Opposition gegen den Diktator keine Rede sein«,[126] hat für die Generalität, vor allem die höhere Generalität der Wehrmacht, vielleicht seine Berechtigung, für die darunter nachwachsende Generation aber nur bedingt.[127]

3. Dilettantismus: Hitler als Feldherr

Für die Verschwörer wie für viele andere sachlich-nüchtern denkende Offiziere und auch Zivilisten war eine angemessene Spitzengliederung die Voraussetzung für eine sachgerechte Führung des Krieges. Spätestens seit König Wilhelm I. 1866 seinem Generalstabschef das Recht erteilt hatte, im Auftrag des Monarchen Befehle zu erteilen, hatte de facto eine Trennung zwischen Staats- und Militärführung bestanden.[128] Mit der Übernahme des Oberbefehls über das Heer hatte Hitler diese wieder aufgehoben, sich selbst in die Tradition des *roi connétable* gestellt, damit aber wesentliche Modernisierungsschübe der deutschen Militärgeschichte wieder rückgängig gemacht.[129] Der Prozess hatte schon vor Kriegsbeginn seinen Anfang genommen, und die »zunehmende Entprofessionalisierung des Regierungssystems« war etwas, was das Militär mit anderen Bereichen der nationalsozialistischen Gesellschaft gemein hatte.

Der moderne, technisierte Massenkrieg forderte mehr als ein »Führen von vorne«, das Hitler bei Offizieren wie Rommel so bewunderte.[130] In der Verurteilung des angeblichen Prinzips, »nur reine Intellektuellakrobaten und -athleten, Geistesathleten heranzuzüchten«, oder der Forderung, »man muss tapfere kühne Leute nehmen, die auch [ihr Leben einzusetzen] bereit sind, wie jeder Soldat sein Leben einsetzt«,[131] werden die rückwärtsgewandten Tendenzen in Hitlers Kriegsbild deutlich. Sein Satz »Das bisschen Operationsführung kann jeder machen«[132] lässt seine groteske Fehleinschätzung der zur Führung moderner Massenheere geforderten Qualifikationen erkennen.

Ohne die Kompetenz der im Generalstab zusammengefassten Fachmilitärs mit ihren verschiedenen Spezialaufgaben konnte nicht mehr als eine dilettantische Kriegführung erwartet werden. Schon 1938 hatte sich hinter der Frage der Spitzengliederung das Problem eines verantworteten Umgangs mit Krieg und

---

[126] Hürter, Konservative Akteure, S. 56.
[127] Heinemann, Les officiers de la résistance militaire allemande.
[128] Groß, Mythos und Wirklichkeit, S. 46 f.
[129] Hürter/Uhl, Hitler in Vinnica, S. 598. Auch dieser Abschnitt entwickelt Überlegungen weiter, die bereits in Heinemann, Der militärische Widerstand und der Krieg, Abschnitt II, angelegt waren.
[130] Zu Rommel siehe neuerdings Lieb, Erwin Rommel; nach wie vor heranzuziehen Stumpf, Erwin Rommel und der Widerstand. Die Biographie Irving, Rommel, ist tendenziös und teilweise verfälschend, in ihrem Quellenreichtum jedoch weiterhin unübertroffen; siehe Detailkritik in Dowe/Hecht, Von Mythen, Legenden und Manipulationen.
[131] Hitler in der Lagebesprechung am 1.2.1943, Hitlers Lagebesprechungen, S. 128. Siehe auch Absolon, Das Offizierkorps des Deutschen Heeres, S. 255 f.
[132] Halder, Hitler als Feldherr, S. 45, zit. nach Groß, Mythos und Wirklichkeit, S. 258.

Frieden verborgen; durch den Kriegsverlauf hatte sich diese Frage bis 1944 nur noch verschärft.

Während der Zeit der großen Siege durchschauten wenige, wie viel Hitler vor allem bei dem Sieg über Frankreich dem Glück, dem Können einiger der ansonsten verachteten Generalstäbler (wie etwa Manstein) und vor allem einigen sehr traditionellen preußisch-deutschen Führungsgrundsätzen verdankte.[133] Einer dieser wenigen war Henning von Tresckow, der 1940 und erneut im Sommer 1941 den »militärischen Wahnsinn« der deutschen Führung anprangerte.[134]

In Kreisen des Offizierkorps, vor allem der Generalstabsoffiziere, blieb das keineswegs unbemerkt. Der ohnehin kritisch eingestellte Stieff schrieb bereits im August 1941 seiner Frau: »Dieser blutige Dilettantismus, der von solchen glorreichen Vertretern wie Keitel und Jodl auch noch unterstützt wird, kann uns, weiß Gott, diesen Krieg kosten.«[135] (Es ist dabei vielleicht bezeichnend für die Denkweise der Nachkriegszeit, dass in der 1954 in den »Vierteljahrsheften für Zeitgeschichte« erschienenen und von niemand geringerem als Hans Rothfels selbst besorgten Auswahl dieser Passus lediglich in einer Fußnote erwähnt wird.[136]) Das war eine Reaktion auf Hitlers operative Fehlentscheidung, den deutschen Vorstoß in die Sowjetunion aufzusplittern[137] – ein klarer Verstoß gegen den Führungsgrundsatz, den die von Beck und Carl-Heinrich von Stülpnagel seinerzeit verfasste »H.Dv. 300 Truppenführung (T.F.)« vom Oktober 1933 so formulierte: »Zur Entscheidung kann man nie stark genug sein. Gegen diese Grundregel handelt, wer überall sichergehen will oder Kräfte in Nebenaufgaben bindet.«[138] Der Rücktritt von Becks Nachfolger als Chef des Generalstabes, Generaloberst Halder, der noch 1938 und 1939 als eine der Triebkräfte des Widerstands gewirkt hatte, war ein weiterer Schritt hin zu dieser »Entprofessionalisierung«.[139]

Entsprechend waren die Demarchen bei den Generalen (Manstein, Kluge) neben der chaotischen Spitzengliederung vor allem auf Hitlers dilettantische Kriegführung abgestellt.[140] Es ging also nicht mehr nur um Strukturen, sondern eindeutig um die Person des »Führers« selbst.

Im September 1942 hielt sich Hitler im Führerhauptquartier in Vinniza in der Ukraine auf und musste dort das Scheitern des Angriffs auf den Kaukasus (»Unternehmen Blau«) zur Kenntnis nehmen. Er machte dafür die Generalstabsoffiziere des Heeres verantwortlich und ersetzte daher den Chef des Generalstabes, Generaloberst Halder, recht überraschend durch den Generalmajor Kurt Zeitzler, den er bei dieser Gelegenheit unter Überspringen des Dienstgrads Generalleutnant unmittelbar zum General der Infanterie beförderte.[141] Mehr noch, Hitler entließ

---

[133] Frieser, Blitzkrieg-Legende, S. 409–435; siehe auch Hürter, Konservative Akteure, S. 55.
[134] Mühleisen, Patrioten im Widerstand, S. 449.
[135] Stieff, Briefe, S. 123 (Nr. 69, 23.8.1941).
[136] Stieff, Ausgewählte Briefe, S. 301; siehe auch Fest, Staatsstreich, S. 184 und Anm. 18.
[137] Gersdorff, Soldat im Untergang, S. 95; Klink, Heer und Kriegsmarine, S. 486–507.
[138] H.Dv. 300: Truppenführung, Ziffer 28.
[139] Kroener, Menschenbewirtschaftung, S. 825.
[140] Zu Kluge: Thun-Hohenstein, Generalfeldmarschall Kluge, S. 46; Hoffmann, Widerstand – Staatsstreich – Attentat, S. 343; tendenziell anders dagegen Steinbach, Hans Günther von Kluge, S. 309 f. – Zu Manstein Gersdorff, Soldat im Untergang, S. 135; sowie neuerdings Ueberschär, Die Auswirkungen, S. 128–130.
[141] Wegner, Der Krieg gegen die Sowjetunion 1942/43, S. 960.

IV. Das Militär im polykratischen System

auch den Oberbefehlshaber, Generalfeldmarschall Wilhelm List, und unterstellte sich die Heeresgruppe A unmittelbar (bis Ende November 1942). Er bestand darauf, dass seine Willensäußerungen bis hinunter auf die taktische Ebene als unmittelbar geltende Befehle anzusehen seien. Sein Misstrauen in die Generalität wurde darin offenbar, dass er ab sofort alle Lagebesprechungen mitstenografieren ließ.[142] Zeitzler versuchte Hitler zu einer beweglichen Kampfführung zu veranlassen, die Kräfte schonen würde. Aber auch er musste resigniert feststellen: »Er war nicht von seinem starren, sturen Festhalten jeden Fußbreit Bodens abzubringen«[143] – zu sehr hing Hitler an seinen Vorstellungen aus den Jahren 1914–1918. Der Chef der Operationsabteilung, Heusinger, wiederum

»nannte es Anfang März 1943 einen ›Treppenwitz der Weltgeschichte‹, dass sich ›der verantwortliche Staatsmann der Achse [...] um den Einsatz von Kompanien oder um die Verteilung von fünf Panzern kümmert, und alles andere laufen lässt, wie es will‹.«[144]

Aber nicht nur Generalfeldmarschälle, sondern ebenso jüngere Offiziere im Generalstab sprachen von einem »Systemwechsel«:

»Hitler bevorzugte junge, harte, dynamische Berater. Der Typ des intellektuellen, abwägenden, auch die unbequemen Realitäten in Rechnung stellenden ›Stäblers‹ lag ihm weniger. Optimismus, Vertrauen und Glauben erhielten Priorität gegenüber nüchternem Sachverstand.«[145]

Der Mitverschwörer Major i.G. Kuhn sagte Ende 1944 in sowjetischer Kriegsgefangenschaft aus: »Die tägliche Arbeit wies bereits im Jahre 1942 auf die zahlreichen Fehler der obersten Führung in operativer und organisatorischer Hinsicht hin.«[146] Als Stauffenberg seinen verwundeten Regimentskameraden Peter Sauerbruch in München im Lazarett besuchte, fragte er ihn rundheraus, warum er »über die sinnlosen Aushaltebefehle so betroffen sei. Ich hätte doch im Hauptquartier ausreichend genug Gelegenheit gehabt, den Führungsstil zu beobachten, um die Katastrophe von Stalingrad voraussehen zu können.«[147]

Anfang Juli 1943 besuchte Kuhn seinerseits den verwundeten Stauffenberg in München im Lazarett, bei dem das Gespräch schnell auf Hitlers militärische Fehler kam.

»Es muss ein Zustand herbeigeführt werden, der die Voraussetzung für schnellstmöglichen Abschluss eines Friedens darstellt. Das ist zu erreichen nur durch die Beseitigung der Person des Führers.«[148]

Rudolf-Christoph Freiherr von Gersdorff, ab April 1941 und zuletzt als Oberst i.G. im Stab der Heeresgruppe Mitte an der Ostfront, weiß in seinen Memoiren zu berichten, wie Hitler entgegen dem Rat des Generalfeldmarschalls Hans Günther von Kluge einen Angriff der 2. Panzerarmee befahl, der »mit schweren Verlusten

---

[142] Hürter/Uhl, Hitler in Vinnica, S. 597; Wegner, Der Krieg gegen die Sowjetunion 1942/43, S. 1099 f.
[143] Meyer, Adolf Heusinger, S. 230.
[144] Ebd., S. 224; siehe auch die Kommentare des Generaloberten Gotthard von Heinrici in seinem Tagebuch vom 23.1.1943, in: Heinrici, Notizen aus dem Vernichtungskrieg, S. 204 f.
[145] Maizière, In der Pflicht, S. 79.
[146] Hoffmann, Tresckow und Stauffenberg, S. 9 (Aussage Kuhn).
[147] Sauerbruch, Bericht, S. 269.
[148] Zit. nach Hoffmann, Stauffenbergs Freund, S. 32 f.

an Menschen und Material« liegenblieb und »den sinnlosen Tod deutscher Soldaten verursacht[e]«.[149] Die Fokussierung auf das operative Denken führte zu einer ganz den Denkschemata des Ersten Weltkrieges verhafteten Missachtung der »Etappe«, die wiederum in so weitgehenden personellen Auskämmaktionen mündete, dass die Truppe bei Rückzugsbewegungen ihr eigenes schweres Gerät nicht mehr rechtzeitig abtransportieren konnte.[150]

Aber nicht nur unter professionellen Militärs sah man die Folgen von Hitlers fehlender Fachkompetenz. Sogar Universitätsstudenten erkannten, dass Hitlers militärische Führung spätestens mit Stalingrad in die Katastrophe geführt hatte. Das letzte Flugblatt der Münchener Studenten, die sich unter dem Namen »Weiße Rose« zusammengefunden hatten, begann mit der sarkastischen Feststellung:

»Kommilitoninnen! Kommilitonen! Erschüttert steht unser Volk vor dem Untergang der Männer von Stalingrad. Dreihundertdreißigtausend deutsche Männer hat die geniale Strategie des Weltkriegsgefreiten sinn- und verantwortungslos in Tod und Verderben gehetzt. Führer, wir danken dir!«[151]

»Dilettantismus« war aber nicht nur ein Problem an der Spitze des Reiches; er setzte sich auf den unteren Führungsebenen fort. Den am Widerstand völlig unbeteiligten Oberstleutnant i.G. Ulrich de Maizière schickte der Generalstab des Heeres im Februar 1943 zur »Leibstandarte-SS Adolf Hitler«, um die Führungsleistung des SS-Gruppenführers Sepp Dietrich und seines Stabes zu begutachten. Entsetzt stellte er fest:

»Dass durch hochmütige Vernachlässigung solider Ausbildung und Tollkühnheit tapfere und ideologisch verführte junge Männer sinnlos geopfert wurden, das schien den Führern dieser Waffen-SS-Division kaum bewusst zu werden. Der Glaube an den Führer war ihnen wichtiger als professionelles Können.«[152]

Den Luftwaffenfelddivisionen hatte Göring aus seiner ideologischen Abneigung gegen das »reaktionäre« Heer heraus von vornherein zur Aufgabe gemacht, solide Ausbildung durch ideologische Linientreue zu ersetzen: »geradezu revolutionäre, im Gegensatz zu jeder Vorschrift stehende Methoden für Ausbildung und Kampfeinsatz«,[153] was wie bei der Waffen-SS in unvertretbar hohen Verlusten resultierte. Die Reaktion im Generalstab war entsprechend:

»Die Gleichstellung des in jahrelanger Schulung fachlich vorgebildeten militärischen Führerkorps mit einem insoweit vielfach geringer, teilweise überhaupt nicht qualifizierten fremden Führerkorps [...] ist eine schwer zumutbare Belastung.«[154]

Hitlers Tendenz, sich in operative und taktische Details einzuschalten, entfremdete ihm viele militärische Führer. Das erlaubte es etwa Gersdorff, seinen Oberbefehlshaber Generalfeldmarschall von Kluge, der im Dezember 1941 dem abgelösten Fedor von Bock nachgefolgt war,[155] zumindest vorübergehend für ein

---

[149] Gersdorff, Soldat im Untergang, S. 81, 123.
[150] Kroener, »Frontochsen« und »Etappenbullen«, S. 377.
[151] Scholl, Die Weiße Rose, S. 108. Zu den militärischen Prägungen der Gruppe jetzt auch die in dem Bändchen Die Weiße Rose zusammengefassten Beiträge.
[152] Maizière, In der Pflicht, S. 77 f.
[153] Stumpf, Luftwaffe als drittes Heer, S. 881; siehe auch ebd., S. 879.
[154] Notiz bei einer Besprechung im OKH vom 25.6.1942, zit. in Spiegelbild einer Verschwörung, S. 528 (15.12.1944).
[155] Mühleisen, Patrioten im Widerstand, S. 430; Mühleisen, Fedor von Bock, S. 74.

IV. Das Militär im polykratischen System 91

Handeln gegen Hitler zu gewinnen, so Gersdorffs eigene, nicht ganz unbezweifelbare Darstellung.[156] Bei Generalquartiermeister Generalmajor Eduard Wagner führte die Aufsplitterung der deutschen Sommeroffensive 1942 zu größeren Zweifeln,[157] und Ähnliches galt für Stieff: »wenn jemand größenwahnsinnig wird und auf keinen Rat mehr hört, dann muss er eben verdorben werden.«[158] Die Militärs im Reichsgebiet sahen das ähnlich: In seiner Notiz über ein Gespräch mit dem Admiral Canaris vom März 1942 vermerkte Fromm als Meinung seines Gesprächspartners: »Niemand erwäge den Führer wahrheitsgemäß zu unterrichten. In der Wehrmachtführung sei ein Dilettantismus schlimmster Art eingetreten.«[159]

Der bis dahin hitlergläubige Feldmarschall Rommel musste während der Abwehrschlacht um El Alamein erfahren, wie Hitler in die operative Führung seiner Panzerarmee Afrika eingriff und ihm den rechtzeitigen Rückzug zu verwehren suchte. Später übte er bittere Kritik an Göring, dem er einen »militärischen Opiumrausch« unterstellte (angesichts von Görings Drogenabhängigkeit eine besonders scharfe Formulierung). Aber Rommel dehnte seine Kritik auf den bis dahin unangreifbaren »Führer« aus: «Mir wurde es klar, dass Adolf Hitler die wahren Verhältnisse nicht sehen wollte und sich gefühlsmäßig gegen das wehrte, was sein Verstand ihm sagen musste.«[160] »Kriegführung dilettantisch« äußerte er im Sommer 1944 in Frankreich gegenüber seinem Vertrauten, Vizeadmiral Friedrich Ruge;[161] der Leiter der Abteilung »Fremde Heere West« im Oberkommando des Heeres, Oberst i.G. Alexis Freiherr von Roenne, führte »das fast mühelose Gelingen der Invasion« auf Hitlers Führungsfehler zurück.[162]

Folgerichtig sollte auch dieser Topos in den ersten Verlautbarungen nach dem Umsturz an vorderster Stelle genannt werden. In Goerdelers Entwurf eines Aufrufs an das deutsche Volk hieß es:

»Deutsche! Ungeheuerliches hat sich in den letzten Jahren vor unseren Augen abgespielt. Hitler hat ganze Armeen gewissenlos wider den Rat der Sachverständigen seiner Ruhmsucht, seinem Machtdünkel, seiner gotteslästerlichen Wahnidee geopfert. Mit tödlicher Sicherheit musste [...] sein angemaßtes Feldherrntum unsere tapferen Söhne, Väter, Männer und Brüder ins Verderben führen.«[163]

Noch schärfer waren die Formulierungen in dem geplanten »Aufruf an die Wehrmacht«:

»Ein Weiteres noch droht Euch um den Erfolg Eurer Siege zu bringen, die Ihr unter Führung geschulter und erfahrener Männer erfochten habt: Das ›Feldherrngenie‹ Hitlers, das er in wahnwitziger Verblendung sich selbst angemaßt hat und das ihm von Speichelleckern aufs Widerlichste angehimmelt

---

[156] Gersdorff, Soldat im Untergang, S. 123.
[157] Wagner, Der Generalquartiermeister, S. 219–221; Peter, General der Artillerie Eduard Wagner, S. 206; Heinemann, Wagner.
[158] Mühleisen, Hellmuth Stieff, S. 344; dort auch das Zitat.
[159] Zit. nach Kroener, Der starke Mann im Heimatkriegsgebiet, S. 437.
[160] Remy, Mythos Rommel, S. 170; siehe auch Stumpf, Der Krieg im Mittelmeerraum, S. 709; und Stumpf, Erwin Rommel und der Widerstand.
[161] IfZ, ED 100/188 (Depositum Irving), Abschrift Tagebuch Ruge.
[162] Pahl, Motive und Ziele, S. 41.
[163] Spiegelbild einer Verschwörung, S. 139 f. (4.8.1944).

worden ist. Wer einen Stiefel besohlen will, muss es gelernt haben. Wer ein Millionenheer führen will, muss die Fähigkeit dazu auf den verschiedenen Stufenleitern harten militärischen Dienstes erlernt und bewiesen haben [...] Hunderttausende braver Soldaten büßten für Vermessenheit und Eitelkeit eines einzelnen mit Leben, Gesundheit oder Verlust der Freiheit.«[164]

Beck als designiertes Staatsoberhaupt zog noch am Abend des 20. Juli 1944 erste operative Konsequenzen: Der Heeresgruppe Nord, die durch einen sinnlosen Haltebefehl Hitlers in Kurland abgeschnitten zu werden drohte, befahl er die sofortige Rücknahme – ein Befehl, der angesichts der sich überstürzenden Ereignisse folgenlos blieb, der jedoch, wäre er konsequent umgesetzt worden, tausenden deutschen Soldaten Tod, Verwundung oder Kriegsgefangenschaft erspart hätte. Die Heeresgruppe vermerkte den Anruf sehr wohl im Kriegstagebuch, versah ihn dann aber später mit der Bemerkung, man habe ihn für das Wirken eines feindlichen Agenten gehalten[165]. Wie sehr sich die Kriegführung des Dritten Reiches von Erwägungen der Zweckmäßigkeit und Sachlichkeit entfernt hatte, zeigte den verbliebenen Offizieren im Generalstab des Heeres am nächsten Morgen ihr neu ernannter Chef auf. Generaloberst Heinz Guderian diffamierte die vielfach skeptische Beurteilung der Ostlage als »Defaitismus und Schwarzseherei«, drohte mit Festnahme und Erschießung und verurteilte die bisherige Arbeit des Generalstabes als »eine einzige Verneinung«[166].

Neben die Absicht professioneller Militärs, den Krieg optimal zu führen, trat immer stärker das moralische Argument, dass das sinnlose Verheizen »hunderttausender braver Soldaten«[167] »ein großes Verbrechen gegen das eigene Volk«[168] sei. Hitlers sinnlose Haltebefehle kosteten unnötige Verluste und trugen das Ihre dazu bei, dass die Wehrmacht diesen Krieg nicht mehr allzu lange würde durchstehen können (siehe Kapitel VI.1). »Für Männer wie Tresckow und Stauffenberg stand die Erhaltung der Armee [...] im Mittelpunkt ihrer Erwägungen.«[169] Das ist nicht der Versuch, einen bereits verlorenen Krieg doch noch zu gewinnen; es geht um Offiziere, denen das Überleben der ihnen anvertrauten Soldaten nicht gleichgültig ist. Zugleich aber war die »Erhaltung der Armee« deshalb von zentraler Bedeutung, weil ihre Rolle mit einem wie auch immer gearteten Kriegsende noch nicht vorbei sein sollte.

Die Forschung hat Hitlers Feldherrnkompetenzen im Laufe der Jahrzehnte unterschiedlich bewertet. Neben jene, die ihm ebenfalls Dilettantismus vorwerfen,[170] sind in letzter Zeit Stimmen getreten, die das bestreiten: »In der Politik und der

---

[164] Spiegelbild einer Verschwörung, S. 200; siehe auch Mommsen, Stellung der Militäropposition, S. 125.
[165] Anruf Oberst Graf Stauffenberg an Chef [HGr Nord, GM Kinzel], Nr. 541, BArch, RH 19 III/20, fol. 178; Anruf Chef an Ia/OpAbt [GenStdH], Nr. 542, BArch, RH 19 III/20, fol. 179. Siehe auch Mühleisen, Hellmuth Stieff, S. 366; Müller, Generaloberst Ludwig Beck. Eine Biographie, S. 523 f.
[166] Mühleisen, Hellmuth Stieff, S. 369; Meyer, Generaloberst Guderian, S. 15.
[167] So beispielsweise General der Infanterie Friedrich Olbricht: Page, General Friedrich Olbricht, S. 181.
[168] Wette, Zwischen Untergangspathos und Überlebenswillen, S. 13.
[169] Mommsen, Stellung der Militäropposition, S. 125.
[170] Siehe etwa Frieser, Blitzkrieg-Legende, S. 434, 437.

Kriegführung verfügte Adolf Hitler keineswegs nur über ›Halbwissen‹, sondern über breite und mit großer Strebsamkeit erworbene Grundkenntnisse.«[171]

Für unsere Zwecke ist diese Diskussion nicht relevant. Unabhängig davon, wie die Forschung heute Hitlers Fähigkeiten bewertet, bleibt der Befund bestehen, dass die Soldaten in der Militäropposition (ebenso viele andere Soldaten), und zwar nicht nur ein elitärer Zirkel von Generalstabsoffizieren, Hitlers Führung als dilettantisch wahrgenommen haben. Dies ist einer ihrer Antriebe gewesen: gegen den vorzugehen, den sie als den Verderber Deutschlands ansahen.

Es war offenkundig, dass mit Hitler und seiner Umgebung die Alliierten nie Frieden schließen würden. Weder eine Fortführung des Krieges noch seine Beendigung waren mit der vorhandenen Spitzengliederung und mit Hitler als Feldherrn möglich oder moralisch verantwortbar: Ihre Änderung – und das hieß: ihre gewaltsame Änderung – wurde damit für klarsehende Offiziere im Widerstand zum moralischen Imperativ.

Damit gewann das auf den ersten Blick so »harmlose«, für Kasinogespräche durchaus brauchbare Thema einer Veränderung der Spitzenorganisation letztlich seine Brisanz. Wurden die zunächst unverfänglichen Plaudereien unter Generalstabsoffizieren bis in ihre letzte Konsequenz weitergedacht, so führten sie mit fortschreitender Dauer zwingend dazu, das bestehende Regime zu beseitigen.[172] Stauffenberg war niemand, der seinen Gesprächspartnern die logische Schlussfolgerung solcher Gedanken ersparte.

4. Elitenmanipulation: Hitlers Eingriff in die Personalpolitik des Heeres

»Erhaltung der Armee« war nicht nur zahlenmäßig zu verstehen. Es ging ebenso um den Fortbestand jenes sozialen Gefüges, das den in der Reichswehr sozialisierten Offizieren konservativen Zuschnitts Heimat geboten hatte und das durch die nationalsozialistische Militärpolitik zunehmend gefährdet schien. Denn: »Dem Ideal der Volksgemeinschaft entsprach auf militärischem Gebiet das Volksheer.«[173] Die nationalsozialistischen Veränderungsbestrebungen am inneren Gefüge des Heeres drohten die gewohnten Bindungen und den geschützten Kommunikationsraum zu erodieren. Die traditionell geprägten Militärs lehnten die sozialrevolutionären Elemente nationalsozialistischer Politik fast einhellig ab, wenn auch im Rahmen einer »Teilidentität der Ziele« die »pöbelhaften« Erscheinungen als vorübergehend hingenommen wurden.[174] Dass sich manche Offiziere frühzeitig auf das nationalsozialistische Gedankengut eingelassen und sich nur noch als eine Funktionselite verstanden hatten, veranlasste einen Mann wie Heusinger später zu der Feststellung, es habe bereits ab 1933 kein »einheitlich geschlossenes

---

[171] Pöhlmann, Der Panzer, S. 486, unter Berufung auf Haffner, Anmerkungen zu Hitler, S. 31–56, und Pyta, Hitler, S. 25, 585. Die Frage, worin genau »Halbwissen« und »Grundkenntnisse« sich unterscheiden, bleibt dabei allerdings offen.
[172] Der Widerstand gegen den Nationalsozialismus (1985), Einleitung, S. XXV.
[173] Förster, Vom Führerheer der Republik, S. 313.
[174] Klausa, Zu wenig und zu spät?, S. 536.

Offizierkorps im alten Sinne« mehr gegeben.[175] Die Technisierung des Krieges zwischen 1914 und 1918 hatte frühere Gesetzmäßigkeiten bereits aufgebrochen; so hatte beispielsweise die Bedeutung der Artillerie erheblich zugenommen, und ein als »modern« geltender, dem Nationalsozialismus gegenüber aufgeschlossener Offizier wie etwa Reichenau kam bezeichnenderweise aus dieser Waffengattung, hatte aber – wie übrigens auch Generaloberst Guderian – Vorerfahrungen in der Nachrichtentruppe, also der führenden Technologie der Zeit.[176]

Hinzu kam die zahlenmäßige Ausweitung des Offizierkorps im Zuge der Aufrüstung nach 1935; allein das in diesem Jahr gesetzte Ziel, ein Friedensheer von (vorerst) 36 Divisionen aufzustellen, erforderte eine Verfünffachung der vorhandenen knapp 4000 Offiziere.[177] Eine weitere Heeresvermehrung lehnte der Chef des Heerespersonalamtes, Generalleutnant Viktor von Schwedler, mit der Begründung ab, dass

»die innere Struktur des Offizierkorps durch die gezwungenermaßen notwendige Hereinnahme von inaktiven Offizieren, von Unteroffizieren, von nur kurz und dadurch schlecht vorgebildeten jungen Offizieren eine solche Verwässerung [bereits jetzt (1935) erfahren habe], dass von einem ›Offizierkorps‹ im wahren Sinne erst wieder gesprochen [werden könnte, wenn es gelänge] wenigstens 1 Jahr dem Heer und damit den Kommandeuren Zeit zu innerem Aufbau und Zusammenschweißen zu geben.«[178]

Die Wehrmacht rekrutierte ihren Offiziernachwuchs jetzt auch aus Schichten, die bis dahin kaum als offizierfähig angesehen worden waren. Das ergab sich nicht nur aus dem raschen Aufbau und dem damit erhöhten Personalbedarf, es entsprach schlicht der nationalsozialistischen Ideologie:

»das Attraktive des neuen politischen Programms lag für Millionen Deutsche in dem nach innen gerichteten völkischen Gleichheitsversprechen [...] Programmatisch verband die Nazi-Bewegung die soziale mit der nationalen Homogenisierung. Demnach durfte ein sogenannter Arier bald nach 1933 keine Beziehung mehr mit einer sogenannten Jüdin eingehen, aber erstmals in der deutschen Geschichte konnte ein Offizier ein Mädchen aus einer Arbeiterfamilie heiraten.«[179]

Die soziale Öffnung hin zur militärischen »Volksgemeinschaft« wurde auch von höheren Offizieren der Wehrmacht offensiv vorangetrieben:

---

[175] Zitat nach Meyer, Adolf Heusinger, S. 169; siehe auch Geyer, Professionals and Junkers, S. 83; Heinemann, Vom Verlust gemeinsamer Wertmaßstäbe und Verhaltensweise, S. 105.
[176] Simms, Walther von Reichenau, S. 425; Meyer, Generaloberst Guderian, S. 2; Macksey, Generaloberst Heinz Guderian, S. 80. Allerdings entstammten auch Keitel, Jodl und Warlimont einerseits sowie Beck und Fromm andererseits der Artillerie.
[177] Absolon, Das Offizierkorps des Deutschen Heeres, S. 247; Förster, Vom Führerheer der Republik, S. 315.
[178] Chef des HPA, Nr. 450/35, gKdos. PA (1), 15.6.1935, BArch, RH 12/1019, fol. 85–88, zit. nach Kroener, Der starke Mann im Heimatkriegsgebiet, S. 239. Siehe hierzu auch Müller, Generaloberst Ludwig Beck. Eine Biographie, S. 210.
[179] Zit. nach Götz Aly, Hitlers Volksstaat. Anmerkungen zum Klassencharakter des Nationalsozialismus. Wem kam zugute, was Himmler den »Sozialismus des guten Blutes« nannte? In: Süddeutsche Zeitung, 10.5.2002, S. 19; ausführlicher bei Aly, Hitlers Volksstaat. Raub, Rassenkrieg und nationaler Sozialismus, S. 28 f.; siehe auch Kroener, Menschenbewirtschaftung, S. 857.

IV. Das Militär im polykratischen System

»Die neue Wehrmacht wurde definiert als ein ›deutsches Volksheer‹ [...], das im deutschen Volkstum wurzelnd kein Eigenleben im alten Sinne mehr führen kann, sondern deutsches Wesen und deutsche Art dem ganzen Volke vorlebt.«[180]
Ludwig Beck als der Exponent einer schnellen, ja überstürzten Aufrüstung wischte alle Bedenken hinsichtlich der personellen Konsequenzen ebenso wie Fromms Einwände hinsichtlich der rüstungswirtschaftlichen Risiken beiseite.[181] Gerade an seinem Beispiel wird deutlich, dass paradoxerweise diese Aufrüstung zunächst die Erfüllung eines Traumes vieler nationalkonservativen Offiziere bedeutete, sie aber langfristig die ihnen gewohnte Vorstellung vom Offizierberuf sowie seiner gesellschaftlichen und politischen Rolle bedrohte.[182]

Offenkundig würde sich die Umwälzung ebenso an der Spitze abspielen. Beck hatte sich 1938 notiert, Hitler habe erklärt, »den Krieg gegen die Tschechei muss ich noch mit den alten Generalen führen, den Krieg gegen England und Frankreich führe ich mit einer neuen Führerschicht.«[183] Hitlers von seiner Fronterfahrung des Ersten Weltkriegs geprägte Idealvorstellung vom »neuen« Offizier war die des Stoßtruppführers, des fronterfahrenen Infanterieoffiziers der Westfront. Das genaue Gegenbild zu dieser Zielvorstellung war der preußische Generalstabsoffizier, womöglich noch – wie Fritsch, Beck und Halder, aber auch Keitel und Jodl – von Hause aus Artillerist und oft von adeliger Herkunft.[184]

Seine wiederholte Unzufriedenheit mit den Generalen des Heeres hinderte Hitler gleichwohl nicht, sie sich mit reichlichen Geldgeschenken (»Dotationen«) zu verpflichten und gefügig zu machen, wobei die Summen zwischen 500 000 und einer Million Reichsmark lagen und im Einzelfall sogar über diesen exorbitanten Betrag noch hinausgingen.[185] Generalfeldmarschall von Kluge, dessen zögernde Haltung am Abend des 20. Juli 1944 das Scheitern des Umsturzes in Frankreich besiegelte, hatte im Oktober 1942 eine Dotation in Höhe von 250 000 Reichsmark angenommen, als Geschenk Hitlers zu seinem 60. Geburtstag. Sein Ia, Oberst i.G. von Tresckow, hatte ihn eindringlich davor gewarnt und ein solches Geldgeschenk als »anrüchig« bezeichnet, war damit aber nicht durchgedrungen.[186] Tresckows Mitarbeiter Oberleutnant d.R. Fabian von Schlabrendorff formulierte es so: Hitler habe seine »höheren Generale an ein goldenes, aber darum nicht weniger wirksames Leitseil« genommen.[187]

Während des Krieges verschärften die ständig steigenden Verluste den sozialen Wandel noch. Der Anteil von Reserveoffizieren, vornehmlich aus der »HJ-

---

[180] Förster, Vom Führerheer der Republik, S. 316, darin das Zitat aus der Verfügung des Kommandeurs der 1. Panzerdivision über die Erziehung des Offizierkorps vom 2.3.1937.
[181] Müller, Generaloberst Ludwig Beck. Eine Biographie, S. 214.
[182] Graml, Die Wehrmacht im Dritten Reich, S. 370.
[183] Vortragsnotiz Becks vom 16.7.1938, zit. nach Müller, General Ludwig Beck. Studien und Dokumente, Nr. 50, S. 553. Siehe auch Weinberg, Rollen und Selbstverständnis, S. 68.
[184] Zu Hitlers Haltung zum Adel Picker, Hitlers Tischgespräche, S. 170; Engel, Heeresadjutant bei Hitler, S. 24; Stumpf, Die Wehrmacht-Elite, S. 167; Heinemann, A artilharia na Primeira Guerra Mundial, S. 190–193.
[185] Steinbach, Hans Günther von Kluge, S. 293; Hoffmann, Widerstand – Staatsstreich – Attentat, S. 758, Anm. 49 mit weiteren Belegen; Bajohr, Parvenüs und Profiteure, S. 36. Siehe auch Grunberger, The 12-year Reich, S. 141.
[186] Hassell, Die Hassell-Tagebücher 1938–1944, S. 350 (6.3.1943).
[187] Bajohr, Parvenüs und Profiteure, S. 36.

Generation«, stieg kontinuierlich an. Die Schaffung der Laufbahn der »Sonderführer« erlaubte es, Fachleute ohne Ausbildung zum eigentlichen Offizierberuf in gehobene Verwendungen zu bringen.[188] Mit Sorge beobachteten die wenigen Berufsoffiziere die innere Veränderung der Armee, weil sie eine größere Anfälligkeit für nationalsozialistische Ideen und zugleich eine Minderung der professionellen Standards mit sich brachte.[189]

»Wer Führungseigenschaften in kritischen Lagen bewies, hatte sich bereits für eine Beförderung ausreichend qualifiziert. Offiziermäßiges Verhalten über einen längeren Zeitraum musste dagegen nur noch der nachweisen, der in der Heimat oder an ruhigen Fronten Dienst leistete.«[190]

Hitler selbst hatte schon 1929 den (in seinem Sinne) politisch bewussten Offizier gefordert.[191] Während des Krieges beklagte er immer wieder, die Generalität beschwindle ihn »von vorne und von hinten« und das Offizierkorps der Weimarer Zeit habe sich nicht auf die Gegebenheiten des nationalsozialistischen Deutschland eingestellt.[192] Die Gestapo-Berichte nach dem 20. Juli 1944 attestierten genau dasselbe den am Umsturzversuch beteiligten Offizieren:

»Die Wurzel der Entwicklung, die am Ende zu dem Unternehmen vom 20.7. führte, liegt m.E. ziemlich weit zurück, und zwar sehe ich ihren Anfang am 4.2.1938, verbunden mit dem Ausscheiden von Fritsch aus dem aktiven Heeresdienst. Hierdurch spaltete sich das Heer. Auf der einen Seite wurde eine Gruppe von Offizieren hochgezogen, die der nationalsozialistischen Führung bedingungslos folgte, auf der anderen Seite ging eine Gruppe von Offizieren in Opposition [!], die in den Eingriffen in die Wehrmacht einen Verstoß gegen ihr inneres Gesetz sah.«[193]

Bis 1941 hatte das Heeresoffizierkorps »seine traditionellen Selektionsmechanismen weitgehend aufrechtzuerhalten«[194] gewusst, wenn auch die Inflationierung des Rangs des Generalfeldmarschalls nach dem Angriff auf Frankreich 1940 Hitlers Absicht ankündigte, mit bisherigen Sicherheiten zu brechen.[195] Die wachsende Bevorzugung der Waffen-SS gegenüber dem Heer hatte auch darin ihren Grund, dass diese den im Heer bislang unterrepräsentierten Schichten die Möglichkeit des sozialen Aufstiegs bot, während »die Armee infolge ihrer feu-

---

[188] Siehe hierzu die grundlegende Arbeit von Stumpf, Die Wehrmacht-Elite; sowie die Beiträge von Kroener in den Bänden 5/1 und 5/2 des Reihenwerks »Das Deutsche Reich und der Zweite Weltkrieg«: Kroener, Personelle Ressourcen; Kroener, Menschenbewirtschaftung. Höhne, Canaris und die Abwehr, S. 411, weist allerdings zu Recht darauf hin, dass die Laufbahn der »Sonderführer« mehreren Oppositionellen (Dohnanyi, Delbrück) den Weg in die militärische Abwehr ermöglichte, die zum Teil (Dohnanyi) durchaus militärkritisch waren; Dohnanyi, Mir hat Gott keinen Panzer ums Herz gegeben, S. 22.
[189] Kroener, Personelle Ressourcen, S. 845; Hoerkens, Unter Nazis?, S. 313.
[190] Kroener, Personelle Ressourcen, S. 897.
[191] Hitler, Reden, Schriften, Anordnungen, S. 52 (Dok. 6: 15.3.1929. »Wir und die Reichswehr – Unsere Antwort an Seeckt und Geßler«. Rede auf NSDAP-Versammlung in München).
[192] Goebbels, Die Tagebücher, T. II, Bd 12, S. 521 (22.6.1944); Förster, Geistige Kriegführung, S. 602–609.
[193] Spiegelbild einer Verschwörung, S. 273 f. (20.8.1944). Die Kaltenbrunner-Berichte zitieren hier durchaus zustimmend eine Aussage von Fritz-Dietlof von der Schulenburg.
[194] Kroener, Menschenbewirtschaftung, S. 878.
[195] Stumpf, Die Wehrmacht-Elite, S. 140 f.

IV. Das Militär im polykratischen System

dalen Resttraditionen zahlreichen Zeitgenossen als unzeitgemäß und reaktionär erschien«.[196]

Der Chef des Generalstabes einer Kommandobehörde war »seit den preußischen Reformen an der Verantwortung zur Truppenführung beteiligt und verpflichtet und berechtigt, den Kommandeur zu beraten«. Die Aushöhlung dieses Prinzips (siehe oben Kapitel IV.3) lässt sich als »Eingriff in die binnensektoralen Gefüge der Generalstabsverantwortung« und damit als eine äußerst wirksame Form der »Elitenmanipulation« interpretieren.[197]

Eine Radikalisierung ergab sich mit der Übernahme des Heerespersonalamtes durch Hitlers Wehrmachtadjutanten, Generalmajor Rudolf Schmundt, zum 1. Oktober 1942, dem Hitler ausdrücklich die Aufgabe einer Veränderung der sozialen Zusammensetzung des Offizierkorps mit auf den Weg gab.[198] Diese war unter anderem gewiss den weiter steigenden Verlustzahlen geschuldet,[199] aber sie entsprach in jedem Fall ideologischen Absichten zur Veränderung der deutschen Gesellschaft und ihrer Eliten.[200] Dazu gehörte auch, dass Generalstabsoffiziere vor einer Beförderung ihre Befähigung als Vorgesetzte an der Front nachweisen mussten: Tresckow etwa, der nach seiner Verwendung als Ia der Heeresgruppe Mitte in der zweiten Jahreshälfte 1943 Generalmajor und Chef des Generalstabes der 2. Armee werden sollte, musste vorher zur »Frontbewährung« sechs Wochen lang ein Infanterieregiment führen. Paradoxerweise kam dies der Verschwörung zugute, denn es trug ihm längere Urlaube in Berlin und damit die Möglichkeit ein, die dortige Umsturzplanung zusammen mit Stauffenberg auf eine neue Grundlage zu stellen.[201]

Insgesamt brachte die Peripetie des Krieges einen Generationswechsel in der Generalität des Heeres:

»Die Zeit der Blitzkriege war vorüber, die Generale, die sie geführt hatten, waren nach Meinung Hitlers der harten Verteidigung nicht gewachsen und wurden durch jüngere ersetzt, von denen Hitler annahm, dass sie ihm auch geistig näher stünden. Die neuen Heeresgruppen-Oberbefehlshaber v. Reichenau (Süd), v. Kluge (Mitte) und v. Küchler (Nord) waren Vertreter der mittleren Generation der Feldmarschälle, die noch aus dem Adel stammte, aber der ›neuen Zeit‹ offener gegenüberstand.«[202]

---

[196] Wegner, Hitlers politische Soldaten, S. 320.
[197] Ich verdanke diese Überlegung (und die Zitate) meinem Kameraden Oberstleutnant Dr. Thorsten Loch, der mir das Manuskript seines in Vorbereitung befindlichen Buches »Deutsche Generale 1945 bis 1990. Profession – Karriere – Herkunft« (erscheint vorauss. 2020) vorab zugänglich gemacht hat. – Den Begriff »Elitenmanipulation« hat Stumpf, Die Wehrmacht-Elite, S. 303–350, in die Diskussion eingeführt.
[198] Absolon, Das Offizierkorps des Deutschen Heeres, S. 262. Schmundt wurde am 20.7.1944 durch Stauffenbergs Bombe so schwer verletzt, dass er am 1.10. starb. Bei dem Staatsakt im Reichsehrenmal Tannenberg kommandierte der inzwischen zum Oberst beförderte Remer die Ehrenformation; Völkischer Beobachter. Münchener Ausgabe, 9.10.1944, IfZF, F 13612: 3.7. bis 31.12.1944.
[199] So Kroener, Personelle Ressourcen; Kroener, Menschenbewirtschaftung.
[200] So ursprünglich Stumpf, Die Wehrmacht-Elite; später sekundiert von Knox, 1 October. Siehe auch Förster, Die Wehrmacht im NS-Staat. Eine strukturgeschichtliche Analyse, S. 93 f.
[201] Hoffmann, Oberst i.G. Henning von Tresckow, S. 337.
[202] Stumpf, Die Wehrmacht-Elite, S. 311.

Unbotmäßige Offiziere wurden radikal entfernt, wie etwa am 8. Januar 1942 der renommierte Panzerführer Generaloberst Erich Hoepner als Oberbefehlshaber der 3. Panzerarmee, der wegen eines eigenmächtigen Rückzugsbefehls unehrenhaft aus der Wehrmacht entlassen wurde – ein bis dahin beispielloser Vorgang.[203] Diese Elitenmanipulation entsprach der nationalsozialistischen Überzeugung, »es genüge, den richtigen Mann an die richtige Stelle zu setzen, um die anstehenden Probleme zu lösen, ebenso der hypertrophe Glaube an die Machbarkeit, wenn nur die notwendige Willenskraft vorhanden sei.«[204] Zwar trifft es zu, dass Hitler als Nachfolger ebenfalls Generalstabsoffiziere aus der klassischen Führerlaufbahn ernannte und insofern sich die Nachfolger herkunftsmäßig nicht wesentlich von ihren Vorgängern unterschieden.[205] Anders hätten entsprechend fachlich qualifizierte Offiziere nicht zur Verfügung gestanden, aber die Quellen belegen die gesellschaftsverändernde Intention Hitlers. Die noch dem Kaiserreich und der Reichswehr verhafteten älteren Generale hatten zwar den Angriffskrieg gegen den »Bolschewismus« der Sowjetunion mitgetragen, zeigten sich aber den umfassenden Zielen Hitlers gegenüber nur begrenzt aufgeschlossen.[206]

Die Verschwörer bezeichneten diese schleichende Veränderung als »Bolschewisierung«,[207] sogar gegenüber ihren westalliierten Kontaktleuten im Ausland.[208] Den jungen Offizieren unterstellten sie gelegentlich einen »subalternen Standpunkt«.[209] Der frisch beförderte Major Roland von Hößlin, Stauffenbergs Regimentskamerad aus dem vornehmen Reiterregiment 17 in Bamberg und von diesem in die Verschwörung hineingezogen, schrieb Anfang August 1944, kurz vor seiner Verhaftung, den Eltern aus seinem neuen Standort Meiningen:

»Hier fand ich meine Beförderung zum Major vor, die mich unter den augenblicklichen großen Verhältnissen nicht sonderlich berührt, mir aber doch im Verkehr mit anderen Dienststellen angenehm ist. Sonst müsste ich womöglich den Vorstand der Standortverwaltung zuerst grüßen und mit ›Herr Stabsintendant‹ anreden. Dass man uns diese halbseidenen Burschen gleichgestellt hat, ist auch so eine revolutionäre Titel-Inflationserscheinung, ebenso wie diese wahnsinnigen vorzeitigen Beförderungen.«[210]

Anders als im Ersten Weltkrieg, wo man geeignete Feldwebel zu »Offizierstellvertretern« ernannt, damit aber die Übernahme in das Offizierkorps und die soziale Standeserhöhung vermieden hatte, wurden die Offizierverluste im Dritten Reich zunehmend auch durch die »Leistungsbeförderung« von Feldwebeln zum Offizier ersetzt. Das erhöhte einerseits die soziale Mobilität, schwächte aber andererseits das Unteroffizierkorps. Zum 1. Dezember 1943 ernannte Hitler den

---

[203] Mitcham/Mueller, Generaloberst Erich Hoepner, S. 96.
[204] Mommsen, Nationalsozialismus als vorgetäuschte Modernisierung, S. 419.
[205] Hürter, Konservative Akteure.
[206] Stumpf, Die Wehrmacht-Elite, S. 311; siehe auch Kapitel VI.6.
[207] Spiegelbild einer Verschwörung, S. 529 (15.12.1944).
[208] Heideking/Mauch, Das Herman Dossier, S. 591.
[209] Offiziererziehung. Besprechung beim OB der 9. Armee am 12.11.1940, handschr. Aufzeichnungen Oberstlt. Josef Windisch, BArch, RH 20-9/361, zit. nach Kroener, Die personellen Ressourcen, S. 845.
[210] Brief Roland von Hößlin an seinen Vater, Meiningen, 2.8.1944 (Abschrift im Besitz des Verfassers). Zur Umwandlung der Wehrmachtbeamten in Offiziere im Truppensonderdienst siehe Absolon, Das Offizierkorps des Deutschen Heeres, S. 257 f.

IV. Das Militär im polykratischen System 99

Generalleutnant (später noch General der Infanterie) Karl-Wilhelm Specht zum Inspekteur des Erziehungs- und Bildungswesens des Heeres; eine Verwendung, die mit Wirkung vom 1. März 1944 zum Generalinspekteur für den Führernachwuchs umgebildet wurde. Die Bezeichnung deutete an, dass von nun an die Gewinnung von Offizieren und Unteroffizieren koordiniert und aus einer Hand erfolgen sollte. Letztlich sollte ein einheitliches »Führerkorps« an die Stelle des elitären »Offizierkorps« treten.[211]

Stauffenberg dagegen hatte sich notiert, worum es aus seiner Sicht bei den gezielten personellen Veränderungen im Offizierkorps wie in der Führung des Reiches überhaupt ging: »Die neue Führerschicht stelle in der Voranstellung eigensüchtiger Interessen, im Aufkommen von Korruption und Bonzentum eine Herrschaft der Minderwertigen dar.«[212] Die sozialen Veränderungen des Offizierkorps bedeuteten langfristig einerseits einen Modernisierungsschub,[213] andererseits sollten sie aber die Voraussetzung für eine innere Umgestaltung des Heeres bilden und zu einem Aufgehen des Heeres im nationalsozialistischen Staat und in der SS als seiner Parteiarmee führen:[214]

»Der mit dieser rasanten Vergrößerung des Offizierkorps verbundene Verlust an traditionellem ›Standesbewusstsein‹, innerer Geschlossenheit und bürgerlich-adliger Homogenität war im Hinblick auf die Schaffung eines Volksheeres gewollt.«[215]

Widerstand gegen die nationalsozialistische Elitenmanipulation richtete sich eben nicht in erster Linie auf den Erhalt sozialer Privilegien einer untergehenden Elite. Mit den angestrebten sozialen Veränderungen wäre jedes Gegengewicht gegen die verbrecherische Politik Hitlers weggefallen, und genau dagegen waren die Verschwörer gewillt aufzustehen.

Immer wieder sprechen die Berichte der Gestapo an Hitler das Thema der »unpolitischen Haltung« weiter Teile des Offizierkorps an. Und in der Tat waren, wie gezeigt, viele der nationalkonservativen Offiziere von den Vorstellungen der Reichswehr aus der Zeit Seeckts durchdrungen. Die Ereignisse des 20. Juli 1944 bewiesen aus Sicht des NS-Staates das Fortwirken dieses Denkens sowie die mangelhafte Durchdringung des Offizierkorps mit der nationalsozialistischen Ideologie; der Staatsstreich galt dem NS-System als Beleg, dass die »Elitenmanipulation« noch ungenügend vollzogen war.[216] Widerstand, Staatsstreich und Attentat lassen sich dagegen als der Versuch verstehen, diese Umwälzung im NS-Sinne zu einem Zeitpunkt zu verhindern, wo dies noch möglich schien.[217]

---

[211] Stumpf, Die Wehrmacht-Elite, S. 186.
[212] Spiegelbild einer Verschwörung, S. 34 (24.7.1944).
[213] Förster, Vom Führerheer der Republik, S. 311 f.; siehe auch Griffin, Modernism and Fascism, S. 1–6.
[214] Kroener, Menschenbewirtschaftung, S. 868.
[215] Förster, Die Wehrmacht im NS-Staat. Eine strukturgeschichtliche Analyse, S. 99.
[216] Spiegelbild einer Verschwörung, S. 273 f. (20.8.1944), S. 485 (8.11.1944), und S. 525 (15.12.1944).
[217] Ebd., S. 529 (15.12.1944).

5. Widerstand in der Luftwaffe, im Reichsluftfahrtministerium und in der Kriegsmarine

Die von Göring aufgebauten und mit der NS-Bezeichnung »Luftwaffe« versehenen deutschen Luftstreitkräfte galten gemeinhin als »braun«. Unter Hinweis auf ihre NS-nahe Gesinnung etwa hatte Göring bei Hitler erreicht, dass er sein nicht mehr benötigtes Bodenpersonal nicht an das Heer abgeben musste, sondern es in eigenen Luftwaffenfelddivisionen zusammenfassen konnte: Er könne es seinen »nationalsozialistischen Jungens« nicht zumuten, die feldgraue Uniform des Heeres anzuziehen.[218] So wird allgemein davon ausgegangen, dass Görings Luftwaffe nicht oder doch kaum am militärischen Widerstand beteiligt war.[219]

Zur Vorgeschichte der Rolle der Luftwaffe in der Umsturzbestrebung vom Sommer 1944 gehört ein Komplex, der auch heute vorwiegend unter dem von der Gestapo vergebenen Namen »Rote Kapelle« bekannt ist, obwohl die Bezeichnung als »Harro Schulze-Boysen-Gruppe« oder als »Harnack-Schulze-Boysen-Gruppe« sehr wohl angemessener wäre.[220]

Als »Rote Kapelle« fasste die Gestapo mehrere Gruppen zusammen, von denen viele, aber eben nicht alle sowjetischen Spionagezwecken dienten und deren Zusammengehörigkeit untereinander allenfalls dürftig war.[221] Zu ihnen rechnete die Geheime Staatspolizei auch die Gruppe um den Oberleutnant Harro Schulze-Boysen und den Oberregierungsrat und Volkswirt Arvid Harnack. Diese Gruppe vereinte kommunistisches und sozialistisches Gedankengut mit nationalrevolutionären Denkweisen; Schulze-Boysen selbst war zeitweise den Jungkonservativen um Edgar Jung und Artur Mahraun zuzurechnen gewesen.[222] Der Krieg gegen die Sowjetunion erschien diesen »Nationalbolschewisten« als der sichere Untergang Deutschlands.[223] Der Kreis stand aber auch mit anderen oppositionell Denkenden im Reich in lockerer Verbindung; Harnack war ein Vetter der Bonhoeffer-Brüder sowie von deren Schwester Ursula, der Gattin des Professors für Luftrecht an der Berliner Technischen Universität Rüdiger Schleicher[224]. Sein älterer Bruder Falk Harnack wiederum lebte in München und war mit den Geschwistern Scholl befreundet; nach deren Verhaftung und Hinrichtung wurde auch ihm vor dem Volksgerichtshof der Prozess gemacht, er wurde allerdings überraschend freigesprochen.

---

[218] Kroener, Menschenbewirtschaftung, S. 833.
[219] De Libero, Tradition und Traditionsverständnis, S. 17.
[220] Aus der Vielzahl der hierzu erschienenen Literatur seien hier nur die wesentlichen aktuellen Titel genannt: Nelson, Die Rote Kapelle; Roloff, Die Rote Kapelle; Die Rote Kapelle im Widerstand; Danyel, Ein Endsieg. Zu der Publikation von Roewer, Die Rote Kapelle und andere Geheimdienstmythen, siehe meine vernichtende Besprechung in MGZ, 70 (2011), S. 216. Die früher sehr einflussreiche Publikation Höhne, Kennwort: Direktor, aus dem Jahre 1970 muss inzwischen als veraltet gelten.
[221] The Rote Kapelle, S. xiii.
[222] Schulz, Nationalpatriotismus im Widerstand, S. 337; Bahar, Sozialrevolutionärer Nationalismus, S. 5; Paetel, Versuchung oder Chance?, S. 189–199.
[223] Danyel, Ein Endsieg, S. 467.
[224] Gerrens, Rüdiger Schleicher, S. 166; Brunckhorst, Die Berliner Widerstandsorganisation, S. 20.

IV. Das Militär im polykratischen System

Das unerwartete Übereinkommen zwischen Hitler und Stalin unmittelbar vor Kriegsbeginn 1939 hatte die deutschen Kommunisten in einige Verwirrung gestürzt. Schulze-Boysen und Harnack hatten gleichwohl Informationen über den bevorstehenden Kriegsausbruch an die sowjetische (wie auch an die amerikanische) Botschaft in Berlin weitergegeben; bereits im Oktober 1940 warnte Harnack seinen Kontaktmann in der sowjetischen Botschaft vor Hitlers Kriegsplänen.[225] Der Kreis um Schulze-Boysen und Harnack führte jedoch im Wesentlichen oppositionelle Gespräche, half Verfolgten oder verbreitete Flugschriften. Nachrichtendienstliche Tätigkeiten für die Sowjetunion kamen nach Kriegsbeginn 1941 fast ganz zum Erliegen, weil es nie gelang, eine stabile Funkverbindung mit Moskau herzustellen.[226] Was an Informationen an die Sowjets geliefert worden war, stammte zu einem erheblichen Teil von Harro Schulze-Boysen, der sein Wissen wiederum aus seiner Tätigkeit im Oberkommando der Luftwaffe hatte, das mit dem Reichsluftfahrtministerium weitgehend identisch war;[227] die Gruppe hatte aber beispielsweise ebenso Kontakt zu Albrecht Haushofer vom Auswärtigen Amt.[228]

Nachdem die Gestapo im Verlauf des Jahres 1942 bereits andere, mit der Harnack-Schulze-Boysen-Gruppe in lockerer Verbindung stehende Gruppen zerschlagen hatte, gelang es ihr im September/Oktober 1942, auch diese auszuheben.[229]

Es stellte sich schnell heraus, dass die Hauptquelle für die nachrichtendienstliche Betätigung der Gruppe im Reichsluftfahrtministerium gewesen war; sogar ein Oberst dort, Erwin Gehrts, hatte Informationen geliefert. Nun hatten die zunehmenden Bombenangriffe gegen deutsche Städte (man denke nur an den ersten 1000-Bomber-Angriff auf Köln Ende Mai 1942 mit den dann folgenden Angriffen auf Essen und Bremen[230]) just zu dieser Zeit das Prestige Görings in der deutschen Öffentlichkeit und innerhalb des NS-Machtgefüges angeschlagen.[231] Ein Bekanntwerden eines größeren Spionageskandals im Reichsluftfahrtministerium drohte seine Position weiter zu beschädigen.[232] Einerseits forderte Hitler eine schnelle und konsequente Bestrafung, die wegen der öffentlichkeitswirksamen Aktionen der Gruppe am besten öffentlich, also durch den Volksgerichtshof, zu erfolgen hatte.[233] Göring hingegen legte Wert auf Diskretion; er beauftragte einen der schärfsten Ankläger aus der Luftwaffe, den Dienstaufsicht führenden Richter im Luftgaukommando III (Berlin), Oberstkriegsgerichtsrat Manfred Roeder,[234] mit der Anklage. Dabei sollte vor allem die nachrichtendienstliche

---

[225] Danyel, Ein Endsieg, S. 479.
[226] Ebd., S. 465 f.; Brunckhorst, Die Berliner Widerstandsorganisation, S. 5; The Rote Kapelle, S. 150–154, dort auch nähere Angaben zu den vermutlich an die Sowjetunion gelieferten Informationen.
[227] Boog, Die deutsche Luftwaffenführung, S. 215–217.
[228] Hoffmann, Widerstand – Staatsstreich – Attentat, S. 52.
[229] Herlemann, Kommunistischer Widerstand, S. 39.
[230] Boog, Der anglo-amerikanische strategische Luftkrieg, S. 506–517.
[231] Kershaw, Working towards the Führer, S. 110; Boog, Der anglo-amerikanische strategische Luftkrieg, S. 560–565.
[232] Weinberg, Eine Welt in Waffen, S. 585.
[233] Nelson, Die Rote Kapelle, S. 365.
[234] Zu Roeders Person und Laufbahn Bergander, Die Ermittlungen, S. 7–11.

Dimension in den Vordergrund gerückt werden, zumal Männer wie Harnack und Schulze-Boysen aus dem gehobenen Bürgertum stammten und somit nicht zu jenen »Kreisen« gehörten, aus denen das Regime linke politische Gegnerschaft im Inneren erwartete.[235]

Zwar war die weit überwiegende Zahl der Angeklagten Zivilisten, aber letztlich wurden die Verfahren gegen die Harnack-Schulze-Boysen-Gruppe trotzdem vor dem Reichskriegsgericht durchgeführt, das unter Ausschluss der Öffentlichkeit tagte.[236] In 19 Einzelprozessen gegen 77 Mitglieder der Gruppe wurden die meisten, darunter die 19jährige hochschwangere Liane Berkowitz, zum Tode verurteilt und hingerichtet. Empfehlungen des Reichskriegsgerichts selbst, Gnade walten zu lassen, wies der »Führer« brüsk zurück. Im Gegenteil: Das Urteil, das Mildred Harnack-Fish, Arvid Harnacks amerikanischer Ehefrau, sechs Jahren Haft zudiktierte, hob Hitler auf und bestand auf der Todesstrafe.[237]

Die Harnack-Schulze-Boysen-Gruppe ist in unserem Kontext insofern von Belang, als der Fall aufzeigt, dass es sehr wohl in der Luftwaffe – und damit in einem weiteren Sinne in Görings Imperium – Widerstand gegeben hat, wenn auch im hier beschriebenen Fall lange vor dem Sommer 1944 und mit nur lockerer Verbindung zu der Verschwörung der nationalkonservativen Politiker und der Offiziere in der »Abwehr« und im Oberkommando des Heeres. Dass dieser Widerstand zwar verfolgt wurde, aber doch in einer solchen Weise, dass die Öffentlichkeit keine Notiz davon nahm, ist der besonderen Rolle Görings und der Schonung der Luftwaffe insgesamt in einer ohnehin kritischen Zeit zuzuschreiben – ein Vorgehen, das uns noch nach dem 20. Juli 1944 wieder begegnen wird.

Als Moltke im Dezember 1943 in Istanbul Verbindung zu amerikanischen Gesprächspartnern suchte, war die »Rote Kapelle« insofern bedeutsam, als er mit Hinweis auf eine nennenswerte pro-russische Fraktion vor allem in der Luftwaffe, die ja auch während der Reichswehrzeit eine Ausbildungsmission in Russland unterhalten hatte (siehe oben Kapitel VI.6), den Westalliierten die Gefahr einer auf Russland fixierten deutschen Nachkriegsregierung an die Wand malen konnte.[238]

Der wohl bekannteste Luftwaffenoffizier im militärischen Widerstand ist Oberstleutnant d.R. Caesar von Hofacker vom Stab des Wehrmachtbefehlshabers Frankreich in Paris. Dabei trug Hofacker zwar die modischere Uniform der Luftwaffe, war aber keineswegs der klassische Vertreter des jüngsten Wehrmachtteils. Sohn eines württembergischen Generals (der im Ersten Weltkrieg Rommels

---

[235] Brunckhorst, Die Berliner Widerstandsorganisation, S. 19. Die DDR-Historiografie hat sich dieser Tendenz angeschlossen, weil in den 1950er Jahren jegliche Tätigkeit zur Unterstützung der Sowjetunion positiv bewertet wurde. Das hat das ost- wie westdeutsche Bild der »Roten Kapelle« und näherhin der Harnack-Schulze-Boysen-Gruppe bis hin zu dem bereits genannten Band von Höhne, Kennwort: Direktor, geprägt. Siehe auch Danyel, Ein Endsieg, S. 470 f.

[236] Brunckhorst, Die Berliner Widerstandsorganisation, S. 12, 31; Brysac, Resisting Hitler, S. 350, 361; in den Details ausgesprochen schwach hierzu Overy, Hermann Göring, S. 373 f.

[237] Brysac, Resisting Hitler, S. 361 f.

[238] Hoffmann, Colonel Claus von Stauffenberg, S. 633–635; Heideking/Mauch, Das Herman Dossier, S. 574 f.

IV. Das Militär im polykratischen System 103

Divisionskommandeur gewesen war[239]), war er zugleich über seine Mutter, eine Gräfin von Üxküll-Gyllenband, ein Nachfahre Gneisenaus und ein Vetter Claus Graf Stauffenbergs.[240]

Hofacker hatte Jura und Staatswissenschaften studiert und war während der Weimarer Republik (die er zutiefst verachtete) in verschiedenen völkischen und nationalistischen Gruppierungen aktiv gewesen; des Weiteren ist für ihn ein militanter Antisemitismus belegt. Hofacker war beruflich Prokurist der Vereinigten Stahlwerke, also ein durchaus erfolgreicher Wirtschaftsführer, der jedoch immer die Priorität der Politik gegenüber der Wirtschaft betonte.

Im Ersten Weltkrieg war er von der Kavallerie zur entstehenden Fliegertruppe gewechselt, und so wurde er bei Kriegsbeginn 1939 als Reserveoffizier reaktiviert. Wegen seiner volks- und betriebswirtschaftlichen Kenntnisse wurde er dem Verwaltungsstab beim Militärbefehlshaber Frankreich zugeteilt. Dort sollte er die Ausbeutung der französischen Stahlindustrie organisieren, sah sich dabei aber weiterhin weniger als Soldat: »aber meine eigentliche Berufung ist doch die politische«.[241] Die Politik des NS-Regimes gegenüber Frankreich lehnte er als zu feindselig ab; er sah langfristig in einem Wirtschaftsbündnis beider Länder die Zukunft. Dazu gehörte unter anderem, dass er sich bemühte, französische Geiseln vor der Erschießung zu retten, wodurch er sich im Reichswirtschaftsministerium durchaus Feinde schuf. Auf eigenen Wunsch entband man ihn im Herbst 1943 von der Leitung seines Referats. Stattdessen wurde er »Stabsoffizier z.b.V.« bei Carl-Heinrich von Stülpnagel, der Hofacker zu seiner rechten Hand bei der Vorbereitung der Pariser Staatsstreichpläne machte.[242] Zugleich entwickelte sich ein enges Verhältnis zu seinem Vetter Stauffenberg, der Hofacker bald als seinen Verbindungsmann in Paris ansah. Die Kontakte zu der Verschwörung in Paris liefen von da an über Hofacker, sodass die Gestapo ihn im Nachhinein als den eigentlichen »Kopf« der Umsturzplanung dort ansah.[243]

Hofacker war es auch, der am 9. Juli 1944 den Oberbefehlshaber der Heeresgruppe B, Generalfeldmarschall Rommel, aufsuchte (wobei ihm die Bekanntschaft Rommels mit seinem Vater als Entrée diente), um aus erster Hand ein ungeschöntes Lagebild von der Invasionsfront zu gewinnen und danach an Stauffenberg weiterzuleiten. Was genau bei diesem Gespräch gesagt wurde, vor allem, ob Hofacker wirklich Rommel auf die Seite des Widerstands hat ziehen können, das muss wohl offenbleiben.[244] Hofackers Rolle war der Gestapo sehr

---

[239] Hofacker, Cäsar von Hofacker, S. 20.
[240] Heinemann, Widerstand als politischer Lernprozeß, S. 451 f.
[241] Brief Cäsar von Hofacker an seine Frau, Düsseldorf, 30.12.1939, Haus der Geschichte Baden-Württemberg, Stuttgart, C2/8/S/MWid Schublade 13/6686, zit. nach der Abschrift im Militärhistorischen Museum der Bundeswehr, Dresden.
[242] Heinemann, Widerstand als politischer Lernprozeß, S. 459 f.
[243] Spiegelbild einer Verschwörung, S. 92 (28.7.1944).
[244] Zu Rommel gibt es eine umfassende Forschungskontroverse, ausgelöst durch den Band Irving, Rommel; siehe auch Stumpf, Erwin Rommel und der Widerstand; Heinemann, Der militärische Widerstand und der Krieg, S. 863–871; Dowe/Hecht, Von Mythen, Legenden und Manipulationen; Hiller von Gaertringen, Cäsar von Hofacker, S. 86; sowie der Forschungsüberblick bei Lieb, Erwin Rommel. Irving gegenüber hat Speidels Schwager Dr. Max Horst, damals Kriegsverwaltungsrat im Stab der Heeresgruppe B, ausgesagt, er sei bei dem Gespräch dabei gewesen, und von einem Umsturz sei nie die Rede gewesen: Irving, Niederschrift eines Interviews mit Herrn Dr. Max Horst, Bonn, 7.11.1975, IfZ,

früh bekannt und er wurde am 25. Juli 1944 verhaftet. Obwohl bereits am 30. August gegen ihn und seinen Befehlshaber, Carl-Heinrich von Stülpnagel, das Todesurteil des Volksgerichtshofs erging, wurde er nicht wie dieser am selben Tag gehängt, sondern erst am 20. Dezember 1944 ermordet. Offenkundig erhoffte sich die Gestapo noch weitere Aussagen.[245]

Hofacker war kein Widerständler von Anfang an. Der Diplomat Ulrich von Hassell pflegte Männer wie ihn »Saulusse«[246] zu nennen: jemand, der erst spät zur Opposition »bekehrt« wurde. Bei Hofacker rangierten rational-politische Motive eindeutig vor moralischen Bedenken:

> »Wenn mein neues Amt mir nur einmal die Gelegenheit zuspielen sollte, mit dem Minister Speer, der zur Zeit der wirtschaftlich mächtigste Mann in Deutschland und Persona gratissima beim Führer ist, eine Stunde unter 4 Augen über politische Dinge zu sprechen, so wäre mir das wichtiger als alles andere, was mit meinem neuen Amt zusammenhängt. Denn was hilft alle wirtschaftliche Karrierearbeit, wenn die politische Konstruktion falsch ist?«[247]

In einem Bericht an die Reichskanzlei über den Prozess gegen Hofacker vor dem Volksgerichtshof attestierte ihm der Beobachter: »überlegter ruhiger Mensch, jedoch Typ des Umstürzlers aus Überlegung, typischer Intellektueller, geistiger Repräsentant der Reaktion«.[248]

Ein weiterer Luftwaffenoffizier, für den es Hinweise gibt, dass er zumindest um die Verschwörung gewusst haben soll, war der Kommandeur der Luftkriegsakademie, der spätere General der Flieger Robert Knauß[249]. Knauß war allerdings schon im Juni 1944 in die Führerreserve versetzt worden, flüchtete zeitweise in die Schweiz und gehörte nach dem Krieg in der Bundesrepublik dem Expertengremium an, das im Oktober 1950 in dem Eifelkloster Himmerod die Grundzüge für neue westdeutsche Streitkräfte erarbeitete (siehe unten Kapitel X.1). Die Aussage über Knauß verdanken wir dem Schwiegersohn des Generals der Infanterie Olbricht, Friedrich Georgi, der ebenfalls Luftwaffenoffizier war. Er geriet nach dem Umsturz in Sippenhaft, ohne dass jedoch die Gestapo ihm persönlich auch nur ein Mitwissen nachweisen konnte, sodass er letztlich unbehelligt entlassen wurde. Weder für Knauß noch für Georgi waren in der Umsturzplanung Funktionen vorgesehen, während Hofacker noch unmittelbar vor dem 20. Juli mit Stauffenberg zusammengetroffen war[250] und am Umsturztag selbst in Paris eine tragende Rolle spielte.

Über die eigentlichen Offiziere der Luftwaffe hinaus, von denen letztlich nur Hofacker maßgeblich an der Verschwörung mitwirkte, sind aber eine ganze Reihe von am Umsturz Beteiligten unter den zivilen Mitarbeitern des

---

ED 100/188 (Depositum Irving), Interviews und Zeugenbefragungen. Nach Aussagen Speidels ist Horst nicht dabei gewesen: Irving, Note on an Interview with GenLtn a.D. [!] Hans Speidel, Bad Honnef, 24.10.1975, ebd.

[245] Dabei kann es sich aber nicht oder nicht nur, wie Heinemann, Widerstand als politischer Lernprozess, S. 465, annimmt, um belastende Aussagen über Rommel gehandelt haben, denn dieser war ja bereits am 14.10.1944 zum Selbstmord gezwungen worden.
[246] Hassell, Die Hassell-Tagebücher 1938–1944, S. 347 (22.1.1943).
[247] Brief an seine Frau vom August 1942, zit. nach Hofacker, Cäsar von Hofacker, S. 16.
[248] Zit. nach ebd., S. 54.
[249] Georgi, Wir haben das letzte gewagt, S. 54; dort auch das Folgende.
[250] Hofacker, Cäsar von Hofacker, S. 9.

IV. Das Militär im polykratischen System

Reichsluftfahrtministeriums und der Lufthansa zu nennen. Zentral ist hier die Rolle der Familie Bonhoeffer. Nicht nur, dass der Sohn Dietrich Bonhoeffer als Mitarbeiter des Amtes Ausland/Abwehr eingezogen worden war; sein Bruder Klaus Bonhoeffer war Chefsyndikus der Lufthansa.[251] Eine Schwester, Ursula, hatte den Juristen Rüdiger Schleicher geheiratet, der sich – wie Klaus Bonhoeffer – auf Luftfahrtrecht spezialisiert hatte, zeitweise der Leiter der Rechtsabteilung des Reichsluftfahrtministeriums gewesen war, wegen seines Beharrens auf den Normen des Völkerrechts aber auf eine Lehrtätigkeit an der Technischen Universität Berlin abgeschoben worden war.[252] Aus dem Völkerrechtsausschuss der Akademie für Deutsches Recht kannte Schleicher zudem Helmuth James Graf von Moltke; in Auseinandersetzungen um die Rechtsstellung der im Generalgouvernement lebenden Polen im Sommer 1940 hatten sich die beiden gegenseitig unterstützt.[253]

Eine weitere Tochter der Familie Bonhoeffer, Christine, hatte den Juristen Hans von Dohnanyi geheiratet, der wiederum mit Oster zusammen den Kern der Verschwörung im Amt Ausland/Abwehr bildete. Über seine Frau Emmy, geb. Delbrück, eine Nichte Adolf von Harnacks, war Klaus Bonhoeffer überdies mit Angehörigen der »Weißen Rose« und der »Roten Kapelle« entfernt verschwägert. In dem Institut für Luftrecht, das Schleicher nach seinem Ausscheiden leitete, stellte er einen Assistenten ein, Hans John, dessen Bruder Otto wiederum enger Mitarbeiter von Klaus Bonhoeffer bei der Lufthansa war[254]. Otto John wurde von Bonhoeffer schon 1938 beauftragt, »im Bereich der Luftfahrt nach zuverlässigen und entschlossenen Männern zu sondieren«;[255] die Formulierung lässt erneut die enge Verwobenheit von militärischer und ziviler Luftfahrt erkennen. Während seiner Tätigkeit freundete sich John mit dem Prinzen Louis Ferdinand von Preußen an, der als »verkehrspolitischer Berater« für das Unternehmen arbeitete. Der Enkel des letzten Kaisers wurde nach der tödlichen Verwundung seines älteren Bruders Wilhelm 1940 Chef des Hauses Hohenzollern (und damit präsumtiver Kronprinz); da sich unter den nationalkonservativen Verschwörern nicht wenige Monarchisten fanden, war das keine unwichtige Bekanntschaft. So stellte John etwa eine Verbindung zwischen Goerdeler und dem Hohenzollernprinzen her.[256] Während des Krieges ging Otto John als Vertreter der Lufthansa ins neutrale Madrid, wobei die spanische Hauptstadt allerdings als ein Zentrum der Spionage und illegalen Nachrichtenbeschaffung bekannt war. Schon Abwehrchef Admiral Canaris hatte im Herbst 1927 dort über die »Errichtung eines gemeinsa-

---

[251] Die kleine Doppelbiografie des Theologen Moltmann, Klaus und Dietrich Bonhoeffer, legt verständlicherweise deutlich mehr Betonung auf Dietrich als auf Klaus Bonhoeffer, dessen Funktion in der Umsturzplanung nicht diskutiert wird. Siehe auch Wachtel/Ott, Im Zeichen des Kranichs, S. 306 f.
[252] Zu Schleicher siehe vor allem Gerrens, Rüdiger Schleicher. Der Aufsatz Bracher, Rüdiger Schleicher (der spätere Professor Bracher heiratete nach dem Krieg eine Tochter Schleichers), stützt sich auf das Manuskript des Buches von Gerrens. Siehe auch Sifton/Stern, Keine gewöhnlichen Männer, S. 48 f.
[253] Gerrens, Rüdiger Schleicher, S. 122; zu dem gesamten Komplex siehe auch Heinemann, L'esercito e l'aeronautica nella resistenza; Budrass, Adler und Kranich, S. 433 f.
[254] Gerrens, Rüdiger Schleicher, S. 151.
[255] John, Am achten Jahrestag; siehe auch Dohnanyi, Mir hat Gott keinen Panzer ums Herz gegeben, S. 22. Gieseking, Der Fall Otto John, S. 21–26, nutzt im wesentlichen Johns Selbstdarstellungen in der Literatur und im Nürnberger Prozess.
[256] Gieseking, Der Fall Otto John, S. 31.

men ›Luftverkehrmonopols [!]‹«[257] verhandelt. Auch Otto John diente mehreren Herren: Er arbeitete zugleich für die Lufthansa, die »Abwehr« und den militärischen Widerstand. Stauffenberg lernte er im Januar 1944 kennen[258], und sehr bald war er dessen Verbindungsmann zu den Westalliierten (mehr dazu siehe unten Kapitel IX).

Andererseits kannte Schleicher den Oberstkriegsgerichtsrat Roeder, der in dem Verfahren gegen die »Rote Kapelle« ermittelt und die Anklage vertreten hatte. Roeder hatte seinerzeit unter Schleicher gearbeitet, anders als sein Chef aber sich die Vernichtungsideologie des NS-Systems angeeignet und damit Karriere gemacht. Schleichers Versuche, über Roeder zumindest Informationen über die Verfahren zuerst gegen das Ehepaar Harnack, später gegen Oster, Dohnanyi und die anderen Angehörigen der »Abwehr« zu beschaffen, blockte dieser ab. Roeder hat wohl vermutet, dass auch Schleicher im weiteren Sinne diesem oppositionellen Kreis zuzuordnen war, dafür jedoch nie Beweise erbringen können.[259]

Die Beteiligung von Mitarbeitern der Lufthansa eröffnete der Umsturzplanung zusätzliche Perspektiven. Nach Ermittlungen der Gestapo hat der erst am 1. Oktober 1944 verhaftete Klaus Bonhoeffer den Organisatoren der Verschwörung die Nutzung des zivilen Flugzeugparks der Lufthansa angeboten, wenn auch sehr spät, am 17. Juni 1944, und mit der Einschränkung, dies sei nicht leicht zu bewerkstelligen.[260] Beim Heranrücken der sowjetischen Armee in den letzten Kriegstagen wurde Klaus Bonhoeffer erschossen; auch ihn hatten sich Himmler und die Gestapo wohl »aufgespart«. Die Lufthansa hat Klaus Bonhoeffer bereits 1990 durch Benennung ihres Tagungshotels in Seeheim nach ihm in ihre Traditionspflege aufgenommen.[261]

Die Ehefrau des Althistorikers Prof. Dr. Alexander Graf Stauffenberg, Melitta, geborene Schiller, ist in diesem Zusammenhang ebenso zu nennen. Als Schwägerin von Claus und Berthold Stauffenberg kam die Testpilotin der Luftwaffe in Sippenhaft; für sie war das besonders gefährlich, denn sie war nach der NS-Terminologie »Halbjüdin«, allerdings auf Görings persönliche Intervention von Hitler selbst »Ariern gleichgestellt« worden. Auch in ihrem Fall ging es darum, Aufsehen zu vermeiden sowie Göring und seinen »Führer« aus der Sache herauszuhalten. Melitta Gräfin Stauffenberg wurde recht bald aus der Haft entlassen, flog weiter für das Erprobungsprogramm der Luftwaffe in Rechlin und Berlin-Gatow, hielt aber zugleich die Familie zusammen, indem sie Gefängnisse und Konzentrationslager ansteuerte, Informationen weitertrug und Nahrungspakete

---

[257] Mueller, Canaris, S. 152.
[258] Hoffmann, Widerstand – Staatsstreich – Attentat, S. 294.
[259] Gerrens, Rüdiger Schleicher, S. 168–172. Gerrens weist auch (S. 174) darauf hin, dass vor dem 20. Juli 1944 die Familie Dohnanyi sowie einige Freunde, darunter Klaus Bonhoeffer, den in die Charité verlegten Hans Dohnanyi gelegentlich besuchen konnten. Vermittelnd war dabei der Assistent von Prof. Dr. Sauerbruch, ein Dr. Wolfgang Wohlgemuth, tätig. Wohlgemuth war es dann, der im Juli 1954 den Präsidenten des Bundesamtes für Verfassungsschutz, Otto John, unter bis heute nicht völlig geklärten Umständen nach Ost-Berlin verbrachte; Gieseking, Der Fall Otto John, S. 40 f.
[260] Anklageschrift gegen Klaus Bonhoeffer, Rüdiger Schleicher, Hans John, Justus Perels und Hans Kloss, Berlin, 20.12.1944. Abschrift, IfZ, ZS A 29/1, fol. 36–44, hier fol. 39.
[261] <http://www.lh-seeheim.de/de/lufthansa-seeheim/klaus-bonhoeffer/>, zuletzt konsultiert am 11.9.2018.

IV. Das Militär im polykratischen System 107

verteilte. Eine besondere Tragik liegt darin, dass ihr Mann und die übrigen Angehörigen der Familie den Krieg überlebten, während Melitta »Gräfin Schenk« (so der ihr vorgegebene Name nach der Haftentlassung) Anfang April 1945 in Niederbayern von einem amerikanischen Jagdflieger abgeschossen wurde und dabei zu Tode kam.[262]

Die in Berlin stationierten Luftwaffentruppenteile (vor allem die Ersatztruppenteile der 1. Fallschirmpanzerdivision »Hermann Göring«) wirkten sich am 20. Juli 1944 nicht aus.[263] Die Sorgen der Verschwörer in ihrer Planung kreisten offenkundig deutlich mehr um ein Eingreifen der in Berlin-Lichterfelde stationierten Waffen-SS; von den Luftwaffenverbänden in Berlin und im Umland ging für sie keine wesentliche Bedrohung ihrer Pläne aus (siehe Kapitel VII.4).

Insgesamt bleibt der Befund, dass die Luftwaffe im engeren Sinne an der Verschwörung nur durch Caesar von Hofacker beteiligt gewesen ist. Diese Aussage muss man allerdings relativieren unter Hinweis auf die erhebliche Einbindung der zivilen Reichsluftfahrt. Dass aus diesem Bereich schon früh eine nennenswerte Zahl vor allem von Juristen an der nationalkonservativen Opposition Anteil hatte, lässt auch ein in der Forschung lange umstrittenes Unternehmen der Verschwörer im Heer in einem anderen Licht erscheinen. In der Heeresgruppe Mitte war 1942 vorgeblich zur Partisanenbekämpfung ein Reiterverband gebildet worden, der zumeist als »Kavallerieregiment Mitte« bekannt wurde. An seiner Spitze stand der Oberstleutnant Georg Freiherr von Boeselager aus altem katholischem Adel, der in die Verschwörung eingebunden war; sein jüngerer Bruder Philipp diente ebenfalls in dem Regiment.[264] Der Verband sollte den Umsturz in Berlin dadurch unterstützen, dass rund 1200 Mann zu gegebener Zeit aus der Front gelöst, beritten zurückgeführt und dann mit dem Flugzeug nach Berlin verbracht würden. Dieser lange nur von dem überlebenden Philipp von Boeselager mündlich bezeugte Plan muss inzwischen als belegt gelten.[265] Die Erkenntnis, dass die Verschwörung im Bereich der Zivilluftfahrt durchaus ihre Verbindungen hatte, lässt den Gedanken an den Lufttransport in die Reichshauptstadt nicht als abwegig erscheinen. Wie noch zu zeigen sein wird, legten die Einsatzbefehle der Umsturzplanung deutlich Wert auf die Sicherung wichtiger militärischer Flugplätze rund um und in Berlin.

Alle Verfolgungsmaßnahmen während des Dritten Reiches, soweit sie Angehörige des Reichsluftfahrtministeriums betrafen, liefen wiederum unter strengster Geheimhaltung ab. Dass Luftwaffensoldaten häufiger begnadigt wurden als andere,[266] hat sich hier nicht ausgewirkt. Noch im Sommer 1944 schien es dem NS-System nicht opportun, den abgewirtschafteten Oberbefehlshaber der Luftwaffe weiter in der Öffentlichkeit zu beschädigen. Dass sich bis heute die Annahme erhalten hat, Görings Imperium sei an der Staatsstreichplanung (bis auf Hofacker) nicht beteiligt gewesen, ist wohl ein spätes Nachwirken dieser Zensur.

---

[262] Zu Melitta Gräfin Stauffenberg siehe Medicus, Melitta von Stauffenberg.
[263] Die einseitig glorifizierende Geschichte des »Fallschirmpanzerkorps Hermann Göring« (Kurowski, Von der Polizeigruppe z.b.V. »Wecke« zum Fallschirmpanzerkorps »Hermann Göring«) verliert hierüber kein Wort.
[264] John, Philipp von Boeselager; Heinemann, Georg und Philipp von Boeselager. Für die organisatorische Seite der Aufstellung hatte Generalmajor Stieff verantwortlich gezeichnet: Mühleisen, Hellmuth Stieff, S. 354 f.
[265] Reuther, Soldaten für den Staatsstreich.
[266] Knippschild, Deserteure, S. 241.

Auch aus der Kriegsmarine beteiligten sich extrem wenige Offiziere an der Verschwörung. Hier sind der Völkerrechtler und Marineoberstabsrichter Berthold Graf Stauffenberg sowie der Korvettenkapitän Alfred Kranzfelder und der Korvettenkapitän d.R. Sydney Jessen (nicht zu verwechseln mit dem Wirtschaftswissenschaftler Dr. Jens Jessen) zu nennen. Stauffenberg, Bruder des Kopfes der Verschwörung,[267] hatte sich als Völkerrechtler einen Namen gemacht. Obwohl sein Tätigkeitsgebiet das nicht nahelegte, war es Rüdiger Schleicher gelungen, Berthold Graf Stauffenberg in den von ihm geleiteten Luftrechtsausschuss der Akademie für Deutsches Recht zu berufen,[268] wo Stauffenberg viele der oppositionell denkenden Juristen aus dem Reichsluftfahrtministerium kennenlernte. Er entwickelte sich neben seinem Bruder zu einem zentralen Geist der Verschwörung; als Marineoberstabsrichter einberufen, diente er im Oberkommando der Kriegsmarine (OKM). Dort wurde er bekannt mit Kranzfelder und später mit Jessen.[269] Berthold Stauffenberg wohnte in Berlin in einem Haus in der Tristanstraße unweit des Bahnhofs Wannsee. Das lag zwar in großer räumlicher Entfernung zum Lager »Koralle« bei Bernau, wohin das Oberkommando der Kriegsmarine ausgewichen war, bot sich aber für Gespräche im vertrauten Kreise an. Das galt umso mehr, nachdem auch Bertholds Bruder Claus dort eingezogen war.

Berthold Stauffenberg, Kranzfelder und Jessen waren an der Planung für den Umsturz beteiligt, aber ihnen war keine weitergehende Rolle zugedacht. Der Umsturz sollte vom Ersatzheer gesteuert werden, und besonders Kranzfelder sollte im Lager »Koralle« präsent sein, um zu beobachten, wie sich das Oberkommando der Kriegsmarine angesichts der durch Hitlers Tod ausgelösten Lage verhielt. In gewisser Weise sollte er das informelle Äquivalent zu den Verbindungsoffizieren des Befehlshabers des Ersatzheeres bei verschiedenen Kommandobehörden bilden, wobei die eifersüchtig gehütete Eigenständigkeit der Marine es aber nicht zuließ, ihn offiziell als solchen zu bezeichnen. Dass er über das Verhalten der Marineführung laufend den Bendlerblock informieren sollte,[270] lässt erkennen, dass die Staatsstreichplanung davon ausging, auf solche Meldungen lageangemessen reagieren zu können.

Großadmiral Karl Dönitz, der Oberbefehlshaber der Kriegsmarine, ließ noch am Abend des 20. Juli 1944 Berthold Graf Stauffenberg verhaften; über ihn führte dann der Weg zu Kranzfelder und Sidney Jessen. Bezeichnenderweise sagte auch Kranzfelder aus, er habe die Brüder Stauffenberg nicht gemeldet, »da er sie als Menschen und als Kameraden geschätzt habe«[271] – auch im Offizierkorps der traditionsbewussten Kriegsmarine gab es Residuen eines geschützten Kommunikationsraumes. Stauffenberg und Kranzfelder wurden am 10. August 1944 zum Tode verurteilt und noch am selben Tag gehängt; Sidney Jessen überlebte, durch die Haft und die Misshandlungen gezeichnet.

---

[267] Zu Berthold Graf Stauffenberg siehe vor allem Hoffmann, Claus Schenk Graf von Stauffenberg und seine Brüder; und Meyer, Berthold Schenk Graf von Stauffenberg, S. 75–90.
[268] Gerrens, Rüdiger Schleicher, S. 106 f.
[269] Bericht Dr. Sydney Jessen (1946), Der Anteil der Kriegsmarine am Attentat, S. 8, IfZ, ZS A-29-II, Nr. 32; Hillmann, Der 20. Juli 1944 und die Marine, S. 32–35.
[270] Walle, Marineoffiziere im Widerstand, S. 495; Meyer, Berthold Schenk Graf von Stauffenberg, S. 73 f. – Auch dieser Umstand deutet darauf hin, dass die Planer des Umsturzes mit einer zumindest mehrtägigen Auseinandersetzung im Reich rechneten; siehe Kapitel VII.4.
[271] Walle, Marineoffiziere im Widerstand, S. 496 f.

IV. Das Militär im polykratischen System

Dass der »geschützte Kommunikationsraum« ansonsten in der Marine nicht mehr überall existierte, ist am Beispiel des Oberleutnants z.S. Oskar Kusch zu sehen: Kusch, U-Boot-Kommandant, hatte auf Feindfahrt unvorsichtige Bemerkungen über die Kriegsaussichten gemacht. Ein Angehöriger seiner Besatzung meldete ihn, und Kusch wurde wegen Wehrkraftzersetzung verurteilt und erschossen.[272] Unter einem breiten Verständnis des Widerstandsbegriffs wird man ihn und andere Marineangehörige, die Opfer der sich ständig verschärfenden NS-Repression und -Verfolgung wurden, auch dem »Widerstand« zurechnen.[273]

Die Kriegsmarine litt noch im Zweiten Weltkrieg (und lange danach) unter dem Trauma, dass die verhasste Revolution von 1918 von Matrosen in Kiel ausgegangen war. Kein Wehrmachtteil war so darauf bedacht, ähnliche Auflösungserscheinungen mit drakonischer Strenge zu unterbinden wie die Marine. War es bei der Luftwaffe eine überwiegend NS-affine Gesinnung, die eine nennenswerte Beteiligung an der Umsturzplanung verhinderte, so war es bei der an sich sehr konservativen Marine das Trauma von 1918, das jede Opposition verbot.

Der Staatsstreich vom 20. Juli 1944 ist ein Umsturzversuch von Teilen des Heeres, vor allem des Ersatzheeres, gewesen. Aber während im Heer die Verbitterung über die Konkurrenz von der SS und die »Bonzen« aus der Partei weit verbreitet war, wussten hier nur die wenigsten aus der Erkenntnis der vielfältigen Missstände die richtigen Konsequenzen zu ziehen. So trug nicht »das Heer« den Aufstand, sondern aus dem Heer einige wenige.

Es gab überzeugende militärische Gründe, weshalb sich Offiziere aus fachlichen Erwägungen heraus gegen ihren »Führer« stellen sollten, und diese Gründe haben viele Offiziere in gehobenen Stellungen durchaus gesehen. Doch nur die wenigsten waren dann bereit, aus dieser fachlichen Einsicht unter Einsatz des eigenen Lebens entsprechende Schritte abzuleiten.

---

[272] Walle, Die Tragödie.
[273] Wie etwa bei Walle, Marineoffiziere im Widerstand.

V. Militärische Experten: Der Generalstab des Heeres

1. Die traditionelle Rolle des Generalstabs und Becks Rücktritt 1938

Im November 1937 hatte Hitler das konkretisiert, was er schon 1933 kurz nach seinem Amtsantritt angekündigt hatte.[1] Der Staats- und Militärführung des Reiches legte er seine außenpolitischen Ziele dar und kündigte dabei an, »notfalls« mit Gewalt gegen die Tschechoslowakei vorzugehen.[2] Die deutsche Aufrüstung war angelaufen – auf Betreiben Becks und über Fromms Warnungen hinweg ohne außenpolitische Absicherung[3] –, aber, so Hitler, »die Zeit liefe Deutschland davon, die anderen Großmächte würden bald die augenblickliche deutsche Überlegenheit aufgeholt, ja überrundet haben«.[4] Obwohl in der Besprechung sowohl Außenminister von Neurath als auch Reichskriegsminister von Blomberg und der Oberbefehlshaber des Heeres von Fritsch massiv protestiert hatten, konkretisierte sich Hitlers Absicht im Verlauf des Winters 1937/38 und gewann durch den »Anschluss« Österreichs im März 1938 zusätzliches Gewicht. Immerhin lag der Schwerpunkt der nicht unerheblichen tschechoslowakischen Befestigungen an der Grenze zu Deutschland; die Grenze zu Österreich war weit weniger gut geschützt und bot den potenziell angreifenden Deutschen jetzt erhebliche offene Stellen.[5] Neurath, Blomberg und Fritsch verloren dann im Januar/Februar 1938 ihre Ämter und wurden durch Nachfolger ersetzt, von denen Hitler glaubte, sie würden seinem Kriegskurs weniger Widerstand entgegensetzen.

General der Artillerie Beck, Chef des Generalstabs des Heeres, war somit der prominenteste verbliebene Vertreter der Wehrmacht- und vor allem der Heeresführung, die die Aufrüstungsjahre seit 1933 geprägt hatte. Die Art und Weise, wie Hitler den verdienten Generaloberst von Fritsch auf der Basis von Gerüchten fallenließ, hat Beck zutiefst empört. Dass Hitler selbst das Reichskriegsministerium und den Oberbefehl über die Wehrmacht übernahm (siehe oben Kapitel IV.2), dass er sich mit Generalleutnant Keitel einen von Becks alten Rivalen als militäri-

---

[1] Steinbach, Zwischen Gefolgschaft, Gehorsam und Widerstand, S. 273.
[2] Messerschmidt, Außenpolitik und Kriegsvorbereitung, S. 618; Smith, Die Überlieferung der Hoßbach-Niederschrift.
[3] Kroener, Der starke Mann im Heimatkriegsgebiet, S. 241.
[4] Müller, Generaloberst Ludwig Beck, S. 14.
[5] Pfaff, Die Modalitäten der Verteidigung der Tschechoslowakei.

schen Bürovorsteher holte[6] und dann aufgrund einer Intrige Keitels den General der Artillerie von Brauchitsch zum Oberbefehlshaber des Heeres ernannte, obwohl Goebbels ihn selbst, Beck, für dieses Amt empfohlen hatte – das alles war die Konstellation, in der die Planungen für ein militärisches Vorgehen gegen die Tschechoslowakei wieder aufzunehmen waren.

Beck war fest davon überzeugt, dass Frankreich und Großbritannien eine gewaltsame Änderung der territorialen Ordnung von Versailles nicht dulden und im Falle eines deutschen Angriffs der Tschechoslowakei zur Hilfe kommen würden. Er hat daher gegen Hitlers kriegstreibende Planungen schon früh protestiert. Auf die Forschungskontroverse der 1980er Jahre zwischen Klaus-Jürgen Müller und Peter Hoffmann über die Einordnung dieser Proteste ist bereits oben hingewiesen worden.[7] Betrachtet man den Vorgang zunächst aus der Sicht der deutschen Militärgeschichte der Zwischenkriegsjahre sowie aus der Perspektive einer Geschichte des Machtsystems des Dritten Reiches, so ging es zunächst darum, Deutschland aus einem Krieg herauszuhalten, der nach fachlicher Bewertung des Generalstabschefs nicht gewonnen werden konnte, und andererseits darum, die Rolle des Generalstabs des Heeres als erstes Beratungsorgan der Staatsspitze festzuschreiben.

Beck hatte sich schon 1935 Blomberg gegenüber geweigert, einen Angriff auf die Tschechoslowakei auszuplanen (Unternehmen »Schulung«), allerdings vor allem deshalb, weil der Auftrag vom Wehrmachtamt gekommen war und Beck eine Unterordnung darunter ablehnte.[8] Er stand einem Krieg gegen das durch die Pariser Vorortverträge 1919 entstandene Land keineswegs grundsätzlich ablehnend gegenüber (es wäre anachronistisch, von einem Generalstabschef jener Zeit eine pazifistische Grundhaltung zu erwarten). Auch Rücksichten auf die völkerrechtliche Souveränität kleiner Staaten waren ihm wohl fremd.[9]

> »Krieg gehörte für Beck immer noch zu ›Gottes Weltordnung‹, war aber nicht unbedingt das einzige, sondern nur das letzte Mittel, nur die ›ultima ratio‹ der Politik. In dem Ziel der Herstellung einer deutschen Hegemonialstellung in Mitteleuropa glaubte er sich mit Hitler einig.«[10]

Aber Beck sah die von ihm betriebene Aufrüstungspolitik auch 1938 noch nicht als abgeschlossen an. Solange diese Voraussetzung nicht erfüllt war, hielt Beck einen Krieg – der sehr wohl die Westmächte auf den Plan rufen konnte – für unverantwortlich. Dass die Situation, in der das Reich sich jetzt befand, weitgehend auf die von ihm betriebene schnelle und zum Krieg drängende Aufrüstungspolitik zurückzuführen war, hat der in seinem operativen Denken befangene Beck selbst wohl nicht realisiert.[11]

In einem schriftlichen Kriegsspiel ließ er diese Perspektive ausführlich ausarbeiten, und auch wenn ihm diese Planübung nicht im vollen Umfang Recht gab,

---

[6] Müller, Generaloberst Ludwig Beck. Eine Biographie, S. 277.
[7] Siehe Kapitel II.3.
[8] Müller, Generaloberst Ludwig Beck. Eine Biographie, S. 229–236.
[9] Ebd., S. 235.
[10] Müller, Generaloberst Ludwig Beck, S. 13.
[11] Müller, Generaloberst Ludwig Beck. Eine Biographie, S. 332; Kettenacker, Der nationalkonservative Widerstand aus angelsächsischer Sicht, S. 712; Hürter, Hitlers Heerführer, S. 60; Kroener, Der starke Mann im Heimatkriegsgebiet, S. 257.

V. Militärische Experten

so blieb er gleichwohl bei seiner eigenen Einschätzung,[12] darin unterstützt vom Chef des Amtes Ausland/Abwehr, Canaris, der seinen Bereich anwies, die Stärke der tschechoslowakischen Armee und vor allem ihrer Landesbefestigung systematisch überzubewerten, um von einem Krieg abzuraten.[13]

Aus diesem Kontext stammen die immer wieder zitierten Sätze Becks. Zur Vorbereitung eines Vortrags bei seinem Oberbefehlshaber Brauchitsch notierte er am 16. Juli 1938:

> »Alle aufrechten und ernsten deutschen Männer in staatsverantwortlichen Stellungen müssen sich berufen und verpflichtet fühlen, alle erdenklichen Mittel und Wege bis zur letzten Konsequenz anzuwenden, um einen Krieg gegen die Tschechei abzuwenden, der in seinen Auswirkungen zu einem Weltkrieg führen muss, der das *finis Germaniae* bedeuten würde.
>
> Die höchsten Führer der Wehrmacht sind hierzu in erster Linie berufen und befähigt, denn die Wehrmacht ist das ausübende Machtmittel der Staatsführung in der Durchführung eines Krieges.
>
> Es stehen hier letzte Entscheidungen für den Bestand der Nation auf dem Spiel; die Geschichte wird diese Führer mit einer Blutschuld belasten, wenn sie nicht nach ihrem fachlichen und staatspolitischen Wissen und Gewissen handeln.
>
> Ihr soldatischer Gehorsam hat dort eine Grenze, wo ihr Wissen, ihr Gewissen und ihre Verantwortung die Ausführung eines Befehls verbietet.
>
> Finden ihre Ratschläge und Warnungen in einer solchen Lage kein Gehör, dann haben sie das Recht und die Pflicht vor dem Volk und der Geschichte, von ihren Ämtern abzutreten.
>
> Wenn sie alle in einem geschlossenen Willen handeln, ist die Durchführung einer kriegerischen Handlung unmöglich. Sie haben damit ihr Vaterland vor dem Schlimmsten, vor dem Untergang bewahrt.«[14]

Im Kontext einer Militärgeschichte des Widerstands muss auffallen, dass hier vom »fachlichen und staatspolitischen Wissen und Gewissen« die Rede ist – es geht also um militärfachliche und noch lange nicht um vorrangig moralische Argumente. Auch ist hier keineswegs von einem Aufstand, ja nicht einmal von einem »Generalstreik« die Rede, sondern allein von »Ratschlägen und Warnungen«. Damit bewegte sich Beck noch ganz im Rahmen klassischer Generalstabsarbeit.

Dass Beck aus diesem Rahmen aber schon ein Stück weit herauszutreten gewillt war, ergibt sich aus einem weiteren Absatz derselben Vortragsnotiz:

> »Für den Fall, dass es durch den Einspruch berufener Männer noch gelingen sollte, einen Krieg zu vermeiden, ist mit erheblichen innerpolitischen Spannungen zu rechnen. Man wird von radikaler Seite erklären, dass die Durchführung der Absichten des Führers an der Unfähigkeit der Wehrmacht und

---

[12] Hoffmann, Widerstand – Staatsstreich – Attentat, S. 99 f.; Hoffmann, Generaloberst Ludwig Becks militärpolitisches Denken, S. 116; Müller, Militärpolitik, nicht Militäropposition!, S. 362.
[13] Mueller, Canaris, S. 241.
[14] Vortragsnotiz Becks über mögliche innen- und außenpolitische Entwicklungen, insbesondere über das Verhalten der obersten militärischen Führung angesichts der Gefahr eines Krieges mit der Tschechoslowakei vom 16.7.1938, zit. nach Müller, General Ludwig Beck. Studien und Dokumente, S. 552 (Dok. 50).

ihrer Führer gescheitert ist. Erneute und verstärkte Diffamierungen werden einsetzen. Hier gilt es, ein wachsames Auge und Ohr zu behalten [...]
Man wird sich daher entschließen müssen, in unmittelbarer oder nachfolgender Verbindung mit einem Einspruch nunmehr eine klärende Auseinandersetzung zwischen Wehrmacht und SS herbeizuführen.«

Hier wird schon sichtbar, dass Beck die Partei und vor allem die SS als »radikale Seite« empfand, die Hitler in den Krieg treibe; eine innenpolitische Auseinandersetzung mit der SS zeichnete sich ab – aber eine Auseinandersetzung um Hitler, nicht gegen ihn.[15] In einem »Nachtrag« vom 19. Juli weitete Beck diese potenzielle innenpolitische Auseinandersetzung auf die Partei aus, die er als »Bonzokratie« hinstellte.[16]

Bei der Frage der Spitzengliederung ging es ja nicht um reine Ressorteitelkeiten; die Missachtung der im Generalstab des Heeres vereinigten Beratungskompetenz konnte konkrete und für das Reich höchst gefährliche Folgen haben. Doch ging es weniger darum, gegenüber Hitler ein an die Stelle des entmachteten Parlaments tretendes Gegengewicht zu schaffen,[17] sondern darum, durch sachgerechte Beratung folgenschwere außen- und militärpolitische Schritte zu verhindern.

Der noch recht neue Oberbefehlshaber des Heeres, Brauchitsch, sah sich nicht in der Lage, Becks Position Hitler gegenüber zu vertreten. Dieser wiederum hatte Beck zunehmend zum Ziel seiner beißenden Kritik gemacht, ihn als einen Vertreter des »Hunderttausend-Mann-Heeres« diffamiert, dabei allerdings übersehen, dass Beck sehr wohl der Architekt von Hitlers Aufrüstung gewesen war.[18] Beck, der um Hitlers Ausfälle gegen ihn wusste, reichte am 18. August 1938 seinen Rücktritt als Generalstabschef ein; Hitler nahm ihn am 21. August an, bestand aber darauf, dass er angesichts der außenpolitisch angespannten Lage nicht in der Öffentlichkeit bekanntwerden dürfe. Am Ende des Monats übergab Beck die Dienstgeschäfte an seinen designierten Nachfolger Halder.[19]

Mit einigen Passagen seiner Rede auf dem Nürnberger Reichsparteitag am 12. September 1938 eskalierte Hitler das gespannte Verhältnis zur Tschechoslowakei weiter. Die Entwicklung schien auf einen Krieg hinauszulaufen, und Frankreich ordnete eine Teilmobilmachung an; als »Hasardeur« bezeichnete Becks alter Vertrauter, der gerade zum neuen Oberquartiermeister I aufgestiegene Generalleutnant Carl-Heinrich von Stülpnagel, den »Führer«.[20] Erst das Einlenken der britischen und französischen Regierung im Zuge des vom italienischen »Duce« Mussolini vermittelten Münchener Abkommens vom 30. September erlaubte

---

[15] Müller, Generaloberst Ludwig Beck. Eine Biographie, S. 343 f.
[16] Müller, General Ludwig Beck. Studien und Dokumente, S. 556; Müller, Generaloberst Ludwig Beck. Eine Biographie, S. 345 f.
[17] So Hoffmann, Generaloberst Ludwig Becks militärpolitisches Denken, S. 106; dazu Müller, Militärpolitik, nicht Militäropposition!, S. 359.
[18] Müller, Generaloberst Ludwig Beck. Eine Biographie, S. 350.
[19] Ebd., S. 350–352.
[20] Müller, General Ludwig Beck. Studien und Dokumente, S. 15; Müller, Nationalkonservative Eliten zwischen Kooperation und Widerstand, S. 31; Roon, Widerstand und Krieg, S. 58; Stahl, General Karl-Heinrich von Stülpnagel, S. 241. Die Stülpnagel-Biografie von Bücheler, Carl-Heinrich von Stülpnagel, entspricht nicht wissenschaftlichen Standards und ist hagiografisch angelegt; siehe die Rezension dazu in MGM, 47 (1990), S. 242–245.

V. Militärische Experten

Hitler den außenpolitischen Erfolg einer »gewaltfreien« Besetzung des Sudetenlandes ab dem 1. Oktober 1938.

Dass Hitler letztlich seine Pläne für eine Annexion Österreichs und seine Aggressionspolitik gegenüber der Tschechoslowakei erfolgreich abschließen konnte, lag daran, dass ihm politische, wenn auch mit militärischen Drohgebärden untermauerte Pressionen gelangen. Becks Denken war – ganz in den Traditionen des deutschen Heeresgeneralstabs – auf die operative Ebene fokussiert gewesen; dass Hitler mit seiner hochgefährlichen Vabanque-Politik die politischen Voraussetzungen für seine Expansionen hätte schaffen können, hatte Beck nicht in Rechnung gestellt.

Beck hatte mit seinem Rücktritt als Chef des Generalstabes keineswegs seinen Abschied aus dem aktiven Dienst in der Armee nehmen wollen, im Gegenteil. Wie sich aus unlängst neu zugänglich gewordenen Briefen ergibt, hatte er mit Brauchitsch vereinbart, dass Beck Oberbefehlshaber einer Heeresgruppe werden sollte, was mit der Beförderung zum Generaloberst verbunden gewesen wäre. Daher blieb er zunächst nach dem Ausscheiden aus dem Amt aktiver Offizier. Am 18. Oktober allerdings richtete Brauchitsch einen handschriftlichen Brief an ihn:
»Es wird mir sehr schwer, heute an Sie zu schreiben und Ihnen mitzuteilen, dass ich nicht in der Lage bin, meine Ihnen ausgesprochene Absicht Ihrer Verwendung als Oberbefehlshaber der Heeresgruppe 3 durchzuführen. Obwohl der Führer seinerzeit mit Ihrer Ernennung zum Oberbefehlshaber der Heeresgruppe 3 einverstanden war, hat er sich jetzt dahin ausgesprochen, dass er erwarte, dass Sie die Folgerungen aus Ihrem Schritt im Juli ziehen werden.

Er ist der Auffassung, dass das Vertrauensverhältnis, wie es zwischen ihm und den Oberbefehlshabern der Heeresgruppen bestehen müsse, nicht in dem erforderlichen Umfange wiederhergestellt werden könne.«[21]
Das ließ Beck nur noch eine Option. Postwendend antwortete er Brauchitsch in schneidender Kürze:
»Bezugnehmend auf das mir zugegangene Schreiben v. 18.10.1938 bitte ich um meinen Abschied mit der gesetzlichen Pension. Beck, General der Artillerie.«[22]
Die Entlassungsurkunde kam daraufhin eine gute Woche später:
»Der General der Artillerie Beck [...] scheidet mit dem 31. Oktober 1938 [...] unter Verleihung des Charakters als Generaloberst sowie des Rechts zum Tragen der Uniform des Artillerie-Regiments 5 [...] aus dem aktiven Wehrdienst aus.«[23]

---

[21] Handschr. Schreiben ObdH (Generaloberst Walther von Brauchitsch) an Beck vom 18.10.1938, MHM, PSF 786 BBAR 7932. Klaus-Jürgen Müller stützt sich bei seiner Darstellung auf den Bericht, den Beck seinem Vertrauten Hoßbach brieflich über die Vorgänge erstattet hat (Müller, Generaloberst Ludwig Beck. Eine Biographie, S. 360 f. sowie Anm. 160 und 161). Die Originaldokumente hat Dr. Linda von Keyserlingk-Rehbein für das Militärhistorische Museum Dresden aus privater Hand erwerben können; dies gilt auch für die im Folgenden genannten Stücke aus dem Bestand MHM, PSF 786.
[22] Handschr. Schreiben Beck an ObdH GenO von Brauchitsch vom 19.10.1938, MHM, PSF 786 BBAV 5850.
[23] Entlassungsurkunde Beck Az. 21 c PA/GZ (I) GenStdH Nr. 3004/38 vom 28.10.1938, MHM, PSF 786 BBAR 7928.

Beck hatte diese Beförderung nicht haben wollen, sich aber auch hier Hitler nicht widersetzen können. Nach außen hin wurde es so dargestellt, als scheide er auf eigenen Wunsch aus, und Hitler ließ sich mit überschwänglichen Dankesworten zitieren.[24]

Becks Haltung war keineswegs unpolitisch. Er hatte Hitlers Reden von der Zwei-Säulen-Theorie geglaubt und war davon ausgegangen, dass diese seinem eigenen Verständnis davon entsprach, wie sich Staat, Armee und Gesellschaft zueinander verhalten sollten.[25] Dieses Selbstverständnis seiner Rolle als Generalstabschef sah Beck durch die Kriegstreiberei des »Führers« zunehmend in Frage gestellt. Seine Vorstellung, die Generalität des Heeres könnte durch einen gemeinsamen Auftritt bei Hitler eine Änderung von dessen Politik erzwingen, übersah zwei wesentliche Punkte: Einerseits hatte es das einheitliche Offizierkorps, das dafür erforderlich gewesen wäre, vermutlich schon in der Ära Seeckt nie gegeben; schon damals waren die konzeptionellen Unterschiede zu groß. Die durch Hitlers polykratischen Führungsstil weiter angefachten persönlichen Rivalitäten (etwa zwischen Beck, Keitel und Fromm) taten ein Übriges, eine einheitliche Haltung zu verhindern.

Andererseits war die Annahme abwegig, es sei die »mildere« Form von Widerstand, durch ein nicht-gewaltsames Auftreten den »Führer« zu etwas zwingen zu können. Dieser Topos hielt sich, wie noch zu zeigen sein wird, bis zu Rommels und Kluges Denkschrift an Hitler vom Juli 1944. Ein Diktator, der sich von seinen Generalen ein Ultimatum stellen lässt, hört auf, ein Diktator zu sein. Auch wenn Bock oder Kluge, Manstein oder Guderian sich zu so etwas bereitgefunden hätten – eine Lösung gegen Hitlers Willen war systemimmanent schon 1938 nicht mehr denkbar, sondern konnte nur durch einen Sturz des Diktators bewerkstelligt werden.

Im Vorfeld des Münchener Abkommens kam es dann allerdings zu der ersten konkreten Planung für einen militärischen Umsturzversuch.[26] Erste Ansätze für eine Umsturzlösung hatte es bereits im Mai 1938 gegeben. Beck, der damals noch seinen Denkschriftenkrieg gegen Hitlers Politik verfolgte, verweigerte sich allerdings dem Ansinnen des Obersten Hans Oster vom Amt Ausland/Abwehr, mit Gewalt gegen Hitler vorzugehen.[27]

Die nationalkonservativen Verschwörer, darunter viele Offiziere, hatten sich 1938 vorgenommen, Hitler vor der Auslösung des großen europäischen Krieges in den Arm zu fallen. Die Absicht, den Versailler Vertrag auch hinsichtlich der Entstehung der Tschechoslowakei zu revidieren, machte einen Kernbestand der oft zitierten »Teilidentität der Ziele«[28] zwischen den Nationalsozialisten und

---

[24] Müller, Generaloberst Ludwig Beck. Eine Biographie, S. 360 f.
[25] Ebd., S. 108.
[26] Zu der Umsturzplanung von 1938 gibt es eine Darstellung bei Hoffmann, Widerstand – Staatsstreich – Attentat, S. 69–225, sowie eine frühe monografische Darstellung: Deutsch, Das Komplott. Wichtige Angaben finden sich bei Thun-Hohenstein, Der Verschwörer, S. 81–133. Das Buch des amerikanischen Historikers Parssinen, Die vergessene Verschwörung, aus dem Jahre 2008 ist in Deutschland verhalten aufgenommen worden; siehe etwa die vernichtende Kritik von Sven-Felix Kellerhoff in der »Welt« vom 3.9.2008.
[27] Thun-Hohenstein, Der Verschwörer, S. 89 f.
[28] Der Begriff nach Messerschmidt, Die Wehrmacht im NS-Staat, S. 1; inhaltlich siehe auch Hoffmann, Generaloberst Ludwig Becks militärpolitisches Denken, S. 108 f.

V. Militärische Experten

den konservativen Eliten aus. In der Verschwörung gegen den Krieg im Jahre 1938 trafen zwei Motivgruppen zusammen. Zum einen gab es eine Gruppe von Verschwörern, die sich an den sozialrevolutionären Tendenzen im nationalsozialistischen Regime störten; »pöbelhafte Methoden« war ein Begriff, der die Entmachtung der großen Wirtschaftsführer ebenso umfassen konnte wie das gewalttätiger werdende Vorgehen gegen die deutschen Juden. Diese Gruppe von Hitlergegnern beabsichtigte, die auf die Spitze getriebene Kriegsgefahr zu nutzen, um sich des »Führers« zu entledigen. Zu diesen konsequenten konservativen Hitlergegnern von Anfang an gehörte etwa der Gutsbesitzer Ewald von Kleist-Schmenzin, der angesichts der expansiven Rhetorik Hitlers und schon vor den ersten Anzeichen einer Aggression gegen die Tschechoslowakei Ende März den britischen Journalisten Ian Calvin drängte, seine Regierung zu einer starren Haltung gegenüber Hitler-Deutschland zu bewegen.

Zum anderen aber gab es jene, vor allem innerhalb der deutschen Diplomatie und im Generalstab des Heeres, die für den Fall einer kriegerischen Verwicklung im Südosten das Eingreifen Frankreichs und Großbritanniens für unausweichlich hielten. Sie waren fest überzeugt, Deutschland könne einen solchen Zweifrontenkrieg nicht gewinnen. Ihnen – mit Beck an ihrer Spitze – schien es nicht möglich, die hoch gerüstete und gut befestigte Tschechoslowakei militärisch zu schlagen, bevor Frankreich im Westen seine überlegene Militärmacht einsetzen konnte. Aber selbst in diesem Fall sei Deutschland unter Berücksichtigung rüstungswirtschaftlicher und militärpolitischer Faktoren nicht in der Lage, den sich ergebenden langen Krieg gegen die Westmächte durchzuhalten. Diese Überlegung führt dazu, die Kontakte vor allem nach Großbritannien zu verstärken und in einer Vielzahl von Initiativen die Londoner Regierung zu bestürmen, Hitlers territorialen Ansprüchen gegenüber fest zu bleiben. Die dramatischste Mission war wohl die Reise Kleists nach London in der zweiten Augusthälfte 1938. Aber auch er stieß nur bis zu mittleren Beamten des Foreign Office vor; es gelang ihm nicht, Premierminister Sir Neville Chamberlain von seiner Appeasement-Politik abzubringen. Der deutsche Diplomat Theodor Kordt erreichte zumindest ein Gespräch mit Außenminister Lord Halifax, konnte aber in der Sache ebenso wenig bewegen.[29]

Die nationalkonservative politische Ausrichtung des Widerstands erschwerte alle diese Avancen. Die nationalkonservative Opposition um Goerdeler verfolgte letztlich ebenso eine Revision der territorialen Veränderungen nach dem Ersten Weltkrieg; Goerdeler ließ sogar über seine Kontakte im Foreign Office die »Kolonialfrage« anschneiden.[30] In Paris wie in London war damit nicht klar, warum man die einen Revisionisten (Goerdeler, Ernst von Weizsäcker) gegen den anderen (Hitler) unterstützen sollte. Robert Vansittart, Berater im britischen Außenministerium, nannte Goerdeler gar einen »Strohmann für die deutsche militärische Expansion«.[31]

Oster hatte inzwischen mit dem General der Infanterie Erwin von Witzleben, Kommandierender General des III. Korps und damit Befehlshaber im Wehrkreis III (Berlin), den geeigneten Kopf für eine militärische Umsturzplanung

---

[29] Hoffmann, Widerstand – Staatsstreich – Attentat, S. 87; Mommsen, Neuordnungspläne, S. 192.
[30] Mommsen, Carl Friedrich Goerdeler, S. XLIV.
[31] Klemperer, Die verlassenen Verschwörer, S. 114 f.

gewonnen.[32] Witzleben wiederum verließ sich vor allem auf den Kommandeur der ihm unterstellten 23. Infanteriedivision in Potsdam, Generalmajor Walter von Brockdorff-Ahlefeldt; zu der Division gehörte auch das Infanterieregiment 9 (ebenfalls in Potsdam), aus dem später eine Vielzahl der militärischen Verschwörer während des Krieges hervorgingen.[33] Der Grundgedanke des Umsturzes war, mit den im Großraum Berlin verfügbaren Truppen die Macht zu übernehmen sowie Hitler und die anderen NS-Führer zu verhaften und vor ein Gericht zu stellen. Die praktischen Planungen waren 1938 durchaus noch unvollkommen, ja muteten Zeitgenossen fast amateurhaft an;[34] von einer kalendermäßigen Vorbereitung konnte keineswegs die Rede sein.

Die Literatur berichtet von einer »Verschwörung in der Verschwörung«[35] und bezieht sich dabei vor allem auf die von Hans-Bernd Gisevius überlieferte und von der Forschungsliteratur teilweise aufgenommene Version. Danach sollte der frühere Freikorpskämpfer und Angehörige der »Organisation Consul«, Friedrich-Wilhelm Heinz, einen Stoßtrupp bilden, der Hitler aber bei seiner Verhaftung erschießen würde. Heinz war dafür der geeignete Mann; er war schon an der Ermordung von Reichsaußenminister Walther Rathenau 1922 beteiligt gewesen.[36] Deutlich wird allerdings, dass zumindest einige Verschwörer schon 1938 einen Umsturz mit militärischen Mitteln gegen einen lebenden Hitler nicht mehr für durchführbar hielten.

Insgesamt markiert Hitlers Durchsetzung seiner Entscheidung zum Krieg gegen die versammelten diplomatischen und militärischen Eliten, dass es ihm gelungen war, seine Position als alleinige Entscheidungsinstanz so weit zu festigen, dass jede Form von Einhegung illusorisch geworden war. Der Auflösung staatlicher Entscheidungsmechanismen entsprach das Fehlen einer wie auch immer gearteten organisierten zivilen oder militärischen Opposition.[37]

Grundsätzlich basierte die militärische Planung des Unternehmens auf dem Prinzip von Befehl und Gehorsam. Auch nach fünf Jahren nationalsozialistischer Herrschaft, einer erheblichen Vergrößerung der Wehrmacht und ersten Versuchen des »Führers«, die Armee von innen heraus zu verändern, gingen Witzleben und Brockdorff-Ahlefeldt offenbar davon aus, dass die Truppe auf ihren Befehl hin marschieren werde, selbst wenn es gegen die NS-Regierung ging und sich die eigentlichen Spitzen der Wehrmacht zumindest im Vorhinein der Konspiration versagten.[38] Einzig für den Generaloberst Fedor von Bock ist bereits für diese

---

[32] Hoffmann, Widerstand – Staatsstreich – Attentat, S. 116.
[33] Finker, Das Potsdamer Infanterieregiment 9 und der konservative militärische Widerstand; Klausa, Preußische Soldatentradition.
[34] Einzelheiten bei Hoffmann, Widerstand – Staatsstreich – Attentat, S. 119–132; gestützt auf den (allerdings durchgängig militärkritischen) Gisevius, Bis zum bittern Ende, Bd 2, S. 63 f.
[35] Zit. bei Hoffmann, Widerstand – Staatsstreich – Attentat, S. 125; siehe auch Müller, Nationalkonservative Eliten zwischen Kooperation und Widerstand, S. 39 f.
[36] Meinl, Nationalsozialisten gegen Hitler, S. 42–65; Thun-Hohenstein, Der Verschwörer, S. 107 f.
[37] Kershaw, Hitler 1936–1945, S. 93.
[38] Schieder, Zwei Generationen, S. 444. Vereinzelt finden sich allerdings Hinweise, dass die Verschwörer schon 1938 beabsichtigten, zur Sicherstellung der Loyalität der eingesetzten Heerestruppen den Staatsstreich als eine Reaktion auf einen Putsch der SS darzustellen: Hoffmann, Widerstand – Staatsstreich – Attentat, S. 118; Gisevius, Bis zum bittern Ende, Bd 2, S. 62 f.; Fest, Staatsstreich, S. 111.

V. Militärische Experten

frühe Zeit eine Bemerkung überliefert, seine eigenen Soldaten würden ihn niederschießen, falls er sie gegen Hitler einsetzen wolle.[39]

Alle diese Überlegungen fielen in sich zusammen, als die britische und die französische Regierung Hitler entgegenkamen und im Münchener Abkommen vom 30. September 1938 die Einverleibung großer Teile des tschechoslowakischen Staatsgebietes zugestanden. Letztlich gelang es weder, den Krieg zu verhindern, noch unter Ausnutzung der Kriegsfurcht den Diktator zu stürzen. Das Münchener Abkommen verlieh Hitler großes außenpolitisches Prestige und vereitelte den ersten ernstzunehmenden Versuch, das nationalsozialistische Regime zu beseitigen – ein Jahr vor Ausbruch des Zweiten Weltkrieges. Mehr noch: Die Erfahrung der Nachgiebigkeit der Westmächte lähmte alle weiteren Überlegungen hinsichtlich militärischer Umsturzplanungen vor dem Kriegsausbruch 1939.[40] Letztlich blieb die Fixierung aller Umsturzplanungen auf ein Entgegenkommen der Westalliierten, besonders der Briten, eine der Schwachstellen der zivilen wie militärischen nationalkonservativen Opposition.

Widerstand der nationalkonservativen Eliten entwickelte sich zeitlich und personell in einem gewissen Kontinuum aus systemkonformem Alternativdenken oder systemimmanenter Opposition heraus. Gleichwohl ließ spätestens die Entwicklung des Jahres 1938 mit ihren tiefen Veränderungen der Rolle der bewaffneten Macht im Gefüge des Reiches sowie mit der durch diese Veränderung wesentlich erleichterten verantwortungslosen Kriegspolitik Hitlers den Kern der Verschwörer eindeutig die Grenze zum potenziell systemsprengenden Widerstand überschreiten.[41]

Ein weiteres Element, das sich bereits hier zeigte, war die Abhängigkeit der Staatsstreichplanungen von der Haltung des Auslands. Alle Planungen verließen sich hierbei letztlich auf die britische und in geringerem Maße auf die französische Regierung. Unnachgiebigkeit des westlichen Auslands gegenüber Hitler war die Voraussetzung, um unter Hinweis auf die drohende Kriegsgefahr einen Umsturz begründen zu können. Die Abhängigkeit von der Haltung des westlichen Auslands ebenso wie vom Funktionieren klassischer militärischer Befehlsstrukturen unter Absehung von ideologischen Faktoren zieht sich von 1938 an wie ein roter Faden durch die Geschichte des deutschen Widerstands.[42] Der Kopf der Umsturzplanung, Witzleben, war zwar in den entscheidenden Monaten des Jahres 1938 gesundheitsbedingt ausgefallen.[43] Die Annahme, der Ausfall der zentralen Führungsgestalt sei der zentrale Faktor gewesen, wie es Joachim Fest in seiner personenzentrierten Herangehensweise an den Widerstand unterstellt,[44] muss aber hinter den Rahmenbedingungen militärischen oppositionellen Handelns als Begründung allemal zurücktreten.

---

[39] Krausnick, Vorgeschichte, S. 234; siehe auch Kroener, Der starke Mann im Heimatkriegsgebiet, S. 216.
[40] Siehe auch die bei Young, Die X-Dokumente, ausgebreiteten Quellen; sowie dazu Mommsen, Carl Friedrich Goerdeler, S. XLIV f.
[41] Müller, Nationalkonservative Eliten zwischen Kooperation und Widerstand, S. 37 f.; und Schieder, Zwei Generationen, S. 443.
[42] Hoffmann, Widerstand – Staatsstreich – Attentat, S. 125 f., 132; Fest, Staatsstreich, S. 111; Wentker, Der Widerstand gegen Hitler und der Krieg, S. 7.
[43] Mueller, Generalfeldmarschall Erwin von Witzleben, S. 266.
[44] Fest, Staatsstreich, S. 139.

Beck hat 1938 noch nicht den Weg von einer systemimmanenten Alternativpolitik hin zu einer systemsprengenden Militäropposition gefunden.[45]

»Zur gleichen Zeit, da Beck den Kriegsabsichten Hitlers mit Denkschriften entgegenzutreten und dann den Oberbefehlshaber des Heeres, Walther v. Brauchitsch, vergeblich als Leiter eines Generalsstreiks zu gewinnen suchte, arbeitete eine Gruppe von Offizieren in der Abwehrabteilung des Oberkommandos der Wehrmacht verzweifelt an Attentats- und Staatsstreichplänen. Aber diese Gruppe verfügte nicht über ein einziges Regiment, und da somit die Staatsstreichplanung nicht konkret werden konnte, blieb auch der an sich nicht schlecht vorbereitete Attentatsplan notwendigerweise bloße Absicht.«[46] Diese Parallelität aber änderte sich. 1938 hat Beck erste Verbindungen zu Mitverschwörern aufgebaut, die – ähnlich wie er – dann zu einem späteren Zeitpunkt vom Kampf *um* Hitler zum Kampf *gegen* Hitler gewechselt sind. Noch 1939 aber verfestigte sich bei den oppositionell gesinnten Offizieren der Eindruck, Hitlers Kriegspolitik sei darauf zurückzuführen, dass er »fest im Griff seiner SS-Berater« sei.[47]

Nur wenige der an der Verschwörung vom Herbst 1938 Beteiligten blieben in ihrer Bereitschaft zum Handeln gegen das NS-System unbeirrt. Zu ihnen gehörten insbesondere der Kern der Opposition im Amt Ausland/Abwehr um Oberst Oster, des Weiteren General der Infanterie Olbricht, der neue Amtschef des Allgemeinen Heeresamtes. Hitlers schon früh bekundete, dann immer wieder verschobene Absicht, im Westen anzugreifen und dabei die Neutralität der Beneluxstaaten zu missachten, schien ein weiterer Schritt in den Abgrund. Treibende Kraft war in dieser Phase Becks Nachfolger als Chef des Generalstabes, General der Artillerie Halder.[48] Halder allerdings schwankte stark, vor allem nachdem die erhoffte Rückendeckung durch seinen Oberbefehlshaber Brauchitsch ausgeblieben war.[49] Beck gegenüber lehnte er einen »Kapp-Putsch« ab, und Goerdeler erklärte er brieflich, einen Umsturz während des Krieges könne man nicht verantworten.[50] Im Gespräch mit Oberstleutnant Helmuth Groscurth von der »Abwehr« ging Halder so weit zu sagen, wenn die »Abwehr« einen Putsch wolle, solle sie ihn selber machen. Dabei habe Halder ihm doch selbst erklärt, er trage ständig eine Pistole, um Hitler über den Haufen schießen zu können, notierte Groscurth entgeistert in sein Tagebuch.[51] Als Ende März 1940 der Außenpolitiker der zivilen Opposition, Ulrich von Hassell, bei Halder vorsprechen wollte, um den »X-Plan« über Geheimverhandlungen mit den Westalliierten im Vatikan mit ihm zu besprechen, weigerte der Generalstabschef sich, ihn zu empfangen.[52]

Die Oberbefehlshaber der deutschen Armeen waren zutiefst beunruhigt durch Hitlers Forderung, noch im Herbst 1939 Frankreich anzugreifen. Sie wussten

---

[45] Müller, Generaloberst Ludwig Beck, S. 15.
[46] Graml, Die Wehrmacht im Dritten Reich, S. 371.
[47] Mueller, Canaris, S. 284 f.
[48] Hoffmann, Widerstand – Staatsstreich – Attentat, S. 169; Hartmann, Halder, S. 162–172. Wenig hilfreich dagegen das Bändchen Ueberschär, Franz Halder.
[49] Groscurth, Tagebücher, S. 224 f. (5.11.1939).
[50] Ueberschär, Militäropposition gegen Hitlers Kriegspolitik, S. 351.
[51] Groscurth, Tagebücher, S. 246 f. (14.2.1940).
[52] Hoffmann, Widerstand – Staatsstreich – Attentat, S. 210.

V. Militärische Experten 121

um die mangelnde Vorbereitung und die möglichen Folgen des Winterwetters.[53] Selbst ein als »nationalsozialistisch« eingestufter General wie Walter von Reichenau versuchte, Goerdeler dazu zu bringen, den Angriffstermin an die Alliierten zu verraten und so Hitlers Pläne zu durchkreuzen.[54] Generalmajor Oster ging einen Schritt weiter und informierte im Vorfeld des deutschen Angriffs auf Frankreich, Belgien und die Niederlande den niederländischen Verteidigungsattaché, Oberst Bert Sas, über die von Hitler festgesetzten Angriffstermine. Allerdings führte die wiederholte Verschiebung des Termins dazu, dass Sas' Meldungen in Den Haag zunehmend weniger Glauben fanden und nicht in eine erhöhte Kriegsbereitschaft der niederländischen Armee mündeten.[55] Auch waren selbst die Niederländer als potenzielle Nutznießer von Osters Handeln geneigt, ihn moralisch abzuqualifizieren; der Oberbefehlshaber der niederländischen Armee, General Henri Winkelmann, bezeichnete ihn als einen »erbärmlichen Kerl«.[56]

Die militärischen Erfolge schienen Hitler in den Augen der meisten Nationalkonservativen zu legitimieren. Immerhin hatte er erreicht, wofür auch sie standen: die Revision der territorialen Folgen des Versailler Vertrages, den Sieg gegen Polen und dann gegen Frankreich, all das innerhalb kürzester Zeit und mit vergleichsweise geringen Verlusten. Kaum ein höherer Offizier war noch bereit, während eines erfolgreich geführten Krieges gegen das Staatsoberhaupt vorzugehen.[57] Das galt umso mehr, als es keinerlei Zusicherungen der Kriegsgegner gab, wie sie sich während eines möglichen Putsches verhalten, insbesondere, ob sie diese Übergangssituation nicht ausnutzen würden.[58] Nur wenige ließen in ihrer Entschlossenheit nicht nach, darunter Beck, Oster, Gisevius und Groscurth. Ihnen war es jedoch jetzt nicht mehr darum zu tun, die schlimmsten Auswirkungen des NS-Regimes zu verhindern: »Der Übergang von einer Alternativpolitik zu einer Fundamentalopposition wird allmählich erkennbar [...] Es ging jetzt nicht mehr um system-immanenten Machtkampf, sondern nur noch um Umsturz.«[59]

Im Mittelpunkt standen vor allem ein gewaltsames Vorgehen gegen ein weiteres Ausgreifen von SS und Gestapo in den militärischen Bereich: »Angestrebtes Ziel war nicht die grundsätzliche Veränderung des Regimes, sondern – über die Rehabilitierung des Generalobersten von Fritsch – die Sicherung und Verstärkung der Machtstellung der Armee innerhalb des Systems.«[60] Allerdings zogen sich mit Generalstabschef Halder die meisten hochrangigen Unterstützer zurück, was den Handlungsspielraum der wenigen Verbliebenen noch weiter einengte; woher die

---

[53] Messerschmidt, Militärische Motive, S. 107.
[54] Simms, Walther von Reichenau, S. 436.
[55] Thun-Hohenstein, Der Verschwörer, S. 98 f., 152–157, 191–193.
[56] Graml, Der Fall Oster, S. 39, gestützt auf eine Aussage von Sas vor einer niederländischen Enquête-Kommission 1948; siehe dazu auch Hoffmann, Widerstand – Staatsstreich – Attentat, S. 218 f.
[57] Mommsen, Der Widerstand gegen Hitler und die deutsche Gesellschaft, S. 6; Ueberschär, Militäropposition gegen Hitlers Kriegspolitik, S. 360; Hoffmann, Widerstand – Staatsstreich – Attentat, S. 185 f.
[58] Hoffmann, Widerstand – Staatsstreich – Attentat, S. 148, 161, 169.
[59] Müller, Nationalkonservative Eliten zwischen Kooperation und Widerstand, S. 41; Graml, Militärischer Widerstand, S. 87. Siehe aber auch kritisch zu dieser Position Klemperer, Nationale oder internationale Außenpolitik, S. 642.
[60] Müller, Nationalkonservative Eliten zwischen Kooperation und Widerstand, S. 33.

militärischen Machtmittel für einen Umsturz kommen sollten, war nicht zu erkennen.[61]

Hitlers Entscheidung, anders als im Ersten Weltkrieg das Militär nicht mit der Exekutive im Reich zu betrauen,[62] beraubte die Heeresführung wichtiger Machtmittel, etwa des Zugriffs auf die Deutsche Polizei. Übernahm das Militär mit Kriegsbeginn im September 1939 in den besetzten Gebieten wie selbstverständlich die vollziehende Gewalt, so wurde ihm diese möglichst bald wieder genommen, nicht zuletzt, weil aus dem Militär Proteste gegen die Gewaltmaßnahmen an der Bevölkerung kamen. Das waren alles Entwicklungen, die aus der Sicht traditionsbewusster Heeresoffiziere eine Entmachtung des Militärs zugunsten der Parteiherrschaft bedeuteten.[63] Dabei ging es nicht nur um Machtspiele:

»Für General Beck war beispielsweise 1938 die leichtfertige und schludrige Sachplanung und Entscheidungsfindung im Vorfeld des Entscheidungsprozesses über Krieg und Frieden schon eine Frage der Moral, die seiner Sachkontroverse mit Hitler über die geeignetere Militärpolitik die besondere Schärfe verlieh. Er fand es einfach unmoralisch, dass Hitler in einer Frage von Krieg und Frieden, Leben und Tod, nicht den dafür ausgebildeten und kompetenten Fachleuten des Generalstabes die Sachplanung überließ, sie nicht einmal konsultierte, sondern in dieser zentralen Frage selbst dilettantisch sich Beurteilungs- und Entscheidungskompetenzen anmaßte.«[64]

Die Überlegungen zu einem Staatsstreich im Herbst 1938 hatten bereits erkennen lassen, wie schwierig ein solches Unterfangen unter den Bedingungen des Dritten Reiches werden konnte. Nicht nur, dass man sich bereits zu diesem Zeitpunkt der Verbände der Wehrmacht angesichts des großen Zustroms ideologisch »zuverlässiger« junger Offiziere und Mannschaften nicht mehr sicher sein konnte – mit den vielfältigen bewaffneten Verbänden und Dienststellen der SS, der Geheimen Staatspolizei, des berüchtigten »Sicherheitsdienstes« der SS (des SD) sowie den Restbeständen der SA waren dem Heer im Reichsgebiet eine ganze Reihe gefährlicher Gegner erwachsen. Die Planer des Umsturzes, unter ihnen waren Oster, Gisevius, Schacht, Witzleben und Halder, glaubten sogar eine äußerst geschickte Dislozierung der vermutlich systemtreuen Kräfte zur gezielten Verhinderung eines Militärputsches zu erkennen.[65]

Die Generale hatten gefordert, das Wehrwirtschaftsamt unter Generalleutnant Georg Thomas zu einer Art »Generalstab einer Kriegswirtschaft« auszubauen, aber das polykratische Konzept einer weitgehenden Selbstverwaltung der Rüstungswirtschaft setzte sich auch hier durch.[66] Die Vielfalt der Instanzen und Kompetenzen in der inneren Verwaltung, der Rüstungssteuerung, im Manage-

---

[61] Hoffmann, Widerstand – Staatsstreich – Attentat, S. 185 f.; Mommsen, Die Stellung der Militäropposition, S. 120; Fest, Staatsstreich, S. 130; Kroener, Der starke Mann im Heimatkriegsgebiet, S. 360. Zu Halder insgesamt Hartmann, Halder, durch das die frühere Darstellung Schall-Riaucourt, Aufstand und Gehorsam, überholt ist. Siehe auch Roon, Widerstand und Krieg, S. 60 f.
[62] Schönrade, General Joachim von Stülpnagel, S. 138. Siehe oben Kapitel IV.2.
[63] Stahl, Generaloberst Johannes Blaskowitz, S. 22.
[64] Müller, Nationalkonservative Eliten zwischen Kooperation und Widerstand, S. 31.
[65] Gisevius, Bis zum bittern Ende, Bd 2, S. 63 f.; Hoffmann, Widerstand – Staatsstreich – Attentat, S. 94, 119.
[66] Müller, Die Mobilisierung der deutschen Wirtschaft, Zitat S. 371.

ment der personellen Ressourcen, weiter oben unter dem Aspekt einer verbesserten Kriegsspitzengliederung bereits als Motiv für militärischen Widerstand betrachtet, erschwerte zugleich eine gewaltsame Machtübernahme des Heeres. Ein Militärputsch zur Zusammenfassung aller Kräfte für den Kriegseinsatz sei bereits Ende 1941, so Hauptmann Gehre und Generalquartiermeister Wagner vor der Gestapo, als »Allheilmittel« gegen die Zersplitterung der Kriegsanstrengungen angesehen worden.[67]

Allerdings kam nun – und zwar beginnend mit dem deutschen Angriff auf Polen – ein weiterer Aspekt oppositioneller Tätigkeit hinzu: Im Amt Ausland/Abwehr liefen sehr bald die ersten Informationen über die von Deutschen begangenen Gräueltaten ein. Anders als etwa der greise, aber noch immer populäre Generalfeldmarschall August von Mackensen oder der Befehlshaber der Besatzungstruppen in Polen, Generaloberst Johannes Blaskowitz, erhoben die Verschwörer jedoch keinen Protest. Wie sich bei Mackensen und Blaskowitz zeigte, waren solche Proteste auch aussichtslos.[68] Stattdessen begann jetzt Hans Dohnanyi im Auftrag Osters und unter Verstoß gegen die Grenzen dessen, was der »Abwehr« nach einer Absprache mit dem Sicherheitsdienst der SS vom Januar 1935 noch erlaubt war,[69] ein innenpolitisches Informantennetz aufzubauen und mit dessen Hilfe belastendes Material über die Untaten zu sammeln, mit dem nach erfolgtem Umsturz Prozesse gegen die Täter durchgeführt werden sollten.[70] Schon die Ausschreitungen gegen reichsdeutsche Juden am 9. November 1938 hatten viele Nationalkonservative verschreckt. Oberregierungsrat Peter Graf Yorck von Wartenburg, zunächst im Kreisauer Kreis und nach dessen Zerschlagung in der Staatsstreichplanung um Stauffenberg tätig, gab bei seiner Vernehmung durch die Gestapo an, »die über die Nürnberger Gesetze hinausgehenden Ausrottungsmaßnahmen gegen das Judentum und das Vorgehen, welches wir teilweise in den besetzten Gebieten an den Tag legten«, hätten ihn dem NS-Regime entfremdet.[71] Die Nürnberger Gesetze selbst, so muss man daraus entnehmen, fanden keine vergleichbare Missbilligung, aber selbst damit repräsentierte Yorck damals wohl nur eine Minderheit. Die Verbrechen in Polen und später in der Sowjetunion ebenso wie die systematische Deportation und Ermordung der deutschen und europäischen Juden steigerten die moralische Empörung bei diesen wenigen noch weiter.

Das Scheitern der Umsturzpläne und insgesamt die Art, wie das Heer sich wiederholt Hitlers Kriegstreibereien und personellen Zumutungen widerstandslos ergeben hatte, zeigten eine Machtverschiebung im Reich auf. War das Militär bisher eine eigenständige, als »Staat im Staate« fungierende Machtelite gewesen,

---

[67] Spiegelbild einer Verschwörung, S. 335 (1.9.1944).
[68] Stahl, Generaloberst Johannes Blaskowitz, S. 22 f.; Ludewig, Generaloberst Johannes Blaskowitz, S. 12–14; Schwarzmüller, Generalfeldmarschall August von Mackensen, S. 370–372. Zur Rolle von Oberstleutnant d.G. Groscurth siehe Messerschmidt, Militärische Motive, S. 1023.
[69] Mühleisen, Das letzte Duell, S. 399.
[70] Dohnanyi, Mir hat Gott keinen Panzer ums Herz gegeben, S. 22; Smid, Hans von Dohnanyi, S. 145; keine Erwähnung dagegen bei Chowaniec, Der »Fall Dohnanyi«. Zur Einordnung siehe Müller, Generaloberst Ludwig Beck. Eine Biographie, S. 292.
[71] Spiegelbild einer Verschwörung, S. 110 (31.7.1944).

so sank es jetzt zu einer reinen Funktionselite – neben anderen Akteuren des Dritten Reiches – herab.[72]

2. Beratung im Kriege: Zahlen oder fanatischer Glaube?

Die Frage einer zweckmäßigen Spitzengliederung ist bereits angeschnitten worden (siehe oben Kapitel IV.2). Die Frage einer angemessenen und sachgerechten Beratung des »Führers« vor zu treffenden Entscheidungen hängt teilweise damit zusammen, ist mit dem Problem der Spitzengliederung aber nicht identisch und soll daher hier gesondert betrachtet werden. Dabei ist voranzuschicken, dass Hitler nach dem Urteil seiner engsten Umgebung keineswegs der Beratung bedurfte. Er bevorzugte das Oberkommando der Wehrmacht als seinen Führungsstab, was nicht zuletzt damit zusammenhing, dass, nach Keitels und Jodls Ansicht, »es dem Begriff des autoritären Führerstaates [entsprach], dass das Staatsoberhaupt in [...] allen Zweigen der Staatspolitik führte, d.h. befahl«.[73] Treffender lässt sich seine »subalterne Loyalität«[74] nicht beschreiben.

Der Gegensatz zwischen »Operateuren« und »Logistikern« setzte sich in der Frage fort, wie lange das Reich den Kriegsanstrengungen noch gewachsen sein würde.[75] Wenn Stauffenberg seinem Vertrauten Kuhn gegenüber später äußerte, der Krieg gegen die Sowjetunion sei von Anfang an logistisch nicht abgesichert gewesen,[76] dann ist das eine Einsicht, die sich aus seiner Erfahrung in der für die personelle Ersatzgestellung verantwortlichen Organisationsabteilung des Generalstabs des Heeres speiste.

Im Oktober 1941 zeichnete sich ab, dass der Krieg gegen die Sowjetunion nicht so schnell wie gedacht beendet sein würde. Weitere Personalzuführungen wurden notwendig. Der Befehlshaber des Ersatzheeres stellte daher zunächst unter dem Decknamen »Rheingold« Divisionen auf, deren Personal er aus der Wirtschaft einberufen ließ. Unmittelbar danach, noch im selben Monat, wurden unter dem Decknamen »Walküre« weitere Divisionen aufgestellt, die jedoch aus den Alarmeinheiten des Ersatzheeres im Reichsgebiet gewonnen wurden und deshalb schneller einsatzbereit waren. Sie waren ursprünglich dafür vorgesehen gewesen, Fallschirmlandungen im Reichsgebiet oder auch innere Unruhen zu bekämpfen, vor allem den befürchteten kommunistischen Aufstand.[77]

Am 26. Oktober 1941 trug der Befehlshaber des Ersatzheeres und Chef Heeresrüstung, Generaloberst Fromm, zudem Hitler persönlich zur materiellen Lage vor; Grundlage war eine »Denkschrift über die Rohstofflage des Heeres aufgrund der Kontingentszuteilung«. Fromm legte dar, dass eine weitere Mechanisierung

---

[72] Kershaw, Hitler 1936–1945, S. 94.
[73] Müller, General Ludwig Beck. Studien und Dokumente, S. 122, unter Berufung auf ein Zitat von General der Artillerie Walter Warlimont.
[74] Mommsen, Nationalsozialismus als vorgetäuschte Modernisierung, S. 413.
[75] Kroener, Die personellen Ressourcen, S. 870.
[76] Aussage Kuhn am 2.9.1944, in: Hoffmann, Tresckow und Stauffenberg; auch in Chavkin/Kalganov, Neue Quellen, S. 378.
[77] Kroener, Die personellen Ressourcen, S. 886.

V. Militärische Experten

des Heeres, ja allein die Aufrechterhaltung des Ist-Zustandes, nur durch eine höhere Priorisierung bei der Rohstoffzuteilung und Industriefertigung möglich sein würde.[78]

Die Zahlen sprachen eine nüchterne Sprache, und schon im Herbst 1942 wurde deutlich, dass die im Sommer entstandenen Lücken im Feldheer nicht mehr würden geschlossen werden können. Rund eine Million Stellen des Heeres, davon drei Viertel an der Ostfront, mussten unbesetzt bleiben, und die Aufstellung der Luftwaffenfelddivisionen verschärfte diese Lage noch.[79] Wiederholt schlug Fromm seinem Oberbefehlshaber Hitler Möglichkeiten zur Aushilfe vor. Sein Plan, durch den Einsatz sowjetischer Hilfswilliger 180 000 deutsche Soldaten freizumachen, fand ebenso wenig Anklang wie der Gedanke, abgekämpfte Divisionen aufzulösen und mit dem so freiwerdenden Personal andere auf volle Stärke zu bringen.[80] Zu sehr ängstigte Hitler der Gesichtsverlust, wenn er eingestehen musste, dass die Siegesmeldungen vom Herbst 1941 und vom Sommer 1942 verfrüht gewesen waren. Hitler und der NS-Führung stand der Herbst 1918 vor Augen; sie fürchteten um die »Moral« der »Heimatfront« und ordneten diesen Erwägungen alle zweckrationalen Entscheidungen zu einer sachgerechten Organisation des Feldheeres unter. Wie sehr die Wehrmacht Einfluss auf die Verteilung der personellen Ressourcen verloren hatte, zeigte sich, als die Einführung einer allgemeinen Arbeitspflicht für Frauen beraten wurde und das OKW dazu nicht einmal eingeladen war.[81]

Fromm sah sich nunmehr in der Pflicht, ganz offiziell darauf hinzuweisen, dass Deutschland auf die Dauer einer Fortführung des Krieges personell wie materiell nicht gewachsen sein würde. In mehreren Denkschriften trug er die Details zusammen.[82]

Die im Herbst 1942 wieder zunehmenden Verluste führten zunächst dazu, dass Hitler getreu seiner Kriegserfahrung übersetzte Dienststellen in der »Etappe« kritisierte und deren »Auskämmung« forderte. Das allein war aber nicht geeignet, auf Dauer dem Heer den erforderlichen Personalersatz zu gewährleisten. Fromm, noch immer in der Annahme, dass Hitler rationalen Argumenten gegenüber zugänglich sein müsse,[83] gab daher in seiner Dienststelle eine Denkschrift in Auftrag, die er »Auf der Höhe der Macht« betitelte. Sie beruhte auf dem Grundgedanken, »dass es nicht mehr möglich sei, zu einem militärischen Erfolg in diesem Kriege zu kommen. In einem Vortrag des Befehlshabers soll[te] dies unterlegt zum Ausdruck gebracht werden mit der Forderung, innerhalb eines Vierteljahres auf politischem Wege zu einem Waffenstillstand zu kommen und in dieser Zeit die militärische Führung völlig den Soldaten zu überlassen.«[84]
In der Organisationsabteilung des OKH stellten die Generalstabsoffiziere Ulrich de Maizière und Robert Bernardis in einer eingehenden Studie die Zahlenangaben zusammen. Bernardis endete am Galgen in Plötzensee, de Maizière wurde später Generalinspekteur der Bundeswehr.[85]

---

[78] Kroener, Der starke Mann im Heimatkriegsgebiet, S. 417.
[79] Kroener, Menschenbewirtschaftung, S. 824.
[80] Ebd., S. 827 f.
[81] Ebd., S. 848 f.
[82] Ebd., S. 822.
[83] Kroener, Der starke Mann im Heimatkriegsgebiet, S. 429.
[84] Zit. in ebd., S. 458.
[85] Maizière, In der Pflicht, S. 80.

Hitler aber waren solche Sachargumente ein Gräuel. Seine Ablehnung des Generalstabs war notorisch; wiederholt hatte er gegen den »Geist von Zossen« gewettert und damit das Kriegsquartier des OKH südlich von Berlin gemeint.[86] Hitler traute weder den »Operateuren« wie Beck und Halder noch den »Logistikern« wie Fromm. Er hing der »nationalsozialistischen Vorstellung [an], dass es genüge, den richtigen Mann an die richtige Stelle zu setzen, um die anstehenden Probleme zu lösen, ebenso der hypertrophe Glaube an die Machbarkeit, wenn nur die notwendige Willenskraft vorhanden sei.«[87]

Auch als Fromm seine Denkschrift vortrug (wohl am 29. September 1942, also kurz nach Hitlers Zusammenstoß mit seinen Spitzengenerälen in Vinniza[88]), reagierte der Diktator mit eisigem Schweigen. Bis zum 20. Juli 1944 weigerte er sich, Fromm abzulösen, weil sein Sachverstand unverzichtbar war, obwohl Goebbels noch im Juni 1944 gezielt bei seinem »Führer« gegen Fromm agitierte.[89] Aber Fromm war von nun an *persona non grata* in Hitlers Hofstaat und erhielt erst im Juli 1944 wieder Gelegenheit, dem »Führer« persönlich vorzutragen – dann begleitet oder sogar vertreten durch seinen Chef des Stabes.[90] Als Stauffenberg am 20. Juli 1944 die Bombe unter Hitlers Lagetisch platzierte, sollte er über die Aufstellung neuer Infanteriedivisionen referieren.[91]

Dabei stand Fromm mit seiner Meinung keineswegs allein; Sachverstand gab es auch anderswo:

»Die Dienststellen des Amtes Abwehr OKW ebenso wie das Wehrwirtschaftsamt oder die Abteilung Fremde Heere Ost OKH und nicht zuletzt der Befehlshaber des Ersatzheeres [haben] es im Laufe des Jahres 1942 nicht an Warnungen fehlen lassen, die in den von Jodl verantworteten strategischen Überlegungen für das Jahr 1943, die am 10. Dezember 1942 vorgelegt wurden, nicht den geringsten Niederschlag fanden.«[92]

Hitler aber verweigerte sich solcher Beratung, umgab sich mehr und mehr mit Sekretärinnen und einem Martin Bormann, der auf seinen Titel als »Sekretär des Führers« stolz war. Auf die Offiziere bezogen, entsprach das seiner Bevorzugung der einfachen Infanterieführer aus der Front: »Dieses kämpferische Leitbild des Frontoffiziers ersetzte das traditionelle Elitebild des Generalstabsoffiziers«.[93] Oder wie Ulrich de Maizière es als Zeitzeuge ausdrückte:

»Hitler bevorzugte junge, harte, dynamische Berater. Der Typ des intellektuellen, abwägenden, auch die unbequemen Realitäten in Rechnung stellenden ›Stäblers‹ lag ihm weniger. Optimismus, Vertrauen und Glauben erhielten Priorität gegenüber nüchternem Sachverstand.«[94]

---

[86] Absolon, Das Offizierkorps des Deutschen Heeres, S. 255; Meyer, Adolf Heusinger, S. 157.
[87] Mommsen, Nationalsozialismus als vorgetäuschte Modernisierung, S. 419.
[88] Hürter/Uhl, Hitler in Vinnica.
[89] Goebbels, Die Tagebücher, T. II, Bd 12, S. 519 (22.4.1944).
[90] Kroener, Der starke Mann im Heimatkriegsgebiet, S. 457–463; Overmans, Deutsche militärische Verluste, S. 306.
[91] Kroener, Der starke Mann im Heimatkriegsgebiet, S. 665.
[92] Ebd., S. 475.
[93] Förster, Die Wehrmacht im NS-Staat. Eine strukturgeschichtliche Analyse, S. 105.
[94] Maizière, In der Pflicht, S. 79.

3. Kein totaler Krieg

Goebbels' Sportpalastrede vom 18. Februar 1943, die propagandistische Reaktion auf die Katastrophe von Stalingrad, gipfelte in der Forderung nach dem »totalen Krieg«. Der Reichspropagandaminister griff damit einen Begriff auf, der auf den Ersten Weltkrieg zurückging und durch Ludendorffs gleichnamige Druckschrift von 1935 noch einmal in Umlauf gebracht worden war.[95] Ludendorff, der heimliche Diktator während des Ersten Weltkrieges, hatte damit die Zusammenfassung aller Kräfte des Staates unter militärischer Leitung verstanden.[96]

»Bis zum Kriegsbeginn verknüpften die deutschen Offiziere mit dem totalen Krieg im Wesentlichen eine Mischung völkisch-totalitärer Ideologie und strategisch-kriegswirtschaftlicher Vorbereitung, und nicht den von der NS-Ideologie propagierten Gesinnungskrieg.«[97]

Davon konnte in Goebbels' Hetze keine Rede sein. Goebbels – und mit ihm Hitler – verstanden unter dem Begriff des »totalen Krieges« die Aufbietung aller verfügbaren Kräfte im Rahmen des NS-Machtsystems zum Kampf nach innen und nach außen, das heißt auch eine Unterordnung des Militärs unter den Primat einer (verbrecherischen) Politik. Die Wehrmacht ist diesem Anspruch (leider) fast vollständig gerecht geworden.

Für den politischen Bereich und den Verwaltungsbereich ist dieser Befund nicht neu:

»Dies galt insbesondere unter den Bedingungen des Krieges, die den ungeheuren und chronisch gewordenen Kräfteverschleiß offenkundig machten, ihn aber auch mit dem Anschein des Unvermeidlichen versahen, sodass sich nur wenige Betrachter über dessen systemische Ursachen im klaren waren. Die ständige Improvisation, die Vernachlässigung der begrenzten Ressourcen, die sozialdarwinistische Begünstigung konkurrierender Initiativen, die rückläufige bürokratische Steuerung, die fehlende Korrektur eines mit hinreichender Autorität ausgestatteten staatlichen Finanzsystems, die Missachtung institutionalisierter Verfahrensformen und die Vorliebe für als ›Menschenführung‹ deklarierte politische Alleingänge auf allen Ebenen prägten dem politischen System des Nationalsozialismus von früh an improvisatorische Züge auf.«[98]

Hatte die Reichswehr sich als Dienerin einer abstrakten Staatsidee gesehen, so war jetzt zu beobachten, wie Hitler alle staatlichen Strukturen überhaupt erodierte.[99]

Für das Militär lässt sich das, wie bereits gezeigt, analog feststellen. Ein »totaler Krieg« war der Zweite Weltkrieg für Deutschland insoweit, dass er alle Lebensbereiche betraf. Wenn der Begriff aber eine zweckmäßige einheitliche Leitung der Kriegsanstrengungen unter militärischer Führung bezeichnen sollte, wenn in diesem Sinn und in der Nachfolge entsprechender Bemühungen der als «Systemzeit« diffamierten Weimarer Republik ein »bellizistisches Drittes Reich« die Folge sein sollte, war der Zweite Weltkrieg in Deutschland kein »totaler

---

[95] Volkmann, Die NS-Wirtschaft, S. 208.
[96] Pöhlmann, Der »moderne Alexander im Maschinenkrieg«. Zu dem verwandten Begriff des »absoluten Krieges« bei Clausewitz siehe Heuser, Clausewitz lesen!, S. 33–38.
[97] Groß, Mythos und Wirklichkeit, S. 174.
[98] Mommsen, Nationalsozialismus als vorgetäuschte Modernisierung, S. 405, 407.
[99] Heinemann, Rechtsgeschichte der Reichswehr, S. 370.

Krieg«;[100] die polykratischen Strukturen der zivilen und militärischen Führung verhinderten genau das.[101] Die von einigen Verschwörern bei der Gestapo beklagte Verschwendungssucht von Parteifunktionären stand offenkundig im Gegensatz zur Forderung nach einem totalen Kriegseinsatz. Es ist bezeichnend, dass die Gestapo in ihrem Bericht ans Führerhauptquartier hier die Formulierung »weit verbreitete Missstimmung in der Bevölkerung« mit aufnahm.[102]

Dies sollte sich sogar nach dem 20. Juli 1944 und bis in die agonale Phase des Regimes fortsetzen. Goebbels als »Reichsbevollmächtigter für den totalen Kriegseinsatz«,[103] Himmler als Befehlshaber des Ersatzheeres und zeitweise Oberbefehlshaber einer Heeresgruppe, Keitel als Chef OKW, Speer als Rüstungsminister – sie alle arbeiteten weiterhin nebeneinander und gegeneinander.[104]

Der Widerstand weniger Militärs im Zweiten Weltkrieg speiste sich nicht zuletzt aus dieser Erkenntnis. Stauffenberg antwortete seinem Freund Sauerbruch auf die Frage, ob und wie der Krieg noch gewonnen werden könne: »dazu müsse aber erst einmal eine Einheitlichkeit in der Führung hergestellt werden, die seiner Ansicht nach die Voraussetzung für eine Totalisierung des Krieges bilde.«[105] Den Begriff der »Totalisierung des Krieges« benutzte er durchaus offen, ja sogar in Dienstschreiben, etwa an den Staatssekretär Friedrich Landfried im Reichswirtschaftsministerium.[106] Die in dem ersten Befehl vom 20. Juli 1944 angekündigte Übernahme der Vollziehenden Gewalt durch das Militär und ihre Übertragung an die Befehlshaber in den Wehrkreisen sollte genau diesem Missstand entgegensteuern.[107] Wenn Goerdeler in dem Entwurf einer Regierungserklärung formuliert hatte: »In der Sorge für die Front müssen wir das Notwendige mit der größten Klarheit und Einfachheit vereinigen«,[108] dann drückte auch dies die Absicht aus, die auseinanderstrebenden Kräfte im Innern des Reiches einheitlich auszurichten. Militärischer Widerstand vor dem Krieg und in der ersten Kriegsphase formierte sich aus der Einsicht in die oben genannten »systemischen Ursachen« der Missstände. Erst im Wissen um diese Zusammenhänge entstand der Gewissenszwang, gegen solche existenziellen Gefährdungen des eigenen Landes notfalls auch mit Gewalt vorzugehen.

---

[100] Der gleiche Befund ergibt sich für die Kriegswirtschaft: Abelshauser, Kriegswirtschaft und Wirtschaftswunder, S. 527. – Müller, Generaloberst Ludwig Beck. Eine Biographie, S. 60, weist darauf hin, dass eine solche zentrale Lenkung in militärischer Verantwortung im Ersten Weltkrieg nicht zu den gewünschten Resultaten geführt hatte, dass dies aber wohl selbst so scharfsinnigen Denkern wie Beck verborgen geblieben ist.
[101] Kroener, Menschenbewirtschaftung, S. 848.
[102] Spiegelbild einer Verschwörung, S. 325–328 (30.8.1944).
[103] Nolzen, Von der geistigen Assimilation, S. 76.
[104] Andere Bewertung bei Förster, Die Wehrmacht im NS-Staat. Eine strukturgeschichtliche Analyse, S. 132.
[105] Spiegelbild einer Verschwörung, S. 402 (18.9.1944, Anlage 4).
[106] Brief Oberstleutnant i.G. Graf Stauffenberg an Staatssekretär Landfried (Reichswirtschaftsministerium), MHM, Sondersammlung 20. Juli 1944, BBAU 0716.
[107] Spiegelbild einer Verschwörung, S. 65 f. (27.7.1944, Anlage 1).
[108] Ebd., S. 155 (5.8.1944, Anlage 1).

VI. Widerstand und Krieg

1. Erschöpfung der Ressourcen

Schon in der Phase der Aufrüstung in den 1930er Jahren hatte Generaloberst Fromm darauf hingewiesen, dass Deutschland einen langfristigen Rüstungsvorlauf brauche, wenn es in die Lage versetzt werden sollte, einen längeren Krieg durchzuhalten; mit der Unterstützung Becks hatte Hitler sich über solche Bedenken hinweggesetzt.[1] Eine «Munitionskrise» wie zu Beginn des Ersten Weltkrieges war zwar auch zu Beginn des Zweiten zeitweise behauptet worden, bei näherer Betrachtung erwies sie sich jedoch weitgehend als Chimäre.[2] Aber die materielle Basis für einen längeren Krieg war erkennbar nicht gegeben; Goerdeler erarbeitete im November 1940 eine größere Denkschrift »Gesamtlage«, in der er bereits darlegte, dass die Rohstoffressourcen des Reiches für einen weiteren Krieg nicht ausreichten.[3]

Spätestens mit dem Beginn des Krieges gegen die Sowjetunion wurde auch die personelle Überforderung durch den Bedarf der kämpfenden Truppe, der Industrie sowie der ausufernden staatlichen und Parteibürokratien unübersehbar. Nirgendwo war das klarer zu erkennen als da, wo »Menschenbewirtschaftung« und Rüstungsanstrengungen an der Schnittstelle zwischen Militär und Zivilgesellschaft verwaltet wurden: Der Befehlshaber des Ersatzheeres, zugleich Chef der Heeresrüstung und damit der militärische Fachmann für alle Rüstungsanstrengungen der Wehrmacht,[4] war die Dienststelle, wo man mehr als anderswo die andauernde Überforderung der personellen und materiellen Ressourcen des Reiches wahrnehmen musste. Der BdE, Fromm, hatte sich schon in seinen Verwendungen in den frühen 1920er Jahren mit Fragen der Logistik des Landesschutzes, der Kooperation mit der Industrie sowie der Versorgung von Truppe und Bevölkerung auseinandergesetzt.[5] Er galt als unersetzlicher Fachmann; andererseits hatte er im Machtgerangel des NS-Systems Kompetenzen

---

[1] Müller, Generaloberst Ludwig Beck. Eine Biographie, S. 204, 218 und passim; Groß, Mythos und Wirklichkeit, S. 176; Schulz, Nationalpatriotismus im Widerstand, S. 350.
[2] Kroener, Der starke Mann im Heimatkriegsgebiet, S. 354.
[3] Abgedr. in: Goerdeler, Politische Schriften, S. 828–846 (Nr. 5.2.6); dazu Mommsen, Carl Friedrich Goerdeler, S. LIV.
[4] Zur Genese dieser Scharnierfunktion, auch in Abgrenzung zum Ersten Weltkrieg, siehe Pöhlmann, Der Panzer, S. 149. Zudem Kroener, Friedrich Fromm. Der starke Mann, S. 171.
[5] Kroener, Der starke Mann im Heimatkriegsgebiet, S. 152.

an Göring als Beauftragten für den Vierjahresplan, an Reichswirtschaftsminister Walther Funk sowie vor allem an Rüstungsminister Speer verloren;[6] das polykratische System wirkte sich auch hier aus. Der Versuch Fromms, diesen Verlust des Heeres mit Zukunftstechnologien wie dem Raketenbau und einer Atombombe zu kompensieren, scheiterte langfristig.[7]

Oberstleutnant i.G. Graf Stauffenberg, Gruppenleiter in der Organisationsabteilung, zog seinen früheren Mitarbeiter, Hauptmann i.G. Kuhn, ins Vertrauen: »dieser Krieg [sei] vom Augenblick, wo wir den Fehler machten, Russland anzugreifen, personell und materiell für Deutschland auch bei bester Führung nicht durchzustehen«.[8]

Das für das NS-Regime so typische System der Aushilfen, zu dem unter anderem die Organisationsabteilung beitrug, beinhaltete den entgegen allen ideologischen Bedenken nunmehr unausweichlichen Einsatz russischer »Hilfswilliger« in der Wehrmacht und ebenso die Trennung zwischen Ersatz- und Ausbildungseinheiten. Die Ausbildung wurde dabei weitgehend in die besetzten Gebiete verlegt, sodass dort bisher zu Besatzungszwecken eingesetzte Verbände für den Einsatz an der Front herangezogen wurden. Die Gefechte der wenig oder gar nicht ausgebildeten Soldaten mit abgehärteten Partisanen und der Einsatz der aus älteren Soldaten bestehenden bisherigen Sicherungsdivisionen an der Front vergrößerten dann aber wiederum die Verluste, wogegen die deutlich verringerte Präsenz des Heeres im Reichsgebiet als Gefahr für die Sicherheit im Inneren wahrgenommen wurde.[9] Organisatorisch brach das bisher eingespielte »System der direkten Abstimmung zwischen Ersatz- und Feldtruppenteilen« zusammen.[10]

Hitlers Reaktion auf die von Fromm in Auftrag gegebene Denkschrift »Auf der Höhe der Macht« stieß bei den beteiligten Fachleuten auf Unverständnis. Für den Widerstand von Offizieren im Kriege spielte sie eine entscheidende Rolle. Sie zeigte, dass das Reich keine Gesamtstrategie besaß, die Kriegsziele und -mittel in ein angemessenes Verhältnis zu setzen geeignet war.[11] Der Diktator war sogar unter dem Eindruck der Krise nicht gewillt, sachgerechten Lösungen für eine zweckrationale Kriegführung zuzustimmen. Hitler war vielleicht schlecht beraten, aber weil er jede andere Beratung ablehnte, letztlich selbst der Kern des Unheils. Es konnte nicht mehr darum gehen, nach dem Motto »Wenn das der Führer wüsste« die klar erkennbaren Missstände irgendwelchen Funktionären untergeordneter Ebenen anzulasten.[12] Einer der wenigen, die das klar erkannten und präzise benannten, war Stauffenberg: »Letzte Ursache liegt, darüber bin ich mir nun vollkommen im Klaren, in der Person des Führers und im Nationalsozialismus.«[13]

---

[6] Ebd., S. 367.
[7] Ebd., S. 509.
[8] Eigenhändige Aussagen des Kriegsgefangenen der deutschen Wehrmacht Major Joachim Kuhn vom 2.9.1944, S. 5, abgedr. in: Hoffmann, Stauffenbergs Freund, S. 186–210; ebenso Chavkin/Kalganov, Neue Quellen, S. 378.
[9] Kroener, Die personellen Ressourcen, S. 893; Kroener, Menschenbewirtschaftung, S. 827, 832, 837 f., 963.
[10] Overmans, Deutsche militärische Verluste, S. 305.
[11] Wegner, Einführende Bemerkungen, S. 138.
[12] Mommsen, Forschungskontroversen zum Nationalsozialismus, S. 19.
[13] Stauffenberg im Gespräch mit Kuhn im August 1942 in Vinniza: Chavkin/Kalganov, Neue Quellen, S. 378.

VI. Widerstand und Krieg

Und noch im Winter 1942/43 zog der brillante Generalstäbler daraus für sich die Konsequenz: »Es kommt nicht darauf an, ihm die Wahrheit zu sagen, sondern es kommt darauf an, ihn umzubringen, und ich bin dazu bereit.«[14]

Der Winter 1942/43 war aber noch keineswegs der Höhepunkt der Katastrophe. Der Fall von Stalingrad, die Kapitulation der in Afrika kämpfenden Verbände (ein Kriegsschauplatz, den Stauffenberg aus eigener Anschauung kannte) und dann – im Sommer – das Scheitern der deutschen Offensive bei Kursk ließen das Jahr 1943 zum eigentlichen Wendejahr des Krieges werden.[15] Anfang September 1943 stellte der Chef des Allgemeinen Heeresamtes, General Olbricht, fest, die im Frühjahr nach Stalingrad beschlossene Ergänzung um 800 000 Mann habe zu 75 Prozent realisiert werden können – weitere 200 000 Stellen mussten unbesetzt bleiben.[16] Für Generalleutnant Fritz Lindemann, den Waffengeneral der Artillerie beim Generalstabschef des Heeres, war die Erfahrung der maßlosen Verluste und des fehlenden Personalersatzes in seiner Vorverwendung als Divisionskommandeur an der Ostfront ein entscheidender Anstoß, sich der Verschwörung anzuschließen.[17] Erneut sind in diesem Zusammenhang die zehn Luftwaffenfelddivisionen zu nennen, die mit neuestem Gerät auszurüsten waren, was naturgemäß zulasten der fronterfahrenen Heeresdivisionen ging, worüber Stauffenberg und Kuhn im Herbst 1942 gleichermaßen kritisch dachten.[18]

Mehr noch als die Frage nach der Spitzengliederung waren die steigenden Verluste eines jener Themen, die unter Offizieren relativ unverfänglich angesprochen werden konnten. Oberstleutnant i.G. Sauerbruch hatte ein langes und ausführliches Gespräch mit seinem Freund und Regimentskameraden Stauffenberg, bei dem dieser zunächst organisatorische Lösungen entwickelte, dann aber angesichts des ausweglos verlorenen Krieges auf einen »grundlegenden Bruch« mit dem bestehenden Regime setzte.[19] Ähnliches berichtete der bayerische Monarchist und Separatist Franz Sperr der Gestapo über sein Gespräch mit Stauffenberg am 6. Juni 1944.[20]

Je mehr von Deutschland besetzte Gebiete im Osten wie im Westen verlorengingen, desto weniger ließ sich unter den dort ansässigen deutschen und deutschfreundlichen Kräften Nachwuchs gewinnen; auch die Bereitschaft, sich mit einer augenscheinlich verlorenen Sache zu identifizieren, nahm verständlicherweise ab.[21] Es wurde notwendig, zusätzlich immer jüngere und ältere Rekruten einzu-

---

14 Kramarz, Claus Graf Stauffenberg, S. 113; auch zit. bei Hoffmann, Stauffenberg und die Veränderungen, S. 1005.
15 Overmans, Deutsche militärische Verluste, S. 308 f. Der Mitverschwörer Generalmajor Rudolf-Christoph von Gersdorff dagegen sah 1946 die militärischen Katastrophen, vor allem Stalingrad, nicht als den wesentlichen Auslöser für die Militäropposition: Freiherr von Gersdorff, Generalmajor, Beitrag zur Geschichte des 20. Juli 1944, Oberursel, 12.1.1946, IfZ, ED 88/1, fol. 83–104, hier fol. 95.
16 Kroener, Menschenbewirtschaftung, S. 958.
17 Hoffmann, Widerstand – Staatsstreich – Attentat, S. 513; Sie gaben ihr Leben, S. 37. Ich zitiere hier nach der Ausgabe von 1995 und nicht nach der Neuauflage von 2014 mit irreführender Verfasserangabe (Mühlen, Der vergessene Verschwörer).
18 Hoffmann, Stauffenbergs Freund, S. 16.
19 Spiegelbild einer Verschwörung, S. 402 (18.9.1944, Anlage 4).
20 Ebd., S. 331 (31.8.1944).
21 Kroener, Menschenbewirtschaftung, S. 983, 993; Overmans, Deutsche militärische Verluste, S. 218 f.

berufen; im Sommer 1944 stellten bereits die »sehr jungen« Rekruten die Masse des Nachwuchses – eine Aushilfe, die aber keine dauerhafte Lösung bot.[22]

Es ging jetzt – wie Beck 1938 vorhergesehen hatte – um den »Bestand der Nation«,[23] und zwar in einer ganz grundsätzlichen demografischen Betrachtungsweise. Stauffenberg hatte sich für den Tag des Umsturzes notiert: »Bei Fortsetzung des gegenwärtigen Kurses sei eine Niederlage und Vernichtung der blutsmäßigen Substanz unausbleiblich.«[24]

Noch höhere Verlustraten zeichneten sich ab. Bis zum Sommer 1944 war an der Ostfront durchschnittlich täglich die Stärke eines ganzen Regiments zu Tode gekommen; im dritten Quartal 1944 verdreifachte sich dieser Wert. »Der – von Stauffenberg vorhergesagte – Zusammenbruch der Heeresgruppe Mitte führt im Juli 1944 zu 215 013 und im August 1944 zu 348 960 Toten – der zweithöchste Wert für den gesamten Krieg, nur übertroffen vom Januar 1945 mit 451 742 Toten).«[25] Insgesamt kostete die Zeit nach dem 20. Juli 1944 bis zum Kriegsende noch einmal so viele Opfer wie die fast fünf Kriegsjahre zuvor zusammen.[26] Dieses Massensterben hätte sich bei einem Gelingen des Umsturzes weitestgehend vermeiden lassen. Es kann nicht verwundern, dass sich nach dem Ausfall des Amtes Ausland/Abwehr der neue Kern der Umsturzbewegung beim Befehlshaber des Ersatzheeres entwickelte, bei dem die deprimierenden Zahlen bekannter waren als anderswo.[27] So

»breitete sich auch unter den aufgrund ihres besonderen Einblickes in die inneren Verhältnisse des Heeres eher skeptischen Organisationsfachleuten Resignation einerseits und Widerstand bis zur letzten Konsequenz andererseits gegen ein Regime aus, das in brutaler Konsequenz seiner verbrecherischen Zielsetzungen begann, die Lebensgrundlagen des eigenen Volkes zu zerstören.«[28]

Wenn die Bevölkerung und die kämpfenden Soldaten dies nicht unmittelbar wahrnahmen, dann deshalb, weil das NS-Regime zur Stabilisierung seiner Herrschaft im Inneren bemüht war, »durch die ökonomische und finanzpolitische Ausbeutung der besetzten Länder die materielle Versorgung des Altreichs auf einem erträglichen Niveau zu halten«.[29]

---

[22] Overmans, Deutsche militärische Verluste, S. 223.
[23] Steinbach, Zwischen Gefolgschaft, Gehorsam und Widerstand, S. 276.
[24] Spiegelbild einer Verschwörung, S. 34 (24.7.1944); Mommsen, Die Stellung der Militäropposition, S. 125.
[25] Overmans, Deutsche militärische Verluste, S. 238, auch S. 279.
[26] Wette, Zwischen Untergangspathos und Überlebenswillen, S. 9 f.
[27] [General der Kavallerie] Carl-Erik Köhler und [Generalmajor a.D.] Hellmuth Reinhardt, Der Chef der Heeresrüstung und Befehlshaber des Ersatzheeres im Rahmen des Oberkommandos des Heeres. Study P-041dd [1950], BArch, ZA 1/1932, fol. 234; Kroener, Menschenbewirtschaftung, S. 997.
[28] Kroener, Menschenbewirtschaftung, S. 997.
[29] Mommsen, Forschungskontroversen zum Nationalsozialismus, S. 19.

2. Kriegsziele, Sozialdarwinismus und Friedensschluss

Das Ziel eines Krieges ist ein günstigerer Friedenszustand, als er ohne Krieg zu erreichen gewesen wäre – so sieht es jedenfalls Clausewitz: »Der Krieg ist also ein Akt der Gewalt, um den Gegner zur Erfüllung unseres Willens zu zwingen.«[30] In diesem Sinne gingen auch die nationalkonservativen Offiziere der Reichswehr und Wehrmacht von einem Kriegsbild aus, das letztlich den Frieden als Ergebnis eines Krieges sah, und eine identische Denkweise unterstellten sie naturgemäß anfangs ihrem Staats- und Regierungschef.

Ebenfalls auf den Weg in den Widerstand führen konnte die Erkenntnis, dass diese Annahme für Hitler nicht zutraf. Er hatte schon in seiner Ansprache vor den Führern der Wehrmacht am 22. August 1939 seiner Sorge Ausdruck verliehen, dass ihm irgendein »Saukerl« oder »Schweinehund« wie seinerzeit im Vorjahr in der Sudetenkrise mit einem Vermittlungsvorschlag kommen und seine Kriegsabsicht hintertreiben könnte.[31] In seinem kruden sozialdarwinistischen Denken war der Krieg das eigentliche Ziel und der Kampf jedes gegen jeden der »Aggregatzustand«[32] menschlicher Gesellschaft. Schon in seiner bereits zitierten Rede von 1929 hatte er erklärt: »Es gibt in Wirklichkeit keinen klaren Unterschied zwischen Frieden und Krieg«,[33] und der rasseideologische Vernichtungskrieg, vor allem gegen die Juden, war geradezu Hitlers »Lebensziel«.[34]

Das erklärt im Nachhinein das auffällige Fehlen echter Kriegsziele. »Kriegsziel« im Sinne eines modernen »end state« impliziert auch, dass bei Erreichen dieses Ziels der Krieg beendet wird, und während Hitler immer neue Forderungen und Eroberungsziele nachzuschieben wusste, war von einer Beendigung des Krieges nach deren Erfüllung nicht die Rede.[35] Dazu passt, dass Hitler selbst nach seinen großen Siegen und seinen Eroberungszügen gegen Dänemark, Norwegen, die Niederlande, Belgien, Luxemburg und Frankreich mit keinem der unterworfenen Völker Frieden geschlossen hat.[36] Wenn etwa Generalmajor Walther von Seydlitz-Kurzbach seiner Frau nach dem gewonnenen Feldzug gegen Frankreich schrieb: »Hitler wird durch diesen Krieg und den sicher ebenso großzügigen Frieden, den er diesem gewaltigsten aller Kriege folgen lassen wird, sicher der größte Mensch seit 3 Jahrtausenden«,[37] dann wird daraus deutlich, dass Hitlers Größe von einem »großzügigen« Friedensschluss abhängig gemacht wurde – und der trat nie ein.

Bis 1938 hatte man sich durchaus in dem Glauben bewegen können, Hitlers Politik sei gewagt, aber nicht verwegen, eine Art unkonventionelle Diplomatie – am Rande, aber noch immer im Rahmen der hergebrachten Verfahren.[38] Auf dieser Basis hatte sich noch der in München eingegangene Kompromiss bewegt,

---

[30] Clausewitz, Vom Kriege, 1. Buch, 1. Kapitel.
[31] Baumgart, Zur Ansprache Hitlers.
[32] Kroener, Der starke Mann im Heimatkriegsgebiet, S. 366.
[33] Hitler, Reden, Schriften, Anordnungen, S. 48 (Dok. 6).
[34] Fest, Staatsstreich, S. 119; siehe auch Kroll, Geschichte und Politik, S. 332.
[35] Lüdicke, Griff nach der Weltherrschaft, S. 148 f.; Meyer, Adolf Heusinger, S. 157.
[36] Mommsen, Nationalsozialismus als vorgetäuschte Modernisierung, S. 415.
[37] Brief an seine Frau Ingeborg vom 21.5.1940, zit. in Diedrich, Walther von Seydlitz-Kurzbach, S. 351.
[38] Kershaw, Hitler 1936–1945, S. 89.

der Neville Chamberlain zu seiner Fehlinterpretation des »Peace for our time« veranlasst hatte, wogegen Hitler sich »um den militärischen Triumph gebracht [sah], auf den er alle seine Energien in den Monaten zuvor konzentriert hatte«.[39] Oster ging es noch nach Kriegsbeginn nicht zuerst um einen Frieden, denn der hätte Hitlers Regime auf Dauer festigen können.[40] Erst danach begann sich die internationale Politik nach der Rationalität in Hitlers Verhalten zu fragen, ja, die Frage zu stellen, ob Hitler noch im Vollbesitz seiner geistigen Kräfte sei.[41] Auch im Ausland brauchte es seine Zeit für die Einsicht, dass der Nationalsozialismus erst im Krieg zu sich selbst fand.[42] Die Ideologie des Nationalsozialismus war »grundsätzlich friedensunfähig«; ein »Vernunftfrieden«, wie Clausewitz ihn gefordert hätte, schied von vornherein aus.[43]

Einer der ersten, der diesen Zusammenhang aus seiner fachlichen Perspektive wahrnahm, allerdings wohl ohne ihn zu verallgemeinern, war Friedrich Fromm. Wie schon geschildert, lief die Politik der beschleunigten Aufrüstung darauf hinaus, entweder nach Erreichen der Aufrüstungsziele wesentliche Teile der deutschen Rüstungsindustrie stillzulegen und so eine Wirtschaftskrise auszulösen – oder eben die Nachfrage künstlich, also durch Krieg, herbeizuführen.

»Kaum einem Offizier wurde vor dem Hintergrund von Aufrüstung und Allgemeiner Wehrpflicht bewusst, dass die ideologische Zielsetzung einer auf Kampf als Daseinsform angelegten totalitären Gesellschaftsordnung ab einem gewissen Zeitpunkt auch eine Konfrontation mit der militärischen Macht und ihrem Verständnis von der Rolle der Streitkräfte im Staat beinhalten musste.«[44]

Schon früh war sich die Opposition schlüssig geworden, dass ein Sturz der gesamten nationalsozialistischen Regierung die notwendige Voraussetzung für jede Kriegsbeendigung bilden würde; mit Hitler würde niemand verhandeln, das war sogar ihm selbst klar,[45] zumal die vielen von Deutschen begangenen Verbrechen eine Komplizenschaft zwischen Hitler und allen Deutschen begründeten: »der Genozid [wirkte] als entscheidende psychologische Barriere gegenüber allen Erwägungen über eine Beendigung des Krieges nach dem Muster von 1918«.[46]

---

[39] Deist, Die Aufrüstung der Wehrmacht, S. 525.
[40] Thun-Hohenstein, Wehrmacht und Widerstand, S. 98.
[41] Kershaw, Hitler 1936–1945, S. 90.
[42] Ebd., S. 325.
[43] Kroener, Der starke Mann im Heimatkriegsgebiet, S. 429; Mommsen, Nationalsozialismus als vorgetäuschte Modernisierung, S. 420.
[44] Kroener, Der starke Mann im Heimatkriegsgebiet, S. 225; ähnlich argumentiert Müller, Generaloberst Ludwig Beck. Eine Biographie, S. 224 f. – Siehe hierzu auch die Ausarbeitung über den Aufbau des Friedens-und Kriegsheeres (1. Ausfertigung) von Friedrich Fromm vom 1.8.1936, MHM, XBAA1497.
[45] Spiegelbild einer Verschwörung, S. 93 (29.7.1944) und S. 402 f. (18.9.1944); Aussage Kuhn am 2.9.1944, in: Chavkin/Kalganov, Neue Quellen, S. 378 f.; Rommel, The Rommel Papers, S. 427; darauf gestützt Remy, Mythos Rommel, S. 178, und Irving, The Trail of the Fox, S. 307. Goerdeler dagegen scheint lange darauf gesetzt zu haben, Hitler von einer politischen Kriegsbeendigung zu überzeugen; die Aussagen in Spiegelbild einer Verschwörung, S. 100 f. (30.7.1944), decken sich insoweit mit anderen Quellen.
[46] Wegner, Hitler, S. 507. Siehe etwa auch die Aussage Gersdorffs in amerikanischer Kriegsgefangenschaft, Februar 1946: »the realization by certain Army officers that [...] now they were identified with war crimes and atrocities.« Vernehmung Gersdorff bei Military Service

VI. Widerstand und Krieg

Ein irgendwie geartetes »Forum, das für die Behandlung dieser für das Überleben des Regimes und den Bestand des Reiches wohl wichtigsten Fragen überhaupt zuständig gewesen wäre«, gab es nicht, zumal die Lagebesprechungen bei Hitler strikt auf operative und taktische Fragen beschränkt waren. Auch dass die verbündeten Regierungen eine Kriegsbeendigungsstrategie anmahnten, blieb ohne nachhaltige Wirkung[47]. Der verhaftete Oberstleutnant Bernardis zitierte der Gestapo gegenüber Stauffenberg:

»Die derzeitige Regierung sei auf Grund ihrer bisherigen politischen Maßnahmen nicht mehr in der Lage, einen außenpolitischen Wechsel herbeizuführen. Verhandlungsmöglichkeiten auf außenpolitischen Gebieten würden sich nur dann ergeben, wenn das derzeitige Regime durch ein anderes abgelöst werde.«[48]

Solange Hitler an der Spitze des Reiches stand, war kein Frieden zu erwarten, und den Deutschen blieb nichts anderes übrig, als sich hinter ihren »Führer« zu scharen.[49] Die Alternative bedeutete den Einsatz des eigenen Lebens. Hitler selbst führte seinen Krieg, wie bereits gezeigt, mindestens ebenso nach innen wie nach außen, und das mit einer »permanenten Radikalisierung«.[50] Wenn die militärische Lage immer kritischer wurde, so war ihm das lediglich Anlass für eine zunehmende innere Radikalisierung, um die beabsichtigte Umgestaltung der deutschen Gesellschaft in der geringer werdenden verbleibenden Zeit noch voranzutreiben.[51] Sollte das deutsche Volk nicht mit ihm siegen, dann musste es eben mit ihm untergehen, und zwar nicht als unbeabsichtigte Nebenfolge seines Handelns, sondern weil das seiner sozialdarwinistischen Weltanschauung entsprach. Ulrich von Hassell notierte in sein Tagebuch: »Alle diese Leute machen sich nicht klar, dass Hitlers Parole ist, Deutschland mit sich in den Abgrund zu reißen, wenn ihm der Erfolg versagt bleibt.«[52] Das »*finis Germaniae*«, von dem Beck schon 1938 gesprochen hatte, war dann die logische Konsequenz.[53]

Die gnadenlose Verfolgung aller derer, die auch nur im geringsten an Hitlers Kriegspolitik zweifelten und das Wort vom Friedensschluss oder gar der Kapitulation gebrauchten, war daher nur schlüssig: Wer so dachte, stellte sich Hitlers ureigensten, aber selten klar nach außen formulierten Kriegszielen in den Weg: der rassischen Veränderung Europas.[54]

Gleich, ob man diesen Kurs Hitlers als Weg in die endgültige Vernichtung (»Choreographie des Untergangs«) versteht,[55] oder ob man ihn als Voraussetzung

---

Intelligence Center, HQ U.S. Forces European Theater OI-IIR/34, IfZ, ED 100 (Bestand Irving), Gersdorff.
47 Wegner, Hitler, S. 494–496.
48 Spiegelbild einer Verschwörung, S. 19 (24.7.1944).
49 Maier, Das »Dritte Reich« im Visier seiner Gegner.
50 Wegner, Hitler, S. 506.
51 Ebd.; Wette, Zwischen Untergangspathos und Überlebenswillen, S. 13; Mommsen, Die Rückkehr zu den Ursprüngen, S. 323.
52 Hassell, Die Hassell-Tagebücher 1938–1944, S. 383 (15.8.1943).
53 Lüdicke, Griff nach der Weltherrschaft, S. 157.
54 Ebd., S. 153.
55 Wegner, Hitler; auch Bernd Wegner, Wann begann und wann endete der Zweite Weltkrieg? Hitler war nicht der Zerstörer des Staatensystems, sondern der skrupelloseste Profiteur der Zerstörung. In: Frankfurter Allgemeine Zeitung, 12.8.2009, S. N3; weiters Kroener, Der starke Mann im Heimatkriegsgebiet, S. 466,

für einen Wiederaufstieg des deutschen Phönix aus der Asche interpretiert:[56] Wer diesen Weg nicht mitgehen wollte, dem blieb in letzter Konsequenz nur die Beteiligung am Umsturzversuch. Der junge Kavallerieoffizier Roland von Hößlin fasste es prägnant zusammen: »Einen Kampf der letzten Goten am Vesuv gibt es meines Erachtens für ein 50-Millionen-Volk nicht.«[57] Oberst i.G. Alexis Freiherr von Roenne sah seine Motive und die seiner Mitverschwörer vorrangig in »größter Vaterlandsliebe und ausgeprägtestem Ehrgefühl« sowie in der »Verantwortung ihrem deutschen Volk, ihren Kindern und den kommenden Geschlechtern gegenüber«.[58] Stauffenberg selbst hatte sich notiert: »Das derzeitige Regime habe kein Recht, das ganze deutsche Volk mit in seinen Untergang hineinzuziehen.«[59] Das war es: Wer nationalkonservativ dachte, also die eigene Nation erhalten wollte, der musste einen erträglichen Frieden als Ziel des Krieges erwarten können. Dass Hitler genau das nicht wollte, führte klarsehende Nationalkonservative von der Formulierung systemkonformer Alternativpolitiken in die grundsätzliche Opposition.

Neben den Planungen der nationalkonservativen Opposition, den Krieg durch einen Umsturz zu beenden, standen systemkonforme Überlegungen, die einen Abbruch der Kampfhandlungen beabsichtigten.[60] Da das Dritte Reich, wie bereits geschildert, jedoch über keine Strukturen verfügte, die ein systematisches Nachdenken über ein Kriegsende ohne oder gegen den »Führer« ermöglicht hätten, blieb es bei Einzelaktionen, bei denen zudem offenbleiben muss, wie ernst sie tatsächlich gemeint waren.

»Zu jenen, von denen bekannt ist, dass sie sich intern für einen politischen Weg aus dem Krieg – sei es nun im Einvernehmen mit den Westmächten oder im Zusammenspiel mit Moskau – aussprachen oder doch einen solchen erwogen, gehörten auf ziviler Seite neben Ribbentrop und seinem Staatssekretär Weizsäcker vor allem auch Todt, Speer, Goebbels, Bormann und zuletzt selbst Himmler.«[61]
Allen diesen Kontakten von führenden Köpfen des Regimes ins Ausland war gemein, dass sie nicht von der Staatsspitze autorisiert waren, sondern auf die Machtposition, am Ende vielleicht auch nur noch das Überleben dessen zielten, der sie betrieb. In diesem Punkt heben sie sich existenziell vom nationalkonservativen Widerstand ab. Die Kontakte der nationalkonservativen Verschwörer wurden jedoch im Ausland immer im Kontext der anderen deutschen Avancen gesehen. Die Friedensfühler von NS-Größen waren aus der Perspektive der Alliierten nur schwer von jenen der echten Opposition zu unterscheiden, was dieser kaum bewusst war. Das alles ändert nichts an dem Befund, dass das NS-Regime strukturell und ideologisch friedensunfähig war. Dazu würde es eine nationalkonservative Opposition und den Umsturz brauchen.

Der letzte aus der NS-Führungsriege, der noch bis Kriegsende daran geglaubt hat, dass er eine Rolle bei der Beendigung des Krieges und vielleicht auch in einer Nachkriegsordnung spielen könnte, war Himmler. Der Reichsführer SS und

---

[56] Chapoutot, Nous ne capitulerons jamais!
[57] Spiegelbild einer Verschwörung, S. 373 (9.9.1944).
[58] Pahl, Motive und Ziele, S. 43.
[59] Spiegelbild einer Verschwörung, S. 34 (24.7.1944).
[60] Wegner, Hitler, S. 494 f.; Hoffmann, Widerstand – Staatsstreich – Attentat, S. 281.
[61] Wegner, Hitler, S. 494.

VI. Widerstand und Krieg

nach Hitler Hauptverantwortlicher für die begangenen Verbrechen hat noch am 25. April 1945 den Alliierten eine Kapitulation angeboten, was diese aber publik machten; daraufhin hat Hitler den »Verräter« noch in den letzten Tagen verstoßen.[62] Himmler ist bei Kriegsende in britische Kriegsgefangenschaft gegangen und hat erst in dem Moment Selbstmord begangen, als ihm klar wurde, dass die Westalliierten keineswegs die Absicht hatten, mit ihm Politik zu treiben, sondern ihn – wie die anderen führenden Kriegsverbrecher – vor Gericht stellen würden.[63]

Aber schon früher hatte Himmler zumindest Kenntnis davon, dass die SS- und die Wehrmachtführung in Oberitalien beabsichtigten, für ihren Bereich eine Teilkapitulation abzuschließen, um eine von Titos kommunistischen Partisanen gesteuerte kommunistische Machtergreifung in Norditalien zu verhindern. Der Reichsführer SS hatte auch dort beabsichtigt, sein eigenes Gewicht in die Waagschale zu werfen.[64] Das führt zu der Frage, ob Himmler darüber hinaus versucht hat, seine Kontrolle über die Gestapo und damit die Verfolgung der Attentäter zu eigenen politischen Zwecken zu nutzen.

Dabei muss vorausgeschickt werden, dass hier keineswegs die abwegige These vertreten werden soll, Himmler habe im Vorhinein von dem geplanten Attentat und Staatsstreich gewusst, wie dies Mitte der 1960er Jahre in den »Vierteljahrsheften für Zeitgeschichte« und dann unlängst wieder in einer biografischen Skizze behauptet worden ist.[65] Der Gedanke, Himmler habe sehenden Auges zugelassen, dass Stauffenberg eine Bombe in Hitlers Lagebesprechung schmuggelte, um danach selbst an die Macht zu kommen, ist nie solide belegt worden und erscheint im Lichte dessen, was wir über Himmlers Loyalität gegenüber seinem »Führer« ansonsten wissen, eher grotesk.[66]

Himmler selbst verdankte seinen Aufstieg während des Krieges nicht zuletzt dem Abfall Italiens im Spätsommer 1943 und damit einem Vorfall, der auch den Deutschen die Möglichkeit einer Kriegsbeendigung gegen Hitlers Willen vor Augen geführt hatte; viele nahmen den Umsturz in Rom zudem als Militärputsch wahr.[67] Dass Himmler in Reaktion darauf zum Reichsminister des Inneren er-

---

[62] Longerich, Heinrich Himmler, S. 749 f.; Lüdicke, Griff nach der Weltherrschaft, S. 165.
[63] Die neueste Himmler-Biografie Longerich, Heinrich Himmler, beschreibt zwar seinen Selbstmord (S. 757), ist aber zu Himmlers möglichen Friedensfühlern vor dem 20. Juli 1944, ja eigentlich bis zu der Zeit vor Januar 1945 auffallend zurückhaltend.
[64] Dulles/Schulze-Gaevernitz, Unternehmen »Sunrise«; Agarossi/Smith, Operation Sunrise. Zur Rolle von Wolff, Höchster SS- und Polizeiführer Italien und davor Chef des Persönlichen Stabes Himmlers: Lingen, SS und Secret Service, S. 56–70; sowie Simms, Karl Wolff. Siehe auch Kershaw, Hitler 1936–1945, S. 716; und From Hitler's Doorstep, S. 14.
[65] Maier, Die SS und der 20. Juli 1944; Rohland, Bewegte Zeiten, S. 93; Zelle, Hitlers zweifelnde Elite, S. 218; Black, Ernst Kaltenbrunner.
[66] Gegen diese Vorstellung hatte sich interessanterweise bereits im November 1945 Gotthard von Falkenhausen gewandt, der in Paris am Rande an der Verschwörung beteiligt gewesen war. Falkenhausen schloss allerdings nicht aus, dass die Gestapo »die teilweise sehr unvorsichtige Reise- und Propagandatätigkeit Goerdelers« überwacht habe, wegen des stärker konspirativen Vorgehens Stauffenbergs und dessen Abschottung gegenüber Goerdeler jedoch die eigentliche Attentats- und Umsturzplanung nicht habe aufklären können; G. Freiherr von Falkenhausen, Badenweiler, an Schriftleitung des Südkuriers, Konstanz, 29.11.1945 [Durchschlag], IfZ, ED 88/1, fol. 31–36. Siehe auch Wildt, Generation des Unbedingten, S. 720.
[67] From Hitler's Doorstep, S. 93, Doc. 1–101, Telegram 4544 vom 28.7.1943.

nannt wurde, ließ erkennen, dass Hitler für Deutschland ein Nachlassen der
»Moral« ebensowenig ausschließen konnte und deshalb beabsichtigte, mit drastischen Repressionsmaßnahmen gegen »Auflösungserscheinungen« vorzugehen.[68]

Kurz darauf traf sich Himmler mit dem preußischen Finanzminister Popitz[69]. Beide spielten aber nicht mit offenen Karten; Popitz hatte zwar von der Existenz einer Verschwörung Kenntnis, aber nicht von den Einzelheiten der militärischen Staatsstreichplanung, und Himmler war keinesfalls gewillt, diesem Vertreter der »Reaktion« Einblick in seine eigenen Absichten zu gewähren. Den Rechtsanwalt Dr. Carl Langbehn, der das Gespräch über den Chef von Himmlers Persönlichen Stab Kurt Wolff vermittelt hatte, ließ der Chef der Deutschen Polizei jedenfalls kurz darauf verhaften.[70] Das aber bedeutet nicht, dass Himmler selbst nicht über eine Beendigung des Krieges durch Übereinkunft mit Stalin oder den Westmächten nachdachte.[71] Zumindest für Helldorff ist bezeugt, dass er vor dem Volksgerichtshof die Möglichkeit erwähnt hat, Himmler könne sich an dem Umsturzversuch und den Friedensbemühungen beteiligen; Freisler hat diese Argumentation aber sofort unterbunden. Nun hatte Helldorff zwar einen SS-Dienstgrad, zählte aber keineswegs zu Himmlers engeren Vertrauten. Seine Formulierungen ließen wohl erkennen, dass er eher an die Möglichkeit dachte, Himmler könne sich nach einem Umsturz an diesen »anhängen«, sodass aus diesem Vorfall nicht ohne Weiteres auf Planungen des Reichsführers SS geschlossen werden darf.[72] Aus Sicht der Verschwörer konnte eine Beteiligung Himmlers ohnehin kaum in Betracht gezogen werden: Wenn das Ziel des Umsturzes eine Kriegsbeendigung durch Verhandlungen mit den Alliierten war, dann hätte der an allen Verbrechen an vorderster Stelle beteiligte Reichsführer SS dem jedenfalls eher im Wege gestanden.[73]

Wenn sich also keine belastbaren Hinweise dafür finden lassen, dass Himmler vor dem 20. Juli 1944 von der Verschwörung gewusst hat und sie für seine Zwecke einspannen wollte, dann bedeutet das aber nicht, dass seine eigenen Politikziele sich nicht auf die Umsturzbewegung ausgewirkt hätten. Auch nach dem 20. Juli 1944 hat der Reichsführer SS zugleich immer wieder Hitler seine Loyalität erklärt und hinter dem Rücken des »Führers« Verbindung zum Westen gesucht.[74]

Mehr oder weniger alle Versuche der Umsturzbewegung, nach Kriegsbeginn mit den Westalliierten in Kontakt zu bleiben, erfolgten unter Nutzung des geheimdienstlichen Milieus: über Angehörige des Amtes Ausland/Abwehr wie

---

[68] Mommsen, Die Rückkehr zu den Ursprüngen, S. 310; Longerich, Heinrich Himmler, S. 717.
[69] Kiesel, SS-Bericht, S. 23; Nagel, Johannes Popitz, S. 178 f. Longerich, Heinrich Himmler, erwähnt dieses Gespräch nicht, sondern lediglich, dass Himmler in einer bramarbasierenden Rede nach dem 20. Juli 1944 gesagt habe, man sei u.a. Popitz schon lange auf der Spur gewesen.
[70] Kiesel, SS-Bericht, S. 23; Langbehn, Das Spiel des Verteidigers, S. 129–140.
[71] Wegner, Hitler, S. 494.
[72] Harrison, Alter Kämpfer, S. 417. Maier, Die SS und der 20. Juli 1944, S. 309, betont vor allem die restriktive Verhandlungsführung durch Freisler. Sie übersieht dabei, dass Freisler in Himmlers Verrat hätte eingeweiht sein müssen, wenn hinter dem Ganzen ein durchdachter Plan gestanden hätte – und das wird man ausschließen können.
[73] Hassell, Die Hassell-Tagebücher 1938–1944, S. 368 f. (9.6.1943); Langbehn, Das Spiel des Verteidigers, S. 127 f.
[74] Kershaw, Hitler 1936–1945, S. 716.

VI. Widerstand und Krieg

Dietrich Bonhoeffer oder Josef Müller, oder gegenüber Angehörigen der westlichen Geheimdienste wie etwa Dulles in Zürich[75] oder Otto John in Madrid.[76] Ob aber die deutschen Kontaktversuche ernst gemeint waren oder eher auf den Versuch hinausliefen, mit entsprechenden britischen (oder amerikanischen) Zusagen das westlich-sowjetische Verhältnis zu kompromittieren, war aus Sicht der Westalliierten nicht einfach zu erkennen. Immerhin hatten deutsche Geheimagenten des SD, die sich als Vertreter einer Oppositionsgruppe ausgaben, im November 1939 bei Venlo zwei britische Offiziere aus den damals noch neutralen Niederlanden über die Grenze nach Deutschland gelockt und verhaftet. Mit dieser Aktion hatte Himmlers Geheimdienst sehr zur Verärgerung des Admirals Canaris erstmals auf das Arbeitsfeld der »Abwehr« übergegriffen.[77] Andererseits sahen Hitler und mit ihm Himmler in den beiden bei Venlo festgesetzten britischen Offizieren Major Richard Stevens und Captain Sigismund Payne Best die Drahtzieher hinter Georg Elser; sie gingen davon aus, dass dessen Attentat von dem früheren NSDAP-Politiker Otto Strasser ersonnen und durch den britischen Geheimdienst gesteuert gewesen sei.[78]

Bei einer Vielzahl jener Angehörigen des nationalkonservativen Widerstands, die Auslandskontakte hatten, hat Himmler nach dem 20. Juli auffallend lange gezögert, sie ermorden zu lassen. Das gilt etwa für Popitz und Goerdeler (der bis zum 2. Februar 1945 »aufbewahrt« wurde[79]), aber besonders für die Oppositionellen aus dem Amt Ausland/Abwehr (Canaris, Oster, Bonhoeffer, Dohnanyi), die erst beim Heranrücken der gegnerischen Truppen kurzfristig vor ein »Standgericht« der SS gestellt und gehängt wurden.[80] Die Literatur sieht als Grund für die späte Hinrichtung entweder den »Zossener Aktenfund«, also den Fund der von Dohnanyi gesammelten Materialien in einem Panzerschrank im Oberkommando der Wehrmacht, oder das Auffinden der Tagebücher des Admirals Canaris.[81]

---

[75] Siehe hierzu ausführlicher Heinemann, Der militärische Widerstand und der Krieg, S. 854–861, unter Hinweis auf weitere Literatur.
[76] John, Falsch und zu spät, S. 179.
[77] Brissaud, The Nazi Secret Service, S. 238–260; Klemperer, Die verlassenen Verschwörer, S. 146–148; Schulz, Nationalpatriotismus im Widerstand, S. 355; Thun-Hohenstein, Der Verschwörer, S. 174; Hoffmann, Widerstand – Staatsstreich – Attentat, S. 157, 181; Schulz, Nationalpatriotismus im Widerstand, S. 355, Anm. 62 (dort auch weitere Nachweise). Siehe Kapitel IX.5.
[78] Steinbach/Tuchel, Georg Elser, S. 135–137.
[79] Zelle, Hitlers zweifelnde Elite, S. 244.
[80] Perels, Die schrittweise Rechtfertigung der NS-Justiz; Thun-Hohenstein, Der Verschwörer, S. 269–272.
[81] Dulles, Germany's Underground, S. 73 f. Wildt, Generation des Unbedingten, S. 710, berichtet unkommentiert, Kaltenbrunner habe im »Herbst 1944« angeordnet: »Erschießen!«, und daraufhin sei Dohnanyi im Februar 1945 in die Prinz-Albrecht-Straße verlegt worden. Mühleisen, Die Canaris-Tagebücher; siehe aber auch Chowaniec, Der »Fall Dohnanyi«, S. 132; Dohnanyi, Mir hat Gott keinen Panzer ums Herz gegeben, S. 301–303. Longerich, Heinrich Himmler, S. 719, schreibt ohne näheren Kommentar: »Die Gestapo sorgte allerdings dafür, dass die prominenten beziehungsweise aus ihrer Sicht gefährlichsten Gegner der Diktatur, die sich in ihrem Gewahrsam befanden, das Kriegsende nicht überlebten.« Smid, Hans von Dohnanyi, trennt sauber zwischen dem Zossener Aktenfund vom September 1944 (S. 432–434) und dem Fund der Canaris-Tagebücher sowie der Ermordung (S. 453–455).

Und in der Tat handelte es sich dabei um brisantes Material: Neben Belegen zu den Auslandskontakten der Opposition fanden sich im Zossener Panzerschrank auch Hinrichtungslisten oder eine Studie, wonach man Hitler lebend verhaften und dann auf seinen Geisteszustand untersuchen lassen sollte. Bei den Standgerichtsverfahren gegen die Verschwörer in Flossenbürg (Canaris, Oster, Bonhoeffer) und Sachsenhausen (Dohnanyi) sind diese belastenden Materialien das wesentliche Beweismaterial der Anklage gewesen. Allerdings waren diese Materialien bereits am 22. September 1944 gefunden worden, und bei der ansonsten großen Eile, die Angehörigen der Umsturzbewegung hinzurichten, muss schon auffallen, dass hier noch ein halbes Jahr ins Land gegangen ist.

Im März 1945 hatte Oberreichsanwalt Ernst Lautz durchblicken lassen, dass es keine Prozesse vor dem Volksgerichtshof gegen die Angehörigen des Amtes Ausland/Abwehr geben würde, sondern dass deren »Angelegenheit [...] staatspolizeilich erledigt werden« würde[82] – »staatspolizeilich« hieß im Klartext: in der Zuständigkeit nicht der Justiz, sondern Himmlers und nach dessen Opportunitätsentscheidung. Himmler konnte kein Interesse daran haben, dass Interna der ihm inzwischen unterstehenden »Abwehr« außerhalb seines Machtbereichs diskutiert wurden.

Wenn es zutrifft, dass Hitler in der Mittagslage des 5. April 1945 den Entschluss gefasst habe, die Inhaftierten aus dem Amt Ausland/Abwehr ermorden zu lassen, und dafür der Fund der Tagebücher des Admirals Canaris ausschlaggebend gewesen sei,[83] dann stellt sich gleichwohl die Frage, warum sie angesichts der seit dem Herbst erdrückenden Beweislage nicht bereits lange vorher ermordet worden waren. Die »Standgerichtsverfahren« vier Wochen vor Kriegsende waren dann ohnehin weit jenseits aller rechtsstaatlichen Ansprüche,[84] sodass es auf die Qualität des vorgelegten Beweismaterials wohl nicht mehr ankam. Man muss schon sehr daran glauben, dass das NS-Regime selbst in den letzten Kriegstagen rechtsstaatliche Normen eingehalten habe, wenn man argumentiert, nur das Auffinden der Canaris-Tagebücher habe eine erfolgreiche Verurteilung vor dem Standgericht ermöglicht.

Himmler hat sich bei Hitler dafür eingesetzt, den der Beteiligung am Umsturz verdächtigten Potsdamer Regierungspräsidenten Gottfried von Bismarck-Schönhausen, einen Enkel des Reichskanzlers, nicht hinzurichten, und das mit der Wirkung einer solchen Maßnahme auf das Ausland begründet; Bismarck blieb stattdessen im Konzentrationslager und damit in Himmlers Machtbereich.[85] Es ist bekannt, dass der Reichsführer SS eine Gruppe von in Bergen-Belsen inhaftierten Juden für »Austauschmaßnahmen« ausgewählt hatte und von der

---

[82] Schreiben des Rechtsanwalts Kurt Behling an Therese von Guttenberg vom 12.3.1945, zit. in Tuchel, »... und ihrer aller wartete der Strick«, S. 344–346.
[83] So Chowaniec, Der »Fall Dohnanyi«, S. 132; auch Mühleisen, Die Canaris-Tagebücher, S. 183, der sich aber hier, wo es um die Entscheidungsfindung für die Ermordung geht, auch nur auf eine zweifelhafte Überlieferung stützt (nämlich die Nachkriegserinnerungen der zu dieser Zeit aber inhaftierten Christine von Dohnanyi und auf Buchheit, Der deutsche Geheimdienst). Ähnlich Thun-Hohenstein, Der Verschwörer, S. 270. Leider an dieser Stelle enttäuschend Longerich, Heinrich Himmler, S. 719.
[84] Perels, Die schrittweise Rechtfertigung der NS-Justiz.
[85] Möckelmann, Hannah von Bredow, S. 161 f.

VI. Widerstand und Krieg   141

generellen Vernichtung der europäischen Juden ausnahm.[86] Ebenso ließ er im Konzentrationslager Dachau eine Gruppe von prominenten Häftlingen, darunter in »Sippenhaft« genommene Angehörige von Verschwörern, »aufbewahren«, bis diese nach einer abenteuerlichen Odyssee in Südtirol erst vom Heer, dann von der amerikanischen Armee befreit wurden. Unter ihnen waren nicht nur die beiden britischen Offiziere aus dem «Venlo-Zwischenfall«, sondern ebenso mehrere Angehörige der Familie Stauffenberg, allen voran der Bruder von Claus und Berthold, Alexander, sowie Bertholds Frau Maria »Mika« und auch eine Cousine, Marie-Gabriele, die mit dem Major Kuhn verlobt gewesen war.[87] Auch die in Bad Sachsa in »Sippenhaft« gehaltenen Kinder der Verschwörer haben später erklärt, sie hätten das Gefühl gehabt, man habe mit ihnen noch »etwas vorgehabt«.[88]

Insgesamt verfestigt sich der Eindruck, dass Himmler früher als jeder andere in der Spitzengruppe des Dritten Reiches angefangen hat, am siegreichen Ausgang des Krieges zu zweifeln,[89] zugleich aber bemüht gewesen ist, sich Faustpfänder und Verhandlungsoptionen für eine Zeit nach Kriegsende zu sichern. Inwieweit der Umgang mit den Verschwörern selbst sowie mit deren Familienangehörigen dazu gehört hat und ob es hier überhaupt konkrete Pläne gab, muss auch im Lichte der – hier unbefriedigenden – neueren Himmler-Biografien offenbleiben.[90]

3. Verbrechen in den besetzten Gebieten

Schon der Krieg in Polen hatte den Vernichtungswillen des NS-Regimes gezeigt. Das Heer hatte punktuell gegen »Übergriffe« protestiert, was letztlich aber nicht zur Abmilderung der Mordaktionen geführt hatte, sondern nur zu einer Entmachtung des Militärapparates.[91] In einem Erlass über »Heer und SS« vom 7. Februar 1940 forderte der Oberbefehlshaber des Heeres von seinen Soldaten »Verständnis« für die Maßnahmen im Rahmen der »notwendige[n] und vom Führer angeordnete[n] Lösung volkspolitischer Aufgaben«.[92]

Die deutsche Besatzungsherrschaft in Frankreich stellte sich wie andernorts in weiten Teilen als eine Ausbeutungspolitik dar; neben die wirtschaftliche Dimension trat die Verfolgung, Deportation und Ermordung der französischen Juden.[93] Angehörigen des Widerstands in Frankreich war die Behandlung der besiegten »Grande nation« ein Motiv für ihr Handeln gegen Hitler, sahen sie

---

[86] Kolb, Bergen-Belsen, S. 19–30.
[87] Richardi, SS-Geiseln in der Alpenfestung, S. 14, 30; zu Alexander Graf Stauffenberg siehe Christ, Der andere Stauffenberg.
[88] Behrens/Tuchel, Unsere wahre Identität.
[89] Zelle, Hitlers zweifelnde Elite, S. 206–209.
[90] Zelle, Hitlers zweifelnde Elite; Longerich, Heinrich Himmler.
[91] Der Forschungsstand ist zusammengestellt in Gewalt und Alltag im besetzten Polen 1939–1945; siehe auch die dazugehörige Quellenedition Die Berichte der Einsatzgruppen aus Polen 1939.
[92] Zit. in Ueberschär, Militäropposition gegen Hitlers Kriegspolitik, S. 356. Befehl des Oberbefehlshabers des Heeres Nr. 231/40 geh. vom 7.2.1940, IMT, Bd 9, NOKW-1799.
[93] Umbreit, Auf dem Weg zur Kontinentalherrschaft; Seibel, Macht und Moral.

doch, dass damit eine langfristig tragfähige Friedenslösung unmöglich wurde. Hofackers Vorstellungen, Elsass-Lothringen zu Deutschland zu schlagen und dafür Frankreich mit der (belgischen) Wallonie zu entschädigen, mögen für heutige Vorstellungen absurd klingen, aber sie waren von der Erwartung getragen: »Ganz Frankreich würde uns zujubeln. Der Kontinent wäre geeint und die Möglichkeit eines großen wahren Friedens mit England wäre hierdurch in keiner Weise präjudiziert.«[94]

Wehrmachtbefehlshaber in Frankreich war seit Februar 1942 in der Nachfolge seines entfernten Cousins General der Infanterie Otto von Stülpnagel der General der Infanterie Carl-Heinrich von Stülpnagel, Becks engster Mitarbeiter aus den frühen 1930er Jahren. Stülpnagel war nach dem deutschen Sieg über Frankreich Leiter der Waffenstillstandskommission gewesen; dabei hatte er versucht, die Ausbeutung der französischen Ressourcen auf ein Minimum zu reduzieren, um so die Regierung Pétain stärker für eine Unterstützung der deutschen Kriegsanstrengung gegen Großbritannien zu gewinnen.[95] Stülpnagel hatte beim deutschen Angriff auf die Sowjetunion als Oberbefehlshaber der 17. Armee das Ritterkreuz bekommen, nachdem er in einigen scharfen Befehlen zu Gräueln vor allem gegen die jüdische Bevölkerung aufgefordert hatte: »Besonders die jüdischen Komsomolzen sind als Träger der Sabotage und Bandenbildung anzusehen«, und die Wehrmacht solle sich eine »gereizte Stimmung« der Bevölkerung gegen die Juden zunutze machen.[96] In Frankreich trug Stülpnagel ebenso Verantwortung für die Erschießung von Geiseln oder den Abtransport von Juden in die Ghettos im Osten, etwa wenn er 1942 anordnete, Häftlinge den Beauftragten des Chefs der Sicherheitspolizei und des SD zu übergeben.[97] Mit fortschreitender Kriegsdauer aber war Stülpnagel zunehmender Kritik wegen »milderer Durchführung« von Mordbefehlen ausgesetzt.[98] Auch Stülpnagel hatte verstanden, dass die fortgesetzte Schreckensherrschaft einen für Deutschland erträglichen Frieden unmöglich machen musste.

Die Vernichtungsintensität steigerte sich mit dem Beginn des Krieges gegen die Sowjetunion. Das war nicht nur eine Reaktion auf den sich schnell entwickelnden Partisanenkrieg. Vielmehr waren die entsprechenden Befehle bereits Wochen vor dem Angriffstermin erlassen und auch verteilt worden. Das betrifft vor allem den »Kriegsgerichtsbarkeitserlass«[99] vom 13. Mai 1941, wonach

---

[94] Zit. in Heinemann, Widerstand als politischer Lernprozeß, S. 457. Siehe auch Hiller von Gaertringen, Cäsar von Hofacker.

[95] Heinemann, General der Infanterie Carl-Heinrich von Stülpnagel, S. 55. Dort auch das Folgende.

[96] Förster, Die Sicherung des Lebensraumes, S. 1039 f.; siehe auch Messerschmidt, Militärische Motive, S. 110. Die Verteidigungsversuche bei Koehn, Carl-Heinrich von Stülpnagel, vermögen dagegen nicht zu überzeugen; siehe dazu die Besprechung in der MGZ, 68 (2009), S. 227 f.

[97] Befehl Militärbefehlshaber in Frankreich, Kommandostab, Abt. III, Tgb.Nr. 85/42 vom 28.5.1942, Kriegsarchiv Prag, Bestand RKG, zit. nach Messerschmidt, Die Wehrmachtjustiz 1939–1945, S. 123 f.

[98] Umbreit, Die deutsche Herrschaft in den besetzten Gebieten 1942–1945, S. 149, 177, 251.

[99] Erlaß über die Ausübung der Kriegsgerichtsbarkeit und über besondere Maßnahmen der Truppe vom 13.5.1941, siehe <http://www.1000dokumente.de/index.html?c=dokument_de&dokument=0093_kgs&l=de>, zuletzt konsultiert am 13.9.2018. Siehe auch BArch,

VI. Widerstand und Krieg   143

Verbrechen deutscher Soldaten an der Zivilbevölkerung der besetzten Gebiete nicht zwingend zu verfolgen waren.¹⁰⁰ Er stellte einen Freibrief für von Deutschen verübte Gräueltaten gegenüber Sowjetbürgern dar. Der andere verbrecherische Befehl, der für Unmut in einigen höheren Kommandobehörden sorgte, war der »Kommissarbefehl«¹⁰¹ vom 6. Juni 1941, wonach gefangengenommene sowjetische politische Kommissare in der Regel noch auf dem Gefechtsfeld »zu erledigen« seien.¹⁰² In der »Akademie für Deutsches Recht« hatten Rüdiger Schleicher, Hans von Dohnanyi und Helmuth James Graf von Moltke bereits zusammen an einer rechtlichen Bewertung dieser beiden Befehle gearbeitet.¹⁰³

Aber nicht nur diese Befehle liefen auf weitverbreitete Verbrechen hinaus. Im April 1941 hatte der Chef des Wehrwirtschafts- und Rüstungsamtes im Oberkommando der Wehrmacht, General der Infanterie Georg Thomas, in einem »Hungerplan« die Ausnutzung der Lebensmittelressourcen Russlands gefordert und dabei angekündigt: »Hierbei werden zweifellos zig Millionen Menschen verhungern, wenn von uns das für uns Notwendige aus dem Lande herausgeholt wird.«¹⁰⁴

Hitler hatte schon im Sommer 1941 einen »Generalplan Ost« erarbeiten lassen. Am 16. Juli 1941 legte er im kleinen Kreise, aber unter Beteiligung von Keitel und Göring für die Wehrmacht seine Absichten dar.¹⁰⁵ Zur gleichen Zeit fiel die Entscheidung, dass die Heeresgruppe Mitte Leningrad einschließen, aber nicht erobern solle.¹⁰⁶ Beide Maßnahmen standen für den nackten Vernichtungswillen des NS-Regimes, dem sich die Wehrmachtführung dienstbar machte.

In der Heeresgruppe Mitte fand sich um deren Ia, Oberst i.G. Henning von Tresckow, eine Gruppe von konservativen, kritisch zu Hitler und dem NS-Regime eingestellten Offizieren zusammen, die im Frühjahr 1943 so weit gingen, mindestens ein Bombenattentat auf den »Führer« zu verüben, indem sie vor sei-

---

RH 22/155, fol. 304–306; Brauchitschs Kommentare bei der Weitergabe in ObdH. Gen zbV ObdH (Gr. RWes) Nr. 80/41gKdos. Chefs. Behandlung feindlicher Zivilpersonen [...] vom 24.5.1941, BArch, RH 22/155, fol. 302 f.

¹⁰⁰ Zur Genese und Absicht Förster, Das Unternehmen »Barbarossa« als Eroberungs- und Vernichtungskrieg, S. 426–435. Försters Beitrag in Band 4 des Reihenwerks »Das Deutsche Reich und der Zweite Weltkrieg« war die erste – und damals stark angefeindete – größere wissenschaftliche Publikation, die den Komplex der »Verbrecherischen Befehle« systematisch analysierte und in den Kontext einer Gesamtgeschichte des »Unternehmens Barbarossa« einordnete.

¹⁰¹ Die vollständige Bezeichnung lautet: »Richtlinien für die Behandlung politischer Kommissare«, siehe <http://www.1000dokumente.de/index.html?c=dokument_de&dokument=0088_kbe&l=de>, zuletzt konsultiert am 26.9.2018.

¹⁰² Auch hierzu Förster, Das Unternehmen »Barbarossa« als Eroberungs- und Vernichtungskrieg, S. 435–440; seither ausführlicher und mit quantitativen Angaben zur Verteilung und Umsetzung Römer, Der Kommissarbefehl; sowie – unter Nutzung neuerer Quellen – Römer, Die Wehrmacht und der Kommissarbefehl.

¹⁰³ Gerrens, Rüdiger Schleicher, S. 122.

¹⁰⁴ Müller, Von der Wirtschaftsallianz, S. 146 f.

¹⁰⁵ Protokoll Martin Bormann von einer Besprechung im Führerhauptquartier am 16.7.1941, publiziert u.a. in der Online-Quellenedition des Deutschen Historischen Instituts Washington: <germanhistorydocs.ghi-dc.org/pdf/deu/German59.pdf>, zuletzt konsultiert am 13.9.2018. Siehe auch Heinemann, Rasse, S. 359–376.

¹⁰⁶ Ganzenmüller, Das belagerte Leningrad, S. 20 f.

nem Rückflug von einer Frontbesichtigung ins Hauptquartier nach Rastenburg eine getarnte Bombe in sein Flugzeug schmuggelten; die Sprengladung zündete jedoch nicht.[107] Wie Gersdorff in seinen Memoiren vermerkt, wollte Tresckow den Oberbefehlshaber, seinen Onkel Generalfeldmarschall Fedor von Bock, im Vorfeld des Unternehmens »Barbarossa« zu einem Protest bei Hitler gegen die verbrecherischen Befehle bewegen:

»Gersdorff, wenn es uns nicht gelingt, den Feldmarschall dazu zu bewegen, umgehend zu Hitler zu fliegen und die Aufhebung dieser Befehle durchzusetzen, dann wird dem deutschen Volk eine Schuld aufgeladen, die die Welt uns in hunderten von Jahren nicht vergessen wird. Diese Schuld betrifft nicht nur Hitler, Himmler, Göring und Genossen, sondern ebenso Sie und mich, Ihre Frau und meine Frau, Ihre Kinder und meine Kinder.«[108]

Dafür, dass die Heeresgruppe dann wirklich protestiert hat, finden sich allerdings keine stichhaltigen Belege;[109] zu Änderungen kam es vorerst nicht.

Der »Kriegsgerichtsbarkeitserlass« und der »Kommissarbefehl« sind von der Truppe durchweg befolgt worden; alle entgegenstehenden Darstellungen etwa für den Bereich der in unserem Zusammenhang besonders interessierenden Heeresgruppe Mitte[110] müssen durch die Forschungen von Felix Römer als widerlegt gelten. Im Bereich der Heeresgruppe Mitte sind die verbrecherischen Befehle (vor allem »Kommissarbefehl« und »Kriegsgerichtsbarkeitserlass«) in gleicher Weise weitergeleitet und im nachgeordneten Bereich ebenso ausgeführt worden wie in den anderen Heeresgruppen der Ostfront; das Oberkommando hatte unstreitig von diesen Befehlen Kenntnis. Wenn auch die Weitergabe an die Korps und Divisionen nicht in seinen Aufgabenbereich fiel, weil das OKH die Armeen unmittelbar adressiert hatte, so hat doch der im Heeresgruppenstab zuständige Ic-Offizier, eben Gersdorff, in Einzelfällen den Befehl sehr wohl mündlich weitergegeben und das auch aktenkundig gemacht.[111]

Im Bereich der Heeresgruppe Mitte sind die Lebensgrundlagen der Bevölkerung ausgeplündert worden, um die Ernährung der Bevölkerung im Reich sicherzustellen. Die meisten – auch älteren – Offiziere stellten gegenüber dieser »Kriegsnotwendigkeit« ihre Reminiszenzen an die traditionelle deutsch-russische Freundschaft zurück, die es nahegelegt hätte, das Bündnis mit den antistalinistischen Bestrebungen in den besetzten Gebieten zu suchen.[112] Während die Mordaktionen an Juden, Kommissaren und der Bevölkerung ganz allgemein zu-

---

[107] Der Bericht dazu findet sich sowohl bei Schlabrendorff, Offiziere gegen Hitler, S. 67–82; als auch bei Gersdorff, Soldat im Untergang, S. 127–129. Zur Quellenkritik Ringshausen, Kuriergepäck und Pistolen; sowie Hiemann, Rudolf-Christoph Freiherr von Gersdorff, S. 85.
[108] Gersdorff, Soldat im Untergang, S. 87.
[109] Hürter, Auf dem Weg zur Militäropposition, S. 529; Hiemann, Rudolf-Christoph Freiherr von Gersdorff, S. 73 f.
[110] So die – allerdings auf die Darstellung eines Einzelfalls beschränkte – Schilderung des späteren Richters am Bundesverfassungsgericht Fabian von Schlabrendorff (Schlabrendorff, Offiziere gegen Hitler, S. 44 f.); ausführlicher – und doch nicht näher an der Wahrheit – Gersdorff, Soldat im Untergang, S. 89 f.
[111] Römer, Der Kommissarbefehl, S. 106–108.
[112] Graml, Die Wehrmacht im Dritten Reich, S. 378 f.

VI. Widerstand und Krieg

mindest von einigen früher oder später als Verbrechen wahrgenommen wurden, scheinen nur die wenigsten die »Kriegsnotwendigkeit« hinterfragt zu haben, die weite Teile der sowjetischen Bevölkerung zum Verhungern verdammte. Der später an der Verschwörung beteiligte Generalquartiermeister des Heeres, General der Artillerie Eduard Wagner, war an der »Ausnutzung des Landes nach wohldurchdachtem Plan« federführend beteiligt, wohl wissend, dass damit sowohl ein großer Teil der Kriegsgefangenen als auch die Bevölkerung der Stadt Leningrad dem Verhungern preisgegeben würden.[113]

Allerdings wohnte der Gewaltkriegführung »im Osten« immer ein Doppelcharakter inne, und das betraf ebenso den «Kommissarbefehl«:
»Hinter den Kommissarrichtlinien standen sowohl ideologische als auch funktionale Erwägungen. Der Kommissarbefehl stellte ein politisch motiviertes Mordprogramm dar, das im Zeichen der angestrebten ›Vernichtung des Bolschewismus‹ in erster Linie einen radikalen Selbstzweck verfolgte. Zugleich diente die gezielte Bekämpfung der ›Träger des Widerstands‹ in der Roten Armee dem Ziel, den militärischen Zusammenbruch der Sowjetunion zu beschleunigen.«[114]

Ähnliches galt für die Bekämpfung der schon bald hinter den deutschen Linien operierenden sowjetischen Partisanengruppen. Zuständig dafür waren die Befehlshaber der rückwärtigen Heeresgebiete, im Fall der Heeresgruppe Mitte der Generalleutnant Max von Schenckendorff; zu den ihm dafür zugewiesenen Truppenteilen gehörten unter anderem die bereits genannten Einsatzgruppen und Einsatzkommandos, auch wenn er für diese nur hinsichtlich Marsch und Versorgung verantwortlich war; anders als noch in Polen sollten die SS-Verbände dem Heer nicht mehr disziplinarisch unterstehen.[115] Am 19. Juni, drei Tage vor Beginn des Angriffs, besprach der Chef des Stabes Kommandostab Reichsführer SS, SS-Brigadeführer Kurt Knoblauch, in Posen beim Stab der Heeresgruppe Einzelheiten der Zusammenarbeit, für die einer von Tresckows Mitverschworenen, der Major i.G. von Gersdorff, als Ic-Offizier zuständig war.[116]

Der schiere Umfang der Partisanenbewegung sowie ihre ständig verbesserte Ausbildung, Bewaffnung und Organisation kamen für die Heeresgruppe Mitte überraschend und zwangen zum Handeln.[117] Der Befehlshaber des rückwärtigen Heeresgebiets Mitte führte daher vom 24. bis 26. September 1941 einen

---

[113] Gerlach, Deutsche Wirtschaftsinteressen, S. 268 f.; Peter, General der Artillerie Eduard Wagner, S. 264; Heinemann, Wagner; Steinbach, Zum Verhältnis der Ziele, S. 985.
[114] Römer, Die Wehrmacht und der Kommissarbefehl, S. 245. Zu einem ähnlichen Urteil kommt Hürter, Auf dem Weg zur Militäropposition, S. 529 f.
[115] HGr B Ia Nr. T 491/41 gKdos. Tagesmeldungen vom 20.6.1941, BArch, RH 19 II/116, fol. 149; ObdH/GenStdH/GenQu/Kriegsverwaltung Nr. 2101/41 geh. vom 28.4.1941, BArch, RH 20-16/1012; Förster, Das Unternehmen »Barbarossa«, S. 426; Krausnick/Wilhelm, Die Truppe des Weltanschauungskrieges, S. 131 f.; Thun-Hohenstein, Wehrmacht und Widerstand, S. 94.
[116] KTB KdoStab Reichsführer SS Nr. 1 vom 19.6.1941, BArch, NS 33/43, fol. 11.
[117] KTB Nr. 1 HGr Mitte, Bd 2, 1.8.–31.8.1941, Eintrag vom 10.8.1941, BArch, RH 19 II/386, fol. 283; Befehlshaber rückw. Heeresgebiet Mitte, Ia, Korpsbefehl Nr. 52 vom 14.9.1941, BArch, RH 22/225, fol. 48.

»Erfahrungsaustausch für den Kampf gegen Partisanen [...] als Lehrgang« durch.[118] Während sich die eingeladenen Heeresoffiziere auf militärfachliche Themen beschränkten, trugen SS-Gruppenführer Erich von dem Bach-Zelewski zum Thema »Erfassen von Kommissaren und Partisanen bei Durchkämmungs-Aktionen« und der »Beauftragte des Chefs der Sicherheitspolizei und des SD«, Arthur Nebe, über »Die Judenfrage mit besonderer Berücksichtigung der Partisanenbewegung« vor.[119] Die Vermischung »militärischer« Kriegführung zur Sicherung rückwärtiger Gebiete mit »genozidalem« Krieg zur Ausrottung ganzer Bevölkerungen war von Anfang an ein Charakteristikum des »Bandenkampfes« (die Bezeichnung »Partisan« war recht bald nach Kriegsbeginn als zu positiv besetzt verboten worden).[120] Das Heer war allerdings durchaus dankbar, den schmutzigsten Anteil daran der SS zu überlassen.

Vielen deutschen Offizieren schien das Problem auch ein Ergebnis der deutschen Besatzungspolitik zu sein. Die Ermordung von Menschen und der Entzug ihrer Lebensgrundlage durch das Abbrennen ihrer Dörfer trieb sie geradezu den Partisanen in die Arme. Gersdorff, als Ic der Heeresgruppe Mitte unter Tresckow für die Partisanenbekämpfung in Weißrussland zuständig, formulierte die Sicht der militärischen Verschwörer auf diesen Komplex noch lange nach dem Krieg vorrangig militärfachlich und nicht zuerst moralisch:

»Die Ostpolitik Hitlers legte den Grundstein für einen nationalrussischen Volkskampf gegen die deutschen Eroberer, der nicht nur zu schweren Verlusten der Truppe, sondern auch zu wachsenden Versorgungsschwierigkeiten führte.«

Dabei war es nicht so, dass die Wehrmacht für den »militärischen« Krieg zuständig war und die SS für den »genozidalen« Krieg, sondern die enge Verbindung von Partisanenkampf und ethnischer Ausrottungspolitik ließ genau diese Unterscheidung hinfällig werden.

Hatten die strukturelle Vielfalt und die ideologischen Differenzen innerhalb des NS-Systems schon nach dem Frankreichfeldzug eine kohärente Friedenspolitik verhindert, so musste dies erst recht im Krieg gegen die Sowjetunion gelten. Ja mehr noch: Die unterschiedlichen, miteinander rivalisierenden Organisationen und Dienststellen rangen um Zuständigkeiten, wobei dieser Prozess in kumulativ steigender Gewaltbereitschaft gegenüber den Menschen in den besetzten Gebieten resultierte.[121]

Der Mord an den Juden stand desgleichen bei der »Weißen Rose« an zentraler Stelle. In ihrem zweiten Flugblatt vom Juni oder Juli 1942 hieß es:

---

[118] Befehlshaber rückw. Heeresgebiet Mitte, Ia, Korpsbefehl Nr. 53 vom 16.9.1941, BArch, RH 22/225, fol. 63 f.
[119] Befehlshaber rückw. Heeresgebiet Mitte, Ia, Tagesordnung für den Kursus »Bekämpfung von Partisanen« und Teilnehmerverzeichnis vom 23.9.1941, BArch, RH 22/225, fol. 70–77; Meldung Befehlshaber rückw. Heeresgebiet Mitte, Ia, an OKH GenQu Br.B. Nr. 909/41 geh. vom 30.9.1941, BArch, RH 22/227, fol. 37–39.
[120] Wegner, Der Krieg gegen die Sowjetunion 1942/43, S. 911–918; zum Begriff »Bandenkampf« Umbreit, Das unbewältigte Problem, S. 134.
[121] Mommsen, Nationalsozialismus als vorgetäuschte Modernisierung, S. 415.

VI. Widerstand und Krieg

»Hier sehen wir das fürchterlichste Verbrechen an der Würde des Menschen, ein Verbrechen, dem sich kein ähnliches in der ganzen Menschengeschichte an die Seite stellen kann.«[122]
Formuliert hatte diese Flugblatt vor allem der in Orenburg (Russland) geborene orthodoxe Christ Alexander Schmorell.[123]

Auch Claus und Berthold Stauffenberg waren die Morde an Juden spätestens seit Mitte 1942 bekannt, und für sie trugen sie zu dem Entschluss bei, das NS-Regime zu stürzen;[124] für Carl Goerdeler darf angenommen werden, dass er sich erst Anfang 1943 über den vollen Umfang des Genozids an den europäischen Juden bewusst geworden ist.[125]

Die Diskussion um »Antisemitismus« im nationalkonservativen Widerstand scheint weitgehend abgeschlossen zu sein.[126] Sie betrifft vor allem die nationalkonservativen Politiker, wobei sich die Diskussion in den letzten Jahren auf Carl Goerdeler fokussiert hat. Es bleibt festzuhalten, dass sich die Position der zivilen wie der militärischen Opposition dahingehend fundamental von jener des NS-Regimes unterschied, dass bei allen Unterschieden im Detail in jedem Fall den in Deutschland lebenden Juden ein gesicherter Rechtsstatus zuerkannt werden sollte; die wahllose Ermordung der Juden in den besetzten Gebieten sollte sofort aufhören. Sie ging damit auch auf Abstand zu radikalen antisemitischen Tendenzen der Rechtsparteien in der Weimarer Zeit.[127]

Aus all dem ergibt sich, dass der Krieg in der Sowjetunion zugleich ein verbrecherischer Krieg zur Durchsetzung der Ziele Hitlers und ein »konventioneller« Krieg gegen die Sowjetunion war; die Verbrechen waren kein bedauerlicher Kollateralschaden, sondern »bevölkerungspolitische Massenmorde«.[128] Wollten die Offiziere unter den Verschwörern die außenpolitischen Zielvorstellungen des Widerstands sichern, so mussten sie den »militärischen« Krieg (der aber vom »genozidalen« Krieg nicht wirklich zu trennen war) fortsetzen. Vor allem für die im Stab der Heeresgruppe Mitte erwachsene Verschwörergruppe beinhaltete das ausweglos die Verstrickung auch in den rasseideologischen Vernichtungskrieg. Deren Rolle ist daher in den letzten Jahren Gegenstand erheblicher Forschungsanstrengungen und neuer Erkenntnisse geworden.[129] Ihre Beteiligung an den Verbrechen oder doch ihr Wissen darum wird noch darzustellen sein.

---

[122] Zit. nach <http://www.bpb.de/geschichte/nationalsozialismus/weisse-rose/61015/flugblatt-ii>, zuletzt konsultiert am 26.9.2018.
[123] Maier, Das »Dritte Reich« im Visier seiner Gegner; Moll, Acts of Resistance, S. 173.
[124] Vitzthum, Berthold Schenk Graf von Stauffenberg; Hoffmann, The German Resistance and the Holocaust, S. 109 f.
[125] Mommsen, Carl Friedrich Goerdeler, S. LX.
[126] Für einen Überblick siehe Mommsen, Der Widerstand gegen Hitler und die nationalsozialistische Judenverfolgung.
[127] Meinl, Das gesamte bewegliche und unbewegliche Vermögen, passim.
[128] Boll, Aktionen nach Kriegsbrauch, S. 781.
[129] Die Anregung, die ursprünglich von Gerlach, Männer des 20. Juli, ausgegangen war, hat zu einer erheblichen Forschungsdebatte geführt. Heinemann, Der militärische Widerstand und der Krieg, S. 777–790; Gerlach, Hitlergegner; sowie die im Kapitel VI.6 zitierte Literatur, vor allem von Johannes Hürter, Felix Römer, Klaus-Jürgen Arnold, Hermann Graml und Horst Mühleisen.

4. Verbrechen gegen das deutsche Volk

Stauffenberg sagte schon 1942, zu seiner Zeit in der Organisationsabteilung des Generalstabs des Heeres, über Hitler: »Er ist ein Narr und ein Verbrecher.«[130] Die Gleichsetzung ist bezeichnend; möglicherweise hatte er sie von dem ihm vertrauten Konrad Graf Preysing, der ähnliches schon 1933 geäußert hatte.[131] Die dilettantische Führung durch Hitler, die unnötige blutige Opfer unter den jungen deutschen Männern forderte, gehörte zu den ersten Phänomenen, die Hitler diese Qualifikation eintrugen. Die verbrecherische Politik gegenüber den Menschen in den besetzten Gebieten wurde aber in zivilen wie militärischen nationalkonservativen Kreisen zugleich als »großes Verbrechen gegen das eigene Volk«[132] empfunden: Sie kostete an der Ostfront unnötige Verluste, besudelte das Ansehen Deutschlands im Ausland und verhinderte so – wohl auch bewusst – jede Option eines Friedensschlusses. Je länger der Krieg andauerte, umso mehr richtete sich die Repression des Regimes nach innen und gegen angenommene »Volksfeinde«; damit wurde die Wehrmacht zum Komplizen dieses »Kampfes gegen das eigene Volk«.[133]

Zugleich drohten die Verrohung der Truppe und die Hinnahme der von Soldaten begangenen Verbrechen auch die »Mannszucht«zu gefährden, also genau jene Disziplin der Truppe, die sie – wie schon in den Wirren des Jahres 1923 – zu einem »unbedingt zuverlässige[n] Instrument in der Hand ihrer Führer« in einem Umsturz und potenziellen Bürgerkrieg machte[134]:

> »Nach einem Regimewechsel sei es das wichtigste Ziel, dass Deutschland im Spiel der Kräfte noch einen einsetzbaren Machtfaktor darstelle und dass insbesondere die Wehrmacht in der Hand ihrer Führer ein verwendbares Instrument bleibe.«[135]

Im September 1942 leitete das Oberkommando der Heeresgruppe einen »Bericht des [unterstellten] Panzer-AOK 3 über geistige Betreuung und weltanschauliche Führung« an das OKH weiter, allerdings mit Zusätzen von Gersdorff und Tresckow. Die beiden sahen das Ziel solcher Betreuung vor allem darin, dass

> »ein entscheidender Punkt die Erziehung zum geraden und anständigen Soldaten sein muss. Der Ostfeldzug, der durch die Härte des Kampfes und die besonderen Verhältnisse hinsichtlich Land und Leute die Grundanschauungen des deutschen Soldaten gefährden kann, verlangt mehr als jeder andere Feldzug klare Einstellung und Betonung dieser Auffassung. Es ist Aufgabe der Führer

---

[130] IfZ, ED 88: Sammlung Zeller, Bd 2, S. 353.
[131] Müller, Oberst i.G. Stauffenberg, S. 391 f.; Riebling, Die Spione des Papstes, S. 94.
[132] Wette, Zwischen Untergangspathos und Überlebenswillen, S. 13; wohl nach Speidel, Invasion 1944, S. 84.
[133] Kroener, Menschenbewirtschaftung, S. 1000.
[134] Aufruf des Chefs der Heeresleitung an die Reichswehr vom 4.11.1923, zit. bei Heinemann, Rechtsgeschichte der Reichswehr, S. 96. Für ein Beispiel XXXXVII. PzKorps, KTB Nr. 2, 25.5.–22.9.1941, Eintrag vom 14.6.1941, BArch, RH 24-47/2; Bewertung dazu bei Hürter/Römer, Alte und neue Geschichtsbilder, S. 313. Ähnlich argumentierte Fromm; Kroener, Der starke Mann im Heimatkriegsgebiet, S. 529.
[135] Spiegelbild einer Verschwörung, S. 34 (24.7.1944).

VI. Widerstand und Krieg 149

aller Grade, trotz aller Erbitterung im Kampf und aller Schwierigkeiten in der Lebensführung den Ehrenschild des deutschen Soldaten rein zu erhalten.«[136] Viel klarer konnte man sich von der nationalsozialistischen Hasserziehung kaum distanzieren,[137] aber zugleich muss bei solchen Formulierungen im Auge behalten werden, dass es auch darum ging, das Heer als zentrales Instrument des Umsturzes zu erhalten.

Gelegentlich wird angenommen, die nationalkonservative Gesinnung der meisten Verschwörer sei ein Hindernis für ihre oppositionelle Tätigkeit gewesen: »Es kostete einige Überwindung fester Grundsätze vom soldatischen Gehorsam, um zu der Erkenntnis zu gelangen, dass der Erfolg der eigenen Waffen, der bedingungslose Schutz des eigenen Volkes und Staates dem Kampf gegen solche Verbrechen untergeordnet werden mussten.«[138] Letztlich ist das die klassische Reduktion der Motive auf eine ethische Dimension, der in Gegensatz gebracht wird zur nationalkonservativen politischen Überzeugung. Das trifft aber nicht den Kern: Da, wo man wie etwa beim Befehlshaber des Ersatzheeres erkannt hatte, dass bei »Fortsetzung des gegenwärtigen Kurses [...] eine Niederlage und Vernichtung der materiellen und blutsmäßigen Substanz unausbleiblich« sei, wie es Stauffenberg in einer Denkschrift festgehalten hatte,[139] war diese Erkenntnis ein wesentlicher Antrieb für den Schritt in den Widerstand. Ob man Hößlins oben genannte Bemerkung heranzieht, einen »Kampf der letzten Goten am Vesuv [könne] es für ein 80-Millionen-Volk« nicht geben; ob Roenne von der »Verantwortung [dem] deutschen Volk, [den] Kindern und den kommenden Geschlechtern gegenüber«[140] schrieb: Das Fazit dieser traditionell deutschnational oder durch die konservative Revolution der 1920er Jahre geprägten Offiziere war, dass »das nationale Interesse einen zentralen Platz einnahm«[141] und der Erhalt ihrer geliebten Nation ein Handeln gegen den »Verderber« zwingend notwendig machte.

Hinzu kam, dass die »Verstrickung der Truppe [und mit ihr mittelbar der ganzen deutschen Bevölkerung] in die rassenpolitischen Endziele der NS-Führung«[142] die Friedensfähigkeit des deutschen Staates so in Frage stellte, dass nur noch ein »*finis Germaniae*« am Ende stehen konnte. Die sich abzeichnende Besetzung des Reiches, vor allem des Ostens, durch sowjetische Truppen als Ergebnis einer gewollt fehlgeleiteten Politik schien auch manchen Deutschen die logische Konsequenz: Stieff, der 1939 angesichts der Ruinen des zerbombten Warschau gesagt hatte: »Ich schäme mich, ein Deutscher zu sein«,[143] schrieb Anfang 1942 an seine Frau, »dass ich in diesem angehenden Strafgericht nur eine gerechte Sühne für alle die Schandtaten sehe, die wir Deutschen in den letzten Jahren began-

---

[136] ObKdo HGr Mitte, Abt. Ic/AO Nr. 1036/42 geh. mit Anlage vom 8.9.1942, BArch, RH 19 III/489, fol. 72–82.
[137] Heinemann, Der Widerstand gegen das NS-Regime und der Krieg an der Ostfront, S. 51.
[138] Hoffmann, Claus Schenk Graf von Stauffenberg und seine Brüder, S. 450.
[139] Spiegelbild einer Verschwörung, S. 34 (24.7.1944).
[140] Pahl, Motive und Ziele, S. 43.
[141] Mommsen, Der Widerstand gegen Hitler und die nationalsozialistische Judenverfolgung, S. 385.
[142] Steinbach, Zwischen Gefolgschaft, Gehorsam und Widerstand, S. 277.
[143] Mühleisen, Hellmuth Stieff, S. 343; Stieff, Briefe, S. 108 (Nr. 63, 21.11.1939).

gen bzw. geduldet haben.«[144] Oberst Wilhelm Staehle äußerte in Gesprächen mit Beck, Goerdeler und Oster, »er schäme sich fast, die Uniform eines deutschen Offiziers zu tragen«,[145] und Nikolaus Graf Üxküll-Gyllenband, ein Onkel Claus Stauffenbergs, formulierte es noch drastischer: »Von dem Gangsterhaufen kann ich mich nur durch den Tod trennen.«[146]

Dazu gehörte ebenso das, was das NS-Regime den deutschen Juden angetan hatte. Sicherlich, einen gewissen dissimilatorischen Antisemitismus, wie er in der konservativen deutschen Gesellschaft seit jeher gängig war, wird man auch bei den meisten nationalkonservativen Widerständlern nicht bestreiten können.[147] Versuche, das im Einzelfall zu widerlegen, resultierten zumeist in der Zusammenstellung von Quellenmaterial, das diesen »gelinden« Antisemitismus bestätigte.[148] Das deutsche Militär hatte schon 1917 mit der »Judenzählung« einen antisemitischen Grundkonsens offenkundig werden lassen;[149] nicht wenige der Verschwörer stammten aus der konservativen Revolution und jenen Freikorps, die für die Morde an Rosa Luxemburg oder Walther Rathenau verantwortlich waren (man denke an Wilhelm Canaris oder Friedrich-Wilhelm Heinz). Peter Graf Yorck von Wartenburg war durch »die über die Nürnberger Gesetze hinausgehenden Ausrottungsmaßnahmen gegen das Judentum« in den Widerstand getrieben worden.[150] Andere Verschwörer hatten an den Vorgängen der »Reichskristallnacht« am 9. November 1938 vor allem das »Pöbelhafte« kritisiert.[151] Major d.R. Carl-Hans Graf von Hardenberg wurde im August 1941 nahe der weißrussischen Stadt Borisov (heute Barysau) Augenzeuge eines Massakers lettischer SS-Einheiten an den Bewohnern des jüdischen Ghettos. Wie er später sagte, war er »zusammen mit Leutnant d.R. Heinrich Graf von Lehndorff, dem persönlichen Ordonnanzoffizier Bocks, entschlossen, die eigene und die Standesehre zu verteidigen.«[152] Die Verbrechen wurden vor allem unter dem Aspekt ihrer Auswirkungen auf Deutschland und die »Standesehre« gesehen. Nur wenige haben – wie etwa Ulrich-Wilhelm Graf Schwerin von Schwanenfeld – testamentarisch Geld für ein Denkmal für die ermordeten Christen und Juden verfügt und noch Freisler gegenüber freimütig als Motiv für ihren Widerstand angegeben: «Ich dachte an die vielen Morde.«[153]

Insgesamt muss man wohl trennen zwischen einem annihilatorischen Antisemitismus, wie ihn das NS-Regime vor allem während des Krieges an den Tag legte, und einer staatlichen oder gesellschaftlichen Ausgrenzung der Juden. Ekkehard Klausa spricht von einem »›schweren‹ Antisemitismus, der dem

---

[144] Brief an seine Frau vom 10.1.1942, abgedr. in: Stieff, Ausgewählte Briefe, S 304.
[145] Roon, Widerstand und Krieg, S. 64.
[146] Zit. in Graml, Militärischer Widerstand, S. 96.
[147] Mommsen, Der Widerstand gegen Hitler und die nationalsozialistische Judenverfolgung, S. 387; Klausa, Ganz normale Deutsche.
[148] Hoffmann, Carl Goerdeler; siehe dazu die vernichtende Rezension von Magnus Brechtken in der Frankfurter Allgemeinen Zeitung vom 29.7.2013 sowie meine Besprechung in Sehepunkte, 14 (2014), 4.
[149] Picht, Zwischen Vaterland und Volk, S. 746–749.
[150] Spiegelbild einer Verschwörung, S. 110 (31.7.1944).
[151] Mommsen, Die moralische Wiederherstellung der Nation, S. 15.
[152] Mühleisen, Patrioten im Widerstand, S. 427.
[153] Schwerin, Die Jungen des 20. Juli, S. 58 f.

Nazitum benachbart war«, und von »leichteren und leichten Fälle[n], die auf einer Antisemitismus-Skala zum Nullpunkt tendierten«.[154] Goerdeler etwa »Antisemitismus« zu bescheinigen, versperrt etwas den Blick dafür, was der Begriff konkret bezeichnen sollte. Goerdeler war Jurist, und sein eigentliches Anliegen betraf die Etablierung rechtsstaatlicher Verhältnisse. Das sollte auch für den Umgang mit den deutschen Juden gelten, die, als Angehörige eines »Judenstaats« definiert, einen rechtlich garantierten, aber eben doch besonderen Status bekommen sollten. Das wird man heute als »antisemitisch« bezeichnen, aber es hätte den deutschen Juden überhaupt einen Rechtsstatus verliehen, anstatt sie rechtlos dem deutschen Menschheitsverbrechen, der systematischen Ermordung, auszuliefern. Gegen die Entrechtung, Demütigung, Enteignung und letztlich physische Vernichtung seiner jüdischen Mitbürger ist Goerdeler schließlich aufgestanden und in den Tod gegangen.[155] Dabei richtete sich der Widerstand der Nationalkonservativen eben vor allem gegen jene Maßnahmen, die deutsche Juden betrafen, allen voran die seit Jahrhunderten in Deutschland ansässigen etablierten, religiös in der Regel liberalen oder sogar konvertierten Juden, weshalb die Kritik nach der »Reichskristallnacht« deutlich zunahm. Das Schicksal der Juden in der besetzten Sowjetunion dagegen fand deutlich weniger Beachtung.[156]

Die Forderung nach »Wiederherstellung des unveräußerlichen göttlichen und natürlichen Rechtes der menschlichen Person«,[157] nach Wiederaufrichtung der »Majestät des Rechts«[158] beinhaltete schließlich auch die Forderung nach einem Ende der Entrechtung der deutschen Juden und der Mordaktionen an den Juden in den besetzten Gebieten. Das zu sagen und von den Menschenjagden des NS-Antisemitismus zu unterscheiden, ist Teil einer Historisierung des Widerstands, indem er ihn nicht vordergründig als moralische Instanz oder teleologisch als Vorläufer der bundesrepublikanischen, ihrerseits wiederum einer historischen Wandlung unterworfenen »Werteordnung des Grundgesetzes« versteht, sondern als »zeitbedingte Alternative zum Faschismus«.[159]

5. Tresckow, Gersdorff, Boeselager, Stauffenberg: Der Widerstand und Russland

Die Haltung des deutschen Militärs zu Russland und zur Sowjetunion war durchaus ambivalent, und das schon seit Langem. Spätestens seit der Zeit der Freiheitskriege

---

[154] Klausa, Ganz normale Deutsche, S. 186. Für eine Gegenposition siehe Hoffmann, The German Resistance and the Holocaust; die in Hoffmann, Carl Goerdeler, ausgebreiteten Quellen lassen allerdings erkennen, dass auch der Kopf der zivilen Verschwörung nicht frei von antijüdischen Vorurteilen war.
[155] Mommsen, Die moralische Wiederherstellung der Nation, S. 389 f.
[156] Mommsen, Der Widerstand gegen Hitler und die nationalsozialistische Judenverfolgung, S. 399.
[157] Ebd., S. 407 f.
[158] Entwurf einer Regierungserklärung, in: Spiegelbild einer Verschwörung, S. 147 (5.8.1944, Anlage 1).
[159] Mommsen, Die moralische Wiederherstellung der Nation, S. 15.

1812–1815 wurde Russland von vielen als traditioneller Verbündeter gegen den »Erzfeind« Frankreich wahrgenommen.[160] Über das Atmosphärische hinaus ließ sich das auch an militärischen Traditionen festmachen. Seeckts militärische Heimat etwa war das Kaiser-Alexander-Gardegrenadierregiment Nr. 1, benannt nach dem Zar der Freiheitskriege, dessen Chef immer der jeweils regierende russische Zar war, und er hatte bereits in den 1920er Jahren die politische ebenso wie die rüstungswirtschaftliche Nähe zur jungen Sowjetunion gesucht.[161]

Im Offizierkorps der Wehrmacht fanden sich nicht wenige, deren Familien aus dem ehemaligen Zarenreich stammten. Allein unter den im Widerstand gegen Hitler Umgekommenen waren die baltendeutschen Obersten i.G. Alexis Freiherr von Roenne und Wessel Freiherr Freytag von Loringhoven (beide in Kurland geboren) sowie Oberst z.V. Nikolaus Graf von Üxküll-Gyllenband; über die Familie seiner Mutter hatte also auch Stauffenberg baltendeutsche Wurzeln.

Die Besetzung von Teilen Ostpreußens durch russische Truppen zu Anfang des Ersten Weltkrieges[162] hatte zwar im Osten Deutschlands eine gewisse Russenfurcht aufkommen lassen, wobei unter anderem die Erinnerungen an die Kosaken aus den Jahren 1812/13 noch eine gewisse Rolle spielten.[163] Insgesamt aber gab es neben den rassistischen, antislawischen Vorurteilen durchaus romantische Sympathien für Russland und das russische Volk.

Dem entsprach die durchgängige Ablehnung des »Bolschewismus« als Weltanschauung und staatstragende Ideologie der aus dem Zarenreich hervorgegangenen Sowjetunion – letztlich eine Fortsetzung der antisozialistischen Bestrebungen des Kaiserreichs. Die unsicheren Jahre zu Beginn der Weimarer Zeit hatten beim Bürgertum die Sorge vor einer Ausbreitung des »Bolschewismus« auch auf Deutschland virulent werden lassen.

Der Gedanke einer Revision der deutschen Ostgrenze und damit einer erneuten Liquidierung des polnischen Staates war unter deutschen Konservativen der ersten Nachkriegsjahre gang und gäbe; er resultierte in einer mehr oder weniger offenen Unterstützung der Sowjetunion während des polnisch-sowjetischen Krieges.[164] In einer Niederschrift »Deutschland und Russland« hielt Seeckt im Februar 1920 fest: »Nur im festen Anschluss an ein Groß-Russland hat Deutschland die Aussicht auf Wiedergewinnung seiner Weltmachtstellung.«[165] Die umfassende Clausewitz-Rezeption durch das nachrevolutionäre Russland resultierte in einer – begrenzten – Geistesverwandtschaft.[166]

Ohnehin war Seeckt ein Befürworter einer engeren Zusammenarbeit mit der Sowjetunion. Während die Reichsregierung auf den Locarno-Vertrag, den Beitritt zum Völkerbund und damit auf eine Westorientierung setzte, trieb Seeckt das Projekt einer Rüstungskooperation mit der Sowjetunion voran, griff damit aber nur späteren politischen Ansätzen unter Reichsaußenminister Julius Curtius

---

[160] Müller, An der Seite der Wehrmacht, S. 204. Kroener, Der starke Mann im Heimatkriegsgebiet, S. 112, belegt das etwa für den damaligen Hauptmann Fromm im Jahre 1919.
[161] Schäfer, Die Militärstrategie Seeckts, S. 205–224.
[162] Lakowski, Ostpreußen 1944/45, S. 28, mit weiterer Literatur.
[163] Zamoyski, 1812, S. 501–520.
[164] Zeidler, Reichswehr und Rote Armee, S. 31.
[165] Zit. nach ebd., S. 32.
[166] Rose, Carl von Clausewitz, S. 127–163.

VI. Widerstand und Krieg 153

vor[167]. Die von Seeckt geförderte Rüstungskooperation, vor allem im Bereich der Panzer- und Flugzeugentwicklung sowie des Gaskrieges, verschaffte vielen deutschen Offizieren eigene Erfahrungen in den Weiten Russlands, auch wenn die dort gewonnenen technischen Erkenntnisse vor allem im Panzerbau kaum in den Ausbau der Blitzkriegs-Panzerwaffe einflossen.[168] Letztlich unterstützten die Reichsregierung und auch die Reichsbank diese Geheimrüstungsprojekte.[169] Die dabei gewonnenen Erfahrungen waren allerdings nicht einheitlich: Einige Offiziere, darunter Blomberg, interpretierten die Rote Armee nach dem Muster der Reichswehr als professionell und unideologisch; andere dagegen betonten die Rolle der kommunistischen Indoktrinierung.[170] Konzeptionell gewann die Reichswehr durch die Begegnung mit den sowjetischen Vorstellungen zum Bewegungskrieg keine wesentlichen neuen Erkenntnisse.[171] Nach Seeckts Abschied führten seine Nachfolger Heye und Hammerstein die prorussische Politik der Reichswehr fort.[172]

In den frühen 1930er Jahren waren spätere Angehörige der Militäropposition beruflich mit Kontakten zur Sowjetunion befasst, darunter Carl-Heinrich von Stülpnagel, der ab April 1933 als Chef der Heeresstatistischen Abteilung T3 (später »Fremde Heere«) u. a. für die Kontakte zur Sowjetunion zuständig war.[173]

Eine von romantischen Anflügen nicht freie Faszination durch die Weite Russlands und die dort lebenden Menschen bemächtigte sich noch im Zweiten Weltkrieg mancher deutscher Soldaten. Der Münchener Sanitätsfeldwebel Willi Graf von der »Weißen Rose« etwa schrieb von der Frontfamulatur an der Ostfront aus an seine Eltern, er habe Russen »kennen und schätzen« gelernt; ein solches positives Russlandbild war inzwischen aber wohl die Ausnahme.[174]

Die Differenzierung zwischen einem eher romantisch imaginierten Russland und dem davon scharf unterschiedenen »Bolschewismus« charakterisiert das Verhalten der meisten Angehörigen des politischen und militärischen nationalkonservativen Widerstands. Für das Verständnis ihrer Haltung zum Krieg gegen die Sowjetunion ab 1941 ist diese Unterscheidung von zentraler Bedeutung. Carl Goerdeler und Ulrich von Hassell waren sich in einem Gespräch kurz nach Kriegsbeginn 1939 einig in ihrer Ablehnung des Hitler-Stalin-Pakts. Hassell sah darin einen Ausdruck der »völlige[n] geistige[n] Verwirrung«. Noch »im fernen Spanien« habe man den Kommunismus »auf Tod und Leben bekämpft«, aber jetzt würden bald auch im Reich »überall die linken Elemente der Partei Oberwasser haben«[175] – dieselben Elemente, die Beck ein Jahr zuvor als »radikale Seite« bezeichnet hatte. Oberstleutnant Groscurth, eine zentrale Figur der Verschwörung

---

[167] Heinemann, Rechtsgeschichte der Reichswehr, S. 95, 362.
[168] Heinemann, The Development of German Armoured Forces, S. 54; Pöhlmann, Der Panzer, S. 221.
[169] Bergien, Die bellizistische Republik, S. 23.
[170] Zeidler, Reichswehr und Rote Armee, S. 304 f.; Schäfer, Werner von Blomberg, S. 42.
[171] Groß, Mythos und Wirklichkeit, S. 290 f.
[172] Carsten, Reichswehr und Politik, S. 311; Paetel, Versuchung oder Chance?, S. 247.
[173] Zeidler, Reichswehr und Rote Armee, S. 205.
[174] Ueberschär, Zum Rußlandbild, S. 77.
[175] Hassell, Die Hassell-Tagebücher 1938–1944, S. 126 (11.10.1939). Siehe auch Schöllgen, Ulrich von Hassell, S. 100.

von 1938, sprach von einer »grauenvollen Freundschaft«.[176] Männer wie Goerdeler, Hassell und Groscurth standen damit allerdings im Gegensatz zu führenden – auch oppositionellen – Militärs wie Halder und Brauchitsch, die in der Sowjetunion durchaus einen gleichwertigen außenpolitischen Partner sahen und daher den Krieg im Osten zu vermeiden suchten.[177]

Noch im Dezember 1943 erweckte Helmuth James Graf von Moltke als einer der führenden Köpfe des Kreisauer Kreises bei seinen amerikanischen Gesprächspartnern den Eindruck, die Gründung des NKFD und des Bundes Deutscher Offiziere (BDO) lasse erkennen, dass auch innerhalb der Militäropposition die russlandfreundliche, nach Osten orientierte Fraktion zahlenmäßig überwiege, wenn seine Argumentation auch ein wenig dadurch geprägt war, dass er durch diese Zuspitzung die von ihm vertretenen pro-westlichen Gruppen seinen Gesprächspartnern umso unentbehrlicher erscheinen lassen wollte.[178]

Der Angriff auf die Sowjetunion stieß daher bei den meisten späteren Angehörigen der Umsturzbewegung zunächst nicht auf grundsätzliche Ablehnung. Dass er ein offener Völkerrechtsbruch war, schien angesichts des besonderen Charakters des bolschewistischen Feindes, den man ohnehin als grundsätzlich nicht vertrauenswürdig betrachtete, hinnehmbar. Allein strategische Überlegungen wie etwa die Frage, ob Deutschland langfristig jenem Zweifrontenkrieg gewachsen sein würde, den es bisher so sorgsam vermieden hatte, mahnten hier und da zur Skepsis. Nur wenige hatten – wie etwa Blomberg oder Olbricht – eine vergleichsweise hohe Meinung von den Fähigkeiten der Roten Armee gewonnen.[179] Viel weiter verbreitet waren eine ideologisch begründete Geringschätzung des militärischen Potenzials und eine Überbewertung der als überlegen eingeschätzten eigenen Führungskunst, sodass das Risiko eines Ostkrieges vor Beendigung des Kriegszustands im Westen den meisten, vor allem den Generalstabsoffizieren, beherrschbar schien.[180] Stauffenbergs bereits zitierte Bemerkung Kuhn gegenüber, »dieser Krieg [sei] vom Augenblick, wo wir den Fehler machten, Russland anzugreifen, personell und materiell für Deutschland auch bei bester Führung nicht durchzustehen«[181] stammt – Kuhns Erinnerung zufolge – aus dem August 1942 und ist daher Folge der bis dahin gesammelten Erfahrungen mit der Durchhaltefähigkeit der Sowjetunion als Staat und der wachsenden operativen Geschicklichkeit ihrer militärischen Führer; sie ist kein grundsätzlicher oder gar moralischer Einwand gegen den Krieg, sondern die nüchterne Lagebeurteilung eines Generalstabsoffiziers.

Übrigens haben Stalin und das Sowjetregime darauf gesetzt, die traditionelle Russlandfreundlichkeit des deutschen Offizierkorps auszunutzen; an die Spitze des

---

[176] Groscurth, Tagebücher, S. 202 (10.9.1939).
[177] Ueberschär, Zum Rußlandbild, S. 74; siehe auch Haffner, Der Teufelspakt, S. 134.
[178] Balfour/Frisby/Moltke, Helmuth James von Moltke, S. 264–266; Heideking/Mauch, Das Herman Dossier, S. 590 f.; Hoffmann, Colonel Claus von Stauffenberg, S. 633 f.
[179] Zeidler, Reichswehr und Rote Armee, S. 305; Ueberschär, Zum Rußlandbild, S. 75 f. – Olbricht hatte 1930 eine ausgedehnte Reise durch die Sowjetunion unternommen: Page, General Friedrich Olbricht, S. 77–82.
[180] Ueberschär, Militäropposition gegen Hitlers Kriegspolitik, S. 357; Frieser, Blitzkrieg-Legende, S. 437–441; Groß, Mythos und Wirklichkeit, S. 290 f.
[181] Aussage Kuhn am 2.9.1944, in: Hoffmann, Tresckow und Stauffenberg; Chavkin/Kalganov, Neue Quellen, S. 378; siehe auch Hoffmann, Stauffenbergs Freund, S. 32.

VI. Widerstand und Krieg

unter kriegsgefangenen deutschen Offizieren gegründeten BDO setzten sie mit General der Artillerie Walther von Seydlitz-Kurzbach jemanden, dessen Vorfahr Adjutant von General Ludwig Yorck von Wartenburg bei der Unterzeichnung der Konvention von Tauroggen gewesen war.[182]

Der in konservativen Kreisen weit verbreitete Antikommunismus erschwerte die Opposition gegen einen deutschen Angriff auf die Sowjetunion. Ein Krieg gegen das »bolschewistische« System Stalins erschien vielen unausweichlich, und die Erfahrung der anfangs leicht errungenen Siege, verbunden mit einer maßlosen Unterschätzung der sowjetischen Kriegsstärke, ließen für eine Ablehnung des »Unternehmens Barbarossa« kaum Raum.[183] Im Verlauf der Operationen resultierten die »unvorstellbar skrupellose Korruption und persönliche Bereicherung der Beteiligten«[184] in einer noch geringeren Bereitschaft, gegen den Krieg und das ihn tragende NS-System aufzustehen.

Den Krieg gegen den »Bolschewismus« waren die meisten der Offiziere zu führen bereit, mit einem Kampf um einen – wie auch immer definierten – »Lebensraum im Osten«, vor allem mit einem rasseideologischen Vernichtungskrieg, konnten sich dagegen viele nicht identifizieren.[185]

»Während es dem Generalstab in konventioneller Weise darum ging, die militärische Macht der Gegner zu zerschlagen und so den Krieg zu gewinnen, führte Hitler einen Eroberungs- und Weltanschauungskrieg mit dem Ziel einer Umgestaltung ganz Europas und nicht zuletzt der deutschen Gesellschaft selbst; der Widerspruch war unüberbrückbar.«[186]
Der baltische Exilant Baron Wladimir Kaulbars, von Canaris in die Dienste der »Abwehr« genommen, formulierte es gegenüber der Gestapo am klarsten: »Als der Kampf gegen den Bolschewismus sich im Jahre 1942 immer mehr zu einem Krieg gegen ›Russland‹ entpuppte [...]«[187]

Die Erkenntnis, dass die Kriegführung des Reiches ebenso dazu diente, Verbrechen im Weltmaßstab an den Menschen in den von der Wehrmacht besetzten Gebieten zu begehen, wuchs nicht bei allen Verschwörern gleich schnell. Und da, wo sie heranreifte, mochte sich mancher zunächst noch einreden, dass die Gräuel Übergriffe örtlicher Unterführer seien; dass die Befehle zur massenhaften Liquidierung auf Hitler selbst zurückgingen, wurde manchem erst mit der Zeit klar.[188]

Wenn auch die Einsatzgruppe B im Bereich der Heeresgruppe Mitte Massenmorde begangen hat, und wenn – wie in der neueren Forschung inzwischen allgemein akzeptiert – die späteren Verschwörer um Henning von Tresckow davon gewusst und die Gewaltaktionen anfangs zumindest hingenommen haben, dann bedarf das der Erklärung. Diese Erklärung ist besonders dann von zentraler Bedeutung, wenn der Widerstand vorrangig mit moralischen Maßstäben beschrieben wird. Löst man sich von der Perspektive eines »Aufstands des Gewissens«, muss man dennoch danach fragen, warum dieselben Offiziere erst nach

---

[182] Diedrich, Walther von Seydlitz-Kurzbach, S. 320–322.
[183] Ueberschär, Militäropposition gegen Hitlers Kriegspolitik, S. 357.
[184] Mommsen, Das NS-Regime und die Auslöschung des Judentums, S. 208.
[185] Ueberschär, Zum Rußlandbild, S. 69 f.
[186] Meyer, Heusinger, S. 157.
[187] Spiegelbild einer Verschwörung, S. 426 (Anlage 1 zum 29.9.1944).
[188] Roon, Widerstand und Krieg, S. 60; Thun-Hohenstein, Wehrmacht und Widerstand, S. 97.

den ersten drei Kriegsmonaten gegen die Gräuel protestierten, diese dann aber als Ursache ihrer Bestrebungen zum Sturz des Regimes nahmen.

Eine zentrale Rolle nimmt bei dieser Entwicklung offenbar die Kenntnis des bereits beschriebenen Massakers bei Borisov vom 20. Oktober 1941 ein. Die beteiligten SS-Verbände unterstanden nicht Nebes Einsatzgruppe Mitte. Major d.R. Hardenberg war eher zufällig Augenzeuge geworden; für ihn und Bocks Ordonnanzoffizier Leutnant d.R. Lehndorff war diese Erfahrung der Grund für die Beteiligung am systemstürzenden Widerstand.[189]

Neu war an diesem Massaker, dass es – zumindest im Bereich der Heeresgruppe Mitte – den Übergang von einer Bekämpfung der männlichen und wehrfähigen Juden hin zu einem umfassenden Genozid an allen Juden markierte. Bis dahin hatte offenkundig auch unter den später in der Militäropposition Aktiven die Annahme vorgeherrscht, die am 6. Juni 1941 bei einer Besprechung in Berlin mit den wichtigsten für den Ostfeldzug vorgesehenen Generalstabsoffizieren, SS- und Polizeiführern noch einmal unterstrichen worden war. Danach waren Juden und Kommunisten weitgehend gleichzusetzen und eine wesentliche Gefahr für die rückwärtigen Bereiche des Heeres.[190]

Die Wirkung dieser Grundannahme ließ nicht lange auf sich warten. General der Infanterie Carl-Heinrich von Stülpnagel befahl am 30. Juli 1941 für seine 17. Armee: »Besonders die jüdischen Komsomolzen sind als Träger der Sabotage und Bandenbildung Jugendlicher anzusehen.«[191] Der am 20. Juli 1944 als Chef des Ersatzheeres vorgesehene Generaloberst Erich Hoepner hatte seiner Panzergruppe mit auf den Weg nach Russland gegeben:

»Dieser Kampf muss die Zertrümmerung des heutigen Russland zum Ziele haben und deshalb mit unerhörter Härte geführt werden [...] Insbesondere

---

[189] Hürter, Auf dem Weg zur Militäropposition, S. 533, 547; dazu Römer, Das Heeresgruppenkommando Mitte; sowie Hürter/Römer, Alte und neue Geschichtsbilder. Siehe aber ebenso Arnold, Offiziere der Heeresgruppe Mitte, S. 167 f.; Arnold, Verbrecher aus eigener Initiative?; Graml, Massenmord und Militäropposition; Mühleisen, Patrioten im Widerstand, S. 427; und Ringshausen, Der Aussagewert von Paraphen. Die unqualifizierten und pauschalen Vorwürfe, die Christian Gerlach 1995 im Rahmen der Ausstellung »Vernichtungskrieg. Verbrechen der Wehrmacht« erhoben hatte (Gerlach, Männer des 20. Juli), haben einer differenzierteren und quellenmäßig abgesicherten Analyse nicht standgehalten; siehe etwa die Rezension von Ruth Bettina Birn zu dem Begleitband der Ausstellung in der MGZ, 58 (1999), S. 180. Auch auf die Kontroverse zwischen Hürter und Felix Römer auf der einen und Historikern wir Klaus Jürgen Arnold, Hermann Graml und Heinz Mühleisen auf der anderen Seite kann hier nicht mehr eingegangen werden. Entgegen der Ansicht seiner Kontrahenten hat Hürter anhand auch neuerer Quellen wohl überzeugend darlegen können, dass Tresckow, Gersdorff und Schlabrendorff von den Verbrechen der Einsatzgruppe B voll unterrichtet waren; ihr Wissen ging zudem über das bloße Paraphieren von Vorgängen hinaus. Die von Schlabrendorff und Gersdorff nach dem Krieg veröffentlichten Darstellungen (wie etwa die Behauptung, das Wort »Jude« sei im Sommer 1941 bei der Heeresgruppe Mitte nicht ein einziges Mal ausgesprochen worden) entsprechen hier – wie teilweise auch an anderen Stellen – nicht der Wahrheit. Hürter, Militäropposition und Judenmord, S. 136, konstatierte, die Debatte müsse als abgeschlossen gelten; so auch Jureit, Spekulatives von der Ostfront; dem schließe ich mich an.
[190] Hürter, Auf dem Weg zur Militäropposition, S. 532, 538.
[191] Hürter, Hitlers Heerführer, S. 571; Förster, Die Sicherung des Lebensraumes, S. 1039 f.; aber auch Stahl, General Karl-Heinrich von Stülpnagel, S. 242.

VI. Widerstand und Krieg 157

gibt es keine Schonung für die Träger des heutigen russisch-bolschewistischen Systems.«[192]
Zentral ist dabei die in dem zweimaligen Gebrauch des Wortes »heutig« enthaltene Unterscheidung zwischen einem überzeitlichen Russland und der damaligen kommunistischen Staatsform.
Gersdorff äußerte sich in diesem Sinne noch fast 20 Jahre nach dem Geschehen gegenüber der Staatsanwaltschaft München:
»man konnte ohne Weiteres der Auffassung sein, dass es sich um kriegsbedingte Erschießungen handelte. Dies umso mehr, als ich persönlich auch die Erfahrung gemacht habe, dass sich unter den Agenten sehr viele Juden befanden und dass sich unter der jüdischen Bevölkerung eine größere und aktivere Kriminalität ergab als bei der übrigen russischen Bevölkerung.«[193]
Eine solche Einstellung darf man getrost als »nationalkonservative[n] Antikommunismus mit antisemitischen Einschlägen« bezeichnen.[194] Dass man in diesem Zusammenhang von einem »verzögerten Einsetzen der Moral ausgehen«[195] müsse, ist eine mögliche Interpretation. Ihr liegt aber eine Annahme zugrunde, die eine ideologische und eine rassistische Motivgruppe verknüpft:
»Der nationalkonservative Antikommunismus gehörte selbstverständlich zur Grundausstattung des deutschen Offizierkorps und bewegte im Sommer 1941 auch Tresckow, Gersdorff und ihre Vertrauten. Daneben war ein rassistisches Überlegenheitsgefühl gegenüber ›dem‹ Osten und seinen Bewohnern genauso verbreitet wie eine antisemitische Haltung besonders gegen nicht assimilierte ›östliche‹ Juden. Diese ideologischen Vorbehalte verbanden sich in den ersten Monaten des ›Unternehmen Barbarossa‹ unheilvoll und wandten sich gegen große Teile der ›feindlichen‹ Zivilbevölkerung.«[196]
Eine andere Erklärung ist, dass unter nationalkonservativen Offizieren neben dem »rassistischen Überlegenheitsgefühl« die aus traditioneller Russlandfreundlichkeit genährte Überlegung verbreitet war, den »russischen Menschen« vom »Bolschewismus« befreien und für die deutsche Seite gewinnen zu sollen. Im Rahmen dieses Krieges gegen den »jüdischen Bolschewismus« erschienen summarische Exekutionen potenzieller Unruhestifter im Hinterland der kämpfenden Truppe offenbar als legitim, auch wenn man das bedauerte. Der unterschiedslose Mord an den Juden in den besetzten Gebieten, zu dem noch der Herantransport deportierter Juden aus Deutschland kam, signalisierte dagegen eine Form der Kriegführung, die nicht nur moralisch unannehmbar war, sondern das ganze deutsche Volk

---

[192] Mitcham/Mueller, Generaloberst Erich Hoepner, S. 95; zur Bewertung siehe auch Messerschmidt, Militärische Motive, S. 112.
[193] Schreiben Gersdorff an die Staatsanwaltschaft München vom 6.5.1959, zit. nach Hürter, Auf dem Weg zur Militäropposition, S. 541. Siehe auch seine ähnlich lautenden Äußerungen im Kriegsgefangenenlager in Oberursel, IfZ, ED 88/1, fol. 83–104. Im Jahre 1979 hatten sich in Gersdorffs Aussagen die Verbrechen zum alleinigen Motiv des Widerstands entwickelt: »Ich möchte hier klar zum Ausdruck bringen, dass das Hauptmotiv nicht nur von mir, sondern von uns allen nicht etwa die schwankende Kriegslage war oder irgendwelche sonstigen militärischen Beweggründe, sondern einzig und allein die Verbrechen des nationalsozialistischen Regimes.« Hanno Kremer, Der 20. Juli in Paris. Sendung des RIAS Berlin vom 19. und 22.7.1979, IfZ, Ms 200/85.
[194] Hürter, Militäropposition und Judenmord, S. 146.
[195] Hürter, Auf dem Weg zur Militäropposition, S. 549.
[196] Ebd., S. 549 f.

friedensunfähig zu machen drohte. Allen Protesten der Heeresgruppe zum Trotz wurden immer mehr »Judenzüge« vor allem nach Smolensk geleitet, und jeder Hinweis, der knappe Transportraum werde viel dringender für Nachschubzwecke benötigt, verhallte ungehört.[197] Die Einsatzgruppen begannen schon jetzt, Juden zu ermorden, die das Heer lieber zur Zwangsarbeit zur Versorgung der Truppe eingesetzt hätte, und gefährdeten damit die Logistik.[198] Diese Prioritätensetzung hielt sich; noch angesichts des Zusammenbruchs der Heeresgruppe Mitte im Sommer 1944 fand das Regime hinreichend Transportraum, um die ungarischen Juden in die Vernichtungslager zu befördern.[199] Das alles zwang zu der Erkenntnis, dass der rasseideologische Vernichtungsaspekt bei diesem Krieg eindeutig vor militärischen Erwägungen rangierte.

Zugleich allerdings – und hier ist Hürter zuzustimmen – beginnt Anfang Oktober 1941 die deutsche Offensive gegen Moskau, nachdem Hitlers operativer Fehler, zeitweise den Angriffsschwerpunkt nach Süden zu verlagern, diese strategisch wichtige Operation entscheidend verzögert hatte;[200] auf die dadurch verstärkten Zweifel an Hitlers militärischer Qualifikation ist bereits hingewiesen worden.[201]

Hitlers Vernichtungsphantasien und die traditionellen Kriegsziele nationalkonservativer Militärs unterschieden sich grundsätzlich voneinander, ohne dass dies den späteren Angehörigen der Militäropposition von Anfang an klar gewesen ist. Immerhin hatten inzwischen viele, auch höhere und höchste Offiziere der Wehrmacht einen »Utilitarismus« gegenüber dem Krieg im Osten entwickelt. Sie hatten akzeptiert, dass im Krieg gegen die Sowjetunion, ähnlich dem in Polen oder sogar dem Krieg im Osten von 1914/18, eben andere oder gar keine Regeln galten.[202] Der »Führer« hatte diesen Unterschied zu den bisherigen Kriegen selbst durchaus thematisiert: »Es ging um die Vernichtung einer Weltanschauung und ihrer Träger, wie Hitler den Oberbefehlshabern des Ostheeres am 30. März 1941 offenbarte«[203] – und genau das war es, worin die grundsätzliche Friedensunfähigkeit des Dritten Reiches bereits vor dem Angriff auf die Sowjetunion angelegt war. Die »verbrecherische Perversion des Krieges zum Völkermord«[204] war es, die nationalkonservative Offiziere in den Widerstand trieb, weil dieser völkermörderische Krieg kein Ziel und kein Ende haben konnte und das Heer ihm letztlich nicht gewachsen sein würde. Das war eine professionelle Einsicht, deren Ergebnis zugleich das moralisch richtige war.

Einzelne Akten aus dem Bestand der Heeresgruppe Mitte lassen erkennen, dass die allmähliche Ausweitung der Vernichtungsaktionen der Einsatzgruppe B

---

[197] KTB Nr. 1 HGr Mitte, Bd 5: 31.10.–30.11.1941, BArch, RH 19 II/387, fol. 63 f., 71 (14. und 15.11.1942).
[198] Lüdicke, Griff nach der Weltherrschaft, S. 153; Kiess, Der Doppelspieler, S. 196 f.
[199] Chapoutot, Nous ne capitulerons jamais!, S. 58.
[200] Stahel, Operation Typhoon; Klink, Heer und Kriegsmarine, S. 486–507; Hürter, Auf dem Weg zur Militäropposition, S. 544; ähnlich schon im Jahr 2000 Mommsen, Der Widerstand gegen Hitler und die nationalsozialistische Judenverfolgung, S. 400.
[201] Siehe oben Kapitel IV.3.
[202] Hürter, Konservative Akteure, S. 57; Lieb, Der deutsche Krieg im Osten, S. 468.
[203] Hürter, Auf dem Weg zur Militäropposition, S. 531, unter Berufung auf Halder, Kriegstagebuch, Bd 2, S. 336 f. (30.3.1941); siehe auch Mueller, Canaris, S. 358.
[204] Hoffmann, Tresckow und Stauffenberg, S. 8.

VI. Widerstand und Krieg

dort bekannt war. Nebe als deren Leiter hat sich dessen ungeachtet bemüht, den graduell veränderten Charakter seiner Mordaktionen den Soldaten gegenüber zu verschleiern.[205] Borisov war dann der Punkt, an dem sich Männer wie Tresckow, Gersdorff und Tresckows Ordonnanzoffizier Schlabrendorff, ein nach 1933 wegen seiner hochkonservativen Ansichten unter Druck geratener Rechtsanwalt,[206] dieses Unterschieds bewusst wurden. Nicht der Krieg an sich war der Grund für den Weg in den Widerstand, sondern dieser spezifische Krieg und seine »hypertrophe strategische Zielsetzung«.[207] Dabei ist dies durchaus als ein sich über längere Zeit hinziehender Prozess zu verstehen. Auch wenn es so sein sollte, dass Borisov das Ende dieses Prozesses markiert,[208] so bedeutet das gleichwohl, dass am Anfang dieses Prozesses eine andere, weniger skeptische Vorstellung vom Wesen des Krieges im Osten als eines mehr oder weniger »konventionellen« Krieges gestanden hatte.

Eine solche Analyse der Motive steht in der Gefahr, dem militärischen Widerstand zumindest zu diesem Zeitpunkt rein opportunistische Motive zu unterstellen, wie dies gelegentlich erfolgt ist:

»Zweifellos resultierte die Haltung der Gegner der Hitlerschen Kriegsausweitungspolitik weniger aus grundsätzlicher Motivation als vielmehr aus der Kritik an Hitlers Lagebeurteilungen und seinen riskanten Entschlüssen. Dies zeigt auch die jeweilige Verhaltensweise gegenüber nationalsozialistischen Anordnungen und Maßnahmen sowie das bereitwillige Mitwirken als Funktionsträger des Dritten Reiches während der ersten beiden Kriegsjahre, als Hitler noch von Sieg zu Sieg schritt.«[209]

Selbst wenn im nächsten Satz der »Widerstandshaltung einzelner Oppositioneller zum Ende des Jahres 1941« attestiert wird, sie sei »prinzipieller Art« gewesen, so trifft diese Bewertung den Sachverhalt nicht. Die kritischen Geister im Oberkommando der Heeresgruppe Mitte hatten ja schon Ende September oder Anfang Oktober 1941, also vor dem Scheitern der Offensive gegen Moskau, die Verbindung zu den Tresckow spätestens seit 1938 bekannten Oppositionellen im Reich gesucht. Das Scheitern der Angriffsoperationen allein kann das nicht erklären. Widerstand richtete sich vielmehr gegen einen Krieg, der anders war als erwartet, der einen »spätestens seit 1941 aus Sicht des Diktators unauflösliche[n] Zusammenhang zwischen militärischem und genozidalem Krieg«[210] geschaffen hatte – das ist auch den Männern um Tresckow erst zu spät bewusst geworden.

Auch solche Offiziere, die später ihr Leben im Widerstand gelassen haben, sind auf unterschiedliche Weise an den von Deutschen begangenen Verbrechen

---

[205] Hürter, Auf dem Weg zur Militäropposition, S. 538, und das dort abgedruckte Dok. 1.
[206] Schieder, Zwei Generationen, S. 446.
[207] Mommsen, Die Stellung der Militäropposition, S. 122.
[208] So Günter Gillessen, Unsere letzten Zweifel und Hemmungen waren 1941 beseitigt. War der Verschwörer Henning von Tresckow in die Verbrechen der SS hinter der Ostfront verstrickt? [...] In: Frankfurter Allgemeine Zeitung, 18.7.2008, S. 37; und mit ihm Jureit, Spekulatives von der Ostfront, S. 196.
[209] Ueberschär, Militäropposition gegen Hitlers Kriegspolitik, S. 361; dort auch das folgende Zitat.
[210] So Wegner, Hitler, S. 506 f.; siehe auch Weinberg, Eine Welt in Waffen, S. 518; Roon, Widerstand und Krieg, S. 62 f.; Steinbach, Zum Verhältnis der Ziele, S. 984 f.

nicht unschuldig geblieben. Diese Erkenntnis ist nicht neu; Peter Hoffmann hat sie schon 1969 in die Formulierung gefasst:

> »dass sich auch die Attentäter selbst, und ganz abgesehen von ihren Anschlägen und Umsturzplänen, nicht für ›unschuldig‹ hielten. Kaum jemand, der von den Verbrechen wusste und dazu schwieg, konnte ›Unschuld‹ für sich in Anspruch nehmen; wer z.B. den Kommissarbefehl kannte und dazu schwieg, war im moralischen Sinne schon mitschuldig, und wer erfolglos protestierte und sich dann unschuldig fühlte, war auch schuldig. Es gab kein Weiß und Schwarz, sondern eigentlich nur Grau, wozu auch die Verschwörer sich selbst rechneten.«[211]

Oberst Stieff hatte in seinen Briefen an seine Frau schon 1941 und 1942 geschrieben:

> »Wir alle haben so viel Schuld auf uns geladen – denn wir sind ja mitverantwortlich, dass ich in diesem angehenden Strafgericht nur eine gerechte Sühne für alle die Schandtaten sehe, die wir Deutschen in den letzten Jahren begangen bzw. geduldet haben.«[212]

Erschrecken kann das aber nur den, der die Widerstandsgeschichte vorrangig unter moralischen Gesichtspunkten, unter dem Aspekt ihrer volkspädagogischen Brauchbarkeit und ihrer Traditionswürdigkeit für die Gegenwart betrachtet. Den wissenschaftlichen Historiker wird die Erkenntnis, dass alle Handelnden (und die, die nicht gehandelt haben, ebenso) irgendwo schuldig geworden sind, nicht überraschen.

Dass es der Militäropposition um einen »anderen Krieg« in Russland ging, wird deutlich aus der Vielzahl von Hinweisen darauf, dass man die Bevölkerung in den besetzten Gebieten anders behandeln müsse und diesen »befreiten« Menschen, darunter beispielsweise die in deutscher Hand befindlichen Kriegsgefangenen, die Möglichkeit eröffnen müsse, ihrerseits gegen den verhassten Bolschewismus zu kämpfen. Schon im August 1941, also lange bevor eine zunehmende Personalknappheit dazu zwang, hatte die Heeresgruppe Mitte in diese Richtung zu wirken versucht:

> »Nicht zuletzt wird gutes militärisches Auftreten der Truppe und das Aufhören ›wilder Beitreibungen‹ die Stimmung der Bevölkerung günstig beeinflussen und damit der Partisanentätigkeit die Grundlage und Stützpunkte entziehen.«[213]

Spätestens im Winter 1941 stießen die Mordaktionen hinter der deutschen Front auf die entschiedene Ablehnung durch einzelne Angehörige des Oberkommandos der Heeresgruppe Mitte. Major i.G. von Gersdorff notierte nach einer Frontreise Anfang Dezember 1941 ganz offiziell ins Kriegstagebuch:

> »Ich habe den Eindruck gewonnen, dass die Erschießung der Juden, der Gefangenen und auch der Kommissare fast allgemein im Offizierkorps abge-

---

[211] Hoffmann, Widerstand – Staatsstreich – Attentat, S. 340.
[212] Brief an seine Frau vom 10.1.1942, abgedr. in: Stieff, Ausgewählte Briefe, S. 304.
[213] HGr Mitte, Ic/AO Nr. 174/41 geh.: Abwehr der Partisanentätigkeit hinter der Front vom 11.9.1941, BArch, RH 21-2/656, fol. 54–56. Siehe dazu auch Hürter/Römer, Alte und neue Geschichtsbilder, S. 315, Anm. 65.

VI. Widerstand und Krieg

lehnt werden [...] Die Erschießungen werden als eine Verletzung der Ehre der Deutschen Armee, in Sonderheit des Deutschen Offizierkorps betrachtet.«[214] Es ging ihm also um Ehre, und nicht in erster Linie um das Leben oder die Würde der Opfer. In Gersdorffs Memoiren kommt lange nach dem Krieg die vorwiegend militärische professionelle Bewertung zum Ausdruck: »Das hat die Widerstandskraft der sowjetischen Verbände bis zum Äußersten aufgeputscht und damit die deutschen Truppen unendlich viel Blut gekostet.«[215] Ebenfalls Anfang Dezember hatte Gersdorff eine andere Russlandpolitik des Reiches gefordert: »Eine wirkungsvolle Propaganda [...] mit dem Zweck, den russischen Menschen zur positiven Mitarbeit im deutschen Interesse heranzuziehen, kann nur bei einer Umstellung der augenblicklichen Grundsätze erfolgen.«[216]

In der Tat entfremdeten die Morde die weißrussische und russische Bevölkerung noch weiter dem Deutschen Reich und letztlich trieb die deutsche Politik den Partisanen Rekruten zu.[217] Canaris gab noch bei den Verhören durch die Gestapo nach dem 20. Juli 1944 zu Protokoll, man sei der Auffassung gewesen, »die SS störe die Befriedung des Hinterlandes«.[218] Ein Armeeoberbefehlshaber wie Carl-Heinrich von Stülpnagel, dessen Aufforderungen zu Beginn des Feldzuges zu einem scharfen Vorgehen gegen die ortsansässigen Juden bereits erwähnt worden sind, verlangte andererseits in einer Vorlage an die Heeresgruppe Süd bereits im August 1941, man müsse der russischen Bevölkerung der eroberten Gebiete eine langfristige politische Perspektive aufzeigen: »das russische Volk [müsse], um von sich aus zur Beendigung des Krieges beizutragen, wissen, was Deutschland mit Russland zu machen beabsichtige«. Er forderte daher eine angemessene Behandlung und Versorgung der ortsansässigen Zivilbevölkerung.[219] Stauffenberg äußerte Kuhn gegenüber:

> »Die täglichen Berichte von Stäben über die Behandlung der Bevölkerung durch die deutsche Zivilverwaltung, der Mangel an politischer Zielgebung für die besetzten Länder, die Judenbehandlung beweisen, dass die Behauptungen Hitlers, den Krieg für eine Umordnung Europas zu führen, falsch sind. Damit ist dieser Krieg ungeheuerlich.«[220]

Natürlich entsprach eine solche Politik nicht Hitlers Vorstellung einer Gewinnung von »Lebensraum« im Osten, die eine weitgehende Entvölkerung der eroberten Gebiete und dann ihre Besiedelung mit Deutschen vorsah, weshalb der Diktator sich allen Zusagen an die Bevölkerung der besetzten Gebiete widersetzte.[221] Stauffenberg sah mit Schrecken »den verhängnisvollen Kurs«, den »die deutsche

---

[214] Bericht Major i.G. Freiherr von Gersdorff vom 9.12.1941, BArch, RH 19 II/127, fol. 171–173.
[215] Gersdorff, Soldat im Untergang, S. 88.
[216] HGr Mitte Ib Nr. 2562/41 geh. an OKH/GenStdH/GenQu: Kriegsgefangenenlage, BArch, RH 19 II/127, fol. 139 f.
[217] Gersdorff, Soldat im Untergang, S. 93, 102 f.
[218] Spiegelbild einer Verschwörung, S. 425 (29.9.1944).
[219] BArch, RH 20/17-280, zit. nach Stahl, General Karl-Heinrich von Stülpnagel, S. 243; Heinemann, General der Infanterie Carl-Heinrich von Stülpnagel, S. 57.
[220] Aussage Kuhn am 2.9.1944, in: Chavkin/Kalganov, Neue Quellen, S. 378; Hoffmann, Tresckow und Stauffenberg, S. 9. Ähnliche Äußerung Stauffenbergs bei Hoffmann, Claus Schenk Graf von Stauffenberg und seine Brüder, S. 249.
[221] Mommsen, Umvolkungspläne; Förster, Die Sicherung des Lebensraumes, S. 1072; Hoffmann, Die Ostlegionen, S. 15 f.

Ostpolitik steuere«; sie säe »einen Hass, der sich einstmals an unseren Kindern rächen würde«.[222] Der Topos überlieferte sich bis in eine sechsseitige Denkschrift, die Stauffenberg am 20. Juli 1944 mit sich trug:

> »Ein wesentliches Moment für die schlechte Gesamtlage stelle die Behandlung der besetzten Länder dar. Den Anfang vom Ende der gesamten militärischen Entwicklung bilde der russische Feldzug, der mit dem Befehl zur Tötung aller Kommissare begonnen habe und mit dem Verhungernlassen der Kriegsgefangenen und der Durchführung von Menschenjagden zwecks Gewinnung von Zivilarbeitern fortgesetzt worden sei.«[223]

Dennoch dauerte es bis zum August 1942, ehe die Heeresgruppe Mitte für ihren rückwärtigen Bereich eine Reduzierung der Gewaltmaßnahmen befahl und »die Erschießung von Frauen und Kindern, Flintenweiber ausgenommen« verbot.[224] Aber selbst dieser Befehl musste nur wenige Tage später relativiert werden:

> »Hierdurch wird die [...] Verfügung, wonach die Einsatzgruppen bzw. -Kommandos des S.D. berechtigt sind, im Rahmen ihres Auftrages in eigener Verantwortung Exekutivmaßnahmen gegenüber der Zivilbevölkerung zu treffen, nicht berührt.«[225]

Einzelne Versuche, in besetzten Gebieten im Osten eine Selbstverwaltung einzurichten, hat es gegeben,[226] allerdings ohne nachhaltig Wirkung zu zeitigen. Das Thema war keineswegs jenen Offizieren vorbehalten, die später am Umsturzversuch beteiligt waren. Sogar der Befehlshaber des rückwärtigen Heeresgebiets der Heeresgruppe Mitte, General der Infanterie Max von Schenckendorff, für die Gräuel in seinem Zuständigkeitsbereich unmittelbar verantwortlich, erklärte später, »noch nie hätte ein Eroberer es so leicht gehabt, ein Volk zu gewinnen, wie der Deutsche nach dem Einmarsch in Russland«, dann aber habe die deutsche Politik die Menschen den Partisanen in die Arme getrieben.[227] Der Umgang mit den »befreiten« Bevölkerungsteilen beschäftigte desgleichen den Major i.G. (später Oberst i.G. und posthum Generalmajor) Hans Georg Schmidt von Altenstadt, der im Stab des Generalquartiermeisters für den Umgang mit den besetzten Gebieten und den Kriegsgefangenen zuständig war; Schmidt von Altenstadt arbeitete hier eng mit Stauffenberg zusammen und diskutierte mit Kameraden recht offen die Frage eines gewaltsamen Vorgehens gegen Hitler, wenn er auch später (er wurde ab Oktober 1943 in Italien verwendet) mit der Staatsstreichplanung in keinem erkennbaren Zusammenhang stand.[228] Unter klarem Bezug wiederum auf die Erfahrung des Ersten Weltkriegs und der Oktoberrevolution forderte Schmidt von Altenstadt:

---

[222] Zeller, Geist der Freiheit, S. 246.
[223] Spiegelbild einer Verschwörung, S. 34 (24.7.1944).
[224] Kommand. General der Sicherungstr. und Befehlshaber im Heeresgebiet Mitte, Ia vom 3.8.1942, BArch, RH 22/233, fol. 66 f.
[225] Kommand. General der Sicherungstruppen und Befehlshaber im Heeresgebiet Mitte, Ia vom 14.8.1942, BArch, RH 22/233, fol. 113.
[226] Siehe neuerdings die Darstellung bei Helmecke, Generaloberst Rudolf Schmidt, S. 17; auch Helmecke, Ein »anderer« Oberbefehlshaber.
[227] Hoffmann, Claus Schenk Graf von Stauffenberg. Die Biographie, S. 270.
[228] Bräutigam, So hat es sich zugetragen, S. 482 f.; zu Schmidt von Altenstadt insgesamt siehe die – allerdings stark interessengeleitete – Quellenzusammenstellung Eid und Gewissen, hier S. 9.

VI. Widerstand und Krieg

»Wer die Landfrage löst, gewinnt das russische Volk. Mit der Parole ›Land und Frieden‹ siegte der Bolschewismus [...] 2. Steigerung u. Ausnutzung der unterdrückten nationalen Bestrebungen der nichtrussischen Völkerstämme (landeseigene Truppenverbände) [...] Der Endkampf gegen den Bolschewismus in der Tiefe des asiatischen Raumes muss durch russische Kräfte ausgefochten werden. 4. Ausnutzung des religiösen Bedürfnisses der Bevölkerung.«[229] Letztlich ging es um eine strategische Frage, nämlich die der Kriegsziele. Stauffenberg und seine Gesinnungsgenossen im Oberkommando des Heeres erwarteten aber weder von ihren höheren militärischen Vorgesetzten noch gar von Hitler einen Wechsel der Politik. Von einer eigentlichen Verschwörung dort konnte zu diesem Zeitpunkt – im Herbst 1942 – noch nicht die Rede sein, aber unter den Gleichgesinnten jener Zeit fanden sich mit Generalmajor Reinhard Gehlen (Fremde Heere Ost), Oberstleutnant i.G. von Roenne (zunächst Gruppenleiter bei Fremde Heere Ost, dann Abteilungsleiter Fremde Heere West[230]), Schmidt von Altenstadt, Generalmajor Stieff (seit Oktober 1942 Chef der Organisationsabteilung), Oberstleutnant i.G. Bernhard Klamroth (Stauffenbergs Nachfolger in der Organisationsabteilung) und dem Generalquartiermeister Wagner eine ganze Reihe von Offizieren, die später im Widerstand agierten oder zumindest um die Militäropposition wussten.[231]

Letztlich blieben alle Überlegungen für eine Gewinnung der deutschfreundlichen Kräfte in ihren Ansätzen stecken, weil Hitler die besetzten Gebiete bis zum Ural, auch die Ukraine, ausbeuten und ihre Bewohner als Zwangsarbeiter einsetzen wollte. Da war für irgendeine Form der Kooperation mit russischen oder ukrainischen Nationalisten, ja sogar mit lange in Deutschland lebenden Exilanten kein Raum.[232] Himmler bekam die »politische Sicherung der neubesetzten Ostgebiete« übertragen, und zugleich wurde der Generalbevollmächtigte für den Arbeitseinsatz, Fritz Sauckel, für die Verschleppung von Zwangsarbeitern zuständig,[233] während der im Machtgefüge des Dritten Reiches unwichtige Ideologe Alfred Rosenberg mit einem »Ministerium für die besetzten Ostgebiete« abgespeist wurde.[234] Das alles ließ erkennen, wohin der Zug gehen sollte. Wer diese ausweglose, weil letztlich ohne definierbares Endziel gestaltete Politik nicht mittragen wollte, weil er sie für militärisch kontraproduktiv, nicht zum Frieden führend oder schlicht unmoralisch hielt, der musste sich entweder beugen oder den Weg in die Opposition gehen. Heinrich Graf Lehndorff hat noch bei der

---

[229] Zit. nach Hoffmann, Claus Schenk Graf von Stauffenberg. Die Biographie, S. 259. Die Rolle Schmidt von Altenstadts am Rande der Umsturzplanung ist noch nicht abschließend geklärt; dass er – wie Stauffenberg – bei Gestaltung der deutschen Russlandpolitik im Interesse der deutschen Kriegsanstrengungen stärker auf die einheimische Bevölkerung setzen wollte, ist aber offenkundig.

[230] Gehlen hat nach dem Krieg Roenne attestiert: »Er war wohl einer unserer begabtesten Generalstabsoffiziere, der sich große Verdienste um die Entwicklung der leider nicht zum Tragen gekommenen Wlassow-Idee [erworben] hatte, die das Kriegsgeschehen im Osten hätte wenden können.« Brief Reinhard Gehlen an Ursula Freifrau von Roenne vom 20.6.1974, MHM, PSF 958 BBAT 3657.

[231] Hoffmann, Claus Schenk Graf von Stauffenberg. Die Biographie, S. 262; zu Klamroth siehe auch Bruhns, Meines Vaters Land, passim.

[232] Meyer, Klatt, S. 165.

[233] Kroener, Menschenbewirtschaftung, S. 787; Longerich, Heinrich Himmler, S. 680 f.

[234] Lüdicke, Griff nach der Weltherrschaft, S. 155.

Gestapo »seine ablehnende Stellung zum nationalsozialistischen Staat damit [begründet], dass er a) die Volkstumspolitik im Osten, insbesondere das geringe Entgegenkommen in der Ukrainerfrage für falsch hält.«[235]

Eine politische Perspektive war umso notwendiger, wollte man aus Kriegsgefangenen und Menschen in den besetzten Gebieten kämpfende Verbände aufstellen, um den chronischen Personalmangel der Wehrmacht angesichts der immensen Verluste wenigstens teilweise auszugleichen.[236] Ohne konkrete Zusagen würden aber auch jene, welche die Wehrmacht anfangs als »Befreier« begrüßt hatten, auf die Dauer nicht für die Interessen des Reiches zu kämpfen bereit sein, wie die Abteilung II (Sabotage und Zersetzung) des Amtes Ausland/Abwehr unter Leitung des Obersten i.G. Erwin von Lahousen am Beispiel der Ukrainer um Stepan Bandera schon früh hatte feststellen müssen.[237]

Der Gedanke, den Krieg gegen die Sowjetunion vor allem mit Hilfe der einheimischen Bevölkerung zu führen, entsprach Überlegungen des letzten »Oberost« des Ersten Weltkriegs, General Max Hoffmann, der diese in Reichswehrzeiten wiederholt propagiert hatte.[238] Zunächst warb das Heer »Hilfswillige« an, die in Einzelfällen bis zu 20 Prozent der Gesamtstärke deutscher Divisionen stellten. Zur Sicherung der riesigen und fast menschenleeren rückwärtigen Gebiete kamen dann »Kosakenhundertschaften« hinzu, selbstständige leichte, aus Landeseinwohnern rekrutierte Verbände. Der deutsche Vorstoß in das Kaukasusgebiet ließ Modelle wie das einer Selbstverwaltung am ehesten zu, weil die Bewohner keine Slawen waren und Hitler daher nicht die gleichen rasseideologischen Vorurteile gegen »Untermenschen« geltend machte – dort allerdings währte die deutsche Besatzung auch am kürzesten.[239] So konnten bereits 1941 Georgier, Armenier und Kaukasier für Kampfeinheiten rekrutiert werden.[240] Erst später genehmigte Hitler zögerlich den Kriegseinsatz einer Tatarenformation.[241]

Gleichwohl stellten rein zahlenmäßig die sowjetischen Kriegsgefangenen das größte Rekrutierungspotenzial. So lange er in der Organisationsabteilung des Generalstabs des Heeres eingesetzt war, war Stauffenberg die treibende Kraft bei der Aufstellung der »Osttruppen«.[242] Im September 1942 legte die Organisationsabteilung des OKH dar, man könne rund 180 000 deutsche Soldaten durch den Einsatz von Landeseinwohnern in den rückwärtigen Diensten freimachen.[243]

---

[235] Spiegelbild einer Verschwörung, S. 256–257 (18.8.1944).
[236] Bei allen Vorbehalten gegenüber seinen späteren – eindeutig revisionistischen – Veröffentlichungen sind die Publikationen von Joachim Hoffmann (nicht zu verwechseln mit dem Widerstandshistoriker Peter Hoffmann!) zu diesem Thema nach wie vor wichtig. Einen Einstieg bietet Hoffmann, Die Ostlegionen.
[237] Mueller, Canaris, S. 355 f. Hierbei spielte auch der an der Verschwörung 1938 beteiligte Friedrich Wilhelm Heinz eine Rolle: Meinl, Friedrich Wilhelm Heinz, S. 68.
[238] Müller, An der Seite der Wehrmacht, S. 204 f.
[239] Hoffmann, Die Ostlegionen, S. 23 f.; Hoffmann, Deutsche und Kalmyken, passim; Graml, Die Wehrmacht, S. 381; Hoffmann, Claus Schenk Graf von Stauffenberg. Die Biographie, S. 265.
[240] Förster, Die Sicherung des Lebensraumes, S. 1060; Kroener, Die personellen Ressourcen, S. 894.
[241] Hoffmann, Claus Schenk Graf von Stauffenberg. Die Biographie, S. 259 f.
[242] Hoffmann, Die Ostlegionen, S. 51.; Kroener, Menschenbewirtschaftung, S. 987; Müller, An der Seite der Wehrmacht, S. 214.
[243] Kroener, Menschenbewirtschaftung, S. 827.

VI. Widerstand und Krieg

Die Generalstabsoffiziere sorgten in ihren Bereichen für einen fachkundigen Unterbau: Mit dem »vierteljüdischen« früheren Mitarbeiter der deutschen Botschaft in Moskau, Hans-Heinrich Herwarth von Bittenfeld, holte sich Stauffenberg eigens einen Kenner der sowjetischen Verhältnisse in seine Gruppe in der Org-Abteilung;[244] der später wegen Beteiligung am 20. Juli hingerichtete Roenne sorgte dafür, dass der fließend russisch sprechende Prähistoriker Rittmeister d.R. Prof. Dr. Bolko Freiherr von Richthofen zum Stab der 16. Motorisierten Infanteriedivision versetzt wurde, weil diese kalmykische Verbände aufstellte.[245] Der langjährige Militärattaché in Moskau, General der Kavallerie Ernst-August Köstring, wurde im September 1942 ebenfalls auf Stauffenbergs Betreiben »Beauftragter für Kaukasusfragen bei der [im Kaukasus operierenden] Heeresgruppe A«, damit für die fremdvölkischen Verbände zuständig; Stauffenbergs Mitarbeiter Herwarth von Bittenfeld wechselte als Köstrings Adjutant dorthin.[246] Zudem deckten sich die im OKH – teils mit Unterstützung des Auswärtigen Amtes – entwickelten Vorstellungen zum Einsatz einheimischer Bevölkerung mit denen »vor Ort«: Tresckow und Gersdorff hatten ihrem Oberbefehlshaber, Generalfeldmarschall von Bock, Ähnliches vorgetragen, und Gersdorffs Formulierungen im Dezember 1941[247] ließen ja genau dieses erkennen. Stauffenberg hat dann im September 1942 die 162. Infanteriedivision mit ihren fremdvölkischen Truppenteilen unter der Führung des eigenwilligen Generalmajors Oskar Ritter von Niedermayer besucht, zumal Stauffenbergs Onkel Graf Üxküll-Gyllenband im Rahmen der Division die »Aserbaidschische Legion« führte; auch Üxküll wurde nach dem 20. Juli 1944 wegen Beteiligung ermordet.[248]

Erneut zeigten sich die Folgen der konkurrierenden Strukturen: Während sich die Waffen-SS die personellen Ressourcen der baltischen Staaten zunutze machte, wollte Stauffenberg für das Heer das Potenzial der von der SS aus rassistischen Gründen abgelehnten slawischen Völker erschließen; zur Führung der entsprechenden, zumeist bataillonsstarken Formationen entstand im Sommer 1942 die Dienststelle eines »Generals der Freiwilligenverbände im OKH«.[249] Die Soldaten aus den »großdeutschen« Ostgebieten und den östlichen Siedlungsgebieten stellten zu Beginn des Krieges einen unterdurchschnittlichen Anteil, waren aber ab 1942 bei den Rekrutierungen zunächst überproportional vertreten – die Bedarfslage zwang dazu. Nach 1944 gingen diese Zahlen wieder drastisch zurück, weil sich diese Gebiete großenteils nicht mehr im deutschen Machtbereich befanden und angesichts der sich abzeichnenden Niederlage verständlicherweise die Bereitschaft potenzieller Rekruten, für das Reich ihren Kopf zu riskieren, rapide schwand.[250]

Insgesamt kann man von einem Anteil von etwa 13 Prozent nichtdeutscher Soldaten in der Wehrmacht ausgehen,[251] doch gewannen die in den verschiedenen

---

[244] Schlie, Es lebe das heilige Deutschland, S. 89.
[245] Hoffmann, Deutsche und Kalmyken, S. 19.
[246] Hoffmann, Die Ostlegionen, S. 51.
[247] Siehe oben S. 161.
[248] Hoffmann, Claus Schenk Graf von Stauffenberg. Die Biographie, S. 265, zu Üxküll ebd., passim. Zu Niedermayer siehe die Biografie aus der Feder des früheren bundesdeutschen Botschafters in Kabul: Seidt, Berlin, Kabul, Moskau.
[249] Müller, An der Seite der Wehrmacht, S. 215 f.
[250] Overmans, Deutsche militärische Verluste, S. 218 f.
[251] Kroener, Menschenbewirtschaftung, S. 983.

Formen auf deutscher Seite kämpfenden einheimischen Verbände nie das gleiche Gewicht wie die auf sowjetischer Seite sich formierenden Partisanenverbände. Die deutsche Propaganda mochte bei einzelnen, schon immer latent antisowjetischen nationalen Minderheiten verfangen, dem national geprägten Schlagwort vom »Großen Vaterländischen Krieg« hatte sie angesichts der Realität von Brandschatzung, Mord und Plünderung nichts Gleichwertiges entgegenzustellen.[252]

Die Bemühungen Stauffenbergs, Tresckows, Boeselagers und Gersdorffs um die Aufstellung indigener Verbände und ihre aktive Opposition gegen das NS-Regime gehörten in diesem Verständnis zusammen,[253] da sie – wie gezeigt – einen Krieg gegen den »Bolschewismus« nicht für verwerflich hielten. Dabei mögen ein Maß an »politische[m] Wunschdenken [...] und ein christlich-nationalistisches Geschichtsbild«[254] mitgespielt haben; diese Einstellungen waren aber für das traditionell geprägte Offizierkorps nicht untypisch. Gerade in der Frage der »Osttruppen« wurde so denkenden Militärs zunehmend deutlich (gemacht), dass es Hitler gar nicht um eine effiziente Kriegführung ging. Der verbrecherische Charakter dieses Krieges zeigte sich desgleichen darin, dass Hitler das operativ-militärisch Zweckmäßige ablehnte, weil es im Widerspruch zu seinen viel weiterreichenderen rasseideologischen Kriegszielen stand.[255] Wenn jemand in der höheren Wehrmachtführung noch Zweifel daran gehegt hatte, wer letztlich hinter den Mordaktionen stand, dann hatte der Reichsführer SS Himmler bereits mit einem Vortrag im März 1940 in Koblenz diese Zweifel zerstreut, als er erklärte: »Ich tue nichts, was der Führer nicht weiß.«[256]

Die konzeptionelle Unterscheidung zwischen einem »konventionellen« Krieg gegen das stalinistische Regime und einem rasseideologischen Vernichtungskrieg beantwortet dann auch die Frage danach, ob Stauffenbergs prorussische Aktivitäten während seiner Zeit in der Organisationsabteilung des OKH ihn zu Überlegungen geführt haben könnten, nach einem gelungenen Umsturz 1944 einen Separatfrieden mit Stalin zu suchen: Gerade der hier zutage tretende Antikommunismus schließt eine solche Interpretation aus.[257]

Die fast widerstandslose Hinnahme der maßlosen Verbrechen durch die Heeresführung verstärkte die wenigen nach den großen Erfolgen des Jahres 1940 verbliebenen scharfen Kritiker der Hitlerschen Politik in ihrer Ablehnung. Das gilt etwa für Tresckow, Oster oder Groscurth. Da half es wenig, dass dann während des Krieges in der Sowjetunion punktuell Kritik aktenkundig gemacht wurde, wie beispielsweise bei Hitlers Befehl zur Ermordung von Geiseln nach einem Überfall auf den Bahnhof von Slavnoje (heute Slaunae in Weißrussland)[258] deutlich wurde. Aus der Gruppe der kritisch denkenden Offiziere um Tresckow entwi-

---

[252] Schulz, Nationalpatriotismus im Widerstand, S. 370.
[253] Anders dagegen Messerschmidt, Motive der militärischen Verschwörer, S. 113.
[254] Messerschmidt, Militärische Motive, S. 1030.
[255] Mommsen, Die moralische Wiederherstellung der Nation, S. 15; Steinbach, Zum Verhältnis der Ziele, S. 985.
[256] Krausnick/Wilhelm, Die Truppe des Weltanschauungskrieges, S. 105; Thun-Hohenstein, Wehrmacht und Widerstand, S. 97.
[257] Siehe die ähnliche Argumentation bei Hoffmann, Stauffenberg und die Veränderungen, S. 1014; sowie Kapitel IX.3 dieses Buches.
[258] Heinemann, Der militärische Widerstand und der Krieg, S. 787 f.

VI. Widerstand und Krieg

ckelte sich im Verlaufe des Jahres 1942 eine regelrechte Verschwörung (»Fronde«), wenngleich auch Tresckow zunächst nur wenige einweihte.[259] Unter diesen war allerdings Schlabrendorff, den Tresckow schon, wie wir gesehen haben, im Herbst 1941 nach Berlin schickte, um die seit 1938 bestehende Verbindung zu der zivilen Verschwörergruppe wieder aufleben zu lassen.[260]

Anfang 1943 war sich Tresckow darüber klar geworden, dass eine Änderung der Verhältnisse nur zu erreichen war, wenn Hitler tot war. Für das Frühjahr 1943 sind daher mehrere kurz aufeinander folgende Attentatsversuche der Verschwörer aus dem Stab der Heeresgruppe Mitte bekannt, zu denen Hans von Dohnanyi anlässlich einer Reise der »Abwehr«-Spitze (u.a. Admiral Canaris selbst, Lahousen und Dohnanyi) nach Smolensk den Sprengstoff aus »Abwehr«-Beständen geliefert hatte.[261] Nachdem der Oberbefehlshaber, Generalfeldmarschall von Kluge, ein gemeinschaftliches Pistolenattentat abgelehnt hatte,[262] gelang es, vor dem Rückflug nach Rastenburg eine Bombe in Hitlers Flugzeug einzuschmuggeln, die aber nicht zündete.[263] Ob das von Gersdorff in seinen Memoiren (und bereits schon im Januar 1946 gegenüber den Amerikanern[264]) erwähnte Attentat im Berliner Zeughaus anlässlich einer Uniformvorführung wenige Tage später wirklich stattgefunden hat, ist dagegen zumindest zweifelhaft.[265]

---

[259] Schlabrendorff, Offiziere gegen Hitler, S. 82; Gersdorff, Soldat im Untergang, S. 82, 94. Hiemann, Rudolf-Christoph Freiherr von Gersdorff, S. 72, weist allerdings darauf hin, dass sich die Listen der Eingeweihten bei Gersdorff im Laufe der Nachkriegsjahre, wohl unter dem Eindruck des Angelesenen, stark verändert haben; sie spricht (S. 84) von einer »so genannten zweiten Geschichte des Widerstandes, also der Aufarbeitung, Erinnerung und Traditionsbildung«.

[260] Hassell, Die Hassell-Tagebücher 1938–1944, S. 278 (15.18.1943).

[261] Dohnanyi, Mir hat Gott keinen Panzer ums Herz gegeben, S. 25 f.; Mueller, Canaris, S. 388, unter Berufung auf Schlabrendorff. Höhne, Canaris und die Abwehr, S. 412 f., setzt die persönliche Rolle des Admirals Canaris in der Militäropposition allerdings niedriger an.

[262] Zu dem Nebeneinander von Pistolen- und Sprengstoffattentat Ringshausen, Kuriergepäck und Pistolen, S. 423–429.

[263] Schlabrendorff, Offiziere gegen Hitler, S. 72–75. Trotz der gelegentlichen Zweifel an der Richtigkeit von Schlabrendorffs Angaben (siehe etwa Schreiben Berndt von Kleist an Hesse vom 27.4.1965, IfZ, ZS/A 31, Bd 2: Kleist; Heinemann, Ein konservativer Rebell, S. 149) wird hier davon ausgegangen, dass dieses Attentat stattgefunden hat. Siehe als Beleg Vernehmung Gersdorff bei Military Service Intelligence Center, HQ U.S. Forces European Theater OI-IIR/34 vom 18.2.1946, IfZ, ED 100 (Bestand Irving). Weitere Belege hierfür finden sich bei Hiemann, Rudolf-Christoph Freiherr von Gersdorff, S. 85, der sich wiederum auf Hoffmann, Stauffenbergs Freund, und Kaiser, Mut zum Bekenntnis, beruft. Eine weitere ausführliche Darstellung der Ereignisse bietet Ringshausen, Kuriergepäck und Pistolen.

[264] Generalmajor Freiherr von Gersdorff, Beitrag zur Geschichte des 20. Juli 1944, fol. 99–101, IfZ, ED 88/1, fol. 93–104.

[265] Hiemann, Rudolf-Christoph Freiherr von Gersdorff, S. 86, beantwortet die Frage, ob der Attentatsversuch im Zeughaus stattgefunden hat, mit einem »vorsichtigen wahrscheinlich«, kann aber unter Verweis auf eine eidesstattliche Versicherung von Gersdorffs Bruder aus der unmittelbaren Nachkriegszeit belegen, dass die Schilderung in »Soldat im Untergang« unzutreffend ist (S. 87 f.). In der Einführung in seine Quellenedition nimmt Mühleisen, Patrioten im Widerstand, S. 432, Gersdorffs Darstellung für bare Münze, ohne dass jedoch die abgedruckte Quelle das abdeckt.

Planungen für den auf das Attentat folgenden Staatsstreich sind kaum bekannt geworden. Die Verschwörer gedachten offenkundig, sich vor allem auf den Strukturen des Amtes Ausland/Abwehr abzustützen, die allerdings gerade zu dieser Zeit durch das Eingreifen der Gestapo und die Verhaftung Dohnanyis Anfang April 1943 weitgehend als »Geschäftsstelle« der Opposition lahmgelegt wurde. Fast zeitgleich, ab April 1943, wurden die Regimenter der bisher vom Amt Ausland/Abwehr geführten Division »Brandenburg« als schlichte Kampftruppe an die Ostfront geworfen, weswegen sie für einen Umsturz nicht mehr zur Verfügung standen.[266] Der Leiter der dann bald in das Reichssicherheitshauptamt eingegliederten Anteile der »Abwehr«, Oberst Georg Hansen, blieb weiterhin – wenn auch wegen Differenzen mit Stauffenberg in verringertem Maße – an der Umsturzplanung beteiligt und trieb »ein tollkühnes Doppelspiel zwischen seinen neuen Herren von der SS und seinen Mitverschwörern«.[267]

Goerdeler hatte im September 1942 die Heeresgruppe Mitte besucht und bei dieser Gelegenheit Tresckow selbst erstmals kennengelernt.[268] Gleichwohl verlagerte sich in der Folge der Schwerpunkt des gesamten nationalkonservativen Widerstands weg von Berlin, was für die zivile Opposition um Goerdeler eine erhebliche Einbuße an Einfluss zur Folge hatte. Umgekehrt ist den Attentatsversuchen aus der Heeresgruppe gemein, dass die Vorbereitungen im Reichsgebiet nicht besonders gründlich waren.[269]

Nach seinem Besuch in Smolensk hat Hitler keine weiteren »Frontfahrten« an die Ostfront mehr unternommen (wenn man denn den Besuch beim Oberkommando einer Heeresgruppe so nennen kann). Damit ergaben sich auch keine Möglichkeiten mehr für ein Attentat wie im Frühjahr, obwohl die Verschwörer um Tresckow bis zum Herbst für eine solche Gelegenheit vorgeplant hatten.[270] Im November 1943 scheiterte der Versuch des Hauptmanns Axel von dem Bussche (der zur Verschwörung gestoßen war, nachdem er Anfang Oktober 1942 in Dubno Zeuge einer Massenerschießung geworden war), Hitler bei einer Uniformvorführung zu töten, weil diese kurzfristig abgesagt wurde.[271] Mit dem Ausscheiden Kluges, Tresckows und Gersdorffs aus dem Heeresgruppenkommando allerdings löste sich die dortige Verschwörergruppe ohnehin auf; die Initiative ging auf das Allgemeine Heeresamt unter Olbricht und dann auf den Befehlshaber des Ersatzheeres über. Das wiederum erlaubte die Nutzung der im Sinne des Regimes legitimen »Walküre«-Planungen zur Vorbereitung des Putsches im Reichsgebiet und stellte damit den Staatsstreichplan der Militärs auf eine ganz neue Grundlage.[272]

Die Heeresgruppe Mitte hatte einen berittenen Kampfverband mit ausgewählten Offizieren aufgestellt; sein Kommandeur war Oberstleutnant (später Oberst, posthum Generalmajor) Georg Freiherr von Boeselager, dessen Bruder Philipp

---

[266] Roth, Von der Offiziersopposition zur Aktionsgruppe, S. 137.
[267] John, Falsch und zu spät, S. 41.
[268] Mommsen, Carl Friedrich Goerdeler, S. LVII f.; Spiegelbild einer Verschwörung, S. 349 (4.9.1944); Schwerin, Die Jungen des 20. Juli, S. 108.
[269] Hoffmann, Oberst i.G. Henning von Tresckow, S. 334 f.
[270] Spiegelbild einer Verschwörung, S. 224 f. (15.8.1944).
[271] Dönhoff, Axel von dem Bussche, S. 33 f.; Engert, Er wollte Hitler töten, S. 151 f.; Hoffmann, Stauffenbergs Freund, S. 42 f.; Mühleisen, Hellmuth Stieff, S. 351.
[272] Hoffmann, Oberst i.G. Henning von Tresckow, S. 338.

VI. Widerstand und Krieg

als Schwadronschef in dem Verband diente.[273] Nach außen hin wurde der Kampf gegen Partisanen als Hauptaufgabe des später als »Kavallerieregiment Mitte« bezeichneten Verbandes ausgegeben, aber auch hier zeigt sich die charakteristische Zweischneidigkeit militärischen Widerstands unter den Bedingungen des Krieges in der Sowjetunion: Das Regiment sollte in Wirklichkeit als Verfügungstruppe für den Staatsstreich dienen; der vorgeschobene Aufstellungsgrund der Partisanenbekämpfung wurde aber letztlich zu seinem Haupttätigkeitsfeld. Boeselagers Verband gewann ab Frühsommer 1943 »wertvolle Erfahrungen« auf diesem Gebiet, die in einen umfangreichen Bericht mündeten. Darin regte Boeselager an, das rückwärtige Heeresgebiet einzuteilen in »a) befriedetes Gebiet, b) bandengefährdetes Gebiet, c) bandenverseuchtes Gebiet«. In den als »bandenverseucht« eingestuften Räumen sollten »die Männer bis 50 Jahre von der Truppe aufgriffen und der Wirtschaftsinspektion als Arbeitskräfte zugeführt [werden. Danach] werden die Männer in diesem Gebiet erschossen«. Zugleich aber stellte Boeselager – wie vor ihm schon Gersdorff, Schmidt von Altenstadt und Stauffenberg – klar, dass eine dauerhafte Lösung nur politisch zu erreichen sein würde: »Auch wenn die oben angeführten Vorschläge durchgeführt werden, so ist ein Gelände nur dann auf die Dauer zu befrieden, wenn den Russen ein politisches Ziel gegeben wird.« Das ist erneut die Forderung nach einer radikalen Abkehr vom rasseideologischen Vernichtungskrieg und nach einer militärisch (wenn vielleicht auch nach heutigen Maßstäben nicht moralisch) verantwortbaren Kriegführung. Tresckow leitete diese Vorschläge, die eine Ablehnung der bisher praktizierten flächendeckenden Erschießungen implizierten, weiter und machte sie sich voll zu eigen. Der Boeselagersche Reiterverband spielte dann in den Planungen für den Umsturz im Reich 1944 noch einmal eine gewisse Rolle.[274]

Tresckow gelang es nie wirklich, den Oberbefehlshaber, Generalfeldmarschall von Kluge, für ein Vorgehen gegen Hitler zu gewinnen, bis Kluge am 12. Oktober 1943 nach einem schweren Autounfall ausfiel.[275] Parallel dazu versuchten mehrere Verschwörer immer wieder, den Oberbefehlshaber der Heeresgruppe Don (später Heeresgruppe Süd), Generalfeldmarschall von Manstein, für den Umsturzversuch zu werben. Immerhin war Manstein einer der wenigen gewesen, die schon kurz nach der »Machtergreifung« gegen die Entfernung jüdischer Soldaten aus der Reichswehr protestiert hatten, und bei allen Überlegungen zu einer teilweisen Änderung der Kriegsspitzengliederung war von Manstein als dem idealen Oberbefehlshaber der Ostfront die Rede gewesen.[276] Manstein kannte nicht nur Tresckow schon lange; auch im Stab seiner Heeresgruppe fanden sich oppositionell eingestellte Offiziere wie die später ermordeten Obersten i.G. Georg Schulze-Büttger und Eberhard Finckh, Lehrgangskameraden Stauffenbergs aus der Kriegsschule.[277] Manstein verweigerte sich letztlich, trotz einer persönlichen Vorsprache Stauffenbergs, wohl weil er noch immer eine Führungsstruktur für möglich hielt, bei der Hitler sich auf die politische Ebene der Kriegführung zurückzog. Gersdorff hat für Mansteins Haltung die knappe, aber treffen-

---

[273] Mühleisen, Hellmuth Stieff, S. 354 f.; Witte/Offermann, Die Boeselagerschen Reiter.
[274] Siehe Kapitel VII.3.
[275] Thun-Hohenstein, Generalfeldmarschall Kluge; Steinbach, Hans Günther von Kluge.
[276] Siehe oben Kapitel III.8 und IV.2.
[277] Wrochem, Erich von Manstein, S. 99; Kroener, Der starke Mann im Heimatkriegsgebiet, S. 603.

de Formulierung überliefert: »Preußische Feldmarschälle meutern nicht!«[278] Bezeichnend ist sein Rückzug auf das »Preußische«, das ihn von Kindheit an geprägt hatte – mehr als zwanzig Jahre nach der Entstehung einer Reichswehr. Ganz in der Tradition Seeckts sah sich Manstein als Diener jeder konkreten Regierung; nach dem gescheiterten Umsturzversuch bekundete er Hitler seine Ergebenheit.[279] Bezeichnend ist aber auch, dass Manstein keinen dieser Annäherungsversuche zum Anlass nahm, gegen einen Vertreter der Militäropposition Meldung zu machen.[280] Ebenso hörte Generalfeldmarschall von Kluge im Januar 1942 bei einem Abendessen geduldig dem Oberstleutnant d.R. Graf von Hardenberg zu, als dieser forderte, das Heer müsse gegen Hitler vorgehen. Kluge sagte dann: »Für solche Worte müsste ich Sie verhaften lassen« – und unternahm nichts.[281]

Manstein und Kluge konnten sich sehr wohl eine Änderung der Kriegsspitzengliederung vorstellen. In der Überzeugung, Hitlers Führungsstil sei katastrophal, waren sie sich mit Tresckow und allen anderen militärischen Oppositionellen einig. Nur von sich aus gegen den »Führer« in Aktion zu treten, dazu waren sie nicht gewillt.[282] Insgesamt war die höhere Generalität wenig bereit, aktiv gegen Hitler vorzugehen; Stauffenberg stellte das bereits in seiner in anderem Zusammenhang zitierten Antwort auf die Frage, warum die Generale keinen Widerstand leisteten (»Von Leuten, die sich schon ein- oder zweimal die Wirbelsäule gebrochen hätten, könne man nicht erwarten, dass sie bei einer neuen Entscheidung gerade stünden«[283]), genauso verbittert fest wie Ulrich von Hassell mit seiner Bezeichnung der Generale als »Josephs«[284] – frei nach der Erzählung in Genesis 37 (»Er trug einen bunten Rock und dünkte sich besser als seine Brüder«).[285]

Es geht weniger darum, dass die beteiligten Offiziere in den Monaten bis zum Oktober 1941 ihre Moral »bewusst für einige Zeit zurückgestellt«[286] und sie dann wiederentdeckt hätten. Vielmehr erschien ihnen ein Krieg gegen den »Bolschewismus« und dessen Träger, als die sie eben vor allem Juden und Kommissare ansahen, moralisch durchaus gerechtfertigt. Dann allerdings wuchs die Einsicht, dass sie in Wirklichkeit einen ganz anderen Krieg führten, dass sie sich für ein Menschheitsverbrechen hatten instrumentalisieren lassen und dass dieser Krieg für Deutschland keinen Ausweg haben konnte. Aus dieser Einsicht führte bei einigen

---

[278] Gersdorff, Soldat im Untergang, S. 133–137.
[279] Wrochem, Erich von Manstein, S. 100.
[280] Dass Manstein noch aus der britischen Gefangenschaft heraus Schlabrendorff gezwungen hat, einige Aussagen in der ersten Ausgabe von dessen Memoiren zu den Gesprächen zwischen Manstein und verschiedenen Verschwörern richtigzustellen (Breithaupt, Zwischen Front und Widerstand, S. 83, Anm. 9), erhöht die Zweifel am Quellenwert des Bandes »Offiziere gegen Hitler«.
[281] Mühleisen, Patrioten im Widerstand, S. 451. Siehe auch die Einschätzung Mansteins durch Gisevius gegenüber dem amerikanischen Nachrichtendienst: From Hitler's Doorstep, S. 72: Doc. 1-70, Telegram 3545.
[282] Spiegelbild einer Verschwörung, S. 88 (28.7.1944); Mühleisen, Hellmuth Stieff, S. 348 f.; Stieff, Briefe, S. 173 (Nr. 105, 21.8.1943); Meyer, Adolf Heusinger, S. 227.
[283] Müller, Oberst i.G. Stauffenberg, S. 148.
[284] Hassell, Die Hassell-Tagebücher 1938–1944, hier die Einführung, S. 35 f.
[285] Siehe Rüdiger Altmann, Ein Attentat als politisches Programm. In: Frankfurter Allgemeine Zeitung, 20.7.1974; sowie Heinemann, Les officiers de la résistance militaire allemande, S. 251 f.
[286] Hürter, Auf dem Weg zur Militäropposition, S. 550.

VI. Widerstand und Krieg 171

wenigen der Weg in den potenziell systemsprengenden Widerstand – ein Prozess, der sich durchaus über eine längere Zeit erstrecken konnte.[287] Es ist billig, diesen wenigen angesichts ihrer beschränkten Handlungsoptionen »bemerkenswerte Unentschlossenheit« vorzuwerfen.[288] Tresckow und seine Mitverschworenen zogen aus ihrer Situation keine gesinnungsethische Konsequenz, etwa in der Form, dass sie versucht hätten, von der Ostfront weg versetzt zu werden. Sie handelten vielmehr politisch-verantwortungsethisch: Da niemand schuldfrei geblieben war, galt es nun, den Diktator zu stürzen, der alle Beteiligten zu Komplizen gemacht hatte.

6. Der »Volkskrieg« 1813–1815[289]

Viele Angehörige des Widerstands gegen Hitler haben als Parallele für ihr Vorgehen die »preußischen Reformen« oder den »Volksaufstand gegen Napoleon« als Vorbild herangezogen, aber doch in höchst unterschiedlicher Weise. Es lohnt daher eine Betrachtung, wie sich die verschiedenen Gruppen im Widerstand der Erinnerung an diese Jahre bedienten und welche Rückschlüsse auf ihre Ziele und Absichten sich daraus ergeben.

Am 29. Juni 1931 veranstaltete die Stadt Leipzig einen großen Festakt zu Ehren des 100. Todestages des bedeutenden preußischen Reformers Heinrich Friedrich Karl Reichsfreiherr vom und zum Stein. Der Oberbürgermeister selbst, Carl Friedrich Goerdeler, griff in seiner Festrede Themen auf, die ihm immer schon wichtig gewesen waren: Stein galt ihm als der Begründer der kommunalen Selbstverwaltung, die in Goerdelers nationalkonservativer Ideenwelt eine bedeutende Rolle spielte. Sein Stein-Bild war eher konservativ und ständestaatlich. Für ihn war der Freiherr vom Stein derjenige, der nach der vernichtenden Niederlage gegen Napoleon von 1806 die preußische Monarchie dadurch gerettet hatte, dass er ihr eine neue, modernere Regierungs- und Verwaltungsform gegeben hatte.[290] Es war ein Topos, auf den Goerdeler immer wieder zurückkam.

Claus Schenk Graf von Stauffenberg gehörte zu dem Kreis um den Dichter Stefan George;[291] politisch stand er – wenn der 1907 Geborene in den Jahren vor 1933 überhaupt politisch dachte – der »Konservativen Revolution« nahe. Gleichwohl griff auch er gern auf die Freiheitskriege zurück, immerhin war er ein Urenkel des vielleicht entschiedensten Militärreformers jener Zeit, des späteren Generalfeldmarschalls August Wilhelm Antonius Graf Neidhardt von

---

[287] Mommsen, Der Widerstand gegen Hitler und die deutsche Gesellschaft, S. 5.
[288] Roth, Von der Offiziersopposition zur Aktionsgruppe, S. 136.
[289] Dieser Abschnitt geht in Teilen zurück auf meinen Aufsatz Heinemann, Stein, Gneisenau und Yorck.
[290] Festrede zum 100. Todestag des Freiherrn vom Stein. Maschinenschriftliches Vortragsmanuskript, o.D. [29.6.1931], Staatsarchiv Leipzig, NL Schöne A Nr. 4, fol. 72–76, in: Goerdeler, Politische Schriften, S. 28, 1.1.3. – Siehe auch den ansonsten in seinen marxistischen Ansätzen unbefriedigenden Band Tomberg, Weltordnungsvisionen, S. 79.
[291] Karlauf, Stefan George; Raulff, Kreis ohne Meister; Hoffmann, Claus Schenk Graf von Stauffenberg und seine Brüder, passim.

Gneisenau,[292] über den Rudolf Fahrner, ebenfalls aus dem George-Kreis kommend, gearbeitet hatte.

Gneisenau war ein preußischer Offizier mit einigen Semestern Studium und mit einer Auslandserfahrung im amerikanischen Unabhängigkeitskrieg gewesen. Als Kommandant der Festung Kolberg (heute polnisch Kołobrzeg) schaffte er es nach der verloren gegangenen Doppelschlacht von Jena und Auerstedt, bis zum Waffenstillstand vom Sommer 1807 gegen die französischen Truppen auszuhalten, indem er konsequent die Bürger zum Volkskrieg und zur Verteidigung ihrer Stadt aufrief.[293] Als Blüchers Generalstabschef entschied er nach der Niederlage bei Ligny am 15. Juni 1815 und dem verwundungsbedingten Ausfall seines Oberbefehlshabers, den Zusammenhang der Kampfführung mit den Briten unter Wellington nicht abreißen zu lassen. Das ermöglichte den Sieg der Koalition bei Belle-Alliance (Waterloo) drei Tage später.[294]

Im Kreis um den Dichter Stefan George beschäftigte man sich sehr intensiv mit Gneisenau. Stauffenbergs enger Vertrauter Fahrner arbeitete an einem Buch über die Freiheitskriege, von dem allerdings am Ende nur der Abschnitt über Gneisenau von den Freunden für gut befunden wurde; für die unter Stefan Georges »Jüngern« erhoffte konservative Revolution, die endlich der »Vermassung« des Weimarer Systems ein Ende setzen würde, schien der Neuaufbruch Preußens 1806–1813 das beste Vorbild.[295] Ob es Stauffenberg bewusst war oder nicht, er lag hier auf einer Linie mit den Überlegungen Joachim von Stülpnagels aus den 1920er Jahren; auch der damalige Militärreformer hatte sein Konzept gelegentlich als »Befreiungskrieg« bezeichnet.[296] Bestärkt hat Stauffenberg in seinem Denken wohl ebenso der Sozialdemokrat Julius Leber, der gerne auf Scharnhorst zurückgriff.[297]

So brachten beide, Goerdeler und Stauffenberg, schon früh eine jeweils eigene Erinnerung an die Zeit der Freiheitskriege mit. Die Frage, wie Goerdeler und wie Stauffenberg über das zukünftige Deutschland dachten, lässt sich auch daraus beantworten, wie sie die Neugestaltung Preußens nach der völligen Niederlage und Katastrophe von 1806 als Vorlage für ihr Denken nahmen.

Goerdelers innenpolitische Vorstellungen gingen dahin, an die Stelle des korrupten und polykratischen Willkürsystems des Nationalsozialismus eine effizientere, unbestechliche und rechtsstaatlich verfasste Regierung zu setzen, die aber keineswegs eine parlamentarische Demokratie sein sollte.[298]

---

[292] Müller, Oberst i.G. Stauffenberg, S. 296; Hoffmann, Claus Schenk Graf von Stauffenberg und seine Brüder, S. 147.
[293] Zur Genese des Begriffes »Volkskrieg« siehe Hagemann, Revisiting Prussia's Wars, S. 63 f.
[294] Zu Gneisenau siehe die unübertroffene Biografie Delbrück, Das Leben des Feldmarschalls Grafen Neidhardt von Gneisenau.
[295] Krolak, Der Weg zum Neuen Reich, S. 551; Hoffmann, Claus Schenk Graf von Stauffenberg und seine Brüder, S. 174. Die Studenten der »Weißen Rose« gebrauchten im Übrigen in einem ihrer Flugblätter Theodor Körners Aufruf von 1813: »Frisch auf mein Volk, die Flammenzeichen rauchen!« Scholl, Die Weiße Rose, S. 110.
[296] Deist, Die Reichswehr und der Krieg der Zukunft, S. 85.
[297] Mommsen, Politische Perspektiven des aktiven Widerstands, S. 34; Beck, Julius Leber, S. 184 f.
[298] Mommsen, Neuordnungspläne, S. 191.

VI. Widerstand und Krieg

Eine solche Ordnung galt es, durch eine Änderung der bestehenden Verhältnisse herbeizuführen. Diesen Umschwung stellte sich der obrigkeitsstaatlich denkende Goerdeler als einen Wechsel der Regierung vor, als einen von oben gesteuerten Prozess.[299] Schon in seinen Anfängen galt es, Abstand zu den revolutionären Methoden der Nazis zu wahren, weshalb Goerdeler in seinem Innersten konsequent das Attentat auf Hitler ablehnte. Ihm wäre es lieber gewesen, man hätte den »Führer« verhaften und vor ein deutsches Gericht stellen können.

Ein wesentliches Element seines Denkens war die Gliederung des politischen Systems in kleine, überschaubare Strukturen – als Gegenentwurf zu der von ihm empfundenen »Vermassung« durch die parlamentarische Demokratie. Im Staatsaufbau bedeutete das für ihn eine möglichst weitgehend kommunale Selbstverwaltung, und genau darin sah er die Kontinuität zu Stein. In seiner großen Denkschrift »Das Ziel« schrieb Goerdeler 1941:

»Alle zu der Gemeindeordnung erlassenen Ausführungsbestimmungen werden sofort aufgehoben, weil sie das in der Gemeindeordnung 1934 verankerte Grundgesetz der Selbstverwaltung über die Hintertreppe wieder beseitigt haben, wie Hardenberg es zum Schaden des Staates mit der Steinschen Gesetzgebung seinerzeit tat.«[300]

Goerdelers hochkonservative Vorstellungen konnten viele andere im Widerstand nicht überzeugen. Peter Yorck von Wartenburg, einer der führenden Kopf des Kreisauer Kreises, war ein Nachfahr des preußischen Generals Ludwig Graf Yorck von Wartenburg, der im Winter 1812/13 nach dem Scheitern des Feldzugs gegen Russland das von ihm geführte Korps eigenmächtig aus dem Bündnis mit Napoleon gelöst und mit der »Konvention von Tauroggen« den Wechsel auf die Seite der Gegner Frankreichs eingeleitet hatte.[301] Der Urenkel sprach im Zusammenhang mit Goerdeler von einer »Kerenski-Lösung« und stellte ihn damit auf eine Ebene mit dem Führer der bürgerlichen russischen Revolution vom Frühsommer 1917, der dann durch Lenins Oktoberrevolution hinweggefegt worden war.

Stauffenberg dachte an einen »Volksaufstand« und identifizierte sich dabei mit seinem illustren Vorfahren: So wie Gneisenau die Bürger von Kolberg an der Verteidigung ihrer Stadt beteiligt hatte, so müsse auch jetzt eine Bewegung entstehen, die letztlich das ganze Volk umfasse.[302] Stauffenberg sah die Armee als «die am engsten mit dem Volk verbundenen Einrichtung«, und sie dürfe nicht, wie im November 1918, die Verbindung mit dem Volk verlieren – ein klarer Anklang an das Diktum der preußischen Militärreformer, wonach ein jeder Bewohner eines Staates »der geborene Verteidiger desselben« sei.[303]

Dass sich Stauffenberg und Goerdeler in so unterschiedlicher Weise auf die Jahre 1813–1815 beriefen, reflektiert letztlich die sehr unterschiedlichen Vorstellungen der beiden führenden Hitlergegner (siehe hierzu weiter unten Kapitel IX.8).

---

[299] Mommsen, Der 20. Juli und die Arbeiterbewegung, S. 302.
[300] Goerdeler, Politische Schriften, 6.1.1 (S. 873–944, hier S. 931 f.). Siehe auch Goerdelers Gedanken zur Neuordnung der Selbstverwaltung, geschrieben in der Haft; Spiegelbild einer Verschwörung, S. 876.
[301] Droysen, Das Leben des Feldmarschalls Grafen Yorck von Wartenburg.
[302] Mommsen, Neuordnungspläne, S. 191.
[303] Spiegelbild einer Verschwörung, S. 206 (12.8.1944, Anlage 1), S. 273 (20.8.1944); Zeller, Geist der Freiheit, S. 241.

Das Verhältnis zwischen ihnen war folglich alles andere als spannungsfrei, und es bedurfte erheblicher Mühen des von beiden als Autorität anerkannten Beck, den Zusammenhalt der Oppositionsbewegung zu wahren.

Dabei war die Deutungshoheit über die Freiheitskriege nicht unumstritten. Reichspropagandaminister Goebbels berief sich ebenso auf diese Ära. Einer der letzten unter seiner Kontrolle gedrehten Durchhaltefilme hieß »Kolberg« und stellte breit die Rolle Gneisenaus dar. Der immer schon militärkritische oberste Demagoge des Regimes nutzte kurz vor dem 20. Juli 1944 die Erinnerung an die Heeresreformer ganz konkret gegen die Heeres- und Wehrmachtführung des Dritten Reiches: »Der Führer habe jetzt einen Scharnhorst und einen Gneisenau, nicht aber einen Keitel und einen Fromm nötig«, und das habe er Hitler auch gesagt.[304] Dass auch ein Regime, dessen Exponenten Österreicher, Bayern und Rheinländer waren, in dieser Form auf preußische Vorbilder zurückgriff, hat weder Goerdeler noch Stauffenberg in ihrer Orientierung am Vorbild des aus den Trümmern wiederauferstehenden preußischen Staates gehindert.

Insgesamt ist der Staatsstreichversuch vom 20. Juli 1944 nur als Teil der Geschichte Deutschlands im Zweiten Weltkrieg verständlich. Die militärischen Verschwörer waren an Stellen eingesetzt, wo sie die klare Erkenntnis gewinnen konnten, dass der Krieg verloren war. Das galt sowohl für die Überforderung der personellen und materiellen Ressourcen, die nirgendwo so offenbar wurde wie im Befehlsbereich des Befehlshabers des Ersatzheeres und Chef Heeresrüstung (Stauffenberg, Olbricht, Mertz ...), als auch für das Scheitern der operativen Konzeption des Krieges gegen die Sowjetunion, das seinen schärfsten Ausdruck im Zusammenbruch der Heeresgruppe Mitte (Tresckow) fand.

Dieser Krieg diente nicht, wie viele Nationalkonservative anfangs gedacht hatten, der Befreiung Russlands vom »Bolschewismus«, sondern der Ausrottung ganzer Völker. Das rasseideologische Vernichtungsziel rangierte dabei eindeutig vor den operativen Notwendigkeiten einer konventionellen Kriegführung. Dabei war den Verschwörern klar, dass die Beteiligung der Wehrmacht (und im Einzelfall desgleichen ihre ganz persönliche Beteiligung) an den Menschheitsverbrechen in Polen und der Sowjetunion Deutschland strukturell friedensunfähig gemacht hatte. Weder war Hitler in der Lage, eine wie auch immer geartete Friedensordnung zu definieren, noch würden die Kriegsgegner mit einer NS-Regierung verhandeln oder gar Frieden schließen wollen. Wer nationalkonservativ dachte und die deutsche Nation bewahren wollte, musste sich eingestehen, dass dieser Krieg nicht zu gewinnen, aber mit Hitler ebensowenig zu beenden war. Aber auch aus dieser Einsicht zogen nur die wenigsten eine radikale Konsequenz für ihr eigenes Handeln.

---

[304] Goebbels, Die Tagebücher, T. II, Bd 12, S. 520 (22.6.1944).

VII. Der Staatsstreich als militärisches Geschehen

1. Attentat und Eid

Der Präsident des Volksgerichtshofs, Roland Freisler, hat in den von ihm geführten Verhandlungen immer wieder darauf abgehoben, dass die Verschwörer gegen ihren auf Hitler geleisteten Eid gehandelt hätten; die Phrase »eidbrüchig« findet sich sogar in einer Vielzahl der Urteile wieder. Das Urteil gegen Hermann Kaiser vom 17. Januar 1945 illustriert dies besonders klar. Die Formulierung
»Eidbrüchig ehrlos verrieten – statt mannhaft wie das ganze deutsche Volk, dem Führer folgend, den Sieg zu erkämpfen – Hermann Kaiser und Busso Thoma Volk, Führer und Reich«
war inzwischen fast Standard geworden. Hermann Kaiser wurde in den Urteilsgründen vorgehalten, er habe gleich dreimal einen auf Hitler geleisteten Eid gebrochen: »als Beamter, als Parteigenosse und als Offizier!«[1]

Die Urteilsformel muss umso mehr entsetzen, als der Fahneneid eigentlich keine Rechtswirkung entfaltete und sein Bruch daher als solcher nicht strafbar war. Darin unterscheidet sich bis heute der Diensteid (also auch jener der Beamten oder Richter) vom Zeugeneid; dieser hat eine Rechtswirkung. Der Diensteid dagegen ist ein Versprechen in die Zukunft. Wer ihn bricht, wird möglicherweise nach einer Rechtsnorm verurteilt, also etwa wegen Ungehorsam, Fahnenflucht oder Landesverrat. Die Verurteilung stützt sich dann auf die rechtliche Norm, nicht auf den gebrochenen Eid.

Der Diensteid versprach traditionell dem Eidnehmer ein persönliches, auf Gegenseitigkeit beruhendes Treueverhältnis. Die mit ihm eingegangene Bindung unterlag nicht menschlichem Recht, sondern einer höheren Macht, weshalb er regelmäßig mit einer religiösen Beteuerungsformel geleistet wurde; der am Widerstand im Stab der Heeresgruppe Mitte beteiligte Fabian von Schlabrendorff sprach 1972 in einem Sondervotum als Richter am Bundesverfassungsgericht vom Eid als einem »religiösen Minimum«[2]. Die Eidesleistung auf die Person des

---

[1] Spiegelbild einer Verschwörung, S. 726 f.; Kroener, Hermann Kaiser, S. 47. – Dieser Abschnitt greift in knapper Form Gedanken auf, die ich ausführlicher in Heinemann, Ich schwöre bei Gott diesen heiligen Eid, dargelegt habe.

[2] Abweichende Meinung des Richters Dr. v. Schlabrendorff zum Beschluss des Zweiten Senats des Bundesverfassungsgerichts vom 11.4.1972, 2 BvR 75/71, zit. nach <http://www.servat.unibe.ch/dfr/bv033023.html#Rn031>, zuletzt konsultiert am 17.9.2018. – Hier und im Folgenden nach Lange, Der Fahneneid; und Stein, Symbole und Zeremoniell, S. 86–106. Das Evangelium verbietet allerdings das Schwören: Mt 5,33-37: »Ich aber sage

Herrschers hatte allerdings zur Folge, dass nach seinem Tod gewissermaßen ein »eidfreier« Zustand eintrat, der durch eine sofortige Neuvereidigung überbrückt werden musste.

Im 19. Jahrhundert blieb es auch im Kaiserreich bei der Vereidigung der Soldaten und Offiziere auf die Person des jeweiligen Bundesfürsten, wobei für den Kriegsfall zugleich Treue dem Deutschen Kaiser als Oberstem Kriegsherr geschworen wurde. Aus diesem Kontext stammt der Begriff des »unbedingten« Gehorsams, der keineswegs ein »unbegrenzter« Gehorsam war. Vielmehr sollte diese Formulierung Vorbehalte etwa der Kontingentherren ausschließen.[3]

Mit Entstehung der Reichswehr wurde ab 1920 die Vereidigung des gesamten deutschen Militärs auf die Verfassung Realität. Als Konsequenz einer weitgehenden Trennung von Kirche und Staat war der Eid jetzt ohne religiöse Beteuerungsformel zu leisten, was für viele religiöse Soldaten seine Bindungskraft erheblich minderte.[4]

Die Neuvereidigung der Reichswehr auf Hitler unmittelbar nach dem Tod des Reichspräsidenten Hindenburg 1934 stand also keineswegs außerhalb aller deutschen Militärtradition.[5] Die Reichswehr selbst in der Gestalt des NS-nahen Reichswehrministers Werner von Blomberg hat ihre Position bei Hitler in der Situation nach der Zerschlagung der rivalisierenden SA im Juni 1934 durch eine Neuformulierung des Eides weiter stärken wollen. Die Wiedereinführung des Gottesbezuges hatte einerseits den Grad der Verbindlichkeit für viele erhöht, andererseits aber Gottes Gebot als ethische Messlatte für soldatisches Handeln ins Spiel gebracht (siehe oben III.7).[6]

Für diejenigen, die sich entschieden hatten, aktiv den Staatsstreich zu betreiben, ist in aller Regel der Eid kein zentrales Element ihrer Überlegungen gewesen. Bereits bei ihrem ersten Zusammentreffen erklärte Stauffenberg Axel Freiherr von dem Bussche, der Eid »beruhe auf gegenseitiger Treue, sei von Hitlers Seite gebrochen und daher ungültig«.[7] Hauptmann Hans Karl Fritzsche aus dem Infanterieregiment 9, Potsdam, sagte über seinen Regimentskameraden:

»Axel [von dem Bussche] hat sich später entschlossen, gemeinsam mit Graf Stauffenberg diesen Eid bewusst zu brechen. Das war sicher mehr, als ihn gegenüber Hitler zu halten, der sich immer mehr als verbrecherischer Vernichter des Vaterlandes entpuppt hatte.«[8]

---

euch: Schwört überhaupt nicht [...] Euer Ja sei ein Ja, euer Nein ein Nein; alles andere stammt vom Bösen.«

[3] Lange, Der Fahneneid, S. 75 f.
[4] Ebd., S. 99 f.
[5] Hoffmann, Widerstand – Staatsstreich – Attentat, S. 46, schreibt: »Bei der neuen und überaus eilig vollzogenen Eidesleistung handelte es sich aber nicht nur um ein staatsstreichartiges Vorgehen Hitlers, um einen Überraschungsschlag gegen die Reichswehr [...], sondern auch um die Aufrichtung eines mächtigen Hindernisses für jegliche Art von Widerstand gegen den geheiligten ›Befehl‹.« Das entspricht nicht mehr dem heutigen Stand der Forschung.
[6] Schäfer, Werner von Blomberg, S. 151–156. Zu den Absichten der Reichswehrführung auch Volkmann, Von Blomberg zu Keitel, S. 60.
[7] Hoffmann, Claus Schenk Graf von Stauffenberg. Die Biographie, S. 394; siehe eine ähnliche Argumentation bei Dr. Constantin von Dietze, Das Recht zum Widerstand. Vortrag auf der Tagung des Kongresses für Freiheit der Kultur über »Widerstand und Verrat« in Köln, 15.–17.11.1962, IfZ, ED 715/2: Hilfswerk 20. Juli.
[8] Fritzsche, Ein Leben im Schatten des Verrates, S. 33.

VII. Der Staatsstreich als militärisches Geschehen

Dass die Eidfrage für die Verschwörer selbst nicht zentral war, lässt sich auch daraus ersehen, dass Stauffenberg für sich und seine Vertrauten aus dem George-Kreis einen »Schwur« entworfen hatte;[9] Planungen der Militäropposition, die Wehrmacht nach dem Tod Hitlers in irgendeiner Art neu zu vereidigen, sind dagegen nie bekannt geworden, wenn man von einer eher offenen Formulierung in dem bereits genannten Aufruf einmal absieht: »Dies zu verhindern, sind wir fest entschlossen [...] Hierfür nehmen wir Euch in Eid und Pflicht«[10] – wobei an eine eigentliche Vereidigungszeremonie nicht unmittelbar gedacht war. Zwar haben einzelne Autoren den bereits bei Zeller 1952[11] überlieferten Text eines »Eides« des engeren Kreises der Verschwörung als Entwurf für eine Vereidigung der gesamten Truppe missverstanden,[12] ein genauerer Blick auf die Formulierungen lässt aber erkennen, dass hier an eine Selbstverpflichtung einer kleinen Elite gedacht war und nicht an eine Formel für die flächendeckende Vereidigung der Wehrmacht. Oder kann man sich ernstlich vorstellen, dass Sätze wie

»Wir wollen eine neue Ordnung, die alle Deutschen zu Trägern des Staates macht und ihnen Recht und Gerechtigkeit verbürgt, verachten aber die Gleichheitslüge und beugen uns vor den naturgegebenen Rängen«[13]

auf dem Kasernenhof von allen angetretenen Soldaten laut nachgesprochen würden? Gersdorff hat die Eidthematik in seinen ersten Nachkriegsaussagen nie angesprochen, sie aber in seinen 1977 erschienenen Memoiren breit behandelt.[14] Es ist bezeichnend, dass in der Forschung nach der Absicht einer Neuvereidigung der Truppe bisher noch nie gefragt worden ist. »[N]icht der Eid an sich, sondern die unterschiedlich empfundene Legitimität von Herrschaft [bildete] das handlungsleitende Kriterium.«[15]

Die Verfolger im Reichssicherheitshauptamt sahen es ähnlich und schrieben die Selbstverständlichkeit, mit der die Militäropposition den Eid als nicht mehr verbindlich angesehen hatte, den häufigen Neuvereidigungen in den letzten Jahrzehnten zu:

»Die Folge dieser ›unpolitischen‹ Haltung des Soldaten ist es, dass sich ein bestimmter Teil des Offizierskorps in keiner Weise dem nationalsozialistischen Reich und dem Führer innerlich verpflichtet fühlt. Man hat den Eid geleistet, weil es nun einmal sein muss und wie man in der Republik auf die Verfassung geschworen hat, um Offizier sein zu können. Man hat keinerlei

---

[9] Zeller, Oberst Claus Graf Stauffenberg, S. 387.
[10] Aufruf an die Wehrmacht. Entwurf, Sommer 1944, zit. nach Gedenkstätte Deutscher Widerstand, 13.5, wiedergegeben in <www.gdw-berlin.de/fileadmin/themen/b13/pdf/13_5_Faksimile_d.pdf>, zuletzt konsultiert am 17.9.2018.
[11] Zeller, Geist der Freiheit, S. 489 f.
[12] So Kramarz, Claus Graf Stauffenberg, S. 200; und in dessen Folge Klemperer, Mandat zum Widerstand, S. 49.
[13] Zeller, Geist der Freiheit, S. 489.
[14] Freiherr von Gersdorff, Generalmajor, Beitrag zur Geschichte des 20. Juli 1944, Oberursel, 12.1.1946, IfZ, ED 88/1, fol. 83–104, hier fol. 96; Hiemann, Rudolf-Christoph Freiherr von Gersdorff, S. 82.
[15] Kroener, Der starke Mann im Heimatkriegsgebiet, S. 131, zitiert als Beleg den Kommandeur des Reichswehrinfanterieregiments 18, Oberst Leopold Freiherr von Ledebur, aus dem Jahr 1920: »Wenn es sein muss, breche ich von 8–9 Uhr alle Eide, die ich von 7–8 geschworen habe.« Ähnlich argumentiert Weinberg, Eine Welt in Waffen, S. 520.

Hemmungen, einen neuen Eid zu schwören, wenn das Regime sich ändert und die Wehrmacht als Ganzes darauf einschwenkt.«[16]

Die Eidfrage ist erst *post festum* durch Freisler hochgespielt worden; die Verschwörer haben schon lange vor dem 20. Juli keine Bindung an ihren Eid mehr verspürt.[17] Dabei hätte Freisler bei näherer Betrachtung sehen können, dass selbst die von Himmler und der SS so hoch gehaltene sächsisch-germanische Rechtstradition dem Eid keine unbegrenzte Geltung zuschrieb, sondern im Gegenteil auch ein Recht zum Widerstand gegen den König kannte.[18]

Goerdeler hat als »religiöser Mensch«[19] in seinem Herzen ein Attentat auf Hitler immer abgelehnt. Dafür waren aber neben den religiösen und ethischen Motiven ebenso politische bedeutsam; seine Absicht, die »Majestät des Rechts« wiederaufzurichten, vertrug sich nach seinem Verständnis schlecht mit einem Auftakt, den ein politischer Mord bildete.[20] Ähnlich wie Goerdeler dachten beispielsweise sein Verbindungsmann in Zürich, Gisevius,[21] aber auch Admiral Canaris oder der tiefreligiöse, fast skrupulöse Generalmajor Stieff.[22] Als Generalfeldmarschall von Witzleben im November 1943 die Umsturzplanung mit Beck und Olbricht besprach, bestand ebenfalls Übereinstimmung, dass es das beste sei, den »Führer« lebend in die Hände zu bekommen – zumindest hat es Witzleben später bei der Gestapo so dargestellt.[23]

Generaloberst Fromm scheint eine Zeitlang – hier ganz Vertreter einer älteren Generation Offiziere – geglaubt zu haben, Hitler werde nach dem Scheitern seiner Politik und seiner »Feldherrnkunst« durch einen rechtzeitigen Selbstmord den Weg für eine Neuordnung der Verhältnisse frei machen.[24]

Der von den anderen Offizieren und Soldaten geleistete Eid war sehr wohl bei allen Überlegungen mit einzubeziehen – gleich, ob diese sich wirklich durch ihn

---

[16] Spiegelbild einer Verschwörung, S. 273 (20.8.1944).
[17] So schon 1964 Ehlers, Technik und Moral einer Verschwörung, S. 59 f.; darauf abgestützt Holler, 20. Juli 1944, S. 152. Mommsen, Die Geschichte des deutschen Widerstands, S. 6, spricht von der »Nebenfrage des Eidbruchs«. Vitzthum, Berthold Schenk Graf von Stauffenberg, S. 109–111, will zwar eine grundsätzliche rechtliche Wirkung des Eides anerkennen (ohne Nennung der Rechtsnorm allerdings), erkennt dem Eid der Wehrmacht aber nur eine scheinlegale Rechtsqualität zu.
[18] Kannowski, Die Umgestaltung des Sachsenspiegelrechts, S. 249 f.
[19] Spiegelbild einer Verschwörung, S. 101 (30.7.1944, Aussage Hermann Kaiser).
[20] Mommsen, Carl Friedrich Goerdeler, S. LII f.
[21] Gisevius, Bis zum bittern Ende, Bd 2, S. 342 f. Gisevius' Ansprechpartner in der Schweiz, Allen W. Dulles, berichtete noch Tage nach dem Staatsstreich nach Washington: «The heart of the scheme was either to isolate or do away with the Fuehrer«. From Hitler's Doorstep, S. 343 f., Doc. 4-28, Telegram 851-55 vom 23.7.1944.
[22] Fest, Staatsstreich, S. 131; Mühleisen, Hellmuth Stieff, S. 351.
[23] Vernehmung Witzleben bei der Gestapo am 23.7.1944, abgedr. in: Trofeiye Dokumenty. Nam Legqe Nati Soglaxenie Sobtami [»Es fällt uns leichter, eine Vereinbarung mit der Sowjetunion zu finden«. Unbekannte Untersuchungsmaterialien über die Teilnehmer an der Hitlerverschwörung des 20. Juli 1944], in: Istornik. Dokumenti russkoj historii, 32 (1998), S. 142–153 (Rückübersetzung aus dem Russischen: Erik Radisch. Den Hinweis auf diese Quelle, die in anderen Passagen mit dem in Spiegelbild einer Verschwörung abgedruckten Text übereinstimmt und daher als zuverlässig gelten kann, verdanke ich meiner Kollegin Dr. Linda von Keyserlingk-Rehbein).
[24] Kroener, Der starke Mann im Heimatkriegsgebiet, S. 603.

gebunden fühlten oder ihn bei ihrer Ablehnung einer Beteiligung nur vorschoben. Wenn Heusinger Stieff gegenüber gesagt hat: »Um Gottes Willen! Das ist ja Hochverrat! Wir sind an Eid und militärische Pflichten gebunden!«,[25] dann fällt auf, dass auch hier der Eid im Zusammenhang mit den allgemeinen militärischen Pflichten genannt wird. Eigentlich gab es daraus nur einen Ausweg: Schmidt von Altenstadt soll schon 1942 geäußert haben, die Eidbindung des Militärs ließe sich nur lösen, indem man Hitler töte.[26] Die Gründer des NKFD in den sowjetischen Kriegsgefangenenlagern sahen die Frage der Eidbindung der weiterhin in der Wehrmacht kämpfenden Soldaten durchaus schwerwiegend genug an, um in ihrem Manifest an das historische Vorbild der Konvention von Tauroggen 1812 zu erinnern: Damals habe der General Yorck von Wartenburg »den Eid auf den König zugunsten einer übergeordneten Staatsräson gebrochen«.[27] Stauffenberg selbst zog Thomas von Aquin zur Rechtfertigung des Tyrannenmords heran und erwähnte den Eid in diesem Zusammenhang nicht einmal mehr.[28]

Die Reichswehr hatte die Erfahrung machen müssen, dass ihre Angehörigen sich immer wieder zwischen Gehorsam gegenüber der Rechtsordnung und Befehlsgehorsam hatten entscheiden müssen. Die Truppe war dabei auf der Seite des Befehlsgehorsams geblieben; sie war das, was mit dem Begriff »zuverlässiges Instrument in der Hand ihrer Führer« charakterisiert wurde.[29] Das aber konnte so nicht mehr gelten. Vor die Wahl zwischen Gehorsam ihren Vorgesetzten gegenüber und Gehorsam gegenüber dem NS-System gestellt, würden sich die meisten an Letzteres halten.[30]

Umso mehr musste dieser Umstand im Sommer 1944 seine Wirkung entfalten, als die innere Veränderung auch des Heeres, seine Ideologisierung und Politisierung so weit vorangeschritten waren, dass ein Staatsstreich gegen einen noch lebenden Hitler, wie er Goerdeler vorschwebte, vollends illusorisch geworden war. »Dazu gehörte unter den gegebenen Bedingungen die Ermordung des Diktators. Unabhängig von dem im nachhinein überbewerteten Eidproblem konnte die integrative Kraft des Führer-Mythos nicht anders ausgelöscht werden.«[31] Goerdelers für einen Zeitpunkt unmittelbar nach dem Umsturz geplante Proklamation sollte auch darauf eingehen:

»Eine solche Führung, ob wahnwitzig oder voll verantwortlich, hat den Anspruch auf Gehorsam vor Gott und den Menschen verwirkt, denn sie hat den Eid gebrochen, den sie selbst einst dem Vaterlande geschworen hat, dem sie wie jeder Bürger unterworfen ist, und damit die Treue, die sie dem Eidleistenden schuldig ist, mit Füßen getreten.«

Der an der Niederschlagung des Aufstands im Bendlerblock beteiligte Oberstleutnant Pridun nannte als Grund dafür, dass er sich mit mehreren Offizieren

---

[25] Finker, Stauffenberg, S. 216, unter Bezug auf Job von Witzleben, Nochmals: Heusinger und der 20. Juli 1944, in: Mitteilungsblatt der AeO [Arbeitsgemeinschaft ehemaliger Offiziere], H. 3/1963, S. 8. Das Zitat findet sich nicht bei Meyer, Adolf Heusinger, S. 270–276.
[26] Bräutigam, So hat es sich zugetragen, S. 482 f.; Weinberg, Eine Welt in Waffen, S. 519.
[27] Morré, Das Nationalkomitee »Freies Deutschland«, S. 546.
[28] Hoffmann, Claus Schenk Graf von Stauffenberg. Die Biographie, S. 264.
[29] Graml, Die Wehrmacht im Dritten Reich, S. 370.
[30] Bräutigam, So hat es sich zugetragen, S. 482 f.
[31] Mommsen, Der Widerstand gegen Hitler und die deutsche Gesellschaft, S. 7.

gegen Olbricht und Stauffenberg gestellte hatte: Die anderen Offiziere »brachten klar zum Ausdruck, auch in dieser Lage von ihrem Soldateneid nicht abzurücken« – allerdings stammt diese Aussage aus dem Jahr 1953, als die Eiddiskussion bereits die westdeutsche Öffentlichkeit lebhaft beschäftigte.[32]

Die Frage eines Umsturzes ohne Attentat ist in der Verschwörung immer wieder heiß diskutiert worden; schon Halder hatte darüber mit Beck und Goerdeler lange Gespräche gehabt.[33] Immer wieder stand der Vorschlag im Raum, Hitler (möglicherweise im Zusammenhang mit einer Luftlandung der Alliierten »an strategischer Stelle«) zu verhaften[34] – ein Konzept, das an die Staatsstreichplanungen von 1938 erinnert, vielleicht sogar an Überlegungen von 1932/33, den greisen Hindenburg in Ostpreußen «diskret« zu internieren,[35] das aber ebenso Szenarien für das Kriegsende entspricht, wie sie unter dem Codenamen »Rankin« im alliierten Oberkommando zu dieser Zeit entwickelt wurden und die Goerdelers Kontaktmann Dulles nachrichtentechnisch vorbereiten sollte.[36] Dass Goerdeler innerhalb der Verschwörung ab dem Sommer 1943 an Gewicht verlor, hing wohl unter anderem damit zusammen, dass seine Vorstellung eines Umsturzes ohne »Mord« an Hitler von den Militärs als völlig unrealistisch abgelehnt wurde.[37]

Die Ablehnung eines Attentats ist ein Topos, der sich bei fast allen von Goerdelers vielen Gesprächspartnern findet. Auch Rommel, mit dem Goerdeler über den Stuttgarter Oberbürgermeister Karl Strölin und Speidel in Kontakt kam,[38] war wohl gegen ein Attentat auf den »Führer«. Die militärisch abwegige Idee, »sich der Person Hitlers durch zuverlässige Panzerverbände zu bemächtigen, um ihn vor ein deutsches Gericht zu stellen«,[39] ist Rommel (dem früheren Kommandanten des Führerhauptquartiers!) wohl im Nachhinein von Speidel untergeschoben worden.

Stauffenbergs Adjutant Werner von Haeften hatte die Frage des Attentats schon einmal mit dem ihm befreundeten Dietrich Bonhoeffer besprochen, der ihm aber mit genau dem Argument abriet, ohne eine Staatsstreichplanung sei der Tyrannenmord allein sinnlos.[40] Werner von Haeften wurde dann in der Folge von seinem in die Verschwörung eingeweihten Bruder Hans-Bernd mit religiösen Argumenten von einem Attentat abgehalten, weshalb sich dieser später Vorwürfe machte. Andererseits quälte ihn sein Gewissen, weil er das Fünfte Gebot (»Du

---

[32] Generalsekretär Karl Pridun, Bregenz, Betr.: 20. Juli 1944. Anschreiben an Eberhard Zeller, undatiert, und Stellungnahme vom 30.10.1953, IfZ, ZS 1769, fol. 3–13, hier fol. 10.
[33] Hoffmann, Widerstand – Staatsstreich – Attentat, S. 122.
[34] Das Attentat vom 20. Juli und seine Vorgeschichte. Bericht und Operationsvorschläge von OSS Director William J. Donovan an Präsident Roosevelt, 22.7.1944, abgedr. in: USA und deutscher Widerstand, Nr. 25, S. 91–96; dort Datierung eines entsprechenden Vorschlags auf Anfang Mai. Der Kontakt des OSS zum deutschen Widerstand lief über Allen W. Dulles und Hans-Bernd Gisevius in Zürich; Gisevius war eindeutig ein Mann Goerdelers.
[35] Heinemann, Rechtsgeschichte der Reichswehr, S. 395 f.
[36] Heideking, Die »Breakers«-Akte, S. 24 f.
[37] Mommsen, Carl Friedrich Goerdeler, S. LVII f.
[38] Remy, Mythos Rommel, S. 229; Speidel, Invasion 1944, S. 81; Speidel, Aus unserer Zeit, S. 169 f.
[39] Hanno Kremer, Der 20. Juli in Paris. Sendung des RIAS Berlin vom 19. und 22.7.1979, S. 12, IfZ, Ms 200/85. Dort auch Beitrag Speidel.
[40] Thiel, Widerstand im Schatten Stauffenbergs, S. 93.

sollst nicht töten!«) nicht hinreichend beachtet habe; beide ließen nach dem 20. Juli 1944 ihr Leben.[41] Auch unter den Pariser Verschwörern ist die Frage des Tyrannenmordes »mit tiefstem Ernst wieder und wieder erwogen worden«.[42] Stauffenbergs Regimentskamerad, der katholische Major Ludwig Freiherr von Leonrod, befragte seinen Beichtvater, den Kaplan Hermann Wehrle, ob der Tyrannenmord gerechtfertigt sein könne, was am Ende auch Wehrle an den Galgen brachte.[43] Auf protestantischer Seite wurde Dietrich Bonhoeffer für Dohnanyi und Oster ein wichtiger Gesprächspartner zur Frage des Tyrannenmords; anders als etwa Moltke lehnte er diesen – wie bereits dargestellt – nicht grundsätzlich ab.[44] Vom Eid war allerdings in diesem Zusammenhang nicht die Rede.

Die Zeiten hatten sich aber seit 1938 nachhaltig gewandelt. Die schon beschriebene Elitenmanipulation hatte das Heer zudem von innen heraus verändert, und wenn man 1938 noch hatte hoffen können, nach dem Prinzip von Befehl und Gehorsam würden die rund um Berlin stationierten Truppenteile schon marschieren, so war im fünften Kriegsjahr klar, dass die Wehrmacht nicht gegen einen noch lebenden Hitler vorgehen würde. Stauffenberg hatte sich sehr bald festgelegt: »Es kommt nicht darauf an, ihm die Wahrheit zu sagen, sondern es kommt darauf an, ihn umzubringen.«[45] Ebenso kam die Pariser Widerstandsgruppe zu dem Schluss:

»Jeder Versuch eines Generals – sei es in Deutschland, sei es an der Westfront – eine Gegenregierung auszurufen und mit Gewalt gegen das Zentrum des Hitlerregimes zu marschieren, wäre über kurz oder lang an Gehorsamsverweigerung der Truppe gescheitert. So blieb nichts anderes als ein militärisches Vorgehen, dessen erster Akt das Attentat sein musste.«[46]

Das galt nicht nur für die Truppe, das galt für weite Teile der Bevölkerung überhaupt:

»Nur die gewaltsame Beseitigung des Diktators zerstörte die von der nationalsozialistischen Propaganda systematisch aufgebauten Loyalitätsbindungen. Deshalb war auch der anfängliche Plan der Führer der Militäropposition, Hitler durch eine gemeinsame Stellungnahme der Generalität vom Krieg abhalten und innenpolitisch mäßigen zu wollen, im Ansatz verfehlt.«[47]

---

[41] Meding, Barbara von Haeften, S. 272; Retter, Theological-Political Resistance, S. 92.
[42] Gotthard von Falkenhausen, Bericht über Vorgänge in Paris am 20. Juli, [o.D.], IfZ, ED 88/1, fol. 44.
[43] Zeugen für Christus, Bd 1, S. 390 f.
[44] Dohnanyi, Mir hat Gott keinen Panzer ums Herz gegeben, S. 24; Gerrens, Rüdiger Schleicher, S. 123.
[45] Kramarz, Claus Graf Stauffenberg, S. 113; ähnlich gegenüber Kuhn im Mai 1943: Chavkin/Kalganov, Neue Quellen, S. 362. Ob Stauffenberg, wie Professor Dr. Julius Speer im Oktober 1945 bei den französischen Besatzungsbehörden ausgesagt hat, schon im Winter 1941/42 zu dem Schluss kam: »es gibt nur eine Lösung. Sie heißt töten«, wird man allerdings bezweifeln dürfen. Siehe Professor Dr. [Julius] Speer an den Chef der Sécurité Publique, Freiburg, 18.10.1945: Bericht über meine Kenntnis der Vorgänge des 20. Juli 1944 im Führer-Hauptquartier, IfZ, ED 88/2, fol. 92–94, hier fol. 92.
[46] Gotthard von Falkenhausen, Bericht über Vorgänge in Paris am 20. Juli, [o.D.], IfZ, ED 88/1, fol. 45. Ähnlich Schlabrendorff, Offiziere gegen Hitler, S. 67.
[47] Mommsen, Politische Perspektiven des aktiven Widerstands, S. 25 f.

Marion Gräfin Dönhoff überlieferte dafür die Formulierung, »es müssen die Armeen, die Beamtenschaft und die Funktionäre aller Art in einem Zeitpunkt ›eidfrei‹ gemacht werden«.[48]

Letztlich konnte man nicht übersehen, dass für viele Offiziere, die die Wirren des Jahres 1919, aber auch die bürgerkriegsähnlichen Zustände der Jahre 1930 bis 1932 und dann den »Röhm-Putsch« mitgemacht hatten, der politische Mord etwas so Außergewöhnliches nicht mehr war.[49]

Die Debatten sind nie verstummt. Noch für den 16. Juli 1944 zitieren die Kaltenbrunner-Berichte eine größere Besprechung im Haus der beiden Stauffenberg-Brüder in der Tristanstraße in Berlin-Wannsee, bei der noch einmal erwogen wurde, ob der Umsturz die Form einer Kriegsbeendigung im Westen (»Westlösung«) oder einer »nachrichtentechnischen Isolierung« (»zentrale Lösung«) annehmen könne: »Nach vielem Hin und Her blieb es schließlich bei der sogenannten ›Zentralen Lösung‹, die in dem Plan der Ermordung des Führers gipfelte.«[50]

Dass Stauffenberg am Morgen des 20. Juli 1944 in der Absicht losgeflogen sein soll, das Attentat zu verüben, während des Fluges aber von dem skrupulösen Stieff davon abgebracht worden sei und dann die Bombe nur »symbolisch«, also bewusst so platziert habe, dass Hitler nicht getötet wurde, erscheint eine abwegige Erklärung.[51] Die Diskussion war am 20. Juli für den entschiedenen Stauffenberg längst beendet. Er war fest entschlossen und hat bis in die Abendstunden dieses Tages geglaubt, sein Ziel erreicht zu haben.

Das Attentat war unvermeidlich, es rechtfertigte sich aber nur als Auftakt zum Staatsstreich. Anders als etwa bei Georg Elser war nicht der Tod Hitlers die eigentliche Absicht, sondern dieser war Voraussetzung für das letzte Ziel, nämlich den Sturz des Regimes und die Beendigung des Krieges. Wenn Peter Hoffmann sein großes Werk von 1969 »Widerstand – Staatsstreich – Attentat« betitelt hat, dann hat er die Prioritäten richtig benannt: Das Attentat steht hinten. Insofern ist es irreführend, wenn in der deutschen Öffentlichkeit immer wieder der 20. Juli als der Jahrestag des Attentats auf Hitler bezeichnet wird. Angemessener wäre es, vom Jahrestag des Staatsstreichs oder des Umsturzversuchs zu reden.

Nach dem 20. Juli gingen die Diskussionen über den Anschlag weiter. Distanzierungen verhafteter Beteiligter bei der Gestapo von dem Attentatsplan bis hin zur Erklärung, davon nie etwas gewusst zu haben (so etwa Roland von Hößlin[52]), lassen sich auch durch die Vernehmungssituation erklären, aber Oberst i.G. Alexis Freiherr von Roenne schrieb noch Anfang Oktober in einem Kassiber an seine Frau: »Gott hat gegen sie entschieden! Er hat erneut gezeigt, dass auch größte vaterländ. Ziele die Sünde zur Erreichung nicht rechtfertigen!«[53]

Dass das Attentat nur Mittel zum Zweck des Umsturzes sein sollte, hatte konkrete Auswirkungen auf seine Ausführung, wie in Kapitel VII.4 noch zu sehen sein

---

[48] Marion Gräfin Dönhoff, Entwurf [kein weiterer Titel], Brunkensen, Juli 1945, IfZ, ED 88/1, fol. 9–24. Siehe zu dem Komplex auch Vitzthum, Stauffenberg, S. 113–122.
[49] Kroener, Der starke Mann im Heimatkriegsgebiet, S. 215.
[50] Spiegelbild einer Verschwörung, S. 175 (8.8.1944).
[51] Schmidt-Hackenberg, 20. Juli 1944, S. 10 f., 106 und passim. Der Autor übersieht beispielsweise, dass Stieff bei der Gestapo keinerlei Andeutung in dieser Richtung gemacht hat, obwohl sie ihn ja hätte entlasten können.
[52] Spiegelbild einer Verschwörung, S. 372–375 (9.9.1944).
[53] Kassiber von Alexis von Roenne vom 1.10.1944, MHM, PSF 958 BBAT 4501.

wird. Stauffenberg war der einzige, der innerhalb der kurzen noch zur Verfügung stehenden Zeit Zugang zu Hitler hatte. Da er aber andererseits zur Durchführung des Umsturzes in Berlin gebraucht wurde, kam ein Selbstmordattentat, wie es von dem Bussche oder Gersdorff geplant hatten, nicht in Frage – mit den sich daraus ergebenden Konsequenzen. Dass die Verschwörer mit ihrer Einschätzung richtig gelegen hatten, ein gelungenes Attentat sei zwingende Voraussetzung für einen gelingenden Umsturz, zeigte sich am 20. Juli dann in aller Klarheit: Als sich herausstellte, dass Hitler nicht tot war, brach der Staatsstreich wie ein Kartenhaus in sich zusammen.[54]

2. Zeitdruck

Schon im Frühjahr 1942 hatten klarblickende Offiziere erkannt, dass Deutschland sich mit einem Zweifrontenkrieg gegen die Sowjetunion und die USA übernommen hatte; dieser Krieg war nicht zu gewinnen. So stellte es beispielsweise Canaris dem Befehlshaber des Ersatzheeres, Fromm, dar.[55] Der Kreisauer Kreis nahm im August 1943 bereits die Formulierung »Die Reichsregierung wird mit allen ihr zur Verfügung stehenden Mitteln das Eindringen feindlicher Streitkräfte in das Reichsgebiet verhindern« in seine »Sonderweisung für die Reichsverweser« auf, gefolgt allerdings gleich von Regelungen für den Fall, dass eine solche Besetzung »nicht abgewendet werden« könne.[56] Kurz bevor Hößlin Ende Juli 1944 mit seiner Ausbildungsabteilung von Insterburg nach Meiningen verlegt wurde, schrieb er bereits nach Hause, man höre nachts schon den Kanonendonner der Front.[57]

Im Sommer 1944 drängte also die Zeit für einen Umsturzversuch, und das gleich in mehrfacher Hinsicht. So eskalierte die Lage an den Fronten, und wenn eine neue deutsche Regierung überhaupt noch Zugeständnisse vor allem der Westalliierten herausholen wollte, dann nur, wenn die militärische Lage noch nicht hoffnungslos geworden war.

»Die Stauffenbergs sollen damals den Standpunkt vertreten haben, dass eine Hoffnung, mit einem der beiden Gegner in Verhandlungen zu kommen, nur gegeben sei, solange die Fronten intakt bleiben.«[58]

Die engen Beziehungen zu den Gesinnungsgenossen an der Ostfront (Tresckow, Kuhn) vermittelten den Umsturzplanern in Berlin eine Kenntnis aus erster Hand davon, was sich dort abzuzeichnen begann. Am dritten Jahrestag des deutschen Überfalls, dem 22. Juni, hatten die Sowjets ihr Unternehmen »Bagration« be-

---

[54] Keyserlingk-Rehbein, Nur eine »ganz kleine Clique«?, S. 483 f. Ähnlich der Sohn Carl-Heinrich von Stülpnagels, Walter, im Juli 1979 in einer Sendung des RIAS Berlin: Hanno Kremer, Der 20. Juli in Paris. Sendung des RIAS Berlin vom 19. und 22.7.1979, IfZ, Ms 200/85, fol. 10. Siehe allerdings die andere Bewertung bei John, Falsch und zu spät, S. 43.
[55] Kroener, Der starke Mann im Heimatkriegsgebiet, S. 437–439.
[56] Abgedr. in: Roon, Neuordnung im Widerstand, S. 570 f., hier S. 570.
[57] Das galt auch für Schloss Steinort in Ostpreußen, wo der Mitverschworene Oberleutnant d.R. Heinrich Graf Lehndorff wohnte; Vollmer, Doppelleben, S. 248.
[58] Spiegelbild einer Verschwörung, S. 116 (1.8.1944).

gonnen, das in der Zerschlagung der Heeresgruppe Mitte endete.[59] Zwar gab es im Stab der Heeresgruppe keine eigentliche Verschwörergruppe mehr, aber eine der drei Armeen, aus denen die Heeresgruppe bestand, war die 2. Armee, deren Generalstabschef der nunmehrige Generalmajor Tresckow geworden war. So war der Militäropposition wohl bewusst, dass sich die größte Katastrophe der deutschen Militärgeschichte anbahnte: die Monate Juli und August 1944 brachten die bis dahin höchsten Verluste der Wehrmacht im Zweiten Weltkrieg mit sich, nachdem im Juni schon die Invasionskämpfe im Westen die Verlustzahlen hatten in die Höhe schnellen lassen. Die Zahlen stiegen ins Astronomische: An jedem Tag kamen im Osten allein Soldaten in der Stärke von drei Regimentern ums Leben; nirgendwo wusste man besser als beim Befehlshaber des Ersatzheeres, dass das Reich solche Verluste nicht annähernd mehr ersetzen konnte.[60] Hinzu kam der rasend schnelle Vormarsch der Sowjets, der Stieff zu dem Satz veranlasste: »Am 23. und 24. Juni ist die Ostfront gebrochen, bei meiner alten 4. Armee. Das ist das Ende. Es wird höchstens noch drei Monate dauern.«[61] Dass der Zangenangriff der Sowjetarmee vor Warschau zum Stehen kommen und die Wehrmacht den Fall der Reichshauptstadt noch bis zum Mai 1945 würde hinauszögern können, war ja keineswegs abzusehen. Wollte man verhindern, dass »die Russen vor den Alliierten in Berlin sind«,[62] so musste man jetzt handeln.

Zugleich hatte sich Stauffenberg über seinen Verbindungsmann in Paris, seinen Vetter Caesar von Hofacker, zur aktuellen Lage an der Westfront informiert. Am 9. Juli hatte dieser Rommel aufgesucht, und unabhängig davon, ob und in welcher Weise er Rommel über die Umsturzplanung in Berlin informiert und diesen dafür gewonnen hat: Als Hofacker unmittelbar darauf nach Berlin kam, brachte er von Rommel die Information mit, die Alliierten würden binnen vierzehn Tagen aus ihren Brückenköpfen ausbrechen; die Heeresgruppe B verfüge über keine Kräfte mehr, die sie daran hindern könnten.[63] Oberstleutnant Georg von Boeselager, der Kommandeur des Kavallerieregiments Mitte, beschwor den ihm noch gut bekannten Kluge bei einem Besuch in dessen neuem Hauptquartier in Frankreich, dem Krieg ein Ende zu machen. »Kluge ließ antworten, das sei nicht nötig, da die gesamte Westfront in Kürze zusammenbrechen werde.«[64]

Stauffenberg hatte ursprünglich gehofft, vor der Invasion handeln zu können. Da die Alliierten sich keineswegs sicher sein konnten, dass die Landung gelingen würde, wäre ein Gesprächsangebot vor der Invasion für London und Washington allemal interessanter gewesen als nach dem amphibischen Erfolg. Stauffenberg selbst hatte Julius Leber und Otto John gegenüber geäußert, es bestünde durchaus eine fünfzigprozentige Chance, die Angloamerikaner bei einer Landung ins Meer zurückzuwerfen[65] – wie sich herausstellte, eine Fehleinschätzung der Kräfteverhältnisse, wie sie aber auch andere Hitlergegner teilten.[66]

---

[59] Frieser, Der Zusammenbruch der Heeresgruppe Mitte.
[60] Overmans, Deutsche militärische Verluste, S. 238 f.
[61] Mühleisen, Hellmuth Stieff, S. 357.
[62] Müller, Oberst i.G. Stauffenberg, S. 410 f.; Ritter, Carl Goerdeler, S. 400.
[63] Spiegelbild einer Verschwörung, S. 360 (6.9.1944).
[64] Hoffmann, Claus Schenk Graf von Stauffenberg und seine Brüder, S. 406 f.
[65] John, Am achten Jahrestag; John, Falsch und zu spät, S. 56.
[66] Ringshausen, Hans-Alexander von Voß, S. 69.

VII. Der Staatsstreich als militärisches Geschehen

In diesen Zusammenhang gehören des Weiteren die von Schlabrendorff überlieferten und immer wieder gern zitierten, Tresckow zugeschriebenen Sätze: »Das Attentat auf Hitler muss erfolgen, um jeden Preis. Sollte es nicht gelingen, so muss trotzdem der Staatsstreich versucht werden. Denn es kommt nicht mehr auf den praktischen Zweck an, sondern darauf, dass die deutsche Widerstandsbewegung vor der Welt und vor der Geschichte unter Einsatz des Lebens den entscheidenden Wurf gewagt hat. Alles andere ist daneben gleichgültig.«[67]

Die Kaltenbrunner-Berichte zitieren ausgerechnet Graf Helldorff für den Abend des 16. Juli mit der Aussage, »dass die Lage im Westen äußerste Beschleunigung aller Pläne erforderte«. Damit stand er nicht allein: Einige der Verschworenen überlegten ernstlich, ob Handeln angesichts der Aussichtslosigkeit im Westen noch sinnvoll sei.[68]

Neben dem durch die militärische Entwicklung generierten Druck, nun endlich zu handeln, darf nicht unterschätzt werden, dass bei aller Umsturzplanung das Tagesgeschäft als Chef des Stabes beim Ersatzheer weiterlief und unter den Bedingungen der Lage und der Verluste noch fordernder geworden war. Otto John berichtet über diese Phase: »Der Überraschungseffekt war vollkommen. Stauffenberg und seine Stabsoffiziere wurden im Sog des großen militärischen Geschehens mitgerissen, mussten viel improvisieren und organisieren und waren nicht mehr zu sprechen.«[69]

Die militärische Verschwörung war im Herbst 1943 schon einmal knapp der Aufdeckung entgangen: Major i.G. Kuhn und Leutnant Albrecht von Hagen hatten nach den gescheiterten Attentatsversuchen den dabei benutzten Sprengstoff nachts im Lager »Mauerwald« des OKH in Ostpreußen vergraben, waren dabei aber von einer Streife gestört und entdeckt, jedoch nicht erkannt worden. Der Vorfall zeigte, wie riskant das ganze Unternehmen war.[70]

Auch wenn die Gestapo nach wie vor eigentlich nicht gegen Militärs ermitteln durfte und sie keine Spitzel im Offizierkorps hatte – die enge Verbindung der militärischen Umsturzplanung mit der zivilen Opposition ließ die Gefahr einer frühzeitigen Entdeckung der gesamten, inzwischen weitverbreiteten Organisation immer größer werden. Das galt, obwohl das Regime nach wie vor seine gefährlichsten Gegner in der kommunistischen Arbeiterschaft vermutete und erst im Zuge der »kumulativen Radikalisierung« zunehmend die »Reaktion« als »Volksfeind« entdeckte.[71]

---

[67] Schlabrendorff, Offiziere gegen Hitler, S. 129. Der Gebrauch des Begriffs »Widerstandsbewegung« muss auffallen; in allen anderen Selbstzeugnissen der Zeit ist von »Widerstand« nicht die Rede (siehe dazu auch Klemperer, Sie gingen ihren Weg, S. 1098). Dass es sich nicht um eine wörtliche, sondern allenfalls um eine sinngemäße Wiedergabe handeln kann, geht schon daraus hervor, dass Schlabrendorff in seiner ersten Auflage (Zürich 1946, Copyright by Gero v. Schulze-Gaevernitz, S. 136) die in der Literatur immer wieder zitierte französische Fassung »coûte que coûte« nennt, in allen späteren Ausgaben aber das eingedeutschte »koste es, was es wolle« verwendet. Zudem stellt es Schlabrendorff in der Erstausgabe so dar, dass Stauffenberg diese Antwort an Tresckow gelangen lässt; siehe Karlauf, Stauffenberg, Kap. 9, S. 224, Anm. 13.

[68] Spiegelbild einer Verschwörung, S. 360 (6.9.1944).

[69] John, Falsch und zu spät, S. 58.

[70] Hoffmann, Stauffenbergs Freund, S. 45.

[71] Mommsen, The German Resistance against Hitler, S. 156.

Hauptmann Ludwig Gehre vom Amt Ausland/Abwehr, der über die Verschwörung viel wusste, war im März 1944 wegen seiner Beziehungen zu Moltke verhaftet worden, der Gestapo aber bei einem Transport entkommen. In wechselnden Verstecken war er in Berlin auf der Flucht; jederzeit konnte er erneut gefasst werden.[72]

Noch schwerer traf die Gruppe die Festnahme von Julius Leber am 5. Juli.[73] Stauffenberg hatte – wohl als Gegengewicht zu Goerdelers reaktionären politischen Ansichten – eigene Kontakte zur Arbeiterbewegung aufgebaut und sich dabei mit dem Reserveoffizier und Sozialdemokraten Leber angefreundet. Leber wiederum hatte auch Kommunisten einbinden wollen, sich mit einigen von ihnen getroffen und dabei wohl unterschätzt, wie stark die Gestapo aus Furcht vor einer kommunistischen Revolution die wenigen noch bestehenden Zirkel ehemaliger KPD-Mitglieder unterwandert hatte. Jedenfalls wurde Leber bei dem Versuch eines zweiten Treffens festgenommen und saß seither in Gestapohaft. Jeder wusste, dass die Gestapo Mittel und Wege hatte, fast jeden zum Reden zu »bewegen«. Dass sie bis zum 20. Juli aus Leber noch keine entscheidenden Informationen herausgeholt hatte, grenzte fast schon an ein Wunder – aber dieses Wunder konnte jederzeit vorbei sein.[74]

Immer wieder wurden die Verschwörer durch Gerüchte aufgeschreckt, die Gestapo sei ihnen auf der Spur. Der große Historiker Friedrich Meinecke gewann bei einem Treffen mit Beck im Mai 1944 den Eindruck, dieser halte die Umsturzplanung für verraten und eine Verhaftungswelle für nahe bevorstehend.[75] Im Juni 1944 wurde Oberst Wilhelm Staehle verhaftet, der zeitweise für die »Abwehr« gearbeitet hatte. Bei der Gestapo wurde er allerdings auch zu Goerdeler befragt, wie der mitverschworene Generalrichter Sack bei einem Besuch im Gefängnis herausfand.

Über Korvettenkapitän Sidney Jessen wurde ein Gerücht in Berliner Salons bekannt, wonach die Gestapo kurz davor sei, eine Verschwörung gegen Hitler auszuheben. Nach dem 20. Juli stellte sich heraus, dass das Ganze auf Missverständnissen und Übertreibungen beruhte, aber der Handlungsdruck auf Stauffenberg wuchs eben doch.[76]

Am 17. Juli brachte Arthur Nebe eine noch viel schlimmere Nachricht: Goerdeler sei zur Fahndung ausgeschrieben und solle verhaftet werden.[77] Nebe saß hier einer Fehlinformation auf: Zwar hatte der zuständige Kriminalrat Herbert Lange Himmler vorgeschlagen, Goerdeler festnehmen zu lassen, der Reichsführer

---

[72] John, Falsch und zu spät, S. 51.
[73] Hoffmann, Widerstand – Staatsstreich – Attentat, S. 447.
[74] Beck, Julius Leber, S. 195–198.
[75] Hamerow, Die Attentäter, S. 369.
[76] Bericht Dr. Sydney Jessen (1946): Der Anteil der Kriegsmarine am Attentat, IfZ, ZS A-29-II, Nr. 32, S. 4–8. Darauf sowie auf Aussagen von Philippa Gräfin Thun-Hohenthal, geb. von Bredow, stützt sich auch Möckelmann, Hannah von Bredow, S. 150–153. Der Bericht Jessens geht davon aus, Stauffenberg habe sich aufgrund dieses Gerüchts zum Attentat am 20. Juli entschlossen; das übersieht, wie sehr er davon abhängig war, wann er zum Vortrag ins Führerhauptquartier bestellt wurde.
[77] Schreiben Staatssekretär im Reichsjustizministerium an Bormann mit Abschrift des Urteils gegen Nebe 1 L 54/45 g.Rs. vom 2.3.1945, abgedr. in: Spiegelbild einer Verschwörung, S. 773.

VII. Der Staatsstreich als militärisches Geschehen 187

SS selbst hatte das aber kurz vor dem 20. Juli abgelehnt.[78] Gleichwohl genügte Nebes Warnung, um Goerdeler zum Untertauchen zu veranlassen, obwohl seine Vertrauten in der Firma Bosch und in Württemberg eine Flucht in die Schweiz vorbereitet hatten.[79] Es gelang ihm sogar angesichts der verschärften Fahndung nach dem 20. Juli, noch für einige Zeit unentdeckt zu bleiben, bis er am 12. August verhaftet wurde.

Zu der Lage an den Fronten und dem Verfolgungsdruck der Gestapo kam noch etwas hinzu, was bisher in der Literatur weitgehend unbeachtet geblieben ist: Die Verluste ließen das bisherige »System der Aushilfen« immer fragiler werden; zugleich verschärfte sich die Kritik an Generaloberst Fromm und der Arbeit im Stab des Befehlshabers des Ersatzheeres. Davon gedachte vor allem Himmler zu profitieren, der auf diese Art Zugriff auf die materiellen und die personellen Ressourcen des Reiches gewinnen wollte. Ihm ging es um die damit verbundene Spitzentechnologie wie etwa das V-Waffen-Programm, aber ebenso darum, den wertvollsten Führernachwuchs nicht mehr dem Heer zu überlassen, sondern für die SS zu rekrutieren (siehe oben Kapitel IV.1 und unten Kapitel VIII.2). Hitler hatte dem Reichsführer SS für die Aufstellung der später so genannten »Volksgrenadierdivisionen« seine eigenen Befugnisse als Oberbefehlshabers des Heeres abgetreten, den Reichsführer SS aber noch nicht, wie von diesem erhofft, zum Oberbefehlshaber des Heeres ernannt.[80]

Es war abzusehen, dass Himmler in der Nachfolge Fromms Befehlshaber des Ersatzheeres werden würde; der Wechsel war jederzeit zu erwarten. Dem amerikanischen Geheimdienst OSS kamen entsprechende Gerüchte bereits am 19. Juli 1944 zu Ohren.[81] Damit aber konnte es durchaus sein, dass Stauffenberg am 20. Juli zum letzten Mal Zutritt zum Führerhauptquartier haben würde, denn Himmler würde keinen Heeresoffizier als Stabschef und Stellvertreter akzeptieren, sondern einen »eigenen« Mann einbringen.

Alle Überlegungen, welche Handlungsalternativen Stauffenberg und seine Verbündeten Mitte Juli tatsächlich noch hatten (mangels einer soliden, aktuellen wissenschaftlichen Darstellung flammt die Diskussion darüber bis heute immer wieder auf!), stellen nicht in Rechnung, dass zum einen Stauffenberg Hitler nicht unter Inkaufnahme seines eigenen Todes töten konnte, sondern lebend entkommen und von Berlin aus den Staatsstreich organisieren musste. Zum anderen blieb nicht mehr die Zeit zuzuwarten, bis die Gelegenheit günstiger wäre und die Bombe auch Himmler, Goebbels oder Göring treffen würde. Das Attentat musste jetzt erfolgen, *coûte que coûte*.[82] Caesar von Hofacker schrieb am 17. Juli 1944 an seine Frau:

---

[78] Tuchel, Anmerkungen zur Haftzeit.
[79] Bähr/Erker, Bosch, S. 242; Scholtyseck, Robert Bosch, S. 503 f.
[80] Anlage 2 zum Fragebogen [Generalmajor a.D.] Dr.-Ing. Werner Kennes, Februar 1947, BArch, MSg 1/2936. Siehe auch Longerich, Heinrich Himmler, S. 720; Förster, Vom Führerheer der Republik, S. 321; Kroener, Der starke Mann im Heimatkriegsgebiet, S. 524; Kroener, Friedrich Fromm. Der starke Mann, S. 182 f.
[81] USA und deutscher Widerstand, S. 95; Franz Neumann, Der Attentatsversuch auf Hitler und seine Folgen (27.7.1944), abgedr. in: Neumann/Marcuse/Kirchheimer, Im Kampf gegen Nazideutschland, S. 197–212, hier S. 201.
[82] Zu diesem Begriff siehe unten Kapitel VII.4.

»Ein paar Tage ›Eisengeschäft‹ [Hofacker war Prokurist der Vereinigten Stahlwerke gewesen] könnte ich ohne Weiteres und ohne schlechtes Gewissen Euch zuliebe drangeben; heute wäre jedes ungenutzte Verstreichenlassen auch nur weniger Stunden eine Sünde wider den heiligen Geist.«[83]

3. Die Organisation

Wenn das eigentliche Ziel ein Umsturz sein sollte, dann kam es darauf an, eine entsprechende Organisation aufzubauen und dafür geeignete Mitwirkende zu gewinnen. Auch hier gilt, dass die Quellenlage problematisch ist: Da, wo die Gestapo Überlebende verhören konnte, ist in Rechnung zu stellen, dass diese sich in der Regel bemühten, bereits verurteilte und hingerichtete Beteiligte zu belasten und keine der Gestapo bisher nicht bekannten Namen zu nennen. Gleichwohl wissen wir aus den Akten der Verfolger viel über die Methoden der Rekrutierung und die Planung für den »Tag X«; über die vielen Anbahnungsgespräche Stauffenbergs und anderer, die zu keinem positiven Ergebnis im Sinne der Militäropposition führten, ist dagegen sehr wenig bekannt. Der Krieg wirkte sich lähmend auf die mühsam aufgebauten Strukturen aus: Versetzungen, Umgliederungen und Einsatz an der Front zerrissen die sorgsam aufgebaute Putschplanung selbst bei denen, deren Opposition gegen das Regime nicht erlahmte. Immerhin ist es trotzdem gelungen, eine personell weitgehend ausgeplante, aber selbst am 20. Juli 1944 noch nicht abgeschlossene Organisation aufzubauen. Nicht alle, die für eine bestimmte Verwendung vorgesehen waren, wussten im vollen Umfang, was geplant war, und einige standen auf Listen, ohne davon zu wissen.[84]

So lassen sich die personellen Rekrutierungsstrategien der Umsturzplaner nur unvollkommen rekonstruieren, wenn auch die verdienstvolle und methodisch innovative Arbeit von Linda von Keyserlingk-Rehbein hier wertvolle neue Einsichten erbracht hat.[85]

Dass Goerdeler bis 1943 unangefochten der Kopf der zivilen Verschwörung gewesen ist, darf als Gemeingut gelten.[86] Es war Goerdeler, der ihm bekannte oder ihm empfohlene Personen ansprach, bei denen er von einer inneren Ablehnung des NS-Regimes ausgehen konnte. So hatte er sich einen Kreis von Vertrauten geschaffen, in dem politische Ideen ausgetauscht wurden, ohne dass jedoch eine Umsturzplanung dahinterstand. Für die Durchführung des Staatsstreichs setzte er auf jene – aktiven oder ehemaligen – Militärs wie Beck oder Halder, später Olbricht, die er durch seine vielfältigen Kontakte kennengelernt

---

[83] Cäsar von Hofacker an seine Frau, 17.7.1944, Haus der Geschichte Baden-Württemberg, Stuttgart, C2/8/S/MWid Schublade 13/6685, zit. nach der Abschrift im MHM.
[84] Das galt bei den Personen, die Stauffenberg für bestimmte Verwendungen vorgesehen hatte, wohl häufiger als bei Goerdeler, der offener redete; Keyserlingk-Rehbein, Nur eine »ganz kleine Clique«?, S. 510.
[85] Keyserlingk-Rehbein, Nur eine »ganz kleine Clique«? – Zur Methodik der Arbeit siehe auch Keyserlingk, Erkenntnisgewinn.
[86] Mommsen, Carl Friedrich Goerdeler, S. l.

VII. Der Staatsstreich als militärisches Geschehen

hatte.[87] Nach seinem Ausscheiden aus dem Staatsdienst hatte Goerdeler eine Stelle bei dem Industrieunternehmen Robert Bosch angetreten, die ihm nicht nur ein Auskommen sicherte, sondern ihm zudem das Reisen ermöglichte.[88] Im Goerdeler-Kreis wurden politische Grundsatzdebatten geführt, auch mit einer gewissen Schärfe; mehr als an jeder anderen Stelle des nationalkonservativen Widerstands konnten die Verfolger nach dem 20. Juli innerhalb dieser Gruppe offene Konflikte feststellen.[89] Insgesamt umfasste dieser Kreis – der an den Rändern durchaus offen und nicht klar abzugrenzen war – eine kaum zu beziffernde Anzahl von Personen, zu denen Offiziere und Arbeiterführer, Diplomaten und höhere Beamte oder Professoren gehörten; der Begriff des »Honoratiorenwiderstands« ist nicht ganz unberechtigt, und wenn Moltke nach einem langen Diskussionsabend Goerdelers politische Ziele als »Kerenski-Lösung« apostrophierte,[90] dann wird in diesem bösen Wort der inhaltliche Dissens sichtbar.

Über Tresckow wird immer wieder gesagt, dass er seine guten Verbindungen ins Heerespersonalamt genutzt habe, um politisch genehme Offiziere in den Stab der Heeresgruppe Mitte zu holen. Eine solche erfolgreiche Personalpolitik wäre umso erstaunlicher, als Tresckow ja keineswegs der für Personalfragen zuständige Chef des Generalstabes war, sondern »lediglich« der Ia, also der Chef der Führungsabteilung. Gleichwohl war er zweifellos erfolgreich; mit dem Rechtsanwalt und Reserveoffizier Schlabrendorff, dem Generalstabsoffizier Gersdorff, später den Brüdern Boeselager bildete sich eine feste Gruppe. Mit Oberstleutnant d.R. Carl-Hans Graf von Hardenberg gehörte ihr ein weiterer Reserveoffizier von altem preußischem Adel an, wie überhaupt die Rolle der für die Kriegsdauer einberufenen Reservisten als Bindeglied zwischen militärischer und ziviler Opposition nicht aus dem Blick geraten darf.[91] Dabei achtete Tresckow schon sehr früh auf eine konsequente Anwendung konspirativer Methoden: Gersdorff wurde – seinem eigenen Zeugnis nach – erst eingeweiht, nachdem am 13. März 1943 das Attentat mit der Bombe in Hitlers Flugzeug gescheitert war und Gersdorff anlässlich der Vorführung von Beutewaffen im Berliner Zeughaus einen neuen Versuch wagen sollte.[92] Daraufhin gewann Tresckow Major Axel von dem Bussche als potenziellen Attentäter, der sich am 23. November 1943 zusammen mit Hitler bei einer Uniformvorführung in die Luft sprengen wollte; auch diese Veranstaltung wurde abgesagt.[93] Tresckow hat darüber hinaus versucht, für sich selbst eine dienstliche Verwendung zu finden, in der er das Attentat ausführen könnte, hatte damit aber keinen Erfolg.[94]

---

[87] Spiegelbild einer Verschwörung, S. 283 (21.8.1944).
[88] Scholtyseck, Robert Bosch, S. 473–476; Bähr/Erker, Bosch, S. 237–243.
[89] Keyserlingk-Rehbein, Nur eine »ganz kleine Clique«?, S. 257; Mommsen, Carl Friedrich Goerdeler, S. LIII f.
[90] Schwerin, Die Jungen des 20. Juli, S. 99. Zur Bewertung siehe auch Blasius, Von Moskau nach Casablanca, S. 733.
[91] Mommsen, Die Stellung der Militäropposition, S. 122; Keyserlingk-Rehbein, Nur eine »ganz kleine Clique«?, S. 228 f., 277.
[92] Gersdorff, Soldat im Untergang, S. 82, 126–129. Zu der Frage, ob und wie dieser Attentatsversuch tatsächlich stattgefunden hat, siehe oben Kapitel VI.6.
[93] Dönhoff, Axel von dem Bussche, S. 33 f.; Engert, Er wollte Hitler töten, S. 151 f.
[94] Hoffmann, Oberst i.G. Henning von Tresckow, S. 335.

Mit der wachsenden Rolle der Verschwörer an der Ostfront – auch weil sich im Reichsgebiet keine andere Gruppe fand, die über Machtmittel für den Umsturz verfügte – stieg die Bedeutung von Beck, dem eine Scharnierfunktion zwischen den Militärs in der Heeresgruppe Mitte und in der »Abwehr« einerseits sowie den zivilen Politikern und Diplomaten andererseits zuwuchs.[95] Nicht zuletzt musste er gelegentlich den »sanguinischen« Goerdeler besänftigen, der nicht verstehen konnte, warum die Militärs nicht handelten.[96] Tresckow gewann weitere Generalstabsoffiziere im Oberkommando des Heeres dazu wie etwa die Generalmajore Stieff und Wagner, die allerdings beide in ihrer Haltung zur Verschwörung lange schwankten, wenn auch Wagner am 20. Juli 1944 der war, der Stauffenberg in voller Kenntnis von dessen Absichten ein Kurierflugzeug zur Verfügung stellte.[97] Die Haltung von Tresckows Freund Heusinger scheint ebenso unsicher geblieben zu sein; ihn hat man letztlich nicht wirklich eingeweiht.[98]

Dass Goerdeler Tresckows kurzes Gastspiel im Herbst 1943 so bewertet hat, dass damit »ein neuer Impuls in die Arbeit«[99] gekommen sei, verkannte wohl noch die wachsende Bedeutung Stauffenbergs, der just zum 1. Oktober 1943 Chef des Stabes in dem von Olbricht geführten Allgemeinen Heeresamt wurde. Auch nachdem der Schwerpunkt der Umsturzplanung sich von der Ostfront weg hin zum Befehlshaber des Ersatzheeres und zu Stauffenberg verlagert hatte, hat Tresckow sich um Personal gekümmert; der Major i.G. Hans-Ulrich von Oertzen diente im Stab der Heeresgruppe Mitte, wurde dann aber auf Tresckows Betreiben im Herbst 1943 zu Stauffenberg in den Bendlerblock kommandiert, um dort beim Erstellen der komplexen »Walküre«-Befehle zu helfen.[100] Oertzen wiederum nutzte seine alten Verbindungen zum Heeresgruppenkommando und gewann Rittmeister Eberhard von Breitenbuch, den Ordonnanzoffizier des neuen Oberbefehlshabers Generalfeldmarschall Ernst Busch, für ein Pistolenattentat auf Hitler, das aber nicht zustande kam, weil Breitenbuch nicht mit zugelassen war, als Busch Hitler auf dem Obersalzberg vortrug.[101] Als dann die verschiedenen, im Herbst 1943 geplanten Attentate nicht zustande kamen, noch dazu der zumindest manchmal den Verschwörern gewogen scheinende Generalfeldmarschall Kluge nach seinem Unfall ausfiel, trat eine gewisse Resignation ein.[102]

---

[95] Keyserlingk-Rehbein, Nur eine »ganz kleine Clique«?, S. 288 f.; Mühleisen, Hellmuth Stieff, S. 347 f.; Spiegelbild einer Verschwörung, S. 439 (4.9.1944) und S. 88 (28.7.1944).
[96] Ringshausen, Kuriergepäck und Pistolen, S. 419. Roth, Von der Offiziersopposition zur Aktionsgruppe, S. 138, beschreibt unter Berufung auf Kaiser, Mut zum Bekenntnis, S. 444 (19.2.1943), dass Goerdeler sich sogar Ende Februar ganz habe zurückziehen wollen (Roths Begriff »Rücktrittsdrohungen« erscheint allerdings eher etwas flapsig). Der März 1943 ist dann zugleich der Monat, an dem mindestens ein Attentat wirklich zustande kommt, das jedoch scheitert.
[97] Spiegelbild einer Verschwörung, S. 87 f. (28.7.1944); Mühleisen, Hellmuth Stieff, S. 345; Peter, General der Artillerie Eduard Wagner, S. 266 f.; Heinemann, Wagner.
[98] Meyer, Adolf Heusinger, S. 275 f.
[99] Spiegelbild einer Verschwörung, S. 283 (21.8.1944).
[100] Keil, Hans-Ulrich von Oertzen, S. 98; Thun-Hohenstein, Wehrmacht und Widerstand, S. 109.
[101] Breitenbuch, Erinnerungen eines Reserveoffiziers, S. 119–124; und Keil, Hans-Ulrich von Oertzen, S. 118.
[102] Keil, Hans-Ulrich von Oertzen, S. 101, 103.

VII. Der Staatsstreich als militärisches Geschehen

Schon die Gestapo hat festgestellt, dass sich in der Verschwörung zwei getrennte Gruppen feststellen lassen, die zwar nicht völlig getrennt gewesen seien, aber doch einen gewissen Abstand zueinander gehabt hätten:

»Bei den Untersuchungen stellt sich immer klarer heraus, dass sich die Verschwörerclique deutlich in 2 Kreise geschieden hat, der militärische Kreis um Stauffenberg und der zivile Kreis um Goerdeler. Allerdings bestand zwischen den beiden Personenkreisen keinerlei scharfe Trennung, sondern die Beziehungen liefen vielfach ineinander [... Es] wird [...] erkennbar, dass sich die Hauptaktionäre [!] nicht voll in ihre jeweiligen Karten sehen lassen wollten.«[103]

Klaus-Jürgen Müller hat die These, das reflektiere ein »eigenständiges Gewicht« der Militärs innerhalb der Verschwörung, als »quer zum historischen Sachverhalt« stehend verworfen.[104] Das mag aus der Sicht des Beck-Biografen eine gewisse Berechtigung besitzen, denn Becks großes Verdienst hat darin bestanden, die wachsende Kluft zwischen den Gruppen um Goerdeler und Stauffenberg zu überbrücken. Die Ergebnisse der neueren quantitativen Forschung haben aber den Befund bestätigt, dass diese Gruppen strukturell getrennt zu betrachten sind. Dieser Umstand wird bei der Beantwortung der Frage nach dem Verhältnis von zivilem und militärischem Widerstand zu berücksichtigen sein (siehe unten Kapitel IX.8).[105]

Stauffenberg ist nach dem Herbst 1943 klar erkennbar zum Zentrum der militärischen Organisation geworden. Dieser jetzt quantitativ untermauerte Befund mag nicht überraschen, aber es lässt sich offenkundig auch zeigen, dass die vorher dominierenden Olbricht und Tresckow in dieser Spätphase der militärischen Opposition in ihrer Bedeutung zurückgetreten waren.[106] Wie bereits dargestellt, waren nicht wenige von Goerdelers Beziehungen zu anderen Verschwörern von Konflikten geprägt; das gilt besonders für Stauffenberg. Die Spannungen zwischen den beiden hat Goerdeler noch in der Haft vor der Gestapo thematisiert, wohl wissend, dass er dem längst erschossenen Oberst nicht mehr schaden konnte.[107] Natürlich könnte es sein, dass diese Konfliktlinien allein im persönlichen Bereich begründet waren, oder dass Goerdeler den Verlust seiner Zentralität nicht verwinden konnte. Dagegen spricht aber, dass Goerdeler schon im Sommer 1943 an Bedeutung für die Umsturzplanung verloren hatte, also zu einem Zeitpunkt, wo Stauffenberg noch keine tragende Rolle spielte. Nach seiner Einbindung in die bereits bestehende Verschwörergruppe war er als Kommunikator und Organisator tätig und neben Goerdeler der wichtigste Werber neuer Beteiligter.[108]

Allerdings lagen die Gestapo-Ermittler mit ihrer Interpretation nicht richtig, Goerdeler und Stauffenberg hätten im Wesentlichen in gleicher Weise rekrutiert.[109] Während Goerdeler, wie beschrieben, Personen ansprach, von deren oppositioneller Haltung er ausging, und Kandidaten für politische Ämter

---

[103] Spiegelbild einer Verschwörung, S. 177 (8.8.1944).
[104] Müller, Generaloberst Ludwig Beck. Eine Biographie, S. 754, Anm. 103 zu S. 511.
[105] Keyserlingk-Rehbein, Nur eine »ganz kleine Clique«?, S. 225–228, vor allem die Grafik auf S. 226 f.
[106] Ebd., S. 229.
[107] Ebd., S. 257.
[108] Ebd., S. 287, 510.
[109] Spiegelbild einer Verschwörung, S. 313 (29.8.1944). Ebd., S. 314, arbeiten die Gestapo-Beamten dann allerdings auch Unterschiede in der Vorgehensweise heraus.

suchte,[110] wandte sich Stauffenberg gezielt an solche Offiziere, die er für ganz konkrete Verwendungen in der Staatsstreichplanung in Aussicht genommen hatte.[111] Nach dem Jahreswechsel 1943/44 ging er dazu über, den Kontakt mit Politikern und Diplomaten wie Leber und Adam von Trott zu Solz zu suchen, die ihm allerdings schon als Mitverschworene bekannt waren. Dabei ging es ihm offenkundig darum, die Möglichkeiten einer anderen als der von Goerdeler verfolgten hochkonservativen Politik auszuloten und eine Entfremdung der Arbeiterschaft zu vermeiden.[112] Die Erinnerung daran, dass der Kapp-Putsch am Generalstreik der Arbeiter gescheitert war, war durchaus noch lebendig.

Stauffenbergs »funktionale« Rekrutierungsstrategie führte dazu, dass er die problematischen Charaktere aus der SS und der Gestapo, Nebe und Helldorff, weiter einband.[113] Nebe sollte ihm im entscheidenden Moment Kriminalbeamte zur Verfügung stellen, um die geplanten Verhaftungen vorzunehmen;[114] darüber, wie zuverlässig diese gehandelt hätten, wenn es darum gegangen wäre, etwa Göring oder Goebbels die Handschellen anzulegen, wird man trefflich spekulieren können. Stauffenberg, als Militär mit den zivilen und vor allem den SS-Strukturen nicht allzu vertraut, hat hier wohl die Bedeutung der beiden im Polizeisystem überschätzt.[115] Möglicherweise stand ihm vor Augen, wie der damalige Generalleutnant von Rundstedt beim Preußenschlag 1932 den »renitenten Polizeipräsidenten von Berlin Albert Grzesinski (SPD) vorübergehend [hatte] verhaften [lassen], bis er eine schriftliche Erklärung abgab, keine Amtshandlungen mehr vorzunehmen.«[116] Nicht mehr klären lässt sich dagegen, warum Stauffenberg offenkundig den seit 1938 »widerstandserfahrenen« Friedrich-Wilhelm Heinz, inzwischen Oberstleutnant und Leiter des Berliner Wehrmachtstreifendienstes, nicht in die Umsturzplanung einbezogen hat.[117]

Stauffenberg sprach vor allem solche Offiziere an, die ihm verwandtschaftlich oder dienstlich seit Längerem bekannt waren; das erklärt den hohen Adelsanteil im militärischen Widerstand ebenso wie die vergleichsweise große Zahl von Beteiligten aus seinem eigenen Regiment.[118] Dabei darf allerdings nicht verkannt werden, dass mit der nationalsozialistisch gewollten sozialen Öffnung des Offizierkorps »die resistenten Milieus zunehmend zur Minderheit wurden«,[119] sodass die Möglichkeiten zur Rekrutierung auch dadurch abnahmen.

---

[110] Beck, Julius Leber, S. 184.
[111] So schon Thun-Hohenstein, Wehrmacht und Widerstand, S. 110; empirisch untermauert bei Keyserlingk-Rehbein, Nur eine »ganz kleine Clique«?, S. 510.
[112] Mommsen, Carl Friedrich Goerdeler, S. LVIII; Klemperer, Adam von Trott zu Solz, S. 211; Krusenstjern, »dass es Sinn hat zu sterben«, S. 485.
[113] Rathert, Verbrechen und Verschwörung, S. 143 f.; Harrison, Alter Kämpfer, S. 410; Gisevius, Bis zum bitteren Ende (1960), S. 342 f.
[114] Rathert, Verbrechen und Verschwörung, S. 143.
[115] Harrison, Alter Kämpfer, S. 418; Kopp, Paul von Hase, S. 217. Siehe auch den – allerdings als Quelle problematischen – Gisevius, Bis zum bittern Ende, Bd 2, S. 342.
[116] Heinemann, Rechtsgeschichte der Reichswehr, S. 373.
[117] Kopp, Paul von Hase, S. 216, 228; Meinl, Nationalsozialisten gegen Hitler, S. 332 f.; Meinl, Friedrich Wilhelm Heinz, S. 68 f.
[118] Mommsen, Der Widerstand gegen Hitler und die deutsche Gesellschaft, S. 8; Metzger, Offizierseehre und Widerstand.
[119] Kroener, Menschenbewirtschaftung, S. 868, 877.

VII. Der Staatsstreich als militärisches Geschehen

Stauffenberg wird von allen, die ihn erlebt haben, als ein ausgesprochen charismatischer Charakter beschrieben. Die Gestapo hat eigens herausgestellt, dass er es sich vorbehalten hatte, zentrale Verschwörer persönlich anzuwerben.[120] Nur solche Personen, die eine eher nebensächliche Rolle spielen sollten, ließ er über andere kontaktieren: Sein Bruder Berthold beispielsweise stellte die Verbindung zu den Korvettenkapitänen Sidney Jessen und Alfred Kranzfelder her, die vor allem prüfen sollten, ob das Fernmeldesystem der Kriegsmarine in irgendeiner Weise zeitlich befristet lahmgelegt werden könnte.[121] Dass der Chef des Wehrmachtnachrichtenwesens, General der Nachrichtentruppe Erich Fellgiebel, seinen Stellvertreter, Generalleutnant Fritz Thiele, selbst kooptierte, ist ein weiterer solcher Ausnahmefall.[122] »Motor der Bewegung« sei in jedem Fall Stauffenberg gewesen, so Heusinger später.[123] Die Gestapo charakterisierte – und eine gewisse Bewunderung ist hier durchaus herauszulesen – seine Anbahnungsversuche so, dass er seine Gesprächspartner durch seinen Dienstgrad und seine Dienststellung beeindruckt und sie dann mit seiner Redegabe überrumpelt habe.[124] Das von ihr gewählte Beispiel des Oberstleutnants Hans Otto Erdmann vom Wehrkreiskommando I (Königsberg) lässt sich aus anderen Quellen um einige weitere ergänzen,[125] nicht zuletzt um Stauffenbergs Verbindungsaufnahme mit dem aus dem Kreisauer Kreis kommenden Peter Graf Yorck zu Wartenburg.[126]

Stauffenberg hat offenkundig längst nicht alle »Rekruten« in alle Planungen eingeweiht, sondern ging nach dem »*need to know*«-Prinzip vor. Das beinhaltete beispielsweise, dass viele der nur am Rande am Umsturz Beteiligten nach ihrer Verhaftung glaubhaft abstritten, Kenntnis von einem Attentat auf Hitler gehabt zu haben, und sich im Nachhinein auch von dem »Mordversuch« distanzierten. Roland von Hößlin beispielsweise sagte aus:

»Der Umfang der Eröffnungen von Stauffenberg war beschränkt. Ich sollte anscheinend nur das erfahren, was notwendig war, um mich zu gewinnen. Namen wurden mir nicht genannt.«[127]

Caesar von Hofacker, immerhin Stauffenbergs Vetter, soll durch diesen Grundsatz sogar ernstlich verletzt gewesen sein.[128]

---

[120] Spiegelbild einer Verschwörung, S. 43 (24.7.1944). Ein gutes Beispiel ist der immer wieder zaudernde Stieff, um den sich Stauffenberg wiederholt bemüht hat: IMT, Bd 33, Dok. 3881-PS, S. 309.
[121] Bericht Dr. Sydney Jessen (1946), Der Anteil der Kriegsmarine am Attentat. Gerüchte um ein bevorstehendes Attentat gaben Stauffenberg den Anlass zum sofortigen Handeln, IfZ, ZS A-29-II, 32, fol. 2.
[122] Spiegelbild einer Verschwörung, S. 225 (15.8.1944).
[123] Meyer, Adolf Heusinger, S. 272.
[124] Spiegelbild einer Verschwörung, S. 305 f. (26.8.1944) und S. 312–314 (29.8.1944); dort vor allem das Beispiel des Rittmeisters d.R. z.V. Scholz-Babisch: dieser sei »kaum zum Nachdenken, geschweige denn zu Wort gekommen«.
[125] Siehe etwa die lange Liste von Namen bei Hoffmann, Stauffenbergs Freund, S. 17 f.
[126] Spiegelbild einer Verschwörung, S. 110 (31.7.1944). Childers, The Kreisau Circle, S. 107, neigt hier zu einer Überbewertung der Rolle Yorcks nach der Verhaftung Moltkes.
[127] Spiegelbild einer Verschwörung, S. 522 (12.12.1944). Inwieweit dies eine Verteidigungsstrategie war oder den Tatsachen entsprach, muss offenbleiben.
[128] Hiller von Gaertringen, Cäsar von Hofacker, S. 83.

In Ostpreußen lagen die »Wolfschanze« und um sie herum die verschiedenen anderen Hauptquartiere des Heeres, der SS, Görings usw. Die Sicherung des dortigen Wehrkreises I war daher von besonderer Bedeutung. Stauffenberg wandte sich deshalb an den von dort stammenden Oberleutnant d.R. Heinrich Graf Lehndorff, in dessen Schloss in Steinort zudem der Reichsaußenminister sein »Feldquartier« genommen hatte.[129] Lehndorff war im Oktober 1943 bereits durch Tresckow angesprochen worden. Stauffenberg gewann ihn dann im Frühjahr erneut und führte ihn Ende April/Anfang Mai 1944 selbst in seine neue »Verwendung« als Verbindungsoffizier zum Wehrkreiskommando in Königsberg im Detail ein.[130]

Den Oberleutnant Urban Thiersch sprach Stauffenberg noch im Juli 1944 an: »›Gehen wir in medias res‹, sagte er, ›ich betreibe mit allen mir zur Verfügung stehenden Mitteln den Hochverrat.‹«[131] Dem Rittmeister Hubertus Schulz, den ihm sein Regimentskamerad Hößlin vorgestellt hatte, erteilte Stauffenberg »ganz klare Anweisungen, was zu geschehen habe am Tage X bzw. auch schon im Vorfeld«.[132]

Andere, wie etwa der Stadtkommandant von Berlin, Generalleutnant Paul von Hase, wurden erst im letzten Augenblick in ihre vorgesehene Rolle eingeweiht. Hase war als regimekritisch bekannt; Fritz-Dietlof von der Schulenburg, der stellvertretende Polizeipräsident von Berlin, hatte sich diskret über Hase erkundigt. Dass er »mitmachen« würde, galt als ausgemacht, und so geschah es dann auch am 15. Juli 1944.[133]

Als noch schwieriger erwies sich die Situation im Wehrkreiskommando III am Berliner Hohenzollerndamm: Der Wehrkreisbefehlshaber, General der Infanterie Joachim von Kortzfleisch, galt als Nationalsozialist; seine Stelle sollte sein Generalstabschef und Stellvertreter, Generalleutnant Hans-Günther von Rost, übernehmen. Dann allerdings trat der schon beschriebene Effekt der ständigen Personalwechsel ein: Rost übernahm Anfang Juni 1944 eine Panzerdivision; sein Nachfolger, Generalmajor Otto Herfurth, galt als unsicher, sodass Stauffenberg letztlich den eingeweihten und zuverlässigen Major i.G. von Oertzen als Verbindungsoffizier zum Wehrkreiskommando entsandte, um dort die Befolgung der »Walküre«-Befehle sicherzustellen; als Ersatz für den vorübergehend im Bendlerblock verhafteten Kortzfleisch musste man erst Generalleutnant Karl Freiherr von Thüngen (ebenfalls aus dem Reiterregiment 17) herbeitelefonieren.[134] Während die nahe Berlin stationierten Truppenteile teilweise vom Befehlshaber des Ersatzheeres unter Umgehung des Wehrkreiskommandos direkt alarmiert wurden, wurde der Alarm etwa in Frankfurt/Oder erst spät ausgelöst.[135] Es zeigt

---

[129] Details zu Lehndorff bei Dönhoff, Namen, die keiner mehr nennt; und Vollmer, Doppelleben.
[130] Spiegelbild einer Verschwörung, S. 257 (18.8.1944); Vollmer, Doppelleben, S. 259–261. Siehe auch den Bericht über den Anwerbungsversuch des Hauptmanns d.R. Freiherrn Truchseß von Wetzhausen in Spiegelbild einer Verschwörung, S. 312 f. (29.8.1944).
[131] Bericht von Urban Thiersch, ehem. Oberleutnant der Artillerie, über seine Begegnung mit Oberst Graf Stauffenberg im Juli 1944 (niedergeschrieben München 1949), IfZ, ED 88/2: Sammlung Zeller, fol. 333–336.
[132] Schulz, Persönliche Erinnerungen, S. 49 f.
[133] Kopp, Paul von Hase, S. 205–207, 213.
[134] Ebd., S. S. 211; Keil, Hans-Ulrich von Oertzen, S. 144–152.
[135] Schollwer, Potsdamer Tagebuch, S. 41.

VII. Der Staatsstreich als militärisches Geschehen

sich, dass die Personalplanung am 20. Juli 1944 keineswegs abgeschlossen war und es wohl auch zu keinem Zeitpunkt hätte sein können.

Der einzige, der sich nie wirklich auf eine Beteiligung an der Verschwörung festlegen ließ, war Stauffenbergs (und Olbrichts) unmittelbarer Vorgesetzter, Generaloberst Fromm. Die Einsicht, dass es so wie bisher nicht weitergehen konnte, war bei Fromm gewiss da. Aber zu seinem Naturell gehörte es von jeher, sich nach allen Seiten abzusichern. Gleich, ob Stauffenberg oder Olbricht selbst an ihn herantraten, ob Generalfeldmarschall von Witzleben oder der Polizeivizepräsident von Berlin, Fritz-Dietlof von der Schulenburg, ihn festzulegen versuchten, Fromm ließ die Vorbereitungen in seinem Organisationsbereich sehenden Auges weiterlaufen, beteiligte sich selbst aber nicht.[136]

Zu Stauffenbergs konspirativem Vorgehen gehörte auch, solche Beteiligten »abzuschalten«, die für die Durchführung des Staatsstreichs nicht mehr von Nutzen sein konnten. Oberstleutnant i.G. Peter Sauerbruch beispielsweise, schon seit gemeinsamen Leutnantsjahren im Reiterregiment 17 mit Stauffenberg befreundet, besuchte seinen schwerverwundeten Kameraden im Lazarett in München (nicht überraschend, er hatte ja auch dafür gesorgt, dass sein Vater, der berühmte Chirurg, Stauffenberg wie schon vorher Roland von Hößlin, nach ihrer Verwundung operiert hatte). Stauffenberg äußerte sich Sauerbruch gegenüber schon im Februar 1943 durchaus offen; in die Verschwörung eingeweiht hat er ihn aber erst zum Jahresende in Berlin.[137] Als Sauerbruch dann im Frühjahr als 1. Generalstabsoffizier einer Panzerdivision an die Ostfront ging, brach Stauffenberg den Kontakt komplett ab; Sauerbruch wurde nach dem 20. Juli vorübergehend verhaftet und ging später davon aus, dass ihm dieser Abbruch des Kontakts das Leben gerettet habe.[138] Hierher gehört desgleichen Stauffenbergs bereits zitierte Anmerkung über das mehrfach gebrochene Rückgrat der Generale, was einer Standhaftigkeit bei neuen Entscheidungen entgegenstünde.[139] In unserem Zusammenhang ist er insofern wichtig, als Stauffenberg nach den gescheiterten Versuchen, einen der Feldmarschälle an der Ostfront zu gewinnen, nunmehr vor allem auf Stabsoffiziere setzte.[140]

Im Gegensatz zu Stauffenberg und Goerdeler hat Beck sich nicht an der Werbung zusätzlicher Angehöriger der Verschwörung beteiligt und auch nur Kontakte zu den engeren Mitverschworenen gepflegt. Ob das auf seinen hohen Dienstgrad und sein großes Prestige unter den Offizieren zurückzuführen ist, auf seine längere Krebserkrankung oder darauf, dass er großen Wert auf konspirative Absicherung legte, bleibt offen.[141]

Die Gestapo hat diese weitreichende, viele Lebensbereiche umfassende Umsturzorganisation nicht im vollen Umfang aufklären können.[142] Was sie ermittelt hat, hat sie allerdings durchaus überrascht: »Man sei erschüttert gewesen feststel-

---

[136] Kroener, Der starke Mann im Heimatkriegsgebiet, passim, besonders S. 414, 600, 604 f.
[137] Sauerbruch, Bericht, S. 269.
[138] Ebd., S. 267; Mündliche Mitteilung Sauerbruchs an den Verfasser.
[139] Müller, Oberst i.G. Stauffenberg, S. 148.
[140] Hoffmann, Claus Schenk Graf von Stauffenberg und seine Brüder, S. 450; Schieder, Zwei Generationen, S. 450; Heinemann, Les officiers de la résistance militaire allemande.
[141] Keyserlingk-Rehbein, Nur eine »ganz kleine Clique«?, S. 289.
[142] Ebd., S. 329-410.

len zu müssen, welchen Umfang die ganze Organisation gehabt habe und dass sie weit in zivile Dienststellen und politische Zirkel der ›Systemzeit‹ gegangen sei.«[143]

Auch im besetzten Frankreich hatten sich Offiziere und Zivilisten zusammengefunden, die in unterschiedlicher Weise an dem Umsturz teilhatten oder doch zumindest darum wussten.[144] Frankreich war insofern von existentieller Bedeutung, als weitgehende Übereinstimmung darin bestand, dass der Krieg im Westen vorrangig beendet werden sollte (siehe unten Kapitel IX.4). Die Kontrolle über die Truppenteile dort war für dieses Vorhaben zentral.

Die beschriebene Zweiteilung der Verschwörer in eine um Goerdeler herum bestehende, eher locker strukturierte Gruppe und die von Stauffenberg ausgehende, eher zentral gesteuerte Umsturzbewegung lässt sich auch in Frankreich nachverfolgen. Auf der einen Seite war da die Gruppe um Rommels Generalstabschef Speidel, zu der auch ein Teil des Militärverwaltungsstabes gehörte.[145] Speidel war – wie alle Generalstabschefs Rommels – Schwabe; die Verbindung zu Goerdeler war über dessen Kontakt zum Stuttgarter Oberbürgermeister Strölin zustande gekommen.[146] Speidels eigene Memoiren variieren zwischen den Versionen von 1949 und den viel späteren von 1977.[147] Sie lassen aber erkennen, dass er seinen Generalfeldmarschall in die Richtung einer einseitigen Beendigung der Kämpfe im Westen zu drängen versucht hat – ein klassischer Topos bei Goerdeler und dessen Umfeld (siehe oben Kapitel VII.1).[148]

Stauffenbergs Mann in Paris war dagegen zuvorderst Caesar von Hofacker,[149] quasi der Verbindungsmann zum Wehrmachtbefehlshaber Frankreich, General der Infanterie Carl-Heinrich von Stülpnagel. Während unter dem Oberbefehlshaber West, Generalfeldmarschall von Kluge, die Heeresgruppe B (Rommel) an der Invasionsfront verteidigte und die Armeegruppe G (Blaskowitz[150]) die Mittel-

---

[143] [Oberregierungsrat Friedrich Freiherr von Teuchert,] Aufzeichnungen, IfZ, ED 88/2, fol. 95.

[144] Eine detailliertere Darstellung sowie eine Auseinandersetzung mit den Thesen von Irving, Rommel, findet sich in Heinemann, Der militärische Widerstand und der Krieg, Abschnitt VII.4. Seither ist zu diesem Thema keine größere Arbeit mehr erschienen. Hingewiesen sei auf die Aufsätze Stumpf, Erwin Rommel und der Widerstand; Stickler, Generalfeldmarschall Erwin Rommel; und vor allem Lieb, Erwin Rommel, der den Forschungsstand sehr solide zusammenfasst und zugleich die Notwendigkeit weiterer Forschung auf der Basis aller verfügbaren Quellen belegt. Dowe/Hecht, Von Mythen, Legenden und Manipulationen, belegen im Einzelnen den einseitigen »kreativen« Umgang David Irvings mit den vielen von ihm in durchaus verdienstvoller Weise gefundenen Quellen.

[145] Die Forderung von Dowe/Hecht, Von Mythen, Legenden und Manipulationen, S. 160, ist leider nur zu berechtigt:»Es ist eine dringend zu erfüllende Aufgabe der Geschichtsschreibung zum Widerstand gegen den Nationalsozialismus, diese Forschungslücke zu schließen und von Hofacker, Speidel, Rommel und andere auf heutigem Wissensstand in ihren Beziehungen zur Umsturzbewegung genau zu verorten und Deutungen zu überwinden, wie sie von David Irving oder auch Hans Speidel vor Jahrzehnten in die Welt gesetzt wurden.«

[146] Krautkrämer, Generalleutnant Dr. phil. Hans Speidel, S. 248.

[147] Speidel, Invasion 1944; Speidel, Aus unserer Zeit.

[148] Aussage Speidel in: Hanno Kremer, Der 20. Juli in Paris. Sendung des RIAS Berlin vom 19. und 22.7.1979, Ms 200/85, S. 11 f., IfZ, Ms 200/85.

[149] Siehe oben Kapitel IV.5.

[150] Stahl, Generaloberst Johannes Blaskowitz; Vogel, Deutsche und alliierte Kriegführung, S. 581–605.

VII. Der Staatsstreich als militärisches Geschehen 197

meerküste sicherte, war Stülpnagel Kluge für die Innere Sicherheit im besetzten Frankreich verantwortlich. Das machte ihn zum idealen Mann für die Planung eines Umsturzes. Hofacker gehörte schon seit dem Sommer 1943 zur Militäropposition, also schon seit der Zeit vor Stauffenbergs führender Rolle und vor allem wegen seiner Studienfreundschaft mit Schulenburg. Der Kontakt mit Stauffenberg ergab sich anlässlich einer Familienfeier Ende Oktober 1943, wie überhaupt die Rolle verwandtschaftlicher Beziehungen für die Anbahnung konspirativer Zusammenarbeit nicht unterschätzt werden darf.[151]

Aber auch dorthin baute Stauffenberg seine Beziehungen weiter aus. So sprach er seinen Kameraden von der Kriegsakademie, Oberst i.G. Eberhard Finckh, an. Die Gestapo zitierte Finckh später wörtlich mit der Aussage:
»Ich möchte erläuternd hinzufügen, dass man Stauffenberg kennen muss, um das zu verstehen. Wenn er einen seiner temperamentvollen Ausbrüche hatte, wie es in vorliegendem Falle war, so wirkte das so faszinierend, dass man kaum zum Denken, geschweige denn zu einer überlegten Antwort kam.«[152]
Dass Finckh, immerhin beim Stab des Oberbefehlshabers West (also nicht bei der Heeresgruppe B) für die Logistik zuständig, dem berühmten »Wüstenfuchs« die Attentatsplanung erläutert haben soll (noch dazu vor dem oft zitierten Gespräch Hofackers mit Rommel vom 9. Juli),[153] ist dagegen kaum anzunehmen; dafür war Stauffenbergs Umsturzorganisation viel zu sehr auf Geheimhaltung erpicht.

Wie sehr am Rande Speidel stand, zeigte sich am 20. Juli selbst: Finckh, Hofacker und Stülpnagel waren bereits am Morgen orientiert, dass das Attentat erfolgen sollte – Speidel erfuhr von dem Anschlag nach eigenem Bekunden erst am Nachmittag aus dem Radio.[154]

Ein weiterer Konfliktpunkt zwischen Stauffenberg und Goerdeler war der leichtfertige Umgang des gelernten Politikers mit den Informationen über die Verschwörung.[155] Goerdeler ließ offenkundig alle Vorsichtsmaßnahmen außer Acht und wurde damit zunehmend zu einer Bedrohung der geheimen Vorbereitungen.

Schon nach seinen ersten Kontakten mit Goerdeler hatte sich Ulrich von Hassell einige warnende Bemerkungen ins Tagebuch notiert. Beck habe Goerdeler »für gut, wenn auch reichlich sanguinisch und unvorsichtig« gehalten. Dieses Urteil machte sich Hassell zu eigen: »Der Mann ist frisch und höchst aktiv, aber gefährlich sanguinisch.«[156] Noch gefährlicher wurde es, als Goerdeler während des Krieges (1941) einem Bekannten in Großbritannien einen sehr offenen Brief schrieb.[157] Einige seiner engsten Verbündeten wie etwa Beck selbst oder Nebe

---

[151] Hiller von Gaertringen, Cäsar von Hofacker, S. 80, 83.
[152] Spiegelbild einer Verschwörung, S. 306 (26.8.1944).
[153] Schramm, Aufstand der Generale, S. 56.
[154] Speidel, Aus unserer Zeit, S. 189. Schramm, Aufstand der Generale, S. 87–95, sagt, Speidel habe die Nachricht vom Tod Hitlers gegen 14:00 Uhr fernmündlich vom Generalstabschef des Oberbefehlshabers West, General der Infanterie Blumentritt, erhalten; Speidel sei »unvorbereitet« gewesen, denn Hofacker habe ihm nach seiner Rückkehr aus Berlin am Vortag kein Wort gesagt.
[155] Zum Spannungsverhältnis zwischen Organisation und Konspiration, Geheimhaltung und Werbung siehe Keyserlingk, Ein geheimes Netzwerk, S. 215.
[156] Hassell, Die Hassell-Tagebücher 1938–1944, S. 131, 133 (beides 22.10.1939); siehe auch Mommsen, Carl Friedrich Goerdeler, S. XL.
[157] Hassell, Die Hassell-Tagebücher 1938–1944, S. 263 (2.8.1941).

achteten sehr auf maximale Absicherung gegenüber der Gestapo und reduzierten den Kontakt mit ihm auf ein Minimum.[158]

Seine Anstellung in der Firma Bosch erlaubte ihm eine weit gespannte Reisetätigkeit, ohne dass dies der Gestapo auffallen musste. Zugleich aber entstand in der Firma ein »Bosch-Kreis«, dessen führendes Mitglied Goerdeler war und in dem so offen diskutiert wurde, dass die anderen Beteiligten die Gefahr durchaus wahrnahmen.[159] Andersherum waren sich viele Angesprochene (so etwa Konrad Adenauer) der Gefahr bewusst, die eine Verbindung mit dem ehemaligen Leipziger Oberbürgermeister bedeutete, sodass sie sich gerade deshalb verweigerten.[160]

Neben Goerdelers reaktionären politischen Ansichten war sein unvorsichtiges Auftreten einer der wesentlichen Gründe für Konflikte innerhalb der nationalkonservativen Opposition.[161] Viele, mit denen Goerdeler riskante Gespräche führte, spielten dann in der eigentlichen Durchführung des Staatsstreichs keine Rolle, weil sie für keine Funktion eingeplant werden konnten.[162] Lediglich die »Politischen Beauftragten« bei den Wehrkreiskommandos sollte Goerdeler festlegen;[163] welche Rolle ihnen im Zusammenspiel zwischen militärischer und politischer Führung nach einem Umsturz tatsächlich zugekommen wäre, ist allerdings offen.

Stauffenbergs stärker an militärischen Hierarchien ausgerichtete Organisation erwies sich zugleich als für die Gestapo schwerer zu durchdringen, sogar nach dem Attentat.[164] Stauffenberg war daher auch mit fortschreitender Zeit nicht mehr bereit, regelmäßigen Kontakt mit Goerdeler zu halten oder diesen in die Details der Umsturzplanung einzuweihen, und sogar Beck wurde Goerdeler gegenüber vorsichtig.[165] Goerdeler hat das sehr wohl gespürt und scharf kritisiert.[166]

Letztlich bleibt der Befund, dass die Behörden den Kreis nicht rechtzeitig aufgeklärt haben, um Attentat und Umsturzversuch im Vorhinein zu verhindern. Dass Himmler um die Planungen gewusst und sehenden Auges zugelassen habe, dass Stauffenberg das Attentat auf Hitler ausübte, erscheint undenkbar (siehe oben Kapitel VI.3).[167]

»Am wahrscheinlichsten ist, dass die Sicherheitsorgane durch das umstandslose Einschwenken der behördlichen und militärischen Apparate seit 1933 keinen gezielten Argwohn hegten und ihr Augenmerk vermutlich noch immer auf die Gegner der ersten Stunde richteten, auf Kommunisten, Sozialdemokraten, Gewerkschaftsführer und auf die Verdachtspersonen im Umkreis der Kirchen.«[168]

---

[158] Rathert, Verbrechen und Verschwörung, S. 140–142.
[159] Bähr/Erker, Bosch, S. 239; Scholtyseck, Robert Bosch, S. 475, 485.
[160] Mommsen, Carl Friedrich Goerdeler, S. XLIX.
[161] Keyserlingk-Rehbein, Nur eine »ganz kleine Clique«?, S. 269.
[162] Mommsen, Bürgerlicher (nationalkonservativer) Widerstand, S. 59.
[163] Spiegelbild einer Verschwörung, S. 522 (12.12.1944).
[164] Keyserlingk-Rehbein, Nur eine »ganz kleine Clique«?, S. 229.
[165] Spiegelbild einer Verschwörung, S. 522 (12.12.1944).
[166] Müller, Oberst i.G. Stauffenberg, S. 374, 434; Mommsen, Carl Friedrich Goerdeler, S. L, LIII.
[167] Siehe auch Keyserlingk-Rehbein, Nur eine »ganz kleine Clique«?, S. 13.
[168] Fest, Staatsstreich, S. 169 f.; siehe auch Mommsen, Carl Friedrich Goerdeler, S. l.

VII. Der Staatsstreich als militärisches Geschehen

4. Der Plan

Was die militärische Planung für den Umsturz angeht, lassen sich im Kern drei Phasen unterscheiden: Im Jahre 1938 war, wie oben ausgeführt, ein Umsturz geplant, bei dem die in und um Berlin stationierten Truppen, darunter vor allem die 23. Infanteriedivision in Potsdam unter der Führung ihres Kommandeurs, Generalleutnant von Brockdorff-Ahlefeldt, die Reichshauptstadt besetzen sollten. Zu Friedenszeiten verfügte der Umsturz also über einen verlässlich einplanbaren Truppenteil mit einem eingeweihten Führer.[169] Das änderte sich naturgemäß, als die Wehrmacht mobilgemacht wurde und »ins Feld« rückte. Damit veränderte sich auch die Planungsgrundlage für den Umsturz.

Die zweite Phase, getragen vor allem vom Amt Ausland/Abwehr, ist in dieser Frage von großer Unsicherheit geprägt. Alle Planungen während des Krieges litten darunter, dass angesichts der ständigen Truppenbewegungen – Divisionen wurden an die Front geworfen, zur Auffrischung in die Heimat zurückverlegt und erneut eingesetzt – vor Ort keine Kampftruppen mehr dauerhaft verfügbar waren; auch die Regimenter der Division »Brandenburg«, die der »Abwehr« unterstellt waren, wurden als reguläre Infanterie »verheizt« und standen für den Umsturz nicht mehr zur Verfügung. Ohnehin fiel das Amt Ausland/Abwehr als Umsturzzentrale ab Frühjahr 1943 aus, weil wesentliche Verschwörer verhaftet wurden; die Dienststelle selbst wurde dann im Februar 1944 in den Sicherheitsdienst der SS überführt.[170]

Für jede militärische Planung ist die »Feindlage« von zentraler Bedeutung. Dislozierung und Stärke der systemloyalen Truppen im Reichsgebiet und vor allem rund um die Reichshauptstadt waren aber im Oberkommando des Heeres keineswegs lückenlos bekannt, zumal zu diesen ganz unterschiedliche Verbände (Luftwaffe, SS wie etwa die Wachmannschaften der Konzentrationslager, Waffen-SS, SA und Parteiformationen, Polizei) zu rechnen waren und sie zudem – wie die Truppen des Heeres auch – einem ständigen Wechsel unterworfen waren.

Die im Wesentlichen um Goerdeler und Beck entstandene, »extrem isolierte« Honoratiorenopposition bis etwa 1941/42 gewann erst durch die Verbindung mit den militärischen Verschwörern um Tresckow und ab Herbst 1943 um Stauffenberg reale Aussichten, das NS-System tatsächlich zu stürzen.[171] Die dritte Phase der Staatsstreichplanung beruhte dann darauf, die in den jeweiligen Regionen stationierten Truppenteile und Dienststellen des Ersatzheeres einzuplanen, inklusive der jeweils gerade im Reich befindlichen Truppenteile des Feldheeres. Dazu genügte es, die bereits vorhandene Notfallplanung »Walküre« so zu adaptieren, dass sie sich im entscheidenden Augenblick für die Zwecke des Umsturzes nutzen ließ.

Das Ersatzheer hatte schon nach dem Angriff auf Polen und im Angesicht der dabei angefallenen großen Kriegsgefangenenzahlen Vorbereitungen getroffen, »wie auf mögliche Massenaufstände von Kriegsgefangenen, ins Reich verbrachten

---

[169] Hoffmann, Widerstand – Staatsstreich – Attentat, S. 94. Zu noch früheren Planungen ansatzweise Thun-Hohenstein, Wehrmacht und Widerstand, S. 79.
[170] Wildt, Generation des Unbedingten, S. 704; Thun-Hohenstein, Wehrmacht und Widerstand, S. 100. Siehe oben Kapitel VI.6.
[171] Mommsen, Die Stellung der Sozialisten, S. 16.

ausländischen Arbeitskräften oder auf feindliche Fallschirmlandungen zu reagieren sei«.[172] Allerdings hatte auch Hitler schnell verstanden, dass hier Truppen bereitstanden, die im Zweifelsfall schnell abrufbar waren. So hatte er erstmals in der Winterkrise 1941/42 den Befehlshaber des Ersatzheeres, Fromm, dazu gezwungen, aus diesen Verbänden unter dem Decknamen »Walküre« vier Divisionen aufzustellen, die dann schlecht ausgebildet und ausgerüstet an die Front geworfen wurden.[173] Ob Fromm dem »Führer« bei einer nächtlichen Besprechung dazu die Wahrheit über den Zustand dieser Behelfsdivisionen vorgetragen oder verschwiegen hat, ist ungeklärt.[174]

Die Alarmplanungen blieben gleichwohl bestehen; nunmehr sollten aus den verbliebenen Truppenteilen und Einrichtungen entsprechende Eingreifverbände gebildet werden:

> »Die ›Walküre‹-Verbände waren nach ihrer Zusammensetzung für Einsätze im Innern und in den besetzten Gebieten geeignet. Als Gegner wurden aufständische Kriegsgefangene und Fremdarbeiter, vielleicht noch gelandete Fallschirmagenten und Saboteure angenommen.«[175]

Damit aber ging die Führung des Ersatzheeres schon an die Grenzen dessen, was Hitler und Himmler zu akzeptieren bereit waren. Hitler hatte bereits angekündigt, nach dem Krieg ausschließlich Himmler, der ohnehin bereits für die Polizei zuständig war, und nicht mehr das Heer mit der inneren Sicherheit zu betrauen:

> »Diese Verwendung der Waffen-SS im Innern liegt ebenso im Interesse der Wehrmacht selbst. Es darf niemals mehr in der Zukunft geduldet werden, dass die deutsche Wehrmacht der allgemeinen Dienstpflicht bei kritischen Lagen im Innern gegen eigene Volksgenossen eingesetzt wird.«[176]

Ob aus dieser Erwägung heraus, oder lediglich erneut der Not gehorchend, befahl Hitler im Juli 1942 die Aufstellung von drei weiteren Divisionen aus den »Walküre«-Verbänden, die zur Invasionsabwehr nach Frankreich verlegt wurden. Fromm hatte diese Maßnahme nur für den Fall vorgesehen, dass »Deutschlands Not am größten sei«, musste jetzt aber erkennen, dass die Not so groß schon geworden war.[177]. Seine Denkschrift »Auf der Höhe der Macht«[178] war eine Reaktion genau darauf gewesen. Eine weitere Ausdünnung der Kräfte im Reichsgebiet ergab sich aus der Entscheidung, das Ersatzheer zu teilen. Die Ersatzeinheiten der Divisionen des Feldheeres verblieben im Reich und besorgten dort das personelle Nachwuchsgeschäft. Die Ausbildungsverbände hingegen wurden zugleich als Besatzungstruppen (»Reserveinfanteriedivisionen«) verwendet und ersetzten in den rückwärtigen Gebieten Divisionen des Feldheeres.[179] Erneut mussten die

---

[172] Kroener, Der starke Mann im Heimatkriegsgebiet, S. 421. Kopp, Paul von Hase, S. 201, trennt nicht zwischen der ursprünglich völlig systemloyalen Schaffung des »Walküre«-Systems 1940, seinem zweimaligen Missbrauch durch Hitler und seiner Nutzung durch die Umsturzplaner ab dem Sommer 1943.
[173] Rathke, »Walküre«-Divisionen, S. 55 f.
[174] Ebd.; Halder, Kriegstagebuch, Bd 2, S. 269.
[175] Kroener, Der starke Mann im Heimatkriegsgebiet, S. 421.
[176] Zit. nach ebd., S. 517.
[177] Kroener, Menschenbewirtschaftung, S. 822.
[178] Siehe oben Kapitel V.2.
[179] Kroener, Menschenbewirtschaftung, S. 832.

»Walküre«-Planungen umgestellt und auf die neuen Umstände ausgerichtet werden.[180]

Insgesamt ergibt sich hieraus, dass die dem Heer während des Krieges im Inneren zur Verfügung stehenden Kräfte nach Quantität und Qualität immer mehr abnahmen. Als im März 1942 General Olbricht zur Verschwörung stieß, zeigte sich die Möglichkeit auf, die »Walküre«-Planung für die Zwecke des Umsturzes quasi zu »kapern«. Immerhin war, allen Kürzungen und Einschränkungen zum Trotz, Fromms Kommandobereich nach wie vor der zahlenmäßig größte der Wehrmacht überhaupt. Die »geniale«[181] Idee, diese im Sinne des NS-Systems gerade noch legitime Planung durch geheime Zusatzbefehle zu überformen, eröffnete der Militäropposition erstmals den Zugriff auf reale Machtinstrumente im Reich. Ohne den Zugriff auf das verbleibende militärische Machtpotenzial, nur von der Ostfront oder aus Frankreich heraus, war ein Umsturz nicht möglich.[182] Aber auch die »Walküre«-Kräfte nahmen immer mehr ab, wechselten ständig und waren damit letztlich für einen Umsturz nur mit Einschränkungen zu gebrauchen, wie Olbricht Goerdeler erklärte.[183]

Eine besondere Rolle spielte hierbei Fromm als Befehlshaber des Ersatzheeres.[184] Der Generaloberst war Hitler gegenüber äußerst kritisch eingestellt und sah durchaus die Notwendigkeit, ihn zu stürzen. Auch hat er wohl gewusst, was in seinem Stab und in seinem nachgeordneten Bereich von Offizieren wie Olbricht, Stauffenberg, Mertz und anderen geplant wurde, und dagegen nichts unternommen. Hinzu kam seine schon geschilderte Neigung zur allseitigen Absicherung. Nicht zuletzt hat er, folgt man seinem Biografen, schwer an der Verantwortung für seinen Befehlsbereich getragen.

»Das Ersatzheer war der einzige bewaffnete Machtfaktor im Heimatkriegsgebiet, der dem unmittelbaren Zugriff des Regimes entzogen war. Es gehört nur wenig Phantasie dazu, sich vorzustellen, dass das Regime, sollte es sich durch das Ersatzheer bedroht fühlen, diese Sicherheitslücke, auf welche Weise auch immer, sofort schließen würde.«[185]

Aus dieser Überlegung heraus hat Fromm den Nationalsozialisten keinen Vorwand für eine Übernahme seines Machtbereichs liefern wollen – eine Überlegung, die aber in dem Maße an Gewicht verlieren musste, als sich abzeichnete, dass Himmler gerade dabei war, das Ersatzheer zu übernehmen. Insgesamt ist das Bild von Fromm als dem »Steinernen Gast« am Tisch derer, die den Staatsstreich planten, vielleicht die treffendste aller möglichen Beschreibungen.

Noch im Frühjahr 1943 war Tresckow bei Olbricht in Berlin gewesen, ohne dass hierbei bereits die »Walküre«-Planung eine Rolle für den Staatsstreich gespielt hätte.[186] Die ohnehin fällige Neufassung aller einschlägigen Befehle scheint

---

[180] Chef HRüst und BdE, AHA/Ia(I) Nr. 2830/43 gKdos. vom 31.7.1943, BArch, RH 12-21/v. 56.
[181] Fest, Staatsstreich, S. 223.
[182] Kroener, Der starke Mann im Heimatkriegsgebiet, S. 584.
[183] Spiegelbild einer Verschwörung, S. 283 f. (21.8.1944).
[184] Diese Rolle hat Bernhard R. Kroener in seiner Fromm-Biografie (Der starke Mann im Heimatkriegsgebiet) weitaus deutlicher herausgestellt, als das bis dahin je der Fall gewesen war.
[185] Kroener, Der starke Mann im Heimatkriegsgebiet, S. 601; dort auch das folgende Zitat.
[186] Aretin, Henning von Tresckow, S. 301.

jedoch die damit verbundene Möglichkeit einer deutlich besseren organisatorischen Vorbereitung des Umsturzes nahegelegt zu haben. Der zitierte Befehl des Befehlshabers des Ersatzheeres vom 31. Juli 1943 markiert jedenfalls den Beginn der auf »Walküre« abgestützten Staatsstreichplanung.[187] Am 20. August 1943 wurde dies durch den Befehl an die Wehrkreiskommandos ergänzt, die jeweils verfügbaren Einsatzstärken wöchentlich an das Allgemeine Heeresamt zu melden.[188] Tresckows Heimaturlaub ab Mitte April 1943 erlaubte es, jetzt die Organisation der Verschwörung in Angriff zu nehmen; die ersten Fassungen der vielen erforderlichen Befehle und Weisungen sind also in der Zeit zwischen April und Ende Juli 1943 entstanden. Die Gestapo hat später geschrieben, Stauffenberg habe »die Putschpläne wesentlich auf dem ›Walküre‹-Plan aufgebaut«,[189] was aber nicht zutrifft; als der schwer verwundete Stauffenberg zum 1. Oktober 1943 Olbrichts Chef des Stabes wurde, waren die eigentlichen Befehle zu »Walküre« längst ausgearbeitet und verteilt.[190] Gleichwohl ist der Planungsstand im Sommer 1943 zunächst noch unbefriedigend gewesen. Die sich überschlagenden Kriegsereignisse im Juli 1943 (vor allem der Sturz Mussolinis, der natürlich ein ähnliches Szenario für das Deutsche Reich denkbar erscheinen ließ) haben dann aber wohl dazu geführt, dass der ansonsten manchmal eher phlegmatische Olbricht unter dem energischen persönlichen Einfluss Tresckows und unter dessen tatkräftiger Mithilfe die Planungen wieder vorangetrieben hat. Die zivilen Verschwörer (Goerdeler, Hassell und auch Beck) gingen davon aus, dass der Umsturz kurz bevorstehe. Stauffenberg, vorgesehen als Chef des Stabes bei Olbricht, aber noch in München im Lazarett zur Versorgung seiner verwundeten Hand, verzichtete auf die vorgesehene Operation und reiste nach Berlin.

Anfang Oktober machte sich Stauffenberg bereits mit festen Plänen auf den Weg nach Ostpreußen. Im Lager des Oberkommandos des Heeres (»Mauerwald«) besuchte er seinen Freund Joachim Kuhn, der eine Zeitlang mit Stauffenbergs Cousine Marie Gabriele verlobt gewesen war. Im Wissen um Kuhns oppositionelle Gesinnung hatte er eine klare Aufgabe am Tage des Umsturzes für ihn:

»Deine Rolle wird sein: Als Ia des Generals Stieff zu fungieren, der die Ausführung des Attentats selbst übernommen hat, das heißt mobkalendermäßige Vorbereitungen für das Hauptquartier zu treffen. Ferner, als mein ständiger Beauftragter hier im Hauptquartier vorwärtszutreiben. Ferner, während des Umsturzes sich des Feldmarschalls v. Witzleben, des zukünftigen Oberbefehlshabers der Wehrmacht, anzunehmen.«[191]

Dafür, dass Stauffenberg seine Stelle als Olbrichts Chef des Stabes offiziell erst zum 1. Oktober angetreten hatte (in Wirklichkeit hatte er seine Aufgaben bereits im September übernommen), war die konkrete Planung weit vorangeschritten.

Es fällt auf, dass Stauffenberg hier bereits ein Element eingebaut hat, das für seine gesamte weitere Planung charakteristisch ist, nämlich Verbindungsoffiziere zu entsenden, die ihn am Tag des Umsturzes an wichtigen Stellen vertreten sollten.

---

[187] Chef HRüst und BdE – AHA/Ia (I) Nr. 3830/43 gKdos. vom 31.7.1943 betr. »Walküre«, in: Spiegelbild einer Verschwörung, S. 160–163 (6.8.1944, Anlage 2).
[188] Thun-Hohenstein, Wehrmacht und Widerstand, S. 109.
[189] Spiegelbild einer Verschwörung, S. 157 f. (6.8.1944).
[190] Ebd., S. 88 (28.7.1944).
[191] Aussage Kuhn am 2.9.1944, in: Hoffmann, Tresckow und Stauffenberg, S. 9.

VII. Der Staatsstreich als militärisches Geschehen

Kuhn sollte also in »Mauerwald« wirken; für das Wehrkreiskommando III in Berlin mit seinem unsicheren, als Nazi bekannten Kommandierenden General von Kortzfleisch war Major i.G. Hans-Ulrich von Oertzen vorgesehen,[192] und zur Standortkommandantur wurde Major i.G. Egbert Hayessen kommandiert.[193] Für den Wehrkreis II (Stettin) plante er ebenfalls Anfang Oktober den Major Hans-Jürgen Graf von Blumenthal ein, der im Allgemeinen Heeresamt in der Amtsgruppe Ersatzwesen diente und von daher Stauffenberg gut bekannt war. Seinem Regimentskameraden Major Freiherr von Leonrod wurde im Dezember 1943 »durch Stauffenberg eröffnet«, dass er der Verbindungsoffizier zum Wehrkreiskommando VII in München würde;[194] die Beispiele ließen sich fortführen.[195] In gewisser Weise war auch Caesar von Hofacker Teil dieses Systems und Stauffenbergs »Verbindungsoffizier« zum Wehrmachtbefehlshaber Frankreich. Zur gleichen Zeit drängte die »militärische Gruppe« (und wir werden auch dahinter Stauffenberg vermuten können) Goerdeler dazu, für jeden der Wehrkreise einen »Politischen Beauftragten« zu benennen.[196]

Ein ungewöhnlicher Aktenfund hat vor einigen Jahren das allgemeine Verständnis dieser Epoche noch einmal vertieft. Einen Teil der vorbereiteten Befehle hatten die Verschwörer in »Mauerwald« vergraben, dem Quartier des Oberkommandos des Heeres in Ostpreußen. Der in sowjetische Kriegsgefangenschaft geratene Major i.G. Kuhn hat dann den sowjetischen Geheimdienst im Winter 1944/45 zu dem Versteck geführt; die Dokumente liegen heute in einem russischen Archiv und sind 2007 von Peter Hoffmann unter Mitwirkung von Matthias Uhl publiziert worden.[197]

Bei den entdeckten Stücken handelt es sich allerdings nicht um die eigentlichen »Walküre«-Befehle, sondern um die »kalendermäßige« Zusammenstellung jener Maßnahmen, die zur Sicherung der in Ostpreußen liegenden Hauptquartiere als erforderlich angesehen wurden. Es ist davon auszugehen, dass diese wenigen erhaltenen Stücke nur die Spitze eines Eisbergs darstellen: Solche Planungen muss es für Berlin, für Berchtesgaden und den Obersalzberg und vielleicht auch für weitere Räume gegeben haben.[198]

Die Dokumente reflektieren den Planungsstand vom September oder von Anfang Oktober 1943. Sie sehen als wesentlichen Träger des Umsturzes in Ostpreußen die gerade frisch aufgestellte 18. Artilleriedivision vor, die der Heeresgruppe Mitte zur Bildung artilleristischer Schwerpunkte unterstellt werden

---

[192] Spiegelbild einer Verschwörung, S. 145 (5.8.1944); Keil, Hans-Ulrich von Oertzen, S. 144–152; Schwerin, Die Jungen des 20. Juli, S. 158.
[193] IMT, Bd 33, Dok. 3881-PS, S. 485 f.; Hoffmann, Widerstand – Staatsstreich – Attentat, S. 501. Nach Spiegelbild einer Verschwörung, S. 47 (24.7.1944), wurde Hayessen erst am 15.7.1944 im vollen Umfang in die Umsturzplanung eingewiesen. So auch Kopp, Paul von Hase, S. 213.
[194] Spiegelbild einer Verschwörung, S. 54 (26.7.1944).
[195] Ebd., S. 333 f. (1.9.1944).
[196] Siehe oben Kapitel III.2 und VII.3; Spiegelbild einer Verschwörung, S. 357–361 (6.9.1944).
[197] Hoffmann, Oberst i.G. Henning von Tresckow, S. 332. Eine klare Angabe, in welchem Archiv und in welchem Bestand sich die am Ende des Aufsatzes abgedruckten Dokumente finden, bleibt Hoffmann dem Leser allerdings schuldig.
[198] So auch Hoffmann, Stauffenbergs Freund, S. 35.

sollte und deren Kommandeur im Sinne der Verschwörer zuverlässig schien.[199] Die Division wurde allerdings nach Ende ihrer Aufstellungsphase im Dezember 1943 zur Front abgezogen und stand damit nicht mehr zur Verfügung. Im Frühjahr 1944 (aber nicht vor März) wurde Roland von Hößlin Kommandeur einer »Panzeraufklärungs-Ausbildungs-Abteilung für Offizierbewerber«,[200] die er selbst aufstellen musste. Ob die Verschwörer in der dazwischenliegenden Zeit auf einen anderen Truppenteil zurückgreifen wollten, ist nicht bekannt. Es wird abermals deutlich, wie viel Planungsaufwand die ständigen Verlegungen und Umgliederungen mit sich brachten.

Für die Zernierung von Himmlers Hauptquartier »Hochwald« beabsichtigte man ein ganzes Bataillon einzusetzen – deutlich mehr Kräfte als für jedes andere der in Ostpreußen liegenden Machtzentren. Es wird offenkundig, dass die Verschwörer schon im Sommer 1943 die SS als den wesentlichen Gegner in dem Machtkampf im Inneren empfanden. Sie planten hier genauso ein konkret benanntes Bataillon ein, allerdings aus dem Jägerersatzregiment 1, das zum Ersatzheer gehörte und damit auch Teil der »Walküre«-Planung sein konnte.[201]

Die »kalendermäßige« Ausplanung sah vor, dass bestimmte Maßnahmen schon vor dem offiziellen Alarm einzuleiten seien; vor allem war Schlüsselpersonal (Tresckow, Oertzen) bis zu 24 Stunden vorher einzubestellen. Die Planungen gingen also davon aus, dass ein Attentat mindestens einen Tag – wenn nicht sogar länger – vorher bekannt sein würde. Einzelne Punkte war noch offengelassen worden, sah doch der Kalender ausdrücklich vor, zwölf Stunden vor der Auslösung der Maßnahmen »offene Punkte in Kalender und Befehlen aus[zu]füllen«.[202]

Diese Planung steht in keinem sichtbaren Zusammenhang mit den etwa zeitgleich entstehenden »Walküre«-Befehlen, wenn auch am 6. Oktober 1943 befohlen wurde, die im Reichsgebiet stationierten Truppen des Feldheeres in die »Walküre«-Planungen mit einzubeziehen. Wie die Planungen von 1938 sieht der hier zitierte »Kalender« vor, einen bestimmten, günstig dislozierten Truppenteil (des Feldheeres) unter der Führung eines oppositionell eingeschätzten Kommandeurs einzusetzen. Von einer Beteiligung der territorialen Dienststellen wie etwa des Wehrkreiskommandos I in Königsberg ist nicht die Rede, ebenso wenig taucht das Stichwort »Walküre« nicht auf. Der Kalender macht deutlich, dass die militärischen Umsturzplaner auch im Sommer und Herbst 1943 zumindest noch zweigleisig vorzugehen gedachten.

Wenn Otto John also in seinen Erinnerungen feststellt, Stauffenberg habe nach dem Urteil von Hauptmann Ludwig Gehre den Staatsstreich »in Schwung« gebracht,[203] dann lässt sich das mit den anderen Überlieferungen sehr wohl in Einklang bringen.

---

[199] Hoffmann, Oberst i.G. Henning von Tresckow, S. 347; Tessin, Verbände und Truppen, Bd 4, S. 97 f.
[200] So die in mehreren Briefen Hößlins gleichbleibend verwendete Abkürzung im Briefkopf: »Pz.Aufkl.Ausb.Abt.f. O.B.«. Andere Schreibweisen wie bei Zeller, Geist der Freiheit, S. 286 (»Panzeraufklärungsschule Insterburg«); Gostomsky/Loch, Der Tod von Plötzensee, S. 215 (genauso) sowie in einem Brief eines damaligen Inspektionschefs, Lauterbach, an den Autor vom 15.4.1989 (»Fahnenjunkerschule für Panzeraufklärung«) sind unrichtig.
[201] Hoffmann, Oberst i.G. Henning von Tresckow, S. 350.
[202] Ebd., S. 349, 354.
[203] John, Falsch und zu spät, S. 29 f.

VII. Der Staatsstreich als militärisches Geschehen

Die »Walküre«-Befehle wurden danach laufend fortgeschrieben. Stauffenberg fertigte am 11. Februar 1944 einen Befehl aus, wonach die von den Wehrkreisen jeweils bereitgestellten Kräfte auch über die Grenzen der Wehrkreise hinweg zusammengefasst werden konnten.[204] Das diente zwar einer Konzentration von Kräften etwa um eine größere SS-Garnison herum, war aber an sich noch nicht so spezifisch auf einen Staatsstreich hin ausgerichtet, als dass man diesen Befehl nicht wie die anderen Regelungen zu »Walküre« heeresintern offen hätte verteilen können.

Ein besonderes Problem stellte die Einbeziehung der gepanzerten Truppen im Reichsgebiet dar, weil diese dem Generaloberst Heinz Guderian als »Inspekteur der Panzertruppen« unterstanden und es Guderian gelungen war durchzusetzen, dass diese Truppen nicht ohne seine Zustimmung in Marsch gesetzt werden konnten.[205] Im Rahmen der Staatsstreichvorbereitungen 1943 hatte der damalige Wehrkreisbefehlshaber III (Berlin) noch »Übungen für den Katastropheneinsatz mit Panzereinheiten im Regierungsviertel [durchgeführt], wogegen Goebbels erregt protestierte«.[206] So etwas war 1944 schon kaum mehr möglich. Allerdings wurde der Vorbehalt des Inspekteurs durchaus flexibel gehandhabt. Als Mitte Juli 1944 die Lehrtruppenteile der Panzertruppenschule II (Krampnitz, zwischen Potsdam und Berlin-Spandau gelegen) nach Ostpreußen an die Front verlegt werden sollten, gelang es dem mitverschworenen Oberst i.G. Mertz von Quirnheim, Nachfolger Stauffenbergs als Chef des Stabes beim Allgemeinen Heeresamt, durch einen Anruf am 19. Juli den Abtransport noch etwas hinauszuzögern. Die Begründung, die Truppen würden für eine »Walküre«-Übung gebraucht, wurde offenbar akzeptiert, ohne dass daraus irgendwelche Schwierigkeiten erwuchsen.[207] Die Panzertruppenschule Wünsdorf war dagegen schon im August 1943 auf den Truppenübungsplatz Bergen-Hohne, ihr Panzer-Lehrregiment wenig später nach Fallingbostel, beides in der Lüneburger Heide, verlegt worden.[208] Dass die Panzerverbände nicht ohne Weiteres abgerufen werden konnten, führte zu einer verstärkten Heranziehung der »Walküre«-Divisionen als »infanteristische Füllsel« (Stauffenberg[209]), was die Staatsstreichplanung weiter erschwerte. Teilweise geäußerte polemische Kritik geht jedoch ins Leere:

»Damit hatten sich Hoffnungen, für die Operation ›Walküre‹ im Raum Berlin über ein einigermaßen zuverlässiges Truppenkontingent zu verfügen, bei dem wenigstens ein Teil der Offiziere in die Putschpläne eingeweiht war, schon im ersten Anlauf zerschlagen.«[210]

---

[204] Thun-Hohenstein, Wehrmacht und Widerstand, S. 109; Hoffmann, Widerstand – Staatsstreich – Attentat, S. 360.
[205] Kroener, Der starke Mann im Heimatkriegsgebiet, S. 594.
[206] Walküre, [Befehl] OKH Chef HRüst und BdE AHA Ia(I) Nr. 5413/43 gKdos., 6.10.1943, BArch, RH 53-17/396, zit. nach Hoffmann, Oberst i.G. Henning von Tresckow, S. 343.
[207] Hoffmann, Claus Schenk Graf von Stauffenberg und seine Brüder, S. 421. Zu den Schwierigkeiten mit der Inmarschsetzung der Panzertruppenschule II siehe allerdings Hoffmann, Widerstand – Staatsstreich – Attentat, S. 515. – Das widerlegt auch die seltsame Vermutung bei Dirks/Janßen, Der Krieg der Generäle, S. 170–172, wonach Stauffenberg von diesem Vorbehalt Guderians nichts gewusst habe.
[208] E-Mail Hans-Albert Hoffmann, Wünsdorf, an den Verfasser vom 21.7.2014.
[209] Kroener, Der starke Mann im Heimatkriegsgebiet, S. 646.
[210] Roth, Von der Offiziersopposition zur Aktionsgruppe, S. 137 f.

Der Grundgedanke eines auf »Walküre« gegründeten Aufstands war es vielmehr, ebenso solche Truppenteile zu nutzen, die überhaupt nicht in die »Putschpläne« eingeweiht waren. Hinzu kamen allerdings immer auch die ortsfesten Dienststellen und Truppenteile wie etwa die Landesschützenbataillone 311 und 320, die in Berlin-Ruhleben und Berlin-Lichtenberg garnisonierten.[211]

Ein eigenes Kapitel war die Beschaffung und Verwahrung des für ein Bombenattentat erforderlichen Sprengstoffs.[212] Auch inmitten des Krieges war es für Soldaten nicht einfach an Sprengmittel (Sprengstoff und Zünder) zu kommen. Komplizierter wurde die Sache dadurch, dass deutsche Zeitzünder mit Uhrwerken arbeiteten und damit Geräusche verursachten; die geräuschlosen (aber nicht so zuverlässigen) Säurezünder gab es nur aus britischen Beutebeständen. Über solche Bestände verfügte die »Abwehr«, sodass zunächst diese die benötigten Sprengmittel bereitstellte.[213]

Hier hat Major Kuhn eine wichtige Rolle gespielt. Über seine Beziehungen zu dem Pionier-Major Erhard Knaak versuchte er im November 1943, an deutschen Sprengstoff zu kommen.[214] Auf die Dauer wurde die Lagerung hochexplosiven Sprengstoffs in Dienstzimmern oder Wohnungen allerdings zu gefährlich; von der abenteuerlichen Aktion, bei der Kuhn und Oberleutnant d.R. Albrecht von Hagen ein Sprengstoffpaket und Papiere am Rande des Lagers Mauerwald vergraben hatten, ist bereits die Rede gewesen.[215] Der Vorgang mag als Beispiel dafür dienen, wie schwierig es war, unter Kriegsbedingungen eine umfassende Staatsstreichplanung und Umsturzorganisation aufzubauen.

Bei allen personellen Kontinuitäten mit den früheren Verschwörungen handelte es sich hier um eine neue, von der früheren deutlich zu unterscheidende Organisationsform der Militäropposition.[216] Geheimhaltung war oberstes Gebot, aber nicht leicht sicherzustellen.[217] Für alle diese Vorbereitungen war Schloss Neuhardenberg, der Sitz des beteiligten Oberstleutnants d.R. von Hardenberg, ein wichtiger Ort. Hier konnte man offen reden, weil die Bediensteten unbedingt vertrauenswürdig waren; hier gab es – im fünften Kriegssommer! – immer noch genug zu essen; hier konnte man nachts, von Bombenangriffen ungestört, ruhig schlafen. Nicht zuletzt hatte Hardenberg drei attraktive Töchter; eine von ihnen,

---

[211] Schlabrendorff, Offiziere gegen Hitler, S. 89; Kopp, Paul von Hase, S. 223; Tessin, Verbände und Truppen, Bd 9, S. 114, 136.
[212] Müller, Oberst i.G. Stauffenberg, S. 613–615, bietet eine detaillierte Auseinandersetzung mit den Ausführungen bei Hoffmann, Widerstand – Staatsstreich – Attentat, passim, zu Herkunft und Verwendung der verschiedenen Sprengstoffpakete. Peter Hoffmann diskutiert die Frage erneut in Hoffmann, Claus Schenk Graf von Stauffenberg und seine Brüder, S. 578, Anm. 1, ohne jedoch auf Müller einzugehen; siehe auch seine Ausführungen in Hoffmann, Stauffenbergs Freund, S. 44 f.
[213] Bereits im November 1939: Hoffmann, Widerstand – Staatsstreich – Attentat, S. 176 f.
[214] Spiegelbild einer Verschwörung, S. 318 (30.8.1944).
[215] Hoffmann, Oberst i.G. Henning von Tresckow, S. 346; Mühleisen, Hellmuth Stieff, S. 353, Anm. 81; Spiegelbild einer Verschwörung, S. 128 (3.8.1944); Hoffmann, Widerstand – Staatsstreich – Attentat, S. 394 f.; IMT, Bd 33, Dok. 3881-PS, S. 331 f.
[216] Das trifft den Sachverhalt besser als meine frühere Formulierung, es handele sich um eine »neue, von der früheren deutlich zu unterscheidende Widerstandsgruppe« (Heinemann, Der militärische Widerstand und der Krieg, S. 821); siehe hierzu die Kritik bei Müller, Generaloberst Ludwig Beck. Eine Biographie, S. 484.
[217] Schlabrendorff, Offiziere gegen Hitler, S. 84.

VII. Der Staatsstreich als militärisches Geschehen

»Wonte«, war mit Stauffenbergs Adjutanten Werner von Haeften verlobt. Das Schloss Neuhardenberg entwickelte sich zu einem konspirativen Zentrum.[218]

Peter Hoffmann weist immer wieder darauf hin, dass auch nach dem Herbst 1943 Tresckow der eigentliche Kopf der Umsturzplanung geblieben sei.[219] Daran kann man allerdings Zweifel anmelden. Stauffenberg soll angesichts der verzweifelten Lage im Sommer 1944 noch einmal bei Tresckow nachgefragt haben, ob der Umsturz denn noch versucht werden solle. Tresckow habe Stauffenberg daraufhin durch Heinrich Graf Lehndorff die Nachricht überbringen lassen, das Attentat müsse um jeden Preis erfolgen (»coûte que coûte«). Diese Darstellung geht jedoch allein auf die Überlieferung des mit Tresckow eng befreundeten Fabian von Schlabrendorff zurück,[220] ist also nicht unbedingt zuverlässig belegt. Deutlicher wird die Machtverschiebung innerhalb der Verschwörung dadurch, dass Stauffenberg bei der Durchführung des Attentats nicht neben dem Sprengsatz bleiben konnte (wie es Tresckow für sich geplant hatte), sondern der Explosion seiner Bombe lebend entkommen musste, weil er in seiner Dienststellung als Chef des Stabes beim Befehlshaber des Ersatzheeres gebraucht wurde, um den Staatsstreich zu leiten.

Am 6., am 11. und dann erneut am 15. Juli 1944 war Stauffenberg zum Lagevortrag befohlen und hatte den Sprengstoff mitgenommen.[221] Ob er am 6. Juli die Bombe hochgehen lassen wollte, ist zweifelhaft; möglicherweise setzte er auf General Stieff als Attentäter. Beide Male unterließ er das Attentat, wohl weil zwar Hitler anwesend war, von den anderen Spitzen des Reiches (vor allem Himmler, aber auch Goebbels oder Göring) aber niemand.[222] Es ist nicht auszuschließen, dass der etwas skrupulöse Stieff ein Attentat verhindern wollte.[223]

Für den 11. Juli sind keine wesentlichen militärischen Vorbereitungen belegt. Am 15. Juli 1944 jedoch hatten sich die Verhältnisse insoweit gewandelt, als das Führerhauptquartier am Tage zuvor nach Rastenburg in Ostpreußen verlegt wor-

---

[218] Mühleisen, Patrioten im Widerstand, S. 433; Hardenberg, Auf immer neuen Wegen, S. 68-102; Aussage Ludwig Freiherr von Hammerstein-Equord: Bei Hardenberg traf man keinen Nazi!, in: Carl-Hans Graf von Hardenberg, S. 209-211; Goebel, Ein Preuße im Widerstand.

[219] Hoffmann, Oberst i.G. Henning von Tresckow, S. 353.

[220] Schlabrendorff, Offiziere gegen Hitler, S. 129; zur Quellenkritik siehe oben Kapitel II.3 und VII.2.

[221] Das von einem Zeitzeugen, einem ehemaligen Angehörigen des »Führerschutzkommando Obersalzberg« namens Schäfer, behauptete Bombenattentat mit drei Tornisternbomben anlässlich einer Uniformvorführung vor Hitler im zeitlichen Zusammenhang mit der Beisetzung des verunglückten Generalobersten Dietl am 10.7.1944 ist in der Fachwelt auf Skepsis gestoßen und wird hier nicht weiter verfolgt; Andreas Förster, Bombe im Tornister. Ein Zufallsfund in einer Stasi-Akte führt zu einem Historikerstreit. Hat es im Juni 1944 einen Attentatsversuch auf Hitler am Obersalzberg gegeben oder nicht? In: Berliner Zeitung, 11.4.2002, S. 3.

[222] So jedenfalls bei Spiegelbild einer Verschwörung, S. 43 (24.7.1944) und S. 130 (3.8.1944); Hoffmann, Widerstand – Staatsstreich – Attentat, S. 451; Hoffmann, Claus Schenk Graf von Stauffenberg und seine Brüder, S. 417; Mühleisen, Hellmuth Stieff, S. 360. Siehe auch Meyer, Adolf Heusinger, S. 272. Ein für den 14.7. geplantes Pistolenattentat ist nirgendwo belegt und angesichts seiner schweren Verwundung sehr unwahrscheinlich; Mühleisen, Hellmuth Stieff, S. 359.

[223] Mühleisen, Hellmuth Stieff, S. 359.

den war – Ausdruck der zunehmend krisenhaften Entwicklung an der Ostfront. Stauffenberg kannte sich im Hauptquartier »Wolfschanze« kaum aus, und zudem würde der Flug von dort zurück nach Berlin voraussichtlich länger dauern als der von Berchtesgaden.[224]

Gegenstand der »Sonderbesprechung« sollte die Aufstellung einer »Auffangorganisation« sein, also einer Zusammenfassung aller Organisationen mit militärpolizeilichen Befugnissen in den rückwärtigen Gebieten bei unmittelbarer Unterstellung unter die jeweiligen Oberbefehlshaber mit dem Ziel, Deserteure »aufzufangen«. Zu dieser Organisation kam es dann erst Anfang 1945, aber schon im Sommer 1944 trieb Hitler offenbar die Angst vor einem Zerfall der »Etappe« wie (nach seiner Überzeugung) 1918 um.[225] Der 15. Juli ging insofern für die Durchführung des Attentats von anderen Voraussetzungen aus, als Hitler nunmehr den Krieg von der »Wolfschanze« aus führte und nicht mehr vom »Berghof« bei Berchtesgaden.

Für den 15. Juli hatten die Verschwörer im Allgemeinen Heeresamt und im OKH den Umsturz gründlich vorbereitet.[226] Eine Serie vorbereitender Maßnahmen für »Walküre« wurde bereits am Morgen ausgelöst, etwa zeitgleich mit Stauffenbergs Abflug nach Ostpreußen und mindestens fünf Stunden vor dem geplanten Attentatstermin.[227] Truppen wurden in Marsch gesetzt, Dienststellen alarmiert – nur mühsam ließ sich das alles im Nachhinein als »Übung« tarnen. Fromm, der sehr wohl wusste, was eigentlich »gespielt« wurde, war in Ostpreußen gewesen; er rüffelte Olbricht kräftig, beließ es aber dabei.

Eine Rekonstruktion des eigentlich geplanten Aufstands darf sich daher nicht auf die Geschehnisse des 20. Juli 1944 selbst beschränken, sondern muss jene vorbereitenden Maßnahmen zu einem Zeitpunkt »X minus« mit im Blick haben, die zur Vorbereitung ausgelöst werden sollten, nach dem Fehlschlag vom 15. Juli aber dann am 20. nicht mehr im Vorgriff ausgelöst werden konnten.

Am 15. Juli sind nicht alle vorbereitenden Maßnahmen eingeleitet worden; ein Teil des Maßnahmenkatalogs blieb ungenutzt. General der Artillerie Fritz Lindemann etwa sollte sich für Rundfunkdurchsagen bereithalten, wurde allerdings weder am 15. noch am 20. Juli 1944 in den Bendlerblock bestellt.[228]

Dagegen sind am 15. Juli Elemente der Staatsstreichplanung bereits ausgelöst worden, die fünf Tage später nicht mehr zum Tragen kamen. Die von Helldorff und Nebe versprochenen Kriminalbeamten zur Verhaftung der wesentlichen

---

[224] Meyer, Adolf Heusinger, S. 265 f.; Mühleisen, Hellmuth Stieff, S. 359. Die Entfernung Berchtesgaden–Berlin beträgt etwa 530 km, die vom Flugplatz Wilhelmsdorf in unmittelbarer Nähe der Wolfschanze etwa 560 km; Kaule, Wolfsschanze [!], S. 14 f.
[225] Hoffmann, Widerstand – Staatsstreich – Attentat, S. 453; Schütz, Die Vorläufer der Bundeswehr-Feldjäger, S. 179–181. – Den Hinweis hierauf verdanke ich Dr. Thomas Karlauf.
[226] Feldpostbrief Oberst i.G. Alexis Freiherr von Roenne an seine Frau vom 14.7.1944, MHM, PSF 958 BBAT 3630.
[227] Hoffmann, Claus Schenk Graf von Stauffenberg und seine Brüder, S. 417. Die Schilderung der Abläufe am 15.7. und 20.7. beruht hier – mangels einer besseren Quellenbasis – weitgehend auf der Darstellung in Hoffmann, Widerstand – Staatsstreich – Attentat, sowie in einzelnen zusätzlichen Berichten Überlebender und den Kaltenbrunner-Berichten (Spiegelbild einer Verschwörung). Eine detaillierte Untersuchung der genauen Abläufe auf Grundlage aller heute verfügbaren Quellen wäre ein Desiderat.
[228] Sie gaben ihr Leben, S. 47 f.

VII. Der Staatsstreich als militärisches Geschehen   209

Köpfe des NS-Systems traten am 15. Juli tatsächlich an, weil sie unter dem Vorwand einer Großfahndung zusammengezogen worden waren.[229] Am 20. Juli 1944 dagegen kam diese Alarmierung nicht zustande, woraus sich die Frage ergab, wer eigentlich für die Verhaftungen zuständig sei – die putschende Truppe oder die Kriminalpolizei.[230]

Er trifft durchaus zu, dass die noch immer lückenhaften Vorbereitungen am 15. wie am 20. Juli zu »Improvisationen und Konfusionen«[231] geführt haben. Das lag aber nicht daran, dass »die Vorbereitungen nie wieder so gründlich waren wie die im Herbst 1943 von Tresckow und Stauffenberg erarbeiteten«. Angesichts der hektischen Kriegslage war vielmehr die gleiche Art der Vorbereitung nicht mehr möglich, und die Verschwörer mussten sich auf das flexibler zu handhabende »Walküre«-Instrument verlassen. Diese Strategie basierte ganz darauf, dass Hitler tot war und die Truppe dies der Partei oder der SS anlastete.

Die »Übung« vom 15. Juli bot jedenfalls Gelegenheit, an einigen Punkten die Effektivität der ausgelösten Maßnahmen zu überprüfen. Vor allem die weiter von Berlin entfernt liegenden Truppenteile wurden durch Olbricht oder einen seiner Beauftragten besucht (Major i.G. von Oertzen etwa fuhr nach Cottbus zur Ersatzbrigade »Großdeutschland«). Wichtig erschien bei allen Überprüfungen die Fähigkeit zur schnellen motorisierten Verlegung.[232] Offenkundig ging es um die Frage, wann sich diese Elemente auf dem Schauplatz Berlin auswirken konnten. Olbricht selbst besichtigte u.a. die Panzertruppenschule in Krampnitz – ein weiterer Hinweis darauf, dass die gepanzerten Truppen im Ernstfall nicht auf ihre alleinige Unterstellung unter den Inspekteur pochen würden.[233] Auch der Stadtkommandant von Berlin, Generalleutnant von Hase, wurde anlässlich dieser »Übung« in den wahren Sachverhalt eingewiesen – augenscheinlich machte es die »Walküre«-Planung nicht notwendig, alle höheren Offiziere der beteiligten Truppenteile schon vorher in die Staatsstreichplanungen einzuweihen.[234]

Soweit sich aus den vorhandenen Überlieferungssplittern, vor allem den schon von der Gestapo gesammelten Befehlen,[235] die Planung rekonstruieren lässt, wird man in etwa das folgende Konzept annehmen können. Die Planungen gingen von einer »verhältnismäßig lange[n] Anlaufzeit [aus,] um die Maßnahmen an der Front[,] in der Heimat und beim Attentat aufeinander abzustimmen«.[236] Mindestens 24 Stunden vorher sollte das Attentat zeitlich bestimmbar feststehen. Wie sich bei Stauffenbergs ersten Besuchen im Führerhauptquartier gezeigt hatte, war schon dies eine echte Herausforderung.

Einzelne Truppenteile, vor allem die Panzertruppenschule II in Krampnitz und die Infanterieschule Döberitz, sollten 24 Stunden früher voralarmiert werden; die eingeteilten Verbindungsoffiziere sollten zur gleichen Zeit an ihre Ein-

---

[229] Hoffmann, Widerstand – Staatsstreich – Attentat, S. 456; Kopp, Paul von Hase, S. 143; Harrison, Alter Kämpfer, S. 417.
[230] Harrison, Alter Kämpfer, S. 419; Hoffmann, Widerstand – Staatsstreich – Attentat, S. 501.
[231] Hoffmann, Oberst i.G. Henning von Tresckow, S. 352; dort auch das folgende Zitat.
[232] Spiegelbild einer Verschwörung, S. 158 (6.8.1944); Page, General Friedrich Olbricht, S. 271–275.
[233] Hoffmann, Widerstand – Staatsstreich – Attentat, S. 457.
[234] IMT, Bd 33, Dok. 3881-PS, S. 482–484; Kopp, Paul von Hase, S. 213.
[235] Spiegelbild einer Verschwörung, S. 37–41 (24.7.1944, Anlagen).
[236] Befragung [Ewald-Heinrich] von Kleist, Ebenhausen, 14.2.1946, IfZ, ED 88/2, fol. 13 f.

satzorte kommen.²³⁷ Beide Truppenschulen hat Mertz von Quirnheim dann am frühen Nachmittag des 20. Juli 1944 vorab alarmiert, und zwar gegen etwa 14:00 Uhr, was ihre Bedeutung für die Staatsstreichplanung noch einmal hervorhebt.²³⁸ Nachdem das Attentat gelungen war, sollten die vorbereiteten Befehle – sowohl die »offiziellen« »Walküre«-Befehle als auch die geheimen Zusatzbefehle – ausgegeben werden. Die darin dargestellte Lage war in der Formulierung zusammengefasst, die das erste der am 20. Juli 1944 tatsächlich herausgegangenen Fernschreiben eröffnete. Hier handelte es sich natürlich um einen der geheimen Zusatzbefehle, der selbstverständlich nicht Teil der heeresintern »offenen« Planung für »Walküre« gewesen war:

»I. Der Führer Adolf Hitler ist tot! Eine gewissenlose Clique frontfremder Parteiführer hat es unter Ausnutzung dieser Lage versucht, der schwerringenden Front in den Rücken zu fallen und die Macht zu eigennützigen Zwecken an sich zu reißen.«²³⁹

Daraus ergaben sich die im weiteren Text des Fernschreibens genannten Konsequenzen:

»II. In dieser Stunde höchster Gefahr hat die Reichsregierung zur Aufrechterhaltung von Recht und Ordnung den militärischen Ausnahmezustand verhängt und mir zugleich mit dem Oberbefehl über die Wehrmacht die vollziehende Gewalt übertragen.«

Wie schon erwähnt, bedeutete die Nennung einer »Reichsregierung« eine Neuerung gegenüber den bisherigen Verhältnissen und beinhaltete im Kern die Ankündigung, dass es nicht allein darum ginge, nach dem plötzlichen Tod des »Führers« die bestehenden Verhältnisse gegen einen Umsturzversuch der Partei und SS zu verteidigen, sondern dass sich hier etwas Neues ankündigte. Das ergab sich ebenso aus den weiteren Passagen:

»III. Hierzu befehle ich:
  Ich übertrage die vollziehende Gewalt [...] auf den Befehlshaber des Ersatzheeres unter gleichzeitiger Ernennung zum Oberbefehlshaber im Heimatkriegsgebiet [...]
  Die gesamte Waffen-SS ist mit sofortiger Wirkung in das Heer eingegliedert [...]
  Der Oberbefehlshaber der Wehrmacht gez. v. Witzleben – Generalfeldmarschall.«²⁴⁰

Die Bezeichnung »Oberbefehlshaber im Heimatkriegsgebiet« kam einer Bedeutungserhöhung des bisherigen »Befehlshabers« gleich. Der Ausdruck »Heimatkriegsgebiet« erweiterte seinen Aufgabenbereich analog zum Ersten Weltkrieg wieder auf die Sicherheit im Inneren und machte die Reduzierung seiner Zu-

---

²³⁷ So wurde Graf Lehndorff am 19.7.1944 mit einem von Fellgiebel gestellten Dienstwagen abgeholt und nach Königsberg gebracht: Spiegelbild einer Verschwörung, S. 258 (18.8.1944). Graf Hardenberg wurde entsprechend instruiert: Mühleisen, Patrioten im Widerstand, S. 434. Hayessen, vorgesehener Verbindungsoffizier zum Standortkommando, orientierte Generalleutnant von Hase vor: IMT, Bd 33, Dok. 3881-PS, S. 485 f.
²³⁸ Kopp, Paul von Hase, S. 220.
²³⁹ Spiegelbild einer Verschwörung, S. 24 (24.7.1944, Anlage I 2).
²⁴⁰ Fernschreiben FRR – HOKW 02165, 20.7.1944, abgedr. in: Spiegelbild einer Verschwörung, S. 24 f. (24.7.1944, Anlage).

VII. Der Staatsstreich als militärisches Geschehen

ständigkeit auf das Ersatzwesen rückgängig.[241] Die Übernahme der Waffen-SS in das Heer sollte zum einen die gefürchtetsten systemtreuen Kräfte schwächen und zum anderen eine Zusammenfassung aller militärischen Anstrengungen des Reiches in einer Hand verwirklichen. Die Formulierung
»In dieser Stunde höchster Gefahr für das Vaterland ist Geschlossenheit der Wehrmacht und Aufrechterhaltung voller Disziplin oberstes Gebot«
griff wiederum den Topos auf, dass die Truppe ein zuverlässiges Instrument in der Hand ihrer Führer zu bleiben habe, reflektiert aber auch die Zweifel der Umsturzbewegung daran, dass dies noch überall selbstverständlich gegeben sei.

An dieses Fernschreiben des neuen Oberbefehlshabers der Wehrmacht schloss sich ein zweites an, das sich lediglich an die Dienststellen des Ersatzheeres richtete, also vor allem die Wehrkreiskommandos.[242] Unterzeichnet war es vom »Oberbefehlshaber im Heimatkriegsgebiet«, nominell Generaloberst Fromm, und von seinem Stabschef, Stauffenberg, wobei Mertz von Quirnheim für die Richtigkeit zeichnete; Mertz war es gewesen, der noch vor Stauffenbergs Eintreffen im Bendlerblock die Befehle ausgegeben hatte. Seine Unterschrift steht in einem gewissen Widerspruch dazu, dass Generaloberst Hoepner an die Stelle Fromms treten sollte. Dieser Befehl enthielt nunmehr Einzelregelungen, wobei als erstes ausgeführt wurde, dass die Befehlshaber in den Wehrkreisen wieder die bisher an die Gauleiter als »Reichsverteidigungskommissare« abgegebenen Kompetenzen erhielten. Summarisch waren die Funktionäre des NS-Regimes benannt, die zu verhaften waren. Der Befehl schloss mit der Klarstellung:
»Bei Ausübung der vollziehenden Gewalt dürfen keine Willkür- und Racheakte geduldet werden. Die Bevölkerung muss sich des Abstandes zu den willkürlichen Methoden der bisherigen Machthaber bewusst werden.«
Auch hier findet sich die Notwendigkeit, das Neue an der Umsturzregierung zu betonen, um den Preis, die ausgegebene Lage selbst in Frage zu stellen.

Besonders detailliert waren naturgemäß die Planungen für Berlin, die ebenfalls durch die Berichte der Gestapo überliefert sind. Spätestens 24 Stunden vor der vorgesehenen Auslösung des »Walküre«-Alarms sollten vorbereitende Maßnahmen getroffen sein. Dazu gehörte zunächst die Auslösung einer »Walküre«-Übung bei der Panzertruppenschule und den anderen rund um Berlin dislozierten Schulen. Schlüsselpersonal war heranzuziehen, vor allem die vorgesehenen Verbindungsoffiziere und die »Politischen Beauftragten«. Sodann war offenkundig beabsichtigt, die weiter entfernt dislozierten Truppenteile zumindest marschbereit zu machen, wenn schon eine Inmarschsetzung ausschied. Immerhin war zu bedenken, dass zu offenkundige Vorbereitungen vor dem Attentatstermin die der gesamten Planung zugrundeliegende Fiktion gefährden mussten, wonach der Umsturz eine Reaktion auf eine Aktion von Partei und SS sei. Eine Gruppe junger Offiziere, die meisten aus dem Potsdamer Infanterieregiment 9, sollte im Hotel Esplanade am Potsdamer Platz darauf warten, abgerufen zu werden und das Personal im Bendlerblock durch Ordonnanzaufträge zu unterstützen.[243]

Vorrangig war, auch das geht aus den Befehlen hervor, die Alarmierung von Truppen im erweiterten Standortbereich Berlin einschließlich der ehemaligen

---

[241] Siehe oben Kapitel IV.2.
[242] Fernschreiben HOKW 02155 geh., 20.7.1944, 18:00 [an die Wehrkreiskommandos], abgedr. in: Spiegelbild einer Verschwörung, S. 25 f. (24.7.1944, Anlage).
[243] Fritzsche, Ein Leben im Schatten des Verrates, S. 76.

Festungs- und Garnisonstadt Spandau, ohne dass jedoch die im Entwurf fertigen Befehle über die ortsfesten Schulen hinaus bestimmte Truppenteile benennen.

Wie schon bei den Planungen für Ostpreußen aus dem Jahr 1943 war bei den Unterlagen, die am 20. Juli 1944 zum Einsatz kamen, klar, wo der Schwerpunkt der regimetreuen Kräfte vermutet wurde. Der Standortkommandant Berlin wurde unter Nummer 12 des an ihn gerichteten Befehls beauftragt, die Luftwaffentruppen in der General-Göring-Kaserne am Flugplatz Tegel (die heutige Julius-Leber-Kaserne im Wedding) anzuweisen, alarmbereit (also nicht einmal alarmiert) in ihrer Kaserne zu verbleiben; der Kommandeur habe sich bei der Standortkommandantur zu melden.[244] Das war kein Vergleich mit dem, was in einer gesonderten »Anweisung für das Verhalten gegenüber der Waffen-SS« vorgesehen war: Danach sollten schwere Waffen in Stellung gebracht werden.[245] Der entsandte »energische Offizier« (in dem Befehl an den Standortkommandanten war davon die Rede, dass es sich bei dem Führer des Stoßtrupps nach Lichterfelde um einen General handeln sollte) war angewiesen, den verantwortlichen SS-Führer unter Androhung von Waffengewalt zu zwingen, die Befehle zu geben, mit denen die Eingliederung der SS in das Heer vorbereitet wurde:

»Bei Weigerung oder Widerstand ist der SS-Führer zu erschießen, die Wache zu entwaffnen und die Entwaffnung der gesamten Truppe zu erzwingen [...] Bei dem geringsten Zeichen zum Widerstand ist rücksichtslos von der Waffe Gebrauch zu machen.«

Dem entsprach der für Berlin gewählte Ansatz der schweren Kräfte, also der gepanzerten Verbände aus Krampnitz, mit Schwerpunkt gegen Lichterfelde, sowie der Ansatz der zu erwartenden Verstärkungen aus Cottbus. Es war klar, dass militärisch gesehen der Schwerpunkt der Umsturzkräfte gegen die Ersatztruppenteile der SS-Division »Leibstandarte SS Adolf Hitler«[246] in der ehemaligen Hauptkadettenanstalt Berlin-Lichterfelde gerichtet war, und nicht etwa gegen die infanteristischen Kräfte der Luftwaffe.

Zu den eigenen Kräften des Umsturzes zählte zunächst das Wachbataillon in Moabit, motorisierte Infanterie, ausweislich des »Übungsalarms« vom 15. Juli sofort verfügbar, geführt von dem absolut NS-treuen Major Otto Ernst Remer. Obwohl etwa Nebe vor ihm warnte, ging Stadtkommandant von Hase fest davon aus, dass auf Remer so lange Verlass sei, wie er der ausgegebenen Lage glaube. Hase sah sich darin bestätigt, als er zusammen mit Remer am 18. Juli 1944 den »Übungsalarm« vom 15. auswertete; das Bataillon war in 27 Minuten marschbereit gewesen.[247]

---

[244] Befehl Nr. 3: 2. Befehl an den Wehrmachtsstandort-Kommandanten von Berlin (bei persönlicher Meldung [...]), Nr. 12.a) und b), in: Spiegelbild einer Verschwörung, S. 39 (24.7.1944, Anlage).

[245] Bei Dirks/Janßen, Der Krieg der Generäle, S. 178, wird daraus, man habe die SS-Leibstandarte »mit schwerer Artillerie niederkartätschen« wollen. Abgesehen davon, dass die Leibstandarte selbst an der Front stand und es sich hier lediglich um ihre Ersatztruppenteile handelte, war eben in den Befehlsentwürfen nicht von einem Einsatz schwerer Waffen die Rede, sondern lediglich davon, diese in Stellung zu bringen.

[246] Leider keine näheren Angaben zu diesem Ersatztruppenteil in der ansonsten ausführlichen, aber sehr apologetischen Geschichte des Truppenteils: Lehmann/Tiemann, Die Leibstandarte

[247] Kopp, Paul von Hase, S. 215 f.; Harrison, Alter Kämpfer, S. 417.

VII. Der Staatsstreich als militärisches Geschehen 213

Die drei Bataillone der Infanterieschule Döberitz waren zwar motorisiert, würden aber erst nach Mobilisierung und Anmarsch über rund 25 km zur Verfügung stehen. Außerhalb von Berlin stationiert, unterstanden sie dem Wehrkreiskommando III, dessen Führungsspitze eben nicht im Sinne der Umsturzplanung vororientiert war. Diese Teile erhielten den Auftrag, die zur Sicherung des Regierungsviertels eingesetzten Kräfte zu verstärken, zugleich das Haus des Rundfunks an der Masurenallee sowie die Sender Tegel und Nauen zu besetzen (siehe auch Kapitel VII.4).

Von der Panzertruppenschule II in Krampnitz wurden zwei gepanzerte Bataillone erwartet, die aber ebenfalls erst mobilgemacht und dann über rund 30 km herangeführt werden mussten; sie bedurften, wie geschildert, für ihren Einsatz eigentlich der Zustimmung des Inspekteurs der gepanzerten Truppen. Die schweren Kräfte sollten als gepanzerte Reserve einen Verfügungsraum im Tiergarten beziehen, also in unmittelbarer Nähe des Bendlerblocks. Ihre leicht gepanzerten Kräfte sollten von dort aus Aufklärung nach Süden fahren und die SS-Kräfte in Lichterfelde überwachen.

Die Heeresfeuerwerkerschule auf dem Gelände der ehemaligen Gardeschützenkaserne in Lichterfelde und die Heereswaffenmeisterschule in Treptow fielen zahlenmäßig weniger ins Gewicht. Hier waren fronterfahrene Feldwebel in weiteren Ausbildungsgängen, aber die Schulen waren nicht ohne Weiteres beweglich zu machen, sodass sogar ein Anmarsch von Treptow per Straßenbahn in Betracht gezogen werden musste.[248] Die Standortkommandantur sollte beiden den Auftrag erteilen, das Berliner Stadtschloss und die direkt daneben liegende Standortkommandantur zu sichern.[249]

Ebenfalls unter Führung des Wehrkreiskommandos III, aber erst nach einem längeren Anmarsch und vermutlich nicht vor Ablauf von 24 Stunden in Berlin verfügbar, sollte die Ersatzbrigade der Heeresdivision »Großdeutschland« in Cottbus rund 7000 bis 8000 Mann stellen. Am 15. Juli war diese Truppe bereits alarmiert worden und ausgerückt.[250] Es hatte sich gezeigt, dass sie innerhalb von zwölf Stunden nach Alarmierung die Sendeanlagen bei Herzberg und in Königs Wusterhausen besetzen konnte. Weiter sollten diese Kräfte den Flugplatz Rangsdorf sichern, also die Anbindung des unweit davon in Zossen stationierten OKH sicherstellen. Von Süden her sollte das Gros nach Berlin hinein vorgehen, die SS-Kräfte in Lichterfelde binden und zugleich den Flughafen Tempelhof für eigene Verstärkungen sichern. Wie wichtig Stauffenberg dieser Truppenteil war, zeigte sich daran, dass er den amtierenden Kommandeur, Oberstleutnant Hans-Werner Stirius, für den 19. Juli noch einmal in den Bendlerblock bestellte und mit ihm Verfügbarkeit, Antrittsstärken und Marschzeiten durchging. Stirius merkte an, seine Brigade habe viele Freiwillige. Was das für die NS-Treue oder eben die Verwendbarkeit für einen Umsturz bedeuten konnte, war schwer zu sagen.[251]

Bei der Sicherung der Flugplätze Rangsdorf und Tempelhof ging es nicht nur um eine ungehinderte Rückkehr für den zur Führung des Umsturzes unentbehrlichen Stauffenberg. Mit Klaus Bonhoeffer und Otto John war verein-

---

[248] Hoffmann, Widerstand – Staatsstreich – Attentat, S. 516.
[249] Kopp, Paul von Hase, S. 224.
[250] Hoffmann, Claus Schenk Graf von Stauffenberg und seine Brüder, S. 405 f.
[251] Hoffmann, Widerstand – Staatsstreich – Attentat, S. 463, gestützt auf ein Gespräch mit Stirius vom 2.2.1967.

VII. Der Staatsstreich als militärisches Geschehen

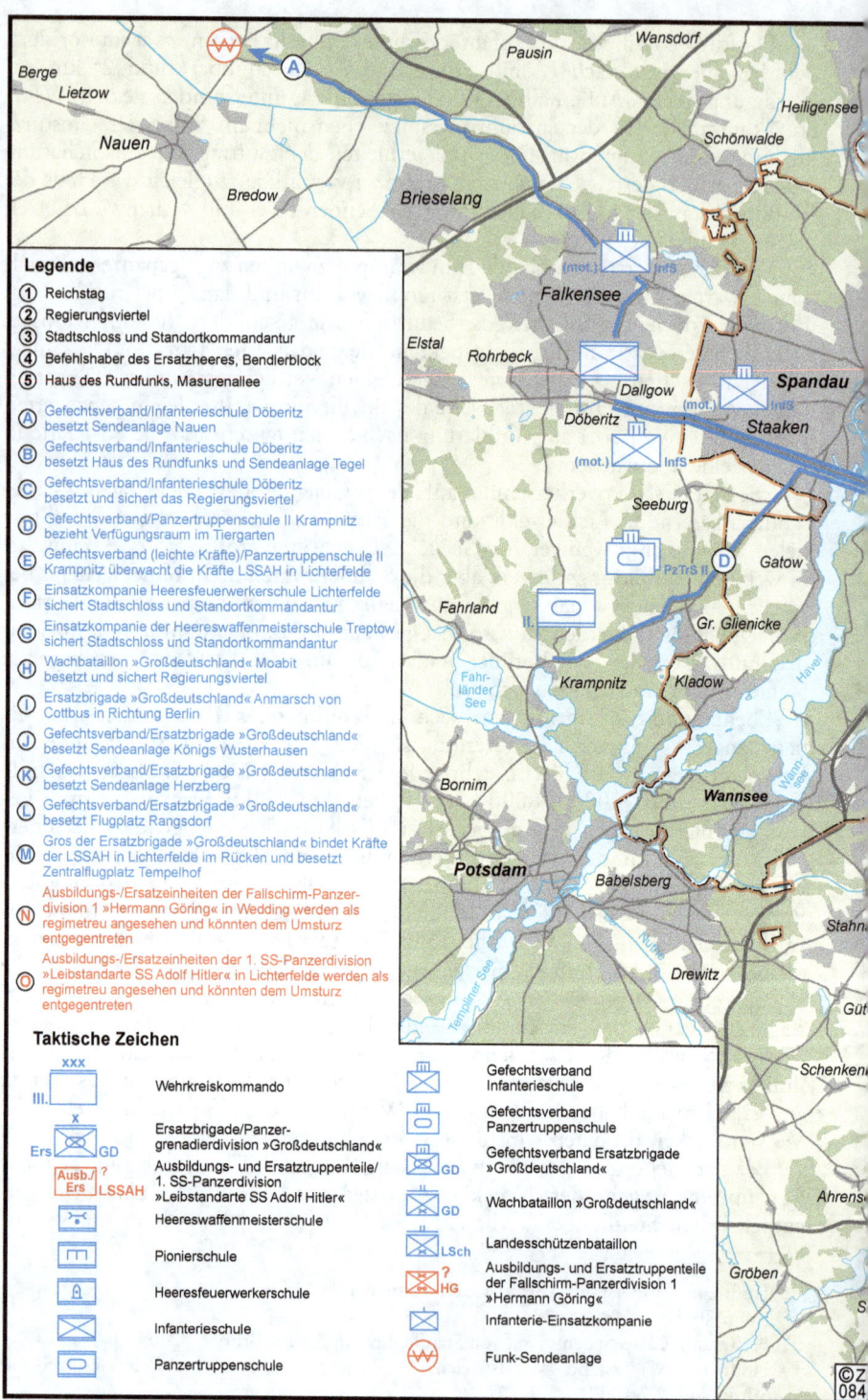

Legende

1. Reichstag
2. Regierungsviertel
3. Stadtschloss und Standortkommandantur
4. Befehlshaber des Ersatzheeres, Bendlerblock
5. Haus des Rundfunks, Masurenallee

A. Gefechtsverband/Infanterieschule Döberitz besetzt Sendeanlage Nauen
B. Gefechtsverband/Infanterieschule Döberitz besetzt Haus des Rundfunks und Sendeanlage Tegel
C. Gefechtsverband/Infanterieschule Döberitz besetzt und sichert das Regierungsviertel
D. Gefechtsverband/Panzertruppenschule II Krampnitz bezieht Verfügungsraum im Tiergarten
E. Gefechtsverband (leichte Kräfte)/Panzertruppenschule II Krampnitz überwacht die Kräfte LSSAH in Lichterfelde
F. Einsatzkompanie Heeresfeuerwerkerschule Lichterfelde sichert Stadtschloss und Standortkommandantur
G. Einsatzkompanie der Heereswaffenmeisterschule Treptow sichert Stadtschloss und Standortkommandantur
H. Wachbataillon »Großdeutschland« Moabit besetzt und sichert Regierungsviertel
I. Ersatzbrigade »Großdeutschland« Anmarsch von Cottbus in Richtung Berlin
J. Gefechtsverband/Ersatzbrigade »Großdeutschland« besetzt Sendeanlage Königs Wusterhausen
K. Gefechtsverband/Ersatzbrigade »Großdeutschland« besetzt Sendeanlage Herzberg
L. Gefechtsverband/Ersatzbrigade »Großdeutschland« besetzt Flugplatz Rangsdorf
M. Gros der Ersatzbrigade »Großdeutschland« bindet Kräfte der LSSAH in Lichterfelde im Rücken und besetzt Zentralflugplatz Tempelhof
N. Ausbildungs-/Ersatzeinheiten der Fallschirm-Panzer-division 1 »Hermann Göring« in Wedding werden als regimetreu angesehen und könnten dem Umsturz entgegentreten
O. Ausbildungs-/Ersatzeinheiten der 1. SS-Panzerdivision »Leibstandarte SS Adolf Hitler« in Lichterfelde werden als regimetreu angesehen und könnten dem Umsturz entgegentreten

Taktische Zeichen

- Wehrkreiskommando
- Ersatzbrigade/Panzergrenadierdivision »Großdeutschland«
- Ausbildungs- und Ersatztruppenteile/1. SS-Panzerdivision »Leibstandarte SS Adolf Hitler«
- Heereswaffenmeisterschule
- Pionierschule
- Heeresfeuerwerkerschule
- Infanterieschule
- Panzertruppenschule
- Gefechtsverband Infanterieschule
- Gefechtsverband Panzertruppenschule
- Gefechtsverband Ersatzbrigade »Großdeutschland«
- Wachbataillon »Großdeutschland«
- Landesschützenbataillon
- Ausbildungs- und Ersatztruppenteile der Fallschirm-Panzerdivision 1 »Hermann Göring«
- Infanterie-Einsatzkompanie
- Funk-Sendeanlage

VII. Der Staatsstreich als militärisches Geschehen

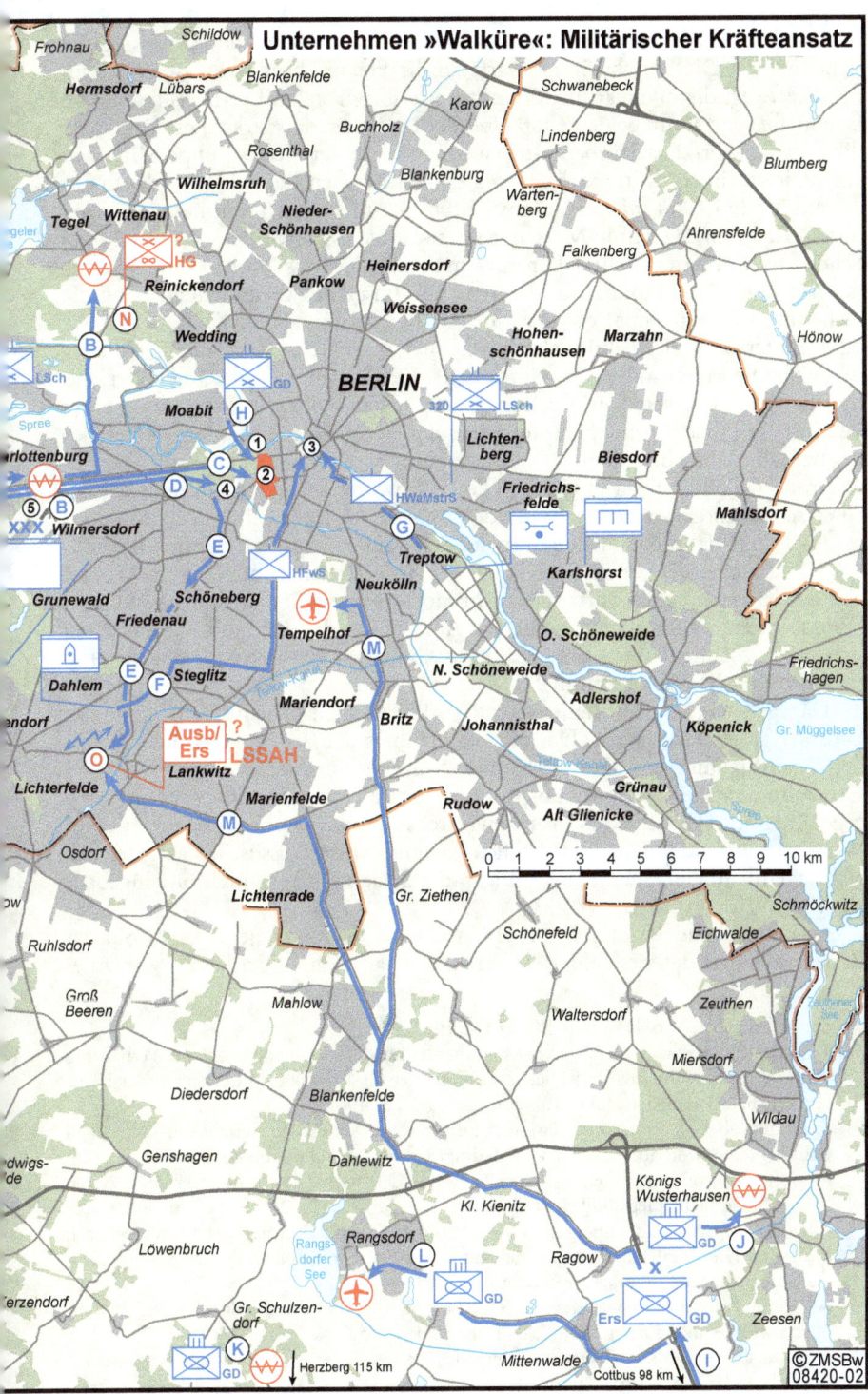

Unternehmen »Walküre«: Militärischer Kräfteansatz

bart worden, dass Tempelhof erst 24 Stunden nach Beginn des Umsturzes zu sichern sei.[252] Die Verschwörer erwarteten die Heranführung von Reserven auf dem Luftweg, die offenbar über Tempelhof erfolgen sollte. Die Beteiligung von Bonhoeffer und John, beide Mitarbeiter der Lufthansa, lässt erkennen, dass diese die Lufttransportkapazität bereitstellen sollte.[253] Bei der Heeresgruppe Mitte war ein »Reiterregiment Mitte« gebildet worden (siehe oben Kapitel IV.5), das in der Tat am 20. Juli 1944 mit Teilen (etwa 1200 Mann) aus der Front herausgezogen und in Richtung Westen in Marsch gesetzt worden ist. Nach Bekanntwerden des Scheiterns von Attentat und Umsturz mussten die Schwadronen eiligst kehrtmachen und an die Front zurückkehren.[254] In unserem Zusammenhang sind die Sicherung der Flughäfen, die aus Cottbus heranzuführenden Kräfte sowie die 1200 Reiter insofern wichtig, als sie erkennen lassen, dass die Umsturzplanung sehr wohl die Möglichkeit einer länger dauernden Auseinandersetzung in der und um die Reichshauptstadt in Rechnung gestellt hat. Auch die Entsendung eines Verbindungsoffiziers zum Hauptquartier der Seekriegsleitung (Lager »Koralle« bei Bernau, siehe oben Kapitel IV.5) ergab nur einen Sinn, wenn ein länger andauernder Konflikt erwartet wurde. Die Verschwörer dachten also keineswegs an einen schnellen Coup, der nach Stunden unblutig zu Ende geführt sein sollte.

Auch in Paris »stand« die Planung für den Tag des Umsturzes. Immerhin sollte in Frankreich die wesentliche Folge des Staatsstreichs eintreten: Im Westen war der Krieg jedenfalls vorrangig zu beenden, und dafür war es notwendig, in Frankreich Handlungsfreiheit zu haben. Am Vorabend des 20. Juli versammelten sich die in Stauffenbergs Planung Eingeweihten um Caesar von Hofacker und sprachen die Details noch einmal durch.[255]

Dagegen scheint es in Italien keine Vorbereitungen für eine Beteiligung am Umsturz gegeben zu haben. Der mit Stauffenberg aus der gemeinsamen Zeit in der Org-Abteilung vertraute Oberst i.G. Schmidt von Altenstadt war Chef des Generalstabes des XIV. Panzerkorps und hätte eine einseitige Kriegsbeendigung gegenüber den Westalliierten in Italien durchaus anbahnen können, zu der es im Winter 1944/45 dann auch tatsächlich gekommen ist.[256] Es ist jedoch eher unwahrscheinlich, dass Stauffenberg ihn in die Staatsstreichorganisation eingebaut hat.

Insgesamt handelte es sich um eine sinnvolle Planung – jedenfalls wohl das Beste, was unter den geschilderten Umständen an Planung zu leisten war. Alles

---

[252] Spiegelbild einer Verschwörung, S. 442 (12.10.1944).
[253] Gerrens, Rüdiger Schleicher, S. 158. Allerdings hatten die Verschwörer nach der Verhaftung von Hans von Dohnanyi und Dietrich Bonhoeffer die Kontakte zu dessen Bruder Klaus vorsichtshalber reduziert: John, Falsch und zu spät, S. 49.
[254] Siehe den über die Jahre in Variationen immer wiederkehrenden Bericht des Zeitzeugen Philipp Freiherr von Boeselager, u.a. in Meding/Sarkowicz, Philipp von Boeselager, S. 25–36; John, Philipp von Boeselager, S. 184–196; Witte/Offermann, Die Boeselagerschen Reiter, S. 252. Siehe auch Spiegelbild einer Verschwörung, S. 442 (12.10.1944); Hoffmann, Claus Schenk Graf von Stauffenberg und seine Brüder, S. 407; Boeselager, Der Widerstand, S. 21–23. Die Zweifel an dem Geschehen hat erst Reuther, Soldaten für den Staatsstreich, quellengestützt auszuräumen vermocht.
[255] Schramm, Aufstand der Generale, S. 83. Siehe auch Gotthard von Falkenhausen, Bericht über Vorgänge in Paris am 20. Juli, IfZ, ED 88/1, fol. 51.
[256] Eid und Gewissen, S. 11; Agarossi/Smith, Operation Sunrise; Schiemann, Der Geheimdienst beendet den Krieg.

VII. Der Staatsstreich als militärisches Geschehen

hing an zwei Voraussetzungen: Erst musste Hitler dem Attentat zum Opfer fallen, und dann musste Stauffenberg der Explosion lebend entkommen und nach Berlin gelangen, um sich an die Spitze des Staatsstreichs setzen zu können. Diese beiden Bedingungen aber standen in einem fast diametralen Gegensatz zueinander: Hätte der Attentäter sich selbst mit dem »Führer« in die Luft gesprengt, wäre Hitlers Tod wohl sicher gewesen. Dann aber wäre der Umsturz kopflos und damit aussichtslos gewesen, und damit wäre auch die moralische Rechtfertigung für das Attentat entfallen.

Den Verschwörern und Planern ist diese Unsicherheit sehr wohl bewusst gewesen. Tresckows bereits zitierter Satz, das Attentat müsse erfolgen, »koste es, was es wolle«, beinhaltet eine Festlegung gerade im Angesicht der begrenzten Erfolgsaussichten.

Woran ist der so gut geplante Umsturz dann gescheitert? Die wesentlichen Ereignisse sind bekannt: Stauffenberg flog am 20. Juli gegen 08:00 Uhr von Rangsdorf aus nach Rastenburg, um an einer Lagebesprechung bei Hitler teilzunehmen. Diese war aber wegen des Staatsbesuchs des »Duce« auf 12:30 Uhr vorgezogen worden. Zudem fand sie nicht in einem Bunker, sondern in der »Lagebaracke« statt. Der schwer kriegsversehrte Stauffenberg konnte nicht beide mitgebrachte Sprengladungen scharf machen, deponierte daher nur eine (knapp 1 kg Sprengstoff) unter Hitlers Lagetisch und entfernte sich unter einem Vorwand. Nach erfolgter Detonation gelang es ihm, die Sperrkreise des Führerhauptquartiers zu verlassen und zurückzufliegen. Nach der Landung in Rangsdorf bei Zossen gegen 15:30 Uhr ließ er seinen Adjutanten Haeften die Mitverschwörer im Bendlerblock anrufen und nach dem Stand des Staatsstreichs fragen. Da hatte Mertz von Quirnheim gerade die ersten Alarmbefehle ausgegeben, hinter dem Rücken seines mitverschworenen Amtschefs Olbricht.[257] Erst nach Stauffenbergs Eintreffen im Bendlerblock nach 16:30 Uhr wurden die »Walküre«-Maßnahmen energischer vorangetrieben.[258] Um 17:00 Uhr brachte der Rundfunk die Meldung, auf Hitler sei ein Attentat verübt worden, der Führer habe aber leicht verletzt überlebt. Dadurch verlangsamte sich die Durchführung der »Walküre«-Maßnahmen zunehmend, bis die Gegenbewegung der Heeresoffiziere im Bendlerblock selbst die Oberhand gewann und Fromm die Spitzen der Verschwörung exekutieren ließ.

Zunächst muss auffallen, dass das Regime selbst keine gute Figur abgegeben hat. Weder war es dem Sicherheitsdienst gelungen, das Attentat zu verhindern, das um ein Haar Hitler getötet hätte, noch gewann man im Führerhauptquartier frühzeitig genug den Eindruck, dass es sich um mehr handelte als den »Mordversuch« eines einzelnen: Dass dahinter ein kompletter Putschversuch stand, wurde in Ostpreußen erst erkannt, als ein erregter Goebbels anrief, der den Major Remer mit Hitler sprechen ließ, und die ersten Fernschreiben aus der Bendlerstraße eingingen. Die Gegenreaktionen liefen zunächst unkoordiniert an; von einer Mobilisierung der Machtmittel des Regimes konnte keine Rede sein.[259]

---

[257] IMT, Bd 33, Dok. 3881-PS, S. 400 f.
[258] Spiegelbild einer Verschwörung, S. 22 (24.7.1944).
[259] Es ist abwegig, von einer »underestimation of the energy of the Nazis« aufseiten der Verschwörer zu sprechen (Broszat, A Social and Historical Typology, S. 32). Zum Versagen der systemtreuen Kräfte auch Kiesel, SS-Bericht, S. 77 f.; Wildt, Generation des Unbedingten, S. 706 f.; und Longerich, Heinrich Himmler, S. 718. Bezeichnenderweise macht sogar eine

Auch Goebbels hat, bis klar war, in welche Richtung die Waage sich neigen würde, erstaunlich wenig zur Niederschlagung des Putsches unternommen.[260] Sogar in Paris erschien der Wille der SD- und Gestapo-Beamten zur Aufklärung der Vorgänge merkwürdig zurückhaltend.[261] Noch Monate nach dem 20. Juli 1944 reagierte die Gestapo bei entsprechenden Vorwürfen, sie habe den »Führer« und das NS-Regime nicht hinreichend geschützt, ausgesprochen empfindsam.[262]

Die als parteitreu bekannten militärischen Vorgesetzten wurden teils unter Androhung von Waffengewalt im Bendlerblock festgesetzt. Das galt etwa für den Wehrkreisbefehlshaber III, General der Infanterie von Kortzfleisch, der zum Befehlshaber des Ersatzheeres befohlen und dort eingewiesen wurde. Kortzfleisch bemerkte, dass es sich um einen Putsch handelte, und verweigerte die Mitwirkung. Er wurde arrestiert und erst am späten Abend, als der Putsch offensichtlich gescheitert war, wieder entlassen.[263] Der SS-Oberführer Humbert Achamer-Pifrader, der gegen 18:00 Uhr beim BdE erschien, um Stauffenberg zu verhaften, konnte seinerseits festgenommen werden – ein klares Indiz dafür, dass die Gestapo auch zu diesem Zeitpunkt keineswegs mit einem Staatsstreich des Ersatzheeres rechnete.[264] Bormann schickte ein Fernschreiben an alle Gauleiter, in dem es hieß:

»Es ist notwendig, dass Sie sofort alle aus dieser Lage sich ergebenden Konsequenzen ziehen und dass Sie äußerste Vorsicht walten lassen.

Nur Befehle des Führers Adolf Hitler oder seiner Männer haben Gültigkeit, nicht Befehle abtrümmiger [!], reaktionärer Generale.

Dem Reichsführer SS übertrug der Führer alle notwendigen Vollmachten. Nehmen Sie daher sofort Verbindung mit Ihren zuständigen Polizeiführern auf. Sie sind dafür verantwortlich, dass [Sie] die Führung in Ihren Gauen auf jeden Fall fest in Ihrer Hand behalten.

Heil Hitler, gez. M. Bormann«[265]

Da war es aber schon 20:30 Uhr. Kurz darauf setzte er nach:

»Der Führer hat angeordnet, dass alle Gauleiter in Verbindung mit ihren zuständigen Polizeiführern alle Personen, die mit dem reaktionären Verbrechergesindel: Fromm-Huebner[!]-Witzleben-Freiherr v. Staufenberg [!] im Komplott stehen, sofort festnehmen lassen sollen.

Alle zuständigen Parteidienststellen sind von Ihnen entsprechend zu unterrichten, damit keinesfalls verbrecherischen Elementen [!] der Versuch, die Volksführung an sich zu reißen, gelingen kann.

Heil Hitler, gez. M. Bormann«

---

so umfassende Publikation wie etwa Die Gestapo im Zweiten Weltkrieg keine Aussage zu den Ermittlungsarbeiten nach dem 20. Juli.
[260] Sösemann, Verräter vor dem Volksgericht, S. 154 f.
[261] [Oberregierungsrat Friedrich Freiherr von Teuchert,] Aufzeichnungen, IfZ, ED 88/2, fol. 95.
[262] Bielenberg, The Past Is Myself, S. 238 f.
[263] Kopp, Paul von Hase, S. 234; Keil, Hans-Ulrich von Oertzen, S. 145.
[264] Spiegelbild einer Verschwörung, S. 45 (24.7.1944); Hoffmann, Widerstand – Staatsstreich – Attentat, S. 502.
[265] Fernschreiben Bormann, Führerhauptquartier, an alle Gauleiter (Eilt sehr – Sofort auf den Tisch), IfZ, Fa 116, fol. 1.

VII. Der Staatsstreich als militärisches Geschehen

Die alarmierten Schulen setzten ihre Truppenteile zügig in Marsch und erreichten die ihnen zugewiesenen Ziele.[266] Der Schulkommandeur in Krampnitz, der vormalige Chef der deutschen Springreiter Oberst Harald Momm, quittierte die Nachricht vom Tode des »Führers« mit einem Ruf quer durch das Kasino: »Ordonnanz, eine Flasche Schampus, das Schwein ist tot!«[267] Das hätte ihn beinahe den Kopf gekostet: Er wurde verhaftet, kam aber im September 1944 wieder frei.[268]

Die Rolle des Wachbataillons war zumindest ambivalent. Die Stadtkommandantur hatte ihre Befehle recht energisch umgesetzt und das Bataillon sofort alarmiert; Remer entsprach Generalleutnant von Hases Erwartungen und tat, was man ihm sagte.[269] Bis etwa 18:30 Uhr hatten die Soldaten unter Remers Befehl das Regierungsviertel abgeriegelt und damit ihren wesentlichen Auftrag erfüllt, obwohl bereits gegen 18:00 Uhr erstmals der Rundfunk von einem Attentat auf Hitler und von dessen Überleben berichtet hatte. Remer begab sich dann zu Reichspropagandaminister Goebbels, der zugleich der Berliner Gauleiter war. Dort sprach der Major gegen 19:00 Uhr mit Hitler, der ihm den Auftrag erteilte, den Aufstand niederzuschlagen. Die ersten seiner Truppenteile trafen aber erst gegen Mitternacht im Bendlerblock ein, der vielleicht zehn Gehminuten vom Zentrum der Macht in der Wilhelmstraße entfernt lag. Sie kamen gerade rechtzeitig, um die Erschießungskommandos zur Vollstreckung der von Fromm im Schnellverfahren verkündeten Todesurteile zu stellen.

Auch die bei den Vorbereitungen so gefürchtete Waffen-SS in Lichterfelde hat nichts unternommen; ebenso wenig haben andere systemtreue Kräfte, etwa Verbände der Luftwaffe, die Gestapo oder der SD, einen Finger zur Unterstützung der NS-Herrschaft gerührt. Dass die von Nebe zugesagten Kriminalbeamten nicht wie am 15. Juli für die Verhaftungsaktionen erschienen, war schon der Tatsache geschuldet, dass er mitbekommen hatte, wie eine Sonderkommission nach Rastenburg in Marsch gesetzt wurde; Nebe hatte dadurch mit als erster begriffen, dass das Attentat gescheitert war.[270]

An dieser Stelle ist die Frage nach der Rolle des Generalobersten Fromm zu stellen. Fromm war bekanntlich sehr wohl im Bilde darüber, dass in seinem Stab ein Umsturz gegen Hitler geplant wurde. Ob sich der Befehlshaber des Ersatzheeres darüber im Klaren war, dass Stauffenberg selbst das Attentat ausführen wollte, kann offenbleiben. Sein Biograf unterstellt Fromm, er habe wie immer versucht, sich in jeder Hinsicht abzusichern. Dass Stauffenberg handelte, ohne ihn – den Vorgesetzten – zu informieren, habe Fromm noch ein Stück weit hingenommen. Dass Stauffenberg dann aber ihn, Fromm, mit vorgehaltener Waffe verhaftete und anschließend festsetzte, habe Fromms Verständnis von seiner Rolle als Offizier und Ehrenmann zutiefst widersprochen.[271]

---

[266] Hoffmann, Widerstand – Staatsstreich – Attentat, S. 514.
[267] Ebd., S. 515.
[268] HPA Ag P2/Rechtsgr. (2) an P3, z.Hd. Herrn Oberstleutnant i.G. Kinitz (undatiert, Mitte September 1944), BArch, RH 7/30.
[269] Hoffmann, Widerstand – Staatsstreich – Attentat, S. 506.
[270] Hoffmann, Widerstand – Staatsstreich – Attentat, S. 491; Harrison, Alter Kämpfer, S. 419.
[271] Kroener, Friedrich Fromm. Der starke Mann, S. 183 f.

Die Verschwörer hatten sich zunächst des Bendlerblocks bemächtigt und führten von dort aus planmäßig den Staatsstreich auf der Basis der »Walküre«-Befehle. Noch lange bevor die ersten NS-loyalen Truppenteile im Bendlerblock eintrafen, hatten sich jedoch mehrere nicht am Umsturzversuch beteiligte Offiziere entschlossen, dem Treiben von Olbricht, Mertz und Stauffenberg ein Ende zu machen. Dabei sind vor allem die Oberstleutnante des Generalstabs Herber, Pridun und von der Heyde hervorgetreten. Herber hat noch am 21. Juli eine umfangreiche Aussage zu seiner eigenen Rolle gemacht und wurde nicht nur vorzugsweise zum Oberst befördert, sondern darüber hinaus von Hitler »für sein vorbildliches Verhalten bei der Niederschlagung der Revolte am 20.7.44« mit dem Eisernen Kreuz Erster Klasse ausgezeichnet.[272] Alle drei waren von ihrem Chef, Stauffenberg, positiv beurteilt worden. Pridun hatte er ins Stammbuch geschrieben:

»Starke, energische, selbstbewusste Persönlichkeit. Sicher im Auftreten, gewandt im Verhandeln, ehrgeizig [...] Von einwandfreier nationalsozialistischer Haltung [...] Ist zuweilen in Gefahr, seinem Ehrgeiz nachzugehen.«[273]

Über Herber hatte Stauffenberg geurteilt:

»Klare, gediegene, zuverlässige Persönlichkeit mit ausgezeichneten Fachkenntnissen und zielbewusstem Willen. Überzeugter Nationalsozialist.«[274]

Schon im Juli 1947 schrieb Delia Ziegler, Stauffenbergs Sekretärin im Stab des Befehlshabers des Ersatzheeres, als Reaktion auf einen Artikel in der »Welt« an deren Herausgeber, Herber und von der Heyde seien aufgrund ihrer Rolle bei der Niederschlagung des Putsches vorrangig befördert worden, und fügte hinzu:

»Es ist nicht zu verstehen, dass gerade Heyde, der ein Jahrgangskamerad von Stauffenberg war, mit die Führung des Gegenputsches übernommen hat. Es entsteht daher die Frage, warum gerade dieser Offz. in Klasse IVb [des Entnazifizierungsverfahrens] entlassen worden ist?«[275]

Eine Rolle mag dabei gespielt haben, dass von der Heyde offenbar sehr schnell Anschluss an die »Organisation Gehlen« gefunden hat.[276] Auch der Schwiegersohn Olbrichts, Friedrich Georgi, hat aus eigener Anschauung und nach Rücksprache mit Ziegler diese drei Offiziere als die Träger der Gegenbewegung bezeichnet.[277]

Alle drei haben nach dem Krieg wiederholt versucht, ihre Rolle bei der Niederschlagung des Aufstands herunterzuspielen. Herber vor allem hat mit viel Aufwand widerlegen wollen, dass er deswegen bevorzugt zum Oberst befördert worden sei. Er hat das sogar noch fortgeführt, nachdem ihm die damalige Zentralnachweisstelle (ZNS) in Aachen-Kornelimünster Einsicht in seine Personalakte ermöglicht hat. In gleicher Weise musste sich von der Heyde

---

[272] OKH/HPA an Chef HRüst und BdE vom 26.8.1944, BArch, RW 59/191, fol. 7 f.; siehe auch Kroener, Der starke Mann im Heimatkriegsgebiet, S. 698 f.
[273] Beurteilung Oberstlt. d.G. Pridun zum 1.3.1944, BArch, Pers 6/59047.
[274] Beurteilung Oberstlt. d.G. Herber zum 1.3.1944, BArch, Pers 6/276591.
[275] Delia Ziegler, Minden, an Chefredakteur »Die Welt«, Hamburg, undatiert [Reaktion auf einen Artikel vom 31.7.1947], IfZ, ED 88/1, fol. 370.
[276] Schmidt-Eenbom, Der innenpolitische Einfluß, S. 199.
[277] Friedrich Georgi, Verlagsbuchhändler, Berlin-Dahlem, 26.9.1947, Betr.: Augenzeugenbericht über die Ereignisse im OKH Bendlerstrasse am 20. Juli 1944 unter besonderer Berücksichtigung der entscheidenden Rolle der Obersten i.G. Herber und v.d. Heyde bei der Niederschlagung des Umsturzversuchs. Durchschlag, IfZ, ED 88/1, fol. 91r–92v.

VII. Der Staatsstreich als militärisches Geschehen

1962 von der Zentralnachweisstelle belehren lassen, dass sein Dienstposten im Bendlerblock keineswegs als Oberst-Stelle ausgewiesen gewesen und er also »außer der Reihe« befördert worden war. Pridun hat 1953 in einem elfseitigen Schreiben an Eberhard Zeller detailliert seine Mitwirkung bestritten und dabei larmoyant Olbricht den nicht ganz unberechtigten Vorwurf gemacht, sein Vertrauen und das der anderen missbraucht zu haben. Am Ende hat Heyde wahrheitswidrig ausgeführt, bevor er und Herber hätten tätig werden können, sei das Wachbataillon (bei ihm als »Wachregiment Großdeutschland« bezeichnet) im Hof erschienen.[278] Aber schon im Oktober 1944 hatte Generalleutnant Ernst Maisel in einem Vortrag vor einer Adjutantenbesprechung im Heerespersonalamt die »Verräter-Festnahme durch Herber« herausgehoben.[279] Die Schießereien auf den Fluren des Bendlerblocks waren längst beendet und Fromm hatte seine Handlungsfreiheit wiedergewonnen, bevor die ersten Soldaten von Remers Wachbataillon gegen 23:30 Uhr auftauchten.[280] Aus den Personalakten der drei Offiziere geht im Übrigen klar hervor, dass sie alle zusammen im Oktober 1944 rückwirkend zum 1. August unter dem Aktenzeichen Nr. 1602/44 PA/Ag P 1/1 in einer »Sondermaßnahme 20.7.44« befördert worden sind.[281] Mit den dreien wurde ein Oberstleutnant d.G. Kuban vorzugsweise befördert, über den aber nichts Näheres bekannt ist.[282]

Ebenso wurde Major Remer vorzeitig und unter Überspringen des Dienstgrads »Oberstleutnant« zum Oberst befördert;[283] im Januar 1945 stieg er nach einem Frontkommando auch noch zum Generalmajor auf.[284] Anders als die drei zuerst genannten Offiziere aus dem Stab des Allgemeinen Heeresamtes hat Remer seine eigene Rolle am 20. Juli aber immer überhöht und sich als den Retter des NS-Regimes feiern lassen; die NS-Propaganda unterstützte ihn dabei nach Kräften.

---

[278] Generalsekretär Karl Pridun, Bregenz, Betr.: 20. Juli 1944. Anschreiben an Eberhard Zeller, undatiert, und Stellungnahme vom 30.10.1953, IfZ, ZS 1769, fol. 3–13.

[279] Aktennotiz über Adjutantenbesprechung vom 14.10. bis 17.10.1944 im HPA, 16.10.1944, BArch, RH 7/978.

[280] Friedrich Georgi, Verlagsbuchhändler, Berlin-Dahlem, 26.9.1947, Betr.: Augenzeugenbericht über die Ereignisse im OKH Bendlerstrasse am 20. Juli 1944 unter besonderer Berücksichtigung der entscheidenden Rolle der Obersten i.G. Herber und v.d. Heyde bei der Niederschlagung des Umsturzversuchs. Durchschlag, IfZ, ED 88/1, fol. 91r–92v, hier fol. 92r.

[281] Beförderung zum Oberst mit Wirkung zum 1.8.1944, Az Nr. 1602/44 PA/Ag P1/1, BArch, Pers 6/59047 (Pridun), Pers 6/276591 (Herber); Schreiben BA-ZNS II 17. Nr. 1929/62 H an Bolko v.d. Heyde, Friedrichsdorf ü. Bielefeld vom 16.11.1962, ebd., Pers 6/277104; Vorzugsweise Beförderungen aus Anlaß der Ereignisse des 20.7.1944 [Aktennotiz des Bundesarchivs, ZNS Kornelimünster] vom 20.4.1977, BArch, RW 59/191, fol. 10.

[282] Möglicherweise ist er identisch mit Oberst i.G. Hans Heinrich Kuban, bis 5.3.1945 Ia der 15. Armee, <http://www.lexikon-der-wehrmacht.de/Gliederungen/Armeen/15Armee.htm>, zuletzt konsultiert am 19.9.2018.

[283] Seine Personalakte ist nicht erhalten. Siehe aber Krüger, Otto Ernst Remer, S. 119 f. Ebensowenig ist die Personalakte Stirius erhalten, der am 20. Juli noch Oberstleutnant war, aber zu einem nicht mehr feststellbaren Zeitpunkt vor Kriegsende noch Oberst wurde: Molt, Von der Wehrmacht zur Bundeswehr, S. 171, Anm. 42; und weiter unten Kapitel X.1.

[284] Vorzugsweise Beförderungen aus Anlaß der Ereignisse des 20.7.1944 [Aktennotiz des Bundesarchivs, ZNS Kornelimünster] vom 20.4.1977, BArch, RW 59/191, fol. 10.

Darüber hinaus wurde er im August 1944 Ehrenbürger seiner Heimatstadt Neubrandenburg.[285]

Außer den genannten Offizieren sind eine Anzahl von Feldwebeln zu Leutnanten sowie Mannschaften und Unteroffiziere zu höheren Dienstgraden befördert worden, allerdings – soweit die Quellen erkennen lassen – ausschließlich aus dem Stab des Allgemeinen Heeresamtes und aus anderen im Bendlerblock dislozierten Dienststellen, dazu ein Leutnant aus der 31. Infanteriedivision, bei dem sich der Zusammenhang nicht mehr eruieren lässt.[286]

Generaloberst Fromm, aus seinem Arrest befreit, erklärte, er habe ein formloses Standgericht einberufen, und ließ Stauffenberg, Olbricht, Mertz und Haeften zum Tode verurteilen. Hoepner, der behauptete, sich rechtfertigen zu können, ließ er festnehmen. Dem alten Generalstabschef, Generaloberst Beck, gab er Gelegenheit, sich selbst zu erschießen; als das nicht gelang, erhielt dieser im Auftrag von Fromm von einem Feldwebel den Gnadenschuss. Dabei scheint es Fromm nicht darum gegangen zu sein, gefährliche Mitwisser zu beseitigen, oder darum, die fünf vor den Verfolgungen durch die Gestapo zu schützen. Vielmehr meinte er, die »Schmach und Beschädigung seiner persönlichen Ehre nur durch den Tod der daran beteiligten Offiziere auslöschen« zu können.[287]

Es bleibt der Schluss, dass es nicht die Kräfte von SS, Gestapo oder anderen Organen waren, die den Staatsstreich niedergeschlagen haben, sondern systemloyale Kräfte des Heeres selbst.[288] Der Chef des Reichssicherheitshauptamtes der SS, Ernst Kaltenbrunner, ging sogar so weit, noch in der Nacht sein vorläufiges Nicht-Eingreifen damit zu erklären, er wolle verhindern, dass es zu Schießereien zwischen Heer und SS käme und sich dann Teile des Heeres mit den Verschwörern solidarisierten.[289] Von dem Augenblick an, als deutlich wurde, dass es sich um einen Staatsstreich handelte, und als die Fiktion eines Vorgehens gegen eine putschende Partei und SS nicht mehr trug, trat ein, was Stauffenberg und die militärischen Verschwörer von Anfang an vorhergesagt hatten: Das Heer selbst versagte sich dem Umsturz. Das schützte es nicht vor der Rache des Regimes, das zwar die beteiligten systemtreuen Offiziere beförderte, aber ansonsten das Heer in der Öffentlichkeit als Träger der Verschwörung erscheinen ließ.[290]

---

[285] Brief Otto E. Remer an Ratsherr Riemer, Neubrandenburg, vom 19.8.1944, MHM, Sondermappe 20. Juli 1944, BBAU 0735-1.
[286] Allgemeines Heeresamt, IIa: Festsetzung des RDA für die mit Wirkung vom 26.8.1944 beförderten Angehörigen des AHA vom 5.9.1944, BArch, RW 59/191, fol. 9; in Verbindung mit Vorzugsweise Beförderungen aus Anlaß der Ereignisse des 20.7.1944 [Aktennotiz des Bundesarchivs, ZNS Kornelimünster] vom 20.4.1977, BArch, RW 59/191, fol. 10. Die Liste ist vermutlich nicht vollständig; sie enthält beispielsweise nicht den zum Hauptmann beförderten Leutnant d.R. Dr. Hans W. Hagen, der die Verbindung zwischen Remer und Goebbels hergestellt hatte.
[287] Kroener, Der starke Mann im Heimatkriegsgebiet, S. 701.
[288] Black, Ernst Kaltenbrunner, S. 177 f.
[289] Ebd., S. 178 f.
[290] Friedrich Georgi, Verlagsbuchhändler, Berlin-Dahlem, 26.9.1947, Betr.: Augenzeugenbericht über die Ereignisse im OKH Bendlerstrasse am 20. Juli 1944 unter besonderer Berücksichtigung der entscheidenden Rolle der Obersten i.G. Herber und v.d. Heyde bei der Niederschlagung des Umsturzversuchs. Durchschlag, IfZ, ED 88/1, fol. 91r–92v.

VII. Der Staatsstreich als militärisches Geschehen

5. Kommunikation[291]

Charakteristisch für den 20. Juli sind im Bewusstsein zumindest der historisch Interessierten drei Nachrichten: Erstens das Fernschreiben der Verschwörer, das mit den viel zitierten Worten anhebt:
> »Der Führer Adolf Hitler ist tot! Eine gewissenlose Clique frontfremder Parteiführer hat es unter Ausnutzung dieser Lage versucht, der schwer ringenden Front in den Rücken zu fallen und die Macht zu eigennützigen Zwecken an sich zu reißen.«

Da ist sodann das Telefongespräch zwischen Hitler und dem Major Remer, das in filmischen Aufbereitungen jenes Tages immer eine zentrale Rolle spielt: »Remer, erkennen Sie meine Stimme?!« Zuletzt ist da die Rundfunknachricht aus der späten Nacht, erhalten in einer verrauschten Aufzeichnung, mit der berüchtigten und hier schon gelegentlich zitierten Formulierung von einer »ganz kleine[n] Clique ehrgeiziger, gewissenloser und zugleich verbrecherischer, dummer Offiziere«. Im Folgenden soll es nicht um die Inhalte dieser Meldungen gehen, sondern um die Form ihrer Übermittlung. Ist es ein Zufall, dass die nationalkonservativen Verschwörer Fernschreiben verschickten, wogegen das Regime das Telefon (»Fernsprecher« in der arisierten Sprache) und vor allem das Radio, den »Rundfunk« nutzte? Da die Fiktion eines Umsturzversuches der Partei entscheidend für das Gelingen des Staatsstreichs war, ist zu fragen, ob die Verschwörer hinreichend vorgesorgt hatten, um sich der Kommunikationsmittel zu versichern.

Dass die Nationalsozialisten Meister in der Nutzung des Rundfunks waren, ist keine neue Erkenntnis. Die Umsturzplanung hat diese Nutzung der Massenkommunikationsmittel durch das NS-Regime in Rechnung gestellt, hat aber am Tage des Umsturzes nicht verhindern können, dass Hitler und Goebbels auf den ihnen zur Verfügung stehenden Kanälen alles getan haben, um den Umsturzversuch zum Scheitern zu bringen, was ihnen am Ende ja auch gelungen ist.

Aus der Absicht eines Umsturzes ohne Attentat (siehe oben Kapitel VII.1) wurde zunächst die Idee einer »nachrichtentechnischen Isolierung« geboren. Damit war gemeint, das Führerhauptquartier für 24 Stunden von allen Verbindungen zur Außenwelt abzuschneiden und in dieser Zeit durch Befehle zum Rückzug an allen Fronten eine unumkehrbare Situation zu schaffen. Die Mitwirkung des Chefs der Wehrmachtnachrichtenverbindungen beim OKW, des 57-jährigen Generals der Nachrichtentruppen Erich Fellgiebel, sowie seines Stellvertreters, Generalleutnant Fritz Thiele, ließ diesen Gedanken zunächst nicht abwegig erscheinen. Fellgiebel galt als ausgewiesener Spezialist; er hatte 1934 vom späteren Generalfeldmarschall von Kluge die Führung des Nachrichtenwesens des Heeres übernommen und später das gesamte Wehrmachtnachrichtenwesen aufgebaut.[292]

Bereits im Frühjahr 1943 ließ Fellgiebel die Möglichkeit einer Isolierung Hitlers prüfen. Er kam zu dem Ergebnis, eine so große Aufgabe erfordere umfangreiche Vorkehrungen, die nicht verborgen bleiben könnten.[293] Anders gesagt: Die

---

[291] Dieser Abschnitt beruht in Teilen auf meinem Aufsatz Heinemann, General Erich Fellgiebel.
[292] Bericht Dr. Hellmut Arntz, Ordonnanzoffizier bei Fellgiebel, IfZ, ED 88/1, fol. 1. Zu Fellgiebel auch Keil, Erich Fellgiebel.
[293] Spiegelbild einer Verschwörung, S. 329 (31.8.1944).

Sache sei fast unmöglich. Hinzu kam, dass die SS dabei war, ein eigenes, vom Heer nicht zu kontrollierendes Fernmeldenetz zu errichten; im Zuge der Aufstellung einer eigenen SS-Armee (oberhalb der Korpsebene) war ein Nachrichtenregiment zu schaffen, das im Wesentlichen aus Angehörigen der Reichspost bestand. Der Chef des SS-Hauptamtes, Gottlob Berger, wies Himmler beziehungsreich darauf hin, »dass selbst wenn es nicht zur Aufstellung einer SS-Armee kommen sollte, man mit diesen Nachrichteneinheiten das gesamte Nachrichtenwesen des Reiches auch bei Störungen aller Art in der Hand kontrollieren könne.«[294]

Marineoberstabsrichter Berthold Graf Stauffenberg und der eingeweihte Korvettenkapitän Sidney Jessen befragten den vertrauenswürdigen Kapitän z.S. Max Kupfer, inwieweit sich das Nachrichtennetz der Kriegsmarine würde sperren lassen; der Verschwörerzentrale im Bendlerblock mussten sie berichten, dass eine vollständige Blockade nicht zu gewährleisten war.[295] Olbricht beauftragte den Chef seiner Amtsgruppe Nachrichtenwesen, Oberst Kurt Haßel, unter dem Vorwand, es gelte, innere Unruhen zu verhindern, Vorbereitungen für die Sicherung der nachrichtentechnischen Objekte in Groß-Berlin zu treffen. Ende April/Anfang Mai 1944 musste Haßel noch einmal überprüfen, inwieweit sich durch Kriegszerstörungen, Verlegungen u.ä. Änderungen ergeben hatten.[296]

Die Anstrengungen der Verschwörer richteten sich in der Folge darauf, die Situation nach einem Attentat vorzubereiten. Auch hier erwies sich der Tod des »Führers« als unbedingte Voraussetzung. Solange Hitler lebte, würde man ihm wohl kaum die Nutzung der Nachrichtenmittel längere Zeit verwehren können. Noch Anfang Juli 1944 trug Fellgiebel im kleinen Kreis zum wiederholten Male vor, wie er sich die Kontrolle der Nachrichtenwege dachte.[297] Bei einer weiteren Besprechung am 14. Juli ergab sich aber erneut, dass es selbst nach einem gelungenen Attentat nicht möglich sein würde, das Führerhauptquartier vollständig abzuschneiden.[298] So erwiesen sich alle Alternativen zum Attentat als »Initialzündung« eines Staatsstreichs als illusorisch, und langsam wuchs auch unter diesem Gesichtspunkt die Einsicht, dass die gewaltsame Beseitigung Hitlers unausweichlich war.

Gleichwohl kam es darauf an, am Tage des Staatsstreichs die Informationsflüsse schnell in den Griff zu bekommen. Dazu sollte Fellgiebel in Ostpreußen das Führerhauptquartier nach Möglichkeit von allen Kommunikationskanälen trennen, während für Berlin, wo die Telefonanlagen natürlich für den Umsturz nutzbar bleiben sollten, Thiele die Abstellung von rund 20 Nachrichtenoffizieren zugesagt hatte. Diese sollten, gestützt auf die mit »Walküre«-Befehl mobilisierten Kampftruppen aus Döberitz und Cottbus, sowohl die militärischen und zivilen Fernmeldevermittlungen als auch die Einrichtungen des Rundfunks besetzen und letztere zuverlässig abschalten. Dabei handelte es sich um das Haus des Rundfunks in der Berliner Masurenallee (heute Sitz des Rundfunks Berlin-Brandenburg)

---

[294] Kroener, Menschenbewirtschaftung, S. 995.
[295] Bericht Dr. Sydney Jessen (1946), Der Anteil der Kriegsmarine am Attentat. Gerüchte um ein bevorstehendes Attentat gaben Stauffenberg den Anlaß zum sofortigen Handeln, IfZ, ZS A-29-II, 32, fol. 2 f.
[296] Spiegelbild einer Verschwörung, S. 376 (11.9.1944).
[297] Ebd., S. 91 (28.7.1944); Mühleisen, Hellmuth Stieff, S. 357; IMT, Bd 33, Dok. 3881-PS, S. 317–319.
[298] Spiegelbild einer Verschwörung, S. 329 f. (31.8.1944).

VII. Der Staatsstreich als militärisches Geschehen

sowie die Sendeanlagen in Nauen, Tegel, Königs Wusterhausen und – weiter südlich – Herzberg. Deren Abschaltung sollte die wesentliche Voraussetzung für den Umsturz schaffen. Auch hier gingen aber alle Planungen von einem gewissen zeitlichen Vorlauf aus, der nach den Ereignissen vom 15. Juli nun nicht mehr zur Verfügung stand: »Allerdings drängten sich die Ereignisse so, dass eine Voralarmierung größeren Stiles nicht mehr durchführbar werden konnte [!].«[299]

Bei den Planungen des Herbstes 1943 war noch vorgesehen gewesen, den in Ostpreußen gelegenen Sender Heilsberg für eigene Rundfunksendungen zu nutzen.[300] Nachdem sich das Zentrum der Umsturzplanung aber nach Berlin verlagert hatte, sollte die Besetzung des Hauses des Rundfunks die Möglichkeit eröffnen, die von den Verschwörern konstruierte Version der Ereignisse zu verbreiten. Anfang Juli 1944 kam es noch einmal zu einer großen Besprechung, dieses Mal in Berchtesgaden (das Führerhauptquartier befand sich ja noch auf dem Obersalzberg), um die Details der »Abschirmung der Nachrichtenmittel zugunsten der Verschwörer«[301] festzulegen; eine weitere ähnliche Besprechung, jetzt unter der Maßgabe, dass das Führerhauptquartier verlegt worden war, führte Wagner am 14. Juli mit Thiele durch.[302]

Am 15. Juli 1944 hatten die zugesagten Nachrichtenoffiziere planmäßig bereitgestanden. Somit war ihre vorherige Alarmierung eine Maßnahme, die sich nicht beliebig wiederholen ließ.[303] Wie die gesamte Staatsstreichplanung stand die »nachrichtentechnische Isolierung« am 20. Juli unter dem schlechten Stern, dass alle Maßnahmen erst ausgelöst werden konnten, wenn die erfolgreiche Durchführung des Attentats feststand – also von vornherein mit Verspätung gegenüber der ursprünglichen Planung. Es ist nicht klar, ob die kodierte Aussage, das Attentat werde stattfinden, schon um 11:00 Uhr oder erst um 12:00 Uhr an die Verschwörer im OKH in Zossen durchgegeben wurde. Daraufhin wurden jedenfalls die Leitungen von Zossen zum Führerhauptquartier bis in den Nachmittag hinein getrennt.[304]

Stauffenbergs Bombe detonierte um 12:42 Uhr. Die Explosion hatte im Führerhauptquartier die Auslösung der vorgesehenen Sperrmaßnahmen zur Folge, wozu auch gehörte, dass alle Telefon- und Fernschreibleitungen zunächst getrennt wurden – wohlgemerkt nicht aufgrund von Vorgaben der Verschwörer, sondern vom Regime selbst. Immerhin konnte auch das NS-System kein Interesse daran haben, dass sich die Nachricht vom Attentat zu schnell verbreitete und im Reichsgebiet für Unruhen sorgte. So hatte die SS ihre Verstärkerämter Insterburg und Rastenburg blockiert; das Amt »Anna«, die große Durchgangsvermittlung des Oberkommandos des Heeres, und das Verstärkeramt Lötzen waren gleichzeitig von Fellgiebels Offizieren gesperrt worden.[305] Gleichwohl wusste Fellgiebel in der »Wolfschanze« schon bald, nachdem der Rauch sich verzogen hatte, dass

---

[299] Bericht Dr. Hellmut Arntz, Ordonnanzoffizier bei Fellgiebel, IfZ, ED 88/1: Sammlung Zeller, fol. 3.
[300] Hoffmann, Oberst i.G. Henning von Tresckow, S. 350.
[301] Spiegelbild einer Verschwörung, S. 91 (28.7.1944); Mühleisen, Hellmuth Stieff, S. 357; IMT, Bd 33, Dok. 3881-PS, S. 317–319.
[302] Spiegelbild einer Verschwörung, S. 329 f. (31.8.1944).
[303] Ebd., S. 226 (15.8.1944) und S. 377 (11.9.1944).
[304] Hoffmann, Widerstand – Staatsstreich – Attentat, S. 480.
[305] Bericht Dr. Hellmut Arntz, Ordonnanzoffizier bei Fellgiebel, IfZ, ED 88/1, fol. 4.

Hitler überlebt hatte; dieses Wissen gab er auch sofort nach Zossen und Berlin weiter.[306] In Berlin informierte er Thiele mit dem in seiner Doppeldeutigkeit klassischen Satz: »Es ist etwas Furchtbares passiert; der Führer lebt.«[307] Dahinter stand wohl die Annahme, dass Thiele die Nachricht an die anderen Verschwörer weiterleiten würde. In Zossen sprach Fellgiebel mit dem Generalquartiermeister Wagner. Er machte deutlich, dass nach seiner Auffassung der Umsturzversuch trotzdem wie geplant anlaufen müsse.[308] Thiele dachte da anders. Ihm war klar, dass gegen einen lebenden Hitler nichts erreicht werden konnte. Jetzt kam es darauf an, die eigene Haut zu retten. So war Thiele den frühen Nachmittag hindurch nicht zu erreichen. Die Nachricht, dass das Attentat fehlgeschlagen war, scheint aber gegen 14:00 Uhr von Wagner an Olbricht gelangt zu sein. Olbricht war es gewesen, der am 15. Juli wie vorgesehen die Alarmmaßnahmen ausgelöst und dafür Fromms Rüffel bekommen hatte; jetzt unternahm er nichts. Erst gegen 15:50 Uhr veranlasste Oberst i.G. Mertz von Quirnheim, dass die Alarmbefehle herausgegeben wurden. Damit waren seit dem Attentat drei Stunden verstrichen; die Befehle gingen insgesamt fünf Stunden später hinaus als in den ursprünglichen Planungen vorgesehen.

Der Verlauf des 20. Juli bestätigte die Einschätzung, dass eine Zernierung des Führerhauptquartiers unmöglich sei, zumindest solange Hitler lebte. Vollständig waren die Leitungen zwischen Ostpreußen und Berlin oder Zossen zu keinem Zeitpunkt unterbrochen, und die durch das NS-Regime selbst verfügten zeitlich und umfangsmäßig begrenzten Sperrmaßnahmen wurden bis 16:00 Uhr wieder aufgehoben.[309]

Etwa zur gleichen Zeit meldete Thiele Olbricht und Mertz, es werde ein Radiokommuniqué über das gescheiterte Attentat vorbereitet. Er muss zu diesem Zeitpunkt schon gewusst haben, dass Hitler selbst kurz nach der Detonation entschieden hatte, er wolle über den Rundfunk zum deutschen Volk sprechen. Das allerdings würde noch einige Zeit dauern; es mussten erst ein Übertragungswagen aus Königsberg herangeschafft und die entsprechenden Leitungen geschaltet werden, sodass mit dieser Sendung in den nächsten Stunden noch nicht zu rechnen war.

Als Stauffenberg mit seiner Kuriermaschine, einer He 111, aus Ostpreußen kommend in Rangsdorf bei Zossen gelandet war und von dort telefonisch mit dem Bendlerblock Verbindung aufnahm, musste er entsetzt erkennen, dass die Alarmmaßnahmen noch gar nicht richtig angelaufen waren. Allerdings hatte auch das Führerhauptquartier bisher wenig Veranlassung gesehen, tätig zu werden. Wie beschrieben ging man in Rastenburg zunächst von der Tat eines Einzelnen aus, und selbst als klar wurde, dass Stauffenberg mit dem Flugzeug nach Berlin unterwegs war, entsandte die Gestapo lediglich einen Beamten in den Bendlerblock, um den Attentäter zu verhaften.

---

[306] Spiegelbild einer Verschwörung, S. 98 f. (30.7.1944).
[307] Bericht Dr. Hellmut Arntz, Ordonnanzoffizier bei Fellgiebel, IfZ, ED 88/1, fol. 4; ähnlich Gisevius, Bis zum bitteren Ende, S. 516 f.
[308] Hoffmann, Widerstand – Staatsstreich – Attentat, S. 486.
[309] Mühleisen, Hellmuth Stieff, S. 363; Kopp, Paul von Hase, S. 246; Bericht Dr. Hellmut Arntz, Ordonnanzoffizier bei Fellgiebel, IfZ, ED 88/1, fol. 4; Spiegelbild einer Verschwörung, S. 330 (31.8.1944).

VII. Der Staatsstreich als militärisches Geschehen

Als die Fernschreiben aus Berlin das Führerhauptquartier darauf aufmerksam machten, dass hier mehr im Spiel war, und zugleich Stauffenberg in den Diensträumen des Befehlshabers des Ersatzheeres den Umsturz nun energisch vorantrieb, entspann sich ein Wettlauf zwischen den Verschwörern, die den Staatsstreich doch noch zum Erfolg führen wollten, und dem Regime, das den Umsturz zu verhindern suchte. Als entscheidend erwies sich, dass der Rundfunk ab etwa 18:00 Uhr immer wieder die Meldung vom missglückten Attentat auf Hitler brachte (wenn auch vorerst ohne einen Attentäter zu benennen) und für den späteren Abend eine Rundfunkansprache des »Führers« ankündigte. Das wiederum führt zu der Frage, warum der Rundfunk nicht planmäßig abgeschaltet worden war.

Die Infanterieschule Döberitz hatte nach Auslösung des »Walküre«-Alarms einen Stoßtrupp unter Führung eines ihrer Taktiklehrer, des Majors und Ritterkreuzträgers Friedrich Jakob, in die Masurenallee entsandt, der auftragsgemäß forderte, den Sendebetrieb einzustellen. Während ringsum seine Kompanie begann, das Gebäude mit schweren Waffen bis hin zu Mörsern zu sichern, wurde Major Jakob in einen Schaltraum geführt, in dem alle Nadeln bald auf Null fielen.[310] Viel verstanden die Infanteristen aber nicht von solchen Dingen, und der versprochene Nachrichtenoffizier war nicht gekommen. Die Bereitstellung solcher Experten war die Aufgabe von Thiele, der es angesichts des gescheiterten Attentats vorgezogen hatte, sich nicht weiter am Umsturzversuch zu beteiligen. Während die Soldaten aus Döberitz annahmen, der Sendebetrieb sei eingestellt, arbeiteten in Wirklichkeit die Goebbels und dem NS-Regime treu ergebenen Rundfunkleute im Nebenraum einfach weiter.[311] Dem Stoßtrupp, der den Sender Tegel besetzt hatte, erging es ähnlich. (Major Jakob wurde nach dem 20. Juli 1944 als Bataillonskommandeur und sogar zeitweise als Regimentsführer an der Ostfront verwendet und erwarb dort noch das Eichenlaub zu seinem Ritterkreuz.)

Im Bendlerblock hat man der Sicherstellung der Rundfunkanlagen am Nachmittag des 20. Juli 1944 wenig Aufmerksamkeit geschenkt: Weder beim Wehrkreiskommando (dessen Mitwirkung ohnehin eher zögerlich war) noch bei der Stadtkommandantur wurde die militärische Sicherung der Anlagen überwacht. Möglicherweise wusste man beim Stadtkommandanten nicht einmal, dass Truppen aus dem Umland hier eingesetzt waren. »Nach 18 Uhr äußerte Stauffenberg eher beiläufig zu dem für die nachrichtentechnischen Maßnahmen des Umsturzes verantwortlichen Oberst Haßel, es müsse mal jemand zum Deutschlandsender geschickt werden, der ja immer noch spiele.«[312]

Stauffenberg und seine Mitverschwörer nutzten jetzt die klassischen Verbindungskanäle. Umständlich gingen die Alarmfernschreiben als Geheime Kommandosache hinaus; jedes Fernschreiben musste an jeden der Wehrkreise getrennt verschlüsselt werden. Das war kompliziert und kostete viel Zeit; im Wehrkreis I (Königsberg), der immerhin wegen der dort liegenden Hauptquartiere ebenso wie wegen seiner Frontnähe besonders wichtig war, traf das Fernschreiben mit dem »Walküre«-Alarm erst nach 18:00 Uhr ein,[313] also zu einem Zeitpunkt, als Keitel bereits aus dem Führerhauptquartier angerufen und die Ereignisse aus dortiger Sicht geschildert hatte, um einen Übertragungswagen für die von

---

[310] Schober, Eine Chance blieb ungenutzt, S. 55 f.
[311] Hoffmann, Widerstand – Staatsstreich – Attentat, S. 512 f.
[312] Kopp, Paul von Hase, S. 232.
[313] Hoffmann, Zum Ablauf des Staatsstreichversuches, S. 382–385.

Hitler beabsichtigte Rede heranzuholen. Das zwischen Oberstleutnant Erdmann und Rittmeister von Hößlin vereinbarte Stichwort »Möwe II« wurde daher gar nicht erst ausgegeben, da die wesentliche Voraussetzung für einen erfolgreichen Staatsstreich, nämlich der Tod Hitlers, nicht gegeben war.

Der Major i.G. Ernst Ferber, Mitarbeiter von Generalmajor Stieff, war einer von denen, die die Nachricht vom Überleben des Führers weiterverbreiteten. Später wurde Ferber noch General der Bundeswehr und NATO-Oberbefehlshaber Europa-Mitte. Solche Kontakte (wobei die genauen Informationsflüsse wohl nicht mehr zu klären sind) und die Rundfunkmeldungen waren es, die im Bendlerblock die entscheidenden Zweifel an der von Olbricht, Stauffenberg und Mertz ausgegebenen Lage aufkommen ließen und dann zu der Gegenbewegung auf den Fluren des Dienstgebäudes führten.

Gegen 15:00 Uhr, also doch rund zwei Stunden nach dem Attentat, hatte Himmler auf seinen durchgängig funktionsfähigen Fernschreibleitungen die gesamte SS im Reichsgebiet in Bereitschaft versetzen lassen. Eingegriffen hat die SS – wie bereits gezeigt – dann aber nirgendwo.

Die Diskussion, ob der Nationalsozialismus die innere Entwicklung der deutschen Gesellschaft beschleunigt hat, ist nicht neu.[314] Für viele Verschwörer im nationalkonservativen Widerstand gegen Hitler allerdings stellte das *social engineering* des Dritten Reiches, also die Schritte zur konkreten Umsetzung der behaupteten Volksgemeinschaft, ein wichtiges Motiv für den Schritt in die Umsturzplanung dar. Die beschriebene unterschiedliche Nutzung von Kommunikationskanälen lässt sich vordergründig betrachtet ebenfalls in die Kategorien einer »modernen«, »schnellen« NS-»Bewegung« versus das konservative, langsamere Militär einordnen. In der Tat war es so, dass die Verschwörer die klassischen Mittel militärischer Nachrichtenübermittlung nutzten (zu denen die bereits beschriebenen Verbindungsoffiziere zu zählen sind); im Wettlauf mit dem vom Regime meisterhaft genutzten Rundfunk waren sie entscheidend zu langsam. Aber daran ist der Umsturz nicht gescheitert.

Die Verschwörer hatten sehr wohl bedacht, dem Regime die Nutzung der Massenkommunikationsmittel streitig zu machen, und alle überlieferten Befehle und Entwürfe verwendeten erhebliche Mühe auf diese Aufgabe. Stauffenberg war ebenso wie dem erfahrenen Politiker Goerdeler sehr wohl bewusst, wie wichtig die Ansprache der Massen war. Entsprechende Texte für Rundfunkansprachen waren vorbereitet, und Generalleutnant Lindemann stand bereit, sie später am Abend zu verlesen.[315] Dass der Umsturz am Nachmittag des 20. Juli so schleppend in Gang kam, lag paradoxerweise daran, dass die Militäropposition sehr wohl über gute Nachrichtenverbindungen verfügte. Das hatte allerdings zur Folge, dass gerade die für die nachrichtentechnische Absicherung des Putsches verantwortlichen Offiziere, allen voran Thiele, sehr früh vom Scheitern des Attentats wussten und sich weigerten, weiter ihre Rolle zu spielen. Erneut bewahrheitete sich, was Grundlage aller Planungen gewesen war: Gegen einen noch lebenden Hitler hatte der Staatsstreich keine Chance.

Generalleutnant Thiele wurde am 21. Juli Nachfolger des noch in der Nacht verhafteten Fellgiebel. In einer Rede vor den Offizieren seines neuen Kommandos

---

[314] Mommsen, Nationalsozialismus als vorgetäuschte Modernisierung; Frei, Wie modern war der Nationalsozialismus?, S. 378 f.
[315] Sie gaben ihr Leben, S. 46 f.

beschimpfte er seinen Vorgänger unflätig. Das rettete aber auch ihn nicht: Am 11. August wurde Thiele seinerseits verhaftet und zehn Tage später vom Volksgerichtshof zum Tode verurteilt.

General der Nachrichtentruppen Fellgiebel hat in der Verschwörung eine wichtige, vorwärtstreibende und tragende Rolle gespielt. Dass er nach dem Krieg gelegentlich als phlegmatischer Alkoholiker charakterisiert wurde,[316] hat er nicht verdient.

6. Realistische Erfolgsaussichten?

Es ist wohlfeil, den gescheiterten Umsturzversuch im Nachhinein als amateurhaft oder »dilettantisch« zu beschreiben,[317] vor allem, wenn solche Kritik mit fehlerhaften Darstellungen im Detail einhergeht.[318] Und es ist müßig aufzulisten, welche Verbände »führertreu« geblieben waren – dass die Wehrmacht gegen einen lebenden Hitler nicht marschieren würde, war den Verschwörern selbst sehr wohl bewusst gewesen.

Ernster zu nehmen ist da die Frage, ob nach einem gelungenen Attentat der Umsturzversuch Aussichten auf Erfolg gehabt hätte, wie sie der Historiker Eberhard Jäckel 1974 gestellt (und negativ beantwortet) hat. Natürlich ist jede kontrafaktische Geschichtsschreibung problematisch, was gleichermaßen für Jäckels spekulativen Aufsatz gilt. Zu Recht stellt Jäckel fest, dass nicht das berühmte, von Reichspropagandaminister Goebbels vermittelte Telefongespräch von Major Remer mit Hitler den Umschwung gebracht hat. Jäckel postuliert aber, dass »das entscheidende Machtzentrum [...] in jedem Falle nicht Berlin, sondern das Führerhauptquartier bei Rastenburg«[319] gewesen sei. Er geht dabei davon aus, dass die in Ostpreußen befindlichen potenziellen Nachfolger, also vor allem Göring, Himmler und Bormann (Goebbels hielt sich in Berlin auf) sich schnell auf eine Nachfolgeregelung geeinigt hätten und dann eine konzertierte Gegenbewegung hätten starten können. Daran darf man allerdings zweifeln. Jäckel misst hier wohl Hitlers Festlegung, wonach im Falle seines Todes Göring ihm nachfolgen sollte, zu viel Bedeutung bei. Unter den Bedingungen des Jahres 1944 hätten sich weder Himmler noch Bormann noch Goebbels von Göring ausbooten lassen. Die polykratischen Strukturen des Dritten Reiches hät-

---

[316] Vor allem in dem Spielfilm »Operation Walküre« aus dem Jahr 2008, gespielt von Tom Wilkinson.
[317] Dirks/Janßen, Der Krieg der Generäle, S. 172.
[318] Generaloberst Beck verbrachte den Abend des 20. Juli im Bendlerblock nicht deshalb in Zivil, weil Generaloberst Hoepner versehentlich Becks Uniformjacke angezogen hatte, wie Dirks/Janßen, Der Krieg der Generäle, S. 176, behaupten, sondern weil er seine Rolle als ziviles Staatsoberhaupt herausstellen wollte. Siehe zu diesem Band auch die Rezension von Christian Hartmann in der Frankfurter Allgemeinen Zeitung vom 4.9.1999: »Zeit- und Militärgeschichte scheinen allmählich zu einem Selbstbedienungsladen zu verkommen, aus dem sich jeder nach Belieben bedienen darf. Gerade beim Thema Wehrmacht hat es sich offensichtlich herumgesprochen, dass sich der Aufwand einer differenzierten Auseinandersetzung kaum noch lohnt.«
[319] Jäckel, Wenn der Anschlag gelungen wäre, S. 70.

ten ein einheitliches Handeln der Diadochen des Reiches wohl kaum in kurzer Zeit zugelassen. Zugleich erscheint es fraglich, ob die Nähe zur Front für eine Auseinandersetzung im Inneren die besseren Voraussetzungen geboten hätten als die Kontrolle der Zentren der Macht in der Reichshauptstadt.

Zudem ist davon auszugehen, dass die Verschwörer wie im Oktober 1943 Pläne für die Sicherung Ostpreußens und der Hauptquartiere erarbeitet hatten; aus der Tatsache, dass darüber nie etwas bekannt geworden ist, kann man keineswegs schließen, dass es sie nicht gab. Das motorisierte Bataillon, das Roland von Hößlin in Insterburg führte, war zwar für die Sicherung des Wehrkreiskommandos in Königsberg vorgesehen, aber man darf annehmen, dass andere, möglicherweise näher an Rastenburg und »Mauerwald« liegende Truppenteile zur Sicherung der Hauptquartiere und vor allem zur Festsetzung Himmlers eingeteilt waren.

Jäckel stellt zu Recht fest, dass »die Verfügung über die Massenkommunikationsmittel«[320] eine zentrale Rolle gespielt hat. Hier unterschätzt er aber ebenso das Maß der Vorbereitung der Umsturzplaner. Wie wir gesehen haben, waren umfangreiche Vorkehrungen getroffen, gerade die modernen Medien frühzeitig unter Kontrolle zu bringen; auch das scheiterte daran, dass Hitler eben nicht tot war.

Anders als Jäckel, basierend auf dem Forschungsstand der frühen 1970er Jahre, annahm, lässt sich auf Grundlage der bisher gewonnenen Erkenntnisse schon feststellen, dass die Planung das Optimum dessen war, was unter den Umständen möglich schien. Dass die Bombe Hitler nicht tötete, liegt letztlich daran, dass Stauffenberg nicht beide mitgebrachten Sprengkörper zusammen zündete. War dies eine schlichte Fehlleistung? Man wird wohl eher tiefer schürfen müssen und zu dem Schluss kommen, dass der kriegsversehrte Generalstäbler nicht der ideale Attentäter war, dass aber niemand anders zur Verfügung stand. So gesehen ist das Scheitern des 20. Juli 1944 darauf zurückzuführen, dass die militärische wie die zivile Opposition ein Widerstand der ganz wenigen war. Demgegenüber müssen die inneren Konflikte und Widersprüche der Umsturzbewegung als Gründe für das Scheitern zurücktreten.[321]

Diesen wenigen Entschlossenen aber war das mögliche Scheitern durchaus bewusst. Gleichwohl wird man sagen können, dass der Aufstandsversuch nicht von vornherein aussichtslos war.[322] Die ursprüngliche Planung konnte auf die schnelle Mobilisierbarkeit des Heeres im gesamten Reich bauen und sich auf die weitverbreitete Ablehnung der Waffen-SS und der Partei in breiten Teilen des Heeres stützen. Es handelte sich um einen genuinen Putschversuch, nicht nur eine symbolische Handlung.[323] Hätte ein gelungener Umsturz militärisch und außenpolitisch noch etwas bewirken können? Oder wäre ihm der Vorwurf eines »zweiten Dolchstoßes« nicht erspart geblieben, wie Jäckel anmerkt.[324]

---

[320] Ebd., S. 72.
[321] Vgl. Schieder, Zwei Generationen, S. 438.
[322] Kopp, Paul von Hase, S. 229.
[323] Hierzu völlig abwegig Schmidt-Hackenberg, 20. Juli 1944.
[324] Jäckel, Wenn der Anschlag gelungen wäre, S. 76.

VIII. Auswirkungen des Staatsstreichversuchs

1. Der Ehrenhof des Heeres[1]

Die ersten Beteiligten (Stauffenberg, Olbricht, Mertz und Haeften) waren noch in der Nacht erschossen worden; Beck hatte den Suizid gewählt. Zugleich liefen die Verhaftungen an, und die Ermittlungen der Gestapo ergaben bald, dass weitaus mehr Personen an der Verschwörung beteiligt waren als ursprünglich angenommen. Die NS-Justiz musste prüfen, wie der »Hochverrat« zu ahnden war. Bezeichnend ist, dass man auch in einem so extremen Fall von der Förmlichkeit eines Gerichtsverfahrens nicht absehen wollte.

Am 28. Juli notierte der neue Chef des Heerespersonalamtes, General Wilhelm Burgdorf, noch ins Kriegstagebuch, dass ein Standgericht über die Attentäter urteilen solle, bestehend aus General der Infanterie Walter Schroth als Vorsitzendem, den Generalleutnanten Heinrich Kirchheim, Karl-Wilhelm Specht und Otto Hitzfeld als Beisitzern sowie dem General der Infanterie von Kortzfleisch (der sich als Befehlshaber im Wehrkreis III den Befehlen der Verschwörer widersetzt hatte) als Vertreter der Anklage.[2] Dazu kam es aber nicht. Stattdessen wurden für den 7. und 8. August 1944 die ersten Verhandlungen vor dem Volksgerichtshof terminiert. Das warf die Frage auf, in welcher Weise die zur Aburteilung vorgesehenen Militärpersonen der Zuständigkeit der Militärjustiz entzogen und der zivilen Gerichtsbarkeit überantwortet werden könnten.

Am 30. Juli besprach Himmler die Sache mit Hitler und Keitel.[3] Bereits am folgenden Tag unterrichtete Reichsjustizminister Otto Thierack den Oberreichsanwalt Ernst Lautz über das geplante Vorgehen.[4] Mit Datum vom 2. August berief dann Hitler für die Offiziere des Heeres einen »Ehrenhof«, der ihm jene zur »Ausstoßung« aus der Wehrmacht vorschlagen sollte, die nachgewiesenermaßen an dem Anschlag beteiligt waren; bezeichnenderweise sprach man nicht von einem »Umsturzversuch«. Darüber hinaus hatte der Ehrenhof jene namhaft zu

---

[1] Siehe hierzu ausführlicher meinen Aufsatz Heinemann, Selbstreinigung der Wehrmacht?
[2] Schmundt, Tätigkeitsbericht, S. 180, fol. 184 (28.7.1944).
[3] Notizzettel von Heinrich Himmler zu Vortrag beim Führer, Bestand GDW, Dok. 88. Siehe auch Himmler, Die Rede, S. 383. Keitels Aussage in Nürnberg, er habe ursprünglich auf der Zuständigkeit des Reichskriegsgerichts bestanden (Keitel, Generalfeldmarschall, S. 335), erscheint als reine Schutzbehauptung.
[4] Hett/Tuchel, Die Reaktionen, S. 379; Ramm, Der 20. Juli vor dem Volksgerichtshof, S. 70.

machen, die als verdächtig zu entlassen sein würden;⁵ die Unterscheidung übrigens zwischen »Ausstoßung« und »Entlassung« war von Anfang an rein semantischer Natur. Mit dem Chef des OKW, Generalfeldmarschall Keitel, sollte dem Ehrenhof der protokollarisch höchste Offizier des Heeres angehören. Der lebensälteste und nach Keitel rangälteste Feldmarschall, Rundstedt, sollte den Vorsitz übernehmen, obwohl Hitler ihn bereits zweimal – und gerade erst vor wenigen Wochen, am 2. Juli – abgelöst hatte.⁶ Dazu kam Guderian als der am Abend des 20. Juli neu ernannte Chef des Generalstabs des Heeres – eine Verwendung, die zwar inhaltlich auf das Tagesgeschäft der Kampfführung an der Ostfront reduziert war, der aber immer noch der Mythos aus den Zeiten Moltkes des Älteren anhaftete.⁷ Hinzu kam, dass ein erheblicher Teil der Beschuldigten aus dem Generalstab stammte, vor allem auch aus dem Oberkommando des Heeres selbst.⁸

Ein weiteres Mitglied des Ehrenhofes war General der Infanterie Walter Schroth, 1882 geboren und somit schon 62 Jahre alt. 1941 hatte Hitler ihm das Ritterkreuz verliehen, aber Generalfeldmarschall von Kluge hatte ihn – unter Mitwirkung von Peter Graf Yorck von Wartenburg – Anfang 1942 wegen eines verbrecherischen Befehls abgelöst, sodass er nicht mehr befördert worden war.⁹ Vielmehr hatte Schroth seit dem 30. April 1942 zunächst als Wehrkreisbefehlshaber in Dresden und dann beim Wehrkreiskommando XII in Wiesbaden gewirkt. Somit konnte er als Vertreter des in den Umsturzversuch besonders verwickelten Ersatzheeres gelten. Schroth kam am 6. Oktober 1944 bei einem Verkehrsunfall ums Leben.

Schließlich berief Hitler Generalleutnant (später noch General der Infanterie) Karl-Wilhelm Specht in das Gremium. Er war 1894 geboren und somit deutlich jünger. Im September 1942 hatte er die Infanterieschule Döberitz übernommen, war dort zum 1. August 1943 zum Generalleutnant befördert worden und repräsentierte ab Dezember 1943 in seiner Funktion als »Inspekteur des Erziehungs- und Bildungswesens des Heeres« die Elitenmanipulation im Heer. Specht war einer jener jüngeren und bürgerlichen Generale, mit denen Hitler die ideologische und soziale Umformung des Heeres zu erreichen gedachte.¹⁰ Auch gehörte er zu jenen Offizieren, denen unterstellt wurde, sie hätten sich am 20. Juli »gegen die Revolte [...] mit Erfolg gewehrt«.¹¹

Daneben wurden zwei Stellvertreter ernannt, der 1888 geborene General der Infanterie Karl Kriebel, Befehlshaber im Wehrkreis VII, München, als weiterer Repräsentant des Ersatzheeres, und der 1882 geborene Generalleutnant Heinrich

---

⁵ Befehl Hitlers an Keitel, Rundstedt, Guderian, Schroth, Specht, Kriebel und Kirchheim vom 2.8.1944, IfZ, Fd 44, fol. 95–99; auch in Bestand GDW. Siehe auch Schmundt, Tätigkeitsbericht, S. 186, fol. 190 (2.8.1944).
⁶ Huber, Gerd von Rundstedt, S. 287 f., ist hier eher apologetisch.
⁷ Macksey, Generaloberst Heinz Guderian; Mühleisen, Hellmuth Stieff, S. 369.
⁸ Meyer, Generaloberst Guderian, S. 14 f., geht davon aus, dass Guderians wesentliches Motiv für die Mitwirkung am Ehrenhof war, ein noch weiteres Vordringen Himmlers in das Heer zu verhindern. Siehe auch Mühleisen, Hellmuth Stieff, S. 369.
⁹ Gersdorff, Soldat im Untergang, S. 112. Den Hinweis auf diesen Zusammenhang verdanke ich meinem langjährigen Kollegen Dr. Georg Meyer, Freiburg.
¹⁰ Siehe Stumpf, Die Wehrmacht-Elite, S. 311.
¹¹ Schmundt, Tätigkeitsbericht, S. 168, fol. 172 (20.7.1944).

VIII. Auswirkungen des Staatsstreichversuchs

Kirchheim aus dem Oberkommando des Heeres, der regelmäßig Guderian zu vertreten hatte, falls dieser wegen seiner dienstlichen Belastung nicht abkömmlich sein sollte.[12]

Der Ehrenhof tagte erstmals am 4. August 1944 in Berlin-Dahlem. Der Stellvertreter des neuen Amtschefs des Heerespersonalamts, Generalmajor (später Generalleutnant) Ernst Maisel, nahm als Protokollführer teil; bei weiteren Sitzungen protokollierte wohl auch General der Infanterie Burgdorf, der neue Personalchef des Heeres, selbst.[13]

Bei dieser Sitzung wurden insgesamt 22 Offiziere aus dem Heer zur Ausstoßung vorgeschlagen, darunter allerdings neun, die bereits in der Nacht des 20. Juli erschossen worden waren oder danach Selbstmord verübt hatten, dazu Major i.G. Kuhn, inzwischen in sowjetischer Kriegsgefangenschaft. Am folgenden Tag, dem 5. August, bestätigte Hitler den Vorschlag. Die übrigen zwölf wurden allesamt vom Volksgerichtshof bei den Verhandlungen Mitte August zum Tode verurteilt. Weitere vier, die »nur« entlassen worden waren, wurden in späteren Verhandlungen ebenfalls zum Tode verurteilt und hingerichtet.[14] Insgesamt stieß der Ehrenhof in seinen vier Sitzungen 55 Offiziere des Heeres aus der Wehrmacht aus, 29 wurden entlassen.[15]

Drei weitere Sitzungen fanden am 14. und 24. August sowie am 14. September statt. Jedes Mal trugen Vertreter der ermittelnden Gestapo die Belastungspunkte vor, entweder der Leiter des Reichssicherheitshauptamtes, SS-Obergruppenführer Kaltenbrunner selbst, oder SS-Gruppenführer Heinrich Müller (»Gestapo-Müller«).[16] Bei den eindeutig der Beteiligung Überführten und den Geständigen hielt sich der Ehrenhof offensichtlich nicht lange mit Verhandlungen auf. Die Beschuldigten selbst waren nicht geladen; in der Regel scheinen sie erst im Zusammenhang mit ihrer Anklageschrift am Abend vor der Hauptverhandlung von ihrem Ausschluss aus der Wehrmacht erfahren zu haben.

Im Falle des Chefs des Generalstabes bei der Heeresgruppe B in Frankreich, Generalleutnant Speidel, ist zumindest streitig, ob und inwieweit die beteiligten Heeresoffiziere versucht haben, einen Beschuldigten zu retten. Bereits am 25. August waren dem Heerespersonalamt die Verdachtsgründe gegen ihn bekannt, aber weil Generalfeldmarschall Walter Model als Oberbefehlshaber alle vorgeschlagenen Kandidaten für Speidels Nachfolge als Chef des Generalstabes ablehnte,[17] wurde er erst am 4. September von seiner Verwendung abgelöst. Er fand noch Zeit, am 6. September den genesenden Rommel in Herrlingen bei Ulm zu besuchen, bevor er dann am Morgen des 7. September verhaftet wurde.

Der Fall Speidel ist am 10. Oktober im Ehrenhof behandelt worden, ohne dass dieser sich zu einer Ausstoßung oder auch nur Entlassung hätte durchringen kön-

---

[12] Ich folge hier den ansonsten nicht immer mit den Quellen in Übereinstimmung zu bringenden Ausführungen bei Guderian, Erinnerungen eines Soldaten, S. 313.
[13] Hoffmann, Widerstand – Staatsstreich – Attentat, S. 624.
[14] HPA Ag P2/Rechtsgr.(1) 124/44 gKdos. vom 16.9.1944: Betr. 20. Juli 1944, Bestand GDW. Bestätigung bei Keitel, Generalfeldmarschall, S. 334.
[15] Hett/Tuchel, Die Reaktionen, S. 379.
[16] Siehe die Ausführungen Kirchheims bei Neitzel, Abgehört, S. 370 f., wobei Kirchheims Schilderungen in anderen Punkten sehr von der Wahrheit abweichen.
[17] Schmundt, Tätigkeitsbericht, S. 222, fol. 226 (25.8.1944).

nen.¹⁸ Ob Speidel nur zu retten war, indem er und Guderian alle Verantwortung auf Speidels im Generalstab unbeliebten Oberbefehlshaber Rommel schoben, wie es David Irving unterstellt,¹⁹ oder ob Speidel, wie er Zeit seines Lebens behauptet hat,²⁰ Rommel in keiner Weise belastet hat, lässt sich nicht mehr klären. Im Einzelfall musste aber eine Verhaftung nicht zwingend eine Ausstoßung oder Entlassung und damit eine Verurteilung nach sich ziehen. Andere bekannte Fälle, bei denen Offiziere wegen Mitwisserschaft in Haft kamen, letztlich aber wieder freigelassen wurden, betreffen etwa den Chef der Operationsabteilung des Generalstabes des Heeres, Generalleutnant Heusinger (der selbst von der Bombe verletzt worden war), oder Stauffenbergs Regimentskameraden Oberstleutnant i.G. Sauerbruch.²¹ Die vom Ehrenhof lediglich dem Personalamt »zur Würdigung Übergebenen«²² – eine ursprünglich nicht vorgesehene Kategorie – wurden wohl zumeist nicht entlassen. Darunter war beispielsweise Oberst i.G. Johann Adolf Graf Kielmansegg, der bereits im November 1944 wieder das Kommando über ein Frontregiment bekam.²³

Was die Motive der hochrangigen Offiziere waren, sich einer Mitwirkung am Ehrenhof nicht zu verweigern, ist im Einzelfall nicht zu klären. Guderian führt in seinen Memoiren an, er habe erfolglos versucht, sich dieser Zumutung zu entziehen.²⁴ Rundstedt äußerte Widerwillen gegen diese Aufgabe, gab aber später an, er habe den Ehrenhof als im Interesse der Armee liegend gesehen.²⁵ Dabei darf man allerdings auch seine späteren Durchhalteparolen nicht übersehen²⁶ oder seine Rolle bei dem Staatsbegräbnis für Rommel, bei dem er sich – wohl nicht um die wahren Umstände von Rommels Tod wissend – mit dem Satz »Sein Herz gehörte dem Führer« zum Werkzeug der Lügenpropaganda machte.²⁷

Schon am 10. September, vor der vierten Sitzung des Ehrenhofs am 14., hatte Keitel allen Offizieren des Heeres bekannt geben lassen, dass der Ehrenhof seine Arbeit beendet habe.²⁸ An einen ausgesuchten Empfängerkreis des Heeres, darunter die Oberbefehlshaber der Heeresgruppen ebenso wie die Befehlshaber in den Wehrkreisen, wurde am 16. September, also zwei Tage nach dieser Sitzung, in gedruckter Form eine namentliche Liste der vom Ehrenhof Ausgestoßenen und

---

18 Schriftliche Meldung Keitel an Hitler vom 10.10.1944, <http://wwii.germandocsinrussia.org/de/nodes/2288#page/1/mode/grid/zoom/1>, zuletzt konsultiert am 30.10.2018. Den Hinweis auf dieses Stück verdanke ich Prof. Dr. Johannes Tuchel.
19 Irving, The Trail of the Fox, S. 435–439.
20 Speidel, Gegendarstellung.
21 Ueberschär, Der »Ehrenhof«, S. 24; Meyer, Adolf Heusinger, S. 266–290; Feldmeyer/Meyer, Johann Adolf Graf von Kielmansegg, S. 31–34; Sauerbruch, Bericht.
22 Schmundt, Tätigkeitsbericht, S. 253, fol. 256 (14.9.1944); Ueberschär, Der »Ehrenhof«, S. 24.
23 Feldmeyer/Meyer, Johann Adolf Graf von Kielmansegg, S. 34; Schmundt, Tätigkeitsbericht, S. 189 (4.8.1944).
24 Guderian, Erinnerungen eines Soldaten, S. 313.
25 Huber, Gerd von Rundstedt, S. 289. Siehe auch Vogel, Generalfeldmarschall Gerd von Rundstedt, S. 230.
26 Messerschmidt, Die Wehrmachtjustiz 1939–1945, S. 410, 416.
27 Völkischer Beobachter, 20.10.1944, IfZF, F 13612; Reuth, Erwin Rommel, S. 130; Remy, Mythos Rommel, S. 331.
28 OKH/GFM Keitel, HPA Ag P2/Chefgr. Ia vom 10.9.1944, Betr.: 20. Juli 1944, BArch, MSg 1/48, fol. 15; auch Bestand GDW; und bei Meyer, Auswirkungen, S. 298 f.

VIII. Auswirkungen des Staatsstreichversuchs

Entlassenen übersandt[29] – ein deutliches Zeichen dafür, dass weitere Sitzungen nicht mehr beabsichtigt waren. Der äußerst restriktiv gehaltene Empfängerkreis und die Einstufung als Geheime Kommandosache lassen erkennen, dass eine breite Streuung dieser Information vermieden werden sollte. Offensichtlich hatte das Regime doch Bedenken, dass angesichts der vielen, auch durchaus wohlklingenden Namen die ursprüngliche Sprachregelung von der »ganz kleinen Clique ehrloser Verräter« so nicht mehr aufrechtzuerhalten wäre. Zudem ging es offensichtlich darum, angesichts der Lage an den Fronten eine weitere Verunsicherung des Offizierkorps, vor allem des Heeres, zu verhindern.[30] Gleichwohl hat – ausweislich eines Dokuments in heute russischen Archiven – am 10. Oktober noch einmal eine Sitzung des Ehrenhofes stattgefunden.[31] Ende Oktober 1944 wurden noch die inaktiven Generalfeldmarschälle unterrichtet. Die Mitteilung wurde allerdings schon nicht mehr als »Geheime Kommandosache« eingestuft.[32]

Der allgemein in der Forschung akzeptierte Grund für die Bildung des Ehrenhofs war, dass die beschuldigten Offiziere des Heeres der Militärgerichtsbarkeit unterlagen und daher nicht ohne Weiteres vom Volksgerichtshof abgeurteilt werden konnten. Ihre vorherige Entfernung aus der Wehrmacht sei daher eine juristische Notwendigkeit gewesen.[33]

Die nach preußisch-deutscher Tradition eigenständige Militärstrafjustiz war in der Weimarer Republik weitgehend weggefallen. Dass 1930 die drei Angeklagten des Ulmer Reichswehrprozesses von der zivilen Polizei verhaftet und vom Reichsgericht in Leipzig verurteilt worden waren, hatte bei einigen Militärs zu Protesten geführt – jedoch ohne Erfolg.[34] Erst das Dritte Reich führte wieder eine eigenständige Militärjustiz ein.

Das Reichskriegsgericht hat während des Krieges auch bei durchaus politischen Verfahren seine Zuständigkeit zu wahren gewusst. So wurden etwa die Angehörigen der »Roten Kapelle«, wie oben dargestellt, Offiziere der Luftwaffe ebenso wie Zivilisten, im Dezember 1942 und Januar 1943 vom Reichskriegsgericht zum Tode verurteilt.[35] Die Soldaten der »Weißen Rose« hingegen wurden in einem Schnellverfahren aus dem Heer ausgestoßen und öffentlichkeitswirksam vom Volksgerichtshof abgeurteilt.[36]

---

[29] HPA Ag P2/Rechtsgr. (1) 124/44 gKdos. vom 16.9.1944: Betr. 20. Juli 1944, Bestand GDW; auch Schmundt, Tätigkeitsbericht, S. 256, fol. 259 (17.9.1944).
[30] Schmundt, Tätigkeitsbericht, S. 208, fol. 212 (17.8.1944).
[31] Schriftliche Meldung Keitel an Hitler vom 10.10.1944. <http://wwii.germandocsinrussia.org/de/nodes/2288#page/1/mode/grid/zoom/1>, zuletzt konsultiert am 6.6.2018.
[32] HPA Ag P2/Rechtsgr. (2) Maisel an Generalfeldmarschall Ritter von Leeb vom 31.10.1944, BArch, RH 19-III/20, abgedr. in: Aufstand des Gewissens (1984), S. 187–189.
[33] Ueberschär, Der »Ehrenhof«, S. 22; Hoffmann, Widerstand – Staatsstreich – Attentat, S. 624 f. Auch die ansonsten luzide Arbeit Ramm, Der 20. Juli vor dem Volksgerichtshof, passim, ist hier einerseits rechtspositivistisch und bleibt andererseits ohne Bezug zu Rechtsnormen bei der Annahme, der Ehrenhof sei juristisch erforderlich gewesen.
[34] Heinemann, Rechtsgeschichte der Reichswehr, S. 367; Messerschmidt, Die Wehrmachtjustiz 1939–1945, S. 43–51; Domarus, Hitler, S. 2136; Müller, Generaloberst Ludwig Beck. Eine Biographie, S. 84 f.; Bucher, Der Reichswehrprozess, S. 47–52.
[35] Nelson, Die Rote Kapelle, S. 365; Sälter, Phantome des Kalten Krieges, S. 119.
[36] Zit. nach Messerschmidt, Vier Soldaten, S. 166.

Hitler misstraute der Militärjustiz und unterstellte ihr, im Zweifelsfall Soldaten vor Verfolgung schützen zu wollen.[37] Im August 1943 gab er, vermutlich auch als Reaktion auf die Verfahren gegen die »Rote Kapelle« und die »Weiße Rose«, einen Erlass über die Verfolgung politischer Straftaten von Angehörigen der Wehrmacht, der Waffen-SS und der Polizei heraus – gegen erhebliche Proteste von Dönitz und Göring, die einen solchen Eingriff in ihre Kompetenzen als Oberbefehlshaber ihrer Wehrmachtteile nicht hinnehmen wollten, aber ohne jeden Widerstand Keitels oder des Heeres.[38]

Dennoch fand im April 1944 das hochpolitische Verfahren *in absentia* gegen General der Artillerie Walther von Seydlitz-Kurzbach wegen Hochverrats vor dem Reichskriegsgericht statt, obwohl dieses zunächst Anstalten machte, Seydlitz als unzurechnungsfähig einzustufen. Die Drohung Keitels, den Fall an den Volksgerichtshof abzugeben, zeigte dann die erwünschte Wirkung, und das Reichskriegsgericht verurteilte Seydlitz zum Tode.[39]

Der 20. Juli war ganz überwiegend, aber eben nicht ausnahmslos eine Angelegenheit des Heeres gewesen. Die beiden beteiligten Marineangehörigen (Berthold Graf Stauffenberg und Alfred Kranzfelder) ebenso wie der einzige Luftwaffenoffizier, Oberstleutnant d.R. Caesar von Hofacker, wurden durch einen Erlass des jeweiligen Oberbefehlshabers aus ihrem Dienstverhältnis entfernt. Damit waren sie Zivilisten und unterstanden der Rechtsprechung des Volksgerichtshofes.[40]

Den Oberbefehlshabern der Kriegsmarine und der Luftwaffe, Dönitz und Göring, stand nun als Oberbefehlshaber des Heeres seit dem Winter 1941/42 Hitler selbst gegenüber. Er hätte ebenso summarisch die Verschwörer ausstoßen oder entlassen können. Auch der von ihm berufene Ehrenhof unterbreitete ihm de iure lediglich Vorschläge, denen der »Führer« dann zustimmte, wobei die Vorschläge offensichtlich zumeist vorher von Hitler verordnet worden waren.

Weitere Heeresoffiziere sind später vor dem Volksgerichtshof angeklagt gewesen, ohne dass noch einmal der Ehrenhof zusammengetreten wäre, um ihre Entfernung aus dem aktiven Dienst vorzuschlagen. Das gilt etwa für den Rittmeister d.R. Gottfried Freiherr von Falkenhausen aus Paris oder den Hauptmann d.R. Hermann Kaiser vom Stab des Befehlshabers des Ersatzheeres.[41]

Zuletzt ist noch hinzuweisen auf die Umstände der Ermordung jener am militärischen Widerstand Beteiligten, die zumeist als Angehörige des Amtes Ausland/Abwehr in den letzten Kriegstagen in Flossenbürg hingerichtet wurden. Weder Canaris noch Oster, weder Bonhoeffer noch Dohnanyi sind je vor dem Ehrenhof verhandelt worden. Die rechtsförmige Farce, der sie zum Opfer fielen, war wiederum auf die Zuständigkeit des Reichskriegsgerichts und damit auf einen Ausschluss der Öffentlichkeit abgestellt.[42]

---

[37] Ramm, Der 20. Juli vor dem Volksgerichtshof, S. 69 mit allen Nachweisen in Anm. 6.
[38] Messerschmidt, Vier Soldaten, S. 173.
[39] Warth, Verräter oder Widerstandskämpfer?, S. 172–174; Diedrich, Walther von Seydlitz-Kurzbach, S. 393 f.
[40] Zu Berthold Stauffenberg: Vitzthum, Berthold Schenk Graf von Stauffenberg; ebenso Vitzthum, Rechts- und Staatswissenschaften, S. 458; Koch, Volksgerichtshof, S. 447. Zu Hofacker: Hiller von Gaertringen, Cäsar von Hofacker, S. 89
[41] Wagner, Der Volksgerichtshof, S. 710 f.
[42] Perels, Die schrittweise Rechtfertigung der NS-Justiz.

VIII. Auswirkungen des Staatsstreichversuchs

Es geht hier nicht um die Frage, warum Hitler die Verschwörer der zivilen und nicht der Militärjustiz überantwortet wissen wollte, sondern darum, warum für diese Überleitung ein Ehrenhof geschaffen wurde, der weder irgendwo vorgesehen noch ein zwingendes juristisches Erfordernis war und auch nicht zur Beschleunigung des Verfahrens beitrug. Wenn es denn keinen brauchbaren juristischen Grund dafür gab, dann ist nach Hitlers politischen und ideologischen Motiven zu fragen.

Entscheidend ist hier, dass diese Maßnahme sich allein gegen das Heer richtete. Rundstedt hat den Ehrenhof später als das Angebot Hitlers an das gebeutelte Heer darstellen wollen, sich selbst zu reinigen und damit seinen Kredit in den Augen des Regimes und der breiten Bevölkerungsmehrheit wiederherzustellen. Damit hat er aber schon den Argumentationsstrang der juristischen Erforderlichkeit verlassen und auf systeminterne Rivalitäten abgehoben.[43]

Nach dem bisher Gesagten stellt sich der 20. Juli 1944 als Höhepunkt einer lang angelegten Auseinandersetzung zwischen Teilen der nationalkonservativen alten Eliten vor allem im Heer, insbesondere in dessen Generalstab, und den sozialrevolutionären Tendenzen des Nationalsozialismus dar – eine Auseinandersetzung, die sich im Zuge der kumulativen Radikalisierung des Dritten Reiches seit Kriegsbeginn stetig verschärft hatte.[44]

Zunächst ist festzuhalten, dass die Initiative für die Einrichtung eines Ehrenhofs keineswegs, wie nach außen hin behauptet wurde, vom Heer ausging. Ganz offensichtlich geht die Festlegung dieses Verfahrens auf den Einfluss Himmlers und Keitels zurück, die beide ihre eigenen Interessen hatten, den Einfluss des Heeres auf die Gesamtkriegführung zu beschneiden.[45]

Im September 1944 äußerte Hitler zu dem gerade aus der Haft entlassenen Heusinger: »Ich habe schon oft bitter bereut, mein Offizierkorps nicht so gesäubert zu haben, wie Stalin es tat. Aber ich muss und werde das jetzt nachholen.«[46] Hitler hatte sich entschieden, den 20. Juli zu einer Generalabrechnung mit der Heeresgeneralität zu nutzen, wie auch an anderen Beispielen, etwa an Himmlers Ernennung zum Befehlshaber des Ersatzheeres oder der Einführung des Nationalsozialistischen Führungsoffiziers (siehe unten Kapitel VIII.2) zu zeigen sein wird.

Die Entscheidungen des Ehrenhofs sind nach dem Krieg kaum Gegenstand öffentlicher Auseinandersetzung gewesen. Soweit dessen Opfer vom Volksgerichtshof verurteilt und hingerichtet wurden, wurde die Ausstoßung in der Nachkriegszeit als gegenüber der Todesstrafe eher belanglos vernachlässigt. Einzig im Fall des 1956 aus der sowjetischen Kriegsgefangenschaft zurückgekehrten Majors i.G. Kuhn wirkte sich seine Ausstoßung aus der Wehrmacht nachträglich aus. Die

---

[43] Huber, Gerd von Rundstedt, S. 289.
[44] Hierzu und zum Folgenden meine Ausführungen in Heinemann, Der militärische Widerstand und der Krieg, Kapitel V und IX. Siehe darüber hinaus Mommsen, Der Nationalsozialismus. Kumulative Radikalisierung, S. 785, 789; Mommsen, Forschungskontroversen zum Nationalsozialismus.
[45] Müller, Generaloberst Ludwig Beck, passim; ebenso Longerich, Heinrich Himmler, S. 717–725; Kroener, Menschenbewirtschaftung S. 998; und Wegner, Hitlers politische Soldaten, S. 307 f.
[46] Zit. nach Meyer, Auswirkungen, S. 308. Siehe auch Kershaw, Working towards the Führer, S. 107. Zu Heusingers Haftentlassung HPA Ag P2/Rechtsgr. (2) an P3 z.Hd. Herrn Oberstleutnant i.G. Kinitz (undatiert, Mitte September 1944), BArch, RH 7/30.

bundesdeutschen Behörden stellten 1956 fest, er sei ja durch seine Ausstoßung bei Kriegsende gar kein Soldat mehr gewesen und habe daher keinen Anspruch auf Dienstbezüge oder Pension, bezogen sich aber – juristisch korrekt – bei diesem fern jeder Wirklichkeit stehenden Bescheid auf Hitlers Entscheidung vom 5., nicht auf die Ehrenhofsitzung vom 4. August.[47]

Allein schon der Terminus »Ehrenhof« stellte einen Rückgriff auf ständische Ehrenvorstellungen oder auf die »Ehrengerichte« des Kaiserreichs und der Reichswehr dar,[48] wie sie der sozialen Dynamik der klassenübergreifenden Volksgemeinschaft kaum noch entsprachen. Insoweit war seine Einrichtung zur Durchsetzung der sozialrevolutionären Vorstellungen des Nationalsozialismus eigentlich ein Widerspruch in sich.[49]

Häufig ist von einem »Ehrenhof der Wehrmacht« zu lesen, davon kann jedoch nicht die Rede sein.[50] Es gab einen Ehrenhof des Heeres, und zwar deshalb, weil dieser »Ehrenhof« ein politisches Ziel verfolgte und es dabei speziell darum ging, das Heer in den inneren Machtkämpfen des NS-Regimes weiter zurückzusetzen. Das ist eine Zielsetzung, die in der knappen Forschungsliteratur bisher zu wenig beachtet worden ist.[51] Sie deckt sich etwa mit der Feststellung, dass in der Berichterstattung der gelenkten Medien über den Umsturzversuch Heeresoffiziere fast fünfzigmal erwähnt wurden, Offiziere der Luftwaffe dagegen gar nicht und zivile Verschwörer insgesamt neunmal. Selbst Goerdeler wurde lediglich zweimal genannt, und zwar im Zusammenhang mit der Fahndung nach ihm und dann nach seiner Verurteilung.[52] Göring hatte nach dem 20. Juli in einer flammenden Rede darauf hingewiesen, »seine« Luftwaffe sei unbeteiligt gewesen; er war es auch, der Hitler vorschlug, für die gesamte Wehrmacht den »Deutschen Gruß« einzuführen. Sein Kalkül schien aufzugehen, aber hinter vorgehaltener Hand war schon damals klar, dass er nicht Nachfolger des »Führers« geworden wäre, hätte Stauffenbergs Bombe ihr Ziel erreicht.[53]

2. Machtverschiebung im NS-System

Das nationalsozialistische Regime hatte seit seinen Anfängen sich bietende Gelegenheiten geschickt auszunutzen gewusst. Die durch den Staatsstreichversuch

---

[47] Hoffmann, Stauffenbergs Freund, S. 137 f.,
[48] Showalter, Conscience, Honor and Expediency, S. 72; Heinemann, Rechtsgeschichte der Reichswehr, S. 321–336.
[49] Burkhart, Eine Geschichte der Ehre, S. 111 f.
[50] So enthält etwa die deutschsprachige Wikipedia einen Eintrag »Ehrenhof (Wehrmacht)«, in dessen Text dann allerdings korrekt ausgesagt wird, es habe sich um eine Einrichtung des Heeres gehandelt.
[51] Ueberschär, Der »Ehrenhof«; Hoffmann, Widerstand – Staatsstreich – Attentat, S. 624 f.
[52] Eigene Auswertung des »Völkischen Beobachters« und der Dortmunder Zeitung »Tremonia« im Institut für Zeitungsforschung der Stadt- und Landesbibliothek Dortmund (IfZF). Dagegen wurde die Ansprache Görings an die Luftwaffe vom 21.7. ausführlich dokumentiert; Völkischer Beobachter. Münchener Ausgabe vom 22./23.7.1944, IfZF, F 13612; Fahndung nach Goerdeler, ebd., 3.8.1944.
[53] Manvell/Fraenkel, Goering, S. 305; Irving, Göring, S. 659.

VIII. Auswirkungen des Staatsstreichversuchs 239

vom 20. Juli 1944 geschaffene Lage ermöglichte es Hitler beispielsweise, seinen Krieg nach innen (so im Reichstag im November 1939[54]) noch einmal zu intensivieren. Es ging ihm jetzt darum, das Heer noch stärker auf NS-Linie zu bringen, einen der letzten Horte innerer Emigration zu beseitigen und die gelegentliche soziologische und ideologische Nische zu schließen.[55]

Dazu diente auch, dass der »Völkische Beobachter« schon am Tag nach dem Attentat die Hintermänner zu identifizieren wusste: »Es sind die Führer der plutokratisch-bolschewistischen Weltverschwörung, die ihren Handlangern das Sprengwerkzeug in die Hand gedrückt haben.«[56]

Der klassenkämpferische und damit auf Veränderung ausgerichtete Ansatz der Verfolgungsmaßnahmen wurde im Zuge der Berichterstattung über die Volksgerichtshofprozesse noch einmal betont:

»In unserem Dreißigjährigen Kriege [1914–1944] ist jene bürgerlich-feudale Welt zusammengebrochen, die trotz ihres oberflächlichen Liberalismus noch ganz auf die Kasten und Klassen der Geburt und des Geldes gegründet war. Dieser Prozess ist für einen Teil der bis dahin Privilegierten höchst unbequem und peinlich gewesen – für den Teil nämlich, der zu faul, zu dumm oder zu eitel war, die Vorrechte, die er bis 1914 aus Geburt und Besitz herleiten durfte, nun durch Arbeit und Leistung neu zu erwerben.«

Zwar waren Hitler und Goebbels umsichtig genug, nicht durch eine pauschale Verurteilung des Heeres oder gar der Gesamtwehrmacht die Moral der kämpfenden Truppe zu untergraben,[57] aber diese Grundabsicht schlug sich doch in einer Reihe von einschneidenden Maßnahmen nieder.

Angesichts der Vorgeschichte einer schleichenden Entmachtung Fromms kann es nicht überraschen, dass am Nachmittag des 20. Juli 1944 der in Berlin ausgelöste Putsch im Führerhauptquartier offensichtlich durchgängig als von Fromm inszeniert angesehen worden ist; niemand bezweifelte, dass die mit »Fromm« unterzeichneten Befehle von diesem selbst stammten.[58] Fromms Ablösung und Ersetzung durch Himmler entsprach durchaus der fast selbstverständlichen Annahme, dass sein Generalstabschef Stauffenberg im Auftrag des Generalobersten gehandelt habe, als er die Bombe zündete. In Bormanns Fernschreiben an die Gauleiter vom 20. Juli 1944, 20:35 Uhr, war von »Fromm-Huebner[!]-Witzleben-Freiherr v. Staufenberg [!]« die Rede.[59] Die Auswahl und Reihenfolge der Täternamen ist bezeichnend für den spärlichen Kenntnisstand der NS-Führung zu einem Zeitpunkt, als sich die Waage in Berlin auch ohne Zutun aus Ostpreußen schon gegen den Umsturz neigte. Diese Zusammenhänge sind es vermutlich, die es später ausgeschlossen erscheinen ließen, Fromm trotz seiner Rolle am Abend des 20. Juli wieder in sein Amt einzusetzen – bis dann die Ermittlungen seine zumindest zweifelhafte Rolle in den Monaten vor dem 20. Juli 1944 deutlich werden ließen.

---

54 Thun-Hohenstein, Der Verschwörer, S. 176, unter Berufung auf IMT, Bd 26, S. 327–336.
55 Weinberg, Eine Welt in Waffen, S. 521.
56 Völkischer Beobachter. Münchener Ausgabe vom 21.7.1944, IfZF, F 13612.
57 Förster, Die Wehrmacht im NS-Staat. Eine strukturgeschichtliche Analyse, S. 135.
58 Siehe etwa Stellungnahme [Generalmajor a.D. Dr. Kennes] zu Wolfgang Müller: »Gegen eine neue Dolchstoßlüge«, 27.8.1947, BArch, MSg 1/2938.
59 Fernschreiben Bormann, Führerhauptquartier, an alle Gauleiter (Eilt sehr – Sofort auf den Tisch), IfZ, Fa 116, fol. 2.

In der Nachfolge Fromms wurde Himmler zum neuen Befehlshaber des Ersatzheeres und Chef Heeresrüstung ernannt.[60] Damit hatte der Reichsinnenminister und Chef der Deutschen Polizei Himmler seine Machtbasis erheblich erweitert:

»Zu seinem Kompetenzbereich gehörten unter anderem die Heeresrüstung, die Strafverfolgung im gesamten Heer, das Kriegsgefangenenwesen, das personelle Ersatzwesen sowie die Ausbildung, also sämtliche Schulen des Heeres. Im Sommer 1944 umfasste das Ersatzheer immerhin fast zwei Millionen Mann.«[61]

Diese Entwicklung hatte sich bereits abgezeichnet. Dass Hitler dem Reichsführer SS die Verantwortung für die Aufstellung der nächsten Welle der Heeresdivisionen übertragen hatte, haben wir bereits gesehen (siehe oben Kapitel IV.1). Über das Militärische hinaus hatte sich Himmler jetzt aber das Machtmonopol im Innern gesichert; mit der Gestapo verfügte er über die Geheimpolizei, mit den übernommenen Resten des Amtes Ausland/Abwehr über den geheimen Nachrichtendienst, als Reichsinnenminister stand er der allgemeinen Verwaltung vor, und mit dem Ersatzheer kontrollierte er die militärischen Machtmittel im Innern – »eine Neuauflage der alten Idee des Staatsschutzkorps, doch nun unter Kriegsbedingungen und in geradezu gigantischen Ausmaßen«.[62] Es erscheint allerdings verfehlt, hierin den Ansatz des Systems zu einer zentral kontrollierten Kriegsanstrengung im Sinne eines wirklich »totalen Krieges« zu sehen.[63] Die exekutive Gewalt im Operationsgebiet wurde für den (nunmehr ja absehbaren) Fall, dass der Feind auf das Reichsgebiet vordringe, auf die Gauleiter als »Reichsverteidigungskommissare« übertragen. Das lässt eine erneute Aufsplitterung der Macht zwischen Himmler, Goebbels als »Reichsbevollmächtigtem für den totalen Kriegseinsatz« und der Partei unter Bormann offenbar werden; hier von einer »Viererbande« zu sprechen, trifft nicht den Kern. Vielmehr gehört es zur inneren Radikalisierung des Systems, der NSDAP nach Jahren, in denen sie kaum noch eine Rolle gespielt hatte, jetzt wieder die Aufgabe der inneren Disziplinierung mit zu übertragen.[64] Die gelenkten Medien betonten dabei nicht nur, dass Himmler die fachliche Qualifikation besitze (sie arbeiteten so dem Vorwurf eines erneuten Dilettantismus entgegen), sondern auch, dass er »das Vertrauen des Volkes« genieße – und ließen so das Element der geforderten inneren Geschlossenheit sehr wohl anklingen.[65]

Himmlers Zugriff auf das Ersatzheer schloss einen Prozess ab, in dem die SS zunehmenden Einfluss auf die Personalverteilung zwischen ihr selbst und der Wehrmacht gewonnen hatte. Noch in seinen letzten Tagen im Amt hatte Fromm miterleben müssen, wie ihm Keitel im Auftrag Hitlers befahl, die Überführung von Heeressoldaten auch gegen ihren Willen in die Wachmannschaften der

---

[60] Fernschreiben an Chef Seekriegsleitung – sofort vorlegen – mit Paraphe vom 21.7.1944, MHM, Dauerausstellung.
[61] Kunz, Die Wehrmacht in der Agonie, S. 102 f.; Longerich, Heinrich Himmler, S. 719.
[62] Longerich, Heinrich Himmler, S. 721.
[63] Ebd., S. 721 f.; dort auch das Folgende.
[64] Orlow, The Nazi Party, S. XIV f.; Mommsen, Die Rückkehr zu den Ursprüngen, S. 314–316; Wagner, Die letzte Schlacht der »alten Kämpfer«.
[65] Tremonia, 22./23.7.1944, IfZF, F 11080.

VIII. Auswirkungen des Staatsstreichversuchs

Konzentrationslager vorzubereiten.[66] Die Annahmestellen für Offizieranwärter des Heeres und der SS ließ Himmler noch im Herbst 1944 zusammenlegen; vordergründig ging es um Effizienzsteigerungen, aber entsprechend schwerer würde es nach dem Umsturz und dem Wechsel an der Spitze des Ersatzheeres für junge Männer werden, sich dem Zugriff der SS durch eine freiwillige Meldung als Offizieranwärter des Heeres zu entziehen.[67] Im Frühjahr 1944 war ein Heeresoffizier, General der Artillerie Heinz Ziegler, mit der Suche nach Einsparungsmöglichkeiten durch Zusammenlegungen zwischen Heer und SS beauftragt worden; nach dem 20. Juli stellte der neue Befehlshaber des Ersatzheeres Ziegler kalt.[68] Die Strukturen von Kriegsmarine und Luftwaffe erwiesen sich auch unter den neuen Gegebenheiten als unantastbar. Himmler ging es ohnehin nicht um Effizienz; er bekundete alsbald, seine neuen Kompetenzen in einem ideologischen Sinne nutzen zu wollen. In einem Tagesbefehl an das Ersatzheer vom 1. August 1944 formulierte er:

»Niemals wankend in unserer Treue und in unserem Glauben, ohne Zögern in unserem Gehorsam, anständig in unserer Gesinnung, nimmer müde in unserem Fleiß, gewissenhaft in der Erfüllung unserer Pflichten haben wir uns vorgenommen, durch Tat und Leistung die Schande des 20. Juli vergessen zu machen und zu werden des Führers und seines Reiches nationalsozialistische Volksarmee.«[69]

Hier wird allein in der Wortwahl (»Volksarmee«) deutlich, dass die SS sich selbst als das Eliteheer der Zukunft sah und für das Heer der Wehrmacht nur noch eine Rolle als eher unbewegliches Massenheer im Rahmen der Raumverteidigung vorsah (siehe oben Kapitel III.1). Die Waffen-SS sollte dazu nach dem Kriege über rund 100 000 Mann verfügen, zu denen Ordnungs- und Sicherheitspolizei kommen würde, sodass Himmler im Inneren insgesamt eine Exekutive von etwa 400 000 Mann zur Verfügung stehen würde.[70]

Die Aufstellung von Verbänden aus russischen Freiwilligen unter Führung des kriegsgefangenen Generals Andrei A. Vlasov ließ Himmler dagegen durch das Heer durchführen, weil slawische SS-Männer seiner rassistischen Ideologie zuwidergelaufen wären.[71]

Zugleich hatte sich Himmler mit Fromms anderem »Hut«, seiner Zuständigkeit für die Heeresrüstung, den Zugriff auf die technologischen Errungenschaften des Heeres während des Krieges gesichert. Das galt vor allem für die »V-Waffen«; zumindest für die Entwicklung und Projektion der ballistischen Raketen, die unter der Bezeichnung »V 2« für einen Fernbeschuss Londons entwickelt wurden.[72] »V 1« und »V 2« hatten lange miteinander um Rohstoffe und Arbeitskräfte

---

[66] Kroener, Der starke Mann im Heimatkriegsgebiet, S. 524.
[67] Reichsführer SS und BdE [undatiert, Originalunterschrift], BArch, RH 14/50, fol. 5 f.; Förster, Die Wehrmacht im NS-Staat. Eine strukturgeschichtliche Analyse, S. 138; Longerich, Heinrich Himmler, S. 723.
[68] Förster, Die Wehrmacht im NS-Staat. Eine strukturgeschichtliche Analyse, S. 139.
[69] Des Führers und seines Reiches nationalsozialistische Volksarmee, in: Tremonia, 3.8.1944, IfZF, F 11080.
[70] Wegner, Hitlers politische Soldaten, S. 304 f.
[71] Longerich, Heinrich Himmler, S. 724.
[72] Für das Gesamtprojekt siehe vor allem Petersen, Missiles for the Fatherland; sowie Neufeld, Die Rakete und das Reich.

konkurriert. Die Luftwaffe hatte ein führerloses Flugzeug entwickelt, quasi einen Vorläufer der späteren Marschflugkörper, das unaufwändig herzustellen war und normalen Flugzeugtreibstoff verbrauchte. Allerdings erforderte das System aus der Luft leicht aufzuklärende (und damit bekämpfbare) ortsfeste Startrampen, und die Flugkörper waren auf ihrem Weg ins Ziel verhältnismäßig leicht zu bekämpfen. Schon aus propagandistischer Bevorzugung der Luftwaffe war dieses Projekt (dessen technische Bezeichnung »Fi 103« lautete) als «Vergeltungswaffe 1« der Öffentlichkeit vorgestellt worden; allgemein berichteten die gelenkten Medien bevorzugt über sie.[73]

Dagegen war die von der Heeresartillerie entwickelte flüssigkeitsgetriebene Fernrakete A-4 (Propagandabezeichnung »V 2«) etwas technologisch völlig Neues. Sie war sehr aufwändig in der Herstellung, und für die von Hitler geforderten Zahlen hätte die Gesamtproduktion des als Treibstoff erforderlichen flüssigen Sauerstoffs bei Weitem nicht ausgereicht. Allerdings benötigte das System zum Abschuss lediglich einen festen Untergrund. In der Flugphase war es nicht zu bekämpfen; die Einschläge im Zielgebiet erfolgten, ohne dass eine Luftschutzwarnung ausgegeben werden konnte – was Hitler besonders wichtig war.[74]

Um die fortgesetzte Konkurrenz der Waffensysteme auszuschalten, wurden beide für den Einsatz einem eigens aufgestellten Korpsstab unterstellt, der sowohl Heeres- als auch Luftwaffensoldaten umfasste und wiederum unmittelbar dem Oberkommando der Wehrmacht nachgeordnet war. Himmler gewann so mit der Übernahme der Heeresrüstung zunächst nur Zugriff auf die Produktion des Heeressystems »V 2«, wobei die Produktion zudem zu einem erheblichen Teil in den Händen des Rüstungsministers Albert Speer lag. Dieser wiederum benötigte aber für die Produktion die von Himmler zu stellenden Häftlinge; darüber hinaus erreichte Himmler Anfang September 1944, dass »sein« SS-Obergruppenführer und General der Waffen-SS Hans Kammler allein für die Einsätze beider Systeme zuständig wurde.[75]

Roland von Hößlin hat einem Mithäftling im Gefängnis versichert, das Scheitern des Umsturzversuches habe »das Rückgrat der Armee gebrochen [...] Es befände sich in ihr kein mutiger Mann mehr, der es wagte, etwas gegen die verbrecherische Führung zu tun.«[76]

Gleichwohl hielt das Regime es für notwendig, die »Moral« der Truppe durch weitere Maßnahmen zu stärken; auch hier führte der 20. Juli zu einer Verschärfung bereits vorher eingeleiteter Maßnahmen. Hitlers erster Befehl zur Schaffung Nationalsozialistischer Führungsoffiziere (NSFO) und zur Einrichtung eines NS-Führungsstabes beim OKW datierte bereits vom 22. Dezember 1943. Im Juni 1944 hatte Hitler Bormann mit dieser Aufgabe beauftragt, wohl nach einer längeren parteiinternen Auseinandersetzung wegen der Zuständigkeit. Nach Lage der Dinge erfolgte eine systematische NSFO-Arbeit fast ausschließlich im

---

[73] Siehe etwa Völkischer Beobachter. Münchener Ausgabe, 18.10.1944, IfZF, F 13612: 3.7. bis 31.12.1944.
[74] Hölsken, Die V-Waffen.
[75] Ebd., S. 161–163, 203–205.
[76] Brief Rechtsanwalt Dr. Franz Reisert, Prettelshofen bei Wertingen, an die Mutter Roland von Hößlins vom 15.12.1945; Abschrift im Besitz des Verfassers.

VIII. Auswirkungen des Staatsstreichversuchs

Heer.[77] Aber erst der gescheiterte Umsturzversuch beseitigte schließlich die »letzten Widersacher einer entscheidenden Politisierung der Wehrmacht«.[78]

Am 29. Juli 1944 sprach Himmler im Führerhauptquartier zu ausgewählten NSFOs. Offenbar ging es ihm darum, deren Tätigkeit nicht allein der Partei und damit Bormann zu überlassen, sondern auch hier einen Anspruch auf Mitwirkung anzumelden. Er sah in der mangelhaften weltanschaulichen Ausrichtung den wesentlichen Grund für die Krise an der Ostfront, die im Zusammenbruch der Heeresgruppe Mitte gipfelte[79]. Den NSFOs wurde deutlich gemacht, dass die Angehörigen der »Verschwörerclique« in reaktionären Gedankenwelten befangen gewesen waren und dem Bild eines »unpolitischen« Offiziers angehangen hatten; umso mehr komme es jetzt darauf an, die Politisierung der Armee voranzutreiben.[80]

Eine Änderung des Wehrgesetzes erlaubte es ab September 1944 den Angehörigen der Wehrmacht, aktive Mitglieder der NSDAP zu bleiben. Hatte die Partei bisher behauptet, die militärischen Rückschläge seien darauf zurückzuführen, dass dem Heer die nationalsozialistische Überzeugung abging, so nahm sie jetzt dessen Veränderung von innen heraus in Angriff.[81] Damit sollte das Heer langfristig – und auf eine Nachkriegszeit berechnet – letztlich jene volkspädagogisch konzipierte »Schule der Nation« werden, die Himmler mit dem Begriff »Volksarmee« bezeichnete. Im März 1945 legte Obergruppenführer Felix Steiner dem Oberkommando der Wehrmacht eine Studie vor, in der er »den 20. Juli 1944 als eine Zäsur in der Geschichte der nationalsozialistischen Revolution« bezeichnete. Das Heer sollte damit zu einer reinen Ausbildungs- und Territorialverteidigungsarmee werden, während die SS »eine ständig mobile, stark technisierte Truppe in der Stärke etwa einer Heeresgruppe« werden solle, die im Kriege die Entscheidung herbeiführen werde.[82]

Insgesamt lässt sich das Geschehen des 20. Juli 1944 in diesem Zusammenhang als eine wesentliche Etappe im Prozess der »politische[n] Gleichschaltung« der Armee deuten, die letztlich

> »Ergebnis einer auf opportunistische Anpassung gegründeten Annäherung an die ideologischen Vorgaben des Regimes [war], dessen einzige Perspektive innenpolitische Einflusssicherung und Machterhalt bildeten; ein Prozess, dessen Dynamik sich im Wissen um die unausweichlichen Folgen der Niederlage noch verschärfte.«[83]

Sollten Guderian und mit ihm andere wirklich geglaubt haben, durch größere Willfährigkeit Hitler und Himmler gegenüber die Scharte des 20. Juli auswetzen und die Stellung des Heeres im NS-Regime halbwegs stabilisieren zu können,[84]

---

[77] Besson, Zur Geschichte, S. 80 f.
[78] Befehl des Chefs des Nationalsozialistischen Führungsstabes, General der Infanterie Hermann Reinecke, vom 3.8.1944, zit. in Besson, Zur Geschichte, S. 83. Siehe auch Thamer, Die Erosion einer Säule, S. 434, der die NSFO als Ende einer Entwicklung interpretiert, die mit dem »Röhm-Putsch« begonnen habe.
[79] Förster, Geistige Kriegführung, S. 624 f.
[80] Ebd., S. 626 f.
[81] Förster, Die Wehrmacht im NS-Staat. Eine strukturgeschichtliche Analyse, S. 137.
[82] Ebd., S. 146; Förster, Vom Führerheer der Republik, S. 321.
[83] Kroener, Menschenbewirtschaftung, S. 878.
[84] Meyer, Generaloberst Guderian, S. 15.

so mussten sie sich hier getäuscht sehen. Dass das Heer sich in der Endphase des Krieges stärker als je zuvor der SS würde unterordnen müssen, hatte sogar Allen W. Dulles, der Repräsentant des US-amerikanischen Geheimdienstes OSS in Zürich, erkannt.[85]

Dabei war eine solche Gefügigmachung gar nicht erforderlich. Nicht nur die Offiziere des Heeres, auch die Bevölkerung ganz allgemein und darunter ein großer Teil der Arbeiterschaft standen weiterhin hinter Hitler, seiner Regierung und seinem Krieg. Sie alle hingen nach wie vor, und noch bis zur Jahreswende 1944/45, einem »quasi-religiösen Glauben« an den «Führer» an.[86] Die Einführung des »Deutschen Grußes« auch im Heer stieß kaum auf Widerstand.[87] Allerdings trug Hitler selbst zu einer Beruhigung der Lage bei, indem er Übergriffe von Parteiinstanzen gegen das Heer und vor allem das Offizierkorps unterbinden ließ:

»Der Führer wünscht, dass bei der Behandlung der Ereignisse des 20.7.1944 sich niemand dazu hinreißen lässt, das Offizierkorps, die Generalität, den Adel oder Wehrmachtsteile in corpore anzugreifen oder zu beleidigen. Es muss vielmehr immer betont werden, dass es sich bei den Teilnehmern des Putsches um einen ganz bestimmten verhältnismäßig kleinen Offizierklüngel handelte [...]

Wird über die Haltung des Verräterklüngels gesprochen, muss also gleichzeitig die einwandfreie Haltung des Heeres wie überhaupt die einwandfreie Haltung der Gesamtwehrmacht betont werden.«[88]

In dieser Sichtweise wurde die Schuld für »die rückläufige Bewegung unserer Truppen im Osten sowie die Kette von Unglücksfällen von Todt bis Dietl« bei den Verschwörern gesehen. Umgekehrt erwarteten aber jetzt die noch immer vom NS-System überzeugten Soldaten von deren Ausschaltung eine durchgreifende Verbesserung der Lage:

»An die Ernennung des Reichsführers-SS zum Befehlshaber des Heimatheeres werde überall die Hoffnung geknüpft, dass jetzt einmal richtig ›ausgemistet‹ werde, und die Forderung nach einer Generalreinigung gestellt.«[89]

Diese Einstellung prägte nicht nur viele einfache Soldaten, sondern sie fand sich auch an der Spitze der hitlertreu gebliebenen Generalität. Der Oberbefehlshaber der Heeresgruppe Mitte, Generalfeldmarschall Model, schrieb in einem Befehl an die unterstellten Armeen:

»Der Führer fordert daher von uns allen, mit äußerster Anspannung weiter standzuhalten, bis Verstärkungen an Personal und Material, [dann hand-

---

[85] Berichte vom 27. und 28.7.1944, NA, RG 226 E 99 B 14 f.58a, zit. in Heideking, Die »Breakers«-Akte, S. 30 und S. 46 mit Anm. 57
[86] Kühne, Zwischen Akribie und Groteske, S. 411.
[87] Förster, Geistige Kriegführung, S. 623; Jacobsen, 1939–1945, S. 482, Dok Nr. 139.
[88] Fernschreiben Leiter der Parteikanzlei Reichsleiter M. Bormann an alle Reichsleiter, Gauleiter, Verbändeführer vom 24.7.1944, abgedr. in: Spiegelbild einer Verschwörung, S. 597.
[89] Spiegelbild einer Verschwörung, S. 7 (22.7.1944). Siehe auch Bericht der Haupt-Außenstelle Jena des SD-Abschnitts Weimar vom 27.7.1944: Die Meinung und Stimmung der Bevölkerung hinsichtlich des 20.7.1944. Reaktion auf die Ernennung Himmlers zum OB des Ersatzheeres, IfZ, MA 95-2: »An die Ernennung des Reichsführers SS zum Oberbefehlshaber des Heimatheeres werden nicht nur von den Soldaten selbst (Mannschaften und Unteroffizierkorps), sondern auch von allen gutgesinnten Volksgenossen, besonders aber von der höheren Parteigenossenschaft, die höchsten Erwartungen geknüpft«; und Meldungen aus dem Reich, S. 6700 (10.8.1944).

schriftlich gestrichen:] die offenbar durch die erledigten Verschwörer zurückgehalten worden waren, [Ende Streichung] eintreffen werden.«[90]

Himmler hingegen, Hitlers »Getreuer Heinrich«, nutzte die zusätzlich gewonnene Machtposition für eigene Zwecke. Mehr als jeder andere der Spitzen-Nationalsozialisten legte er es darauf an, seine Position auch nach Kriegsende zu festigen und dazu bereits konspirativ Verbindung mit den Kriegsgegnern aufzunehmen.[91]

Schon bald nachdem der Rauch der Bombe sich verzogen hatte und geklärt war, dass Hitler nicht ernstlich verwundet war, konzentrierte sich der Verdacht auf einen Täter. Bereits gegen 14:00 Uhr, also 90 Minuten nach der Detonation, gingen die meisten davon aus: »Das war der Stauffenberg.«[92]

Aber es war eben nicht nur das Attentat eines einzelnen, sondern ein langfristig geplanter Aufstandsversuch, an dem eine Vielzahl von Personen im gesamten Reichsgebiet und darüber hinaus beteiligt waren. Die Verfolgungsmaßnahmen liefen noch in der Nacht an, nicht zuletzt, um vom Versagen des von Himmler geführten Sicherheitsapparats abzulenken und um heeresinternen Nachforschungen zuvorzukommen.[93]

Zuständig war das Reichssicherheitshauptamt unter der Leitung von Kaltenbrunner mit der Geheimen Staatspolizei als ausführendem Organ. Im Rahmen einer von Heinrich Müller (»Gestapo-Müller«) geführten Sonderkommission ermittelten zeitweise bis zu 400 Beamte.[94] Goebbels hat es später als »Glücksfall« bezeichnet, dass Stauffenberg nicht schon bei seiner Rückkehr nach Berlin verhaftet worden war; nur durch die Auslösung des Staatsstreichs habe das Regime den ganzen Umfang der Verschwörung erkannt. Ansonsten würden »die Putschistenverbrecher, die heute schon erschossen sind, [...] wahrscheinlich noch in Amt und Würden stehen.«[95]

Die Listen von Verbindungsoffizieren und »Politischen Beauftragten«, die mühsam vorbereitet worden waren, wurden jetzt manchem zum Verhängnis.[96] Die Schergen der Gestapo nahmen keine Rücksichten mehr auf Kriegsnotwendigkeiten; auch Generalstabsoffiziere von an der Front kämpfenden Divisionen wie etwa Joachim Kuhn wurden trotz aller Proteste ihrer Vorgesetzten, sie seien unentbehrlich, verhaftet. Kuhns Divisionskommandeur ließ ihm die Chance, Selbstmord zu begehen; Kuhn geriet aber stattdessen in sowjetische Kriegsgefangenschaft, wofür der Divisionskommandeur, Generalleutnant Gustav Heisterman von Ziehlberg, vor das Reichskriegsgericht gestellt wurde, das ihn aber freisprach. Zu seiner Division zurückgekehrt, wurde der General erneut verhaftet und, weil Hitler als

---

[90] Fernschreiben OB HGr Mitte [Model] an AOK 2 u.a. vom 25.7.1944, BArch, RH 19 II/203, fol. 45.
[91] Kershaw, Hitler 1889–1936, S. 716.
[92] Oberstleutnant d.G. Otto Lechler zu Major i.G. Ernst Ferber, zit in: Mühleisen, Hellmuth Stieff, S. 363.
[93] Longerich, Heinrich Himmler, S. 718; Keyserlingk-Rehbein, Nur eine »ganz kleine Clique«?, S. 502.
[94] Longerich, Heinrich Himmler, S. 682, 718.
[95] Goebbels, Die Tagebücher, T. II, Bd 13, S. 139 f. (23.7.1944). Siehe auch Schlie, Es lebe das heilige Deutschland, S. 24 f.
[96] Spiegelbild einer Verschwörung, S. 256 f. (18.8.1944).

Gerichtsherr das Urteil nicht bestätigt hatte, in einem zweiten Prozess zum Tode verurteilt und erschossen.[97] Ebenso wurden mehrere Personen zum Tode verurteilt und hingerichtet, die dem flüchtigen General Lindemann Unterschlupf gewährt hatten, selbst aber in keiner Weise an der Verschwörung beteiligt gewesen waren.[98]

Einige Beteiligte entzogen sich der Verfolgung durch Suizid: Major i.G. Hans-Ulrich von Oertzen sprengte sich mit einer Granate in die Luft, die er wohl vorsorglich schon früher in einem Feuerlöscheimer versteckt hatte.[99] Der Generalquartiermeister, General der Artillerie Eduard Wagner, erschoss sich am 23. Juli 1944 in seiner Dienststelle. Oberst i.G. Wessel Freytag von Loringhoven suchte drei Tage später den gleichen Ausweg; sein Abschiedsbrief an seine Frau ist heute Bestandteil der Dauerausstellung des Militärhistorischen Museums der Bundeswehr in Dresden. Dass der Kopf der Verschwörung in der Heeresgruppe Mitte, Generalmajor Henning von Tresckow, sich am 21. Juli 1944 in der Nähe der Front das Leben nahm (tagelang hat die Gestapo wohl noch angenommen, er sei bei einem Feindangriff gefallen), erklärt vielleicht ein Stück weit, warum vergleichsweise viele Angehörige dieser Gruppe (Gersdorff, Schlabrendorff, Philipp von Boeselager und andere) den Krieg überlebt haben.[100]

Nicht immer gelang eine zügige Festnahme. Goerdeler, schon vor dem 20. Juli zur Fahndung ausgeschrieben, konnte sich noch bis zum 12. August in Westpreußen versteckt halten, bevor er denunziert und verhaftet wurde. Alexis von Roenne fand noch Zeit, seiner Frau einen Brief zu schreiben, in dem er in verklausulierter Form auf die Ereignisse einging:

»Du wirst natürlich sehr mit den schlimmen Ereignissen von gestern beschäftigt sein, die uns alle erfüllen, unbegreiflich und von größter nachteiliger Tragweite sind. Ein fürchterlicher Missgriff, der meines Erachtens in dem schweren Kopfschuss Stauffenbergs wurzelt (in Afrika, wo er auch 1 1/2 Hände verlor). Zum Glück scheint von den wertvollen Besprechungsteilnehmern (besonders Heusinger!) keiner ernstlich gelitten zu haben.«[101]

Heusinger unter die »wertvollen Besprechungsteilnehmer« zu rechnen, war natürlich eine gezielte Aussage über den »Wert« Hitlers, dem die Bombe ja gegolten hatte. Aber am 23. Juli wurde auch Heusinger verhaftet, noch im Lazarett, unter dem Verdacht, von den Vorbereitungen gewusst zu haben; er wurde später wieder freigelassen, ohne je angeklagt worden zu sein.[102]

Roland von Hößlin, der immerhin am 15. Juli mit seiner Abteilung Richtung Königsberg losmarschiert war, blieb lange unbehelligt. Ob seine Verhaftung am 23. August 1944 damit zu tun hatte, dass wenige Tage zuvor die »verschärften« Vernehmungen des vorgesehenen »Politischen Beauftragten« für Ostpreußen,

---

[97] Hoffmann, Stauffenbergs Freund, S. 60–78.
[98] Sie gaben ihr Leben, passim.
[99] Keil, Hans-Ulrich von Oertzen, S. 147–150.
[100] Siehe hierzu Keyserlingk-Rehbein, Nur eine »ganz kleine Clique«?, S. 270–272; sowie Aretin, Freiheit und Verantwortung, S. 29.
[101] Feldpostbrief Oberst i.G. Alexis Freiherr von Roenne an seine Frau vom 21.7.1944, MHM, PSF 958 BBAT 3631.
[102] Meyer, Adolf Heusinger, S. 266.

VIII. Auswirkungen des Staatsstreichversuchs 247

Heinrich Graf Lehndorff, begonnen hatten, muss offenbleiben.[103] Arthur Nebe wurde sogar erst im Januar 1945 gefasst.[104]

Wie Lehndorff haben einige der Verhafteten brutalste Foltermethoden über sich ergehen lassen müssen.[105] Von Goerdeler ist überliefert, dass er sehr umfangreiche Aussagen gemacht hat.[106] In anderen Fällen ist nicht so klar zu erkennen, wessen Aussagen wen belastet haben, zumal die Hartnäckigkeit und Brutalität der Vernehmer oft auf das Wissen der Verhafteten stießen, wer schon verurteilt und ermordet worden war und wem man folglich mit belastenden Aussagen nicht mehr schaden konnte.

Insgesamt ist davon auszugehen, dass knapp 700 Personen im Zusammenhang mit dem 20. Juli 1944 verhaftet worden sind.[107] Darunter waren rund 85 Offiziere, von denen aber 25 bis Mitte September 1944 schon wieder entlassen wurden. Zu ihnen gehörten Heusinger, der Oberst i.G. Graf Kielmansegg (später General der Bundeswehr), der Schulkommandeur aus Krampnitz, Oberst Momm, aber ebenso der in dieser Liste schon als »Oberst i.G.« geführte Pridun, der ja in Wirklichkeit führend an der Niederschlagung des Aufstandes im Bendlerblock beteiligt gewesen war und der später geltend machen wollte, seine vorzeitige Beförderung zu diesem Dienstgrad sei auch eine Entschädigung für seine ungerechtfertigte Inhaftierung gewesen.[108]

Die Medien berichteten anfangs ausführlich über das Attentat, aber schon deutlich weniger detailliert über den Staatsstreichversuch. Schon früh wurde klar, dass die gelenkte Presse vermeiden sollte, einen Keil zwischen Bevölkerung und Wehrmacht zu treiben:

»Das deutsche Volk hat ein äußerst feines Empfinden dafür, dass diese Bande sich selbst das Todesurteil gesprochen hat. Denn das deutsche Volk will keine trennende Bande zwischen sich selbst und der Wehrmacht. Die Wehrmacht ist das deutsche Volk! Nicht umsonst wurde ja die deutsche Wehrmacht gerade im Kriege immer politischer und die Nationalsozialistische Deutsche Arbeiterpartei immer deutlicher militärisch ausgerichtet.«[109]

Goebbels wurde mit einer Rede zitiert, in der er die Beteiligung von zumindest drei namentlich nicht genannten Generalen erwähnte (wohl Beck, Hoepner und Olbricht), aber die Rolle des Generalfeldmarschalls von Witzleben wohlweislich verschwieg.[110]

---

[103] Vollmer, Doppelleben, S. 302–306.
[104] Wildt, Generation des Unbedingten, S. 709.
[105] Schlabrendorff, Offiziere gegen Hitler, S. 163–168. Ähnliches gilt für Trott: siehe die zynische Bemerkung in Spiegelbild einer Verschwörung, S. 249 (17.8.1944): »Da Trott zweifellos sehr stark zurückgehalten hat, wurde das Todesurteil des Volksgerichtshofes noch nicht vollstreckt, sodass von Trott für eine weitergehende Klärung noch zur Verfügung steht.«
[106] Kiesel, SS-Bericht, S. 32.
[107] Hoffmann, Widerstand – Staatsstreich – Attentat, S. 607; neuer und auch präziser Tuchel, »... und ihrer aller wartete der Strick«, S. 37.
[108] Liste abgedr. in: Tuchel, »... und ihrer aller wartete der Strick«, Dok. 8, S. 440 f.; zu Pridun siehe dessen Schriftwechsel mit der Zentralnachweisstelle in Aachen-Kornelimünster in seiner Personalakte, BArch, Pers 6/59047; und HPA Ag P2/Rechtsgr. (2) an P3 z.Hd. Herrn Oberstleutnant i.G. Kinitz (undatiert, Mitte September 1944), BArch, RH 7/30.
[109] Tremonia. Westdeutsche Volkszeitung, 24.7.1944, IfZF, F 11080.
[110] Rede Goebbels vom 26.7.1944, zit. nach Tremonia. Westdeutsche Volkszeitung, 27.7.1944, IfZF, F 11080.

Im Einzelfall wurden verdächtigte Offiziere zum Selbstmord gezwungen – das bekannteste Beispiel ist Rommel. Offenkundig war das Regime nicht daran interessiert, dass der populärste Feldmarschall vor dem Volksgerichtshof seine Rolle bei dem Umsturzversuch erklären musste. Stattdessen erschien Schmundts Nachfolger als Chef des Heerespersonalamtes, General der Infanterie Burgdorf, zusammen mit seinem Stellvertreter, Generalleutnant Maisel, am 14. Oktober 1944 in Rommels Haus in Herrlingen bei Ulm und forderte diesen auf, das mitgebrachte Gift zu nehmen.[111] Ob Rommel im Falle einer Weigerung je lebend bis Ulm gekommen wäre, wo sein Staatsbegräbnis schon vorbereitet war, mag dahingestellt bleiben. Der »Völkische Beobachter« erklärte Rommels plötzlichen Tod – damals unhinterfragt plausibel – als Spätfolge seiner Verwundung.[112]

Sein Vorgesetzter, Generalfeldmarschall Kluge, wurde von Hitler unter entwürdigenden Umständen seiner Verwendung als Oberbefehlshaber West enthoben und nahm auf der Rückfahrt nach Berlin ebenfalls Gift.[113] Der Militärbefehlshaber Frankreich, General der Infanterie Carl-Heinrich von Stülpnagel, der eine zentrale Rolle in der Pariser Umsturzorganisation gespielt hatte, versuchte sich auf dem Schlachtfeld von Verdun zu erschießen, wurde jedoch »gerettet«, vor den Volksgerichtshof gestellt und dann gehängt.[114]

Die Verfolgungswut des Regimes richtete sich aber nicht nur gegen die Beteiligten selbst. Dem rassistischen Wahn und angeblichen »germanischen« Vorbild folgend, verhaftete die Gestapo im Rahmen der »Sippenhaft« auch nähere und entferntere Verwandte der eigentlichen »Täter«.[115] Dazu gehörten vor allem die Ehefrauen:[116] Nina Gräfin Stauffenberg gebar in der Haft ihr fünftes Kind, eine Tochter.[117] Ihre Schwägerin Melitta Stauffenberg ist bereits erwähnt worden (siehe oben Kapitel IV.5). Die Kinder wurden den Familien weggenommen und unter Pseudonymen in einem Kinderheim in Bad Sachsa im Harz untergebracht; zumindest die älteren von ihnen waren sich aber schnell der alle Kinder verbindenden Zugehörigkeit zu »Verschwörerfamilien« bewusst.[118] Für die Mütter dagegen, die in der Regel nicht wussten, wohin ihre Kinder gebracht worden waren oder wie es ihnen ging, war dies eine besonders starke psychische Belastung.

Auch hier nahm das Dritte Reich keine Rücksichten auf Kriegsnotwendigkeiten oder Zweckmäßigkeiten. Unter den »Sippenhäftlingen« waren mehrere Offiziere, die nicht von der oppositionellen Tätigkeit ihres Vaters oder Bruders gewusst hatten. Dabei war das Vorgehen durchaus willkürlich: Der Vater des Majors Roland von Hößlin war Generalmajor beim Wehrkreiskommando in Wiesbaden; er blieb völlig unbehelligt, wurde aber am 31. Dezember 1944 mit 62 Jahren in

---

[111] Manfred Rommel, Rommels Tod. In: Südkurier (Konstanz), 8.9.1945; Lieb, Erwin Rommel, S. 339 f.
[112] Völkischer Beobachter, 17.10.1944, S. 1 (Leitartikel), IfZF, F 13612.
[113] Steinbach, Hans Günther von Kluge, S. 319 f.
[114] Heinemann, General der Infanterie Carl-Heinrich von Stülpnagel, S. 62.
[115] Zu den ideologischen Grundlagen Salzig, Die Sippenhaft (2015), vor allem S. 45–95.
[116] Ein Überblick findet sich in Meding, Mit dem Mut des Herzens. Zeitzeugenberichte und weitere wissenschaftliche Literatur auch in Hitlers Rache.
[117] Schulthess, Nina Schenk Gräfin von Stauffenberg, S. 87–101; Richardi, SS-Geiseln in der Alpenfestung.
[118] Behrens/Tuchel, Unsere wahre Identität.

VIII. Auswirkungen des Staatsstreichversuchs 249

den Ruhestand versetzt.[119] Allerdings ging es ihm wie vielen, die nicht um die Verstrickung ihrer Verwandten gewusst hatten: Die Gestapo ließ ihn im Dunkeln über den Verbleib seines Sohnes; Kontakte über ihm bekannte Generale, darunter sogar ein Mitglied des »Ehrenhofes«, halfen wenig.[120] Die »Sippenhaft« entfaltete auch eine generalpräventive Wirkung; dem Wehrmachtbefehlshaber von Paris, General der Infanterie Dietrich von Choltitz, hatte auf einer Zugfahrt Anfang August 1944 ein SS-Führer von der Durchführung der Sippenhaft berichtet, was Choltitz bei den Entscheidungen über die Zerstörung oder Übergabe der französischen Hauptstadt nach seinen eigenen Angaben sehr belastet hat.[121]

In der Behandlung seiner Opfer konstruierte das Dritte Reich eine erstaunliche Parallele zwischen dem Staatsstreichversuch der Nationalkonservativen vom 20. Juli 1944 und den im NKFD oder dem BDO tätigen kriegsgefangenen Offizieren und Soldaten. Zumindest in einem Fall gab es wirklich eine solche Beziehung: Eine Schwester des in der Nacht des 20. Juli 1944 erschossenen Obersten i.G. Albrecht Mertz von Quirnheim war mit dem im NKFD engagierten Generalmajor Otto Korfes verheiratet.

Das Dritte Reich hatte versucht, die Bedeutung des NKFD und des BDO herunterzuspielen, indem es alle Ablehnung auf General von Seydlitz fokussierte, der dann *in absentia* zum Tode verurteilt worden war,[122] aber es war klar, dass das Regime ihm und anderen Angehörigen beider Organisationen, so lange sie in Kriegsgefangenschaft waren, nichts würde anhaben können. Seydlitz' Frau beantragte allerdings unter Druck die Scheidung von ihrem Mann, weil das Heerespersonalamt ihr glauben machte, sie würde damit ihre Töchter schützen.[123]

Nach dem 20. Juli 1944 wurden auch die Familien der Angehörigen des NKFD verhaftet. Schon als Himmler am 30. Juli mit Hitler die Verfolgung und Bestrafung der »Verräter« besprach, hatte er sich drei Punkte notiert: »1. Gerichtsverfahren, 2. Familie Stauffenberg, 3. Angehörige Seydlitzfamilie.«[124] Das NS-Regime ging wohl eine Zeitlang davon aus, dass zwischen dem nationalkonservativen Umsturzversuch vom 20. Juli 1944 und dem NKFD/BDO ein Zusammenhang bestand.[125] Es muss dabei auffallen, dass die spätere Sippenhaft hier nur auf die Familien der beiden zentralen Gestalten angewendet wurde. Die Angehörigen der Offiziere im NKFD wurden allerdings getrennt von den Familien der Verschwörer vom 20. Juli inhaftiert, wogegen ihre jüngeren Kinder ebenfalls nach Bad Sachsa kamen.[126] Insgesamt ist von einer Zahl von etwa 180 erwachsenen »Sippenhäftlingen« aus dem Kreis des 20. Juli auszugehen; hinzu

---

[119] Auszug aus den Personalveränderungen Nr. 8201/44 PA Ag P 1/1 (Zentral-)Abt. III b (1) vom 15.12.1944, BArch, RW 59/174, fol. 78.
[120] Brief Generalmajor von Hößlin an General der Infanterie Schroth vom 28.9.1944; Abschrift im Besitz des Verfassers.
[121] Choltitz, Soldat unter Soldaten, S. 226, 265 f.
[122] Heider, Reaktionen in der Wehrmacht, S. 626 f.; Seydlitz am 26.4.1944, in: Seydlitz, Nach Stalingrad, S. 53; Warth, Verräter oder Widerstandskämpfer?, S. 169–174.
[123] Nach Stalingrad, S. 395; Warth, Verräter oder Widerstandskämpfer?, S. 183.
[124] Tuchel, Die Verfahren vor dem »Volksgerichtshof«, S. 134, Anm. 11, unter Verweis auf BArch, NS 19/1447, fol. 155 f.
[125] Heider, Reaktionen in der Wehrmacht, S. 630 f.
[126] Seydlitz, Nach Stalingrad, S. 395; Warth, Verräter oder Widerstandskämpfer?, S. 183 f.

kommen aus dem Umfeld des NKFD weitere 40 Personen sowie insgesamt etwa 60 verschleppte Kinder.[127]

Letztlich ist nicht klar, was das Regime mit den »Sippenhäftlingen« vorhatte. Die Drohung, die verhaftete Familie zu misshandeln, war ein häufig genutztes Mittel bei Vernehmungen Beteiligter, aber das allein erklärt die »Sippenhaft« nicht; noch Monate nach der Hinrichtung Verurteilter saßen deren Angehörige ein. Einige von ihnen sind an den Bedingungen der Haft gestorben, aber hingerichtet worden ist von den »Sippenhäftlingen« selbst niemand. Andere wurden im Verlaufe des Jahres 1944 bereits wieder entlassen, oft auf Fürsprache hochgestellter Bekannter, wie etwa Melitta Gräfin Stauffenberg auf Intervention Görings.[128] Einige befanden sich in der Gruppe von prominenten »Sonderhäftlingen«, die eine Zeitlang von Dachau auf verschlungenen Pfaden nach Südtirol unterwegs war, bevor erst das Heer und dann die U.S. Army sie am Pragser Wildsee aus den Händen der SS befreiten.[129] Bei dieser Gruppe waren auch die beiden beim Venlo-Zwischenfall von 1939 verhafteten britischen Offiziere (siehe oben Kapitel VI.3), sodass hier vermutet werden darf, dass Himmler hoffte, sich mit diesen Häftlingen die Basis für eine Verbindungsaufnahme mit den Kriegsgegnern schaffen zu können.

Der Volksgerichtshof verurteilte 104 Angeklagte zum Tode, wogegen 175 Verhaftete freigesprochen oder von der Gestapo wieder auf freien Fuß gesetzt wurden. Weitere 25 Beteiligte wurden Opfer von Mordaktionen in den letzten Kriegstagen oder nahmen sich selbst das Leben.[130]

Der Präsident des Volksgerichtshofs, Roland Freisler, führte die Verfahren selbst. Seine Verhandlungsführung sprach allen rechtsstaatlichen Grundsätzen Hohn. Die Prozesse waren als Schauprozesse nach stalinistischer Manier angelegt; die Verteidigung war eine Farce, und die Todesurteile standen schon vorher fest, sodass von »justizförmigen Tötungen« gesprochen werden muss.[131] Die Sitzungen wurden mit versteckter Kamera gefilmt, und die Aufnahmen sind teilweise erhalten, wenn auch Freislers Hasstiraden häufig die Möglichkeiten der damaligen Tontechnik sprengten.[132]

Ursprünglich scheint nicht beabsichtigt gewesen zu sein, die Prozesse propagandistisch auszuwerten; jedenfalls war Goebbels zu den ersten Besprechungen über die Durchführung der Verhandlungen nicht eingeladen.[133] Später gelang es ihm jedoch, sich durch unmittelbare Vorsprache bei Hitler in die Vorbereitungen einzuschalten und eine breite Berichterstattung in den Medien durchzuset-

---

[127] Tuchel, »... und ihrer aller wartete der Strick«, S. 452–454 (Erläuterungen zu Dok. 10); Salzig, Sippenhaft (2010), S. 174 f.
[128] Bracke, Melitta Gräfin Stauffenberg, S. 189 f.
[129] Richardi, SS-Geiseln in der Alpenfestung, passim.
[130] Alle Zahlen nach Tuchel, »... und ihrer aller wartete der Strick«, S. 37 f.
[131] Eine kurze und eher oberflächliche Analyse findet sich in Ramm, Der 20. Juli vor dem Volksgerichtshof. Koch, Volksgerichtshof, ist wegen seiner rechtsnationalen Grundeinstellung problematisch; siehe meine Besprechung in MGM, 48 (1990), S. 224–226. Eine konzise und zugleich zuverlässige Schilderung bietet dagegen Tuchel, Die Verfahren vor dem »Volksgerichtshof«; dort auch das Zitat.
[132] Sösemann, Verräter vor dem Volksgericht, S. 156.
[133] Ebd., S. 155.

VIII. Auswirkungen des Staatsstreichversuchs

zen.[134] Die bei den Verhandlungen entstandenen Filmaufnahmen wurden aber nur einem extrem kleinen Kreis zugänglich gemacht. Einerseits ließ Freislers Verhandlungsführung zu sehr den Charakter eines Schauprozesses erkennen, sodass die beabsichtigte Wirkung in der reichsdeutschen Öffentlichkeit schnell in ihr Gegenteil hätte umschlagen können.[135] Andererseits traten einige der Angeklagten Freisler furchtlos gegenüber, wie auf den erhaltenen Filmsequenzen zu sehen ist. Josef Wirmer soll Freisler, der ihm sagte, er werde bald zur Hölle fahren, geantwortet haben: »Es wird mir ein Vergnügen sein, wenn Sie bald nachkommen, Herr Präsident«. Ulrich-Wilhelm Graf von Schwerin von Schwanenfeld gab als Motiv für seine Tätigkeit im Widerstand an: »Ich dachte an die vielen Morde« – bevor Freisler ihn niederbrüllte. Generalfeldmarschall von Witzleben hatte man den Gürtel aus der Hose genommen, sodass er diese ständig festhalten musste. Gleichwohl soll er Freisler in seinem Schlusswort gesagt haben: »Sie können uns dem Henker überantworten. In drei Monaten zieht das empörte und gequälte Volk Sie zur Rechenschaft und schleift Sie bei lebendigem Leib durch den Kot der Straßen.«[136] Hans-Bernd von Haeften, der aus religiöser Überzeugung das Attentat abgelehnt hatte, hielt Freisler entgegen, er halte Hitler für den »großen Vollstrecker des Bösen«.[137]

Der erste Prozess fand am 7. und 8. August 1944 im Gebäude des Kammergerichts statt. Angeklagt waren ausschließlich Offiziere: Generalfeldmarschall von Witzleben, Generaloberst Hoepner, Generalleutnant von Hase, Generalmajor Stieff, Oberstleutnant Bernardis, Hauptmann Friedrich Karl Klausing, Oberleutnant von Hagen und Oberleutnant Peter Graf Yorck von Wartenburg.[138] Erwartungsgemäß erging gegen alle Angeklagten das Todesurteil. Noch am selben Tag wurden sie nach Berlin-Plötzensee verbracht und dort gehängt. Viele Offiziere nahmen die Nachricht, dass man die verurteilten hohen Offiziere nicht erschossen, sondern schändlich an den Galgen gebracht hatte, mit Empörung auf.[139] Die bei den Exekutionen gemachten Filmaufnahmen sind – glücklicherweise – nach dem Krieg verschollen geblieben; auch ob Hitler (wie immer wieder behauptet wird) sie sich selbst angesehen hat, ist zweifelhaft.[140]

Im weiteren Verlauf der Prozesse wurde nur eine kleine, ausgewählte »Öffentlichkeit« zugelassen, darunter am 7. September 1944 der Oberleutnant der Luftwaffe Helmut Schmidt. Er war so angewidert von der Verhandlungsführung, dass er sich von seinen Vorgesetzten von einer weiteren Teilnahme entbinden ließ; allein an diesem Beispiel wird deutlich, dass die erhoffte propagandistische Wirkung nicht erreicht werden konnte.[141] 33 Angeklagte wurden zu

---

[134] Goebbels, Die Tagebücher, T. II, Bd 13, S. 210–214 (3.8.1944); Tuchel, Die Verfahren vor dem »Volksgerichtshof«, S. 138 f.
[135] Hoffmann, Widerstand – Staatsstreich – Attentat, S. 625 f.
[136] Witzleben, »Wenn es gegen den Satan Hitler geht ...«, S. 214. Letztlich ist dieser Satz nicht belegt.
[137] Haeften, Nichts Schriftliches, S. 86. Siehe auch Ramm, Der 20. Juli vor dem Volksgerichtshof, S. 249.
[138] Tuchel, Die Verfahren vor dem »Volksgerichtshof«, S. 139.
[139] Neitzel, Die deutschen Generäle und der Widerstand, S. 233.
[140] Sösemann, Verräter vor dem Volksgericht, S. 157.
[141] Pamperrien, Helmut Schmidt und der Scheißkrieg, S. 254–261.

Freiheitsstrafen verurteilt und 19 freigesprochen,[142] von den 104 Todesurteilen wurden 95 vollstreckt. Einige der Verurteilten allerdings mussten noch längere Zeit auf ihre Exekution warten (Goerdeler, Popitz, Hofacker u.a.[143]). Weitere sieben zum Tode Verurteilte wurden in der Nacht vom 22./23. April 1945 durch Genickschuss ermordet.

Anderen, wie etwa Rommel, aber auch den Oppositionellen aus dem Amt Ausland/Abwehr, wurde der Prozess vor dem Volksgerichtshof vorenthalten, wohl weil das Regime ihr Wissen um deren Verstrickung in die Umsturzplanung nicht aktenkundig werden lassen wollte. »Wenn andere Beteiligte in den Verhandlungen vor dem Volksgerichtshof über die Bedeutung dieser vier Personen für den Widerstand sprechen wollten, intervenierte Roland Freisler entschieden.«[144] Dohnanyi wurde in Sachsenhausen ermordet, die übrigen Angehörigen des militärischen Nachrichtendienstes, vor allem Bonhoeffer, Canaris und Oster, wurden beim Heranrücken der Amerikaner am 9. April 1945 im Konzentrationslager Flossenbürg erhängt.[145] Eine andere Gruppe von Häftlingen, darunter neben anderen Rüdiger Schleicher, Klaus Bonhoeffer und Hans John, wurde in der Nacht vom 22. auf den 23. April sowie in der darauffolgenden Nacht in Berlin hinterrücks erschossen.[146]

Von der Verfolgung des militärischen Widerstands getrennt zu betrachten ist die Aktion »Gewitter« der Gestapo, in der das Regime Ende August 1944 eine größere Anzahl ehemaliger Funktionsträger der Weimarer Republik, vor allem ehemalige Abgeordnete der KPD, der SPD, aber auch des Zentrums verhaften ließ.[147] Die Aktion »Gewitter« lässt sich nicht einmal in den Prozess der Verfolgung der zivilen nationalkonservativen Verschwörer einordnen; die Verhaftungen im August 1944 erfolgten aufgrund eilig zusammengestellter Listen von Repräsentanten der »Systemzeit«.

Gleichwohl ist die zeitliche Nähe kein reiner Zufall. Hatte das NS-Regime bis zum Sommer 1944 vor allem einen kommunistischen Aufstand oder Gegenaktionen der Arbeiterschaft insgesamt für möglich gehalten, so hatte der 20. Juli gezeigt, dass ebenso von den klassischen Eliten Gefahr drohen konnte. Die Radikalisierung des »Kampfes nach innen« richtete den Blick auch auf jene, die in den ersten Wochen und Monaten nach der Machtübernahme im Januar 1933 drangsaliert, danach aber weitgehend in Ruhe gelassen worden waren, wenn sie sich nicht mehr politisch engagierten.[148] Das galt etwa für den früheren Kölner Oberbürgermeister und Zentrumspolitiker Adenauer, der sich Mitte der 1930er Jahre noch dem Ansinnen Jakob Kaisers widersetzt hatte, sich an einer Oppositionsgruppe zu beteiligen, vor allem wohl, weil er wusste, dass er ohnehin

---

[142] Tuchel, Die Verfahren vor dem »Volksgerichtshof«, S. 143 f.
[143] Heinemann, Widerstand als politischer Lernprozeß, S. 465; Maier, Die SS und der 20. Juli 1944, S. 308 f.
[144] Keyserlingk-Rehbein, Nur eine »ganz kleine Clique«?, S. 519.
[145] Wildt, Generation des Unbedingten, S. 710–712; Tuchel, »... und ihrer aller wartete der Strick«, S. 245–247.
[146] Tuchel, »... und ihrer aller wartete der Strick«, S. 250–259.
[147] Mommsen, Der Widerstand gegen Hitler und die deutsche Gesellschaft, S. 12; Hammer, Die »Gewitteraktion«; Kißener, Die Aktion »Gewitter«.
[148] Kershaw, Working towards the Führer, S. 104, 113.

VIII. Auswirkungen des Staatsstreichversuchs 253

schon überwacht wurde.[149] Im Rahmen der »Gewitter«-Aktion wurde Adenauer verhaftet, konnte aber fliehen. Nachdem die Gestapo seine Frau mit der Drohung unter Druck gesetzt hatte, den beiden Töchtern etwas anzutun, gab sie Adenauers Aufenthaltsort preis. Danach versuchte sie sich das Leben zu nehmen. Nur mit Glück entging der spätere Bundeskanzler der Ermordung kurz vor Kriegsende.[150]

Im Zuge dieser Aktion ist – soweit bekannt – niemand ermordet worden, doch kostete diese Eskalation im Krieg gegen den »inneren Feind« gleichwohl manches Todesopfer unter den in der Regel älteren und häufig gesundheitlich angeschlagenen Verhafteten; Adenauers Frau starb 1948 an den Spätfolgen ihres Selbstmordversuchs.

War der Aufstand des 20. Juli von den Nationalkonservativen und den Militärs getragen gewesen, von denen nur wenige das Kriegsende erlebten, so richtete sich die Aktion »Gewitter« gegen die Vertreter des Weimarer Staatssystems und die Anhänger der parlamentarischen Demokratie. Aus diesem Personenkreis jedoch überlebten hinreichend viele, um das Nachkriegsdeutschland politisch prägen zu können.

3. Kampf bis zum Letzten und Verweigerung im Einzelnen

Das angestrebte Ziel einer wirklichen Totalisierung der Kriegsanstrengung gelang trotz der Eliminierung der angeblichen »Saboteure« nicht – aus Gründen, die dem NS-System immanent waren. Es reichte lediglich für die Intensivierung des »Krieges nach innen«, wozu eben auch die Aktion »Gewitter« gehört hatte:
»Hatte die NS-Führung bis zum Sommer 1944 die Formel vom ›totalen Krieg‹ weniger als Ausdruck einer verstärkten Repression gegenüber der gesamten Bevölkerung als vielmehr zur propagandistischen Einstimmung auf schwindende Siegeserwartungen verwendet, stand nach dem gescheiterten Attentat vom 20. Juli ein ›totaler‹ Zugriff auf alle Bevölkerungsgruppen im Zentrum der Bemühungen von Partei, Justiz und Polizei.«[151]
Die Auswirkungen des gescheiterten Staatsstreichs auf den Durchhaltewillen der Bevölkerung, vor allem in dem Sinn, dass keine weiteren echten Umsturzplanungen mehr zustande kamen, sind in der Literatur bereits dargestellt worden.[152] Für viele Offiziere mochte hinzukommen, dass sie sich der verbrecherischen Natur des von ihnen zu verantwortenden Krieges bewusst waren und davon ausgingen, nach einer Kapitulation zur Rechenschaft gezogen zu werden; Hitlers verbrecherischer Krieg perpetuierte sich in diesem Sinne selbst.[153]

Gleichwohl hat es vor und nach dem 20. Juli 1944 andere Formen widerständigen Verhaltens von Soldaten gegeben. Auch wenn wir diese unserer Arbeitsdefinition von Widerstand zufolge hier nicht näher betrachtet haben, sollen sie

---

[149] Schwarz, Adenauer. Der Aufstieg, S. 405–407.
[150] Ebd., S. 414–420.
[151] Kroener, Menschenbewirtschaftung, S. 1001.
[152] Heinemann, Der militärische Widerstand und der Krieg, S. 872–880; Hansen, Disobeying Hitler.
[153] Kunz, Die Wehrmacht in der Agonie, S. 98.

doch zumindest Erwähnung finden. Die Frage verzahnt sich eng mit jener nach den Gründen für das Durchhalten weiter Teile der Wehrmacht bis ganz zum Schluss. Warum haben sich einige wenige dem Vernichtungswillen Hitlers versagt, noch nachdem die Verfolgungsmaßnahmen gegen die Verschwörer des 20. Juli die ganze effiziente Brutalität des Systems offengelegt hatten, während die allermeisten anderen bis zum Ende »durchgehalten« haben? Ist hier vor allem auf »die terroristische Bedrohung auch der eigenen Bevölkerung«[154] einschließlich der Soldaten abzuheben, oder finden sich hier andere Motive? Welche Rolle spielte etwa die Ideologie des als »männlich« empfundenen »Durchhaltens«[155]? Und welcher Stellenwert kam der »kleinen Kampfgemeinschaft« zu, auf die amerikanische Militärsoziologen kurz nach dem Zweiten Weltkrieg immer wieder verwiesen haben?[156] Nicht zuletzt hatten der Verlauf und die Nachwirkungen des 20. Juli gezeigt, wie stark unter den Wehrmachtsoldaten der »Führermythos« noch wirksam war.[157]

Da sind zum einen jene, die sich aus sehr unterschiedlichen Motiven den Zerstörungsbefehlen des Regimes widersetzt und damit Kulturgut von unschätzbarem Wert bewahrt haben. Das konnte die Form der Evakuierung von Kunstschätzen aus der Kampfzone annehmen, wie bei der Verbringung der Bibliothek der Abtei Monte Cassino sowie der dort gelagerten Bestände der neapolitanischen Museen in den Vatikan im Herbst 1943 geschehen. Gewiss mag man einwenden, es habe sich auch um Kunstraub gehandelt, aber am Ende muss die Tatsache bestehen bleiben, dass die Kunstwerke überlebt haben. Im Fall von Monte Casino hatten einzelne Offiziere schlicht eigenmächtig gehandelt.

Bei der Bewahrung der französischen Hauptstadt vor der Zerstörung hingegen handelte es sich um eine klare Befehlsverweigerung. Als General der Infanterie Dietrich von Choltitz vor den regulären französischen Streitkräften kapitulierte, tat er das in dem Bemühen, seine Truppen nicht der Résistance zu überantworten, von der er eine deutlich schlechtere Behandlung erwartete. Choltitz selbst ging in britische Kriegsgefangenschaft, musste aber befürchten, dass seine Familie Repressalien analog zur »Sippenhaft« zu gewärtigen hatte. Das galt umso mehr, als Choltitz gerade infolge der Pariser Ereignisse am Abend des 20. Juli 1944 zum »Kommandierenden General und Wehrmacht-Befehlshaber von Groß-Paris« in der Nachfolge des nunmehr suspekten Generalleutnants Hans von Boineburg-Lengsfeld ernannt worden war.[158]

Andere beschränkten sich darauf, in kleinerem Umfang Zerstörungsbefehle nicht durchzuführen, wobei weniger an Albert Speer zu denken ist, der seine Rolle nach dem Krieg immer wieder gezielt überhöht hat, dabei assistiert von dem konservativen Journalisten Joachim Fest.[159] Vielmehr sind hier eine Vielzahl kleinerer Sabotagehandlungen bekannt geworden, von denen anzunehmen ist, dass sie quasi nur die Spitze des Eisbergs darstellen. Auch die Sprengung eines Hafens zu unterlassen oder – wie bei Remagen – eine Brücke in noch nutzbarem Zustand in Feindeshand geraten zu lassen, konnte unter den Bedingungen der letzten

---

[154] Mommsen, Forschungskontroversen zum Nationalsozialismus, S. 20 f.
[155] Zimmermann, Pflicht zum Untergang, S. 463–472.
[156] So vor allem Shils/Janowitz, Cohesion and Disintegration.
[157] Echternkamp, Im Kampf an der inneren und äußeren Front, S. 28.
[158] Hansen, Disobeying Hitler, S. 73–84; Vogel, Deutsche und alliierte Kriegführung, S. 563 f.
[159] Brechtken, Albert Speer, S. 13 f., 555–579, attestiert Fest »Ignoranz und Wissensferne« (so die Kapitelüberschrift auf S. 555).

VIII. Auswirkungen des Staatsstreichversuchs

Kriegswochen den Kopf kosten.[160] Wer sich in Erwartung des Staatsstreichs bereits mit den Franzosen in Verbindung gesetzt hatte, um ein schnelles Kriegsende vorzubereiten, sah nach dem Scheitern des Umsturzes dann nur noch den Ausweg des Suizids.[161]

Ebenso konnte es jenen gehen, die keine Kulturgüter, sondern Menschen zu retten versuchten, wie der aus Wien stammende Feldwebel Anton Schmid, der im April 1942 in Wilna erschossen wurde, weil er Juden aus dem dortigen Ghetto zur Flucht verholfen hatte.[162] Hauptmann Wilm Hosenfeld, der in Warschau vielen Juden das Leben rettete, überlebte zwar den Krieg, starb aber 1952 in sowjetischer Kriegsgefangenschaft.[163]

Die »sozialkohäsiven Kräfte wirkten keineswegs total«,[164] aber waren eben doch stark. Umso mehr ist das Beispiel der wenigen zu achten, die sich diesem Gruppenzwang zu widersetzen wagten. Sie alle sind Beispiele individueller Tapferkeit und Menschlichkeit. Unter moralischen Aspekten dürfen sie in einer Geschichte des Zweiten Weltkrieges nicht fehlen. Wirkmächtig geworden sind sie dagegen kaum. Selbst von den Juden, denen Feldwebel Schmid geholfen hatte zu fliehen, sind wohl viele später noch zu Tode gekommen.

Wieder anders gelagert sind die Fälle von Desertion, von denen jeder einzelne die Kriegsanstrengung des Dritte Reiches objektiv geschädigt hat. Bildet man aber Kategorien von Deserteuren je nach Grund und Absicht ihres Handelns, so wird man schon zwischen verschiedenen Gruppen – von politischer Ablehnung des Regimes bis hin zu Straftätern (auch mit zivilen Vorstrafen), die sich der Verfolgung entziehen wollten – unterscheiden müssen.[165]

Während es also keine Planungen zum Sturz des Regimes und zu einer umfassenden Beendigung des Krieges mehr gab, so kam es doch zu einer Reihe einzelner Kapitulationsangebote, die teils – wie im Falle von Choltitz – von der Absicht getragen waren, weitere unnötige Verluste zu vermeiden und eine gewisse Sicherheit des Überlebens zu finden, teils aber auch schon die Nachkriegsordnung im Blick hatten. Zu nennen ist hier die deutsche Teilkapitulation in Oberitalien, die ein Vordringen der kommunistischen Partisanen in die industrialisierte, traditionell »linke« oberitalienische Tiefebene bis an die Grenzen Österreichs und der Schweiz verhindern sollte. Dieses Unternehmen »Sunrise« war gemeinsam vom Heer und der SS getragen; nur der Oberbefehlshaber Süd, Generalfeldmarschall Albert Kesselring von der Luftwaffe, weigerte sich, die Teilkapitulation zu unterzeichnen, was dann zwei untergebene Offiziere übernahmen.[166]

Den Wirtschaftskreisen des Reiches, besorgt um die fortschreitende Zerstörung der industriellen Lebensgrundlage Deutschlands, war es ebenfalls um ein baldiges

---

[160] Hansen, Disobeying Hitler, S. 134–152; Zimmermann, Die deutsche militärische Kriegführung im Westen, S. 723; Sylvan/Smith, Normandy To Victory, S. 324–336.
[161] Hansen, Disobeying Hitler, S. 150.
[162] Ganglmair, Feldwebel Anton Schmid; Lustiger, Feldwebel Anton Schmid; detaillierter Wieninger/Pabst, Feldwebel Anton Schmid; aktueller Wette, Feldwebel Anton Schmid.
[163] Hosenfeld, Ich versuche jeden zu retten; Heinrichs, Hauptmann d.R. Wilm Hosenfeld.
[164] Kühne, Der Judenretter, S. 33.
[165] Knippschild, Deserteure, S. 229–238.
[166] Die neueste und zuverlässigste Darstellung findet sich bei Lingen, SS und Secret Service, hier S. 56. Siehe auch From Hitler's Doorstep, S. 463, Doc. 5-50, Telegram 6329 vom 5.3.1945, und S. 471, Doc. 5-61, Telegram 6829 vom 12.3.1945.

Kriegsende zu tun, sie besaßen aber keine Machtgrundlage, um aktiv etwas zu unternehmen.[167] Ihr Interesse rechtete sich vor allem auf einen Waffenstillstand mit den Westmächten und somit auf ein Ende der Flächenbombardements.

Einige führende Köpfe der SS und der Gestapo waren – durchaus dem Beispiel ihres »Reichsführers SS« folgend – an ihrem eigenen Überleben und an ihrer möglichen Rolle in einer Nachkriegsordnung interessiert. Manche von ihnen, darunter Himmlers Leibarzt Felix Kersten, versuchten Verbindung mit den Angloamerikanern aufzunehmen, vor allem über Allen W. Dulles in Zürich.[168] Himmler selbst und sein Gestapochef Kaltenbrunner hofften bis zum Schluss, mit den als Geiseln gehaltenen Juden (und möglicherweise auch den »Schutz-« und »Sonderhäftlingen«, siehe oben Kapitel VI.3 und VIII.2) Zugeständnisse für sich heraushandeln zu können.[169] Dass Hitler, als er dies am 28. April 1945 in seinem Berliner Bunker erfuhr, mit einem seiner Tobsuchtsanfälle reagierte, konnte Himmler nicht mehr treffen.[170]

Das Regime, das Kriegsende 1918 und die darauffolgende Revolution vor Augen, reagierte mit ungekannter Härte. Eine der organisatorischen Neuerungen war die Zusammenfassung der bis dahin recht unkoordinierten militärischen Ordnungsorgane wie Geheime Feldpolizei, Heeresstreifendienst und anderen zu einer als »Feldjäger« bezeichneten Truppe. Sie sollte zum einen zurückflutendes Personal erneut der Truppe zuführen und so die ausblutenden Verbände an der Front noch einmal auffüllen. Zum anderen führten diese »Ordnungstruppen« echte oder vermeintliche »Deserteure« einer Wehrmachtjustiz zu, die sie in Schnellverfahren zum Tode verurteilte und zur Abschreckung – in damaliger Diktion: »zur Stärkung der Disziplin der Truppe« – öffentlich hinrichtete;[171] die Bilder von gehenkten Soldaten mit einem Pappschild um den Hals, auf dem ihre »Schuld« geschrieben stand, gehören zum Gedenken an die Endphase des Krieges. Insofern muss es nachdenklich stimmen, dass die Gründungsväter der Bundeswehr den Begriff einer »Militärpolizei« aus föderalismuspolitischen Gründen ablehnten und stattdessen auf den solcherart belasteten Terminus »Feldjäger« zurückgriffen, ohne dass sich offenbar irgendwelche Bedenken regten.[172]

Der 20. Juli 1944 hat nicht die erhoffte schnelle Beendigung des Krieges gebracht, aber er blieb nicht ohne Wirkung. Zunächst stabilisierten das gescheiterte Attentat und der Staatsstreichversuch das Regime, weil die Bevölkerung im Reich und die Soldaten an den Fronten sich noch einmal mit ihrem »Führer« solidarisierten. Auch konnten Himmler und Goebbels ihre Macht auf Kosten des Heeres ausbauen. Göring gelang es zumindest, dass die Beteiligung seines Machtbereichs an der Umsturzbewegung nach außen hin kaschiert wurde, und er verhinderte so eine weitere Erosion seines öffentlichen Ansehens.

---

[167] From Hitler's Doorstep, S. 365, Doc. 4-99, Telegram 537 vom 7.11.1944.
[168] Breitman, A Deal with the Nazi Dictatorship?, S. 416–419; Wildt, Generation des Unbedingten, S. 720.
[169] So auch die Informationen, die Dulles nach Washington weitergab: From Hitler's Doorstep, S. 461, Doc. 5-48, Telegram 6209 vom 2.3.1945.
[170] Kershaw, Hitler 1936–1945, S. 816–819; Longerich, Heinrich Himmler, S. 754–756.
[171] Garbe, Von »Furchtbaren Juristen«, S. 52.
[172] Schütz, Die Vorläufer der Bundeswehr-Feldjäger, S. 24–27, 171–262. Zu den Standgerichten der Wehrmachtjustiz Johst, Begrenzung des Rechtsgehorsams, S. 112, 121; Messerschmidt, Die Wehrmachtjustiz 1939–1945, S. 401–430.

IX. Politische, militärische und ethische Ziele des Widerstands

1. Schaffung tragfähiger Strukturen

Was also sollte nach dem Umsturz geschehen? Angesichts der herausragenden Bedeutung der Kriegsspitzengliederung empfiehlt sich zunächst ein Blick auf die Vorstellungen der Umsturzplaner hinsichtlich einer neuen, zugleich kriegs- und friedensfähigen Spitzenstruktur.

Beck hatte einen Erlass über die »vorläufige Kriegsspitzengliederung« entworfen, der an seine früheren Vorstellungen anknüpfte[1] und die Bildung eines Großen Generalstabes, eines Reichskriegsministeriums, eines Offizieramtes (Personalamt) und eines Oberkommandos Ost vorsah.

Der von Beck vorgesehene »Chef des Großen Generalstabes« war schon begrifflich eine klare Reminiszenz an die Verhältnisse vor 1918. Zu dem »Großen Generalstab« sollten der Wehrmachtführungsstab, Teile des Generalstabs des Heeres, der Generalstab der Luftwaffe und das Amt Ausland/Abwehr zusammengefasst werden. Dabei hätte es sich, wiederum in der Tradition des Kaiserreichs, eben nicht um ein Instrument der Gesamtkriegführung gehandelt – die Marine war hier ja nicht mit beteiligt. Der Chef des Großen Generalstabes sollte dem Oberbefehlshaber der Wehrmacht unterstehen, ebenso wie der Oberbefehlshaber der Kriegsmarine, der Oberbefehlshaber des Heimatheeres und der Chef des Offizieramtes, das die Personalführung der Heeres- und Luftwaffenoffiziere zusammenfassen sollte, jedoch wiederum nicht die der Marine. Dass für das »Heimatheer« nunmehr ein »Oberbefehlshaber« vorgesehen war, der zugleich als Stellvertretender Reichskriegsminister fungieren sollte, war eindeutig eine Aufwertung. Der Begriff des »Heimatheeres« (statt »Ersatzheer«) ließ erkennen, dass die vollziehende Gewalt jetzt wieder hier angesiedelt werden sollte.

Lagebezogen sollte weiterhin ein »Oberbefehlshaber Ost« (erneut ein begrifflicher Anklang an den »Oberost« des Ersten Weltkrieges[2]) entstehen, der, aus Teilen des bisherigen OKH aufgestellt, Heer, Luftwaffe und Verbündete an der Ostfront zu führen hatte. Offenkundig sollte der Chef des Großen Generalstabes auch als Oberbefehlshaber von Heer und Luftwaffe fungieren, während die ministeriellen Funktionen von Staatssekretären im Reichskriegsministerium wahrgenom-

---

[1] Spiegelbild einer Verschwörung, S. 31–33 (24.7.1944, Anlage 7); siehe dazu auch Hoffmann, Claus Schenk Graf von Stauffenberg und seine Brüder, S. 335, mit weiteren Nachweisen.
[2] Leonhard, Die Büchse der Pandora, S. 285 f.

men werden sollten. Zu diesen Funktionen gehörten auch jene, die bisher Speer und sein Apparat innehatten, weshalb das Reichsministerium für Rüstung und Kriegsproduktion ebenfalls im Reichskriegsministerium aufgehen sollte.

Bei Becks Entwurf handelte es sich im Wesentlichen um Rückgriffe auf die Kriegsspitzengliederung des Ersten Weltkrieges, die durch die Wiedereingliederung der Luftstreitkräfte in das Heer und die strikte Trennung von Heer und Marine einen eigentümlich rückwärtsgewandten Zug aufwiesen und ganz allgemein seiner Tendenz entsprachen, »die Stellung überkommener Führungseliten zu erhalten und sogar zu verstärken«.[3] Die Erfahrungen triphibischer Kriegführung des Reiches in der Anfangsphase des Zweiten Weltkrieges – die Angriffsoperation gegen Norwegen, Eben-Emael und Kreta, um nur die wesentlichen zu nennen – wurden hier schlicht negiert. Ebenso übersah Becks Konzeption, dass sich die Führungsstruktur des Kaiserreiches im Ersten Weltkrieg gerade an der Schnittstelle zwischen Militär- und Zivilbehörden nicht bewährt hatte.[4]

Stauffenberg hatte ebenfalls während seiner Zeit in der Organisationsabteilung die bestehende Kriegsspitzengliederung kritisiert, insbesondere den Dualismus von Generalstab des Heeres und Wehrmachtführungsstab. Wie anderen Generalstabsoffizieren auch hatte ihm aber ein »einheitliche[r] Wehrmachtführungsstab« vorgeschwebt, dem Heer, Luftwaffe und Marine gleichermaßen unterstellt sein sollten – ein deutlich innovativerer Ansatz. Die Gestapo berichtete, selbst der hochkonservative Johannes Popitz habe demgegenüber Becks Konzeption einer Spitzengliederung eine unvertretbare Unterschätzung der Rolle der Luftstreitkräfte attestiert.[5]

Folgerichtig machte die neue Kriegsspitzengliederung einen wesentlichen Teil der ersten Fernschreiben der Verschwörer aus, die am späten Nachmittag des 20. Juli 1944 aus der Bendlerstraße herausgingen. In dem ersten, von Generalfeldmarschall von Witzleben[6] unterzeichneten hieß es sofort nach der Schilderung der Lage (»Eine gewissenlose Clique frontfremder Parteiführer ...«) unter Ziffer II: »In dieser Stunde höchster Gefahr hat die Reichsregierung [... mir ...] den Oberbefehl über die Wehrmacht [...] übertragen.« Damit war zunächst einmal eine Reichsregierung vorausgesetzt – nachdem seit 1933 das Kabinett kaum noch getagt hatte, weil Hitler alle Entscheidungen auf der Basis von individuellen Aussprachen traf.[7] Abgegrenzt von ihr war ein eigenständiger militärischer Oberbefehlshaber der Wehrmacht geschaffen. Zugleich sollte die unheilige Parallelität von Wehrmacht und Waffen-SS beseitigt werden: »Die gesamte Waffen-SS ist mit sofortiger Wirkung in das Heer eingegliedert«; für das Verhalten gegenüber der SS war eine gesonderte Anweisung vorbereitet. Von einer Eingliederung der Luftwaffe in das Heer war in diesem ersten Befehl nicht die Rede, im Gegenteil: Es war ausdrücklich von »allen Befehlshabern des Heeres, der Kriegsmarine und der Luftwaffe« die Rede, die gleichermaßen in die Pflicht genommen wurden.[8]

---

[3] Müller, General Ludwig Beck. Studien und Dokumente, S. 53.
[4] Leonhard, Die Büchse der Pandora, S. 875 f.
[5] Spiegelbild einer Verschwörung, S. 291–293 (23.8.1944, Anlage 1).
[6] Zu Witzleben siehe Mueller, Generalfeldmarschall Erwin von Witzleben.
[7] Mommsen, Nationalsozialismus als vorgetäuschte Modernisierung, S. 409 f.; Kershaw, Working towards the Führer, S. 106; Longerich, Hitler, S. 526.
[8] Spiegelbild einer Verschwörung, S. 24 f. und S. 41 (24.7.1944).

Es muss offenbleiben, welche Konzeption einer Spitzengliederung sich beim Gelingen eines Umsturzes durchgesetzt hätte. Berthold Stauffenberg hat bei der Gestapo zu diesem Thema ausgesagt, »dass ein besonderer Oberbefehlshaber der Luftwaffe nicht mehr ernannt werden sollte. Vielmehr sollte der Luftwaffenführungsstab zum Generalstab treten« und desgleichen die Kriegsmarine dem Großen Generalstab unterstellt werden.[9] Dass die Marine hier Erwähnung findet, liegt gewiss auch daran, dass Berthold Stauffenberg Offizier in diesem Wehrmachtteil war. Die Quellen über Stauffenbergs Vorstellungen sind zu diffus und – im Falle der Kaltenbrunner-Berichte – zu unsicher, als dass sich aus den unterschiedlichen Aussagen ein grundsätzlicher Dissens zwischen ihm und Beck konstruieren ließe. Dass der frühere Generalstabschef aber eher zu Begrifflichkeiten und Vorstellungen aus seiner Erfahrung im Ersten Weltkrieg neigte, während die jüngeren Offiziere die Verschiebungen im Kriegsbild aus eigener Anschauung erlebt hatten, wird sich nicht widerlegen lassen.

Es ging hier um mehr als eine simple Frage der Machtpolitik, wie es die Gestapo darstellen wollte:

»Fortgesetzt tritt ein rein machtpolitischer Gesichtspunkt in den Vordergrund. Der bezeichnete Kreis der Generalität und des Offizierkorps sieht sich durch den Führer als Obersten Befehlshaber der Wehrmacht in seinen Befugnissen beschränkt [... Treskow:] Erst wenn es gelungen sei, einen völlig selbstständigen Wehrmachtführungsstab unter einem General einzurichten, sehe die Sache anders aus, das heißt, dann könne die Wehrmacht die machtpolitischen Folgerungen auch praktisch durchsetzen, die hier erforderlich scheinen.«[10]

Es ging vielmehr darum, die militärischen Anstrengungen des Reiches zweckmäßig zu koordinieren und Goebbels' Gerede vom »totalen Krieg«, also doch von der Zusammenfassung aller Anstrengungen in einer Hand, konkretes Handeln folgen zu lassen.[11]

2. Innenpolitische Ziele

Die innen- und gesellschaftspolitischen Ziele des nationalkonservativen Widerstands sind seit den 1960er Jahren Gegenstand wissenschaftlicher Untersuchungen gewesen. Dass in dieser Widerstandsgruppe nur wenige die Grundgedanken der parlamentarischen Demokratie vertraten, ist insofern inzwischen Allgemeingut geworden.[12]

---

[9] Ebd., S. 20 f. (24.7.1944).
[10] Spiegelbild einer Verschwörung, S. 526 (12.12.1944). Eine ähnliche Interpretation findet sich noch bei Steinbach, Verhältnis, S. 983, wo es heißt: »Die Motivationslage der militärischen und zivilen ›nationalkonservativen‹ Opposition war aber, unbeschadet der Kritik an der Entrechtung der Juden – gerade dadurch geprägt, dass zunächst Führungskonflikte stärker im Vordergrund standen als die völlige Ablehnung der Unrechtsakte.«
[11] Mommsen, Die Rückkehr zu den Ursprüngen, S. 313.
[12] Mit den Beiträgen im Fünften Teil des Sammelbandes: Der Widerstand gegen den Nationalsozialismus (1985) kann diese Forschung als konsolidiert gelten.

»Die parlamentarisch-demokratische Regierungsform schien durch den Gang der Entwicklung definitiv widerlegt worden zu sein. Die Weimarer Republik war in den Augen der Verschwörer nicht nur hoffnungslos diskreditiert; sie wurde für den Aufstieg des Nationalsozialismus verantwortlich gemacht.«[13] Eine solche Interpretation des Nationalsozialismus quasi als logische Fortsetzung der Weimarer Massendemokratie lag nicht weit entfernt von den Erklärungsmustern, mit denen exilierte deutsche Soziologen wie Fritz Neumann und Herbert Marcuse, beide jetzt im Dienst des US-amerikanischen Geheimdienstes, ihren Auftraggebern das Wesen des deutschen Faschismus erläuterten.[14]

Eher fanden sich Angehörige der verschiedenen rechtsradikalen und völkischen Gruppierungen;[15] einige – etwa Hans John – hatten durchaus mit extrem linken Positionen geliebäugelt und brachten entsprechende Haltungen in ihre Widerstandstätigkeiten mit ein.[16] Über Hans John und die Familie Bonhoeffer liefen zudem erste Fäden zu Ernst von Harnack, dem Gewerkschaftsführer Wilhelm Leuschner[17] und dem früheren SPD-Abgeordneten und Reserveoffizier Julius Leber.[18]

Auch unter den Militärs waren nur wenige, die in der Tradition jener Minderheit unter den Reichswehroffizieren standen, die seinerzeit wie etwa General der Infanterie Walther Reinhardt das parlamentarische System bewusst unterstützt hatten.[19] Wie oben bereits geschildert, standen die meisten späteren Verschwörer in der Tradition einer Reichswehr, die sich als über der jeweiligen Staatsform stehend empfunden hatten. Sie bezogen genau daraus die Kraft, gegen das nunmehr herrschende System mit Gewalt vorzugehen. Unter den Reserveoffizieren als einer quasi vermittelnden Gruppe zwischen Soldaten und Zivilisten[20] fanden sich solche, die wie Hofacker die Weimarer Republik als einen »Spielball ichsüchtiger Interessen [verstanden, ein] Beuteobjekt materieller Gewalten, kurz [einen] seelenlose[n] Apparat, der bestenfalls zu mechanischen Kompromissen, niemals zu schöpferischen Leistungen sich aufschwingen« konnte;[21] damit einher ging häufig die Suche nach einem »Dritten Weg« zwischen Kapitalismus und Kommunismus als einer spezifisch deutschen gesellschaftlichen Verfasstheit.

Über die politische Ausrichtung einer nach-nationalsozialistischen Regierung hat es erhebliche Auseinandersetzungen zwischen »Jungen« und »Alten«, dem eher restaurativ denkenden Kreis um Goerdeler und den christlich-sozialistisch eingestellten Angehörigen des Kreisauer Kreises gegeben. Dass Moltke

---

[13] Mommsen, Verfassungs- und Verwaltungsreformpläne, S. 571.
[14] Neumann/Marcuse/Kirchheimer, Im Kampf gegen Nazideutschland, S. 14; Müller, Krieger und Gelehrte, S. 41–49; Middendorf, Verstoßenes Wissen.
[15] Einen guten Überblick bietet Meinl, Nationalsozialisten gegen Hitler.
[16] Gerrens, Rüdiger Schleicher, S. 152 f. Anders als etwa Steinbach, Zum Verhältnis der Ziele, S. 994, annimmt, sind die an zentraler Stelle der Verschwörung tätigen Politiker wie etwa Julius Leber gerade keine typischen Exponenten der Weimarer Republik gewesen; im Gegenteil war Leber in seiner eigenen Partei eher ein Außenseiter: Mommsen, Neuordnungspläne, S. 164.
[17] Zu Leuschner siehe Ulrich, Wilhelm Leuschner.
[18] Gerrens, Rüdiger Schleicher, S. 159.
[19] Mulligan, The Creation of the Modern German Army, S. 36–85, 221–224.
[20] Keyserlingk-Rehbein, Nur eine »ganz kleine Clique«?, S. 152–154.
[21] Zit. nach Heinemann, Widerstand als politischer Lernprozeß, S. 454.

IX. Politische, militärische und ethische Ziele des Widerstands   261

die Berufung Goerdelers zum Regierungschef als »Kerenski-Lösung« titulierte, lässt erkennen, wie tiefgreifend die Unterschiede und wie erbittert die Debatten waren.[22] Hassell, als Diplomat alter Schule eigentlich dem Kreis um Goerdeler zuzurechnen, empfand einerseits Moltke als unsympathisch, notierte sich aber andererseits in sein Tagebuch, Goerdeler sei »doch eine Art Reaktionär«.[23] Dabei ging Goerdelers Konservativismus nicht in Richtung einer bloßen Restauration Weimarer Verhältnisse oder – eher noch – der Monarchie. Gedacht war vielmehr an eine grundlegende Neuordnung mit einer Hinwendung zu Prinzipien der Selbstverwaltung kleiner Einheiten und zu einem autoritären Ständestaat.

In den vielen von Goerdeler oder den Kreisauern verfassten Entwürfen für eine Nachkriegsordnung fehlt es aber auffallend an Aussagen über die zukünftige Rolle des Militärs im Staatswesen. Goerdelers umfangreiche Denkschrift »Das Ziel« zum Beispiel, in Fragen der Wirtschafts- und Gesellschaftspolitik stellenweise sehr detailliert, bleibt zu diesem Thema eher vage:

»Die Erhaltung der deutschen Wehrmacht ist so wichtig, dass dieser Gesichtspunkt für Zeit und Art der Beendigung dieses Krieges in den Vordergrund zu stellen ist. Die Wehrmacht ist auch als innenpolitische Klammer und als Erziehungsschule des Volkes unerlässlich; sie bedarf aber hierzu der vollen Wiederherstellung und Achtung soldatischer Tugenden.«[24]

Unter Ziffer 11 beginnt dann ein eigener, eher kurzer Abschnitt »Wehrmacht«, dessen erster Satz bezeichnend ist:

»Über die Wehrmacht ist hier nichts zu sagen [...] Vom Standpunkt der totalen Politik ist nur zu fordern, dass die volkswirtschaftliche und politische Erziehung im Generalstab eine breitere Grundlage erhält.«[25]

Die Forderung nach einer volkspädagogischen Rolle der Armee steht jedenfalls eher den Konzepten eines Massenheeres nahe als jenen Seeckts. Auch die Betonung gesamtstrategischen und nicht rein operativen Denkens entspricht wohl weniger den Vorstellungen der im traditionellen Generalstabsdenken erzogenen Offiziere. Über Auseinandersetzungen etwa mit Beck zu diesem Thema ist allerdings nichts bekannt geworden; und es ist nicht sicher, ob Beck diese Gedanken Goerdelers überhaupt bekannt gewesen sind.

Ein weiterer Passus der Denkschrift lautet: »Notwendig erscheint, dass die Achselstücke in der traditionellen Form und Farbe wieder ausschließlich dem Offizier vorbehalten werden.«[26] Dieses Ansinnen erscheint nur auf den ersten Blick abwegig oder gar absurd. Hier geht es nämlich darum, dass beispielsweise Wehrmacht-, Eisenbahn- und Polizeibeamte (also die von Hößlin so genannten »halbseidenen Burschen«) sich im Dritten Reich das Recht zum Tragen von offiziersähnlichen Schulterstücken erkämpft hatten;[27] schon 1941 ist Goerdeler die Auseinandersetzung mit den sich abzeichnenden egalitären Elementen der nationalsozialistischen Militärpolitik so wichtig, dass sie in dieses für sein Denken zentrale Dokument Eingang findet. Im Entwurf seines nach dem Umsturz zu ver-

---

[22] Schwerin, Die Jungen des 20. Juli, S. 99.
[23] Hassell, Die Hassell-Tagebücher 1938–1944, S. 347 (8.1.1943).
[24] Denkschrift »Das Ziel«, wohl Herbst 1941, zit. nach Goerdeler, Politische Schriften, Dok. 6.1.1, S. 888.
[25] Ebd., S. 919.
[26] Ebd.
[27] Stumpf, Die Wehrmacht-Elite, S. 173–177.

lesenden Aufrufes an das Deutsche Volk findet sich ein Satz zur Rolle des Militärs: »Unsere tapfere Wehrmacht ist Bürge für Sicherheit und Ordnung« – eine klare Anspielung darauf, dass für längere Zeit mit einer innenpolitischen Rolle der Wehrmacht zu rechnen war; die Polizei wird erst danach genannt.[28]

In den Debatten des Kreisauer Kreises über Staatsgliederung, Staatsform oder das Verhältnis des Einzelnen zum Staat finden sich kaum Bemerkungen zum Militär. Eine Bemerkung wie etwa jene, die »Waffenträger« dürften kein passives Wahlrecht haben, lässt allerdings erkennen, dass eine gewisse Sonderstellung des Militärs außerhalb der Politik impliziert wurde.[29] In einer Denkschrift »Ausgangslage, Ziele und Aufgaben« vom 24. April 1941 sah Helmuth James Graf von Moltke im Zusammenhang mit dem Staatsaufbau einen »Wehrminister« vor, auch nannte er »Seelsorge bei den Truppen« als erste Aufgabe der Kirchen und führte unter den notwendigen zu treffenden Maßnahmen »Flottenstärke« und sogar »Luftwaffe« auf[30]; kohärente Konzepte, wie er sie beispielsweise für den Wiederaufbau der Wirtschaft entwickelte, präsentierte der Jurist Moltke hier jedoch nicht. In dem Entwurf einer »Weisung an die Landesverweser« dagegen sah er eine bedeutsame Regelung vor:

»Im Falle der Erklärung des Belagerungszustandes (Ausnahmezustandes) bleibt der militärische Inhaber der vollziehenden Gewalt Ihren allgemeinen politischen Weisungen unterworfen.«[31]

Auch unter den Extrembedingungen einer entscheidenden Umbruchssituation wollte Moltke offenbar den Primat der Politik gewahrt wissen. Dabei ist jedoch zu berücksichtigen, dass die Kreisauer einen Umsturz, militärisch geführt oder nicht, ohnehin ablehnten und ihre Konzepte die Zeit nach dem Ende der nationalsozialistischen Herrschaft regelten.

An programmatischen politischen Debatten haben sich die in die Verschwörungsplanung eingebauten Offiziere nicht oder nur am Rande beteiligt. Stauffenberg selbst, geprägt durch sein adeliges Selbstverständnis, seine Familiengeschichte, seine Zugehörigkeit zum Stefan-George-Kreis und seinen katholischen Glauben, hat zwar aus seiner »eher vagen, sozialromantisch und berufsständisch geprägten« Wertewelt keinen Hehl gemacht, sich aber mit konkreten politischen Entwürfen zurückgehalten.[32] Das bedeutet nicht, dass er sich nicht politisch betätigt hätte, und es wird noch darauf einzugehen sein, wieweit ihn das Goerdeler am Ende entfremdet hat.

Stauffenberg hat im Winter 1943/44 geäußert, »die Bedeutung der Weimarer Republik sei von vielen damals Führenden nicht erfasst worden, zumal die Führung des Heeres sei von ihrem Chef Generaloberst von Seeckt politisch und gesellschaftlich isoliert worden.«[33]

---

[28] Spiegelbild einer Verschwörung, S. 140 (4.8.1944, Anlage 3).
[29] Roon, Neuordnung im Widerstand, S. 397–408.
[30] Abgedr. in ebd., S. 507–517.
[31] Abgedr. in ebd., S. 567–570, hier S. 569. – Ein neuerer Abdruck dieser Dokumente findet sich bei Brakelmann, Der Kreisauer Kreis, Nr. 18 und Nr. 37.
[32] Zitat aus Mommsen, Die Stellung der Militäropposition, S. 123. Ansonsten siehe Krolak, Der Weg zum Neuen Reich, S. 548 und passim; Hoffmann, Claus Schenk Graf von Stauffenberg. Die Biographie, passim.
[33] Aussage Sauerbruch, zit. nach Hoffmann, Claus Schenk Graf von Stauffenberg und seine Brüder, S. 321.

IX. Politische, militärische und ethische Ziele des Widerstands

Damit einher ging eine allmähliche Öffnung für eigene Kontakte zur Sozialdemokratie, vor allem zu Julius Leber. Schon sehr früh hat Stauffenberg sich dagegen gewandt, bloß zu »restaurieren«;[34] worin das Neue allerdings bestehen sollte, blieb weitgehend offen. Auch der mit anderen Stefan-George-Jüngern gemeinsam formulierte »Schwur« von Anfang Juli 1944 (»Wir wollen eine Neue Ordnung, die alle Deutschen zu Trägern des Staates macht und ihnen Recht und Gerechtigkeit verbürgt, verachten aber die Gleichheitslüge und beugen uns vor den naturgegebenen Rängen[35]«) hilft hier nicht weiter. Daraus den Schluss zu ziehen, Stauffenberg habe in weiser Selbstbeschränkung den Primat der Politik anerkannt und diese den Zivilisten überlassen, weil ansonsten eine Militärdiktatur entstünde, ist vorschnell,[36] hat er doch ausweislich der Aussagen seines Freundes Kuhn bei den Sowjets selbst schon im Februar 1943 geäußert: »Die Konsequenz, nach der wir oft fragten, heißt Errichtung einer, allerdings vorübergehenden, Militärdiktatur«, wobei Kuhn das Wort »Militärdiktatur« ausdrücklich als »richtunggebend für unser gemeinsames zukünftiges Tun« bezeichnet hat.[37]

Dass die »Arbeiterschaft« in die Umsturzvorbereitungen einzubeziehen war, scheint in dieser Allgemeinheit unter den Offizieren nicht umstritten gewesen zu sein. Zu sehr stand allen Beteiligten vor Augen, dass das Militär 1920 im Kapp-Putsch die vollziehende Gewalt hatte an sich reißen wollen und dass es dabei am Widerstand der Arbeiter gescheitert war. Der sterbende frühere Generalstabschef Generaloberst Kurt von Hammerstein-Equord gab es seinem Besucher Ulrich von Hassell ausdrücklich als Warnung an Goerdeler mit auf den Weg: »Macht nur keinen Kapp-Putsch!«[38]

Daraus resultierte, dass nicht nur Stauffenberg selbst, sondern auch seine Vertrauten die Notwendigkeit sahen, sich vom »Honoratiorenwiderstand« zu lösen und den Staatsstreichversuch auf eine breitere Basis zu stellen. Kuhn etwa fand noch im Juni 1944: »Die Breite der Organisation ist zu gering, die Masse muss irgendwie in die Vorbereitungen eingeschaltet werden.«[39] Zu diesem Zeitpunkt aber hatte Stauffenberg schon durch seinen Kontakt mit Leber genau diese Schwäche der bisherigen Planung abzustellen versucht.

---

[34] Hoffmann, Claus Schenk Graf von Stauffenberg. Die Biographie, S. 264.
[35] Faksimile in Hoffmann, Claus Schenk Graf von Stauffenberg und seine Brüder, S. 396 f., hier S. 396; zur Datierung siehe ebd., S. 464.
[36] So Hoffmann, Stauffenberg und die Veränderungen, S. 1015.
[37] Eigenhändige Aussage Kuhns vom 2.9.1944, abgedr. in: Hoffmann, Stauffenbergs Freund, S. 186–210, hier S. 191; ebenso Chavkin/Kalganov, Neue Quellen, S. 379. Die Aussage bei Schlabrendorff, Offiziere gegen Hitler, S. 97 f., wonach eine Militärdiktatur »vorübergehend« hätte sein müssen und »keinesfalls länger als ein Vierteljahr andauern« sollte, ist angesichts ihrer Entstehung unter US-amerikanischem Einfluss und der allgemeinen Unzuverlässigkeit Schlabrendorffs von geringerem Quellenwert. Ebenso ist die Aussage von Kuhn, wonach die Militärdiktatur »den Boden für einen demokratischen Staat zu bereiten hat« (Hoffmann, Stauffenbergs Freund, S. 194; Chavkin/Kalganov, Neue Quellen, S. 382), mit Skepsis zu betrachten; es ist dies wohl das einzige Mal, dass von »Demokratie« die Rede ist, und der Begriff mag sehr wohl auch auf die Vernehmer zurückgehen.
[38] Hassell, Die Hassell-Tagebücher 1938–1944, S. 356 (28.3.1943). Siehe auch Kroener, Der starke Mann im Heimatkriegsgebiet, S. 599.
[39] Eigenhändige Aussage Kuhns vom 2.9.1944, abgedr. in: Hoffmann, Stauffenbergs Freund, S. 186–210, hier S. 208; ebenso Chavkin/Kalganov, Neue Quellen, S. 396.

Die nationalkonservativen Verschwörer um Goerdeler, Popitz und Hassell hatten ursprünglich wenig mit Vertretern der Arbeiterbewegung kooperiert. Das lag nicht nur daran, dass sie keinen Kontakt gesucht hatten; die Arbeiterführer der Weimarer Republik (oder doch diejenigen, die im Reich noch tätig waren) sahen zunächst einfach keine gemeinsame Arbeitsgrundlage mit den früheren innenpolitischen Gegnern. Im Kreisauer Kreis dagegen hatten sich Männer wie Carlo Mierendorff, Theodor Haubach und Adolf Reichwein schon von Anfang beteiligt.[40] Der hochkonservative Hassell, der an sich einer Zusammenarbeit mit Gewerkschaftlern und Sozialdemokraten ablehnend gegenüberstand, hatte andererseits schon früh verstanden, dass eine alleinige Abstützung auf die Generalität die Umsturzregierung auch außenpolitisch diskreditieren musste, die Beteiligung von Arbeitervertretern insofern zwingend notwendig war.[41] Immerhin waren die in Kreisau beteiligten Sozialdemokraten durchaus zu der Auffassung gelangt, dass eine schlichte Restauration der Weimarer Verhältnisse nicht zielführend war und es jetzt darum gehen musste, grundlegend neue Konzepte zu erstellen.

Umgekehrt haben die Linkspolitiker den Militärs lange skeptisch gegenübergestanden. Nach ersten Gesprächen mit Stauffenberg hielt Hermann Maaß diesen wegen seiner elitären Ansichten für »recht reaktionär«, umgekehrt hätten die Vorstellungen der Gewerkschafter Stauffenberg »befremdet«.[42] Für Stauffenberg war der Kontakt mit Leber die erste nachhaltige Verbindung mit einem gestandenen Politiker aus der Arbeiterbewegung. Zugleich war der Weltkriegsoffizier Leber ein Ansprechpartner, mit dem der Generalstabsoberst aus altem württembergischen Adelsgeschlecht Gemeinsamkeiten entdecken konnte.

»Stauffenberg scheint in Leber den unentbehrlichen ›Volksmann‹ erblickt zu haben, der allein imstande war, die erforderliche plebiszitäre Abstützung der Umsturzregierung zu gewährleisten, was von Goerdeler nicht gesagt werden konnte [...] Stauffenberg schwebte eine Konstellation vor, die den November 1918 in umgekehrter Frontstellung wiederholte: Ein Bündnis von Armee und Arbeiterschaft sollte die Fundamente einer auf einem grundlegenden sozialen Ausgleich beruhenden Staatsordnung legen.«[43]

Dass Stauffenberg unter Umgehung – und letztlich sogar Infragestellung – Goerdelers Kontakte zu Arbeitern knüpfte, resultierte in einer wachsenden Entfremdung zwischen dem zivilen und dem militärischen Kopf der Verschwörung.

3. Kriegsbeendigung im Osten?

Nicht nur Peter Graf Yorck von Wartenburg, sondern auch Stauffenberg war ein Nachfahr jenes Generals, der 1812/13 angesichts der Kriegslage für Preußen den

---

[40] Mommsen, Der 20. Juli und die Arbeiterbewegung, S. 290–292.
[41] Hassell, Die Hassell-Tagebücher 1938–1944, S. 289 (21.12.1941); Mommsen, Gesellschaftsbild und Verfassungspläne, S. 113, 128.
[42] Spiegelbild einer Verschwörung, S. 205 f. (12.8.1944).
[43] Mommsen, Verfassungs- und Verwaltungsreformpläne, S. 588; siehe auch Müller, Oberst i.G. Stauffenberg, S. 370 f.

IX. Politische, militärische und ethische Ziele des Widerstands

Schwenk hin zu einem Bündnis mit Russland eingeleitet hatte.[44] War Ludwig Yorck von Wartenburg ein handlungsleitendes Vorbild für Stauffenberg? Nach dem Krieg ist gelegentlich unterstellt worden, der Kopf der militärischen Verschwörer habe einen Separatfrieden mit Stalin geplant.

Behauptet wird das vor allem in den zweifelhaften Memoiren von Hans-Bernd Gisevius. Goerdelers Verbindungsmann zum amerikanischen Geheimdienst in Zürich hatte einmal, am 12. Juli 1944, ein Gespräch mit Stauffenberg, aus dem er den Schluss zog, dieser spreche sich für eine »Ostlösung« aus; eine eher dürftige Quellenbasis, zumal Stauffenberg dem Abwehrmann Gisevius sehr verübelte, dass er unter Missachtung aller konspirativen Vorsicht aus Zürich nach Berlin gereist war.[45] Die Haltung der Westmächte sowie deren Zerstörung der deutschen Städte habe, so Gisevius, schon ab 1943 dazu geführt, dass Teile der Opposition zu einem »militante[n] Sozialismus« neigten.[46] Zugleich aber nutzte er seinem amerikanischen Kontaktmann Dulles gegenüber die angebliche Neigung der Opposition zu einem Arrangement mit Moskau, um Druck auf die Westalliierten im Sinne verbindlicher Zusagen an eine mögliche Umsturzregierung auszuüben,[47] wogegen Goerdeler und Hauptmann d.R. Theodor Strünck (»Abwehr«) bei der Gestapo übereinstimmend ausgesagt haben, Gisevius sei mit Blick auf die Verhandlungsbereitschaft der Westalliierten sehr optimistisch gewesen.[48] Die Darstellung von Gisevius stimmt mit der gesamten Tendenz seines Buches überein, die Rolle der Soldaten in der Verschwörung negativ darzustellen. Gisevius gehörte eindeutig zur Gruppe um Goerdeler. Der SS-Obersturmbannführer Georg Kiesel, der Goerdeler ausführlich vernommen hatte, bezeichnete Stauffenberg und dessen Anhänger nach dem Krieg sogar als »sozialistische Gruppe«, aber selbst er sagte dezidiert:

»Alle Behauptungen, wonach eine Kombination der Putschisten mit Mitgliedern des [National-]Komitees im Sommer 1944 den Zusammenbruch der Heeresgruppe Mitte im Osten herbeigeführt haben soll, sind falsch.«[49]

Dulles musste viele solche Berichte und Pressionen in ein Gesamtbild einordnen. Auch andere, etwa der SD-Mann Maximilian von Hohenlohe, schilderten dem Amerikaner in grellen Farben den drohenden deutschen Zusammenbruch im Osten,[50] und Adam von Trott zu Solz argumentierte im April 1944 in dieselbe Richtung.[51] Dabei war Dulles, in den späten 1950er und frühen 1960er Jahren Direktor der CIA und scharfer Antikommunist, schon während des Krieges zunehmend bereit, etwa durch die Bildung eines Komitees kriegsgefangener deutscher Offiziere analog zum NKFD Rücksichten auf den sowjetischen

---

44 Hoffmann, Widerstand – Staatsstreich – Attentat, S. 374.
45 Müller, Oberst i.G. Stauffenberg, S. 434.
46 Gisevius, Bis zum bittern Ende, Bd 2, S. 277.
47 Dulles, Germany's Underground, S. 133–138; darauf fußend Sälter, Phantome des Kalten Krieges, S. 182. Siehe auch From Hitler's Doorstep, S. 364 f., Doc. 4-58, Telegram 4443-46 vom 11.8.1944; danach hat Gisevius Dulles diese Darstellung schon kurz nach dem gescheiterten Umsturzversuch gegeben.
48 Spiegelbild einer Verschwörung, S. 248 (17.8.1944).
49 Kiesel, SS-Bericht, S. 24. Siehe auch Pahl, Motive und Ziele, S. 41.
50 From Hitler's Doorstep, S. 94, Doc. 1-103, Telegram 534 vom 2.8.1943.
51 Krusenstjern, »dass es Sinn hat zu sterben«, S. 491; From Hitler's Doorstep, S. 304 f., Doc. 3-146, Telegram 3787-91 vom 10.6.1944.

Bündnispartner fahren zu lassen, wurde aber 1943/44 noch von seinen politischen Vorgesetzten zurückgepfiffen.[52]

Tresckow soll im Herbst 1943 vorgeschlagen haben, den dem Goerdeler-Kreis zuzuordnenden früheren deutschen Botschafter in Moskau, Friedrich-Werner Graf von der Schulenburg, im Bereich der Heeresgruppe Mitte durch die Linien zu schleusen, um für den nationalkonservativen Widerstand bei Stalin Friedensmöglichkeiten auszuloten, nachdem Stalin im Jahr davor seine Bereitschaft hatte erkennen lassen, mit Schulenburg zu verhandeln. Goerdeler hat diesen Plan wohl abgelehnt.[53] Offener war dagegen der außenpolitisch weit versiertere Ulrich von Hassell, der das Lavieren zwischen Ost und West als »Mühlespiel« verstand und in sein Tagebuch notierte:

»Es gibt eigentlich nur noch diesen einen Kunstgriff: *Entweder* Russland *oder* den Angloamerikanern begreiflich zu machen, dass ein erhalten bleibendes [!] Deutschland in ihrem Interesse liegt. Ich ziehe [...] das westliche Ziel vor, nehme aber zur Not auch die Verständigung mit Russland in Kauf.«[54]

Eine Präferenz für eine »Ostlösung« ist aber auch dies nicht. Canaris sagte, wohl unter der Folter, bei der Gestapo aus:

»Über Friedensmöglichkeiten ist gelegentlich gesprochen worden. Vor allem, ob es möglich wäre, mit den Westmächten Frieden zu schließen und mit ihnen gemeinsam gegen die Bolschewisten zu kämpfen [...] Ähnliche Überlegungen wurden bezüglich eines Friedens mit Russland gemacht.«[55]

Bezeichnend ist auch hier die Vorstellung eines Krieges gegen »die Bolschewisten«, wogegen ein Frieden mit »Russland« geschlossen werden solle.

Das andere Indiz für Stauffenbergs unterstellte Ostorientierung ist Kuhns Aussage nach seiner Gefangennahme durch die Sowjets. Danach habe General Fellgiebel für die Zeit unmittelbar nach einem Umsturz eine »schnellstmögliche Verständigung mit der UdSSR« gefordert, »da diese allein ein Interesse an einer Erhaltung und Zusammenarbeit mit einem lebensfähigen Deutschland habe.« Stauffenberg sei zwar derselben Meinung gewesen wie Fellgiebel, habe aber darauf bestanden, dass »in Bezug auf eine verständnisvolle Haltung Russlands nach dem Umsturz keine Unterlagen vorliegen«,was ebenso für die Ziele des NKFD gelte.[56] Peter Hoffmann nimmt diese Quelle zum Anlass, seine frühere Ablehnung einer »Ostorientierung« zumindest graduell zu revidieren.[57] Allerdings wird man bei einer quellenkritischen Betrachtung in Rechnung zu stellen haben, dass Kuhns Aussage in sowjetischer Gefangenschaft getätigt wurde und ein Stück weit von seiner Absicht gefärbt sein könnte, seinen Vernehmern entgegenzukommen.

---

52 Heideking, Die »Breakers«-Akte, S. 37; Sälter, Phantome des Kalten Krieges, S. 182.
53 Zu Stalins Verhandlungsbereitschaft 1942 Schwerin, Die Jungen des 20. Juli, S. 123, leider ohne Belege; zu dem Plan vom Herbst 1943 Spiegelbild einer Verschwörung, S. 308 (28.8.1944); Schramm, Aufstand der Generale, S. 24. Siehe auch die Darstellung bei Röhricht, Pflicht und Gewissen, S. 206.
54 Hassell, Die Hassell-Tagebücher 1938–1944, S. 382 (15.8.1943). Zu Hassells Position siehe auch Schöllgen, Ulrich von Hassell, S. 131 f.
55 Spiegelbild einer Verschwörung, S. 407 (21.9.1944).
56 Eigenhändige Aussagen des Kriegsgefangenen der deutschen Wehrmacht Major Joachim Kuhn vom 2.9.1944, S. 5, abgedr. in: Hoffmann, Stauffenbergs Freund, S. 186–210, hier S. 195 f.; ebenso Chavkin/Kalganov, Neue Quellen, S. 383 f.
57 Hoffmann, Tresckow und Stauffenberg, S. 8.

Das NKFD verstanden die Westalliierten als Angebot Stalins an Deutschland zu einem Separatfrieden. Sie unterstellten dem sowjetischen Diktator durchaus die Bereitschaft zu einem erneuten Schwenk wie 1939 und den Deutschen einen Hang zu einer Rapallo-Politik.[58] Die NS-Führung selbst glaubte zunächst an eine Absprache der Verschwörer mit Moskau und dem NKFD. So schrieb Bormann am Abend des 20. Juli 1944 an die Gauleiter:
»Das reaktionäre Verbrechergesindel hat offenbar nach Verabredung mit dem ›National Komitee Freies Deutschland‹ in Moskau (General von Seydlitz und Graf Einsiedel) den Anschlag gegen den Führer und gegen die dem Führer treu ergebenen Offiziere inszeniert.«[59]

In der DDR bildete später Stauffenbergs angebliche Neigung zu einer »Ostlösung« die geschichtspolitische Grundlage dafür, ihn in den 1980er Jahren in die »fortschrittlichen« Traditionen der »sozialistischen Nation auf deutschem Boden« einzureihen.[60] Gisevius selbst ordnete die Diskussion über die »Ostorientierung« von Teilen des Widerstands in den Kontext des Kalten Krieges ein;[61] von solchen Überlegungen ist sein eigenes Urteil wohl nicht frei gewesen.

In politischen Oppositionsgruppen wie etwa der »Roten Kapelle« entsprach der linken politischen Orientierung eine außenpolitische Präferenz für eine Annäherung an die Sowjetunion, die – wie oben zu sehen – dem deutschen politischen Denken auch auf der Rechten ja keineswegs völlig fremd war.[62] Das galt aber keineswegs für die bürgerlichen und nationalkonservativen Verschwörer.

Moltke hat während seines letzten Besuchs in Istanbul – möglicherweise nach Rücksprache mit Stauffenberg – seinen amerikanischen Gesprächspartnern erklärt, es gebe in der Widerstandsbewegung eine starke pro-russische Gruppe. »Pro-russisch« meinte aber nicht »pro-sowjetisch«, was schon daran deutlich wird, dass Moltke im selben Atemzug die »Bolschewisierung« Deutschlands als die größte Gefahr nannte.[63] Gerade die latent russlandfreundliche Haltung vieler deutscher Konservativer war ja zugleich die Motivation für ihre militante antistalinistische Kriegführung im Osten.[64]

Auch eine Bezugnahme auf das Handeln des Generals von Yorck 1812 musste keineswegs bedeuten, dass an ein Zusammengehen mit »Russland« – ob nun unter Stalin oder nicht – gedacht war; der historische Vergleich meinte alle Varianten des Handelns gegen den »Führer« im Interesse des nationalen Überlebens.[65]

---

[58] Bungert, Das Nationalkomitee und der Westen, S. 298–301; Paetel, Versuchung oder Chance?, S. 248.
[59] Rundschreiben Nr. 4 Bormann, Führerhauptquartier, an alle Gauleiter (Eilt sehr – Sofort auf den Tisch) vom 20.7.1944, IfZ, Fa 116, fol. 1.
[60] Finker, Stauffenberg, S. 208; kritisch Bentzien, Claus Schenk Graf von Stauffenberg, S. 330.
[61] Gisevius, Bis zum bitteren Ende [1960], S. 451.
[62] Danyel, Ein Endsieg, S. 467, 481.
[63] Heideking/Mauch, Das Herman Dossier, S. 571, 574 f., 589–591. Ähnlich hatte schon vorher Trott gegenüber seinen westalliierten Gesprächspartnern argumentiert, sich damit aber in deren Augen weiter unglaubwürdig gemacht: Klemperer, Die »Außenpolitik« des deutschen Widerstandes, S. 197. Siehe auch Ruchniewicz, Kreisau neu gelesen, S. 75.
[64] Siehe oben Kapitel VI.6; und Hildebrandt, Die ostpolitischen Vorstellungen im deutschen Widerstand, S. 216 f.
[65] So Hofacker Ende Juni 1944: Aufzeichnung Dr. Elmar Michel, Chef Militärverwaltung Frankreich, 15.10.1945, IfZ, ED 88/2, fol. 16–33, hier fol. 18. Siehe auch Morré, Das Nationalkomitee »Freies Deutschland«, S. 546.

Adam von Trott zu Solz, der nach dem Ende des Kreisauer Kreises den Anschluss an Stauffenberg gefunden hatte, setzte noch lange auf ein Einlenken vor allem der Briten (er kannte Churchill persönlich).[66] Trott versuchte noch im Juni 1944, über den in Stockholm lebenden Exilsozialisten Willy Brandt Verbindung zur dortigen sowjetischen Gesandten, Aleksandra Kollontaj, zu gewinnen, gab den Versuch dann allerdings von sich aus gleich wieder auf.[67]

In der Wahrnehmung Kranzfelders sollen seinen Aussagen bei der Gestapo zufolge beide Stauffenberg-Brüder

> »den Standpunkt vertreten haben, dass eine Hoffnung, mit einem der beiden Gegner in Verhandlungen zu kommen, nur gegeben sei, solange die Fronten intakt bleiben. Der Zweifrontenkrieg werde auf Dauer unerträglich. Man habe damals nicht an die Möglichkeit von Verhandlungen mit der Sowjetunion gedacht. Die Gefahr des Bolschewismus sei derart, dass ein Paktieren mit der Sowjetunion gleichbedeutend mit dem Untergang sei.«[68]

Es ist nicht auszuschließen, dass Stauffenberg in den letzten Wochen vor dem Umsturzversuch eine »Ostlösung« nicht mehr von vornherein verworfen hat, vielleicht auch unter dem Einfluss des die Situation recht genau einschätzenden Leber.[69] Dass er eine »politische Westlösung« präferierte, kann aber trotz der tendenziösen Darstellung von Gisevius nicht angezweifelt werden. Das Erwähnen der »Ostlösung« den Westalliierten gegenüber war offenkundig ein von diesen durchschautes Druckmittel.

Angesichts ausbleibender Zusagen aus Washington oder London über eine politische Bereitschaft zu Gesprächen mit einer neuen deutschen Regierung musste man über eine Verbindungsaufnahme mit den Sowjets nachdenken – die Präferenz aber lag auf einer Kriegsbeendigung im Westen.[70] Wie weit Stalin sich im Zweifelsfall an Zusagen gegenüber einer Umsturzregierung gebunden gefühlt hätte, muss offenbleiben; sein Hauptinteresse galt der Sicherung seiner persönlichen Macht.[71]

Die von Stauffenberg zumindest hingenommene Verbindungsaufnahme mit Kommunisten im Reich sollte eben nicht der Vorbereitung eines Zusammengehens mit der Sowjetarmee dienen, sondern im Gegenteil jenen innenpolitischen Spielraum schaffen, den man brauchte, um die Front im Osten noch eine Zeitlang zu stabilisieren.[72] Diese Politik Stauffenbergs steht letztlich in der Linie des »Planspiels Ott«, das zu dem Ergebnis gekommen war, das Militär könne unter den Bedingungen einer äußeren Bedrohung des Reiches nicht gleichzeitig gegen Nationalsozialisten und Kommunisten bestehen.

---

[66] John, Falsch und zu spät, S. 41 f.
[67] Hoffmann, Colonel Claus von Stauffenberg, S. 639 f.; Krusenstjern, »dass es Sinn hat zu sterben«, S. 501 f.; MacDonogh, A Good German, S. 278; Klemperer, Adam von Trott zu Solz, S. 210 f.; siehe auch Sonnenhol, Untergang oder Übergang?, S. 109; und Wuermeling, Doppelspiel, S. 189–191.
[68] Spiegelbild einer Verschwörung, S. 116 (1.8.1944).
[69] Müller, Oberst i.G. Stauffenberg, S. 441; Leber, Ein Mann geht seinen Weg, S. 285 f.
[70] Blasius, Waiting for Action, S. 280.
[71] Gaddis, The Cold War, S. 6, 11.
[72] Hoffmann, Stauffenberg und die Veränderungen, S. 1010–1014.

IX. Politische, militärische und ethische Ziele des Widerstands   269

Die Zerwürfnisse zwischen den Gruppen um Stauffenberg und Goerdeler waren auch nach dem Krieg noch so stark, dass etwa der Hauptmann Hans Karl Fritzsche angibt, der Goerdeler-Biograf Gerhard Ritter habe ihm die Habilitationsförderung versagt, weil er den zu Stauffenbergs Staatsstreichorganisation gehörenden Fritzsche als »Nationalbolschewisten« eingeschätzt habe.[73]

4. Kriegsbeendigung im Westen

Diese ideologisch begründete Ablehnung einer Zusammenarbeit mit der von Stalin kontrollierten Sowjetunion resultierte in einer eindeutigen Präferenz zugunsten einer Lösung, bei der auf den gelungenen Staatsstreich eine Kriegsbeendigung im Westen folgen sollte. Wie aber genau eine solche Kriegsbeendigung aussehen sollte, darüber gingen die Meinungen auseinander.[74] Dass das Denken der konservativen Verschwörergruppen von klassischen machtpolitischen Kategorien geprägt blieb, zeigte sich aus Sicht der Kriegsgegner vor allem darin, dass die Opposition die einzig realistische Alternative, nämlich eine Kapitulation gegenüber Ost wie West, nie ernstlich in den Blick genommen hat.[75]

So, wie sich die Vorstellungen zu einem Staatsstreich mit und ohne Attentat zwischen Goerdeler und Stauffenberg deutlich unterschieden (siehe Kapitel VII.1), variierten auch die Erwartungen, was militärisch und außenpolitisch noch zu erreichen und wie der Umsturz im Inneren außenpolitisch abzusichern war. Die Erkenntnis, dass die Verschwörer eine innenpolitische Auseinandersetzung von einiger Dauer erwarteten (siehe oben Kapitel VII.3), musste zu Überlegungen führen, dass die Kriegsgegner den Moment der Schwäche des Reiches ausnutzen würden. Zumindest bei Kontaktversuchen zu möglichen Mitverschwörern musste sich die militärische wie die zivile Opposition mit dieser Frage konfrontiert sehen: Konnte man eine solche Phase innenpolitischer Instabilität ohne angemessene außenpolitische Absicherung verantworten?[76]

Der Kreisauer Kreis hatte mit dieser Frage kein Problem gehabt, sondern als Voraussetzung seiner politischen Konzepte angenommen:

»Deutschland ist besiegt, d.h. es ist willensmäßig außerstande, den Krieg weiter zu führen. Dieser Zustand kann eintreten als Folge einer physischen Erschöpfung der Bevölkerung, als Folge einer industriellen Erschöpfung, als Folge von innenpolitischen Umwälzungen in Deutschland und als Folge von Empörungen und Revolten in den besetzten Gebieten, die wegen der Ausdehnung der besetzten Gebiete und wegen der Art ihrer Behandlung nicht

---

[73] Fritzsche, Ein Leben im Schatten des Verrates, S. 117.
[74] Es ist insofern unzutreffend, von »Konzeptionslosigkeit« zu sprechen (Martin, Das außenpolitische Versagen des Widerstands, S. 1038), vielmehr liegt das Problem in der Vielzahl miteinander konkurrierender Konzeptionen.
[75] Mauch, Schattenkrieg gegen Hitler, S. 167.
[76] Gotthard von Falkenhausen nach der Darstellung in Schramm, Aufstand der Generale, S. 28–30; Mommsen, Der deutsche Widerstand gegen Hitler und die Überwindung, S. 269.

eingedämmt werden können und schließlich zu bewaffneter Invasion der Angelsachsen führen.«[77]
Hassell und der Rechtsanwalt Carl Langbehn hatten bereits im Herbst 1943 Pläne diskutiert, »den Westen kampflos aufzugeben, alle Kräfte an die Ostfront zu werfen« und die Westmächte vor die Wahl zu stellen, den Krieg zu verlängern oder Deutschland bei diesem Kurs zu unterstützen.[78] In Goerdelers undatiertem Entwurf einer Regierungserklärung rangiert die Suche nach Frieden keineswegs ganz vorne; die allseits bekannte Forderung nach »Wiederherstellung der vollkommenen Majestät des Rechts« liegt an erster Stelle, und erst in Ziffer 11 wendet sich Goerdeler einer Optimierung der Kriegführung, vor allem einer Vereinheitlichung der Kriegsanstrengungen zu, bevor er in der letzten Ziffer (12), ausgehend von der Erklärung »Wir haben vor diesem Krieg gewarnt«, fast schon poetisch das Ziel ankündigt: »wichtiger ist, dass wir dem Frieden zustreben«.[79]

Hauptmann d.R. Hermann Kaiser vom Stab des Befehlshabers des Ersatzheeres diente als Goerdelers Verbindungsmann zu Stauffenberg.[80] Am 25. Mai 1944 entwarf er in Goerdelers Auftrag einen 11-Punkte-Plan zu außenpolitischen Fragen, den er Stauffenberg vorlegte.[81] Das Dokument lässt deutlich werden, dass Goerdeler, wohl unter dem Einfluss von Gisevius' optimistischen Nachrichten aus Bern, zwei Monate vor dem Attentat die außenpolitischen Möglichkeiten des Reiches völlig überschätzte.[82]

Erst spät kam Goerdeler zu einer realistischeren Betrachtung der Lage. Er hoffte jetzt darauf, die Alliierten, die bisher jede Zusage vor einem Staatsstreich abgelehnt hatten, würden nach dem Umsturz zu Verhandlungen mit einer neuen Regierung bereit sein.[83] Daraus resultierten auch die ersten Überlegungen bezüglich eines militärischen Zusammengehens mit den Westalliierten, wozu Anfang Mai 1944 der Gedanke an amphibische oder Luftlandungen an strategischer Stelle (Berlin) gehörte.[84] Dieser Plan war offenkundig verbunden mit der bei Goerdeler immer wiederkehrenden Hoffnung, Hitler lebend festnehmen zu können. Er wird daher nicht der Gruppe um Stauffenberg zuzuschreiben sein; die militärisch abwegige Idee konnte ohnehin kaum von einem der Militärs stammen.

---

[77] Helmuth von Moltke, Denkschrift »Ausgangslage, Ziele und Aufgaben«, abgedr. in: Roon, Neuordnung im Widerstand, S. 507–517, hier S. 511.
[78] Hassell, Die Hassell-Tagebücher 1938–1944, S. 390 (13.9.1943); Müller, Generaloberst Ludwig Beck. Eine Biographie, S. 490.
[79] Regierungserklärung Goerdeler, in: Spiegelbild einer Verschwörung, S. 147–156 (Anlage 1 zu Bericht vom 5.8.1944), hier S. 155.
[80] Kroener, Hermann Kaiser, S. 43–46.
[81] Spiegelbild einer Verschwörung, S. 126 f. (2.8.1944). Die dort gebrauchte Formulierung »hat Kaiser für Stauffenberg eine Notiz ausgearbeitet« ist gelegentlich so verstanden worden, als habe Kaiser hier in Stauffenbergs Auftrag gearbeitet; Kaisers eindeutige Zugehörigkeit zu dem Kreis um Goerdeler ebenso wie inhaltliche Übereinstimmungen mit dessen Gedankengut erlauben aber m.E. nur die hier zugrunde gelegte Zuordnung.
[82] Zu diesem Komplex siehe Gisevius, Bis zum bittern Ende, Bd 2, S. 307–309; Ritter, Carl Goerdeler, S. 386.
[83] Ritter, Carl Goerdeler, S. 386.
[84] Das Attentat vom 20. Juli und seine Vorgeschichte. Bericht und Operationsvorschläge von OSS Director William J. Donovan an Präsident Roosevelt, 22.7.1944, abgedr. in: USA und deutscher Widerstand, Nr. 25, S. 91–96. Siehe auch Dulles, Verschwörung in Deutschland, S. 174; Ritter, Carl Goerdeler, S. 387.

IX. Politische, militärische und ethische Ziele des Widerstands

Selbst der immer optimistische Goerdeler war jetzt fast bereit, die Formel der »bedingungslosen Unterwerfung« anzunehmen – allerdings noch immer in der Hoffnung, die Westmächte würden Deutschland nicht den Sowjets überlassen. Es ist auch nicht eindeutig erkennbar, welches Verhalten gegenüber dem Feind im Osten beabsichtigt war. Ob es dort später ebenfalls zu einem Waffenstillstand kommen oder gegebenenfalls zusammen mit den Westalliierten weitergekämpft werden sollte, bleibt offen.

Bei einem Treffen am 12. Juli will Gisevius Goerdeler gewarnt haben, dass im Westen nur eine Kapitulation denkbar sein könne, die die Westalliierten vor den Russen nach Berlin gelangen lassen würde.[85] Während Gisevius angibt, Goerdeler habe sich seiner Meinung angeschlossen,[86] sagte dieser bei der Gestapo aus, er habe auf eine Abmachung mit den Westalliierten hingearbeitet, die das deutsche Westheer an die Ostfront abrücken lassen sollten.[87] Es ist bezeichnend, dass er selbst nach seiner Verhaftung noch an einen separaten Waffenstillstand, ein Gewinnen der Bevölkerung durch Aufklärung und ein militärisches Handeln gegen einen noch lebenden Hitler glaubte.

Goerdeler war zu diesem Zeitpunkt nicht mehr Herr des Verfahrens. Oberst Hansen, der Leiter der militärischen Abteilung im Reichssicherheitshauptamt, hatte seinen (und Stauffenbergs) Verbindungsmann zu den Westalliierten, Otto John, nach dem Gelingen der Invasion beauftragt, eine Verbindung zu Eisenhower als dem westalliierten Oberbefehlshaber aufzubauen, um Goerdeler aus etwaigen Waffenstillstandsverhandlungen herauszuhalten.[88] Auch Trott und Yorck haben bei der Gestapo angegeben, Stauffenberg habe auf »Verhandlungen von Heerführer zu Heerführer gebaut«.[89] Genau in diesem Sinne hatte er Otto John in Madrid instruieren lassen.

Was Klemens von Klemperer als »janusköpfig« bezeichnet, die Parallelität von Illusionen aus der deutschen hegemonialen Vergangenheit und Überlegungen zu einer konstruktiven europäischen Zukunft,[90] war das Nebeneinander unterschiedlicher Gruppierungen (Goerdeler, Kreisau, Stauffenberg) und die Abfolge von Erwartungen und Enttäuschungen aus Kriegsverlauf und Zurückweisung aller Kontaktversuche mit den Westalliierten. Stauffenberg hat sich seinen realistisch denkenden Ratgebern Trott und Leber angeschlossen. Ihm war, anders als Goerdeler, spätestens Mitte Juni 1944 klar, dass »sich eine Totalbesetzung Deutschlands nicht mehr abwenden lässt, ganz gleich, ob vorher noch ein Regierungswechsel erfolgt oder nicht«.[91]

---

[85] Ritter, Carl Goerdeler, S. 400.
[86] Gisevius, Bis zum bittern Ende, Bd 2, S. 343.
[87] Spiegelbild einer Verschwörung, S. 495 (21.11.1944).
[88] Otto John, Ein Augenzeugenbericht vom 20. Juli 1944 – vom missglückten Anschlag auf Adolf Hitler (Rückübersetzung aus dem Englischen), IfZ, ED 88/2, fol. 1–8, hier fol. 1; Anklageschrift gegen Klaus Bonhoeffer, Rüdiger Schleicher, Hans John, Justus Perels und Hans Kloss, Berlin, 20.12.1944. Abschrift, IfZ, ZS A 29/1, fol. 36–44, hier fol. 39. – Stöver, Otto John, S. 167, geht ohne nähere Begründung davon aus, dass John schon im November 1943 beauftragt gewesen sei.
[89] Spiegelbild einer Verschwörung, S. 111 (31.7.1944).
[90] Klausa, Klemens von Klemperer. Ein Lebensbild, S. 23, gestützt auf Klemperer, Nationale oder internationale Außenpolitik, S. 645 f.
[91] Spiegelbild einer Verschwörung, S. 211 (14.8.1944).

Letztlich blieb nur die »zentrale Lösung«, wie die Gestapo in ihren Berichten an Hitler das Ergebnis einer großen abschließenden Besprechung des Kreises um Stauffenberg am 16. Juli 1944 in dem Haus in Wannsee beschrieb, wo er und sein Bruder Berthold Quartier gefunden hatten. Vor diesem Kreis trug Caesar von Hofacker seine skeptischen Auffassungen über die Möglichkeiten einer Kriegsbeendigung in Abstimmung mit den Westalliierten noch einmal vor: »Nach vielem Hin und Her blieb es schließlich bei der sogenannten ›Zentralen Lösung‹, die in dem Plan der Ermordung des Führers gipfelte.«[92]

Damit waren sowohl Stauffenbergs Hoffnung auf eine »Westlösung« als auch die »Berliner Lösung«, die Idee einer »unblutigen« nachrichtentechnischen Isolierung des Führerhauptquartiers, als angesichts der Lage undurchführbar verworfen. Gleichwohl war die »Westlösung« in dieser Lage Stauffenbergs klare Präferenz. Er stützte sich dabei auf Hofackers Bericht aus Paris ab, wonach die Westfront keine sechs Wochen mehr halten werde. Immerhin hatte Hofacker sich genau eine Woche zuvor diese Einschätzung vom Oberbefehlshaber der Heeresgruppe B an der Invasionsfront, Generalfeldmarschall Rommel, höchstselbst besorgt.

Damit entsprach Stauffenbergs Haltung jener der meisten nationalkonservativen Oppositionellen. Oberst i.G. von Roenne, Leiter der Abteilung »Fremde Heere West« im OKH, schrieb seiner Frau in einem Kassiber aus dem Gefängnis noch am 1. Oktober 1944: »Es ging nur um Deutschland und dabei vor allem um die Kernfrage: wie man Land und Volk vor dem Russeneinbruch und der Zerstückelung retten könne.«[93] Angesichts der konsequenten Weigerung der Westalliierten, von der Forderung nach bedingungsloser Kapitulation abzuweichen, waren das unsichere Hoffnungen. Der innenpolitischen Unsicherheit, ob ein Umsturzversuch zumindest nach einer Übergangszeit die Zustimmung einer Mehrheit der Deutschen finden würde, entsprach die außenpolitische Unsicherheit: Trott, der Stauffenberg außenpolitisch beraten hatte, soll während seiner Gestapo-Vernehmung ausgesagt haben, Stauffenberg habe »außenpolitisch ins Nichts gehandelt« – eine Formulierung, die der Gestapo offenkundig so wichtig war, dass sie sie zweimal in ihren Berichten zitierte.[94] Dabei klammerten sich Stauffenberg und seine Berater an die Hoffnung, dass die Westalliierten im Lichte eines tatsächlich erfolgten Umsturzes eine »vermittelnde Lösung zwischen Ost und West« unter dem Druck ihrer jeweiligen öffentlichen Meinung vielleicht doch mittragen würden, wenn die tatsächliche Legitimität einer Umsturzregierung erst einmal faktisch etabliert war.[95]

---

[92] Ebd., S. 175 (8.8.1944), auch S. 57 (26.7.1944). Siehe auch Klemperer, Adam von Trott zu Solz, S. 211.

[93] Zit. nach Pahl, Motive und Ziele, S. 43.

[94] Spiegelbild einer Verschwörung, S. 111 (31.7.1944) und S. 198 (11.8.1944, Anlage 1). Dabei ist allerdings zu berücksichtigen, dass mehrere Bemerkungen in den Kaltenbrunner-Berichten erkennen lassen, dass Trott seine Aussagen unter der Folter gemacht hat: S. 173 (8.8.1944) und S. 249 (17.8.1944). Zum Verhältnis zwischen Stauffenberg und Trott siehe auch Krusenstjern, »dass es Sinn hat zu sterben«, S. 494; und MacDonogh, A Good German, S. 277 f.

[95] Klemperer, Adam von Trott zu Solz, S. 212; Klemperer, Die »Verbindung zu der großen Welt«, S. 151; Mommsen, Der deutsche Widerstand gegen Hitler und die Überwindung, S. 268; Hoffmann, Widerstand – Staatsstreich – Attentat, S. 283. – Jäckel, Wenn der Anschlag gelungen wäre, S. 75, nimmt die außenpolitische Auswegslosigkeit des Widerstands als gegeben an und übersieht diese durchaus nicht abwegige Überlegung.

IX. Politische, militärische und ethische Ziele des Widerstands

Mit der neuen Staatsstreichorganisation einher ging in der ersten Jahreshälfte 1944 ein neuer Realismus in der Beurteilung der politischen Lage in Bezug auf eine Beendigung des Krieges. Die Forderungen Goerdelers wurden zu wesentlich bescheidener klingenden Bitten Stauffenbergs. Allerdings war auch dieser bis kurz vor dem 20. Juli nicht bereit zu einer völligen Kapitulation nur mit dem Ziel, den Krieg so schnell wie möglich zu beenden. Erst in den letzten Tagen vor dem Putschversuch scheint er die Hoffnung auf irgendwie geartete Zugeständnisse fahrengelassen zu haben. Goerdelers Planung, über die Marschälle zu einem Putsch von oben zu gelangen, scheiterte an der politischen Naivität und persönlichen Unzulänglichkeit Kluges und ein Stück weit auch Rommels.

Die Angehörigen des Widerstands gingen von einer Interessenidentität der Westmächte und des Deutschen Reiches unter Führung einer neuen Regierung gegenüber der Sowjetunion aus. Dem lag eine Interpretation des Krieges als einer von Hitler allein verschuldeten Fehlentwicklung der europäischen Politik zugrunde. Letztlich entsprang nationalkonservativer Widerstand außen- wie innenpolitisch der Motivation, zumindest den Kern des kleindeutschen Nationalstaates bismarckscher Prägung zu erhalten;[96] »trotz aller Bekenntnisse zu einer künftigen europäischen Friedensordnung« blieben Verschwörer wie Goerdeler und Hassell »einem national motivierten Wunschdenken verhaftet«;[97] sie unterschieden sich darin nachhaltig etwa von den Vorstellungen des Kreisauer Kreises.[98]

In Frankreich hatte sich bereits 1943 eine eigenständige Zelle der Militäropposition gebildet (siehe oben Kapitel IV.5 – zu Hofacker – und Kapitel VIII.3[99]). Da das Ziel des Umsturzes eine Kriegsbeendigung vorrangig an der Westfront war, würde es darauf ankommen, in Paris und dann im gesamten Land die NS-treuen Elemente auszuschalten und alsbald Verbindung mit den alliierten Militärs aufzunehmen. Die Staatsstreichorganisation konzentrierte sich daher analog zum Reich auf die territorial zuständigen Behörden, vor allem auf den Stab des Militärbefehlshabers Frankreich, General der Infanterie Carl-Heinrich von Stülpnagel, eines frühen engen Mitarbeiters Becks im Truppenamt,[100] der Ende 1942 ein Vertrauensverhältnis zu dem in seinem Stab tätigen Oberstleutnant d.R. von Hofacker aufgebaut hatte.[101] Hofacker wurde im Winter 1943/44 damit befasst, Pläne für den Umsturz in der französischen Hauptstadt auszuarbeiten.[102] Bei einem dienstlich begründeten Besuch in Paris hatte Fritz-Dietlof von der Schulenburg im Sommer 1943 die oppositionellen Bestrebungen dort noch weiter verstärkt; ob damals schon ein »schlagkräftiger Verschwörerkreis« entstand,

---

[96] Hoffmann, Stauffenberg und die Veränderungen, S. 1011; Schulz, Nationalpatriotismus im Widerstand, S. 361.
[97] Mommsen, Der deutsche Widerstand gegen Hitler und die Überwindung, S. 267.
[98] Lüdicke, Griff nach der Weltherrschaft, S. 160.
[99] Eine ausführlichere Darstellung, vor allem eine detaillierte Auseinandersetzung mit den Thesen in Irving, The Trail of the Fox, S. 386 f., und der dort geäußerten Vermutung, »der Widerstand« habe bei Beginn der Invasion zwei Panzerdivisionen zurückgehalten, findet sich in Heinemann, Der militärische Widerstand und der Krieg, S. 863–871. Siehe auch Ose, Entscheidung im Westen, S. 111–113; Vogel, Deutsche und alliierte Kriegführung, S. 543–545; Mönch, Entscheidungsschlacht, Kap. VIII.
[100] Müller, Generaloberst Ludwig Beck. Eine Biographie, S. 199.
[101] Spiegelbild einer Verschwörung, S. 135 (4.8.1944); Aufzeichnung Dr. Elmar Michel, Chef Militärverwaltung Frankreich, 15.10.1945, IfZ, ED 88/2, fol. 16–33, hier fol. 21.
[102] Hiller von Gaertringen, Cäsar von Hofacker, S. 83.

kann allerdings bezweifelt werden.[103] Beim Feldheer, insbesondere beim Stab der Heeresgruppe B unter Generalfeldmarschall Rommel, hatten sich um den Chef des Generalstabes der Heeresgruppe B, Generalleutnant Speidel, ebenfalls oppositionelle Offiziere zusammengefunden, jedoch eher unter Anbindung an die Kreise um Goerdeler.

Überlegungen aus dem Jahre 1943, »ob eine selbstständige Aktion im Bereich des Westheeres im Bereich der Möglichkeit läge«, wurden bald verworfen, denn zu diesem Zeitpunkt hätte keiner der deutschen Soldaten an der Ostfront einen solchen Schritt des in Frankreich stationierten Heeres verstanden.[104] Ernst Jünger gegenüber äußerte Hofacker im März 1944 unverblümt:

»Die Katastrophe ist nicht mehr abzuwenden, wohl aber zu mildern und zu modifizieren, da der Zusammenbruch im Osten fürchterlicher ist als der im Westen und sicherlich mit Ausmordungen größten Stils verbunden sei. Infolgedessen müsse im Westen verhandelt werden, und zwar vor einer Landung; man stehe bereits in Fühlung in Lissabon. Voraussetzung sei das Verschwinden Kniébolos [Hitlers], der in die Luft zu sprengen sei.«[105]

Stauffenberg war lange optimistisch gewesen, was die Aussichten anging, die Invasion ins Meer zurückzuwerfen, obwohl er selbst bereits an der Kriegsakademie die Möglichkeiten luftgelandeter Kräfte studiert hatte (siehe oben Kapitel III.1) und seit dem September 1943 keine der alliierten Seelandungen hatte verhindert werden können. Er hoffte, die Verhandlungsposition einer Umsturzregierung werde besser sein, wenn ein solches Landeunternehmen gescheitert sei.[106] Nachdem die Alliierten in der Normandie gelandet waren, wurde aber sehr schnell deutlich, dass die Wehrmacht nicht mehr über die Kräfte verfügte, um die Amerikaner, Briten und Kanadier wieder zu vertreiben.

Hofacker dagegen hatte schon früh darauf hingewiesen, dass unabhängig von der Lage an der Invasionsfront durch das Zusammenwirken von Résistance und alliierten Luftangriffen »eine operative Kriegsführung nicht mehr möglich« sei. Es könne nur noch darum gehen, »eine rechtzeitige Kapitulation« zu erreichen, um »Deutschland eine einigermaßen erträgliche Stellung in Mitteleuropa zu erhalten«.[107] Die Tatsache, dass Stauffenberg sich dann immer stärker auf Johns und Hofackers realistischere Berichte stützte als Goerdeler, der wiederum den durch Dulles inspirierten optimistischen Voraussagen von Gisevius mehr Glauben schenkte, mag ein Stück weit die unterschiedlichen Lagebeurteilungen der beiden Männer erklären.

---

[103] Schulenburg gehörte eine Zeitlang der »Unruh-Kommission« an, die rückwärtige Dienststellen und Stäbe nach unnötigem Personal auskämmte: Heinemann, Widerstand als politischer Lernprozeß, S. 461 f.; Kroener, »Frontochsen« und »Etappenbullen«, S. 378.

[104] Gotthard von Falkenhausen, Bericht über Vorgänge in Paris am 20. Juli, IfZ, ED 88/1, fol. 51; Schramm, Aufstand der Generale, S. 22.

[105] Jünger, Strahlungen, S. 496; siehe auch Krüger, Hans Speidel und Ernst Jünger, S. 50, v.a. Anm. 50.

[106] John, Am achten Jahrestag, S. 2; John, Falsch und zu spät, S. 56; Leber, Ein Mann geht seinen Weg, S. 286. Die Einschätzung der Alliierten war ähnlich: From Hitler's Doorstep, S. 269, Doc. 3-93, Telegram 2966-69.

[107] Spiegelbild einer Verschwörung, S. 136 (3.8.1944, Anlage 2); siehe auch Heinemann, Widerstand als politischer Lernprozeß, S. 464.

IX. Politische, militärische und ethische Ziele des Widerstands

Wenn Goerdeler hoffte, die Marschälle im Westen würden tätig werden, dann übersah das die zögerliche Haltung von Kluge und Rommel. Hofacker berichtete sehr eindeutig, dass beide nicht vor einer Auslösung des Putsches in Berlin handeln würden.[108] Darüber hinaus war bekannt, dass Kluge sich geweigert hatte, Tresckow für eine Verwendung im Stabe OB West anzufordern. Tresckow schickte Ende Juni Oberstleutnant Georg Freiherr von Boeselager zu Kluge, um seinen alten Oberbefehlshaber von der Heeresgruppe Mitte zu drängen, jetzt die Front im Westen zu öffnen und nicht gegen Engländer und Amerikaner, sondern gegen Hitler zu kämpfen – ohne Erfolg.[109] Eine Lösung, die auf Kluge setzte, schied also aus.

Zumindest Anfang Juli 1944 war Rommel dann aber doch von der Notwendigkeit einer Kriegsbeendigung überzeugt, wenn auch noch nicht bereit, selbstständig gegen Hitler vorzugehen. Speidels Darstellung, Rommel habe geplant, »sich der Person Hitlers durch zuverlässige Panzerverbände zu bemächtigen, um ihn vor ein deutsches Gericht zu stellen und wegen seiner Verbrechen am eigenen Volk und an der Menschlichkeit zu verurteilen«,[110] ist recht unglaubwürdig. Einem nüchtern denkenden Soldaten wie Rommel, der zudem einst Kommandant des Führerhauptquartiers gewesen war, musste sofort einsichtig sein, dass so etwas militärisch völlig unmöglich war. Außerdem hat dieser Gedankengang, den Speidel auf Mai 1944 datiert, offenkundig viel Ähnlichkeit mit den gleichzeitigen Absichten Goerdelers. Es ist vielmehr anzunehmen, dass diese Idee von Goerdeler über Strölin auf Speidel gekommen ist und dieser Rommels stillschweigendes Einverständnis voraussetzte. Als Ziel für einen so gestalteten Umsturz notierte Speidel: »Dem Waffenstillstand – keiner bedingungslosen Kapitulation – sollten Verhandlungen für einen Frieden folgen, der den Weg zur Ordnung und nicht zum Chaos zu weisen hätte.«[111] Letzteres ist ein klarer Hinweis darauf, dass sich ein »Diktatfrieden« à la Versailles 1919 nicht wiederholen sollte.

Die Gestapo hat im Oktober 1944 angenommen, Rommel habe von den Attentatsplänen gewusst;[112] Speidel hat das in seinem in der unmittelbaren Nachkriegszeit erschienenen Buch »Invasion 1944« auch so dargestellt,[113] in seinen späteren Memoiren diesen Passus aber bezeichnenderweise nicht mehr mit aufgenommen.[114] Ob Rommel bekannt war, dass es in Berlin Vorbereitungen für ein Attentat gab, kann hier offenbleiben. Speidel, der mit Goerdelers Ideen eines Umsturzes ohne Attentat liebäugelte, wird Rommel hier nicht eingewiesen ha-

---

[108] Müller, Oberst i.G. Stauffenberg, S. 594, Anm. 148, unter Berufung auf Tonbandfunde vom VGH-Prozess gegen Hofacker.
[109] Schlabrendorff, Offiziere gegen Hitler, S. 136; siehe auch Scheurig, Henning von Tresckow, S. 186. Die Zeitangabe »Ende Juni«, die Scheurig offenkundig von Schlabrendorff übernommen hat, kann aber so nicht zutreffen, da Kluge erst am 3.7., völlig überraschend, sein neues Kommando antrat (Graeger, Field Marshal Günther von Kluge, S. 60). Hoffmann, Claus Schenk Graf von Stauffenberg und seine Brüder, S. 406 f., datiert auf den 7.7.1944.
[110] Speidel, Invasion 1944, S. 84; Speidel, Aus unserer Zeit, S. 174 f.
[111] Speidel, Aus unserer Zeit, S. 174 f.
[112] Lieb, Erwin Rommel, S. 337–339.
[113] Speidel, Invasion 1944, S. 84.
[114] Speidel, Aus unserer Zeit, S. 174.

ben. Dass es aber im Reich Planungen gab, das NS-Regime auf die eine oder Art zu stürzen, hat Rommel, das kann heute als gesichert gelten, gewusst.[115]

Bereits am 11. Juni 1944 hat er in einem vertraulichen Gespräch mit seinem Verbindungsoffizier zur Kriegsmarine, Vizeadmiral Ruge, als »Stärke unserer Position augenblicklich noch [den] Gegensatz zwischen Russen und Anglo-Amerikanern« bezeichnet. Eine Distanzierung zu Hitler kam nur sehr verhalten zum Ausdruck: »Oben leider nicht sauber, Abschlachtungen große Schuld. Kriegführung dilettantisch [...] Jetzt schwere Vorwürfe, vorher Hineinreden in jede Kleinigkeit.«[116]

Damit waren auch Rommels Motive benannt: die Verbrechen, die dilettantische Kriegführung und die Kriegsspitzengliederung in dem Sinne, dass der »Wüstenfuchs« erstmals bei El Alamein erlebt hatte, wie Hitler in die operative und taktische Führung eingriff.[117] In einem weiteren Gespräch soll sich Rommel am 2. Juli Ruge gegenüber eindeutig für eine Lösung »mit Anglo-Amerikanern« ausgesprochen haben.[118]

Am Abend des 9. Juli 1944 hatte Hofacker das bereits wiederholt zitierte Gespräch mit Rommel. Nach der Darstellung des Kriegsverwaltungsrats Friedrich von Teuchert, ebenfalls im Stabe des Militärbefehlshabers Frankreich, hat Rommel an diesem Abend »Hofacker den Auftrag gegeben [...], einen Brief zu entwerfen an den [...] Oberbefehlshaber im Westen [damit war, wie sich aus dem Zusammenhang ergibt, der Rommel aus Nordafrika bereits bekannte Montgomery gemeint], der eine Kapitulation unter ehrenden Bedingungen anbietet.«[119] Das Schreiben ist dann von Walter Bargatzky, ebenfalls aus dem Stab, verfasst,[120] jedoch nie abgesandt worden, wohl vor allem, weil Hofacker schon am Morgen des 10. Juli nach Berlin abreiste.

Ob und inwieweit Hofacker Rommel tatsächlich reinen Wein über die Absichten seines Vetters Stauffenberg eingeschenkt hat, muss offenbleiben; wie schon gesagt, gilt das vor allem für die Frage, ob Rommel von einem Attentatsplan wusste. Fraglich ist aber ebenso, ob das Gespräch mit einem halben Zivilisten, einem Oberstleutnant d.R. der Luftwaffe wie Hofacker, Rommels Ansichten nachhaltig beeinflusst hat, oder ob Hofackers in Berlin bekundete überschwängliche Begeisterung über Rommels Haltung völlig unbegründet war: »The interview left Rommel unchanged and unimpressed.«[121] Am 10. Juli kam es zu einem spontanen Gespräch zwischen Oberst Hans Lattmann und Rommel. Nach Lattmanns

---

[115] Lieb, Erwin Rommel, S. 341 f.
[116] Abschrift Tagebuch Ruge, 11.6.1944 nachmittags. Siehe aber auch die an das IfZ gerichteten (hier wohl berechtigten) quellenkritischen Anmerkungen von David Irving vom 21.9.1975, beide IfZ, ED 100/188 (Depositum Irving), unpaginiert.
[117] Stumpf, Der Krieg im Mittelmeerraum, S. 705–709.
[118] Abschrift Tagebuch Ruge, 2.7.1944, IfZ, ED 100/188 (Depositum Irving), unpaginiert.
[119] Hanno Kremer, Der 20. Juli in Paris. Eine Rekonstruktion der Ereignisse aus den Erinnerungen Beteiligter. Eine Sendung des RIAS Berlin vom 19. und 22.7.1979, IfZ, Archiv Ms 200/85.
[120] Bargatzky, Hotel Majestic, S. 129 f.
[121] Irving, The Trail of the Fox, S. 425. Siehe dagegen die zurückhaltendere Darstellung Speidels in Hanno Kremer, Der 20. Juli in Paris. Sendung des RIAS Berlin vom 19. und 22.7.1979, IfZ, Ms 200/85, fol. 13 f., 20.

IX. Politische, militärische und ethische Ziele des Widerstands 277

Aussage in seinem Interview mit Irving, die dieser in seinem Buch zitiert[122], teilte ihm Rommel damals mit:

»Ich will versuchen, aufgrund meines Ansehens bei den Alliierten, mit dem Westen zu paktieren gegen den Willen Hitlers, und unter der Voraussetzung, dass sie uns erlauben, mit ihnen gemeinsam gegen Russland zu marschieren.«[123]

Diese Aussage ist ein deutlicher Hinweis darauf, dass Rommel von dem Gespräch mit Hofacker doch nicht völlig unbeeindruckt geblieben war.

Am 15. Juli 1944 schickte Rommel ein Memorandum an Hitler, in dem er ihn aufforderte, die Konsequenzen aus der Entwicklung der Lage zu ziehen.[124] Ob es zutrifft, wie Speidel behauptet, dass er ursprünglich sogar die Erwartung formuliert habe, Hitler möge die »politischen« Konsequenzen ziehen,[125] mag dahingestellt bleiben. Rommel selbst empfand das Memorandum als »Ultimatum«, und es steht in diesem zeitlichen Zusammenhang, dass er von einer einseitigen Kriegsbeendigung für den Fall sprach, dass Hitler ihm nicht folge: »Dann mache ich die Westfront auf, denn es gibt nur noch eine wichtige Entscheidung, nämlich wir müssen dafür sorgen, dass die Angloamerikaner eher in Berlin sind als die Russen!«[126] Ausgerechnet der immer auf die operative Ebene reduzierte Rommel wurde damit zum einzigen in Führungsverantwortung stehenden Generalfeldmarschall (Witzleben war ja schon seit Längerem ohne Kommando), der die Begrenztheit operativer Führung transzendierte und eine gesamtstrategische Sicht entwickelte. Dafür hat Hitler ihn zum Selbstmord gezwungen. Ein solches Handeln ist »Widerstand«, auch wenn es mit der Staatsstreichplanung der Nationalkonservativen nicht oder nur locker in Beziehung gestanden hat. Ein »Führer«, der sich Ultimaten stellen lässt, ist kein Führer mehr. So gesehen stellte Rommels Vorgehen Hitlers Machtposition genauso grundsätzlich in Frage wie der Umsturzversuch.[127]

Zur Struktur der Verschwörung ist auch in Paris die Unterscheidung der von Stauffenberg geschaffenen Staatsstreichorganisation mit Hofacker und Stülpnagel als Hauptprotagonisten auf der einen und den lockeren Beziehungen um Goerdeler auf der anderen Seite zu beobachten. Nicht nur, dass die gleichen Unterschiede in den Auffassungen zur Frage des Attentats sichtbar wurden wie im Reich; am 20. Juli 1944 selbst waren Hofackers Vertraute bereits seit dem

---

[122] Irving, The Trail of the Fox, S. 433.
[123] Interview David Irving – Hans Lattmann vom 15.6.1975, in: Selected Documents, Reel 1. In seinem Buch stellt Irving diese Unterredung in einen völlig anderen Zusammenhang, ohne jedoch ein Datum zu nennen. Er versucht den Anschein zu erwecken, als habe sie kurz vor Rommels Tod stattgefunden. Lattmann ist sich seiner Datierung auf den 10.7.1944, also den Tag nach Hofackers Besuch, jedoch sehr sicher. Das unterschlägt Irving völlig und, so muss man annehmen, bewusst, weil sie nicht in sein Bild passt. Siehe dazu auch Dowe/Hecht, Von Mythen, Legenden und Manipulationen, S. 154 f., mit Hinweisen auf weitere Fälschungen Irvings; und Dülffer, David Irving, S. 689.
[124] BArch, RH 19 IX/8, fol. 97–99; Ose, Entscheidung im Westen, S. 322–324.
[125] Speidel, Invasion 1944, S. 138.
[126] Beide Zitate aus der Niederschrift eines Gesprächs von David Irving mit Herrn Dr. Elmar Warning, München, 11.11.1976, IfZ, ED 100/188 (Depositum Irving), Interviews und Zeugenbefragungen.
[127] Dülffer, David Irving, S. 687.

Vorabend informiert, dass das Attentat für den Folgetag geplant war,[128] wogegen Speidel erst am Nachmittag des 20. Juli gegen 17:00 Uhr davon erfuhr, dass das Attentat stattgefunden hatte.[129]

In jedem Fall ging es bei der Planung des Umsturzes darum, den Krieg zu beenden.[130] Bereits bei der Untersuchung der Haltung Becks zu Hitlers Kriegsplänen 1938 war ersichtlich, dass hier von Berufsoffizieren und nicht von Pazifisten die Rede ist (siehe oben Kapitel V.1). Selbst jetzt lehnten sie nicht den Krieg an sich ab, sondern einen Krieg, der nicht mehr zu gewinnen und daher ein Verbrechen an Deutschland geworden war. Die Verbrechen an den Menschen in den besetzten Gebieten ließen zudem einen Verhandlungsfrieden aussichtslos werden. Zu ihren Umsturzplanungen gehörten daher Vorbereitungen der Machtsicherung im Inneren, so die Verhaftung und gegebenenfalls auch Erschießung der tragenden Säulen des NS-Regimes, etwa der Spitzen von SS und SD in Paris, des Weiteren Planungen hinsichtlich einer konkreten Kriegsbeendigung. Dazu sollte der Oberbefehlshaber West (also nicht Rommel, der mit seiner Heeresgruppe dem OB West unterstand, sondern Rundstedt oder später Kluge) Verbindung mit den westalliierten Befehlshabern suchen. Das waren eben die von Stauffenberg gewollten Verhandlungen »von Heerführer zu Heerführer«.[131]

Am 20. Juli 1944 ist der Umsturz nirgendwo so gut gelungen wie in Paris. Als Stülpnagel am Abend auf den Gefechtsstand Kluges fuhr und meldete, dass er die Spitzen des NS-Regimes habe verhaften lassen, da standen Kluge alle Optionen offen – nichts und niemand konnte ihn hindern, mit einigen wenigen operativen Befehlen die Front aufzureißen und den Krieg im Westen zu beenden. Der »kluge Hans« aber zögerte, die Gelegenheit zu nutzen. Ein Anruf bei Stieff in Ostpreußen, seinem früheren Ia, ergab die Bestätigung, dass Hitler lebte.[132] Genauso tat der Generalstabschef der Heeresgruppe B, Speidel, das Seine, die Front zu stabilisieren, anstatt im Sinne einer Kriegsbeendigung zu wirken.[133] Für Kluge war entscheidend, dass Hitler überlebt hatte; Gersdorff überliefert für ihn den Satz: »ja, wenn das Schwein tot wäre«. Aber es kam, wie Stauffenberg vorhergesagt hatte: Angesichts eines lebenden »Führers« entschied sich Kluge am Ende zugunsten seiner Loyalität diesem gegenüber, befahl Stülpnagel, »irgendwohin zu verschwinden«, und schickte in der Folge wie die anderen Marschälle auch

---

[128] Walter Bargatzky, Berlin-Halensee/Baden-Baden, 20.10.1945: Persönliche Erinnerungen an die Aufstandsbewegung des 20. Juli 1945 in Frankreich, IfZ, ZS A 29/1, fol. 5–16, hier fol. 11.

[129] Speidel, Aus unserer Zeit, S. 189. – Dowe/Hecht, Von Mythen, Legenden und Manipulationen, S. 160, beklagen zu Recht das Fehlen einer wissenschaftlich fundierten Speidel-Biografie und auch einer umfassenden Untersuchung zum nationalkonservativen Widerstand in Frankreich.

[130] Walter Bargatzky, Berlin-Halensee/Baden-Baden, 20.10.1945: Persönliche Erinnerungen an die Aufstandsbewegung des 20. Juli 1945 in Frankreich, IfZ, ZS A 29/1, fol. 5–16, hier fol. 6.

[131] Spiegelbild einer Verschwörung, S. 111 (31.7.1944); Gotthard von Falkenhausen, Bericht über Vorgänge in Paris am 20. Juli, IfZ, ED 88/2, fol. 51 f.; Speidel in Hanno Kremer, Der 20. Juli in Paris. Sendung des RIAS Berlin vom 19. und 22.7.1979, IfZ, Ms 200/85, fol. 13.

[132] Mühleisen, Hellmuth Stieff, S. 367.

[133] Speidel, Aus unserer Zeit, S. 191.

IX. Politische, militärische und ethische Ziele des Widerstands   279

ein Ergebenheitstelegramm an Hitler.[134] Das hat diesen nicht gehindert, Kluge wenige Wochen später Verrat zu unterstellen und ihn ebenfalls in den Tod zu treiben.[135]

Es bleibt festzuhalten, dass selbst unmittelbar vor dem Attentat am 20. Juli, zu einer Zeit also, zu der der Putsch schon mindestens zweimal fast ausgelöst worden war, keine klare Konzeption für die unmittelbar nach dem Putsch zu treffenden Maßnahmen in Bezug auf die Weiterführung oder Beendigung des Krieges bestand. Goerdelers Meinung unterschied sich von der von Gisevius, Beck scheint sich stärker an Stauffenberg und Leber angelehnt zu haben.[136] Auch bei einem Gelingen des Attentates und des Putsches wäre eine schnelle Entscheidung über die in dieser Frage zu verfolgende Politik nicht zu erwarten gewesen.

5. Verbindung mit den Westalliierten

Immer wieder – von der Sudetenkrise 1938 bis zum Sommer 1944 – hatte die zivile und militärische Opposition gegen Hitler versucht, Verbindung zu den Westalliierten aufzunehmen und Zusagen über deren Unterstützung zu erhalten.[137] Dabei ging es nicht allein darum, wie es der große Kenner der Auslandsbeziehungen des Widerstands, Klemens von Klemperer, einmal formuliert hat, »Zeugnis abzulegen und damit auch dem ›Anderen Deutschland‹ ein Wort bei der Neugestaltung Europas nach dem Umsturz zu sichern.«[138] Die Absichten der Opposition waren vorrangig darauf gerichtet, eine Veränderung der außenpolitischen Konstellation zu erreichen, um den Krieg unmittelbar nach erfolgtem Umsturz zumindest im Westen beenden zu können, und das zu Bedingungen, die wiederum nach innen die Etablierung einer breiteren Basis ermöglichte.

Hinzu kam, dass die völlig illusionären außenpolitischen Erwartungen von Männern wie Hassell oder Goerdeler darauf hinausliefen, Hitlers militärische Eroberungen im Nachhinein durch diplomatische Schachzüge abzusichern, und von daher auf wenig Gegenliebe stießen.[139] Andererseits waren die Aussagen der Anti-Hitler-Opposition gegenüber dem Ausland nicht einheitlich: Sie reflektierten die Unterschiede in den außen-, europa- und gesellschaftspolitischen Vorstellungen Hassells, Goerdelers, des Kreisauer Kreises und der Militärs, vor

---

[134] Hanno Kremer, Der 20. Juli in Paris. Sendung des RIAS Berlin vom 19. und 22.7.1979, IfZ, Ms 200/85, fol. 17–22.
[135] Aktenvermerk Bormann für Pg. Friedrichs vom 17.8.1944, IfZ, Fa 116, fol. 35–38; Gersdorff in Hanno Kremer, Der 20. Juli in Paris. Sendung des RIAS Berlin vom 19. und 22.7.1979, IfZ, Ms 200/85, fol. 21 f.; Speidel, Aus unserer Zeit, S. 198; Steinbach, Hans Günther von Kluge; Heinemann, Der militärische Widerstand und der Krieg, S. 871.
[136] Müller, Oberst i.G. Stauffenberg, S. 286, 435.
[137] Hoffmann, Widerstand – Staatsstreich – Attentat, S. 78–82, 141–143 und passim; zu den Kontakten Goerdelers, die zum Teil schon auf das Jahr 1937 zurückgehen, siehe Mommsen, Carl Friedrich Goerdeler, S. XLIV.
[138] Klemperer, Die »Verbindung zu der großen Welt«, S. 153.
[139] Kettenacker, Der nationalkonservative Widerstand aus angelsächsischer Sicht, S. 713; Klemperer, Nationale oder internationale Außenpolitik, S. 641.

allem der »Abwehr«. Hinzu kamen die oppositionell Denkenden im Auswärtigen Amt selbst, protegiert von Staatssekretär Ernst von Weizsäcker. Dazu gehörten neben Adam von Trott zu Solz, der aktiv im Kreisauer Kreis mitwirkte und später zu Stauffenbergs außenpolitischem Berater wurde, Otto Carl Kiep, Hans-Bernd von Haeften (der Bruder von Stauffenbergs Adjutant Werner von Haeften, der am 20. Juli 1944 erschossen wurde), Eduard Brücklmeier, Albrecht Graf von Bernstorff, Albrecht von Kessel und die Gebrüder Erich und Theodor Kordt.[140]

Hatte ein Mann wie Goerdeler vor dem Krieg als Vertreter der Firma Bosch noch selbst Auslandsreisen unternehmen können,[141] so reduzierten sich solche Kontaktmöglichkeiten nach Kriegsbeginn auf einige wenige Orte, vor allem die neutralen Hauptstädte Stockholm und Madrid sowie Istanbul und Zürich. Auch dorthin konnten Deutsche nicht ohne ein kaum zu bekommendes Visum reisen. Goerdeler nutzte im Mai 1943 noch einmal seine Stelle bei Bosch für eine Reise nach Stockholm.[142]

Die Opposition verfügte also schon vergleichsweise früh über Möglichkeiten, mit den westalliierten Regierungen in Kontakt zu treten, und sie nutzte diese auch. Die Reaktionen darauf mussten aber ernüchtern: Die Alliierten waren zu keinerlei Zugeständnissen hinsichtlich einer Friedensordnung oder einer Abkehr vom Prinzip des »unconditional surrender« bereit. Anfang 1940 hatte Hauptmann d.R. Dr. Josef Müller, ein Bekannter von Papst Pius XII., aus dem Vatikan noch hoffnungsvolle Nachrichten über Zusagen der Regierung Chamberlain mitgebracht:

> »Für den Fall der Unterlassung der Offensive im Westen und der Ersetzung des diktatorischen Regimes durch ein demokratisches und dezentralisiertes innerhalb vernünftiger Frist wurde der deutschen Opposition von der englischen Regierung (unter dem Vorbehalt der französischen Zustimmung, die man jedoch erwartete) zugesichert, dass während des Staatsstreiches von den Westmächten keine Offensive unternommen werde, dass die Reichsgrenze von 1937 bei der Friedensregelung unangetastet bleiben und die Frage der Verbindung Österreichs mit dem Reich durch eine Volksabstimmung in Österreich entschieden werden sollte.«[143]

Damals hatten Brauchitsch und Halder nicht auf der Basis dieses Angebots handeln wollen, sondern sie hatten loyal den Angriff gegen Frankreich und die Benelux-Staaten organisiert. Nur die entschlossensten Verschwörer waren schon damals gewillt, die Hoffnung auf einen siegreichen Feldzug hinter der Notwendigkeit eines Regimewechsels zurücktreten zu lassen. Müller ließ über den Vatikan seine bisherigen Gesprächspartner über den bevorstehenden Angriff informieren,[144] und Oberst Hans Oster hielt den niederländischen Militärattaché in Berlin, Oberst Gijsbertus Sas, auf dem Laufenden.[145] Weil Hitler vom Herbst 1939 bis zum Frühjahr 1940 den Angriffstermin mehrmals – und manchmal äußerst kurzfristig – verschob, trafen Osters wiederholte Mahnungen aber in Den Haag auf wachsende Zweifel.

---

[140] Hoffmann, Widerstand – Staatsstreich – Attentat, S. 87; zu Brücklmeier, Kessel und Yorck siehe auch Schwerin, Die Jungen des 20. Juli.
[141] Bähr/Erker, Bosch, S. 238.
[142] Ebd., S. 241.
[143] Hoffmann, Widerstand – Staatsstreich – Attentat, S. 205.
[144] Müller, Bis zur letzten Konsequenz, S. 139–141.
[145] Thun-Hohenstein, Der Verschwörer, S. 169–193.

IX. Politische, militärische und ethische Ziele des Widerstands

Mit fortschreitender Kriegsdauer und nach dem Wechsel von Chamberlain zu Churchill waren Zusagen wie die von Anfang 1940 nicht mehr zu erreichen. Ihren Höhepunkt hatten die Versuche »diplomatischer« Verbindungsaufnahme im Sommer 1942 – just zu jener Zeit, als die britische Regierung sich noch einmal auf eine Linie der »absolute silence« gegenüber allen Kontaktversuchen festgelegt hatte.[146] Ob Canaris Anfang 1943 in Istanbul mit dem amerikanischen Marineattaché George H. Earle sprach,[147] ob es die evangelischen Pastoren Hans Schönfeld (Kreisauer Kreis) und Dietrich Bonhoeffer (»Abwehr«) waren, die in Schweden das Gespräch mit dem deutschfreundlichen Bischof von Chichester, George Bell, suchten,[148] oder ob der Münchener Rechtsanwalt Dr. Josef Müller seine Verbindungen im Vatikan hatte spielen lassen:[149] Die meisten dieser Kontaktleute standen im Dienst der »Abwehr«. Bell oder Dulles in Zürich setzten sich durchaus für ihre Kontaktleute in der deutschen Opposition ein,[150] aber die Regierung Churchill und in ihrem Gefolge die Roosevelt-Administration konnten sich auf irgendwelche Zugeständnisse nicht einlassen. Sie mussten vielmehr befürchten, dass jede verbindliche Zusage gegenüber welchen Deutschen auch immer, sollte sie bekannt werden, zum Sprengsatz für das westlich-sowjetische Verhältnis werden konnte. Sie konnten nie sicher sein, ob dies die Fühler einer genuinen Oppositionsbewegung im Reich waren, oder ob es sich um ein nachrichtendienstliches Spiel handelte – die Erinnerung an den Venlo-Zwischenfall trug dazu bei, die Ängste zu schüren (siehe oben Kapitel VI.3)[151]. Stalin hatte 1939 schon einmal seine Fähigkeit zum plötzlichen Seitenwechsel demonstriert und mochte einen solchen Schachzug wiederholen, sollte ihm klarwerden, dass seine Verbündeten hinter seinem Rücken Friedensverhandlungen führten.

Hinzu kam, dass Deutschland nach dem Ersten Weltkrieg erstaunlich schnell seine Fähigkeit wiedergewonnen hatte, seine Nachbarn militärisch zu bedrohen; dieses Mal, so war man in London entschlossen, würde Deutschland völlig demilitarisiert werden. Auch US-Präsident Roosevelt war nicht gewillt, den Fehler seines Amtsvorgängers Wilson von 1918/19 noch einmal zu machen; daraus resultierte das kompromisslose Bestehen auf »unconditional surrender«.[152] Oppositionspolitiker, die – wie Hassell und Goerdeler – weiter von deutscher Großmachtstellung träumten und sich so kaum von NS-Größen wie Göring unterschieden, waren da als Gegenüber nicht mehr willkommen.[153] Die britische Politik in dieser Frage beruhte auf der unkritischen Gleichsetzung von »Militarismus« und

---

[146] Blasius, Von Moskau nach Casablanca, S. 728.
[147] Heideking/Mauch, Das Herman-Dossier, S. 572; und Wedemeyer, Wedemeyer Reports!, S. 416–418.
[148] Blasius, Waiting for Action, S. 287 f.
[149] Dohnanyi, Mir hat Gott keinen Panzer ums Herz gegeben, S. 23; Riebling, Die Spione des Papstes, S. 102–111; Müller, Bis zur letzten Konsequenz, S. 80–92, 130–139; Meyer, Staatsstreichplanung, S. 329 f.
[150] From Hitler's Doorstep, S. 24 f., Doc. 1-4, Telegram 5688 vom 6.12.1942; S. 129, Doc. 2-19, Telegram 763-67 vom 21.9.1943.
[151] Meyer, Staatsstreichplanung, S. 329.
[152] Mauch, Schattenkrieg gegen Hitler, S. 129, 133.
[153] Blasius, Waiting for Action, S. 296; Weinberg, Eine Welt in Waffen, S. 520; Mommsen, The Political Legacy, S. 158.

»Militärs«,[154] sie lässt sich jedoch auf schlüssige Überlegungen zurückführen und nicht lediglich auf »Unbeweglichkeit, Verhärtung und Blindheit, die England leiteten«.[155] Auch Dulles kann nicht ernstlich für sich in Anspruch nehmen, eine zentrale Rolle in dem Entscheidungsprozess deutscher Militärs zu Attentat und Umsturz gespielt zu haben.[156]

Sowohl Analytiker wie Franz Neumann und Herbert Marcuse in Washington als auch der aus der Labour Party stammende Leiter des Special Operations Executive, Hugh Dalton, setzten auf einen möglicherweise durch entsprechende Geheimdienstoperationen ausgelösten Aufstand der Arbeiterschaft, der ihren politischen Überzeugungen weit mehr entgegengekommen wäre als ein Zusammengehen mit nationalkonservativen Honoratioren.[157] Auch die Aufgabe, die der amerikanische Nachrichtendienst Dulles in der Schweiz gestellt hatte, zielte weniger darauf, eine nationalkonservative Widerstandsbewegung im Reich zu fördern, als darauf, nach Washington zu berichten, ob sich ein Nachkriegsdeutschland eher nach Osten als nach Westen orientieren werde.[158] Dulles selbst legte diesen Auftrag weiter aus, und vor allem war er deutlich eher gewillt, seinen deutschen Kontaktleuten Glauben zu schenken als etwa seinen britischen Kollegen:

> »I have the feeling from my dealings with Zulu [British] that their services, because of the leg-pulling they suffered in gloomy times of 1940–41, are unaware on occasion of the degree to which the situation has been reversed, even in the field of intelligence. Several of my finest sources would have been lost to me had I pursued their course.«[159]

Schon seit 1940 hatte der Kreisauer Kreis über den Ökumenischen Rat der Kirchen Beziehungen nach Schweden.[160] Einen ernsthaften Versuch, auf diesem Wege mit der britischen Regierung zu einer Abmachung zu kommen, gab es aber erst im Mai 1942, als der Bischof von Chichester, George Bell, für einige Zeit dort war.[161] Dietrich Bonhoeffer hat ihn bei dieser Gelegenheit wohl über die gerade begonnenen Deportationen der europäischen Juden informiert.[162] Der frühere Reichskanzler Franz von Papen war während des Krieges deutscher Botschafter in

---

[154] Kettenacker, Der nationalkonservative Widerstand aus angelsächsischer Sicht, S. 719; Showalter, Conscience, Honor and Expediency, S. 63.
[155] Fest, Staatsstreich, S. 213. – Ähnlich argumentiert Meehan, The Unnecessary War, aber der Band kennt weder die Publikationen von Lothar Kettenacker zum Thema noch die wissenschaftliche Edition der Hassell-Tagebücher und kann daher nicht ernst genommen werden.
[156] Grose, Gentleman Spy, S. 200.
[157] Mauch, Subversive Kriegführung, S. 52; Mauch, Schattenkrieg gegen Hitler, S. 14 f.; Heideking, Die »Breakers«-Akte, S. 16 f.; »Probabilities of a German Collapse«, 9.9. und 23.9.1943 (britisch) sowie 21. und 25.10.1943 (amerikanisch), abgedr. in: USA und deutscher Widerstand, Nr. 8 und 9. Das relativiert die Version bei Klemperer, Die »Verbindung zu der großen Welt«, S. 150, wo Dalton als Verbündeter des nationalkonservativen Widerstands geschildert wird.
[158] USA und deutscher Widerstand, S. 8; Heideking, Die »Breakers«-Akte, S. 23.
[159] From Hitler's Doorstep, S. 286, Doc. 3-119, Telegram 3377-79 vom 8.5.1944; »leg-pulling« bezieht sich offenkundig auf den Venlo-Zwischenfall.
[160] Roon, Neuordnung im Widerstand, S. 312 f.
[161] Hoffmann, Widerstand – Staatsstreich – Attentat, S. 269–276; Roon, Neuordnung im Widerstand, S. 313 f.
[162] Unter anderem Gerrens, Rüdiger Schleicher, S. 140 und Anm. 25 mit weiteren Nachweisen.

IX. Politische, militärische und ethische Ziele des Widerstands

der Türkei. Als Canaris im Herbst 1943 in Istanbul weilte, trat er zusammen mit Papen an den dortigen US-Marineattaché, George H. Earle, heran.[163]

Die enttäuschenden Nachrichten, die auf allen Kanälen gleichlautend eingingen, führten wohl dazu, dass die möglicherweise kompromittierende Reisetätigkeit reduziert wurde. Zumindest hat Oster bei seiner Vernehmung durch den Oberstkriegsgerichtsrat Manfred Roeder am 29. April 1943, also lange vor dem gescheiterten Umsturz, ausgesagt, er

»habe u.a. die beiden letzten Reisen Bonhoeffers nach der Schweiz unterbunden, einmal aus Gründen der Devisenersparnis, zum anderen in Übereinstimmung mit der Auffassung des Ko-Leiters Schweiz, Gisevius, der darin eine Gefährdung seiner eigenen Tätigkeit sah.«[164]

Neben den von Berlin gesteuerten Kontakten hat es auch Initiativen vor Ort gegeben. Schon für November 1943 wird eine Verbindungsaufnahme von Angehörigen des Militärverwaltungsstabes mit der Résistance berichtet:

»Ziel dieser Verhandlungen war, im Falle eines Sturzes des Hitlerregimes die Kampfeinheiten der französischen Résistance zu einer konzilianteren Haltung gegenüber der neuen deutschen Regierung zu bewegen und gegebenenfalls im Rahmen der Ereignisse, die sich nach dem Staatsstreich in der politischen und militärischen Entwicklung ergaben, mit der französischen Résistance zu einer gewissen Zusammenarbeit zu kommen.«[165]

Anfang Juli 1944 soll es einen direkten Kontakt zwischen deutschen Stellen, der 2. Panzerdivision unter Generalleutnant Heinrich Freiherr von Lüttwitz und alliierten Kommandobehörden gegeben haben, als diese nach Einnahme von Cherbourg Verbindung aufgenommen hatten, um Schwerverwundete gegen gefangene Krankenschwestern auszutauschen.[166] Ob Rommel oder Kluge diesen Kanal offenhalten wollten, um im Fall eines eigenmächtigen Vorgehens gegen Hitler die Verbindung zum Gegner schnell herstellen zu können, muss offenbleiben.

Als Stauffenberg im Herbst 1943 die Staatsstreichorganisation neu aufbaute, hatte es also bereits eine Vielzahl von Kontakten gegeben. Allerdings war seither die »Abwehr« als Träger solcher Verbindungen ausgefallen, sodass der neue Kopf der Organisation daranging, sich neue, eigenständige Kontakte zu suchen. Einer seiner wichtigsten war der Vertreter der Lufthansa in Madrid, Otto John, aus

---

[163] Hoffmann, Widerstand – Staatsstreich – Attentat, S. 743, Anm. 69, übernimmt die Version von Buchheit, Der deutsche Geheimdienst, S. 427 f. Dieser wiederum beruft sich auf Papen, Der Wahrheit eine Gasse, S. 594 f., und auf Wedemeyer, Wedemeyer Reports!, S. 417. Bei Papen, der diese Episode sonst in ziemlicher Breite schildert, wird die Mitwirkung von Canaris nicht erwähnt; allerdings ist das Buch von Papen offensichtlich eine Rechtfertigungsschrift. Bei Wedemeyer, der diese Affäre nur kurz und am Rande erwähnt, wird Canaris mit als Urheber bezeichnet. Wedemeyer gibt keine Quelle an, es scheint aber, dass er seine Informationen von Earle hat, der 1950 einen Artikel über diese Sache im »Philadelphia Enquirer« veröffentlichte. Woher Buchheit weiß, dass die Person von Canaris »außerhalb der intimen Diskussionen der Beteiligten blieb«, bleibt offen.
[164] Vernehmungen Hans Oster durch Manfred Roeder. Aktenauszug, 29.4. und 5.5.1943, MHM, PSF 420-BBAR6711.
[165] Schramm, Aufstand der Generale, S. 20 f.
[166] Speidel, Invasion 1944, S. 134; Schramm, Aufstand der Generale, S. 70; Irving, The Trail of the Fox, S. 420 f., 426.

der in Kapitel IV.5 vorgestellten Gruppe von Oppositionellen im Reichsluftfahrtministerien, der Luftwaffe und der Lufthansa; sein Vorgesetzter Klaus Bonhoeffer hatte ihn ebenso wie seinen Bruder Hans für die Verschwörung rekrutiert.[167] John hatte bereits im März 1942 Verbindung zur britischen Botschaft aufgenommen, damals noch im Auftrag Goerdelers. Er unterhielt außerdem Kontakte zu den von de Gaulle geführten »Freien Franzosen«.[168] Als er im Oktober 1943 mit Stauffenberg bekannt wurde, ging diesem schon der Ruf voraus, er

> »sei ›eigenwillig‹ und darauf erpicht, sich unabhängig von ›Politikern und Diplomaten in der Verschwörung‹ eine eigene Verbindung zu General Eisenhower zu schaffen, um bei ihm nach gelungenem Staatsstreich Waffenstillstandsverhandlungen anzuknüpfen.«[169]

John stellte sich in den Dienst des jungen Obersten, von dem ihm der mitverschworene Hauptmann Gehre gesagt hatte, er bringe den Staatsstreich »in Schwung«. Bereits Mitte November sah er sich als »Vertrauensmann« Stauffenbergs und hatte sich an den amerikanischen Militärattaché in Madrid, Oberst William Hohenthal, gewandt. John meldete nach Berlin, die Verbindung zu Eisenhower stehe; John hat sie dann später bei Bedarf immer wieder aktiviert. Offenkundig war es dieser Kontakt, über den Stauffenberg Verhandlungen »von Soldat zu Soldat« führen wollte – nach Johns Eindruck mit dem klaren Ziel, Goerdeler auszuschalten.[170]

Aber auch John arbeitete für die »Abwehr«,[171] und das war dem amerikanischen Geheimdienst bekannt. Entsprechend vorsichtig reagierten die politisch Verantwortlichen in Washington:

> »My fear is that attempts will be made by German intelligence groups to create some situation which they can later represent to the Soviets as preliminary steps to a separate peace [...] You may also wish to consider informing the Soviet representatives.«[172]

John verfügte aber nicht nur über jene Kontakte zu den Amerikanern, die er selbst in seinen Erinnerungen in den Vordergrund stellte, sondern besonders zu den Briten, wie er seinem Bruder Hans bereits im Herbst 1943 mitgeteilt hatte.[173] Es dürfte kein Zufall sein, dass John nach dem 20. Juli über Lissabon nach London geflüchtet ist, dort für die BBC und später für die britische Anklagebehörde in Nürnberg arbeitete und zuletzt von den Briten in die Funktion als Präsident des

---

[167] Gieseking, Der Fall Otto John, S. 22.
[168] John, Falsch und zu spät, S. 29.
[169] Ebd., S. 29 f.
[170] Ebd., S. 59. Siehe auch Trotts Aussage bei der Gestapo, vermutlich nach Folter: Spiegelbild einer Verschwörung, S. 174 f. (8.8.1944). Angesichts der umfangreichen Vorbereitungen und der vielfachen Belege muss unverständlich bleiben, wieso Müller, Generaloberst Ludwig Beck. Eine Biographie, S. 501, annimmt, es habe sich hier um »Illusionen« gehandelt, die Beck nicht geteilt habe. Dagegen erscheint es denkbar, dass Beck solche politischen Eigenmächtigkeiten Stauffenbergs nicht gutheißen konnte; siehe unten Kapitel IX.8.
[171] Gieseking, Der Fall Otto John, S. 34.
[172] From Hitler's Doorstep, S. 595, Anm. zu Doc. 2-133, 2.2.1944. Dabei lassen wir die Frage außer Acht, ob John damals schon oder später, wie bei Gieseking, Der Fall Otto John, S. 28–30, diskutiert wird, für die Briten oder die Sowjets spioniert hat.
[173] Anklageschrift gegen Klaus Bonhoeffer, Rüdiger Schleicher, Hans John, Justus Perels und Hans Kloss, Berlin, 20.12.1944. Abschrift, IfZ, ZS A 29/1, fol. 36–44, hier fol. 41.

Bundesamtes für Verfassungsschutz gebracht wurde.[174] Ob es zutrifft, wie John später behauptete, dass Stauffenberg an Kontakten zu den Briten nicht interessiert gewesen sei, wird sich heute nicht mehr feststellen lassen.

Nach einer Aussage Goerdelers bei der Gestapo habe Stauffenberg gesagt: »Er nehme an, dass seine Mitteilung in etwa 8 Tagen bei Herrn Churchill auf dem Schreibtisch liegen werde.«[175] Zwar ging Goerdeler davon aus, Stauffenberg habe diesen Kontakt über den von Goerdeler selbst genutzten Draht des Potsdamer Regierungspräsidenten Graf Bismarck zu dem Schweden Raoul Wallenberg hergestellt; über etwaige Kontakte Stauffenbergs zu Wallenberg ist aber ansonsten nie etwas bekannt geworden, sodass vielmehr angenommen werden muss, dass auch hier Otto Johns Kontakte in Madrid die Grundlage waren.

John verschaffte Stauffenberg ein sehr viel realistischeres Bild über die außenpolitische Situation des Reiches als Goerdelers Verbindungsmann zum amerikanischen Geheimdienst in Zürich, Gisevius.[176] Noch als John am 19. Juni 1944 erneut nach Madrid flog, um mit Hohenthal zu verhandeln, brachte er die kompromisslose Antwort mit, Hohenthal werde alle Mitteilungen der Verschwörer an Eisenhower weiterleiten, aber eine andere Form der Kriegsbeendigung als die bedingungslose Kapitulation gegenüber allen Verbündeten einschließlich der Sowjetunion werde es nicht geben. Diese Aussage ließ er am 11. Juli noch einmal über einen Mittelsmann den Verschwörern in Berlin wiederholen.[177]

Genauso hat Adam von Trott zu Solz, früh schon außenpolitischer Berater für den in solchen Fragen unerfahrenen Stauffenberg,[178] diesen gewarnt, an einer Kapitulation führe kein Weg vorbei, auch wenn der Kopf der Verschwörung immer wieder auf seine Verbindungen über John verwiesen hat. Stauffenberg wurde mit der Zeit immer klarer, dass Hoffnungen auf Zugeständnisse nach erfolgtem Umsturz wenig Berechtigung hatten; darin unterschied er sich am Ende deutlich von Goerdeler.

Aus solchen unterschiedlichen Einsichten resultierten die bereits genannten Unterschiede in den außenpolitischen Zielsetzungen, die ein wesentlicher Streitpunkt zwischen den beiden höchst verschiedenen Charakteren waren. Dass Stauffenberg zudem Kapitulationsverhandlungen »von Militär zu Militär« führen, also doch Goerdeler und seine Freunde ausschalten wollte, hat diesen nachhaltig verstimmt. Als »hochgesinnten, in Afrika schwer verwundeten Generalstabsoffizier, der sich später als Querkopf erwies, der auch Politik machen wollte«,[179] bezeichnete Goerdeler Stauffenberg später bei der Gestapo. (Zur ganzen Wahrheit gehört aber ebenso, dass er in einem Privatbrief vom November 1944 an einen ihm ver-

---

[174] John, Falsch und zu spät, S. 179; James P. O'Donnell, Otto John. Idealist, Träumer, Überläufer. In: Die Welt, 10.11.1956, S. 19; IfZ, ZS A-29-II, 32.
[175] Spiegelbild einer Verschwörung, S. 248 (17.8.1944).
[176] Heinemann, Außenpolitische Illusionen des nationalkonservativen Widerstands; Müller, Oberst i.G. Stauffenberg, S. 411.
[177] Anklageschrift gegen Klaus Bonhoeffer, Rüdiger Schleicher, Hans John, Justus Perels und Hans Kloss, Berlin, 20.12.1944. Abschrift, IfZ, ZS A 29/1, fol. 36–44, hier fol. 39.
[178] Spiegelbild einer Verschwörung, S. 110 (31.7.1944) und S. 173 f. (8.8.1944, wobei der Ausdruck »Teilgeständnis, zu dem sich nunmehr der Legationsrat Adam von Trott zu Solz bequemt hat«, nahelegt, dass dieser gefoltert worden war).
[179] Denkschrift »Unsere Idee« (nach dem 9.11.1944), BArch, N 1113, Bd 26, fol. 1, zit. nach Mommsen, Carl Friedrich Goerdeler, S. LIII.

traut gewordenen Gefängniswärter, Wilhelm Brandenburg, Stauffenberg neben sieben anderen Verschwörern als seinen Freund bezeichnete.)[180]

Bei realistischer Betrachtung boten die Alliierten vor einem Umsturz keinen Anhaltspunkt für die Annahme, sie würden einer anderen deutschen Regierung als der Hitlers entgegenkommen. Alle Hoffnungen darauf, dies werde sich nach vollzogenem Umsturz ändern, weil die Alliierten die langfristige Zusammenarbeit mit Deutschland gegenüber der Sowjetunion als in ihrem eigenen Interesse liegend bewerten würden, musste spekulativ bleiben. Gleichermaßen spekulativ ist natürlich auch die apodiktische Aussage, die auf den demokratischen Konsens im Innern angewiesenen Regierungen in Washington und London hätten sich einer solchen Zusammenarbeit verweigert.[181]

6. Ein Ende der Verbrechen

Dass eine neue Regierung die »Majestät des Rechts« wiederherstellen sollte, war unter allen Beteiligten Konsens. Über den Umfang der von Deutschen begangenen Untaten mochte man sich im Einzelnen noch nicht klar sein. Goerdeler schrieb noch in der Haft: »Hunderttausende von Juden sind von ihm dahingemordet worden«;[182] im Januar 1945 sprach er dann zutreffender davon, dass Hitler »Millionen Juden bestialisch vernichtet« habe.[183] Dass aber in den besetzten Gebieten ebenso wie an den europäischen Juden unvergleichliches Unrecht geschah und geschehen war, das wusste jeder. Die »Weiße Rose« etwa hatte in ihrem zweiten Flugblatt schon davon gesprochen und den Massenmord an den Juden als etwas Einmaliges gebrandmarkt.[184] Stauffenberg hatte im Mai 1942 von Erschießungen an der Ostfront erfahren.[185] Nicht nur waren diese Verbrechen unmoralisch, sie »entehrten« auch den deutschen Namen in der Welt und standen damit einer Beendigung des Krieges entgegen. Jede Umsturzregierung musste sich schon deshalb von der bisherigen Politik klar distanzieren, weil sie sonst nicht als Gesprächspartner für die Kriegsgegner in Frage kam.[186] So wie für Himmler die äußere Bedrohung die »Notwendigkeit« mit sich brachte, die Repression nach innen zu verschärfen,[187] so musste umgekehrt eine neue Regierung darauf be-

---

[180] Schreiben Goerdelers an Wilhelm Brandenburg, Goerdeler, Politische Schriften, 7.2.4, hier S. 1196.
[181] Jäckel, Wenn der Anschlag gelungen wäre, S. 73–75.
[182] Aufruf an alle Menschen vom 27. Januar 1945, in: Goerdeler, Politische Schriften, 7.2.7, S. 1236; Mommsen, Carl Friedrich Goerdeler, S. LIX.
[183] Stellungnahme zu einer Rede des Reichsaußenministers vom 11.12.1944, in: Goerdeler, Politische Schriften, 7.2.5, S. 1201.
[184] <http://www.bpb.de/geschichte/nationalsozialismus/weisse-rose/61015/flugblatt-ii>, zuletzt konsultiert am 20.9.2018; siehe dazu auch Maier, Das »Dritte Reich« im Visier seiner Gegner.
[185] Hoffmann, Claus Schenk Graf von Stauffenberg. Die Biographie, S. 262.
[186] Regierungserklärung Goerdelers, in: Spiegelbild einer Verschwörung, S. 147–156 (5.8.1944, Anlage 1), hier S. 149.
[187] Longerich, Heinrich Himmler, S. 667.

IX. Politische, militärische und ethische Ziele des Widerstands

dacht sein, durch eine zügige Beendigung der Gräuel außenpolitisch handlungsfähig zu werden.

Die Verbrechen dienten vor allem Goerdeler als Anknüpfungspunkt für Anbahnungsgespräche, weswegen Hans von Dohnanyi in seinem Tresor in der »Abwehr« seine Sammlung von Belegen vervollständigte.[188] Dagegen konnte konkrete Hilfe für einzelne Verfolgte wie etwa die Verbringung jüdischer Familien in die Schweiz durch die Abwehrstelle München (das bereits genannte »Unternehmen Sieben«) auch die Konspirateure im Militär gefährden, weil sie Himmlers Gestapo Angriffspunkte für ein Vorgehen gegen die Soldaten verschaffte.[189]

Das führte dazu, dass in den militärischen Planungen für den Umsturz die Voraussetzungen geschaffen wurden, den Verbrechen so schnell wie möglich ein Ende zu bereiten. Häufig lagen Maßnahmen zur schnellen Machtsicherung und Schritte zur Beendigung der Mordaktionen ohnehin auf einer Linie. In den zu treffenden Sofortmaßnahmen, die am 20. Juli tatsächlich mit Fernschreiben angeordnet wurden, hieß es unter anderem: »c) Konzentrationslager: Die Konzentrationslager sind beschleunigt zu besetzen, die Lagerkommandanten zu verhaften, die Wachmannschaften zu entwaffnen und zu kasernieren.«[190]

Das ist zunächst im Zusammenhang mit dem unter d) unmittelbar danach befohlenen entschiedenen Vorgehen gegen die bewaffneten Kräfte der SS zu sehen. Immerhin hatten die Wachmannschaften der Lager seinerzeit den Kern der SS-Division »Totenkopf« gestellt, und nach wie vor besaßen sie erhebliches militärisches Potenzial, das zudem in Neuengamme, Sachsenhausen oder Dachau nicht weit weg von den wichtigsten Städten des Reiches disloziert war.[191] Zugleich aber werden die Lager zuerst genannt, die anderen Kräfte der SS folgen erst danach; ein Indiz dafür, dass die Beendigung der Verbrechen auch hier einen hohen Stellenwert besaß.

Diese Maßnahme war so zentral, dass sie sogar eine Gefährdung der ansonsten zentralen Legende für den Umsturz rechtfertigte: »V. Bei Ausübung der Vollziehenden Gewalt dürfen keine Willkür- und Racheakte geduldet werden. Die Bevölkerung muss sich des Abstandes zu den willkürlichen Methoden der bisherigen Machthaber bewusst werden.«[192] Dieser Passus ließ klar erkennen, dass es sich hier nicht um eine Sicherung des Regimes gegen eine übergriffige SS und NSDAP handelte, sondern darum, die bisherigen »Machthaber« – und wer konnte das sein außer Hitler? – durch neue zu ersetzen.

Allerdings setzten die nationalkonservativen Verschwörer ihre Prioritäten anders, als wir es vielleicht heute annehmen würden. Die Gestapo hatte bei Hauptmann d.R. Kaiser eine Denkschrift »Pläne auf dem Gebiet des Rechtswesens« gefunden, in der es gleich in der ersten Ziffer hieß:

»Reinigung der öffentlichen Verwaltung. Ohne Rücksicht auf Rang und Stellung und mit äußerster Beschleunigung sei durch den Oberreichsanwalt oder durch Sonderstaatsanwälte die Strafverfolgung derjenigen Personen einzuleiten, von denen bekannt oder anzunehmen sei, dass sie öffentliche Gelder

---

[188] Dohnanyi, Mir hat Gott keinen Panzer ums Herz gegeben, S. 22.
[189] Ebd., S. 24.
[190] Spiegelbild einer Verschwörung, S. 67 (27.7.1944, Anlage 2).
[191] Kroener, Die personellen Ressourcen, S. 723.
[192] Spiegelbild einer Verschwörung, S. 67 (27.7.1944, Anlage 2).

veruntreut, insbesondere sich bereichert, ihre Amtsgewalt missbraucht oder sonstige Verbrechen begangen haben.«[193]

Wenn die Schergen des Regimes hier richtig zitiert haben, rangierten Veruntreuung und Korruption jedenfalls vor den »sonstigen Verbrechen«, unter denen wohl der Massenmord an den Juden und an den sowjetischen Kriegsgefangenen subsumiert wurde.[194]

Gerade bei diesem Thema wird deutlich, dass für einige der militärischen Verschwörer ein Akt des Aufstands selbst dann notwendig war, wenn die Erfolgsaussichten nicht mehr allzu rosig schienen. Stauffenbergs Onkel Graf Üxküll-Gyllenband formulierte es treffend so: »Von dem Gangsterhaufen kann ich mich nur durch den Tod trennen.«[195] Dabei kam es nicht mehr darauf an, ob es Juden, Russen, Deutsche oder Franzosen waren, die Opfer des sich radikalisierenden Regimes geworden waren oder noch werden würden. Schwerins Satz ging in die gleiche Richtung: »Ich dachte an die vielen Morde ...«[196]

7. »Endlösung der Machtfrage« – Kriegsende wie 1918/19?

Die Verschwörer gingen davon aus, dass ihr Staatsstreich einen seit Längerem währenden Konflikt zwischen Nationalkonservativen und Nationalsozialisten zu einem Höhepunkt und Abschluss bringen würde, der anderenfalls ohnehin bei einem wie auch immer gearteten Ende des Krieges zur Entscheidung kommenden musste. Ihre Vorstellung davon, wie der Krieg zu Ende gehen würde, war nachhaltig geprägt von den Erfahrungen der Jahre 1918/19, als auf den militärischen Zusammenbruch ein Machtkampf im Innern zwischen Rechten, Vertretern der parlamentarischen Demokratie und jenen der Räterepublik gefolgt war[197] und sich die Reichswehr nur langsam und in einem qualvollen Prozess an die neuen Gegebenheiten hatte anpassen können.[198] Einige der älteren unter ihnen waren an den Kämpfen der Jahre bis 1920 – etwa als Freikorpskämpfer – selbst beteiligt gewesen: Beck hatte den Zusammenbruch des Kaiserreichs als Generalstabsoffizier aus nächster Nähe miterlebt und daraus den Schluss gezogen, »dem Offizierkorps komme eine zentrale Rolle in Staat und Gesellschaft zu; sei doch der Offizier Verkörperung und Garant des Staates«.[199] Der spätere Generaloberst Fromm hatte die Grenzkämpfe im Osten miterlebt und wusste von daher, welches Chaos einem verlorenen Krieg folgen konnte.[200] Stieff war 1917 Fahnenjunker-Gefreiter gewesen, aber auch ihn hatte der »Zusammenbruch« tief geprägt, sodass er 1941, während der Krise vor Moskau, ausrief: »Chaos. Ein zweites 1918 will ich nicht

---

[193] Ebd., S. 138 (4.8.1944, Anlage 2).
[194] So auch Dipper, Der deutsche Widerstand und die Juden, S. 349.
[195] Zit. in Graml, Militärischer Widerstand, S. 96.
[196] Hiller von Gaertringen, Johanniter, S. 3.
[197] Mommsen, Der Widerstand gegen Hitler und die deutsche Gesellschaft, S. 17.
[198] Keller, Die Wehrmacht, S. 282 f.
[199] Müller, Generaloberst Ludwig Beck. Eine Biographie, S. 60.
[200] Kroener, Der starke Mann im Heimatkriegsgebiet, S. 112 f., 175.

IX. Politische, militärische und ethische Ziele des Widerstands 289

mehr erleben!«[201] Den damaligen Gefreiten Hitler hatte die Novemberrevolution genauso traumatisiert; seine Politik des Werbens um die deutsche Bevölkerung[202] bei wachsender Radikalisierung nach innen war nicht zuletzt darauf zurückzuführen, dass er eine Wiederholung um jeden Preis verhindern wollte.[203] Dass etwa eine Arbeitspflicht für Frauen, entgegen den Forderungen des BdE, nur zögerlich eingeführt wurde, lag vor allem daran, dass Bormann befürchtete, dieser Schritt werde den »Leidensdruck in der Bevölkerung in unzumutbarer Weise« erhöhen.[204] Die Ausbeutung der Menschen in den besetzten Gebieten im Osten wie im Westen sollte der Reichsbevölkerung ein Mindestmaß an Lebensmitteln sichern, um Hungerrevolten vorzubeugen. Das zunehmend schärfere »Durchgreifen« der Militärjustiz gegen »Auflösungserscheinungen« hatte hierin ebenso seinen Grund, und an dieser Verschärfung beteiligten sich sogar solche Militärjuristen, die, wie etwa der Generalstabsrichter Karl Sack, ansonsten mit der Militäropposition kooperierten.[205]

Roland von Hößlin berichtete der Gestapo, Stauffenberg habe ihm die Verlustzahlen erläutert und dann hinzugesetzt:

»wir trieben auf einen militärischen Zusammenbruch hin. Infolgedessen könnten in Deutschland eines Tages chaotische Zustände einreißen wie 1918. Das Offizierkorps dürfe dann nicht wieder versagen und sich die Initiative aus der Hand nehmen lassen wie 1918, sondern müsse aus eigener sittlicher Verantwortung heraus handeln.«[206]

Als es am 15. Juli 1944 zwischen Beck und Goerdeler noch einmal zu einer Auseinandersetzung über die Priorität von Innen- oder Außenpolitik nach dem Umsturz kam, forderte der Politiker Goerdeler, die Militärs dürften nicht noch einmal wie 1918 überstürzt ein Waffenstillstandsangebot erzwingen.[207]

Die ursprünglich keineswegs beabsichtigte Einbeziehung von Gewerkschaftsvertretern etwa sollte vor allem dazu dienen, die Arbeiterschaft in einem bürgerkriegsähnlichen Szenario auf die nationalkonservative Seite zu ziehen. Alle Planungen gingen dabei davon aus, «dass die vom NS-Regime geschaffene innenpolitische Tabula rasa, so das Verbot der KPD, fortbestehen würde«.[208] Erst mit der Gründung des NKFD im Juli 1943 wurde deutlich, dass bei einem Putsch gegen das NS-Regime die Kommunisten eine Rolle spielen konnten.[209] In der Tat haben die Sowjets anfangs einen Einsatz bewaffneter Kräfte des NKFD im Rahmen der inneren Absicherung von Waffenstillstandsverhandlungen geplant:

---

[201] Mühleisen, Hellmuth Stieff, S. 340, gestützt auf ein Interview mit Generalleutnant a.D. Cord von Hobe.
[202] Kroener, Der starke Mann im Heimatkriegsgebiet, S. 584.
[203] Wegner, Hitler, S. 506; Chapoutot, Nous ne capitulerons jamais!, S. 53.
[204] Kroener, Menschenbewirtschaftung, S. 848.
[205] Garbe, Von »Furchtbaren Juristen«, S. 52; siehe insbesondere Haase, Generalstabsrichter Karl Sack, S. 205.
[206] Spiegelbild einer Verschwörung, S. 373 (9.9.1944); ähnlich, aber ohne Namensnennung, S. 529 (15.12.1944).
[207] Müller, Generaloberst Ludwig Beck. Eine Biographie, S. 510 f.
[208] Mommsen, Bürgerlicher (nationalkonservativer) Widerstand, S. 58–61.
[209] Morré, Das Nationalkomitee »Freies Deutschland«, S. 542 f.; siehe zur amerikanischen Perzeption Bungert, Ein meisterhafter Schachzug, S. 90–93.

»Das Korps sollte nicht gegen die Wehrmacht zum Einsatz kommen, sondern die Machtübernahme in Deutschland sichern. Bei Waffenstillstandsverhandlungen mit Deutschland sollte das Korps auf 11 Flugplätzen um Berlin abgesetzt und zu den Schaltzentralen der Macht gefahren werden, um Gegenmaßnahmen der Nazis, der SS oder SA abzuwehren«[210]

– unter anderem gegen die Nationalkonservativen und die Wehrmacht, wäre hinzuzufügen. Dem neben dem NKFD entstandenen BDO gaben die Sowjets die Zusicherung, Deutschland in den Grenzen von 1937 erhalten zu wollen, wenn der Bund einen Aufstand der Wehrmachtführung gegen Hitler initiieren könne, der den Krieg beende.[211]

Letztlich war dies die Überlegung, aus der heraus Stauffenberg zustimmte, dass Julius Leber und Adolf Reichwein im Juli 1944 Kontakte zu kommunistischen Gruppen knüpften.[212] Sollte es wie 1918 zum Kampf mit den »Bolschewisten« im Reich kommen und diese nunmehr sowohl von der Sowjetarmee (möglicherweise mit luftgelandeten Kräften) und dem NKFD als auch von den im Reichsgebiet eingekerkerten sowjetischen Kriegsgefangenen und Zwangsarbeitern unterstützt werden, würde die Sache möglicherweise ganz anders als damals ausgehen: »Chaos und in seinem Gefolge die Bolschewisierung Mitteleuropas waren nur zu verhindern, wenn die Wehrmacht als Macht- und Ordnungsfaktor nicht ganz ausgeschaltet würde.«[213] Angeregt von seinem stramm antikommunistischen Vertreter in der Schweiz, Allen W. Dulles, versuchte auch der amerikanische Geheimdienst OSS die Fremdarbeiter im Reichsgebiet als Potenzial für Umsturzbewegungen zu nutzen; das war aber erst nach dem Sommer 1944 und blieb ohne Erfolg.[214]

Das NS-System hatte die Klärung einer Reihe von »Fragen« auf die Zeit nach dem Krieg verschoben; darunter war etwa die »Kirchenfrage«.[215] Allein die »Judenfrage« hatte man schon im Kriege einer »Endlösung« zugeführt. Auch die Machtfrage würde sich bald stellen. Allerdings mochte es nach einem siegreichen Kriegsausgang durchaus schwierig sein, gegen jenes Militär vorzugehen, das den Sieg erfochten hatte, wie umgekehrt manche Offiziere diese Frage auf die Zeit nach der »siegreichen Rückkehr« verschoben:

»Vielleicht kommt es doch so, dass eine siegreiche Armee dann auch innenpolitisch durchgreift und alle unreinen Elemente aus der Verwaltung wieder beseitigt, Schulen und Universitäten wieder aufbaut, die Wirtschaft reinigt, die Kirche achtet als höchste Instanz eines gläubigen Volkes, das durch ein tiefes Tal musste, um geläutert zu werden.«[216]

Kritik an Missständen war weit verbreitet, aber dass es sich hier nicht um Einzelfälle handelte, sondern dass es systemische Ursachen dafür gab, durchschauten nur die wenigsten – darunter der Kern der Verschwörer. »Die Vorstellung, dass nach dem

---

[210] Diedrich, Walther von Seydlitz-Kurzbach, S. 388.
[211] Morré, Das Nationalkomitee »Freies Deutschland«, S. 545. Siehe auch Bungert, Das Nationalkomitee und der Westen, S. 298.
[212] Mommsen, Der 20. Juli und die Arbeiterbewegung, S. 306. – Zu nationalbolschewistischen Tendenzen bei der Widerstandsgruppe um Harro Schulze-Boysen (siehe oben Kapitel IV.5) siehe Bahar, Sozialrevolutionärer Nationalismus.
[213] Kettenacker, Der nationalkonservative Widerstand aus angelsächsischer Sicht, S. 720.
[214] Mauch, Subversive Kriegführung gegen das NS-Regime, S. 68 f.
[215] Blaschke, Die Kirchen und der Nationalsozialismus, S. 214–217.
[216] Zit. nach Roon, Hermann Kaiser, S. 265.

(gewonnenen) Krieg das System reformiert werden müsse, war allgemein, zielte allerdings je nach politischer Einstellung in unterschiedliche Richtung.«[217]

Die Nationalkonservativen sahen sich also einem Szenario gegenüber, wie es schon dem »Planspiel Ott« zugrunde gelegen hatte (siehe oben Kapitel III.7), in dem das Militär gleichermaßen gegen Nationalsozialisten und Nationalkommunisten würde kämpfen müssen, und das unter den Bedingungen äußerer Bedrohung. Wenn die militärischen Planungen für den Umsturz Verstärkungen vorsahen, die sich erst nach Tagen in Berlin auswirkten (siehe oben Kapitel VII.3), dann trug das der Überlegung Rechnung, dass man eben mit einer länger andauernden bürgerkriegsähnlichen Situation rechnete, bei der die Partei die Oberhand behalten würde, welche am längsten durchhielt und die meisten Reserven mobilisieren konnte.

Es scheint kaum vorstellbar, dass die Militärs bereits während eines solchen befristeten Bürgerkriegs die Macht an die Politiker übergeben hätten. Vielmehr ist anzunehmen, dass Stauffenberg sowohl den Zeitpunkt der Beendigung der Militärdiktatur selbst bestimmen wollte als auch, welche Politiker die im Bürgerkrieg siegreiche Wehrmacht mit der Führung des Reiches betrauen würde. Damit stellt sich die Kernfrage nach dem Verhältnis ziviler und militärischer Gewalt im nationalkonservativen Widerstand.

8. »Gemeinsame Zivilität«? Offiziere und Zivilisten

Für eine Radikalopposition gab es also spezifisch militärische Motivlagen. Von der perzipierten dilettantischen Kriegführung Hitlers und der hanebüchenen Kriegsspitzengliederung über die Verbrechen, die einen Friedensschluss mit der NS-Regierung völlig unmöglich machten, bis hin zu dem »Verbrechen am deutschen Volk«, hunderttausende Menschen in einem sinnlos gewordenen Krieg zu verheizen – all das schuf ein Motivbündel, das sich von den politischen Planungen sowohl des Kreises um Goerdeler als auch der Kreisauer nachhaltig unterschied.

Der Befund bleibt, dass beginnend mit Stauffenbergs Versetzung ins Allgemeine Heeresamt im September 1943 der nationalkonservative Widerstand sich auseinanderzuentwickeln begann, wie es die Gestapo selbst schon sehr früh nach Beginn ihrer Ermittlungen diagnostizierte.[218] Neben Goerdelers locker strukturierte Gruppe mit erheblicher politischer und diplomatischer Erfahrung trat die wesentlich von Stauffenberg neu aufgebaute Staatsstreichorganisation, die Goerdeler zunehmend als rivalisierend wahrnahm. Anders als im Goerdeler-Kreis und bei den Kreisauern lag hier der Schwerpunkt nicht auf langfristigen außen-, staats- und gesellschaftspolitischen Konzepten, sondern auf Planungen mittlerer Reichweite und dem, was im Kreise um Stauffenbergs Mentor Stefan George als »die befreiende Tat« bezeichnet worden wäre.

---

[217] Mommsen, Nationalsozialismus als vorgetäuschte Modernisierung, S. 419.
[218] Spiegelbild einer Verschwörung, S. 177 (9.8.1944); Mommsen, Carl Friedrich Goerdeler, S. LVII f.; siehe auch das eindeutige Schaubild bei Keyserlingk-Rehbein, Nur eine »ganz kleine Clique«?, S. 225 f.; sowie ausführlicher Keyserlingk, Das Netzwerk, S. 107; Finker, Der 20. Juli 1944, S. 297.

Bezeichnenderweise sprachen Stauffenberg und seine Vertrauten wenig vom »Frieden«, sondern zumeist vom »Waffenstillstand«. Diesen Waffenstillstand gedachte Stauffenberg auf der militärischen Ebene herbeizuführen, ohne dabei Goerdeler oder Hassell zu beteiligen, aber auch ohne nähere Festlegungen hinsichtlich der Struktur des zukünftigen Europas, der Rolle Deutschlands darin oder seiner territorialen Grenzen zu treffen (siehe Kapitel IX.4 und IX.5). Goerdeler hatte in seinen Entwürfen zu Proklamationen immer die moralische Entrüstung über Hitlers »Ruhmsucht« und »Dünkel« sowie über die Korruption und den Nepotismus des NS-Regimes in den Vordergrund gestellt. Der Text, den Stauffenberg am Tage des Umsturzes bei sich trug, war deutlich nüchterner und zugleich existenzieller formuliert: Da war die Rede von der »Vernichtung der blutsmäßigen Substanz« des deutschen Volkes sowie davon, dass »Deutschland im Spiel der Kräfte noch einen einsetzbaren Machtfaktor darstelle und dass insbesondere die Wehrmacht in der Hand ihrer Führer ein verwendbares Instrument bleibe.«[219]

Zugleich sahen seine Überlegungen im Inneren eine zeitlich nicht näher zu bestimmende Phase bürgerkriegsähnlicher Auseinandersetzungen voraus, die in der Form einer befristeten Militärdiktatur bestanden werden sollte.[220] Konkrete Vorbereitungen, wann genau, in welcher Form und an welche wie auch immer bestimmte Reichsregierung die Macht dann übergeben werden würde, lassen sich nicht eruieren. Daraus darf nicht geschlossen werden, die Obersten hätten putschen und dann eine dauerhafte Militärdiktatur errichten wollen. Ihr Erfahrungshorizont aus dem Kaiserreich und der Reichswehr umfasste vielmehr eine Vielzahl von Beispielen, bei denen das Militär die Macht immer wieder klaglos an die Politik zurückgegeben hatte. Stauffenberg in seinen von Gneisenau geprägten Vorstellungen sah das Militär als eine überpolitische Elite, die eine eigene Führungsverantwortung für das Land habe. 1942 sagte er zu dem Major d.R. Dietz Freiherr von Thüngen: »Ja, wir sind auch die Führung des Heeres und auch des Volkes und wir werden diese Führung in die Hand nehmen.«[221] Hier spielten ältere Wertvorstellungen mit: In der Reichswehr war es durchaus üblich gewesen, den »permanenten Rechtsbruch« als Berechtigung zur Missachtung politischer Vorgaben zu nehmen,[222] aber die Armee als »Führung des Volkes« ließ ebenso das Ideengut aus Joachim von Stülpnagels »Krieg der Zukunft« anklingen. Für Stauffenberg waren die nationalkonservativen Honoratioren zu zögerlich und der Aufgabe nicht gewachsen, das »Neue Reich« heraufzuführen, von dem im Stefan-George-Kreis gelegentlich die Rede gewesen war; als eine »Revolution der Greise«

---

[219] Spiegelbild einer Verschwörung S. 34 (24.7.1944). Siehe dazu auch Mommsen, Die Stellung der Militäropposition, S. 125. Anders dagegen Schlabrendorff, Offiziere gegen Hitler, S. 97 f.

[220] So etwa Stauffenberg zu Kuhn: Eigenhändige Aussagen des Kriegsgefangenen der deutschen Wehrmacht Major Joachim Kuhn vom 2.9.1944, S. 5, abgedr. in: Hoffmann, Stauffenbergs Freund, S. 186–210, hier S. 191. Chavkin/Kalganov, Neue Quellen, S. 379, reproduzieren diese Stelle aus unerfindlichen Gründen verstümmelt.

[221] Zit. nach Hoffmann, Stauffenbergs Freund, S. 19; siehe auch die Ausführungen bei Hoffmann, Claus Schenk Graf von Stauffenberg und seine Brüder, S. 501 f.; und Gisevius, Bis zum bittern Ende, Bd 2, S. 276.

[222] Kroener, Der starke Mann im Heimatkriegsgebiet, S. 161.

IX. Politische, militärische und ethische Ziele des Widerstands

verspottete er Goerdelers Planungen.[223] Beck dachte in ähnlichen Kategorien. In den Wirren nach dem Sturz der Monarchie hatte er seiner Schwester geschrieben: »Und es ist das Schlimmste, was sie tun können, die Autorität des Offiziers zu untergraben, es führt absolut zur Anarchie.«[224]

Wie die Machtverhältnisse zumindest in dieser Übergangszeit aussehen sollten, stellten die vorbereiteten und abgesandten Befehle eindeutig klar:[225] Zwar war von einer »Reichsregierung« die Rede, wer das war, blieb aber offen, und die Übertragung der vollziehenden Gewalt war unbegrenzt und unbefristet. Ob Goerdeler davon ausging, längere Zeit Regierungschef zu sein, oder ob auch er annahm, einer Übergangsregierung vorstehen zu sollen, wie es etwa der in Paris am Rande beteiligte Walter Bargatzky ausgesagt hat,[226] muss offenbleiben. Man beachte aber Moltkes böses Wort von der »Kerenski-Lösung«.[227]

In den Wehrkreisen sollte die vollziehende Gewalt eindeutig bei den Militärs liegen:

»III: Für die Bearbeitung aller politischen Fragen, die sich aus dem militärischen Ausnahmezustand ergeben, bestelle ich [d.h. der Befehlshaber des Ersatzheeres und nicht etwa die Reichsregierung!] bei jedem Wehrkreisbefehlshaber einen politischen Beauftragten. Dieser übernimmt bis auf Weiteres die Aufgaben des Verwaltungschefs. Er berät den Wehrkreisbefehlshaber in allen politischen Fragen.«[228]

Die von Goerdeler sorgfältig und manchmal nach Konflikten ausgewählten »Politischen Beauftragten«, von denen später kaum einer überlebt hat, sollten also reduziert sein auf Verwaltungschefs mit beratender Funktion gegenüber den militärischen Befehlshabern; auch sie hatten ihre Entsprechung schon in der Weimarer Republik, ja im Ersten Weltkrieg gehabt.[229]

Wer konkret »die Politik« hätte darstellen sollen, an welche die Militärs die Macht zu einem späteren Zeitpunkt übergeben wollten, darüber bestand am Ende wohl keine Einigkeit mehr. Lange war Goerdeler unangefochten der politische Kopf der Verschwörung gewesen, der in einer neuen Regierung Reichskanzler werden sollte. Er hatte sich auf das neue Amt vorbereitet, bis hin zu einer im Entwurf fertigen Regierungserklärung,[230] aber angesichts der Verschiebungen im Machtgefüge der Verschwörung muss »offenbleiben, ob Stauffenberg die für den

---

[223] Zeller, Geist der Freiheit, S. 296.
[224] Müller, Generaloberst Ludwig Beck. Eine Biographie, S. 60. Man würde heute wohl nicht mehr (wie Peter Hoffmann 1984) unterstellen, dass »weder Beck noch Goerdeler, noch Leber oder Moltke eine solche Diktatur akzeptiert haben« würden; Hoffmann, Stauffenberg und die Veränderungen, S. 1015.
[225] Fernschreiben HOKW 02165 vom 20.7.1944, abgedr. in: Spiegelbild einer Verschwörung, S. 24 f. (Anlage I 2 zum 24.7.1944); Fernschreiben HOKW 02155 vom 20.7.1944, abgedr. ebd., S. 25 f. (Anlage 3 zum 24.7.1944).
[226] Walter Bargatzky, Berlin-Halensee/Baden-Baden, 20.10.1945: Persönliche Erinnerungen an die Aufstandsbewegung des 20. Juli 1945 in Frankreich, IfZ, ZS A 29/1, fol. 5–16, hier fol. 6.
[227] Schwerin, Die Jungen des 20. Juli, S. 99.
[228] Fernschreiben HOKW 02155 vom 20.7.1944, abgedr. in: Spiegelbild einer Verschwörung, S. 25 f. (Anlage 3 zum 24.7.1944), hier S. 26.
[229] Mommsen, Verfassungs- und Verwaltungsreformpläne, S. 582.
[230] Spiegelbild einer Verschwörung, S. 155 (5.8.1944, Anlage 1).

Umsturz in erster Linie von Goerdeler vorbereiteten Materialien [...] noch verwandt und nicht doch Julius Leber als Kanzler bevorzugt haben würde.«[231]

Die Kreisauer hatten schon früher vergeblich versucht, den Gewerkschafter Wilhelm Leuschner zu bewegen, sich an die Spitze einer Umsturzregierung zu stellen; Stauffenberg hatte gleichfalls Kontakt mit ihm aufgenommen, was zu einem heftigen Zerwürfnis mit Goerdeler geführt hatte.[232] Auch die Frage einer angemessenen Rolle für den Generalfeldmarschall Rommel, sollte er sich denn wirklich offen der Umsturzbewegung anschließen, wurde nicht abschließend diskutiert.[233]

In Goerdelers Gedanken waren die Militärs immer nur der ausführende Arm einer Verschwörung gewesen, die alsbald nach dem Umsturz in ihre dienende Funktion zurücktraten. Insofern stand Goerdeler ganz in der Tradition eines herkömmlichen Politikverständnisses.[234] Schon mit der Einbindung Henning von Tresckows und seiner Vertrauten im Stab der Heeresgruppe Mitte im September 1942 begann dieses Modell zu wanken, und mit der Einbeziehung Stauffenbergs kippte es im Herbst 1943 endgültig.[235] Mit diesem Übergriff in die Sphäre der Politik bezogen sich die nationalkonservativen Offiziere allerdings auf Denkmodelle, wie sie das deutsche Militär nach dem Ersten Weltkrieg ohnehin geprägt hatten.[236] Eigentlich ging diese Tradition noch weiter zurück: Stauffenberg traf sich hier mit seinem Vorfahr und Vorbild Gneisenau (siehe oben Kapitel VI.7), der als Offizier Einfluss auf die Politik seines Landes genommen hatte.[237].

Der als Generaloberst verabschiedete Ludwig Beck war am Nachmittag des 20. Juli bewusst in Zivil im Bendlerblock erschienen, denn er war als Staatsoberhaupt vorgesehen.[238] Die wenigen Eingriffe in das konkrete Geschehen betrafen aber vor allem operative Entscheidungen – nicht politische; man denke etwa an den Befehl an die Heeresgruppe Kurland zum Rückzug.[239] Hier zeigte sich zum wiederholten Male, dass die Abgrenzung politischer und militärischer Verantwortungssphären keine Priorität im Denken auch der erfahreneren Verschwörer hatte.

---

[231] Mommsen, Carl Friedrich Goerdeler, S. LIX; siehe auch Beck, Julius Leber, S. 184.
[232] Spiegelbild einer Verschwörung, S. 118 (1.8.1944), S. 234 (16.8.1944); Mommsen, Carl Friedrich Goerdeler, S. LVIII.
[233] Aufzeichnung Dr. Elmar Michel, Chef Militärverwaltung Frankreich, 15.10.1945, IfZ, ED 88/2, fol. 16–33, hier fol. 20.
[234] Mommsen, Verfassungs- und Verwaltungsreformpläne, S. 583. Gisevius, Bis zum bittern Ende, Bd 2, S. 559 f., untermauert seine beißende Kritik an Stauffenberg mit der Formulierung: »dieser Oberst aus der Schicht der vom Nationalsozialismus in eine beispiellose Karriere hineingeschleuderten Offiziere« – und das über jemanden aus altem württembergischem Dienstadel, der seine Karriere durchaus noch vor sich gehabt hätte!
[235] Ritter, Carl Goerdeler, S. 391 f.; Mommsen, Die Stellung der Militäropposition, S. 121.
[236] Broszat, Die Machtergreifung, S. 74; Groß, Mythos und Wirklichkeit, S. 165.
[237] Müller, Oberst i.G. Stauffenberg, S. 296 f.
[238] Die bei Dirks/Janßen, Der Krieg der Generäle, S. 176, kolportierte Geschichte, Hoepner habe versehentlich Becks Uniformrock angezogen, entbehrt jeder Grundlage.
[239] Anruf Oberst Graf Stauffenberg an Chef [HGr Nord, GM Kinzel], Nr. 541, BArch, RH 19 III/20, fol. 178; Anruf Chef an Ia/OpAbt [GenStdH], Nr. 542, BArch, RH 19 III/20, fol. 179. Siehe auch Mühleisen, Hellmuth Stieff, S. 366; Müller, Generaloberst Ludwig Beck. Eine Biographie, S. 523 f. – Siehe oben Kapitel IV.3.

IX. Politische, militärische und ethische Ziele des Widerstands

Beck genoss insofern eine Sonderstellung, als seine Funktion, die auseinanderstrebenden Teile der nationalkonservativen Opposition zusammenzuhalten, von keinem der Beteiligten (Goerdeler, Popitz, Hassell, Stauffenberg) je in Frage gestellt worden ist. Er vertrat wie viele andere ein »von militärischen Kategorien bestimmtes Politikverständnis«.[240] Trotzdem hinterfragte niemand, dass etwa die Moderation einer Aussprache zwischen Goerdeler und Moltke am 8. Januar 1943 zur Klärung der unterschiedlichen politischen Standpunkte Becks Aufgabe war.[241]

Den Konflikt zwischen Militärs und Politikern haben die Angehörigen der Verschwörung auch als solchen empfunden. So hat Hans von Dohnanyi seine Weigerung, die Sammlung von Material über die NS-Verbrechen befehlsgemäß zu vernichten, so begründet:

»Ich habe die Dokumente deshalb nicht vernichtet, um einmal nachweisen zu können, dass wir Zivilisten auch etwas getan hatten. Wenn die Sache geklappt hätte, dann hätten sicher die Generale alles gemacht und wir Zivilisten gar nichts. Das wollte ich vermeiden.«[242]

Selbst die Gestapo hat sehr bald den Eindruck gewonnen, dass sich innerhalb der Oppositionsbewegung die Gewichte zunehmend in Richtung der Militärs verschoben hatten; einige der zivilen Hitlergegner seien »das Misstrauen nicht losgeworden, dass seitens Stauffenbergs vor den Zivilisten vieles verschleiert wurde.«[243] Goerdeler stand mit seiner scharfen Kritik, bei Stauffenberg habe es sich um einen »hochgesinnten, in Afrika schwer verwundeten Generalstabsoffizier [gehandelt], der sich später als Querkopf erwies, der auch Politik machen wollte,«[244] durchaus nicht allein. Der Gewerkschaftsführer Hermann Maaß sagte bei seinen Vernehmungen Ähnliches aus; ihm war aufgefallen, dass Stauffenberg auf den Vorhalt, eine Militärdiktatur zu planen, nur ausweichend reagiert hatte.[245]

Stauffenberg und Goerdeler trennte nicht nur das unterschiedliche Alter. Der Dissens entstand aus Stauffenbergs Ablehnung von Goerdelers hochkonservativen und illusorischen Politikvorstellungen, aus der Missachtung aller konspirativen Vorsicht durch den früheren Leipziger Oberbürgermeister, aus dem unterschiedlichen Verständnis des kommenden Umsturzes als »Volksbewegung von unten« oder als »Revolution von oben«, aus den Differenzen in der Frage eines Attentats und nicht zuletzt aus Stauffenbergs grundlegend anderem Verständnis von der Rolle des Militärs im zukünftigen Staat. Es scheint vor allem der Vermittlung Becks zu verdanken sein, dass es hierüber vor dem 20. Juli zu keinem endgültigen Zerwürfnis gekommen ist.

Gerade in dieser zentralen Frage hat die Geschichtsschreibung in der Bundesrepublik lange klare Aussagen vermieden, indem sie häufig – wie anfangs darge-

---

[240] Müller, Generaloberst Ludwig Beck. Eine Biographie, S. 93.
[241] Hassell, Die Hassell-Tagebücher 1938–1944, S. 347 (22.1.1943); Müller, Generaloberst Ludwig Beck. Eine Biographie, S. 459, siehe auch S. 485 f.
[242] Zit. nach Mühleisen, Die Canaris-Tagebücher, S. 176 f., der sich wiederum auf Höhne, Canaris. Patriot im Zwielicht, S. 402, beruft.
[243] Spiegelbild einer Verschwörung, S. 205 (12.8.1944).
[244] Denkschrift »Unsere Idee« (nach dem 9.11.1944), BArch, N 1113, Bd 26, fol. 1, zit. nach Mommsen, Carl Friedrich Goerdeler, S. LIII.
[245] Spiegelbild einer Verschwörung, S. 206 (12.8.1944); Mommsen, Carl Friedrich Goerdeler, S. LIII.

legt – den Widerstand auf seine moralische Dimension verkürzt hat. Alternativ dazu wurde »die sperrige Geschichte des Widerstandes in sinnstiftender Absicht konkludent gestaltet«.²⁴⁶

»So zeigt sich gerade im militärischen Widerstand die Selbstbegrenzung des Handelns und die Akzeptierung des Primats der Politik. Erst auf dieser Grundlage konnte der Gesamtwiderstand den politischen Konsens verkörpern, der sich nach 1945 in der Auseinandersetzung mit dem Widerstand gegen Hitler allmählich herausbildete und eine auf die Verfassungsinhalte bezogene, wertgeprägte und zielorientierte Widerstandsdiskussion gestattete.«²⁴⁷

Diese Formulierung von Peter Steinbach stammt aus den Jahren 1984/85 und reflektiert den damaligen Ansatz der Fachwelt. Klaus-Jürgen Müller stellte aber im gleichen Band schon fest:

»Angesichts der immer offenkundiger zutage tretenden nationalsozialistischen Gewaltherrschaft [...] schob sich ein Motivationsbündel in den Vordergrund, dessen wesentliche Komponenten moralische Empörung und persönliche Betroffenheit waren, wenngleich allerdings auch nicht verschwiegen werden kann, dass teilweise auch das Gegenteil zu finden war: Männer des Widerstandes, die den antibolschewistischen ›Kreuzzug‹ bejahten.«²⁴⁸

Er distanzierte sich damit von zu integralen Ansätzen. Noch später, 1992, schrieb Martin Broszat:

»Even within the more closely associated groups that attempted to kill Hitler on July 20, 1944, there were serious disagreements concerning everything from how to assassinate the Führer and how to divide responsibility for the various tasks connected with the plot to the future domestic and foreign policies of a post-Nazi government.«²⁴⁹

Damit stellte er die internen Spannungsverhältnisse innerhalb der nationalkonservativen Opposition klarer heraus. Etwa zeitgleich forderte Hans Mommsen:

»unabhängig von der veränderten Forschungslage ist es wünschenswert, die Militäropposition gegen das NS-Regime als eigenständige Bewegung zu betrachten und sie nicht primär als ein Anhängsel der Verschwörergruppe um Ludwig Beck, Carl Goerdeler und Ulrich von Hassell zu begreifen.«²⁵⁰

Unsere Betrachtung hat deutlich gemacht, dass die Offiziere im Widerstand, ihrer Reichswehrsozialisation entsprechend, andere Vorstellungen vom Verhältnis von Militär und Politik hatten als ihre zivilen Mitverschwörer. Diese Vorstellungen stimmten keineswegs mit den Aussagen des Grundgesetzes über den Primat der Politik oder den Kerngedanken der »Inneren Führung« der Bundeswehr überein.

---

²⁴⁶ Kroener, Erinnerungen, S. 25.
²⁴⁷ Steinbach, Zum Verhältnis der Ziele, S. 994; siehe auch noch 2001 Steinbach, Soldatischer Widerstand, S. 43.
²⁴⁸ Müller, Nationalkonservative Eliten zwischen Kooperation und Widerstand, S. 41 f.
²⁴⁹ Broszat, A Social and Historical Typology, S. 31.
²⁵⁰ Mommsen, Die Stellung der Militäropposition, S. 119.

9. Realismus und Idealismus:
Schwindende Aussichten und ethische Motive

Hatte zu Beginn der öffentlichen Würdigung das Augenmerk vor allem auf den moralischen Motiven für ein Handeln gegen Hitler gelegen (»Aufstand des Gewissens«), so verschob sich im Laufe der Jahre der Fokus zunächst auf die politischen, gesellschaftlichen und diplomatischen Beweggründe für den Versuch zum Umsturz. Die Soldaten – vor allem jene mittlere Generation der Obersten und Generalmajore, die überwiegend den Umsturzversuch vom 20. Juli 1944 trug – beteiligten sich also weniger an innen- oder außenpolitischen Grundsatzdiskussionen, hatten aber ihrerseits fachliche, also militärische Gründe, diesen Krieg beendet sehen zu wollen. Das wirft die Frage auf, ob damit die moralische Dimension ihres Handelns vollends in den Hintergrund trat oder in welchem Verhältnis ethische, vielfach religiöse Motive zu eher fachlichen standen.

Die Soldaten der Reichswehr und die der Wehrmacht waren zum weitaus größten Teil Angehörige einer der großen christlichen Konfessionen, wenn auch dem Nationalsozialismus nahestehende Offiziere wie etwa Rommel offiziell »gottgläubig« als Konfession angaben und damit ihre Loslösung von den herkömmlichen Kirchen dokumentierten.

Da die Kategorie »gottgläubig« und »konfessionslos« überwiegend von Nationalsozialisten genannt wurde, kann man davon ausgehen, dass sozusagen alle Angehörigen der nationalkonservativen Verschwörung eine mehr oder weniger ausgeprägte kirchliche Bindung hatten. Für viele lässt sich das belegen: Wie der Austausch in letzter Minute zwischen Tresckow und Stauffenberg über die Berechtigung des Umsturzes selbst unter äußerst widrigen Bedingungen (siehe oben Kapitel VII.4) ist auch Tresckows Abschiedsrede an Fabian von Schlabrendorff nur von diesem überliefert und unter quellenkritischen Gesichtspunkten in ihrem Wortlaut skeptisch zu betrachten. Gleichwohl darf man nach allem, was wir sonst über Tresckow wissen, annehmen, dass sie sein Denken zutreffend widerspiegelt: »Jetzt wird die ganze Welt über uns herfallen und uns beschimpfen. Aber ich bin nach wie vor der felsenfesten Überzeugung, dass wir recht gehandelt haben. Ich halte Hitler nicht nur für den Erzfeind Deutschlands, sondern auch für den Erzfeind der Welt. Wenn ich in wenigen Stunden vor den Richterstuhl Gottes treten werde, um Rechenschaft abzulegen über mein Tun und mein Unterlassen, so glaube ich mit gutem Gewissen das vertreten zu können, was ich im Kampf gegen Hitler getan habe. Wenn einst Gott Abraham verheißen hat, er werde Sodom nicht verderben, wenn auch nur zehn Gerechte darin seien, so hoffe ich, dass Gott auch Deutschland um unsertwillen nicht vernichten wird. Niemand von uns kann über seinen Tod Klage führen. Wer in unseren Kreis getreten ist, hat damit das Nessushemd angezogen. Der sittliche Wert eines Menschen beginnt erst dort, wo er bereit ist, für seine Ueberzeugung sein Leben hinzugeben.«[251]

Das sind zumindest ernstzunehmende Hinweise darauf, wie tief in der Bibel verankert ein protestantischer Offizier wie Tresckow war und wie selbstverständlich

---

[251] Tresckow zu Schlabrendorff unmittelbar vor seinem Suizid an der Ostfront am 21.7.1944, zit. in Schlabrendorff, Offizier gegen Hitler, S. 153.

er das Gleiche von seinem Gegenüber erwarten konnte. Das im Original überlieferte Manuskript der Rede zur Konfirmation seiner beiden Söhne im April 1943 in Potsdam beseitigt alle denkbaren Zweifel:

»Man kann das gerade jetzt nicht ernst genug betonen u. ebenso, dass von solch preußisch-deutschem Denken das christliche Denken gar nicht zu trennen ist. Es ist sein Fundament, u. hierfür ist unsere alte Garnisonkirche das Symbol.«[252]

Von dem Katholiken Stauffenberg ist einerseits seine enge Einbindung in den esoterischen Kreis um den Dichter Stefan George belegt.[253] Ein zentraler Begriff im George-Kreis war das Reden vom »Geheimen Deutschland«, und es besteht Grund zu der Annahme, dass Stauffenberg vor seiner Erschießung in der Nacht zum 21. Juli 1944 ausgerufen hat: »Es lebe das Geheime Deutschland!«[254]

Andererseits stand auf seinem Schreibtisch in Vinnica ein Kreuz;[255] er argumentierte mit Thomas von Aquin und ließ am Abend vor dem 20. Juli ausdrücklich noch einmal vor der Steglitzer Rosenkranzbasilika halten, um einen Moment still zu beten.[256] Auf der »Grundlage einer religiös verankerten Sittlichkeit« habe er gestanden, so Roland von Hößlin bei der Gestapo.[257] Stieffs religiöse Skrupel sind schon im Zusammenhang mit den deutschen Verbrechen angesprochen worden (siehe oben Kapitel VI.6). Auch dass Major Freiherr von Leonrod seinen Beichtvater konsultierte, bevor er sich an den Vorbereitungen für den Tyrannenmord beteiligte, haben wir gesehen (Kapitel VII.1), wobei der häufiger gebrauchte Begriff des »Tyrannen« bereits einen Rückgriff auf Kategorien der Hochscholastik und der Reformation beinhaltete, weil mit neueren juristischen, philosophischen oder theologischen Begriffen den »Ungeheuerlichkeiten des NS-Staates« nicht beizukommen war.[258] Hans-Bernd von Haeften hat noch in seinem Abschiedsbrief aus dem Gefängnis bereut, mit seiner Beteiligung an der Attentatsvorbereitung gegen das Fünfte Gebot verstoßen zu haben.[259]

Dabei hatte die Konfession – katholisch oder evangelisch – gegenüber früheren Verhältnissen an Gewicht verloren. Gewiss, Joachim Kuhn und Marie-

---

[252] Henning von Tresckow, S. 52; zu Tresckows Motiven siehe auch den Bericht seiner Tochter: Aretin, Freiheit und Verantwortung.

[253] Karlauf, Stefan George, S. 638 und passim; Hoffmann, Claus Schenk Graf von Stauffenberg. Die Biographie, S. 68–94, 407–425.

[254] Kraus, Das Geheime Deutschland, S. 385 f., zur Geschichte des Begriffs und mit einer Diskussion der verschiedenen in der Literatur vertretenen Auffassungen, was Stauffenberg wirklich gerufen hat. Siehe auch Riedel, Geheimes Deutschland, S. 5 f. Karlauf, Stauffenberg, S. 320, geht von »Es lebe das geheiligte Deutschland!« aus.

[255] Bericht Dietz Freiherr von Thüngen über Stauffenberg, 25.1.1946, IfZ, ED 88/2: Sammlung Zeller, fol. 352–357, hier fol. 355.

[256] Hoffmann, Claus Schenk Graf von Stauffenberg. Die Biographie, S. 264, 450–453; Kniebe, Operation Walküre, S. 161–163.

[257] Spiegelbild einer Verschwörung, S. 435 (4.10.1944).

[258] Maier, Das »Dritte Reich« im Visier seiner Gegner; siehe auch Gotthard von Falkenhausen, Bericht über Vorgänge in Paris am 20. Juli, IfZ, ED 88/1, fol. 44.

[259] Retter, Theological-Political Resistance, S. 92. Zur Bedeutung der Religion für eine Erklärung des Widerstands siehe auch Klausa, Klemens von Klemperer. Ein Lebensbild, S. 24 f., wobei für Klemens von Klemperer »Ökumene« vor allem die Verankerung der deutschen Oppositionellen in der weltumspannenden Ökumene der protestantischen Kirchen bedeutete.

IX. Politische, militärische und ethische Ziele des Widerstands

Gabriele Gräfin Stauffenberg mussten noch im Sommer 1943 ihre Verlobung lösen, weil Kuhns Mutter auf einer protestantischen Trauung bestand, während die katholischen Stauffenbergs nach den Regeln ihrer Kirche eine katholische Kindererziehung fordern mussten – aber das wurde schon damals als bigott wahrgenommen.[260] Ansonsten führte der wachsende Druck des kirchenfeindlichen NS-Regimes zu einer »Ökumene in Zeiten des Terrors«,[261] über die selbst konfessionell so eindeutig verorteten Zeitgenossen wie der katholische Feldgeneralvikar Georg Werthmann urteilten:

> »Katholizismus und Protestantismus standen während der nationalsozialistischen Zeit überall im gleichen politischen Raum; ihr Verhältnis war nicht mehr in der Sphäre politischer Relevanz und die aus dem früheren Verhältnis hervorgegangene ›kulturkämpferische‹ Haltung hatte ihren Sinn verloren.«[262]

Offiziere mit einer so festen Einbindung in eine der christlichen Kirchen konnten, wenn sie die Situation bis zum Ende durchdachten, sehr wohl in Gegensatz zu einem politischen System geraten, das sich die »die Auflösung des (christlichen) Dualismus von Staat und Kirche, endlich die Rückwendung zur antiken Ungeschiedenheit von Religion und Politik«[263] auf die Fahnen geschrieben hatte.

Dabei darf nicht der Eindruck entstehen, idealistische oder ethisch-moralische Motive fänden sich nur bei christlich-kirchlich geprägten Verschwörern: Ludwig Beck war zwar dem Herkommen nach evangelisch, aber sein Biograf Klaus-Jürgen Müller attestiert ihm ein »Ethos intellektueller Redlichkeit«,[264] ohne auf eine religiöse Dimension zurückgreifen zu müssen. Ebenso konnte ein so überzeugter evangelischer Christ wie Moltke seine Zielsetzung ohne eine religiöse Formel fassen: Es komme darauf an, »das Bild des Menschen im Herzen unserer Mitbürger«[265] wieder aufzurichten.

Es wird notwendig sein, das Verhältnis von «Wissen« und «Gewissen« als Antriebskraft auf der Zeitachse zu differenzieren. Keiner der Beteiligten war als Staatsstreichplaner geboren worden, der Weg in den Widerstand war immer ein Prozess.[266] An seinem Ende standen bei den meisten Offizieren die Absicht, das Militär als schlagkräftiges Instrument für die unausweichliche innere Auseinandersetzung zu erhalten, und daneben das Ziel, den aussichtslos gewordenen Krieg zu beenden, wobei nur die rechtzeitige Kriegsbeendigung einen Erhalt der »blutsmäßigen Substanz« des Heeres ermöglichen konnte und die beiden Motivstränge so in einem nicht allzu fernen Fluchtpunkt ineinanderliefen. Das hebt auch den immer wieder angesprochenen Konflikt zwischen der konservativ-christlichen

---

[260] Hoffmann, Stauffenbergs Freund, S. 21–30.
[261] So der (allerdings auf eine gegenwartsnähere Frage gemünzte) Buchtitel Mertes/Vollmer, Ökumene in Zeiten des Terrors.
[262] Zit. nach Pöpping, Kriegspfarrer an der Ostfront, S. 13.
[263] Maier, Das »Dritte Reich« im Visier seiner Gegner.
[264] Müller, Generaloberst Ludwig Beck. Eine Biographie, S. 32.
[265] Mommsen, Neuordnungspläne, S. 183; Brief Moltke an Lionel Curtis, 18.4.1942, in: Moltke, Letzte Briefe, S. 18 f.
[266] Meding, Barbara von Haeften, S. 268; Mommsen, Der Widerstand gegen Hitler und die deutsche Gesellschaft, S. 5; Kroener, Der starke Mann im Heimatkriegsgebiet, S. 601; Heinemann, Der militärische Widerstand und der Krieg, S. 887–890.

Erziehung und Gesinnung der militärischen Hitlergegner und ihrem Handeln gegen die Obrigkeit auf.[267]

Die Erkenntnis wuchs jedoch, dass konkrete Zugeständnisse der Kriegsgegner nicht mehr zu erwarten waren, dass man also außenpolitisch nur »ins Nichts« handeln konnte. Um eine Kapitulation und die anschließende Besetzung des Reichsgebiets würde auch eine nichtnationalsozialistische Reichsregierung nicht mehr herumkommen. Im Innern waren die Aussichten ähnlich düster: Der vielfältige Zeitdruck wuchs, die Gestapo stand vor entscheidenden Ermittlungserfolgen, und ob es gelingen würde, einen längeren Bürgerkrieg im Innern mit den vorhandenen Kräften zu bestehen, konnte man mit Fug und Recht bezweifeln.

> »Zu diesem späten Zeitpunkt, als die Rote Armee kurz vor Ostpreußen stand und die Westalliierten schon in Frankreich gelandet waren, da war der militärisch-bürgerliche Widerstand der Beck, Goerdeler, Stauffenberg und Leber kein Rettungsversuch für elitäre Privilegien mehr, sondern eine politisch fast schon hoffnungslose Auflehnung gegen Gewaltherrschaft und Holocaust, ein Signal an die Landsleute und die Völker der Welt, dass es noch Scham und Anstand in Deutschland gab; ein Lebenszeugnis des anderen Deutschland und ein unübersehbares Zeichen, dass Deutsche die Gewaltherrschaft zwar nicht besiegen konnten, aber auch nicht tatenlos hinnahmen.«[268]

Unter diesen Umständen waren konkrete militärische oder politische Vorteile aus einem Umsturz nicht mehr zu erwarten; auch darauf zielte Stauffenbergs Anfrage an Henning von Tresckow, auf die dieser mit der »coûte que coûte«-Formel antwortete (siehe oben Kapitel VII.4). Dabei war es nicht so, dass Stauffenberg allein aus professionellen Motiven und unter völligem Absehen seiner religiösen Überzeugungen handelte, wie es der militärfeindliche Gisevius später darzustellen versuchte,[269] sondern es verhielt sich wie folgt: Je mehr sich dem Fachmann die ganze Auswegslosigkeit der Situation offenbarte, umso mehr trat die zugrunde liegende grundsätzliche, ethische und eben vielfach religiöse Begründung für widerständiges Handeln hervor.[270] Berthold Graf Stauffenberg hat es in die Worte gefasst: »Das Furchtbarste ist zu wissen, dass es nicht gelingen kann und dass man es dennoch für unser Land und unsere Kinder tun muss.«[271] Sein Bruder Claus äußerte etwa zeitgleich:

> »Es ist Zeit, dass jetzt etwas getan wird. Derjenige allerdings, der etwas zu tun wagt, muss sich bewusst sein, dass er wohl als Verräter in die deutsche Geschichte eingehen wird. Unterlässt er jedoch die Tat, dann wäre er ein Verräter an seinem eigenen Gewissen.«[272]

Eine einseitige Betrachtung allein ihrer rein technischen Beweggründe würde die militärischen Verschwörer als unzufriedene Nörgler erscheinen lassen, die das im Nationalsozialismus enthaltene gesellschaftliche Modernisierungspotenzial im Interesse der Sicherung ihrer eigenen Interessen (und der ihrer »Kaste«) ablehnten. Ekkehard Klausa hat es so formuliert:

---

[267] Siehe etwa Aretin, Freiheit und Verantwortung, S. 6.
[268] Klausa, Zu wenig und zu spät?, S. 279.
[269] Gisevius, Bis zum bittern Ende, Bd 2, S. 276.
[270] Hürter, Auf dem Weg zur Militäropposition, S. 551, beschreibt diesen Prozess schon für die Zeit der Konfrontation mit den Verbrechen an der Ostfront. Siehe dazu Kapitel VI.6.
[271] Zeller, Geist der Freiheit, S. 361.
[272] Kramarz, Claus Graf Stauffenberg, S. 201.

IX. Politische, militärische und ethische Ziele des Widerstands 301

»War es ein ›Aufstand des Gewissens‹ gegen Gewaltherrschaft und Holocaust? [...] Oder war es ein kalkulierter Versuch, die Firma kurz vor dem Bankrott durch Auswechseln des Prinzipals zu retten? Wollte man die übelsten und anrüchigsten Praktiken der Firma abstellen und einige kriminelle Handlungsgehilfen hinter Schloss und Riegel bringen, um dadurch neuen Kredit im Ausland zu gewinnen? Wollte man auf diese Weise möglichst viel vom Firmenkapital retten, um schließlich die alten machtpolitischen Firmenziele mit etwas manierlicheren Methoden weiterverfolgen zu können? So deutete es Premierminister Churchill 1944 im Unterhaus. Und so ähnlich sieht in Teilen auch das Bild aus, das die Historikergeneration der APO-Zeit, der kritisch-entlarvenden sechziger und siebziger Jahre, vom ›nationalkonservativen‹ Widerstand gezeichnet hat.«[273]

Für die Militäropposition bedeuteten die Veränderungen aber eine Aushöhlung der sittlichen Grundlage staatlichen und gesellschaftlichen Lebens und letztlich das sich abzeichnende Ende jener Armee, die ihnen als ein moralischer Wert an sich erschien. Vor allem aber stand ihnen das unausweichliche Ende vor Augen: Diese Kriegführung würde Deutschland nicht durchhalten können, und jeder Tag, den dieser Krieg andauerte, kostete unverantwortbare Opfer.

Die Umstände waren so, dass Opportunisten und Karrieristen gut daran taten, sich von einem höchst unsicheren Umsturzunternehmen fernzuhalten. Selbst überzeugte Hitlergegner mochten zu dem Ergebnis kommen, es sei besser, das Regime bringe sich selbst zu Ende, und die Opposition vermeide so eine ansonsten unausweichliche Dolchstoßlegende. Einerseits führte das dazu, »dass nur aus letztlich utopisch bestimmtem und tief religiösem Denken heraus Widerstandskräfte mobilisiert werden konnten.«[274]

Andererseits gilt folgender Befund: Die »spezifische historisch-politische Substanz« des nationalkonservativen Widerstands habe sich nicht »im radikalen sittlichen Protest gegen Rechtlosigkeit und Gewalt« erschöpft, sondern sie suchte eine »reale Alternative«[275] zur nationalsozialistischen Kriegs- und Vernichtungspolitik; dieser Befund lässt sich analog auch auf das Militär anwenden. Der Stauffenberg-Biograf Christian Müller attestiert seinem Protagonisten, sein »ethisch-religiöses Motiv [sei] im ›Dritten Reich‹ ein eminentes Politikum geworden«. Müller zitiert als Beleg aber zugleich den Stauffenberg-Satz: »Ich war nicht umsonst Soldat im Volke«[276] (womit sich der Verschwörer zugleich ein gutes Stück weit vom Denken der Reichswehr emanzipiert). Genau diese doppelte Motivationsstruktur macht das Spezifikum des militärischen Widerstands aus.

»Heute stehen gerade Claus Graf Schenk von Stauffenberg und Henning von Tresckow für eine moralische Rigidität, die nicht aus ihrer militärischen Tradition allein zu erklären ist.«[277] Eine solche Formulierung unterstellt, dass moralisch richtiges und aus militärischem Sachverstand getragenes Handeln einander ausschließen. Das aber muss im Lichte der hier gezeigten Ergebnisse als abwegig erscheinen. Für die militärischen Beweggründe der Offiziere muss gelten: Wer sich

---

[273] Klausa, Zu wenig und zu spät?, S. 276.
[274] Mommsen, Der Widerstand gegen Hitler und die deutsche Gesellschaft, S. 14; zur Dolchstoßlegende siehe etwa Sälter, Phantome des Kalten Krieges, S. 382.
[275] Alle Zitate: Mommsen, Gesellschaftsbild und Verfassungspläne, S. 73.
[276] Müller, Oberst i.G. Stauffenberg, S. 296.
[277] Steinbach, Zum Verhältnis der Ziele, S. 987.

auf den Umsturzversuch einließ und dies aus fachlicher Erwägung heraus getan hat, hat nicht nur seinem Sachverstand entsprechend, sondern auch moralisch richtig gehandelt. Militärische Expertise kann durchaus zum moralisch richtigen Tun führen.

Die Sorge vor dem Wiederaufleben einer »Dolchstoßlegende« mag nicht unbegründet gewesen sein. Andererseits fallen in die zehn Monate vom Juli 1944 bis Kriegsende etwa genauso viele deutsche Verluste an Menschenleben wie in die fünf Kriegsjahre zuvor,[278] ebenso die Vernichtung von Städten wie Dortmund, Potsdam oder Dresden. Die Überlegung, dass sich solche menschlichen, materiellen und kulturellen Verluste hätten vermeiden lassen, zwingt zumindest zu einem abwägenden Urteil.

---

[278] Die Sorge vor einer »Dolchstoßlegende« findet sich etwa bei Jäckel, Wenn der Anschlag gelungen wäre, S. 76. Zu den Verlusten siehe Wette, Zwischen Untergangspathos und Überlebenswillen, S. 9 f.; Overmans, Deutsche militärische Verluste, S. 238 f.

X. Die Rezeption des militärischen Widerstands nach dem Zweiten Weltkrieg

Schon seit Beginn ihrer Existenz, ja sogar schon davor hat es in der westdeutschen Bundeswehr immer wieder Diskussionen über die von ihr zu pflegenden Traditionen gegeben.[1] »Tradition« wurde dabei immer als ein Teilaspekt von »Innerer Führung« verstanden. Die Debatte ließ jedoch den Kontext der beiden anderen Nachfolgestaaten auf dem Territorium des Dritten Reiches, der DDR ebenso wie der Republik Österreich, weitgehend außer Acht. Dabei erscheint die Elitenkontinuität in den drei von diesen Staaten nach dem Zweiten Weltkrieg aufgestellten Armeen auf den ersten Blick durchaus vergleichbar.[2] Haben die ähnlichen personellen Konstellationen dazu geführt, dass die vergemeinschaftlichte Erinnerungspflege ähnlich war, und wenn das nicht der Fall ist, worin liegen die Unterschiede begründet? An dieser stelle ist die Frage nach dem Umgang mit dem Erbe des militärischen Widerstands gegen das NS-Regime von Interesse.

Die drei Armeen operierten unter völlig verschiedenen politischen Rahmenbedingungen: Bundesheer und Bundeswehr in westlich-liberalen Systemen, dabei aber das Bundesheer in einer politisch bestimmten Neutralität zwischen Ost und West, während die Bundeswehr fester Bestandteil des Nordatlantischen Bündnisses war. Die Nationale Volksarmee (NVA) der DDR entstand hingegen im Rahmen des sowjetisch dominierten Bündnissystems und auf der inhaltlichen Grundlage marxistischer Geschichtsanschauung. Gleichwohl war die Erfahrung, im Zweiten Weltkrieg gekämpft zu haben, Soldaten aller drei Armeen gemein.

Ein wesentlicher Unterschied lag allerdings im Selbstverständnis der drei Staaten begründet: Während sich Bundesrepublik und DDR sehr wohl als »deutsche« Staaten und daher Bundeswehr und NVA als deutsche Armeen betrachteten, definierte sich die Republik Österreich nach 1945 – anders als vor 1938 – bewusst und ausdrücklich als nicht-deutscher Staat. Sie konnte die Zeit zwischen 1938 und 1945 daher leichter als »fremde« Periode begreifen, die aus der eigenen Tradition zu entfernen war.[3]

---

[1] Zur Diskussion bis zum Traditionserlass von 1965 grundlegend Abenheim, Bundeswehr und Tradition.
[2] Stumpf, Die Wiederverwendung von Generalen. Derzeit arbeitet Oberstleutnant Dr. Thorsten Loch am Zentrum für Militärgeschichte und Sozialwissenschaften der Bundeswehr in Potsdam an einem Forschungsprojekt, das die von Stumpf präsentierten Zahlen auf breiterer Quellenbasis und mit methodisch verfeinertem Instrumentarium überprüft und dann analoge Aussagen für die Bundeswehr und die Nationale Volksarmee der DDR gewinnen wird.
[3] Den Hinweis hierauf verdanke ich meinem Freund und Kollegen Hofrat Dr. Erwin A. Schmidl, Wien.

In Abgrenzung zu anderen Traditionsbegriffen soll hier zwischen Tradition und Geschichte unterschieden werden. Militärgeschichte ist eine Teildisziplin der allgemeinen Geschichtswissenschaft und damit zumindest dem Anspruch nach wertfrei. Tradition dagegen ist eine wertebezogene Auswahl aus der Geschichte.[4]

Dass öffentliche Würdigung und wissenschaftliche Erforschung des Widerstands im Kontext der wissenschaftlichen Aufarbeitung des Zweiten Weltkriegs nach 1945 ihre Zeit brauchten, ist in Kapitel II nachzulesen. Eine besondere Bedeutung musste der Umgang mit dem Thema »Widerstand« allerdings gewinnen, als die drei Staaten auf dem Gebiet des ehemaligen Dritten Reiches sich daran machten, wieder militärische Verbände aufzustellen. Die Frage des geistigen Verhältnisses dieser Formationen zum NS-System, zur Wehrmacht, auch zur Waffen-SS, aber umgekehrt ebenso zum militärischen Widerstand stellte sich von Anfang an. Sie war aufs Engste mit der Frage nach der Loyalität und Verfassungstreue der neu aufzustellenden Streitkräfte verbunden. Es kann dabei nicht überraschen, dass in der Bundesrepublik, in der DDR und in Österreich das Gedenken des Militärs an Krieg und Widerstand abhängig war von gesamtgesellschaftlichen Wertvorstellungen.

1. Die Bundesrepublik, die Bundeswehr und die Tradition des Widerstands

Schon bald nach Kriegsende hatte die Organisation Gehlen (»Org«), der von dem ehemaligen Generalmajor Reinhard Gehlen unter amerikanischen Auspizien begründete Geheimdienst, aus dem später der Bundesnachrichtendienst hervorging, sich Gedanken über eine »Remilitarisierung« der Westzonen gemacht. Im Zusammenhang mit der Personalauswahl für einen neuen deutschen Generalstab wurde auch die »Eingliederung früherer SS-Angehöriger oder Teilnehmer des 20. Juli-Putsches usw.«[5] diskutiert – die argumentative Gleichsetzung muss zunächst erschrecken.

Bereits unmittelbar nach Konstituierung seines ersten Kabinetts beauftragte Bundeskanzler Adenauer den Bundesminister und Oberst a.D. Eberhard Wildermuth (FDP), ein verteidigungspolitisches Konzept auszuarbeiten.[6] Der aus Württemberg stammende Wildermuth wiederum wandte sich an den ihm bekannten Generalleutnant a.D. Speidel, der u.a. Generalleutnant a.D. Heusinger beteiligte; beide waren für die »Org« tätig, der damit eine bedeutende Rolle in den frühen westdeutschen Verteidigungsplanungen zukommt.[7] Innerhalb kurzer Zeit legte Speidel einen ersten »Besprechungsplan« vor, in dem er die zu klärenden Fragen skizzierte.[8] So standen schon am Anfang der Überlegungen zur Schaffung westdeutscher Streitkräfte mehrere Offiziere, die beide zeitweise wegen

---

[4] Ausführlicher bei Heinemann, Kasernennamen.
[5] Brief Graf von Nostitz vom 10.1.1950, zit. nach Keßelring, Die Organisation Gehlen und die Neuformierung des Militärs, S. 116, siehe auch S. 119 f.
[6] Keßelring/Loch, Der »Besprechungsplan«, S. 202 f.
[7] Keßelring/Loch, Himmerod war nicht der Anfang.
[8] Keßelring/Loch, Der »Besprechungsplan«, S. 203–206.

X. Die Rezeption des militärischen Widerstands

Beteiligung oder doch Mitwisserschaft in Gestapohaft gesessen hatten, wobei das Maß an Beteiligung bei Speidel höher gewesen sein dürfte als bei Heusinger, der allenfalls Mitwisser gewesen war.[9]

Für Oktober 1950 lud das Bundeskanzleramt einige »Wehrexperten« zu einer Tagung in die versteckt in der Eifel gelegene Zisterzienserabtei Himmerod ein. Neben Fragen von Rekrutierung, Ausrüstung, Bewaffnung und Operationsführung sollte es um das »innere Gefüge« der neuen Armee gehen sowie um ihren Platz in der jungen Bundesrepublik Deutschland. Natürlich nahmen Speidel und Heusinger teil; ebenso war der Oberst i.G. a.D. Johann Adolf Graf Kielmansegg geladen.[10] Der frühere Kommandeur der Luftkriegsakademie, General der Flieger Robert Knauß, hatte am Rande der Verschwörung gestanden, war von der Gestapo allerdings nicht verhaftet worden[11] und jetzt in Himmerod dabei. Hinzu kam ein junger Major, der aus dem Infanterieregiment 9 in Potsdam stammte und mit vielen seiner im Widerstand umgekommenen Regimentskameraden wie etwa Henning von Tresckow befreundet gewesen war: Wolf Graf von Baudissin.

Baudissin hatte in der Kriegsgefangenschaft und der unmittelbaren Nachkriegszeit ein zwiespältiges Verhältnis vor allem zu dem Attentat auf Hitler gehabt. 1947 hatte er noch notiert:

»dass der Staat, wie er auch immer sein mag, durch Gott gesetzt ist. Jedoch eine Widerstandspflicht mit dem Worte besteht immer, ein Widerstandsrecht mit Gewalt nur in besonders krassen Fällen, wenn eine tyrannische Obrigkeit Handlungen verlangt, die offensichtlich im Gegensatz zu Gottes Wort stehen.[12] «

Damit erkannte er ein Recht zum tätigen Widerstand also nur gegen den konkreten verbrecherischen Befehl, nicht gegen das gesamte verbrecherische System an. Man wird dem gerade aus der australischen Kriegsgefangenschaft Zurückgekehrten vielleicht noch eine mangelnde Einsichtsfähigkeit zubilligen müssen, zumal er sich wegen seiner persönlichen Vertrautheit mit einigen der Beteiligten von Anfang an um eine differenzierte Betrachtungsweise mühte.

Für die Fragen zum »inneren Gefüge« sollte in Himmerod der ehemalige General der Infanterie Hermann Foertsch zuständig sein, ein sehr politisch denkender Offizier, der in der Reichswehr eine Zeitlang Pressesprecher des Reichswehrministeriums gewesen und jetzt ebenfalls für die Organisation Gehlen tätig war.[13]

Baudissin machte sich dieses Thema zunehmend zu eigen. Bis zum Oktober 1950 hatte der brillante Intellektuelle erheblich dazugelernt. Das ging nicht allen so; nur mit erheblicher Mühe gelang es ihm, in der Endfassung der Himmeroder Denkschrift einen Passus durchzusetzen, wonach es darauf ankomme, »ohne Anlehnung an die Formen der alten Wehrmacht heute grundlegend Neues zu schaffen«.[14] Dabei war aber unter »Wehrmacht« keineswegs die von 1935-1945 existierende Truppe des NS-Staates gemeint; die »Himmeroder Denkschrift« be-

---

[9] de Libero, Trentzsch, S. 197, bezeichnet sowohl Speidel als auch Heusinger als »eidloyal«. Siehe auch Meyer, Adolf Heusinger, S. 633.
[10] Rautenberg, Zur Standortbestimmung, S. 777-785.
[11] Georgi, Wir haben das letzte gewagt, S. 54 f.
[12] Baudissin, Der Widerstand, S. 10, Anm. 12.
[13] Keßelring/Loch, Der »Besprechungsplan«, S. 206, 209.
[14] Rautenberg/Wiggershaus, Die »Himmeroder Denkschrift«, S. 185.

nutzt den Begriff generisch zur Bezeichnung von deutschen Streitkräften, durchaus auch der neu aufzustellenden. Dass sich die Ablehnung mindestens so sehr gegen die Reichswehr richtete wie gegen die Kriegswehrmacht, wird schon aus dem Satz deutlich: »Das Deutsche Kontingent darf nicht ein ›Staat im Staate‹ werden.«[15] Trotzdem war etwa eine Einschränkung des aktiven Kommunalwahlrechts ebenso gefordert wie die des passiven Wahlrechts auf allen Ebenen – eine Lösung, zu der sich wenige Jahre später die Abgeordneten des Deutschen Bundestages nicht mehr durchringen konnten; stattdessen genießen deutsche Soldaten seither das allgemeine aktive und passive Wahlrecht wie andere Bürger auch. Die in Himmerod erarbeitete Kriegsspitzengliederung dagegen orientierte sich eher an Weimarer Verhältnissen: Der Oberbefehl sollte beim Bundespräsidenten liegen, der für seine Anordnungen der Gegenzeichnung durch den Bundeskanzler bedurfte – unter ausdrücklichem Hinweis auf die »ungünstigen Erfahrungen mit den bisher in Deutschland angewendeten militärischen Spitzengliederungen«.[16] Das Widerstandsrecht war vor allem als Frage der Grenzen der Gehorsamsverpflichtung definiert. Es wurde im Zusammenhang mit dem § 47 des alten Militärstrafgesetzes betrachtet, also als etwas, das rechtlich normierbar sein müsse, und nicht als ein außerhalb menschlicher Rechtsetzung liegender Extremfall.[17]

Die Entstehung des Grundgesetzes 1948/49 und seiner Wehrverfassung rund sechs Jahre später waren geprägt von einem Verständnis des Dritten Reiches als einer Fehlentwicklung, die sich aus den Schwächen der Weimarer Reichsverfassung ergeben hatte. »Bonn ist nicht Weimar« sollte in diesem Sinne heißen, dass man eben jene »Fehler« der Verfassung von 1919 nicht wiederholen wollte, die in das Dritte Reich gemündet hatten, und das galt auch für das Militär. Die Forderung vor allem der SPD, die neuen westdeutschen Streitkräfte dürften kein »Staat im Staate« werden, zielten genau in diese Richtung.[18]

Die Himmeroder Denkschrift orientierte sich daher stärker an den Vorstellungen des entgrenzten, totalen Krieges, wie sie Joachim von Stülpnagel in den 1920er Jahren entwickelt hatte – unter den Bedingungen des modernen Atomkrieges eine fast zwingende Verlagerung. Die in Himmerod versammelten ehemaligen Offiziere verlangten eine »Vergesellschaftung des Krieges, die Einebnung der hinsichtlich der Kriegführung zwischen ziviler Gesellschaft und Militär vormals noch bestehenden Schranken«[19] – also eine Militarisierung der Gesellschaft, wie sie in der Bundesrepublik der Nachkriegszeit politisch keinesfalls durchzusetzen war.

Ein Novum sollte die nunmehr klare Einordnung des in der Verfassung ausdrücklich erwähnten Verteidigungsministers in die Kabinettsdisziplin und die Zusammenfassung sowohl der militärischen Befehlsgewalt als auch der ministeriellen Zuständigkeiten bei ihm sein, was zugleich eine parlamentarische Kontrolle

---

[15] Ebd. Die Formulierung findet sich fast gleichlautend auch schon im »Besprechungsplan« von 1948; Keßelring/Loch, Der »Besprechungsplan«, S. 215.
[16] Rautenberg/Wiggershaus, Die »Himmeroder Denkschrift«, S. 173.
[17] Baudissin, Der Widerstand, S. 13. Siehe hierzu auch Heinemann, Rechtsgeschichte der Reichswehr, S. 310 f.
[18] Ullrich, Der Weimar-Komplex, S. 429–431; Steinbach, Nationalsozialistische Gewaltverbrechen, S. 9.
[19] Nägler, Der gewollte Soldat, S. 3.

X. Die Rezeption des militärischen Widerstands

des gesamten Militärs sicherstellen sollte.[20] Die militärische Personalführung sollte aus dem Befehls- und Kommandobereich herausgenommen und auf die ministerielle Ebene überführt werden, um auch hier einem Eigenleben vorzubeugen und die Durchsetzung demokratischer, politisch gewollter Zielvorstellungen zu erleichtern; dies war vor allem eine Forderung Ernst Wirmers.[21] Dazu gehörte etwa eine Öffnung des Offizierkorps für breitere Schichten, wobei man bewusst Modernisierungstendenzen der späten Wehrmacht aufgriff;[22] schon der »Besprechungsplan« hatte unter Ziffer VIII unter anderem aufgeführt: »Aufstieg aus dem Unteroffiz.- und Mannsch. Stand!«[23] Auch insofern entsprachen die militärpolitischen Vorstellungen der frühen »Väter der Bundeswehr« keineswegs den eher elitären Ideen der untergegangenen Militäropposition, selbst wenn die Wiedereinführung des Abiturs als Regelzugang zum Offizierberuf die Öffnung ein Stück weit konterkarierte.[24]

Für das bundesdeutsche »Wirtschaftswunder« der Nachkriegszeit ist schon früher nachgewiesen worden, dass es erheblich von den Modernisierungstendenzen des Dritten Reiches profitiert hat.[25] Analog scheint die neue Bundeswehr einige der modernisierenden Aspekte des NS-Systems fortgeführt zu haben.[26]

Die Wehrmacht hatte den Primat der Politik, wohlgemerkt einer verbrecherischen Politik, fast perfekt vorexerziert. Das einzige Mal, dass das Militär dagegen aufbegehrt hatte, war ausgerechnet der 20. Juli 1944 gewesen. Damit war es nicht leicht, diesen Teil der damals jüngsten deutschen Militärgeschichte in die Tradition der neuen Bundeswehr zu integrieren, in der eben doch viele Soldaten in der Wehrmacht und in einzelnen Fällen in der Waffen-SS gedient hatten.

Ein Kernproblem für den Aufbau neuer Streitkräfte war die Personalgewinnung. Wie konnte man junge Männer im Zeitalter des totalen Atomkrieges motivieren, ihr Land mit der Waffe in der Hand zu verteidigen, obwohl genau im Oktober 1950 knapp die Hälfte der Zielgruppe erklärt hatte, sie würde sich sogar bei einem Angriff der Sowjetunion weigern, Soldat zu werden.[27] So war die Frage der personellen Rekrutierung, in Zeiten des »Wirtschaftswunders« und der ersten »Gastarbeiter« als Indiz für Arbeitskräftemangel ohnehin schon schwierig genug, nicht zuletzt damit verknüpft, ob es gelingen würde, die in der deutschen Öffentlichkeit weit verbreitete Ablehnung der ehemaligen Soldaten auszuräumen.

Kriegsverbrecherprozesse und Entnazifizierung hatten viele ehemalige Wehrmachtsoldaten in ihrem Selbstverständnis zutiefst getroffen. Schon sehr früh legten sie daher Wert auf eine »Ehrenerklärung« sowohl der Bundesregierung als auch der Alliierten. Sie bestanden auf einem »Ende der Diffamierung«, bevor sie sich wieder zu militärischem Dienst bereit erklärten. Damit verbunden war die

---

[20] Ullrich, Der Weimar-Komplex, S. 434 f.
[21] Rautenberg, Zur Standortbestimmung, S. 793.
[22] Dahrendorf, Gesellschaft und Demokratie, S. 426; Nägler, Der gewollte Soldat, S. 7. Siehe auch die Überlegungen bei Fritzsche, Ein Leben im Schatten des Verrates, S. 31.
[23] Keßelring/Loch, Der »Besprechungsplan«, S. 228.
[24] Freundlicher Hinweis von Oberstleutnant Dr. Thorsten Loch im Vorgriff auf sein kommendes Buch Loch, Deutsche Generale.
[25] Abelshauser, Kriegswirtschaft und Wirtschaftswunder. Siehe grundsätzlich auch Frei, Wie modern war der Nationalsozialismus?, S. 378 f.
[26] Kroener, Der starke Mann im Heimatkriegsgebiet, S. 291.
[27] Nägler, Der gewollte Soldat, S. 5.

Forderung nach Entlassung der zeitgenössisch als »Kriegsverurteilte« bezeichneten ehemaligen Befehlshaber.[28] Die Offiziere des ehemaligen Generalstabs innerhalb der Organisation Gehlen formulierten und verteilten diese Forderungen. Über den mit der CIA abgestimmten »Vorschlag Heusingers« vom Sommer 1950 flossen sie in die Dokumente der Himmeroder Tagung ein.[29]

Die Zusammenschlüsse der ehemaligen Soldaten dienten nicht zuletzt dem Ziel, hierfür und für eine »angemessene« wirtschaftliche Versorgung den entsprechenden politischen Druck zu erzeugen; immerhin brauchten die Regierung und die Alliierten sie für den Aufbau neuer Streitkräfte. Die vielen Ehemaligen lernten also einerseits schon bald, sich den Spielregeln des parlamentarisch-demokratischen Systems zu fügen.[30] Andererseits war ein Punkt unter ihnen nach wie vor umstritten, und das war die Haltung zum 20. Juli 1944: »Eidtreue« und »Eidbrecher« – hier entstand die Fokussierung auf die Eidfrage – standen sich häufig unversöhnlich gegenüber. Den Funktionären der wichtigsten Verbände, vor allem der Spitze des Verbandes Deutscher Soldaten (VDS), musste klarwerden, dass sie die erhoffte »Ehrenerklärung« nicht bekommen würden, wenn der Verband die Angehörigen der Militäropposition in Bausch und Bogen als »eidbrüchige Verräter« verdammte und sich so nicht klar vom Nationalsozialismus distanzierte. Sowohl Kielmansegg als auch der Oberst i.G. a.D. Eberhard Graf Nostitz forderten daher bereits 1949 zugleich einen innermilitärischen Konsens über die Bewertung des 20. Juli[31].

Dieser Konsens war allerdings schwer zu erreichen. Am 21. September 1951 machte sich der frisch gewählte Vorsitzende des VDS, Generaloberst a.D. Johannes Frießner, selbst unmöglich, indem er den deutschen Angriff auf Polen rechtfertigte, eine Ehrenerklärung für die Angehörigen der Waffen-SS abgab und zugleich »als Soldat und als Christ« den «politischen Mord am Staatsoberhaupt« ablehnte.[32] Der darauffolgende Aufschrei auch in internationalen Medien zwang Frießner zum sofortigen Rücktritt und demonstrierte dem Verband die Notwendigkeit, ein zumindest differenziertes Verhältnis zum militärischen Widerstand zu entwickeln.

Andererseits fanden sich Offiziere, die zusammen mit Historikern, Theologen und Juristen publizistisch im Sinne des militärischen Widerstands wirken wollten. Daraus entstand (allerdings erst 1960) der erste Band einer Publikation »Vollmacht des Gewissens« mit einer Sammlung von Aufsätzen, bei der es aber

---

[28] Denkschrift »Gedanken zur Frage der Remilitarisierung« (Graf von Nostitz) vom 1.11.1949, zit. nach Keßelring, Die Organisation Gehlen und die Neuformierung des Militärs, S. 91 f. Verbrechen nach deutschen Strafgesetzen wurden hierbei ausdrücklich ausgeschlossen. Für den Hinweis auf diese Quelle und weitere wertvolle Anregungen danke ich Oberstleutnant d.R. Dr. Agilolf Keßelring.

[29] Vorschlag Heusingers, vermutlich Juli 1950, im Wortlaut abgedr. bei Keßelring, Die Organisation Gehlen und die Neuformierung des Militärs, S. 161–164.

[30] Manig, Die Politik der Ehre; Lockenour, Soldiers as Citizens; Sälter, Phantome des Kalten Krieges, S. 21.

[31] Brief Graf von Kielmansegg vom 16.11.1949, zit. nach Keßelring, Die Organisation Gehlen und die Neuformierung des Militärs, S. 206.

[32] Manig, Die Politik der Ehre, S. 412; Johst, Begrenzung des Rechtsgehorsams, S. 25.

X. Die Rezeption des militärischen Widerstands

eben mehr um die Abwehr von Angriffen als um wissenschaftliche Aufarbeitung ging.[33].

Ein vorläufiges Ende dieser Entwicklung markierte die von dem neuen Vorsitzenden des Verbandes Deutscher Soldaten, Admiral a.D. Gottfried Hansen, verlautete Formel:

»Der Riss, der durch den 20. Juli in unsere Reihen gebracht ist, muss überbrückt werden. Der eine von uns ist seinem Eid treu geblieben, der andere hat in weitergehender Kenntnis aller Vorgänge die Treue zu seinem Volk über die Eidespflicht gestellt. Keinem ist aus seiner Einstellung ein Vorwurf zu machen, wenn nicht Eigennutz, sondern ein edles Motiv sein Handeln bestimmt hat. Aus dieser Anerkennung des Motivs folgt, dass man Verständnis für die Handlungen des anderen aufbringen muss.«[34]

Damit war die Diskussion von der Ebene des konkreten Verhaltens 1944 angehoben auf die moralisch-ethische Ebene. Die Eidfrage, die – wie aufgezeigt – die Verschwörer selbst nur wenig umgetrieben hatte, sondern von Freisler im Volksgerichtshof in den Vordergrund gerückt worden war, war nun auch in den 1950er Jahren wichtiger als etwa die Kriegslage im Sommer 1944 oder die anderen militärischen und sogar nationalen Motive für Widerstand.

Die »Hansen-Formel« vom März 1951 markiert letztlich einen Kompromiss in der Frage der Anerkennung von Widerstand und von »treuem Dienen«, der es beiden Gruppen – den vielen »Eidtreuen« und den wenigen »Eidbrechern« (wobei allein diese Begrifflichkeit schon einseitig ist) – ermöglichte, in die Bundeswehr einzutreten, und der zugleich innen- wie außenpolitisch tragfähig war.

Im Vorfeld der Ehrenerklärung Adenauers galt es erneut, eine militärinterne Kompromissformel im Umgang mit dem 20. Juli 1944 zu finden. Dies entsprach nicht zuletzt einer auf dem geheimdiplomatischen Weg über die Organisation Gehlen gestellten amerikanischen Forderung, die Adenauers Ehrenerklärung von einer eindeutigen Distanzierung der »Ehemaligen« vom Nationalsozialismus abhängig machte. Dies gestaltete sich in der Praxis als schwierig, da es keinen Verband und keine Person gab, die in Anspruch nehmen konnte, für alle ehemaligen Soldaten zu sprechen. Bei einem durch Generalmajor a.D. Erich Dethleffsen für die Organisation Gehlen zustande gebrachten Treffen dreier Mitglieder des CDU-Parteivorstandes mit Dethleffsen, Nostitz, Generalmajor a.D. Heinz Trettner, Generalmajor a.D. Freiherr von Gersdorff, Major a.D. Axel von dem Bussche und drei namentlich nicht bekannten ehemaligen Offizieren der Waffen-SS wurde das weitere Vorgehen auf dem Weg zu einer Ehrenerklärung des Bundeskanzlers besprochen. Adenauer war bei diesem Treffen zwar nicht anwesend, aber persönlich informiert. Im gegenseitigen Einvernehmen aller Teilnehmer wurde den Teilnehmern am 20. Juli »bona fides« (guter Glaube)

---

[33] Vollmacht des Gewissens, Bd 1, S. 9.
[34] Meyer, Zur Situation der deutschen militärischen Führungsschicht, S. 668; de Libero, Trentzsch, S. 193. Claus von Rosen (Vorwort zu Baudissin, Der Widerstand, S. 18) bezieht sich bei seiner Behauptung, Hansen habe diese Formel auf Veranlassung der Bundesregierung entworfen, wohl irrtümlich auf de Libero, Tradition in Zeiten der Transformation, und auf Reuther, Widerstand und Wehrmacht, S. 197 f., wo dazu aber nichts steht. Siehe auch Lockenour, Soldiers as Citizens, S. 175 f.; und Manig, Die Politik der Ehre, S. 300.

zuerkannt – ein Rechtsbegriff, der Redlichkeit und Irrtum zugesteht, aber eine Handlung nicht als richtig anerkennt[35].

Nach zustimmenden Briefen hochrangiger Vertreter des ehemaligen Heeres und der ehemaligen Kriegsmarine, Luftwaffe und Waffen-SS folgte am 3. Dezember 1952 Adenauers Ehrenerklärung vor dem Deutschen Bundestag[36]. Die Zuerkennung von »bona fides« für die Teilnehmer an Staatsstreich und Attentat hatte hierzu einen wichtigen Beitrag geleistet. Sie bedeutete eine zumindest formale Aussöhnung zwischen »Eidhaltern« und »Hitlergegnern.«

Bei der Debatte im Deutschen Bundestag darüber, ob und – wenn ja – wie die Soldaten der neuen Bundeswehr zu vereidigen seien, spielten die Erfahrungen mit dem auf Hitler geleisteten Eid und die Frage nach den Grenzen des Gehorsams eine wichtige Rolle. Die Lösung, freiwillig dienende Soldaten auf die Rechtsordnung der Bundesrepublik zu vereidigen und dabei die religiöse Beteuerungsformel zur nicht verpflichtenden Regel zu machen, Wehrpflichtige dagegen ein »Feierliches Gelöbnis« leisten zu lassen, entstand im Plenum des Deutschen Bundestages nach langen kontroversen Beratungen, bei denen immer wieder Bezug auf die Eidesfrage im Zusammenhang mit dem militärischen Widerstand genommen wurde[37].

Noch 1967 schrieb der einflussreiche konservative Militärjournalist Hans-Georg von Studnitz in seinem damals viel gelesenen Buch »Rettet die Bundeswehr«: »Die Anrufung des 20. Juli führt den Soldaten in unauflösbare Widersprüche!«,[38] was aber nicht so zu verstehen war, dass der Soldat sich mit diesen Widersprüchen auseinandersetzen müsse, sondern was einer eindeutigen Forderung gleichkam, diese »Anrufung« zu unterlassen. Die Aporie ergab sich nicht zuletzt daraus, dass eine militärische Tradition des Widerstands in einem latenten Widerspruch zur Forderung nach dem Primat der Politik stand; nur ein Militär, das der demokratisch legitimierten Regierung auch gehorcht und deren Entscheidungen umsetzt, ist demokratiekompatibel.

Das allerdings war die Ausnahme. In den 1960er Jahren hatte sich die positive Bewertung der Tradition des Widerstands in Gesellschaft und Bundeswehrführung allgemein durchgesetzt, sie war zu einem »Gründungsmythos der Bundesrepublik stilisiert« worden[39]. In der Truppe und unter den kriegsgedienten Offizieren dagegen stieß dies nach wie vor auf Unbehagen, schien es doch ihre eigene Lebensleistung als Soldaten der Wehrmacht in Frage zu stellen.[40] Generalmajor Ulrich de Maizière, Kommandeur der Führungsakademie der Bundeswehr, sprach das Thema 1964 offen an:

»Ist mit der Verehrung der Männer des 20. Juli nun zugleich ein negatives Urteil gefällt über alle die, die nicht am 20. Juli beteiligt waren? Sicherlich

---

[35] Notiz Horst von Mellenthins vom 4.12.1952, zit. nach Keßelring, Die Organisation Gehlen und die Neuformierung des Militärs, S. 211; zur Einordnung ebd., S. 206–223. Zur Vorgeschichte dieser Besprechung siehe auch Manig, Die Politik der Ehre, S. 524–532.
[36] Stenografische Berichte des Deutschen Bundestages, 1. Legislaturperiode, 240. Sitzung vom 3.12.1952, S. 11141.
[37] Lange, Der Fahneneid, S. 202–219.
[38] Studnitz, Rettet die Bundeswehr!, S. 55.
[39] Rütters, Zur Instrumentalisierung des »20. Juli 1944«, S. 534.
[40] Ausführlicher in: Heinemann, Der Widerstand gegen das NS-Regime im Traditionsverständnis der Bundeswehr.

nicht, sonst stände die Mehrzahl der Anwesenden hier heute nicht unter uns. Tausende, ja Millionen deutscher Soldaten waren überzeugt, in gewissenhaftem Gehorsam und aus der Sicht ihres Verantwortungsbereiches heraus ihre soldatische Pflicht zu erfüllen. Die Motive ihres Handelns waren, von Ausnahmen abgesehen, ehrenhaft. Meist wussten sie ja auch nicht, was sich hinter der äußeren Fassade des Nationalsozialismus wirklich verbarg, und so sie es ahnten, glaubten sie, der Abwehr des äußeren Feindes, dem Schutz der Familie und Heimat, dem soldatischen Gehorsam den Vorrang geben zu müssen. Oft entschieden sie sich auch hierzu nur unter Gewissensnot[41].«

Das bedeutete letztlich eine weitere Verlängerung des mit der »Hansen-Formel« und dem »Dethleffsen-Konsens« gefundenen Ausgleichs und setzte de Maizières nachdenkliche Haltung schon unmittelbar nach dem Staatsstreichversuch fort, als er im Kameradenkreise geäußert hatte:

»Wenn man Graf Stauffenberg gekannt habe – und er, de Maizière, hatte lange Zeit mit ihm ›Tür an Tür‹ gearbeitet – dann müsse man mit seinem Urteil vorsichtiger sein. Dann müsse hier etwas vorliegen, was man nicht sofort übersehen könne.«[42]

Das Militärgeschichtliche Forschungsamt der Bundeswehr veranstaltete ab 1984 eine Wanderausstellung «Aufstand des Gewissens«, die trotz ihres auf die moralische Ebene zielenden Titels bemüht war, die bis dahin angefallenen Forschungsergebnisse ansprechend, aber nüchtern zu präsentieren. 1994 noch einmal grundlegend überarbeitet und dann in Kasernen ebenso wie in öffentlichen Einrichtungen gezeigt, blieb sie bis weit in die 2000er Jahre hinein der wesentliche Beitrag der Bundeswehr zur Repräsentation des Widerstands nach außen wie nach innen; der Begleitband ist noch heute ein Kompendium wichtiger Beiträge zum Thema.[43] Mit Unterstützung deutscher Exilhistoriker wie Fritz Stern und Klemens von Klemperer gelang es, eine englischsprachige Fassung zu erstellen und 1994 an zentralen Orten der USA zu zeigen; die Eröffnung durch den Generalinspekteur, General Klaus Naumann, erfolgte in der Library of Congress in Washington, DC.[44]

War es einerseits notwendig, eine hinreichende Zahl von ehemaligen Soldaten zum Wiedereinstieg ins Militär zu bewegen, so mussten die jungen, argwöhnisch beäugten Streitkräfte Sorge tragen, dass ihnen nicht ein ähnlicher NS-Skandal unterlief, wie er beim Auswärtigen Amt sogar zu einem parlamentarischen Untersuchungsausschuss geführt hatte.[45] Die Sorge um eine geeignete Personalauswahl sollte eben nicht den Soldaten selbst überlassen werden. Das Parlament hatte einen Personalgutachterausschuss für die Streitkräfte eingesetzt, um über die zur Wiedereinstellung vorgesehenen Offiziere ab dem Dienstgrad Oberst ein gutachterliches Votum abzugeben und für die Einstellung der dienstgradniedrigeren Offiziere Grundsätze festzulegen[46]. Dem Ausschuss gehörten mit Philipp Freiherr

---

[41] Ansprache Generalmajor Ulrich de Maizières am 15.7.1964 vor allen Stammoffizieren, Beamten, Hörern und Unteroffizieren, zit. nach Zimmermann, Ulrich de Maizière, S. 92.
[42] Allmayer-Beck, »Herr Oberleitnant, det lohnt doch nicht!«, S. 446.
[43] Zuletzt in fünfter Auflage: Aufstand des Gewissens.
[44] Lamberti, The Search for the »Other Germany«, S. 425.
[45] Das Amt und die Vergangenheit, S. 475–488.
[46] Meyer, Zur inneren Entwicklung der Bundeswehr, S. 1034–1119; Heinemann, Vom Verräter zum Freiheitskämpfer, S. 157.

von Boeselager, Fabian von Schlabrendorff und Annedore Leber, der Witwe von Julius Leber, drei Personen an, die unmittelbar der Verschwörung zuzurechnen waren, dazu der bereits im Zusammenhang mit der Himmeroder Tagung erwähnte General der Flieger Robert Knauß. Mit Konrad Freiherr von Woellwarth aus dem ehemaligen Reiterregiment 17 kam ein ehemaliger Offizier aus dem weiteren Umfeld des Widerstands hinzu, und auch der Kommunalpolitiker Walther Hensel hatte im Dritten Reich wegen oppositioneller Bestrebungen mehrere Jahre in Haft verbracht[47]. Bei den Prüfungen sollte möglichst wenig schematisch verfahren werden, aber eine Frage wurde als zwingend festgelegt – die nach der Haltung des Bewerbers zum militärischen Widerstand. Eine klare Distanzierung vom nationalsozialistischen Unrechtsregime und zumindest eine differenzierte Einstellung zum militärischen Widerstand war zwingende Voraussetzung für eine Verwendung im neuen westdeutschen Militär. Gleichwohl konnte der Ausschuss nicht verhindern, dass auf den mittleren Führungsebenen viele Offiziere Verwendung fanden, die zu ihrer eigenen Lebensleistung als Soldat und dann Kriegsgefangener nur wenig kritische Distanz aufzubringen wussten.[48]

An anderen Stellen standen ehemalige Soldaten wie etwa Gehlen Angehörigen der Militäropposition ähnlich kritisch gegenüber, auch wenn Gehlen, wie oben geschildert, mit Heusinger, Speidel und anderen einzelne ehemalige Angehörige des militärischen Widerstands in seinen Dienst genommen hatte. Vor allem den vielen früheren Gestapo-Beamten, die Gehlen insbesondere für den Bereich der »Gegenspionage« (eine verdeckte Form der Inlandsaufklärung) eingeworben hatte, galten die ehemaligen Verschwörer als »Verräter«.[49] Das musste umso mehr gelten, als Otto John, Gründungspräsident des von den Briten protegierten Bundesamtes für Verfassungsschutz, nach der Rede des Bundespräsidenten Heuss am 19. Juli 1954 in West-Berlin verschwand. Tage später tauchte er in Ost-Berlin wieder auf, agitierte dort gegen die von Adenauer betriebene Politik der Westorientierung und machte es damit seinen Gegenspielern im Offizierkorps leicht, ihn und mit ihm alle Verschwörer zu diskreditieren.[50] John hat später wiederholt erklärt, er sei »in den Ostsektor« gegangen, um dort das politische Erbe von Julius Leber fortzuführen, worunter er vor allem den Kampf gegen die Nazis und die Einbeziehung von Kommunisten in die Nachkriegsordnung verstand[51]. Das war insofern brisant, als ansonsten die antikommunistische Stoßrichtung des nationalkonservativen Widerstands von der »Weißen Rose« bis hin zum 20. Juli immer wieder betont wurde[52]. Obwohl John zu vier Jahren Zuchthaus verurteilt wurde, hat die Stiftung Hilfswerk 20. Juli ihn danach finanziell unterstützt[53].

---

[47] Zu Hensel siehe neuerdings Schröder, Paul Franken, passim.
[48] Meyer, Zur inneren Entwicklung der Bundeswehr; Meyer, Auswirkungen; Baur, Das ungeliebte Erbe, S. 203 f., 217.
[49] Sälter, Phantome des Kalten Krieges, passim.
[50] Aldrich, The Hidden Hand, S. 431; Schaefer, Der Prozess gegen Otto John; Wala, Gegenspieler, S. 125; Goschler/Wala, Keine neue Gestapo, S. 141–152; Das Amt und die Vergangenheit, S. 547.
[51] Stöver, Der Fall Otto John, S. 110.
[52] Hikel, Sophies Schwester, S. 124–128; Lockenour, Soldiers as Citizens, S. 172.
[53] Stiftung Hilfswerk 20. Juli 1944, Protokoll der Vorstandssitzung vom 30.4.1960, GDW, Stiftung 20. Juli 1944, Bd 67: Kuratorium/Vorstand.

X. Die Rezeption des militärischen Widerstands

Der erste Nachrichtenchef im Amt Blank, Friedrich Wilhelm Heinz, war gleichfalls am militärischen Widerstand beteiligt gewesen (siehe oben Kapitel III.7 und V.1). Sein Scheitern im Machtkampf mit Gehlen resultierte jedoch nicht daraus; vielmehr kam im Januar 1951 heraus, dass Heinz durch die CIA nachrichtendienstlich geführt wurde. Gehlen hat sehr wohl andere Söhne von Widerständlern in seiner Organisation beschäftigt.[54]

Gersdorff hat später in seinen Memoiren behauptet, er sei wegen seiner Beteiligung am 20. Juli 1944 in den 1950er Jahren nicht in die Bundeswehr übernommen worden;[55] eine Darstellung, die schon vor geraumer Zeit mit dem Vetorecht der Quellen als »unrichtig« zurückgewiesen worden ist.[56] Hat die frühe Bundeswehr also keine Angehörigen des Widerstands in ihren Reihen dulden wollen?

Die ersten Vollgenerale der Bundeswehr waren Hans Speidel und Adolf Heusinger, die beide eine Beziehung zum militärischen Widerstand hatten. Heusingers zeitweiliger Nachfolger als Chef des Operationsabteilung des Generalstabs des Heeres, Oberst i.G. Johann Adolf Graf von Kielmansegg, wurde 1944 ebenfalls vorübergehend als Mitwisser verhaftet, später in die Bundeswehr übernommen und dort Vier-Sterne-General.[57] Abgelehnt wurde dagegen als einer von wenigen der Oberst Hans-Werner Stirius, der am 20. Juli 1944 – noch als Oberstleutnant – die in Cottbus stationierte Ersatzbrigade »Großdeutschland« geführt hatte; da der Personalgutachterausschuss seine Akten vernichtet hat, wird man über die Gründe der Ablehnung nur spekulieren können.[58]

Auch aus der Generation der Kinder der Widerständler strebten Bewerber in die neuen deutschen Streitkräfte. Mindestens zwei von ihnen, Achim Oster und Berthold Maria Graf Stauffenberg, waren Söhne von ermordeten Verschwörern. Obwohl Hans Oster wegen seiner Informationsweitergabe an die Niederländer 1940 immer noch das Odium des »Landesverrats« anhing und beim Bundesnachrichtendienst auch sein Sohn Achim als Mitglied einer weiter existierenden »Roten Kapelle« geführt wurde,[59] spielte letzterer im Rahmen der »Spiegel-Affäre« eine wichtige Rolle (er war der deutsche Militärattaché in Madrid, über den Verteidigungsminister Strauß die Verhaftung des stellvertretenden »Spiegel«-Chefredakteurs Conrad Ahlers herbeiführte.[60]) Verheiratet

---

54   Keßelring, Die Organisation Gehlen und die Neuformierung des Militärs, S. 331–337.
55   Gersdorff, Soldat im Untergang, S. 211–213.
56   Meyer, Zur inneren Entwicklung der Bundeswehr, S. 1120, Anm. 231. Siehe hierzu die aktuellere Darstellung bei Hiemann, Rudolf-Christoph Freiherr von Gersdorff, S. 78 f., wo die Möglichkeit ins Gespräch gebracht wird, Gersdorff sei wegen des Scheiterns seiner zweiten Ehe untragbar geworden.
57   HPA Ag P2/Rechtsgr. (2) an P3 z.Hd. Herrn Oberstleutnant i.G. Kinitz vom 29.8.1944, sowie HPA Ag P2/Rechtsgr. (2) an P3 z.Hd. Herrn Oberstleutnant i.G. Kinitz (undatiert, Mitte September 1944), beide in BArch, RH 7/30; Mühleisen, Hellmuth Stieff, S. 363 f.; Feldmeyer/Meyer, Johann Adolf Graf von Kielmansegg. – Kielmansegg war auch schon an den Vorarbeiten der Wiederbewaffnung (»Besprechungsplan«) beteiligt gewesen: Keßelring/Loch, Himmerod war nicht der Anfang, S. 63 f.
58   Meyer, Zur inneren Entwicklung der Bundeswehr, S. 1070. Stirius hatte allerdings auch in der Nacht 20./21.7.1944 Truppen zur Niederschlagung des Aufstandes gestellt: Amtsgruppe P1 [hs. Zusatz »Zeitablauf des 20.7. z.d.A. General!«] vom 8.8.1944, BArch, RH 7/786.
59   Sälter, Phantome des Kalten Krieges, S. 392–394 und passim.
60   Die Spiegel-Affäre, S. 403–410.

mit einer früheren Sekretärin des »Ochsensepp«, Rechtsanwalt Dr. Josef Müller, die in dessen Widerstandstätigkeit eingeweiht gewesen war,[61] wurde Oster am Ende seiner Karriere Wehrbereichsbefehlshaber in Mainz. Ähnlich wurde auch Claus Graf Stauffenbergs ältester Sohn Berthold Maria nach mehreren Zwischenstationen, darunter als Militärattaché in London, zuletzt Befehlshaber eines Territorialkommandos und Generalmajor. Es kann also keine Rede davon sein, dass eine Verbindung mit dem Widerstand in der Bundeswehr karrierehemmend gewesen sei.

Der Druck auf die Bundeswehrführung, sich offiziell zur Tradition des Widerstands zu bekennen, wuchs. Bundespräsident Heuss sprach am 12. März 1959 in der Führungsakademie in Hamburg und forderte, die Bundeswehr müsse »sich bei der Schaffung neuer Traditionen am Ethos des militärischen Widerstands [...] orientieren«.[62] Nach längerem Zaudern, das ihm zunehmend in der Öffentlichkeit kritisch vorgehalten wurde, rang sich Generalinspekteur Heusinger, der einerseits von Stauffenbergs Bombe verwundet worden war, andererseits aber selbst wegen Mitwisserschaft längere Zeit in Gestapo-Haft gesessen hatte, zu einem Tagesbefehl zum 15. Jahrestag am 20. Juli 1959 durch, in dem er ein eindeutiges Bekenntnis zu den Widerständlern als Vorbilder für die Bundeswehr ablegte – ein für die damalige Diskussion auch in der Gesamtgesellschaft durchaus mutiges und wegweisendes Bekenntnis[63].

»Die Tat des 20. Juli 1944 – eine Tat gegen das Unrecht und gegen die Unfreiheit – ist ein Lichtblick in der dunkelsten Zeit Deutschlands. Die tragische Wahrscheinlichkeit des Scheiterns vor Augen, entschlossen sich freiheitlich gesinnte Kräfte aus allen Lagern, in vorderster Front Männer aus den Reihen der Soldaten, zum Sturz des Tyrannen. Das christlich-humanistische Verantwortungsbewusstsein, das diesen Entschluss bestimmte, gab ihrem Märtyrertum die Weihe. Wir Soldaten der Bundeswehr stehen in Ehrfurcht vor dem Opfer jener Männer, deren Gewissen durch ihr Wissen aufgerufen war. Sie sind die vornehmsten Zeugen gegen die Kollektivschuld des deutschen Volkes. Ihr Geist und ihre Haltung sind uns Vorbild.«[64]

Marion Gräfin Dönhoff lobte den Tagesbefehl in der »Zeit«, er sei ein »wichtiger Augenblick«.[65] Die »Neue Zürcher Zeitung« bemerkte dazu:

Diese profilierte Feststellung Heusingers zum 20. Juli wird in den *Diskussionen im Offizierskorps* der Bundeswehr Bedeutung erhalten; sie kann [...] nicht wie eine Lehrmeinung ex cathedra die Meinungsverschiedenheiten über jene durch höhere Motive gerechtfertigte Tat des Ungehorsams und des Eidbruchs

---

[61] Sälter, Phantome des Kalten Krieges, S. 385.
[62] Abenheim, Bundeswehr und Tradition, S. 133; darauf beruhend Becker, Soldatentum und demokratischer Neubeginn, S. 475.
[63] Meyer, Adolf Heusinger, S. 628–636; siehe auch Nägler, Der gewollte Soldat, S. 452 f.; sowie Geilen, Das Widerstandsbild in der Bundeswehr, S. 65.
[64] Tagesbefehl des Generalinspekteurs der Bundeswehr General Adolf Heusinger vom 20.7.1959, zit. nach <https://20-juli-44.de/reden/tagesbefehl-adolf-heusinger-20071959>, zuletzt konsultiert am 29.9.2018.
[65] Marion Gräfin Dönhoff: Heusinger Tagesbefehl, in: Die Zeit, 17.7.1959, <http://www.zeit.de/1959/29/heusingers-tagesbefehl>, zuletzt konsultiert am 20.2.2018.

beilegen, die im Kader der neuen Bundeswehr, das ja zum größten Teil aus der alten Wehrmacht stammt, noch immer herrschen[66].

Im selben Jahr schickte die Bundeswehr erstmals offiziell eine Delegation zu den Feierlichkeiten im Berliner Bendlerblock, wegen des entmilitarisierten Status der Stadt allerdings in Zivil. Noch 1957 war sie nicht eingeladen gewesen, und Generalinspekteur Heusinger hatte den Senat offiziell um eine Berücksichtigung in der Zukunft gebeten[67]. Neben dem Leiter, Brigadegeneral Cord von Hobe, gehörten ihr Major Georg Lejeune-Jung, Oberleutnant Berthold Maria Schenk Graf von Stauffenberg und Oberleutnant Georg-Erich Heisterman von Ziehlberg an.[68] Hobe war ein Schwiegersohn Halders, war wie dieser nach dem 20. Juli zunächst verhaftet worden[69] und hatte schon seit 1952 wiederholt teilgenommen; Lejeune-Jung und Stauffenberg waren Söhne ermordeter Angehöriger der Verschwörung, und Heistermans Vater, Generalleutnant und Divisionskommandeur an der Ostfront, war hingerichtet worden, weil er Joachim Kuhn nicht daran gehindert hatte, in sowjetische Kriegsgefangenschaft zu gehen. Hobe, später Generalleutnant, hat in den 1960er Jahren noch mehrmals am 20. Juli die Gedenkrede im Bendlerblock gehalten.[70]

Schon bald erwies sich die Benennung von Kasernen nach militärischen Vorbildern als Prüfstein für die Traditionspflege. Eine der ersten Kasernen, die neu benannt werden mussten, war die ehemalige SS-Ordensburg in Sonthofen. Angesichts des zerstörten Wohnraums in den zerbombten Städten, der Stationierung alliierter Truppen in den meisten Wehrmachtkasernen und der begrenzten Kapazitäten der deutschen Bauindustrie musste die Bundeswehr nehmen, was frei war, und dazu gehörte die »Ordensburg«. Bundeskanzler Adenauer selbst ergriff die Initiative, durch eine geeignete Benennung die Kaserne vom Odium der NS-Stätte zu befreien; statt auf den bayerischen General Ludwig von der Tann, den Bundesminister für Verteidigung Theodor Blank favorisiert hatte, fiel die Wahl letztlich auf Ludwig Beck[71].

Die Benennung einer größeren Anzahl von Kasernen ging dann allerdings auf Blanks weniger zögerlichen Nachfolger Franz Josef Strauß zurück,[72] der 1961 neue Truppenunterkünfte nach Claus Schenk Graf von Stauffenberg (Sigmaringen), Henning von Tresckow (Oldenburg), Erwin Rommel (Augustdorf), Julius Leber (Husum) und Alfred Delp benannte. Letzterer, ein Jesuit aus dem Kreisauer Kreis, hatte keinerlei Verbindung zum Militär gehabt; die Benennung der Kaserne in

---

[66] Gedenkfeier für den 20. Juli in Westberlin, in: Neue Zürcher Zeitung, 21.7.1959, S. 1, StaBi Berlin, Zeitungsabteilung, M 501.
[67] Abschrift des Schreibens von General Heusinger an Annedore Leber vom 24.10.1957, GDW, Stiftung 20. Juli 1944, Bd 67: Kuratorium/Vorstand.
[68] Hoffmann, Stauffenbergs Freund, S. 78.
[69] Hobe, Mit Menschen erlebt, S. 50 f.
[70] 1959, 1962, 1963,1965, 1967: <https://20-juli-44.de/reden>, zuletzt konsultiert am 29.9.2018.
[71] de Libero, Trentzsch, S. 198.
[72] Heinemann, Kasernennamen, S. 164; Möllers, Der neue Streit um alte Namen. Für Giordano, Die Traditionslüge, S. 54, ist allerdings allein die Tatsache, dass der Name »Strauß« unter den »Reformern« im Verteidigungsministerium auftaucht, Grund genug, deren Anliegen als »fragwürdig einzustufen.

Donauwörth musste insofern besonders auffallen. Dagegen hing Generalmajor Hans Oster das Odium des »Verrats« an; zur Benennung einer Kaserne nach ihm ist es nie gekommen.[73]

Die Bundesmarine, ansonsten aufgrund der Erfahrungen von 1918 auch noch nach dem Zweiten Weltkrieg zutiefst skeptisch gegenüber allem, was nur entfernt nach Revolution aussah, hatte mit einer Rede des Kapitäns zu See Karl-Adolf Zenker für die erste Debatte zur Bundeswehr-Tradition im Deutschen Bundestag gesorgt[74]. Gleichwohl benannte die Marine letztlich den Hafen der Marineunterwasserwaffenschule in Eckernförde nach Korvettenkapitän Alfred Kranzfelder; den Admiral Wilhelm Canaris oder den Marineoberstabsrichter Berthold Graf Stauffenberg wiederum nahm sie nirgendwo in ihre Traditionspflege auf.[75] Die Luftwaffe dagegen hat sich bisher weder zu Caesar von Hofacker noch zu einem anderen Hitlergegner öffentlichkeitswirksam bekannt, geschweige denn, dass sie eine Frau wie Melitta Gräfin Stauffenberg würdigen wollte.[76]

Wie schwierig Benennungen nach Angehörigen des Widerstands sein können, wäre am Beispiel der Generaloberst-Hoepner-Kaserne in Wuppertal zu zeigen gewesen, nachdem immer mehr Informationen über Hoepners Beteiligung an Kriegsverbrechen im Osten bekannt geworden sind. Die Kaserne wurde jedoch 2004 aufgegeben, sodass sich die Diskussion von selbst erledigt hat. Dagegen war Hoepners frühere Schule in Berlin 1956 nach ihm benannt worden, gegen erheblichen Widerstand des Schulleiters, den aber Innensenator Joachim Lipschitz, Bildungssenator Joachim Tiburtius und der Regierende Bürgermeister Otto Suhr übersteuert hatten. Nach einer Intervention ausgerechnet der Stiftung Hilfswerk 20. Juli hatte der Schulleiter wenigstens im Amt verbleiben können[77]. Im Jahre 2008 wurde die Schule dann in »Heinz-Berggruen-Gymnasium« umbenannt, nachdem es wegen seiner Rolle zu Beginn des Angriffs auf die Sowjetunion eine Kampagne gegen die Ehrung Hoepners gegeben hatte[78]. Noch heute gibt es in Euskirchen die Generalmajor-Freiherr-von-Gersdorff-Kaserne, obwohl Gersdorffs Memoiren über seine Rolle im Widerstand inzwischen als hochgradig problematisch entlarvt worden sind[79].

Versuche, die Traditionsfrage zentral zu regeln, blieben ein ums andere Mal in den Anfängen stecken. Mehrere Entwürfe, die auf Weisung von Generalinspekteur Heusinger ausgearbeitet wurden, stießen auf unüberwindbare Widerstände. Die Folge war ein weitgehender Wildwuchs in der Truppe. Erst dem dritten Verteidigungsminister Kai-Uwe von Hassel gelang es 1965, einen »Traditions-

---

[73] Mertes, Hingabe – Verrat – Gewissen.
[74] Krüger, Das schwierige Erbe; Köster, Aus Liebe zur Seefahrt!; Hillmann, Die Deutschen Marinen des 20. Jahrhunderts, S. 238 f.
[75] Johst, Begrenzung des Rechtsgehorsams, S. 67; Hillmann, Der 20. Juli 1944 und die Marine, S. 56–60.
[76] de Libero, Tradition und Traditionsverständnis, S. 17.
[77] Abschrift des Schreibens von Regierungsrat Dr. H.K. Fritzsche an den Innensenator von Berlin Joachim Lipschitz vom 16.10.1956, GDW, Stiftung 20. Juli 1944, Bd 67: Kuratorium/Vorstand.
[78] Teil dieser Kampagne war das naseweise und arrogante Bändchen Gemser, Darf eine Schule diesen Namen tragen?; vgl. dazu auch meine kritische Rezension in MGZ, 65 (2006), S. 660 f.
[79] Hiemann, Rudolf-Christoph Freiherr von Gersdorff, S. 84, 88.

X. Die Rezeption des militärischen Widerstands

erlass« durchzusetzen, der zumindest den gröbsten Auswüchsen entgegensteuern sollte[80]. 1982 erließ Verteidigungsminister Hans Apel eine Neufassung, die aber noch immer vor einer grundsätzlichen Distanzierung von der Wehrmacht als Ganzer zurückschreckte. Bundesverteidigungsminister Rudolf Scharping war es dann, der um die Jahrtausendwende die drei wesentlichen Traditionslinien der Bundeswehr ins Gespräch brachte: die Geschichte der preußischen Reformer, den militärischen Widerstand gegen Hitler und die Geschichte der Bundeswehr selbst. In einer Rede vor der Führungsakademie in Hamburg bezog sich Scharping vor allem auf den Grafen Baudissin, der die preußische Heeresreform des frühen 19. Jahrhunderts habe vollenden wollen.[81] Der Minister rückte den Grafen zugleich in die Nähe des militärischen Widerstands gegen Hitler und konstruierte somit geschickt einen inneren Zusammenhang seiner drei Traditionslinien, übersah dabei aber, dass eine zu borussophile Traditionsauffassung einer »Bundes«-Wehr ebenso wenig gerecht wird wie ihren Protagonisten: Scharnhorst war Hannoveraner, Stauffenberg Schwabe, Beck Hesse, und die Grafen von Baudissin stammen ursprünglich aus der Oberlausitz. Allerdings war der Trend zu einer Vereinnahmung des Widerstands als spezifisch preußisch schon in den 1950er Jahren vor allem von Marion Gräfin Dönhoff befeuert worden.[82]

Ebenso ist der generalisierende Begriff »militärischer Widerstand« problematisch. Gehören dazu alle, die im Kampf gegen Hitler ihr Leben gelassen haben, somit auch Hoepner und Stülpnagel, die noch 1941 die verbrecherischen Befehle weitergegeben, sie sogar mit eigenen Kommentaren untermauert haben? Was ist mit Fromm und Kluge, die am 20. Juli zum Scheitern des Umsturzes beitrugen, aber trotzdem mit ihrem Leben büßten?

Während der 1960er Jahre wurde die Erinnerung an den 20. Juli Allgemeingut der bundesrepublikanischen Identitätspflege, wenn sich auch der Fokus behutsam weitete. 1964 sprach Bundespräsident Heinrich Lübke aus Anlass des 20. Juli und bezog dabei den Arbeiterwiderstand und jenen der Exilanten ausdrücklich mit ein,[83] was sogar im Ausland interessiert beobachtet wurde.[84] Diese Tendenz verstärkten spätere Redner wie etwa Bundespräsident Gustav Heinemann noch. Damit verlor sich die einseitige Fokussierung auf den militärischen Widerstand, wobei allerdings das Festhalten am Datum des 20. Juli als Gedenktag den Vorrang

---

[80] Abenheim, Bundeswehr und Tradition, S. 111–161.
[81] Rudolf Scharping, »Empathie und militärisches Können – zwei Seiten einer Medaille«. Rede an der Führungsakademie der Bundeswehr am 17.2.1999, <https://docplayer.org/38942205-Rudolf-scharping-emphatie-und-militaerisches-koennen-zwei-seiten-einer-medaille-rede-an-der-fuehrungsakademie-der-bundeswehr-am-17.html>, zuletzt konsultiert am 29.9.2018.
[82] Conze, Aufstand des preußischen Adels, S. 494–496; ähnlich Eckart Conze, Der Junker ist tot, es ist der Unterschied, der den Adel macht. Demokratie und Geburtselite. Wie der 20. Juli 1944 die Eingliederung des Adels in die Bundesrepublik erleichterte. In: Frankfurter Allgemeine Zeitung, 20.7.2002, S. 39.
[83] Heinrich Lübke, Zeugnisse sittlicher Größe und edlen Muts. Ansprache des Bundespräsidenten am 19.7.1964 im Auditorium Maximum der Freien Universität Berlin, <https://20-juli-44.de/reden/zeugnisse-sittlicher-grosse-und-edlen-muts-dr-heinrich-lubke-19071964>, zuletzt konsultiert am 29.9.2018.
[84] Gedenkfeiern zum 20. Juli 1944, in: Neue Zürcher Zeitung, 21.7.1964, Bl. 2, StaBi Berlin, Zeitungsabteilung, M 501.

von Attentat und Staatsstreich sicherte.⁸⁵ Die Bundeswehr ihrerseits wurde der eigenen Vorgabe nicht immer gerecht: Als im April 1965 die Bataillone des Heeres die neu gestifteten Truppenfahnen erhielten, waren Generale der Bundeswehr zugegen; der verurteilte Kriegsverbrecher Generalfeldmarschall von Manstein repräsentierte die »Alte Armee« (des Kaiserreichs), die Reichswehr und die Wehrmacht⁸⁶; der militärische Widerstand war nicht vertreten.

Allerdings beobachteten manche Historiker nach 1982 kritisch, dass sich – ihrer Wahrnehmung nach – der Blickwinkel des offiziellen Gedenkens wieder enger auf den nationalkonservativen Widerstand richtete; dieser Vorwurf erhob sich etwa im Umfeld der öffentlichen Feiern anlässlich des 50. Jahrestages am 20. Juli 1994.⁸⁷

Den Gründungskompromiss von 1952 in der Frage der Traditionsfähigkeit des Widerstands und der »eidtreuen« Wehrmacht hat letztlich erst Bundesverteidigungsminister Volker Rühe aufgekündigt, als er im Rahmen der Debatte des Deutschen Bundestages über die Ausstellung »Vernichtungskrieg – Verbrechen der Wehrmacht« 1997 vor dem Hohen Haus erklärte, die Bundeswehr stehe nicht in der Tradition der Wehrmacht⁸⁸ – eine Distanzierung, die der Traditionserlass von 1982 noch nicht geleistet hatte. Mit seinem Bekenntnis zur Traditionswürdigkeit des militärischen Widerstands distanzierte sich Rühe allerdings zugleich von den im selben Zusammenhang erhobenen Vorwürfen an Tresckow, Gersdorff, die Boeselagers und die anderen Verschwörer in der Heeresgruppe Mitte, an den dort begangenen Verbrechen aktiv beteiligt gewesen zu sein.⁸⁹

Die Vorwürfe mussten die »Armee der Einheit«, als die sich die Bundeswehr sah, umso mehr treffen, als sie zugleich immer mehr zur »Armee im Einsatz« wurde und ihr Einsatzführungskommando bei Potsdam in einer Liegenschaft stationiert war, die ursprünglich der Reichsluftwaffe gehört und dann das Kommando Landstreitkräfte der NVA beherbergt hatte. Am Ende hat die Bundeswehr die Liegenschaft nach Henning von Tresckow benannt.⁹⁰

Seit dem 55. Jahrestag am 20. Juli 1999 führt die Bundeswehr jährlich ein Feierliches Gelöbnis von Rekruten des Wachbataillons auf dem Antreteplatz des Verteidigungsministeriums hinter dem Bendlerblock durch, also in unmittelbarer Nähe zum Ort des Geschehens. Diese Form der Erinnerung ist nicht unumstritten geblieben, schien es doch so, dass das Militär die Erinnerung an den Widerstand für sich monopolisieren wolle. Allen Bedenken – auch von Angehörigen der Verschwörer – zum Trotz hat die Bundeswehr seither an der Veranstaltung festgehalten, die sich als fester Bestandteil des jährlichen Gedenkens etabliert hat.⁹¹

Insgesamt haben sich zwei gegenläufige Tendenzen ergeben: Einerseits haben Forschung und Öffentlichkeit den militärischen Anteil des nationalkonservativen Widerstands zunehmend kritisch betrachtet (siehe oben Kapitel II.3), andererseits ist in der Bundeswehr das Bekenntnis zum 20. Juli 1944 immer mehr

---

[85] Cornelißen, Der 20. Juli 1944 in der deutschen Erinnerungskultur, S. 32 f.
[86] Molt, Von der Wehrmacht zur Bundeswehr, S. 558.
[87] Frei, Erinnerungskampf, S. 493.
[88] Stenographische Berichte des Deutschen Bundestages, 13. Wahlperiode, Sp. 14721 (13.3.1997).
[89] Gerlach, Männer des 20. Juli; siehe dazu die Bewertung bei Kroener, Erinnerungen, S. 26.
[90] Nachtwei, Gedenkadresse.
[91] Schuppener, Ihr trugt die Schande nicht, S. 152–160.

X. Die Rezeption des militärischen Widerstands

Gedenktafel im Hof der Gedenkstätte Deutscher Widerstand im Bendlerblock.
Winfried Heinemann

zum formalisierten, damit aber auch ritualisierten Ausweis kritischer Distanz zur Wehrmacht und zu rechtsradikaler Gesinnung geworden.[92]

Diese Entwicklung ist erst mit den »Richtlinien zum Traditionsverständnis und zur Traditionspflege« der Bundesministerin der Verteidigung vom 28. März 2018 umgekehrt worden. In den Richtlinien wird der militärische Widerstand nicht mehr in seiner Gänze als traditionswürdig bezeichnet. Vielmehr wird »Beteiligung am militärischen Widerstand gegen das NS-Regime« als Teil jener Gruppe behandelt, die nach »Einzelfallprüfung« in das »Traditionsgut der Bundeswehr« aufgenommen werden kann[93] – vermutlich eine Reaktion darauf, dass auch Angehörige der Verschwörung in die Verbrechen des Regimes verstrickt waren.

Das Gedenken an den 20. Juli 1944 hat sich im öffentlichen Diskurs immer mehr von dem militärischen Kontext des Geschehens entfernt. Am 1. Juli 2014 eröffnete Bundeskanzlerin Angela Merkel die neue Dauerausstellung der Gedenkstätte Deutscher Widerstand und legte dabei ein Bekenntnis zum Widerstand in seiner ganzen Breite ab. Sie erwähnte durchaus die militärischen Verschwörer: »Nur wenige Schritte entfernt von uns liegt der Hof, in dem Claus Schenk Graf von Stauffenberg, Friedrich Olbricht, Mertz von Quirnheim und Werner von Haeften erschossen wurden.«[94]

---

[92] Showalter, Conscience, Honor and Expediency, S. 63 f.
[93] Im Internet publiziert unter <https://www.bmvg.de/de/aktuelles/der-neue-traditionserlass-23232>, zuletzt konsultiert am 24.9.2018.
[94] Angela Merkel, »Sie sind uns Vorbild, Mutmacher und Mahner.« Rede der Bundeskanzlerin anlässlich der Eröffnung der neuen Dauerausstellung der Gedenkstätte Deutscher Widerstand am 1.7.2014 in Berlin, <https://20-juli-44.de/reden/sie-sind-uns-vorbild-mutmacher-und-mahner-dr-angela-merkel-01072014>, zuletzt konsultiert am 29.9.2018.

General-von-Alvensleben-Kaserne in Cottbus.

Winfried Heinemann

General-von-Alvensleben-Kaserne, Gedenktafel.

Winfried Heinemann

Standortkommandantur
Berlin, Unter den Linden
(Neubau).
Winfried Heinemann

Im nächsten Absatz ist unter anderem von Henning von Tresckow die Rede (nicht dagegen von Ludwig Beck), aber keiner der Verschwörer wird mit militärischem Dienstgrad bezeichnet. Das hat man in den 1950er Jahren noch anders gehandhabt: Die Gedenktafel für die vier im Innenhof Erschossenen listet sie und Beck säuberlich mit ihrem jeweiligen Dienstgrad, ja sogar in der Reihenfolge ihrer Dienstgrade auf.

Das Geschehen am 20. Juli 1944 hat einen realen Ort: den Raum zwischen Berlin und Cottbus sowie Berlin selbst. Doch weisen die erhaltenen Überreste zumeist keinerlei Spuren dieses Geschehens auf. Das Gedenken an den 20. Juli konkretisiert sich in diesen Erinnerungsorten nicht.[95]

Die Ersatzbrigade »Großdeutschland« war in Cottbus in der General-von-Alvensleben-Kaserne stationiert. Sie dient heute als Behörden- und Kulturzentrum und verleugnet ihre militärische Vergangenheit keineswegs. Im Gegenteil: Eine außen angebrachte Tafel erinnert eigens daran. Dass diese Liegenschaft auch eine Vergangenheit im Zusammenhang mit militärischem Widerstand hat, bleibt unerwähnt.

Die Stadtkommandantur Berlin, Unter den Linden 1, ist im Krieg zerstört und dann abgetragen worden. Nach der »Wende« hat die Bertelsmann-Verlags

---

[95] Siehe hierzu ausführlich Heinemann, Unternehmen Walküre.

Haus des Rundfunks,
Masurenallee, Berlin.
Winfried Heinemann

gruppe das Gebäude mit der früheren Fassade, aber einer modernen Innengestaltung wiedererrichtet. Nichts allerdings erinnert daran, dass dieses Gebäude am Nachmittag des 20. Juli eine zentrale Rolle gespielt hat. Für das heute von der Industrie genutzte Gebäude des damaligen Wehrkreiskommandos III am Hohenzollerndamm in Wilmersdorf gilt das Gleiche.

Aus der Infanterieschule Döberitz griffen motorisierte Verbände in Berlin ein. Die Panzertruppenschule II in Krampnitz stellte zwei gepanzerte Bataillone. Die Kasernen in Döberitz sind teilweise bereits abgetragen. Das ab 1934 errrichtete Olympische Dorf in Elstal, das an die Döberitzer Heide grenzt und von der Schule teilweise genutzt wurde, liegt – noch – brach; hier soll ein Standort für exklusives Wohnen entstehen. Aus dem Kasernengelände in Krampnitz, dessen Gebäude nach dem Abzug der Sowjetkräfte jahrelang leerstanden und langsam vor sich hinrotteten, soll in naher Zukunft ein Wohnpark werden; die Um- und Neubauten sind in vollem Gange. Nichts erinnert an die von hier nach Berlin in Marsch gesetzten Truppen – oder an den Oberst Momm und seinen Champagner.

Die Truppen aus Berlin besetzten unter anderem die Sendeanlagen in Nauen, in Tegel (von denen kaum noch etwas zu sehen ist) und das Funkhaus an der Masurenallee, das heute der Rundfunk Brandenburg-Berlin nutzt. An den Widerstand erinnert hier nichts.

X. Die Rezeption des militärischen Widerstands

Kavallerieschule der Wehrmacht in Krampnitz am Rande Potsdams.
Winfried Heinemann

Kavallerieschule Krampnitz, Zufahrt.
Winfried Heinemann

Sender Herzberg, Straßenschild.

Winfried Heinemann

Flugplatz Rangsdorf: In Privatinitiative angebrachte Gedenktafel.

Winfried Heinemann

X. Die Rezeption des militärischen Widerstands

> **1938** – Der Eingang des Esplanade Hotels. In den 20er Jahren wurde es zum Treffpunkt nationaler und internationaler Besucher. Hier logierten Stars wie Charlie Chaplin und Greta Garbo. Bevor die Bombardements das Hotel im Winter 1944/45 fast völlig zerstörten, wurde es Zeuge einer Verschwörung gegen Hitler. Graf von Stauffenberg und seine Gefährten warteten hier auf die Ergebnisse ihres Attentates.

Berlin, Sony Center: Inhaltlich fehlerhafte Beschriftung.
Winfried Heinemann

Die Sender Herzberg und Königs Wusterhausen sollten von Truppen aus Cottbus gesichert werden; und auch hier findet das Geschehen keine Erwähnung, wobei allerdings vom Sender Herzberg außer einem Straßennamen und einigen Betonklötzen ohnehin nichts mehr zu sehen ist.

Anders verhält es sich beim Flugplatz Rangsdorf bei Zossen, wo eine private Initiative einen Gedenkstein aufgestellt hat, auf dem es heißt:

»Zum Gedenken an Oberst Claus Schenk Graf von Stauffenberg und Oberleutnant Werner von Haeften, die für die Ziele des Deutschen Widerstandes, Krieg und Hitlerdiktatur zu beenden, ihr Leben gaben. Sie starteten am 20. Juli 1944 zum Attentat vom Flugplatz Rangsdorf und landeten wieder an diesem Ort.«

Eine weitere Ausnahme ist das Hotel Esplanade im heutigen Sony Center am Potsdamer Platz. Hier, in der Nähe des Bendlerblocks, sollten sich einige jüngere Offiziere bereithalten, bis es losging, darunter der später als Begründer der Münchner Sicherheitskonferenz bekannt gewordene, damals 22-jährige Leutnant Ewald-Heinrich von Kleist [96]. Der Saal ist erhalten, und in der Fotoausstellung im Untergeschoss wird an diesen Aspekt der Geschichte des Ortes erinnert, wobei es allerdings nicht zutrifft, dass Stauffenberg selbst hier gewartet haben soll.

Ein anderer Gedenkort ist – zuletzt – das Grab auf dem Alten St. Matthäus-Kirchhof in Schöneberg, in dem die fünf Leichen aus dem Bendlerblock in den frühen Morgenstunden des 21. Juli 1944 beigesetzt wurden. Obwohl sie kurz dar-

---

[96] Siehe Kleists Bericht in Vollmer/Keil, Stauffenbergs Gefährten, S. 220–235.

Berlin-Schöneberg, Grabstein auf dem Alten Matthäikirchhof.
Winfried Heinemann

auf wieder exhumiert und dann verbrannt wurden, ist dies bis heute ein Ehrengrab des Landes Berlin (wohl das einzige Ehrengrab, in dem niemand begraben ist). Dass das Gedenken hier ebenfalls entmilitarisiert ist, mag verständlich erscheinen angesichts von fünf Namen auf einem Grabstein, aber doch nicht selbstverständlich angesichts des Berliner Brauchs, ansonsten alle Arten von Rängen und Titeln auf Gräbern zu verewigen.

Auch für die innenpolitische Diskussion in der Bundesrepublik wurde immer wieder das Dritte Reich als Argument herangezogen, teils allerdings in erstaunlicher Unkenntnis der historischen Gegebenheiten. Als Beispiel mag die Debatte über den Einsatz militärischer Machtmittel im Innern dienen. So schrieb die Presse zu dieser Frage:

»Die Streitkräfte verteidigen das Land grundsätzlich nach außen, die Polizei wehrt Gefahren im Inland ab. Die strenge Trennung von Armee und Polizei in Deutschland hat historische Gründe. Das geht auf den Machtmissbrauch der bewaffneten Kräfte in der Zeit der Weimarer Republik und des Nationalsozialismus zurück.«[97]

Sie berücksichtigte zwar noch die Weimarer Republik, allerdings ohne die Überlegungen der Reichswehr zur Verhinderung der NS-Diktatur zu erwähnen.

---

[97] Berliner Morgenpost, 7.3.2017.

X. Die Rezeption des militärischen Widerstands

Die elektronischen Medien argumentierten noch platter:
»Dass die Bundeswehr bisher nicht wie in anderen Ländern auch zum Schutz im Innern eingesetzt werden kann, hat einen ganz speziellen Grund: die unrühmliche Rolle, die die Armee im Dritten Reich gespielt hat.«[98]
Niemand hinterfragt hier, wo genau im Dritten Reich die Armee jene »unrühmliche Rolle« gespielt haben soll, die heute ihren Einsatz im Inneren verhindern würde. Im Gegenteil achtete Hitler wie bereits erwähnt sehr genau darauf, die Kompetenzen des Militärs im Reich äußerst gering zu halten. Das einzige Mal, dass das Militär während der NS-Herrschaft versucht hat, die Macht im Innern zu übernehmen, ist letztlich der 20. Juli 1944, und gegen den richtet sich das innenpolitische Argument gewiss nicht.

Die bundesdeutsche Justiz tat sich mit einer angemessenen Einordnung des Widerstandes gegen Hitler schwer. In dem Strafverfahren gegen Walter Huppenkothen, der Anfang April 1945 in Sachsenhausen und Flossenbürg die dort einsitzenden Angehörigen der »Abwehr« (Dohnanyi, Canaris, Oster, Sack, Bonhoeffer und andere) hatte hängen lassen, hatte der Bundesgerichtshof zunächst 1952 ein Urteil gefällt, das die jeder Rechtsstaatlichkeit hohnsprechenden »standgerichtlichen« Verfahren als Unrecht bezeichnet hatte, sich davon aber 1956 abgewandt und die Verurteilung der Verschwörer als rechtmäßig dargestellt;[99] Männer wie Dietrich Bonhoeffer galten damit in der Bundesrepublik lange als zu Recht verurteilt. Letztlich wurde diese Rechtslage erst durch das Gesetz zur Aufhebung nationalsozialistischer Unrechtsurteile in der Strafrechtspflege vom 25. August 1998 endgültig verändert, das die Urteile des Volksgerichtshofs und der »Standgerichte« als »Verstoß gegen elementare Gedanken der Gerechtigkeit« bezeichnete und daher aufhob.[100]

Gegen den Generalrichter Manfred Roeder, der die Verfahren gegen die »Rote Kapelle« und gegen die Abwehrangehörigen geführt hatte (siehe oben Kapitel IV.5), leitete nach dem Krieg die Staatsanwaltschaft Lüneburg aufgrund einer Anzeige des Staatsministers a.D. Adolf Grimme ein Ermittlungsverfahren ein, das der bearbeitende Staatsanwalt Hans-Jürgen Finck jedoch alsbald einstellte; Finck arbeitete auch für die »Organisation Gehlen«, und diese war an Roeders Wissen über die »Rote Kapelle« interessiert.[101]

Auch im Bereich des Versorgungsrechts taten sich viele Behörden schwer, die im Widerstand Umgekommenen als Opfer des NS-Systems anzuerkennen. Teilweise mussten sie oder ihre Angehörigen jahrelang prozessieren, bis sie die ihnen zustehende Versorgung erhielten, während die Richter und Staatsanwälte von damals längst schon wieder in Amt und Würden waren. Der als einer der allerletzten 1956 aus der Kriegsgefangenschaft heimgekehrte Joachim Kuhn etwa sah sich als erstes einem Strafverfahren wegen Titelmissbrauchs ausgesetzt, weil er in sowjetischen Lagern eine Schizophrenie entwickelt und sich selbst als »Pfalzgraf

---

[98] Focus-Online, 2.8.2016, <http://www.focus.de/archiv/politik/02-08-2016/>, zuletzt konsultiert am 11.5.2017.
[99] Perels, Die schrittweise Rechtfertigung der NS-Justiz.
[100] Gesetz zur Aufhebung nationalsozialistischer Unrechtsurteile in der Strafrechtspflege vom 25.8.1998 (BGBl. I, S. 2501), zuletzt geändert durch Artikel 1 des Gesetzes vom 24.9.2009 (BGBl. I, S. 3150).
[101] Endrass, Bonhoeffer und seine Richter; Grosse, Dietrich Bonhoeffer; Sälter, Phantome des Kalten Krieges, S. 173–175, 382.

von Zweibrücken« bezeichnet hatte; Ansprüche aus seinem Wehrdienstverhältnis könne er nicht geltend machen, denn das sei durch den Entscheid des Ehrenhofs, ihn aus der Wehrmacht auszustoßen, schon vor Kriegsende beendet worden.[102]

Der Bundestagsausschuss für Wiedergutmachungsfragen stellte hierzu bereits 1956 fest:

> »Der Ausschuss hat mit Erschrecken und Entsetzen Entscheidungen von Entschädigungsbehörden und Gerichten zur Kenntnis genommen, in denen eine Art des Denkens zum Ausdruck kommt, die zum völligen Versagen, ja zum Teil in das Gegenteil der Wiedergutmachung führen muss.«[103]

Damit stand in der Bundesrepublik die Frage im Raum, wer unter welchen Umständen ein Widerstandrecht für sich in Anspruch nehmen konnte. Hinzu kam noch Folgendes: Konnte ein solches »Ausnahmerecht« übergesetzlich gelten (»Radbruchsche Formel«) oder musste es als Gesetz kodifiziert werden? Die Fokussierung auf den nationalkonservativen »Honoratiorenwiderstand« führte dazu, dass sich in den 1950er Jahren zunächst das Konzept eines »elitären Widerstandsrechtes«[104] herausbildete, wonach nur wenige, besonders qualifizierte Personen gegen staatliche Willkür aufzustehen berechtigt seien. Die Weitung des Blickfeldes auf den Arbeiterwiderstand und andere Formen oppositionellen Verhaltens brachte dann allerdings eine Ausweitung auch des juristischen Widerstandsrechts mit sich, die letztlich – als Kompensation für die Notstandsgesetze des Jahrs 1968 – in die heutige Fassung des Artikels 20 Grundgesetz mündete.

Dabei ging es vorrangig darum, der Bundesrepublik eine Notstandsverfassung zu geben, die im Grundgesetz in der Fassung von 1949 nicht vorgesehen war, und so westalliierte Vorbehaltsrechte abzulösen.[105] Die Proteste in der Öffentlichkeit waren heftig. Vor allem die Gewerkschaften waren besorgt, auf dem Wege der Notstandsgesetze könnte ihr Streikrecht ausgehebelt werden. Sie bezogen das unter Hinweis auf den Kapp-Putsch von 1920 auch auf den »politischen Streik«.[106] Es ging letztlich um die Frage, ob das Recht zum Widerstand gegen ein Unrechtsregime überstaatliches Naturrecht oder aber einer rechtlichen Regelung zugänglich sei. Am Ende normierten Bundestag und Bundesrat das Widerstandsrecht eines jeden Bürgers, indem sie dem Artikel 20 einen Absatz 4 anfügten: »Gegen jeden, der es unternimmt, diese Ordnung zu beseitigen, haben alle Deutschen das Recht zum Widerstand, wenn andere Abhilfe nicht möglich ist.«[107]

Entscheidend dabei ist, dass dieses Widerstandsrecht erst greift, wenn alle anderen rechtsstaatlichen Mittel versagen (»wenn andere Abhilfe nicht möglich ist«). Zudem steht dieses Recht nicht nur einer Elite zu, sondern allen Staatsbürgern, aber eben auch nur diesen.

Die Jahre nach 1968 waren geprägt durch erhebliche innenpolitische Auseinandersetzungen bis hin zum Terrorismus der »Roten Armee Fraktion«. Die zu-

---

[102] Hoffmann, Stauffenbergs Freund, S. 137 f.; Heinemann, Selbstreinigung der Wehrmacht?, S. 128. Siehe auch zum Vorgehen der Behörden gegen die Witwe des ebenfalls hingerichteten Generalobersten Fromm: Kroener, Friedrich Fromm – »Unser Verräter«?; und Lier, Ohne einen Pfennig Einkommen oder Vermögen.
[103] Zit. nach Johst, Begrenzung des Rechtsgehorsams, S. 111.
[104] Ebd., S. 232 f.
[105] Avenarius, Die Rechtsordnung, S. 63–65.
[106] Johst, Begrenzung des Rechtsgehorsams, S. 214.
[107] Grundgesetz für die Bundesrepublik Deutschland, zuletzt geändert am 13.7.2017.

X. Die Rezeption des militärischen Widerstands

meist linksorientierten Kritiker des bundesrepublikanischen Systems nutzten häufig den Widerstandsbegriff, um ihre Haltung zu bezeichnen. Das argumentative Konstrukt ging soweit, die bis dahin fast durchgängig positive Konnotation der Opposition gegen das NS-Regime auf diese Art begrifflich nutzbar zu machen. Das allerdings stieß auf massive Proteste nicht zuletzt von Angehörigen und Freunden der seinerzeit Ermordeten:

»In einem Bereich allerdings verwahrte sich Marion Gräfin Dönhoff auf das Schärfste gegen die Bezugnahme auf den Widerstand: dort nämlich, wo der Versuch unternommen wurde, die Artikulation von Protest in der bundesrepublikanischen Gesellschaft als Widerstand in der Tradition des 20. Juli hinzustellen. Widerstand, das war für Dönhoff stets das ›moralische Ringen mit dem Bösen schlechthin‹, ein ›bedingungsloses, opferbereites Festhalten an den höchsten moralischen Maßstäben auch unter äußerster Gefährdung des Lebens‹. Mit dieser hochmoralischen Widerstandsdefinition wehrte sie sich vehement gegen jeden Versuch, eine Kontinuitätslinie des Widerstands zu ziehen vom 20. Juli oder der ›Weißen Rose‹ hin zum RAF-Terrorismus, aber auch zu Hausbesetzungen oder Blockadeaktionen der Friedensbewegung. Letzteren sprach sie ihre Legitimität keineswegs ab. Doch derlei Protestaktivitäten als Widerstand zu bezeichnen, sei ›einfach anmaßend und irreführend‹.«[108]

Inge Aicher-Scholl, die sich als die Sachwalterin des Erbes ihrer ermordeten Geschwister verstand, ging so weit, in Ausgaben ihres Buches »Die Weiße Rose« den Text der Flugblätter der Münchner Studentinnen und Studenten inhaltlich zu ändern, um ihn ihren politischen Zielsetzungen und ihren Deutungen des Geschehens von 1943 anzupassen.[109]

1984 forderte Antje Vollmer, eine Politikerin der damals noch jungen Partei der Grünen: »Auch heute ist politischer Widerstand notwendig«, denn: »Der Widerstand gegen den Nationalsozialismus ist nicht Privatbesitz nationalkonservativer Eliten gewesen.« Demgegenüber warnte der sozialdemokratische Bundesjustizminister Gerhard Jahn vor einer Instrumentalisierung des Widerstandsrechts gegen die parlamentarisch-demokratische Ordnung: »Widerstand gegen die vom Grundgesetz verfasste Ordnung darf es nicht geben.«[110]

Für die Bundeswehr ist das Spannungsverhältnis zwischen der sich aus dem Primat der Politik ergebenden Verpflichtung zum Gehorsam und dem Recht des Individuums (auch in Uniform) zum Handeln in Übereinstimmung mit dem eigenen Gewissen noch immer nicht ausgestanden. Der 2. Wehrdienstsenat des Bundesverwaltungsgerichts sprach 2005 einen Major vom Vorwurf des Ungehorsams frei, der Gewissensgründe gegen einen Befehl geltend gemacht hatte, von dem der Offizier befürchtete, er könne ihn in Verbindung mit dem aus seiner Sicht völkerrechtswidrigen Krieg der USA im Irak bringen.[111] Der Major hob dabei einzig auf die Gewissensfreiheit nach Artikel 4 Grundgesetz ab, die höher anzusetzen sei als die Gehorsamspflicht.

---

[108] Conze, Aufstand des preußischen Adels, S. 507.
[109] Hikel, Sophies Schwester, S. 203.
[110] Beide zit. nach Cornelißen, Der 20. Juli 1944 in der deutschen Erinnerungskultur, S. 34. Siehe auch Steinbach, Gescheitert, S. 740.
[111] Urteil des 2. Wehrdienstsenats vom 21.6.2005, BVerwG 2 WD 12.04, <http://www.bits.de/NRANEU/others/2wd12-u-04.pdf>, zuletzt konsultiert am 24.9.2018.

Ein Oberstleutnant hatte im Mai 2017 die Verteidigungsministerin kritisiert und am Ende vor Kameraden gesagt: »Wenn sich etwas ändern soll, dann müssen wir, die Soldaten, endlich den Mund aufmachen« – und dann hinzugefügt: »oder putschen«. Die Staatsanwaltschaft bescheinigte ihm zwar, dass er sich nicht strafbar gemacht habe; disziplinar wurde er dagegen gemaßregelt.[112] Wie seine Vorgesetzten reagiert hätten, hätte der Offizier stattdessen gesagt »oder uns an Stauffenberg orientieren«, muss offenbleiben.[113]

Die Bundeswehr entstand von Anfang an als Bündnisarmee. Dabei wurde die politische Einbindung des westdeutschen Staates in die »freie Welt« durch die Tradition des Widerstandes gegen NS-Unrechtsregime und Krieg nachhaltig erleichtert:

> »Damit wurden auch ausländische Fehldeutungen der Haltung der Deutschen – restlose Obrigkeitsgläubigkeit, Unterwürfigkeit, monolithische Geschlossenheit – wenn nicht widerlegt, so doch wenigstens relativiert [...] Diese entscheidenden Korrekturen am damals weithin undifferenzierten Deutschlandbild im Ausland waren eine wichtige Voraussetzung für eine künftige Zusammenarbeit im Konzert der Nationen.«[114]

Die Neukonzeption des inneren Gefüges der deutschen Streitkräfte unter dem Stichwort der »Inneren Führung« stieß bei den alliierten Militärs hingegen nicht immer auf ungeteilte Zustimmung.[115] Dazu gehörten auch die aus ihrer Sicht problematische Einschränkung der Gehorsamspflicht und die Berufung auf den militärischen Widerstand gegen Hitler als Traditionsträger, wie der Militärexperte der »Frankfurter Allgemeinen Zeitung« und Wehrmachtoffizier Adelbert Weinstein nach einer Begegnung mit französischen Offizieren berichtete:

> »Einige Offiziere sprechen uns auf den 20. Juli an. Sie sind der Auffassung, die Tat der deutschen Offiziere könne nicht gebilligt werden, denn Deutschland habe sich damals im Krieg befunden, und im Krieg sei ein Attentat auf den obersten Befehlshaber ein Verbrechen.«[116]

Umgekehrt kam es desgleichen in verbündeten Nationen zu militärisch initiierten Staatsstreichen gegen die Regierungen, so in der Türkei und in Griechenland. In Portugal stürzte die Armee am 25. April 1974 die Reste jenes autoritär-faschistischen Regimes, das der 1970 verstorbene António de Salazar in den 1920er Jahren begründet hatte. Den Militärs in Portugal ging es aber um mehr als um einen Regimewechsel: Sie forderten die sofortige Beendigung der Kriegführung in Angola, Mosambik und Guinea-Bissau, nicht zuletzt, weil sich ihr Land durch die Fortsetzung des Kolonialregimes dort zunehmend internati-

---

[112] Thorsten Jungholt, »Wenn sich etwas ändern soll, dann müssen wir, die Soldaten, endlich den Mund aufmachen. Oder putschen«, in: Die Welt, 12.12.2017, S. 8.
[113] <http://www.faz.net/aktuell/politik/ich-habe-das-vertrauen-verlor-marine-kommandeur-rechnet-mit-von-der-leyen-ab-15512280.html>, zuletzt konsultiert am 25.9.2018.
[114] Wiggershaus, Zur Bedeutung und Nachwirkung, S. 470.
[115] Meyer, Zur Situation der deutschen militärischen Führungsschicht, S. 670 f.; Meier-Dörnberg, Die Planung des Verteidigungsbeitrages, S. 681–688; Fröhling, Innere Führung und Multinationalität, S. 149 f.
[116] Adelbert Weinstein, Köpfe einer Armee. Französische Offiziere in Algerien, in: Frankfurter Allgemeine Zeitung, 11.7.1959.

X. Die Rezeption des militärischen Widerstands

onal isoliert hatte.[117] Auch hatte die fast kampflose Aufgabe der portugiesischen Stellungen in Goa gegenüber einer gewaltigen Übermacht an indischen Truppen 1961 das Ansehen der Armee in der portugiesischen Öffentlichkeit nachhaltig beschädigt;[118] die unausweichlichen Niederlagen in Afrika würden diesen Schaden noch vergrößern. Eine weitere Parallele zum 20. Juli 1944 mag man darin sehen, dass das Regime angesichts der personellen Verluste vor allem an Offizieren neue Zugangswege zum Offizierberuf eröffnet und damit die bisherige elitäre Position des Berufsoffizierkorps in Frage gestellt hatte – auch eine Form der Elitenmanipulation.[119] Nach gut einem Jahr, das immer wieder geprägt war von Kämpfen im Inneren, übergaben die Militärs die Macht an zivile Politiker.[120]

Trotz dieser offenkundigen Ähnlichkeiten haben sich weder die portugiesischen Militärs in ihrer Machtübernahme auf das deutsche Vorbild berufen,[121] noch sind in Deutschland entsprechende Parallelen ausdrücklich gezogen worden. Das Buch des geistigen Führers des Umsturzes vom 25. April 1974, General António de Spínola, erschien alsbald in einer deutschen Ausgabe. Der Bonner Politologe und Historiker Hans-Adolf Jacobsen, damals immerhin Sprecher des Beirats Innere Führung beim Bundesminister der Verteidigung und 1984 Herausgeber der Neuauflage der Kaltenbrunner-Berichte, schrieb ein Vorwort, erwähnte aber den deutschen Widerstand mit keinem Wort.[122] Lediglich Adelbert Weinstein stellte implizit einen Bezug her, als er den portugiesischen Putsch als einen »Aufstand des eigenen Gewissens vieler Offiziere« bezeichnete; Weinstein wies auch auf den »schmutzigen Krieg« beider Seiten in Afrika als Grund für den Umsturz hin.[123]

Bei allen Ähnlichkeiten darf man die Unterschiede nicht übersehen: Der von Salazar geschaffene »Estado Nuovo« wurde – anders als das NS-Regime im letzten Kriegssommer – bereits von weiten Teilen vor allem der städtischen Bevölkerung abgelehnt, sodass der Umsturz sich nicht zugleich gegen Regime und Bevölkerung richtete. Auch verfügte das portugiesische Militär über eine reiche Vergangenheit an Meutereien und Aufständen,[124] und der Umsturz vom April 1974 beinhaltete ebensowenig einen »Tyrannenmord« als Auftakt. Kurz gesagt, die jungen portugiesischen Offiziere des »Movimento das Forças Armadas« hatten keinen Anlass, sich die tiefgehenden moralischen und religiösen Gedanken zu machen, wie sie Männer wie Moltke oder Leonrod seinerzeit umgetrieben hatten.

Auch nach dem versuchten Militärputsch in der Türkei am 15./16. Juli 2016 ging die instinktive Reaktion der deutschen Öffentlichkeit dahin, sein

---

[117] Spínola, Portugal und die Zukunft, S. 57–86.
[118] Wenzel, Die Vorgeschichte, S. 52.
[119] Afonso, Caracterização sociológica, S. 21 f.; Braeckman, Portugal, S. 72 f.; Wenzel, Die Vorgeschichte, S. 54. Chilcote, The Portuguese Revolution, S. 91, sieht allerdings die »highly politicized university students drafted as junior officers« als treibende Kraft der Umsturzbewegung im Heer.
[120] Rezola, Os Militares na Revolução, S. 125.
[121] Zur portugiesischen Historiografie siehe Rezola, Os Militares na Revolução; und aus marxistischer Perspektive Loff, A Memória da Ditadura, S. 15 f.
[122] Spínola, Portugal und die Zukunft, S. 5–18.
[123] Adelbert Weinstein, Portugals Putsch gegen den Krieg. Die Streitkräfte fürchteten einen Verfall ihres Ansehens, in: Frankfurter Allgemeine Zeitung, 27.4.1974, S. 10.
[124] Harsgor, Portugal in Revolution, S. 11.

Scheitern zu begrüßen.¹²⁵ Niemand zog – trotz der zeitlichen Nähe zum kurz darauf stattfindenden Gedenktag – einen Vergleich mit dem 20. Juli 1944, und sei es nur mit dem Ziel, die Unterschiede beider Ereignisse herauszuarbeiten. Die traditionelle Würdigung verstellt offenkundig auch den Blick auf eine kritische Analyse historischen Geschehens im Lichte der Gegenwart. Hat das gemeinsame Widerstandsgedenken etwa von Deutschen und Polen seit der »Versöhnungsmesse« des polnischen Premierministers Tadeusz Mazowiecki und des deutschen Bundeskanzlers Helmut Kohl 1989 im polnischen Krzyżowa, dem ehemaligen Kreisau, noch eine verbindende Funktion ausüben können,¹²⁶ so ist die politische Wirkmächtigkeit des Widerstandsgedenkens heutzutage gering.

Die Formen des kollektiven Gedenkens, wie sie sich in der Bundesrepublik seit den 1950er Jahren entwickelt haben, sind ihrerseits Kinder ihrer Zeit und müssen im Licht ihres historischen Kontextes gesehen werden. Das Gedenken an den Widerstand gegen Hitler unterscheidet die Bundesrepublik von ihren Partnern – wie auch ihr Umgang und der ihrer Streitkräfte mit der Geschichte des Zweiten Weltkriegs bis heute zu Recht anders und kritischer ist als der ihrer Verbündeten.

2. Der Widerstand in der Tradition der Nationalen Volksarmee der DDR

Die andere deutsche Armee, die Nationale Volksarmee der DDR, musste sich ebenso fragen, wie sie mit dem Erbe des »antifaschistischen« Widerstands umgehen wollte, gehörte nach ihrem eigenen Selbstverständnis der »Antifaschismus« doch zu den Wesensmerkmalen der DDR.¹²⁷ Eine angemessene Einordnung erfordert allerdings eine vorhergehende kurze Betrachtung der ideologischen Grundvoraussetzungen.

Während der Nationalsozialismus immer eine »Bewegung« gewesen war, basierte die DDR auf der in sich geschlossenen, intellektuell anspruchsvollen Ideologie des Marxismus, speziell in leninistischer Ausprägung.¹²⁸ Gleichwohl war der Marxismus-Leninismus nicht die alleinige geistige Grundlage der DDR. Schon bald, noch vor der Gründung des ostdeutschen Teilstaates 1949, wurde die offene Diskussion marxistischer Theorien Zug um Zug durch stalinistischen Personenkult und unkritische Übernahme sowjetischer Denkmuster ersetzt; wer sich dagegen wehrte, musste mit Repression rechnen.¹²⁹ Neben dem Marxismus spielte also die ideologische Überhöhung der Sowjetunion eine wichtige Rolle, hinzu kam die typisch leninistische zentrale Rolle der Einheitspartei. Je länger

---

[125] Siehe etwa Gerd Appenzeller, Die Türkei – ein Unruheherd. In: Der Tagesspiegel, 16.7.2016, <https://www.tagesspiegel.de/politik/putsch-gegen-erdogan-die-tuerkei-ein-unruheherd/13885552.html>, zuletzt konsultiert am 6.9.2018.
[126] Ruchniewicz, Kreisau neu gelesen, S. 107–112.
[127] Schmidt, Sieger der Geschichte?, dort auch weitere Literatur.
[128] Weber, Die DDR, S. 121–189; Mählert, Kleine Geschichte der DDR, S. 37–46.
[129] Leonhard, Die Revolution entläßt ihre Kinder, S. 599–660; Weber/Weber, Damals, als ich Wunderlich hieß, S. 274–410; Finker, Der 20. Juli 1944, S. 9.

die DDR existierte, desto mehr beeinträchtigten andererseits funktionale Notwendigkeiten die Rolle der Ideologie, vor allem im Bereich der Wirtschaft, aber ebenso beim Militär.[130]

Nach dem Abschluss der Blockbildung Mitte der 1950er Jahre markierte der Mauerbau 1961 das endgültige Ende einer auf Veränderung ausgerichteten sowjetischen Deutschlandpolitik und damit das Ende aller Bestrebungen, ein sozialistisches Gesamtdeutschland zu schaffen.[131] Stattdessen ging es ab den 1970er Jahren darum, die sozialistische Nation auf deutschem Boden zu schaffen, die sich dazu als spezifisch mitteldeutscher Staat verstehen musste. So ist die geistige Grundlage des SED-Staates ebenfalls keineswegs so homogen, wie das auf den ersten Blick scheinen mochte, und sie veränderte sich auch maßgeblich im Laufe der Zeit.

In das dichotomische Schema des dialektischen und historischen Materialismus galt es nach 1945, den Nationalsozialismus ebenso wie den Widerstand gegen ihn einzuordnen. Die herrschende marxistische Meinung war (nicht nur in der DDR), dass die verschiedenen Formen des »Faschismus« – der Begriff war gebräuchlicher als »Nationalsozialismus« – eine Hochform des Imperialismus markierten. Insofern galt das Dritte Reich als die logische Konsequenz der Weimarer Republik. Der eigentliche Bruch in der deutschen Geschichte war der November 1918, in dem es der Bourgeoisie ein letztes Mal gelungen war, die Räte- oder Sowjetrepublik zu verhindern.[132]

Erst mit der Entstehung der DDR als dem »ersten Arbeiter- und Bauernstaat auf deutschem Boden« war nach dieser Lesart das auf den Kapitalismus folgende sozialistische Zeitalter auch in Deutschland angebrochen. Die DDR stellte sich von Anfang an in die Reihe jener Kräfte, die das Hitler-Regime bekämpft hatten. Das unterschied sie von der Bundesrepublik, die sich als der Rechtsnachfolger des Deutschen Reiches betrachtete, dessen Verantwortung übernahm und in erheblichem Umfang Entschädigungen an frühere Zwangsarbeiter, an den Staat Israel oder an Polen zahlte.

Die DDR verwies daher gerne auf die teilweise Übernahme von NS-Eliten in der Bundesrepublik, was aber den Blick darauf versperrte, dass selbst in ihrem System zum Teil eine Elitenkontinuität festzustellen war. Bei einer qualitativen Betrachtung allerdings ergibt sich ein anderes Bild vor allem durch die gezielte Einführung eigener kommunistischer – und das hieß anfangs überwiegend Moskauer – Eliten in der DDR.[133] Konstitutiv für den ostdeutschen Teilstaat war seine Orientierung an der Sowjetunion, die spätestens mit dem Volksaufstand 1953 als die eigentliche Lebensgrundlage der DDR offenkundig wurde.[134]

Das prägte auch den Umgang mit dem Andenken an die Opposition gegen das nationalsozialistische System. Der Sieg im »Großen Vaterländischen Krieg« war zu einem der tragenden Mythen des stalinistischen Systems geworden und blieb es auch nach dem Tod des Diktators 1953. Die Sowjetunion hatte diesen Sieg mit

---

[130] Armee für Frieden und Sozialismus, S. 227–236; Heinemann, Die DDR und ihr Militär, S. 73–79; Hagemann, Parteiherrschaft, S. 206–229.
[131] Heinemann/Wilke, Kein Krieg um Berlin.
[132] Weber, Die DDR, S. 130–137.
[133] Mählert, Kleine Geschichte der DDR, S. 11–34; Weber, Die DDR, S. 15–27; Richter, Die DDR, S. 11–25; Hammerstein, Gemeinsame Vergangenheit, S. 49–56.
[134] Diedrich, Waffen gegen das Volk, vor allem S. 202–216.

riesigen Verlusten bezahlen müssen und sah sich infolgedessen berechtigt, sich selbst als den eigentlichen Sieger zu verstehen.[135] Traditionswürdig war daher, wer zu diesem Sieg der Sowjetunion beigetragen hatte; die »objektive« Funktion galt als mindestens ebenso wichtig wie die subjektive Motivation der Widerständler.

Ganz von Anfang an gehörten daher jene Formen des deutschen Widerstands zur Tradition der DDR, die während des Krieges den sowjetischen Sieg begünstigt hatten: das NKFD und jene Widerstandsgruppe um Arvid Harnack und Harro Schulze-Boysen, die von der Gestapo als »Rote Kapelle« bezeichnet worden war (siehe oben Kapitel IV.5 und IX.3).[136]

Die ostdeutsche Historiografie verzerrte die Geschichte der »Roten Kapelle« nicht weniger als die frühe bundesrepublikanische. Die bürgerliche oppositionelle Gruppe mit sozialistischen Ansichten um den Pädagogen Adolf Reichwein und den Oberleutnant der Luftwaffe Harro Schulze-Boysen wurde auch in Ost-Berlin vor allem als – hier natürlich positiv konnotierte – Spionageorganisation im Dienste der Sowjets interpretiert. Kronzeugin hierfür war Greta Kuckhoff, Witwe des wegen führender Beteiligung an dem Kreis 1943 hingerichteten Adam Kuckhoff, die in ihren Memoiren hervorhebt, welche Unterstützung der sowjetischen Kriegsanstrengungen die Gruppe geleistet habe.[137] Das allerdings muss man quellenkritisch bewerten: Greta Kuckhoff ging nach dem Krieg in die DDR, war von 1950 bis 1958 Präsidentin der dortigen »Deutschen Notenbank« und später Vizepräsidentin des Friedensrats der DDR. Ihre führende Rolle in der DDR erklärt, warum ihre Schilderung in erstaunlichem Maße von den eigentlichen Zielen der Gruppe abweicht, nämlich mit Flugblättern und einer illegalen Zeitschrift eine Revolution in Deutschland selbst herbeizuführen.[138]

Die Gruppe um Harnack und Schulze-Boysen entsprach noch in einer anderen Weise dem Ideal der ideologischen Vorgaben der SED-Historiografie: Auch andere als kommunistische Kräfte, also Sozialdemokraten und Bürgerliche, sogar gelegentlich Adelige, konnten in ihrem Rahmen Berücksichtigung finden. Die SED verstand sich ja als »Einheitspartei«, als Ausdruck jener Symbiose der antifaschistischen Kräfte in Deutschland, wie sie sich die KPD schon vor 1939 als »Volks- oder Einheitsfront« erträumt hatte.[139] Der DDR-Geschichtsschreibung zufolge sei in solchen Kreisen wie der Harnack-Schulze-Boysen-Gruppe die Einheitsfront bereits sichtbar geworden, zumal sie die führende Rolle der Kommunisten und damit ihrer Partei nicht in Frage gestellt habe. Trotzkistische Gruppen und solche Sozialdemokraten, die sich auch im Widerstand der Zusammenarbeit mit den Kommunisten verweigert hatten (»Neu beginnen«, SAPD), waren dagegen aus der SED-Traditionspflege auf Dauer ausgeschlossen.

In gleicher Weise vereinnahmte die DDR das NKFD für sich, das ursprünglich als Auffangbecken für national denkende deutsche Soldaten entstanden war. Auch hier bedingten Würdigung in der DDR und Ablehnung in der Bundesrepublik einander.[140]

---

[135] Stalingrad erinnern, S. 24–36, 118–165; Stalingrad. Eine Ausstellung, S. 352–369.
[136] Kroener, Erinnerungen, S. 23 f.
[137] Kuckhoff, Vom Rosenkranz zur Roten Kapelle, S. 276–320.
[138] Barth/Müller-Enbergs, Kuckhoff.
[139] Doehler/Haufe, Militärhistorische Traditionen, S. 74.
[140] Warth, Verräter oder Widerstandskämpfer?, S. 259.

X. Die Rezeption des militärischen Widerstands

So konnten verschiedene Formen des Widerstands bis hin zu der eindeutigen Spionagetätigkeit eines Richard Sorge (»Kundschafter für den Frieden«) in der DDR-Historiografie als »antifaschistischer Widerstand« zusammengefasst werden. Dass eine solche Vereinfachung der Abqualifizierung des Widerstands als »Verrat« in der Bundesrepublik Vorschub leistete, nahm man dabei hin – ja, das erschien geradezu als Beleg dafür, dass diese von Alt-Nazis dominiert war.

Bis zum Ende der DDR ließen sich zwei Grundprobleme nicht befriedigend lösen: 1939 hatte sich Stalin überraschend mit Hitler geeinigt und damit die sowjetisch orientierte Opposition in Deutschland ebenso düpiert, wie er die Lage der nach Moskau emigrierten deutschen Kommunisten schlagartig verändert hatte. Diese Periode von August 1939 bis Juli 1941, in der ein stalinistischer Widerstand gegen den Nationalsozialismus von Stalin nicht unterstützt wurde, ließ sich nie befriedigend erklären und wurde daher weitgehend totgeschwiegen. Noch in einem im Militärverlag der DDR 1989 erschienenen Band zu »Militärhistorischen Traditionen der DDR und der NVA« findet diese Phase schlicht keine Erwähnung.[141] Zum anderen blieb der historische Befund, dass die populären Formen des Widerstands letztlich erfolglos geblieben waren: Die deutsche Bevölkerung hatte bis zuletzt Hitler und den Nationalsozialisten gedient; der von den Kommunisten erwartete bewaffnete Aufstand und die Revolution waren nicht eingetreten.

Durchgängig kritisch wurde in der DDR der hochkonservative Widerstand um Carl Goerdeler gesehen. 1945 waren in Leipzig gleich zwei Straßen nach dem im Februar des Jahres ermordeten ehemaligen Oberbürgermeister der Stadt benannt worden; schon 1953 trugen beide Straßen wieder einen neuen Namen. Erst im November 1991 kam es erneut zu einer Umbenennung: Aus dem Friedrich-Engels-Platz wurde der Goerdelerring.[142] Die Gruppe um Goerdeler repräsentierte nach dem Verständnis der DDR jene bourgeoisen Kapitalisten, die Hitler erst ermöglicht hatten: Großbürgertum, Banken, Schwerindustrie, Militärführung. Nach sozialistischer Lesart war der Faschismus nichts anderes als die logische Weiterentwicklung des Kapitalismus, sodass aus dieser Perspektive der Unterschied zwischen Goerdeler und jenem Hitler, gegen den er sein Leben eingesetzt und verloren hatte, weitgehend verschwand. Schließlich sei es auch den hochkonservativen Widerständlern um nichts anderes gegangen als um die Aufrechterhaltung der bourgeoisen Klassenherrschaft. Aus einer Fundamentalopposition gegen den Nationalsozialismus wurde damit ein »Antihitlerismus«, also quasi nur eine unter mehreren Fraktionen im imperialistischen Lager.[143] Das galt zeitweise sogar für Sozialdemokraten wie Julius Leber, die in Verbindung zu Stauffenberg und Goerdeler gestanden hatten: In der Zeit des Kampfes gegen den »Sozialdemokratismus«, also der Durchsetzung eindeutig kommunistischer und stalinistischer Positionen innerhalb der danach nur noch nominellen »Einheitspartei« Anfang der 1950er Jahre, wurden nicht-kommunistische linke Widerständler nicht mehr positiv bewertet.

Ab 1948 beteiligte sich die SED an den jährlichen, ursprünglich gesamtdeutschen Gedenkfeiern für den Widerstand, gestaltete diese aber zusehends in ein

---

[141] Doehler/Haufe, Militärhistorische Traditionen, S. 78.
[142] Reich, Erinnern und verweigern, S. 355.
[143] Cornelißen, Der 20. Juli 1944 in der deutschen Erinnerungskultur, S. 26 f.; Showalter, Conscience, Honor and Expediency, S. 63.

Gedenken an die »Opfer des Faschismus« um. Der Wunsch der Überlebenden und der Angehörigen der Verschwörer vom 20. Juli, dieser Vereinnahmung zu entgehen, war letztlich Anlass dafür, in West-Berlin ab 1952 eine eigene Gedenkfeier speziell für den Aufstand vom 20. Juli 1944 zu veranstalten.[144]

Die Periode Ende der 1940er, Anfang der 1950er Jahre markiert nicht nur die konsequente Durchsetzung stalinistischer Doktrinen, sondern auch eine konsequente Ablehnung des nationalkonservativen Widerstands, der nunmehr als eine reaktionäre Bewegung angesehen wurde. Aus dem 20. Juli wurde unversehens eine »Palastrevolution« unzufriedener Offiziere, die keineswegs beabsichtigt hätten, den Krieg zu beenden. Allerdings muss auffallen, dass eine erstaunlich hohe Zahl an Wissenschaftlern jetzt Regionalstudien bevorzugten, was den Vorteil hatte, Studenten unmittelbarer zu motivieren, was aber zugleich ein Stück weit der Notwendigkeit enthob, zu Grundsatzfragen Stellung zu nehmen und damit möglicherweise bei einer sich ändernden Parteilinie falsch zu liegen. So entstanden Publikationen über einzelne Oppositionsgruppen oder über den Widerstand etwa in Sachsen,[145] was letztlich eine Arbeit über Goerdelers Tätigkeit als Oberbürgermeister von Leipzig ermöglichte.[146]

Die DDR-Geschichtsschreibung distanzierte sich hier bewusst deutlich von der positiven Bewertung des 20. Juli, die sich im Laufe der 1950er Jahre in der Bundesrepublik durchsetzte. Der »BRD« hielt die DDR eine fast reflexhafte Ablehnung der in Westdeutschland als Teil des nationalen Narrativs geehrten Gruppen entgegen, wie ja umgekehrt die Bundesrepublik den in der DDR geschätzten Widerstandsgruppen lange die Anerkennung weitgehend verweigerte. Dass die »Bundeszentrale für Heimatdienst« die in den 1950er Jahren wichtigste Schrift über die »Weiße Rose«, das gleichnamige Buch von Inge Aicher-Scholl, in großer Auflage in die DDR verteilen ließ, weil die Münchener Studenten »für die Freiheit« aufgestanden seien, illustriert ebenso, wie das getrennte Widerstandsgedenken zum Kampfinstrument des Kalten Krieges geworden war.[147]

Schon bald zeigten sich aber die Unterschiede zwischen den Systemen: Die Bundesrepublik erlebte in den 1960er und 1970er Jahren sowohl den Beginn der schon angedeuteten kritischen Auseinandersetzung mit dem nationalkonservativen Widerstand als auch wissenschaftliche Arbeiten über andere, politisch links zu verortende Formen des Widerstands.[148] Eine solche Öffnung war in der DDR zunächst nicht möglich. Allerdings begann auch hier in den 1960er Jahren eine nachrückende Generation jüngerer Historiker, die in der DDR verfügbaren Quellen zum Thema zu erschließen und – unter formaler Beachtung der Parteivorgaben – neue Einzelaspekte herauszuarbeiten.

Während die Ablehnung vor allem des als erzreaktionär geschilderten ehemaligen Leipziger Oberbürgermeisters Goerdeler unverändert blieb, wurde Claus Graf Stauffenberg – durchaus heutigen Forschungstendenzen entsprechend –

---

[144] Reich/Finker, Der 20. Juli 1944, S. 534; Schuppener, Das Gedenken an den 20. Juli 1944, S. 105.
[145] Merlio, La résistance allemande, S. 399, Anm. 6.
[146] Axel Laise, Das Wirken Carl Goerdelers in den Jahren 1930–1936. Staatsexamensarbeit, Universität Leipzig 1962, zit. nach Reich, Erinnern und verweigern, S. 374, Anm. 48.
[147] Hikel, Sophies Schwester, S. 124–139; allgemein siehe auch Mommsen, The German Resistance against Hitler, S. 151; und Heiniger, Exil, résistance, héritage, S. 13 f.
[148] Duhnke, Die KPD von 1933 bis 1945; Peukert, Die KPD im Widerstand.

als der programmatische Gegenspieler Goerdelers dargestellt, der daher einer durchweg weniger kritischen Betrachtung unterlag. Dazu mag auch beigetragen haben, dass Stauffenberg gelegentlich unterstellt wurde, er habe beabsichtigt, nach erfolgtem Umsturz mit Stalin zu paktieren (siehe oben Kapitel IX.3). 1964 erschien in der Sowjetunion eine erste vorsichtig positive Darstellung des militärischen Widerstands.[149] Das bereitete die Grundlage dafür, dass bereits 1964 Armeegeneral Heinz Hoffmann, der Minister für Nationale Verteidigung der DDR, bei einer Gedenkveranstaltung Stauffenberg für das Erbe des SED-Staates reklamierte.[150] 1967 konnte die erste Stauffenberg-Biografie der DDR erscheinen, und zwar im Verlag der Ost-CDU. Autor war der Potsdamer Historiker Kurt Finker, der kurz zuvor Professor für deutsche Geschichte der neuen Zeit an der Pädagogischen Hochschule Potsdam geworden war und damit zum führenden Widerstandsforscher in der DDR avancierte.[151]

Obwohl Finker seinen Protagonisten in marxistische Kategorien einordnete, blieb sein Buch nicht ohne Widerspruch. Dass es von keinem geringeren als Hans Rothfels selbst wohlwollend und dann sogar in der FAZ positiv besprochen wurde, half Finker in Potsdam wenig. Das Buch war schnell vergriffen, konnte aber trotzdem erst 1971 – nach Anfügung eines neuen, politisch erzwungenen Schlusses – in einer zweiten Auflage erscheinen.

Die 1970er Jahre brachten eine Veränderung der DDR-Politik und damit auch der von ihr kontrollierten Geschichtsschreibung. Die Phase der westdeutschen Entspannungspolitik der Ära Brandt sowie der beiderseitigen vertraglichen Anerkennung der deutschen Teilung besiegelte nun auch formal den bereits mit dem Mauerbau sichtbar gewordenen Verzicht der DDR auf eine gesamtdeutsche Perspektive unter sozialistischen Vorzeichen. Damit aber stellte sich für den SED-Staat die Frage nach einer eigenen Identität und einer eigenen Geschichte ganz anders. Die SED-Historiografie begann, die These von einer sozialistischen Nation in der DDR herauszuarbeiten, wie sie in Artikel 1 der Verfassung von 1974 benannt war (unter Abkehr vom »sozialistische[n] Staat deutscher Nation«, wie es noch in der Verfassung von 1968 geheißen hatte).[152] Dazu gehörten unter anderem die verschiedenen »progressiven« Tendenzen der Geschichte, was einen Rückgriff auf solche Traditionsträger erlaubte, die bisher verpönt gewesen waren, wenn auch das 1974 in der DDR und zugleich im Pahl-Rugenstein-Verlag in Köln erschienene grundlegende Buch von Klaus Mammach über »Die deutsche antifaschistische Widerstandsbewegung 1933–1939«[153] deutlich machte, wo weiterhin der Schwerpunkt liegen würde.

Zu den neuen Entwicklungen gehörte, dass die DDR sich 1983 aktiv am Lutherjahr beteiligte. Noch in den 1960er Jahren hatte man Thomas Müntzer als den eigentlichen Vorkämpfer des Sozialismus in der Frühen Neuzeit herausgestellt und in Luther den Verräter der Volksmassen gesehen. Schließlich erschien 1980 eine erste große Biografie Friedrichs des Großen (der natürlich nur als »der Zweite« tituliert werden konnte), und im selben Jahr durfte das bis dahin nach

---

[149] Melnikov, 20. Juli 1944; siehe dazu Reich/Finker, Der 20. Juli 1944, S. 547 f.
[150] Cornelißen, Der 20. Juli 1944 in der deutschen Erinnerungskultur, S. 27.
[151] Finker, Stauffenberg.
[152] Reich/Finker, Der 20. Juli 1944, S. 550 f.
[153] Mammach, Die deutsche antifaschistische Widerstandsbewegung.

Potsdam ausgelagerte Reiterstandbild Friedrichs auf seinen alten Platz Unter den Linden zurückkehren.

In diesen Zusammenhang ist die nun zunehmende Offenheit für eine Würdigung des nationalkonservativen Widerstands einzuordnen.[154] 1984 veranstaltete die DDR eine eigene Tagung zum 40. Jahrestag des Attentats, aber die Offenheit hatte auch ihre Grenzen. Eine Einladung zur Teilnahme an der in West-Berlin im selben Sommer stattfindenden großen internationalen Tagung »Der Widerstand gegen den Nationalsozialismus. Die deutsche Gesellschaft und der Widerstand gegen Hitler« durften Kurt Finker und andere DDR-Historiker nicht annehmen.[155]

Hans Bentzien war in den 1960er eine Zeit lang Kulturminister der DDR gewesen, war dann aber einer Säuberung zum Opfer gefallen und zum Fernsehen der DDR gewechselt. Er entdeckte in den 1980er Jahren das Thema des Widerstands gegen Hitler für sich und erreichte die Genehmigung, jeweils im Juli ein halbstündiges Feature über einen Angehörigen der Verschwörung zu zeigen. Für den Sommer 1989 hatte er es dann geschafft, Stauffenberg selbst porträtieren zu dürfen, wozu er sogar mit einem Filmteam ausreisen und in West-Berlin im Bendlerblock drehen konnte. Statt der gewohnten 30 Minuten wurden ihm für Stauffenberg sogar 45 Minuten zugestanden. Es entstand ein Film, der für DDR-Verhältnisse überraschend nüchtern und objektiv berichtete. Wie es schien, waren auch im Bereich der Geschichtswissenschaft die alten Beschränkungen nicht mehr aufrechtzuerhalten. Die ideologische Auflösung der DDR hatte die Wahrnehmung des Widerstands erreicht.[156]

Ziel der DDR-Traditionspflege war zum einen die Fokussierung auf den Arbeiterwiderstand als angeblichen Vorläufer der DDR, zum anderen aber die Unterdrückung der in der Volksarmee immer wieder feststellbaren neonazistischen oder rechtsradikalen Strömungen; darin unterschied sie sich nicht von der Bundeswehr.[157]

Die wenigen Monate einer wirklich demokratischen Regierung in der DDR im Jahre 1990 erlaubten in der NVA eine teilweise Umsetzung von schon lange vorher entwickelten Reformansätzen.[158] Dazu gehörte etwa eine positive Herangehensweise an die nationale Tradition des 20. Juli. Die Regierung Lothar de Maizière und ihr Minister für Abrüstung und Verteidigung, Rainer Eppelmann, wählten ausgerechnet den 20. Juli 1990 aus, um die Berufssoldaten neu und dieses Mal auf die demokratische Verfassung zu vereidigen. Damit war der militärische Widerstand gegen den Nationalsozialismus endgültig in der bereits untergehenden DDR angekommen; die geplante Benennung eines Truppenteils nach

---

[154] Reich/Finker, Der 20. Juli 1944, S. 543.
[155] Kurt Finker, Der 20. Juli 1944 und die DDR-Geschichtswissenschaft. Festvortrag am 19.7.1990 im Otto-Braun-Saal der Staatsbibliothek Preußischer Kulturbesitz, Berlin, <https://20-juli-44.de/reden/der-20-juli-1944-und-die-ddr-geschichtswissenschaft-prof-dr-kurt-finker-19071990>, zuletzt konsultiert am 5.10.2018.
[156] Vortrag Hans Bentzien im Filmmuseum Potsdam am 13.11.2007 bei einer Podiumsdiskussion anlässlich des 100. Geburtstags Stauffenbergs.
[157] Staatsfeinde in Uniform?, S. 330.
[158] Wenzke, Geschichte der Nationalen Volksarmee, S. 135–146; Heinemann, Die DDR und ihr Militär, S. 60–62.

Stauffenberg konnte nicht mehr umgesetzt werden.[159] Selbst führende Historiker der DDR wie Finker schilderten in dieser Umbruchphase offen die intellektuellen Beschränkungen, denen sie unterworfen gewesen waren.[160] Dass einige von ihnen selbst Teil des politischen- und Unterdrückungsapparats gewesen waren, wurde demgegenüber häufig erst später bekannt.[161] Die revolutionär schnelle Annäherung zwischen Ost- und Westdeutschland stützte sich auch in diesem Bereich auf Kommunikationssträngen ab, die lange vor dem Fall der Mauer existiert hatten.

3. Das österreichische Bundesheer und der Widerstand

In Österreich entstanden ab 1949 in den westlich besetzten Bundesländern Alarmformationen der Gendarmerie, die später als »B-Gendarmerie« bezeichnet wurden.[162] Ab 1952 dienten dort überwiegend kriegserfahrene Offiziere und Unteroffiziere, ebenso wie im 1955 daraus entstehenden Bundesheer. Ähnlich wie in Bundeswehr und NVA prägten sie den Alltag in den Kasernen. Anders als in der Bundeswehr schloss der österreichische Staatsvertrag vom 15. Mai 1955 Wehrmachtoffiziere vom Dienstgrad Oberst aufwärts vom Dienst im Bundesheer aus, was aber in einzelnen Fällen missachtet wurde.[163] Die Notwendigkeit, sich auf bestehende Funktionseliten abzustützen, war auch hier letztlich unumgänglich.

Dazu kam das antikommunistische Selbstverständnis Österreichs (und des Bundesheeres) als zwar neutraler, aber pro-westlicher Staat, der durchaus an Mythen vom »anti-bolschewistischen« Kampf bis 1945 anknüpfen konnte. Das war durchaus mit der Bundeswehr vergleichbar, aber die klare Distanzierung Österreichs von jeglicher deutschen Identität erleichterte es, die Zeit von 1938 bis 1945 – im staatlichen Gedenken ebenso wie in der militärischen Tradition – auszuklammern. Damit war es den kriegsgedienten Angehörigen des Bundesheers zunächst einmal verwehrt, ihrer eigenen Kriegsvergangenheit zu gedenken. Auszeichnungen der Wehrmacht (auch in der »gesäuberten« Form ohne Hakenkreuz) durften zur österreichischen Uniform nicht getragen werden.[164] Hingegen nahmen Abordnungen des Bundesheeres durchaus an Gedenkfeiern etwa des Kameradschaftsbundes teil, dessen Mitglieder lange Zeit überwiegend der Kriegsgeneration angehörten.

---

[159] Storkmann, Die »Roten Preußen«?, S. 72.
[160] Reich/Finker, Der 20. Juli 1944.
[161] Rainer Eckert, Der verratene Verräter. Die neuere Widerstandsforschung in der DDR und die Rolle der Historiker. Kurt Finker als »zuverlässige Quelle« des MfS. In: Der Tagesspiegel, 10.9.1996, S. 21.
[162] B-Gendarmerie, Waffenlager und Nachrichtendienste. Für umfassende Hinweise zu diesem Abschnitt danke ich erneut Hofrat Dr. Erwin A. Schmidl.
[163] Barthou, Der »Oberstenparagraph«.
[164] Kossatz, Traditionsnamen, S. 64 f. Ich danke Herrn Felix Kossatz M.A. für die Genehmigung, aus seiner unveröffentlichten Arbeit zitieren zu dürfen.

Die offizielle Ausrichtung der Traditionspflege richtete sich dementsprechend auf die spezifisch österreichische Vergangenheit, vor allem auf die bis 1618 zurückgeführte kaiserliche, später k.u.k. Armee. Sie knüpfte dabei an entsprechende Traditionsrichtlinien aus der Zwischenkriegszeit an. Die Zeit zwischen 1918 und 1938 – gemeinhin vereinfachend als »Erste Republik« bezeichnet – war in der Traditionspflege ebenfalls zu berücksichtigen. Die ersten »Anordnungen für die Traditionspflege« vom 25. November 1967[165] legten unmissverständlich fest: »Für die Überlieferungspflege kommen nur die ehemaligen österreichisch-ungarischen Streitkräfte – die ›Alte Armee‹ – und das Bundesheer der Ersten Republik in Betracht.«

In vieler Hinsicht unterschieden sich diese Anordnungen nicht allzu sehr von dem westdeutschen Traditionserlass von 1965. Allerdings wurde mit der Zeit von 1938–1945 auch der Widerstand gegen das NS-Regime gänzlich ausgeblendet – mit der Begründung, dass dieser ja nicht pro-österreichisch, sondern »gesamtdeutsch« ausgerichtet gewesen war. Als »österreichischer Widerstand« wurde primär die Opposition gegen den »Anschluss« von 1938 verstanden. Daher ehrten die Kasernenbenennungen jener Zeit Österreicher, die Opfer des NS-Regimes geworden waren, wie Oberstleutnant Franz Heckenast, der wegen seiner Rolle als Vorsitzender in den Verfahren der Jahre 1934 bis 1938 gegen die nationalsozialistischen Putschisten ins KZ Buchenwald gekommen und dort 1939 ermordet worden war. Eine Ehrung erfuhren aber auch jene, die bereits vor 1938 gegen den »Anschluss« gewirkt hatten, wie Feldmarschallleutnant Alfred Jansa, der Chef des Generalstabes des Bundesheeres bis 1938, der einen Abwehrplan gegen einen deutschen Einmarsch entwickelt hatte und nach dem »Anschluss« mit gekürzten Bezügen in Erfurt »konfiniert« worden war.

Bis zur Mitte der 1980er Jahre hatte die österreichische Öffentlichkeit den Anteil ihres Landes an der Kriegführung des Dritten Reiches weitgehend ausgeblendet.

> »Erst die Affäre um die Kriegsvergangenheit des [...] Bundespräsidenten Dr. Kurt Waldheim und die Untersuchung durch eine internationale Historikerkommission lösten in Österreich eine nachhaltige Diskussion über den Umgang mit der jüngeren Geschichte, der Rolle Österreichs und der Österreicher im Dritten Reich und der Deutschen Wehrmacht aus.«[166]

Letztlich ging es um nichts weniger als Österreichs Selbstverständnis als erstes Opfer der nationalsozialistischen Expansion.[167]

Allerdings zeigten sich durchaus Diskrepanzen zwischen diesem offiziellen Narrativ und den Erinnerungen der Kriegsteilnehmer. Daher befasste sich schon um 1985 eine Arbeitsgruppe unter Leitung des Militärhistorikers Manfried Rauchensteiner, des späteren langjährigen Direktors des Heeresgeschichtlichen Museums in Wien, mit der Frage der Traditionspflege. Zu einer Modifikation des Traditionserlasses kam es allerdings damals noch nicht. Im Gegenteil wurden die Anordnungen von 1967 zwar aus administrativen Gründen als »Wiederverlautbarung« erneut erlassen, aber, was das Dritte Reich und den Widerstand dage-

---

[165] Verlautbarungsblatt des Bundesministeriums für Landesverteidigung 1967, 18, Nr. 199.
[166] Trauttenberg/Vogl, Traditionspflege im Spannungsfeld der Zeitgeschichte, S. 407; zur Waldheim-Affäre siehe Gehler, Die Affäre Waldheim.
[167] Hammerstein, Gemeinsame Vergangenheit, S. 57–67; Gehler, Die Affäre Waldheim, S. 68.

X. Die Rezeption des militärischen Widerstands

gen anging, ohne Veränderung[168]. Überlegungen aus der damaligen Arbeitsgruppe flossen jedoch Jahre später in die »Anordnungen für die Traditionspflege« von 2001 ein, die klar Stellung zur Traditionswürdigkeit des Dritten Reiches und des Widerstandes bezogen:

> »Das Dritte Reich als ein Unrechtsregime und die Deutsche Wehrmacht als dessen missbrauchtes Instrument können Tradition im Bundesheer nicht begründen, da sich der Dienst in den Österreichischen Streitkräften der Zweiten Republik an den Grundprinzipien der österreichischen Verfassung und des Völkerrechtes orientiert. Wohl können aber vorbildhafte und im Einzelfall zu prüfende Verhaltensweisen von Österreichern in der Deutschen Wehrmacht und von Männern und Frauen des proösterreichischen Widerstandes ein Element der Traditionspflege sein.«[169]

Der erste Satz griff klar die Formulierung des bundesdeutschen Traditionserlasses von 1982 auf. Umso deutlicher sticht die schärfere Distanzierung von der Wehrmacht und eben nicht nur vom Dritten Reich heraus, welche die westdeutsche Regelung von 1982 (siehe oben Kapitel X.1) noch hatte vermissen lassen.

Jetzt war also auch von »Widerstand« die Rede. Allerdings wurde lediglich der proösterreichische Widerstand als traditionswürdig bezeichnet; widerständiges Verhalten von Wehrmachtangehörigen ohne Bezug zum österreichischen Nationalstaat sollte nur individuell gewürdigt werden. Inzwischen stellten sich nämlich neue Fragen, etwa die nach der Traditionswürdigkeit des Dienstes von Österreichern in den »jugoslawischen Freiheits-Bataillonen« zu Kriegsende oder der slowenischen Partisanen in Kärnten zwischen 1943 und 1945. Beide hatten wohl gegen das NS-Regime gekämpft, aber die Abtrennung österreichischen Gebietes (Südkärntens und der Landeshauptstadt Klagenfurt/Celovec) angestrebt. Wohl aber sollten jetzt jene Österreicher gewürdigt werden können, die in alliierten Streitkräften für die Wiederherstellung Österreichs gekämpft hatten.[170]

Nach der Jahrtausendwende ist die öffentliche Diskussion in Österreich, vor allem über die Benennung von Kasernen nach Angehörigen des Widerstands, lebhafter geworden. Im Dezember 2004 veranstaltete die Landesverteidigungsakademie ein Symposium, auf dem sie das Phänomen »Widerstand« national und international aus theologischer, juristischer und historischer Perspektive beleuchtete.[171]

Zudem wurden nun Österreicher gewürdigt, deren Handeln keinen klaren proösterreichischen Bezug aufwies. Die deutsche Bundeswehr hatte 2000 die Kaserne in Rendsburg, später die in Blankenburg/Harz nach dem Judenretter Feldwebel Anton Schmid benannt (siehe oben Kapitel VIII.3). Schmid war Wiener gewesen. 2012 benannte die Heeresunteroffiziersakademie in Enns (Oberösterreich) einen Lehrsaal nach Schmid, nachdem dort schon 2004 eine Gedenktafel für Robert

---

[168] Anordnungen über die Traditionspflege im Bundesheer [...] Wiederverlautbarung. Verlautbarungsblatt des Bundesministeriums für Landesverteidigung 1987, 65, Nr. 168. Der Anlass für die Wiederverlautbarung war die Regelung, dass Erlasse ohne erneute Bekanntmachung nach 20 Jahren automatisch ihre Gültigkeit verlieren.

[169] Anordnungen für die Traditionspflege im Bundesheer – Neufassung. Verlautbarungsblatt des Bundesministeriums für Landesverteidigung 2001, 53, Nr. 117, Ziffer 2b. – Die Anordnungen von 2001 sind im Jahre 2010 erneut und im Wesentlichen unverändert herausgegeben worden.

[170] Traussnig, Militärischer Widerstand von außen.

[171] Die Vorträge sind publiziert als: Der Ruf des Gewissens.

Bernardis enthüllt worden war, einen gebürtigen Innsbrucker, der am 20. Juli 1944 an der »Operation Walküre« beteiligt war.[172] Ein Jahr nach seinem Tod 2004 wurde Major a.D. Carl Szokoll, der 1945 einer lokalen Widerstandsgruppe in Wien angehört hatte, geehrt, indem man den Innenhof der Rossauer Kaserne (Sitz des österreichischen Verteidigungsministeriums) nach ihm benannte.

Auch im nationalkonservativen Widerstand gegen das NS-Regime tätige Österreicher wie etwa Generalmajor Erwin von Lahousen[173] oder in Wien tätige Oppositionelle wie der nach dem 20. Juli 1944 ermordete Oberst Rudolf von Marogna-Redwitz aus dem Reiterregiment 17[174] böten sich als Traditionsträger an, ebenso der »Retter von Gotha«, der in den letzten Kriegstagen erschossene Oberstleutnant Josef Ritter von Gadolla aus Graz.[175] Letztlich bedingte das Selbstverständnis der Alpenrepublik als erstes Opfer der nationalsozialistischen Expansion eine Distanzierung vom NS-Staat, die zugleich eine Vereinnahmung des Widerstands in Österreich lange erschwerte. Insofern war das Bundesheer ein getreuliches Spiegelbild der österreichischen Gesellschaft: »Obwohl man das offenbar gar nicht gerne ausspricht, ist doch festzuhalten, dass Tradition alles andere als unpolitisch ist.«[176] Die »Vergangenheitsbewältigung« in Österreich verlief – verglichen mit der Bundesrepublik – auch deshalb »zeitverschoben«, weil man sich lange auf die Zeit vor 1938 konzentrierte.

Der französische Deutschlandkenner Gilbert Merlio hat die Dinge – leicht vereinfachend – auf den Punkt gebracht: Österreich habe den Nationalsozialismus externalisiert, die Bundesrepublik habe ihn internalisiert, und die DDR habe ihn universalisiert: »das waren ganz andere als wir«, »das waren wir« und »das war der internationale Hochkapitalismus«.[177] Diese gesellschaftlichen Denkmuster haben auch die militärische Traditionspflege geprägt.

---

[172] Binder, Zwischen Modernisierung und ständestaatlicher Apologetik, S. 398 f.; Hoy, Tradition und Traditionspflege im Österreichischen Bundesheer, S. 493.
[173] Schaub, Abwehr-General Erwin Lahousen.
[174] Zu Marogna-Redwitz und seiner oppositionellen Tätigkeit im Rahmen der Abwehr siehe unlängst Meyer, Klatt, S. 409–652.
[175] Brissa, Josef Ritter von Gadolla; Heinemann, Der militärische Widerstand und der Krieg, S. 876 f.
[176] Hoy, Tradition und Traditionspflege im Österreichischen Bundesheer, S. 493.
[177] Merlio, La résistance allemande, S. 391. Siehe ähnlich Steinbach, Nationalsozialistische Gewaltverbrechen, S. 8.

XI. Zusammenfassung

Am Anfang dieses Buches stand die Annahme, dass eine spezifisch militärgeschichtliche Herangehensweise an den nationalkonservativen Widerstand, der im Staatsstreichversuch des 20. Juli 1944 gipfelte, zusätzlichen Erkenntnisgewinn verspräche.

Im Gegensatz zu den politischen, gesellschaftlichen, wirtschaftlichen[1] und kulturellen Dimensionen ist die im engeren Sinne militärgeschichtliche Seite der Verschwörung bisher nicht systematisch erforscht worden. Im Ergebnis war zunächst zu sehen, dass sich der Widerstand gegen das NS-Regime aus älteren Traditionen, vor allem der Reichswehr, aber auch des preußischen Militärs vor 1918 speiste. Das kann nicht überraschen, ist es doch quasi die Parallele zu dem seit den 1960er Jahren bekannten Befund, wonach die Gedankenwelt der Politiker und Diplomaten im Widerstand, von Popitz über Hassell bis Goerdeler, auf Modelle der Zeit vor 1914 oder auf nationalrevolutionäres Gedankengut der Weimarer Zeit zurückgriff. Allerdings ließ sich konstatieren, dass unter den jüngeren Offizieren (und es war eben kein Widerstand der Generale, sondern eher einer der Obersten) die politischen Ansätze der »Honoratioren« kritisch betrachtet wurden. Auch die Vorstellungen über ein künftiges Militär, etwa eine der modernen Kriegführung angemessene Kriegsspitzengliederung, differierten zwischen Beck und Stauffenberg.

Die Reichswehr war eine kleine und elitäre Truppe gewesen. Die Ausweitung hin zum Millionenheer der Wehrmacht hatte sie vieler ihrer ursprünglichen Charakteristika beraubt und sie zugleich durchaus modernisiert. Dem aber entsprach, dass auch im Militär die nationalkonservative Opposition letztlich ein »Widerstand ohne Massenbasis«[2] blieb, obwohl sowohl Goerdeler als auch Stauffenberg versuchten, diesem Manko durch die Hereinnahme von Arbeiterführern abzuhelfen.

Widerstand von Offizieren, und dies ist bisher nie in dieser Schärfe gesagt worden, ist zunächst einmal ein »Aufstand des Militärischen«. Die Missachtung der im Generalstab versammelten Expertise hatte schon 1943 eine Situation geschaffen, in der eine Fortführung des Krieges ein »Verbrechen am deutschen Volk« war, das es zu verhindern galt. Andererseits war eine Beendigung des Krieges mit der Regierung Hitler aus drei Gründen undenkbar: Die Massenverbrechen an den Menschen in den besetzten Gebieten, vor allem an den europäischen Juden,

---

[1] Rüther, Der Widerstand des 20. Juli.
[2] Kroener, Erinnerungen, S. 24; Kershaw, Widerstand ohne Volk, S. 795; siehe auch Grunberger, The 12-year Reich, S. 142 f.

hatten Deutschland erstens außerhalb der zivilisierten Nationen gestellt; niemand würde daher zweitens mit Hitler verhandeln; und dieser wiederum hatte drittens klar erkennen lassen, dass er kein konventionelles Kriegsziel anstrebte, sondern den Krieg als Normalzustand ansah. Sollte das deutsche Volk dabei untergehen, so war dies eben der Gang der Dinge in seinem sozialdarwinistischen Geschichtsbild. Aus solcher Erkenntnis erwuchs für einige wenige nationalkonservativ denkende Offiziere wie Zivilisten eine Pflicht zum Handeln.

Der militärische Widerstand ist aber ebenso im Kontext der polykratischen Strukturen des Dritten Reiches zu sehen. Dabei ging es nicht einfach darum, »Privilegien« zu bewahren, sondern zu verhindern, dass nach Kriegsende die NSDAP und die SS allein die Macht im Reich übernehmen konnten. Gerade die hier erstmals systematisch dargelegte Orientierung an Kaiserreich, Kriegsende 1918 und den Wirren bis zur Etablierung der Weimarer Republik hatte zur Folge, dass die an der Verschwörung beteiligten Soldaten sich auch das Ende der Zweiten Weltkrieges nur als den Auftakt zu inneren Auseinandersetzungen vorstellen konnten, bei denen die Nationalkonservativen nicht nur den Nationalsozialisten, sondern möglicherweise auch den durch die Sowjetarmee unterstützten Nationalkommunisten gegenüberstehen würden. Der Staatsstreich vom 20. Juli 1944 ist auch der Versuch, diese Auseinandersetzung zu einem Zeitpunkt auszulösen, zu dem die eigenen Kräfte so gut vorbereitet waren, wie es angesichts der Umstände eben ging, und andererseits das Heer im Vergleich zu Luftwaffe, Waffen-SS und den anderen Garanten des Regimes noch nicht so geschwächt war, dass der Aufstand von vornherein aussichtslos war. Dass die Risiken groß waren und die Chancen auf einen erfolgreichen Ausgang begrenzt, ist den Beteiligten wohl klar gewesen. Trotzdem ist der 20. Juli 1944 mehr als nur ein symbolisches Handeln gewesen, etwa um der Welt zu zeigen, dass es auch ein »anderes Deutschland« gab. Es war eine genuine Umsturzplanung, beruhend auf längeren Vorbereitungen, und erstellt von einigen der brillantesten Generalstabsoffiziere ihrer Generation. Hier sind nicht, wie später gelegentlich unterstellt, Amateure am Werk gewesen, und einige Erfolgsaussichten waren durchaus gegeben. Ob dazu auch gehört hätte, die Alliierten von ihrer Forderung nach »unconditional surrender« abzubringen, lässt sich nicht sagen; die im Kreise der Verschwörer im Sommer 1944 um sich greifende Skepsis, dies zu erreichen, war wohl nicht unbegründet.

Das Verhältnis der Militärs zur zivilen Gewalt gestaltete sich dabei nicht ohne Spannungen, wofür symptomatisch die persönlichen Animositäten zwischen Stauffenberg und Goerdeler stehen. Die Soldaten haben sich keineswegs nur als ausführendes Organ der Politiker und Diplomaten gesehen, sondern planten eine Militärdiktatur. Diese aber, und auch insofern orientierten sich die Militärs an Praktiken der Weimarer Zeit, sollte zeitlich befristet sein und am Ende in eine zivile Regierungsform münden. Dabei aber behielten sie sich zumindest ein gewichtiges Wort vor, an wen sie die Macht letztlich übergeben würden, und Goerdeler war dabei keineswegs der Wunschkandidat Stauffenbergs und der anderen zentralen Offiziere. Becks zentrale Rolle bestand darin, die auseinanderstrebenden Gruppen um Goerdeler und Stauffenberg trotz dieser Divergenzen zusammenzuhalten.

Daraus ergibt sich der Befund, dass die Soldaten in der Verschwörung keineswegs die geraden Vorläufer jener Bundeswehr waren, wie sie ab 1955 entstand. Sie sind auch militärgeschichtlich nicht in erster Linie daran zu messen, inwieweit sie das später Kommende vorweggenommen haben. Sie sind ebenso wenig vorder-

XI. Zusammenfassung

gründig als Wegweiser zur parlamentarischen Demokratie einschließlich der ihr gemäßen Wehrverfassung zu verstehen, sondern als »zeitbedingte Alternative zum Faschismus«,[3] und, so sollte man hinzufügen, zu dessen Kriegführung.

Das machte es anfangs schwer, diese Soldaten in die Tradition der Bundeswehr zu integrieren. Sie standen eben nicht für den Primat der Politik, sondern eher für jenen »Staat im Staate«, den die an der Gründung der Bundeswehr beteiligten Politiker und Beamten so sehr ablehnten. Zugleich aber erforderten innen- wie außenpolitische Rücksichten angesichts der wachsenden Akzeptanz des Widerstands im politischen Diskurs der Bundesrepublik ab Mitte der 1950er Jahre eine angemessene Berücksichtigung der militärischen Verschwörung bei der Ausgestaltung der Identität der neuen Streitkräfte.

Die Frage betraf letztlich ebenso den zivilen Widerstand, dessen politische Positionen gleichfalls nur begrenzt kompatibel mit dem Grundgesetz von 1949 waren. Die Lösung fand sich in einer Synthetisierung des Problems durch Abheben auf eine moralische Ebene. An die Stelle der politischen und militärischen Opposition trat in der Wahrnehmung der Nachkriegsgeneration ein »Aufstand des Gewissens«. Für den militärischen Widerstand gehörte dazu auch seine »Entmilitarisierung«, wie vielleicht am besten der häufige Gebrauch des Begriffs »Zivilcourage« im Zusammenhang mit den militärischen Verschwörern belegt: Der Sohn des im Widerstand umgekommen Hans-Alexander von Voss, Rüdiger von Voss, sagte am 70. Jahrestag des 20. Juli 1944 in der »Deutschen Welle«, »ein Mangel an Zivilcourage sei schädlich für das Gelingen der Demokratie«[4] Diese Abstrahierung des militärischen Widerstands von seiner Zeitgebundenheit und von seiner spezifischen militärischen Qualität führt letztlich weg von einer vertieften Erkenntnis.

Die Bundeswehr ist vielleicht jener Teil des bundesdeutschen Staatssystems, der am wenigsten von NS-Skandalen belastet gewesen ist. Sie sah sich – allen Aporien zum Trotz – vor allem an ihrer Spitze sehr wohl in der ideellen wie in der personellen Tradition des Widerstands. In keinem anderen Bereich ist bei der Übernahme von Eliten so gründlich – und bis an die Grenzen des rechtsstaatlich Erlaubten – geprüft worden, wer als NS-belastet gelten musste, wobei eine zumindest abgewogene Haltung zum Widerstand zwingende Vorbedingung für eine Übernahme war.

Die Reduzierung des Widerstands auf seine moralische Dimension schuf dann allerdings neue Probleme, als sich herausstellte, dass speziell die Offiziere in der Verschwörung, oder zumindest einige von ihnen, an den Verbrechen des Regimes nicht unbeteiligt waren. Der »Trivialisierung und Ästhetisierung Hitlers durch die Unterhaltungsindustrie«[5] entspricht die Kodifizierung und damit ebenfalls Trivialisierung des Widerstandsgedenkens, das damit Gefahr läuft, Opfer »des verbreiteten Überdrusses am moralischen Zeigefinger« zu werden.

Die Kenntnisse deutscher Soldaten über den Widerstand, der doch ein wichtiger Bestandteil ihrer Traditionspflege sein soll, werden immer geringer – aber das gilt für die historischen Kenntnisse der Deutschen allgemein. Auch das Interesse

---

[3] Mommsen, Die moralische Wiederherstellung der Nation.
[4] Stauffenberg-Attentat: Wie aus Verrätern Helden wurden. In: Deutsche Welle, 20.7.2014, <http://www.dw.com/de/stauffenberg-attentat-wie-aus-verr%C3%A4tern-helden-wurden/a-17786441>, zuletzt konsultiert am 25.9.2018.
[5] Kühne, Zwischen Akribie und Groteske, S. 414, dort auch das folgende Zitat.

der Fachwissenschaft am nationalkonservativen Widerstand hat spürbar nachgelassen; forschungsorientierte Publikationen erscheinen fast nur noch in der Reihe »Schriften der Gedenkstätte Deutscher Widerstand« (sehr verdienstvolle Bände, die auch in dieser Arbeit immer wieder zitiert werden).

Zum 75. Jahrestag der Ereignisse wären daher nicht nur Festreden zur moralischen Qualität von Widerstand zu wünschen, sondern verstärktes Forschen und wissenschaftlich-kritische Aufarbeitung. Militärgeschichtliche Forschung verspricht auch heute noch Erkenntnisgewinn. Die Konsequenz daraus müsste ein verstärktes Forschungsengagement für Themen des Widerstands sein. Biografische Werke über Henning von Tresckow und Erwin Rommel sollen in Vorbereitung sein. Auf der zivilen Seite, das sei hinzugefügt, wäre eine umfassende, den aktuellen Stand reflektierende Goerdeler-Biografie dringend erforderlich. Doch darf das Ziel nicht die »Arbeit am Mythos« sein,[6] sondern eine nüchterne Aufarbeitung, die sich letztlich als tragfähiger Beitrag in eine Gesamtschau der Geschichte des deutschen Militärs in Staat und Gesellschaft einbringt.

Das alles ändert nichts an dem Befund, dass jene Offiziere, die im Aufstand gegen Hitler ihr Leben riskiert und oft genug auch gelassen haben, das moralisch Richtige getan haben. Es ist nicht so, dass militärisch-fachliche Motive für widerständiges Handeln *per se* eine moralische Qualität ausschließen. Wenn Stauffenberg, Tresckow, Beck und die anderen dem Krieg ein Ende zu setzen versuchten, weil sie den sinnlosen Tod weiterer Millionen Menschen auf beiden Seiten der Front und im Hinterland verhindern wollten – dann ist auch das ein moralisch richtiges Handeln. Die Ausdehnung des Widerstandsbegriffs hat dazu geführt, dass die deutsche Öffentlichkeit bei vielen Gruppen und Individuen die Frage nach den Motiven für Widerstand als irrelevant verworfen und lediglich auf die objektive Schädigung der verbrecherischen NS-Kriegführung abgehoben hat. Wenn es aber für die heutige Bewertung unwichtig ist, ob jemand das stalinistische System oder eine parlamentarische Demokratie wollte, dann dürfen nationalkonservative politische Motive oder ein Denken in nationalstaatlichen Kategorien im Nachhinein auch nicht zu einer Disqualifikation im Gedenken führen.

Je mehr gerade den realistisch Denkenden im Widerstand klar wurde, dass kein außenpolitischer Spielraum mehr bestand und an einer bedingungslosen Kapitulation mit anschließender Besetzung des Reiches kein Weg mehr vorbeiging, desto mehr mussten sie besorgt sein, dass man ihnen im Falle eines erfolgreichen Umsturzes einen »Dolchstoß« in den Rücken der Front vorwerfen würde. Die Konsequenz daraus hätte durchaus auch ein Aufgeben und Abwarten sein können. In dieser Situation dann doch gehandelt zu haben, lässt die zugrundeliegende moralische Motivation heraustreten, die eben neben der militärisch-fachlichen immer auch gegeben war. Stauffenbergs bereits zitiertes Diktum bringt es auf den Punkt:

»Derjenige allerdings, der etwas zu tun wagt, muss sich bewusst sein, dass er wohl als Verräter in die deutsche Geschichte eingehen wird. Unterlässt er jedoch die Tat, dann wäre er ein Verräter an seinem eigenen Gewissen.«[7]

---

[6] So auch Hürter/Römer, Alte und neue Geschichtsbilder, S. 302–305.
[7] Kramarz, Claus Graf Stauffenberg, S. 201.

XI. Zusammenfassung

Am Ende war die Beteiligung am Umsturz eine Gewissensfrage. Das allerdings ist dann der Fluchtpunkt, in dem sich dieser Widerstand mit dem Grundgesetz für die Bundesrepublik Deutschland trifft: »Die Freiheit des Glaubens, des Gewissens und die Freiheit des religiösen und weltanschaulichen Bekenntnisses sind unverletzlich.« Mit Artikel 4 Absatz 1 des Grundgesetzes steht das heutige Deutschland sehr wohl in der Tradition des 20. Juli 1944.

Abkürzungen

a.D.	außer Dienst	IfZ	Institut für Zeitgeschichte, München
AHA	Allgemeines Heeresamt		
AOK	Armeeoberkommando	IfZF	Institut für Zeitungsforschung, Dortmund
APO	Außerparlamentarische Opposition		
Ausb/Ers	Ausbildungs-/Ersatz-	i.G.	im Generalstab
Az.	Aktenzeichen	IMT	International Military Tribunal
BArch	Bundesarchiv		
BdE/Chef HRüst	Befehlshaber des Ersatzheeres und Chef Heeresrüstung	InfS	Infanterieschule
		KPD	Kommunistische Partei Deutschlands
		KTB	Kriegstagebuch
BDO	Bund Deutscher Offiziere	KZ	Konzentrationslager
BRD	Bundesrepublik Deutschland	LSch	Landesschützen-
		LSSAH	Leibstandarte SS »Adolf Hitler«
CDU	Christlich Demokratische Union		
		MGFA	Militärgeschichtliches Forschungsamt, Potsdam
CIA	Central Intelligence Agency		
DAP	Deutsche Arbeiter-Partei	MGM	Militärgeschichtliche Mitteilungen
DDR	Deutsche Demokratische Republik		
		MGZ	Militärgeschichtliche Zeitschrift
d.G.	des Generalstabes		
FAZ	Frankfurter Allgemeine Zeitung	MfS	Ministerium für Staatssicherheit der DDR
GD	»Großdeutschland«	MHM	Militärhistorisches Museum der Bundeswehr, Dresden
GDW	Gedenkstätte Deutscher Widerstand		
		mot.	motorisiert
GenO	Generaloberst	NKFD	Nationalkomitee »Freies Deutschland«
GenStdH	Generalstab des Heeres		
GM	Generalmajor	NSDAP	Nationalsozialistische Deutsche Arbeiterpartei
H.Dv.	Heeresdienstvorschrift		
HFwS	Heeresfeuerwerkerschule	NSFO	Nationalsozialistischer Führungsoffizier
HG	»Hermann Göring«		
HGr	Heeresgruppe	NVA	Nationale Volksarmee
HPA	Heerespersonalamt	OB	Oberbefehlshaber
HQ	Headquarters	ObdH	Oberbefehlshaber des Heeres
HWaMstrS	Heereswaffenmeisterschule	OKH	Oberkommando des Heeres

OKM	Oberkommando der Kriegsmarine	SPD	Sozialdemokratische Partei Deutschlands
OKW	Oberkommando der Wehrmacht	SRP	Sozialistische Reichspartei
		SS	Schutzstaffel
OpAbt	Operationsabteilung	StA	Staatsarchiv
Org	Organisation Gehlen	Stasi	Staatssicherheit, siehe MfS
OSS	Office of Strategic Studies	VDS	Verband Deutscher Soldaten
PA	Heerespersonalamt		
Pg.	Parteigenosse	VGH	Volksgerichtshof
Pz	Panzer-	V-Waffe	Vergeltungswaffe
PzTrS	Panzertruppenschule	WRV	Weimarer Reichsverfassung
RGBl.	Reichsgesetzblatt	z.b.V.	zur besonderen Verwendung
RH	Reich – Heer (Aktensignatur BArch)	ZMSBw	Zentrum für Militärgeschichte und Sozialwissenschaften der Bundeswehr, Potsdam
RKG	Reichskriegsgericht		
SA	Sturmabteilung		
SD	Sicherheitsdienst der SS		
SAPD	Sozialistische Arbeiterpartei Deutschlands	ZNS	Zentralnachweisstelle, Kornelimünster
SED	Sozialistische Einheitspartei Deutschlands	z.S.	zur See
		z.V.	zur Verfügung

Kurzbezeichnungen für Abteilungen
in den Führungsstäben des Heeres

Ia	Führungsabteilung
Ib	Quartiermeisterabteilung
Ic	Feindaufklärung und Abwehr, geistige Betreuung
Id	Ausbildung
IIa	1. Adjutant (Offizierpersonalien)
IIb	2. Adjutant (Unteroffiziere und Mannschaften)
III	Gericht
IVa	Intendant (Rechnungswesen, allgemeine Verwaltung)
IVb	Arzt
IVc	Veterinär
IVd	Geistlicher

Quellen und Literatur

1. Ungedruckte Quellen

Bundesarchiv Berlin

NS 33　　SS-Führungshauptamt

Bundesarchiv, Abteilung Militärarchiv, Freiburg i.Br.

MSg 1	Militärgeschichtliche Sammlungen
N 5	Nachlass General der Infanterie Joachim von Stülpnagel
Pers 6	Personalakten, Offiziere der Wehrmacht
RH 7	Oberkommando des Heeres/Heerespersonalamt
RH 12-21	Feldzeug-Inspektion des Heeres
RH 14	Oberkommando des Heeres/Chef Heeresrüstung und Befehlshaber des Ersatzheeres
RH 19 II	Heeresgruppe Mitte
RH 19 III	Heeresgruppe Nord/Heeresgruppe Kurland
RH 19/IX	Heeresgruppe B
RH 20-9	AOK 9
RH 20-16	AOK 16
RH 22	Befehlshaber rückwärtiger Heeresgebiete
RH 37	Verbände und Einheiten der Infanterie des Heeres
RH 53-7	Wehrkreiskommando VII (München)
RH 53-17	Wehrkreiskommando XVII (Wien)
RW 59	Personalverwaltende Stellen der Wehrmacht
ZA 1	Operational History (German) Section der Historical Division der U.S. Army/Studiengruppe Wehrmachtführung und Heer

Gedenkstätte Deutscher Widerstand, Berlin

Bestand Stiftung 20. Juli 1944

Institut für Zeitgeschichte, München

ED 100   Depositum David Irving
ED 715   Stiftung Hilfswerk 20. Juli
ED 88   Bestand Eberhard Zeller
Fa 116   Aktenstücke zum 20. Juli 1944
MA 95   Aktenstücke zum 20. Juli 1944
MS 200   Hanno Kremer: Der 20. Juli 1944 in Paris
ZS/249   Zeugenschrifttum: Walter Huppenkothen
ZS/1769   Zeugenschrifttum: Karl Pridun
ZS/A 29   Zeugenschrifttum: Stiftung Hilfswerk 20. Juli
ZS/A 31   Zeugenschrifttum: Bodo Scheurig

Institut für Zeitungsforschung, Dortmund

F 11080   Tremonia
F 13612   Völkischer Beobachter

Militärhistorisches Museum der Bundeswehr, Dresden

PSF 420   Personalsonderfonds Hans Oster
PSF 786   Personalsonderfonds Ludwig Beck
PSF 958   Personalsonderfonds Alexis Frhr. von Roenne
Sondersammlung 20. Juli 1944

2. Gedruckte Quellen und Literatur

Abelshauser, Werner, Kriegswirtschaft und Wirtschaftswunder. Deutschlands wirtschaftliche Mobilisierung für den Zweiten Weltkrieg und die Folgen für die Nachkriegszeit. In: Vierteljahrshefte für Zeitgeschichte, 47 (1999), S. 503–538

Abenheim, Donald, Bundeswehr und Tradition. Die Suche nach dem gültigen Erbe des deutschen Soldaten, München 1989 (= Beiträge zur Militärgeschichte, 27)

Absolon, Rudolf, Das Offizierkorps des Deutschen Heeres 1935–1945. In: Das Deutsche Offizierkorps 1860–1960. Büdinger Vorträge. In Verbindung mit dem Militärgeschichtlichen Forschungsamt hrsg. von Hans-Hubert Hofmann, Boppard a.Rh.1980 (= Deutsche Führungsschichten der Neuzeit, 11), S. 247–268

Afonso, Aniceto, Caracterização sociológica do movimento dos capitães (Exército). In: Militares e Política. O 25 de Abril. Hrsg. von Luísa Tiago de Oliveira, o.O. 2014, S. 21–39

Agarossi, Elena, and Bradley F. Smith, Operation Sunrise. The Secret Surrender, New York 1979

Aldrich, Richard J., The Hidden Hand. Britain, America, and Cold War Secret Intelligence, London 2001

Allmayer-Beck, Johann Christoph, »Herr Oberleitnant, det lohnt doch nicht!« Kriegserinnerungen an die Jahre 1938 bis 1945. Hrsg. von Erwin A. Schmidl, Wien 2012

Aly, Götz, Hitlers Volksstaat. Raub, Rassenkrieg und nationaler Sozialismus, Frankfurt a.M. 2005

Das Amt Ausland/Abwehr im Oberkommando der Wehrmacht. Eine Dokumentation. Bearb. von Norbert Müller, Koblenz 2007 (= Materialien aus dem Bundesarchiv, 16)

Das Amt und die Vergangenheit. Die deutschen Diplomaten im Dritten Reich und in der Bundesrepublik. Hrsg. von Eckart Conze [u.a.], München 2010

Anfänge westdeutscher Sicherheitspolitik 1945–1956, 4 Bde. Hrsg. vom Militärgeschichtlichen Forschungsamt, München 1982–1997

Aretin, Felicitas von, Die Enkel des 20. Juli 1944, Leipzig 2004

Aretin, Karl Otmar von, Henning von Tresckow. Patriot im Opfergang. In: »Für Deutschland«. Die Männer des 20. Juli. Hrsg. von Klemens von Klemperer, Enrico Syring und Rainer Zitelmann, Frankfurt a.M. 1993, S. 287–310

Aretin, Uta von, Freiheit und Verantwortung. Henning von Tresckow im Widerstand, Göttingen 2015

Armee für Frieden und Sozialismus. Geschichte der Nationalen Volksarmee der DDR, Berlin (Ost) 1985

Arnold, Klaus J., Offiziere der Heeresgruppe Mitte und der Mord an den Juden 1941 – eine notwendige Debatte? In: Der militärische Widerstand im Lichte neuer Kontroversen, S. 161–181

Arnold, Klaus Jochen, Verbrecher aus eigener Initiative? Der 20. Juli 1944 und die Thesen Christian Gerlachs. In: Geschichte in Wissenschaft und Unterricht, 53 (2002), S. 20–31

Attentat auf Hitler. Stauffenberg und mehr. Hrsg. von Linda von Keyserlingk, Gorch Pieken und Matthias Rogg, Dresden 2014

Aufstand des Gewissens. Der militärische Widerstand gegen Hitler und das NS-Regime 1933–1945. Im Auftrag des Bundesministeriums der Verteidigung zur Wanderausstellung hrsg. vom Militärgeschichtlichen Forschungsamt [durch Heinrich Walle], Herford [1984]

Aufstand des Gewissens. Militärischer Widerstand gegen Hitler und das NS-Regime 1933–1945. Katalog zur Wanderausstellung hrsg. im Auftrag des Militärgeschichtlichen Forschungsamtes von Heinrich Walle, 4., durchges. und wesentl. erw. Aufl., Herford 1994

Aufstand des Gewissens. Militärischer Widerstand gegen Hitler und das NS-Regime 1933–1945. Begleitband zur Wanderausstellung des Militärgeschichtlichen Forschungsamtes. Im Auftrag des Militärgeschichtlichen Forschungsamtes hrsg. von Thomas Vogel, 5., völlig überarb. und erw. Aufl., Hamburg 2000

Avenarius, Hermann, Die Rechtsordnung der Bundesrepublik Deutschland. Eine Einführung, 3. Aufl., Bonn 2002

Axel von dem Bussche. Mit einer Einl. von Richard von Weizsäcker. Hrsg. von Gevinon von Medem, Mainz 1994

Bähr, Johannes, und Paul Erker, Bosch. Geschichte eines Weltunternehmens, München 2013

Bahar, Alexander, Sozialrevolutionärer Nationalismus zwischen konservativer Revolution und Sozialismus. Harro Schulze-Boysen und der Gegner-Kreis, Konstanz 1992

Bajohr, Frank, Parvenüs und Profiteure. Korruption in der NS-Zeit, Frankfurt a.M. 2001

Balfour, Michael, Julian Frisby, und Freya von Moltke, Helmuth James von Moltke 1907–1945. Anwalt der Zukunft, Stuttgart 1975

Bargatzky, Walter, Hotel Majestic. Ein Deutscher im besetzten Frankreich, Freiburg i.Br. 1987

Barth, Bernd-Rainer, und Helmut Müller-Enbergs, Kuckhoff, Greta. In: Wer war wer in der DDR?, Bd 1, 5. Aufl., Berlin 2010, S. 421

Barthou, Peter, Der »Oberstenparagraph«. Der Umgang mit Obersten und Generalen der Deutschen Wehrmacht im Österreichischen Bundesheer, Wien 2008

Baudissin, Wolf Graf von, Der Widerstand. »...um nie wieder in die ausweglose Lage zu geraten«. Ansprachen, Reden, An- und Bemerkungen aus Anlass des 20. Juli 1944. Hrsg. von Claus von Rosen, Berlin 2014

Bauer, Fritz, Eine Grenze hat Tyrannenmacht. In: Geist und Tat. Monatsschrift für Recht, Freiheit und Kultur, 9 (1954), S. 194–200, hier zitiert nach <http://www.braunschweig-spiegel.de/images/stories/2012/07/pdf/plaedoyer.pdf>, zuletzt konsultiert am 6.9.2018

Baumgart, Winfried, Zur Ansprache Hitlers vor den Führern der Wehrmacht am 22. August 1939. Eine quellenkritische Untersuchung. In: Vierteljahrshefte für Zeitgeschichte, 16 (1968), S. 120–149

Baur, Tobias, Das ungeliebte Erbe. Ein Vergleich der zivilen und militärischen Rezeption des 20. Juli 1944 im Westdeutschland der Nachkriegszeit, Frankfurt a.M. 2007

Beck, Dorothea, Julius Leber. Sozialdemokrat zwischen Reform und Widerstand, Berlin 1983

Beck und Goerdeler. Gemeinschaftsdokumente für den Frieden 1941–1944. Hrsg. von Wilhelm Ritter von Schramm, München 1965

Becker, Ernst Wolfgang, Soldatentum und demokratischer Neubeginn. Theodor Heuss und seine Haltung zum Militär nach 1945. In: Militärgeschichtliche Zeitschrift, 76 (2017), S. 459–496

Behrens, Petra, und Johannes Tuchel, »Unsere wahre Identität sollte vernichtet werden.« Die nach dem 20. Juli 1944 nach Bad Sachsa verschleppten Kinder. Begleitband zur Ausstellung der Gedenkstätte Deutscher Widerstand in Zusammenarbeit mit der Stiftung 20. Juli 1944 und der Stadt Bad Sachsa, Berlin 2017

Bentzien, Hans, Claus Schenk Graf von Stauffenberg. Der Täter und seine Zeit, Berlin 2004

Benz, Wolfgang, Der deutsche Widerstand gegen Hitler, München 2014

Berg, Nicolas, The Holocaust and West German Historians. Historical Research and Memory. In: On Germans and Jews under the Nazi Regime, S. 85–103

Bergander, Hiska D., Die Ermittlungen gegen Dr. jur. et rer. pol. Manfred Roeder, einen »Generalrichter« Hitlers. Eine Untersuchung zur unbewältigten Rechtsgeschichte der NS-Justiz, Phil. Diss., Bremen 2006

Bergien, Rüdiger, Die bellizistische Republik. Wehrkonsens und »Wehrhaftmachung« in Deutschland 1918–1933, München 2012 (= Ordnungssysteme. Studien zur Ideengeschichte der Neuzeit, 35)

Die Berichte der Einsatzgruppen aus Polen 1939. Vollständige Edition. Hrsg. von Stephan Lehnstaedt und Jochen Böhler, Berlin 2013

Berthold, Lutz, Carl Schmitt und der Staatsnotstandsplan am Ende der Weimarer Republik, Berlin 1999

Bessel, Richard J., Militarismus im innenpolitischen Leben der Weimarer Republik. Von den Freikorps zur SA. In: Militär und Militarismus in der Weimarer Republik. Beiträge eines internationalen Symposiums an der Hochschule der Bundeswehr Hamburg am 5. und 6. Mai 1977. Hrsg. von Klaus-Jürgen Müller und Eckardt Opitz, Düsseldorf 1978, S. 193–235

Besson, Waldemar, Zur Geschichte des Nationalsozialistischen Führungsoffiziers (NSFO). Dokumentation. In: Vierteljahrshefte für Zeitgeschichte, 9 (1961), S. 76–116

B-Gendarmerie, Waffenlager und Nachrichtendienste. Der militärische Weg zum Staatsvertrag. Hrsg. von Walter Blasi, Erwin A. Schmidl und Felix Schneider, Wien 2005

Bielenberg, Christabel, The Past Is Myself, London 1968

Binder, Dieter A., Zwischen Modernisierung und ständestaatlicher Apologetik. Anmerkungen zur Traditionspflege im österreichischen Bundesheer. In: Politik und Militär im 19. und 20. Jahrhundert. Österreichische und europäische Aspekte. Festschrift für Manfried Rauchensteiner. Hrsg. von Robert Kriechbaumer, Wolfgang Mueller und Erwin A. Schmidl, Wien 2017 (= Schriftenreihe des Forschungsinstitutes für politisch-historische Studien der Dr.-Wilfried-Haslauer-Bibliothek, Salzburg, 58), S. 393–418

Black, Peter R., Ernst Kaltenbrunner. Ideological Soldier of the Third Reich, Princeton, NJ 1984

Blank, Ralf, Kriegsalltag und Luftkrieg an der »Heimatfront«. In: Das Deutsche Reich und der Zweite Weltkrieg, Bd 9/1, S. 357–462

Blaschke, Olaf, Die Kirchen und der Nationalsozialismus, Stuttgart 2014

Blasius, Rainer A., Von Moskau nach Casablanca. Hitler-Gegner in Deutschland im Jahr 1942. In: Zeitschrift für Geschichtswissenschaft, 65 (2017), S. 717–740

Blasius, Rainer A., Waiting for Action. The Debate of the »Other Germany« in Great Britain and the Reaction of the Foreign Office to German »Peace Feelers«, 1942. In: Germans Against Nazism. Essays in Honour of Peter Hoffmann. Ed. by Francis R. Nicosia and Lawrence D. Stokes, Oxford 1992, S. 279–304

Böhm, Martin, Die Royal Air Force und der Luftkrieg 1922–1945. Personelle, kognitive und konzeptionelle Kontinuitäten und Entwicklungen, Paderborn [u.a.] 2015 (= Krieg in der Geschichte, 91)

Boehnert, Gunnar C., The Third Reich and the Problem of »Social Revolution«. German Officers and the SS. In: Germany in the Age of Total War. Ed. by Volker R. Berghahn and Martin Kitchen, London 1981, S. 203–217

Boeselager, Philipp Frhr. von, Der Widerstand in der Heeresgruppe Mitte, Berlin 1990 (= Beiträge zum Widerstand 1933–1945, 40)

Boll, Bernd, »Aktionen nach Kriegsbrauch«. Wehrmacht und 1. SS-Infanteriebrigade 1941. In: Zeitschrift für Geschichtswissenschaft, 48 (2000), S. 775–788

Boniface, Xavier, De Lattre, chef de corps à Metz (1935–1937), et sa tentative de modernisation du service militaire. In: De Gaulle et les »Jeunes Turcs«, S. 79–94

Boog, Horst, Der anglo-amerikanische strategische Luftkrieg über Europa und die deutsche Luftverteidigung. In: Das Deutsche Reich und der Zweite Weltkrieg, Bd 6, S. 429–565

Boog, Horst, Die deutsche Luftwaffenführung 1935-1945. Führungsprobleme – Spitzengliederung – Generalstabsausbildung, Stuttgart 1982 (= Beiträge zur Militär- und Kriegsgeschichte, 21)

Boog, Horst, Der strategische Bombenkrieg. Luftwaffe, Royal Air Force und US Army Air Force im Vergleich bis 1945. In: Militärgeschichte, 2 (1992), 2, S. 20–30

Boog, Horst, Strategischer Luftkrieg in Europa und Reichsluftverteidigung 1943–1944. In: Das Deutsche Reich und der Zweite Weltkrieg, Bd 7, S. 1–415

Booms, Hans, Bemerkungen zu einer fragwürdigen Quellenedition. Die Veröffentlichung der »Kaltenbrunner-Berichte« vom »Archiv Peter«. In: Der Archivar, 15 (1962), Sp. 105–112

Braatz, Kurt, Werner Mölders. Die Biographie, Moosburg 2008

Bracher, Karl Dietrich, Rüdiger Schleicher. In: Zeugen des Widerstands, S. 217–242

Bracke, Gerhard, Melitta Gräfin Stauffenberg. Das Leben einer Fliegerin, Köln 2005

Braeckman, Colette, Portugal. Révolution surveillée, Bruxelles 1975

Bräutigam, Otto, So hat es sich zugetragen ... Ein Leben als Soldat und Diplomat, Würzburg 1968

Brakelmann, Günter, Der Kreisauer Kreis. Chronologie, Kurzbiographien und Texte aus dem Widerstand, Münster 2003 (= Schriftenreihe der Forschungsgemeinschaft 20. Juli 1944 e.V., 3)

Brausch, Gerd, Der Tod des Generalobersten Werner Freiherr v. Fritsch. In: Militärgeschichtliche Mitteilungen, 1/1970, S. 95–112

Brechtken, Magnus, Albert Speer. Eine deutsche Karriere, München 2017

Brechtken, Magnus, Joachim Fest und der 20. Juli 1944. Geschichtsbilder, Vergangenheitskonstruktionen, Narrative. In: Verräter? Vorbilder? Verbrecher?, S. 161–182

Breitenbuch, Eberhard von, Erinnerungen eines Reserveoffiziers 1939–1945. Hrsg. von Andreas von Breitenbuch, Norderstedt 2011

Breithaupt, Hans, Zwischen Front und Widerstand. Ein Beitrag zur Diskussion um den Feldmarschall v. Manstein, Bonn 1994

Breitman, Richard, A Deal with the Nazi Dictatorship? Himmler's Alleged Peace Emissaries in Autumn 1943. In: Journal of Contemporary History, 30 (1995), S. 411–430

Brissa, Enrico R., Josef Ritter von Gadolla. Zerrissen zwischen Gehorsam und Menschlichkeit. In: Y. Das Magazin der Bundeswehr, 1 (2001), 5, S. 97–99

Brissaud, André, The Nazi Secret Service, London 1972

Broszat, Martin, Die Machtergreifung. Der Aufstieg der NSDAP und die Zerstörung der Weimarer Republik, München 1987

Broszat, Martin, A Social and Historical Typology of the German Opposition to Hitler. In: Contending With Hitler, S. 25–33

Broszat, Martin, Zur Sozialgeschichte des deutschen Widerstands. In: Vierteljahrshefte für Zeitgeschichte, 34 (1986), S. 293–309

Bruhns, Wibke, Meines Vaters Land. Geschichte einer deutschen Familie, München 2004

Brunckhorst, Almut, Die Berliner Widerstandsorganisation um Arvid Harnack und Harro Schulze-Boysen (»Rote Kapelle«). Kundschafter im Auftrag Moskaus oder integraler Bestandteil des deutschen Widerstandes gegen den Nationalsozialismus? Ein Testfall für die deutsche Historiographie, Hamburg 1998 (= Die Ostreihe, N.F. 9)
Brysac, Shareen Blair, Resisting Hitler. Mildred Harnack and the Red Orchestra, New York 2000
Bucher, Peter, Der Reichswehrprozess. Der Hochverrat der Ulmer Reichswehroffiziere 1929/1930, Boppard 1967 (= Wehrwissenschaftliche Forschungen. Abteilung Militärgeschichtliche Studien, 4)
Buchheit, Gert, Der deutsche Geheimdienst. Geschichte der militärischen Abwehr, München 1966
Budrass, Lutz, Adler und Kranich. Die Lufthansa und ihre Geschichte 1926 bis 1955, München 2016
Bücheler, Heinrich, Carl-Heinrich von Stülpnagel. Soldat – Philosoph – Verschwörer. Biographie, Berlin 1989
Bungert, Heike, Ein meisterhafter Schachzug. Das Nationalkomitee Freies Deutschland in der Beurteilung der Amerikaner, 1943–1945. In: Geheimdienstkrieg gegen Deutschland, S. 90–121
Bungert, Heike, Das Nationalkomitee und der Westen. Die Reaktion der Westalliierten auf das NKFD und die freien deutschen Bewegungen 1943–1948, Stuttgart 1997 (= Transatlantische historische Studien, 8)
Burkhart, Dagmar, Eine Geschichte der Ehre, Darmstadt 2006
Cambre, Joël, L'action d'influence en faveur des chars du colonel de Gaulle à Metz. 507° Régiment de chars (1937–1939). In: De Gaulle et les «Jeunes Turcs», S. 31–47
Carl-Hans Graf von Hardenberg. Ein deutsches Schicksal im Widerstand. Dokumente und Auskünfte. Hrsg. von Günter Agde, Berlin 1994
Carsten, Francis L., Reichswehr und Politik 1918–1933, Köln 1964
Chapoutot, Johann, »Nous ne capitulerons jamais!«, ou la défaite comme victoire ultime (Berlin 1945). In: Vaincus! Histoires de défaites. Europe, XIXe–XXe siècles. Ed. par Corine Defrance, Catherine Horel et François-Xavier Nérard, Paris 2016, S. 53–66
Chavkin, Boris L., und Aleksandr Kalganov, Neue Quellen zur Geschichte des 20. Juli 1944 aus dem Archiv des Föderalen Sicherheitsdienstes der Russischen Föderation (FSB). »Eigenhändige Aussagen« von Major i.G. Joachim Kuhn. In: Forum für osteuropäische Ideen- und Zeitgeschichte, 5 (2001), S. 355–402
Chilcote, Ronald H., The Portuguese Revolution. State and Class in the Transition to Democracy, Lanham 2010
Childers, Thomas, The Kreisau Circle and the Twentieth of July. In: Contending With Hitler, S. 99–117
Choltitz, Dietrich von, Soldat unter Soldaten, Konstanz 1951
Chowaniec, Elisabeth, Der »Fall Dohnanyi« 1943–1945. Widerstand, Militärjustiz, SS-Willkür, München 1991 (= Schriftenreihe der Vierteljahrshefte für Zeitgeschichte, 62)
Christ, Karl, Der andere Stauffenberg. Der Historiker und Dichter Alexander von Stauffenberg, München 2008
Clausewitz, Carl von, Vom Kriege. Hinterlassenes Werk, 19. Aufl. Hrsg. von Werner Hahlweg, Bonn 1980

Confront! Resistance in Nazi Germany. Ed. by John J. Michalczyk, New York 2004

Contending With Hitler. Varieties of German Resistance in the Third Reich. Ed. by David Clay Large, Cambridge 1992

Conze, Eckart, Aufstand des preußischen Adels. Marion Gräfin Dönhoff und das Bild des Widerstands gegen den Nationalsozialismus in der Bundesrepublik Deutschland. In: Vierteljahrshefte für Zeitgeschichte, 51 (2003), S. 483–508

Cornelißen, Christoph, Gerhard Ritter. Geschichtswissenschaft und Politik im 20. Jahrhundert, Düsseldorf 2001

Cornelißen, Christoph, Hans Rothfels, Gerhard Ritter und die Rezeption des 20. Juli 1944. Konzeptionen für ein »neues Deutschland«? In: Hans Rothfels und die deutsche Zeitgeschichte. Hrsg. von Johannes Hürter und Hans Woller, München 2005 (= Schriftenreihe der Vierteljahrshefte für Zeitgeschichte, 90)

Cornelißen, Christoph, Der 20. Juli 1944 in der deutschen Erinnerungskultur. In: Verräter? Vorbilder? Verbrecher?, S. 15–42

Dahrendorf, Ralf, Gesellschaft und Demokratie in Deutschland, München 1971

Danyel, Jürgen, »Ein Endsieg des nationalsozialistischen Deutschland ist nicht mehr möglich«. Die Widerstandsgruppe um Arvid Harnack und Harro Schulze-Boysen im Kontext der Geschichte des militärischen Widerstandes gegen das NS-Regime. In: Aufstand des Gewissens (5. Aufl. 2000), S. 465–492

Das Deutsche Reich und der Zweite Weltkrieg. Herausgegeben vom Militärgeschichtlichen Forschungsamt, Stuttgart, München 1979–2008

Bd 1: Wilhelm Deist, Manfred Messerschmidt, Hans-Erich Volkmann und Wolfram Wette, Ursachen und Voraussetzungen der deutschen Kriegspolitik, Stuttgart 1979, Nachdr. 1991;

Bd 2: Klaus A. Maier, Horst Rohde, Bernd Stegemann und Hans Umbreit, Die Errichtung der Hegemonie auf dem europäischen Kontinent, Stuttgart 1979, Nachdr. 1991;

Bd 3: Gerhard Schreiber, Bernd Stegemann und Detlef Vogel, Der Mittelmeerraum und Südosteuropa. Von der »non belligeranza« Italiens bis zum Kriegseintritt der Vereinigten Staaten, Stuttgart 1984, Nachdr. 1994;

Bd 4: Horst Boog, Jürgen Förster, Joachim Hoffmann, Ernst Klink, Rolf-Dieter Müller und Gerd R. Ueberschär, Der Angriff auf die Sowjetunion, 1983; 2. Aufl., Stuttgart 1987, Nachdr. 1993;

Bd 5: Bernhard R. Kroener, Rolf-Dieter Müller und Hans Umbreit, Organisation und Mobilisierung des deutschen Machtbereichs. Halbbd 1: Kriegsverwaltung, Wirtschaft und personelle Ressourcen 1939 bis 1941, Stuttgart 1988, Nachdr. 1992; Halbbd 2: Kriegsverwaltung, Wirtschaft und personelle Ressourcen 1942 bis 1944/45, Stuttgart 1999;

Bd 6: Horst Boog, Werner Rahn, Reinhard Stumpf und Bernd Wegner, Der globale Krieg. Die Ausweitung zum Weltkrieg und der Wechsel der Initiative 1941 bis 1943, Stuttgart 1990, Nachdr. 1993;

Bd 7: Horst Boog, Gerhard Krebs und Detlef Vogel, Das Deutsche Reich in der Defensive. Strategischer Luftkrieg in Europa, Krieg im Westen und in Ostasien 1943 bis 1944/45, Stuttgart 2001;

Bd 8: Die Ostfront 1943/44. Der Krieg im Osten und an den Nebenfronten. Hrsg. von Karl-Heinz Frieser, München 2007;

Bd 9: Die deutsche Kriegsgesellschaft 1939 bis 1945. Halbbd 1: Politisierung, Vernichtung, Überleben; Halbbd 2: Ausbeutung, Deutungen, Ausgrenzung. Hrsg. von Jörg Echternkamp, München 2004, 2005;
Bd 10: Der Zusammenbruch des Deutschen Reiches 1945. Halbbd 1: Die militärische Niederwerfung der Wehrmacht; Halbbd 2: Die Folgen des Zweiten Weltkrieges. Hrsg. von Rolf-Dieter Müller, München 2008

Das ist Militärgeschichte! Probleme – Projekte – Perspektiven. Hrsg. mit Unterstützung des Militärgeschichtlichen Forschungsamtes von Christian Th. Müller und Matthias Rogg, Paderborn [u.a.] 2013

Deák, István, Kollaboration, Widerstand und Vergeltung im Europa des Zweiten Weltkriegs, Wien 2017

Deist, Wilhelm, Auf dem Wege zur ideologisierten Kriegführung. Deutschland 1918–1945. In: Wilhelm Deist, Militär, Staat und Gesellschaft. Studien zur preußisch-deutschen Militärgeschichte, München 1991 (= Beiträge zur Militärgeschichte, 34), S. 385–429

Deist, Wilhelm, Die Aufrüstung der Wehrmacht. In: Das Deutsche Reich und der Zweite Weltkrieg, Bd 1, S. 371–532

Deist, Wilhelm, Der Kriegszustand nach Art. 68 der Reichsverfassung. Ausführungsbestimmungen der militärischen Führung. In: Militär und Innenpolitik im Weltkrieg 1914–1918. Bearb. von Wilhelm Deist, 2 Teile, Düsseldorf 1970 (= Quellen zur Geschichte des Parlamentarismus und der politischen Parteien. Zweite Reihe: Militär und Politik, 1), S. XXXI–LI

Deist, Wilhelm, Die Reichswehr und der Krieg der Zukunft. In: Militärgeschichtliche Mitteilungen, 45 (1989), S. 81–92

Delbrück, Hans, Das Leben des Feldmarschalls Grafen Neidhardt von Gneisenau, 2 Bde, Berlin 1920

Deutsch, Harold C., Das Komplott oder Die Entmachtung der Generale, [Zürich] 1974

Die deutsche Staatskrise 1930–1933. Handlungsspielräume und Alternativen. Hrsg. von Heinrich August Winkler, München 1992 (= Schriften des Historischen Kollegs, 26)

Der deutsche Widerstand gegen Hitler. Vier historisch-kritische Studien. Hrsg. von Walter Schmitthenner und Hans Buchheim, Köln 1966 (= Information, 17)

Diedrich, Torsten, Paulus. Das Trauma von Stalingrad. Eine Biographie, Paderborn [u.a.] 2008

Diedrich, Torsten, Waffen gegen das Volk. Der 17. Juni 1953 in der DDR, München 2003

Diedrich, Torsten, Walther von Seydlitz-Kurzbach. Der lange verkannte deutsche Patriot. In: Nach Stalingrad, S. 319–412

Dipper, Christof, Der Widerstand und die Juden. In: Der Widerstand gegen den Nationalsozialismus (1985), S. 598–616

Dipper, Christoph, Der deutsche Widerstand und die Juden. In: Geschichte und Gesellschaft, 9 (1983), S. 349–380

Dirks, Carl, und Karl-Heinz Janßen, Der Krieg der Generäle. Hitler als Werkzeug der Wehrmacht, Berlin 1999

Doehler, Edgar, und Horst Haufe, Militärhistorische Traditionen der DDR und der NVA, Berlin (Ost) 1989

Dönhoff, Marion Gräfin von, Namen, die keiner mehr nennt. Ostpreußen. Menschen und Geschichte, Düsseldorf 1962

Dönhoff, Marion Gräfin, Axel von dem Bussche im Widerstand. In: Axel von dem Bussche, S. 31-35

Dohnanyi, Hans von, »Mir hat Gott keinen Panzer ums Herz gegeben«. Briefe aus Militärgefängnis und Gestapohaft 1943–1945. Hrsg. von Winfried Meyer, München 2015

Domarus, Max, Hitler. Reden und Proklamationen 1932–1945. Kommentiert von einem deutschen Zeitgenossen, Bd 2: Untergang, 1939-1945, Würzburg 1963

Dornberg, John, Der Hitlerputsch. München, 8. und 9. November 1923, Berlin 1989

Dowe, Christopher, und Cornelia Hecht, Von Mythen, Legenden und Manipulationen. David Irving und seine verzerrenden Deutungen von Erwin Rommel, Hans Speidel und Cäsar von Hofacker. In: Verräter? Vorbilder? Verbrecher?, S. 129–160

Droysen, Johann Gustav, Das Leben des Feldmarschalls Grafen Yorck von Wartenburg, 2 Bde, Leipzig 1913

Dülffer, Jost, David Irving, der Widerstand und die Historiker. In: Geschichte in Wissenschaft und Unterricht, 30 (1979), S. 686–690

Dülffer, Jost, Überlegungen von Kriegsmarine und Heer zur Wehrmachtspitzengliederung und zur Führung der Wehrmacht im Kriege im Februar/März 1938. Dokumentation. In: Militärgeschichtliche Mitteilungen, 9 (1971), S. 145–171

Duhnke, Horst, Die KPD von 1933 bis 1945, Köln 1972

Dulles, Allen Welsh, Germany's Underground, New York 1947

Dulles, Allen Welsh, und Gero v. Schulze-Gaevernitz, Unternehmen »Sunrise«. Die geheime Geschichte des Kriegsendes in Italien, Düsseldorf 1967

Dulles, Allen Welsh, Verschwörung in Deutschland, Zürich 1948

Echternkamp, Jörg, Im Kampf an der inneren und äußeren Front. Grundzüge der deutschen Gesellschaft im Zweiten Weltkrieg. In: Das Deutsche Reich und der Zweite Weltkrieg, Bd 9/1, S. 1–98

Echternkamp, Jörg, Wandel durch Annäherung oder: Wird die Militärgeschichte ein Opfer ihres Erfolges? Zur wissenschaftlichen Anschlussfähigkeit der deutschen Militärgeschichte seit 1945. In: Perspektiven der Militärgeschichte. Raum, Gewalt und Repräsentation in historischer Forschung und Bildung. Im Auftrag des Militärgeschichtlichen Forschungsamtes hrsg. von Jörg Echternkamp, Wolfgang Schmidt und Thomas Vogel, München 2010 (= Beiträge zur Militärgeschichte, 67), S. 1–38

Eckert, Astrid M., Kampf um die Akten. Die Westalliierten und die Rückgabe von deutschem Archivgut nach dem Zweiten Weltkrieg, Stuttgart 2004 (= Transatlantische Historische Studien, 20)

Ehlers, Dieter, Technik und Moral einer Verschwörung. Der Aufstand am 20. Juli 1944, Bonn 1964

Eid und Gewissen. Zwischen Hitlers Mühlsteinen. Recherchen zur Geschichte des Generalstabsoffiziers Hans-Georg Schmidt von Altenstadt. Hrsg. von Ulrich Schmidt von Altenstadt und Christoph Bauer, Berlin 2015

Die Einsatzgruppen in der besetzten Sowjetunion. Die Tätigkeits- und Lageberichte des Chefs der Sicherheitspolizei und des SD. Hrsg. von Peter Klein, Berlin 1997

Endrass, Elke, Bonhoeffer und seine Richter. Ein Prozess und sein Nachspiel, Stuttgart 2006

Engel, Gerhard, Heeresadjutant bei Hitler, 1938–1943. Aufzeichnungen des Majors Engel. Hrsg. und kommentiert von Hildegard von Kotze, Stuttgart 1974 (= Schriftenreihe der Vierteljahrshefte für Zeitgeschichte, 29)

Engert, Jürgen, »Er wollte Hitler töten«. Ein Porträt des Axel von dem Bussche. In: Axel von dem Bussche, S. 145–157

Es lebe das »Geheime Deutschland«! Claus Schenk Graf von Stauffenberg. Person – Motivation – Rezeption. Beiträge des Sigmaringer Claus-von-Stauffenberg-Symposiums vom 11. Juli 2009. Hrsg. von Jakobus Kaffanke, Thomas Krause und Edwin E. Weber, Berlin 2011 (= Anpassung, Selbstbehauptung, Widerstand, 30)

Feldmeyer, Karl, und Georg Meyer, Johann Adolf Graf von Kielmansegg 1906–2006. Deutscher Patriot – Europäer – Atlantiker, Hamburg 2007

Fest, Joachim, Hitler. Eine Biographie, Frankfurt a.M. 1973

Fest, Joachim, Staatsstreich. Der lange Weg zum 20. Juli, 3. Aufl., München 1997

Finker, Kurt, Das Potsdamer Infanterieregiment 9 und der konservative militärische Widerstand. In: Potsdam. Staat, Armee, Residenz in der preußisch-deutschen Militärgeschichte. Im Auftrag des Militärgeschichtlichen Forschungsamtes hrsg. von Bernhard R. Kroener unter Mitarb. von Heiger Ostertag, Frankfurt a.M. 1993, S. 451–464

Finker, Kurt, Stauffenberg und der 20. Juli 1944, 2. Aufl., Berlin (Ost) 1971

Finker, Kurt, Der 20. Juli 1944. Militärputsch oder Revolution?, Berlin 1994

Fliess, Dorothee, »Unternehmen Sieben«. Eine Aktion des deutschen militärischen Widerstands. In: Solidarität und Hilfe, S. 29–47

Förster, Jürgen, Geistige Kriegführung in Deutschland 1919 bis 1945. In: Das Deutsche Reich und der Zweite Weltkrieg, Bd 9/1, S. 469–640

Förster, Jürgen, Die Sicherung des »Lebensraumes«. In: Das Deutsche Reich und der Zweite Weltkrieg, Bd 4, S. 1030–1078

Förster, Jürgen, Das Unternehmen »Barbarossa« als Eroberungs- und Vernichtungskrieg. In: Das Deutsche Reich und der Zweite Weltkrieg, Bd 4, S. 413–447

Förster, Jürgen, Vom Führerheer der Republik zur nationalsozialistischen Volksarmee. Zum Strukturwandel der Wehrmacht 1935–1945. In: Deutschland in Europa. Kontinuität und Bruch. Gedenkschrift für Andreas Hillgruber. Hrsg. von Jost Dülffer, Bernd Martin und Günter Wollstein, Frankfurt a.M. 1990, S. 311–328

Förster, Jürgen, Die Wehrmacht im NS-Staat. Ein »grauer Fels in der braunen Flut«? In: Der militärische Widerstand im Lichte neuer Kontroversen, S. 97–111

Förster, Jürgen, Die Wehrmacht im NS-Staat. Eine strukturgeschichtliche Analyse, München 2007 (= Beiträge zur Militärgeschichte. Militärgeschichte kompakt, 2)

Foertsch, Hermann, Schuld und Verhängnis. Die Fritsch-Krise im Frühjahr 1938 als Wendepunkt in der Geschichte der nationalsozialistischen Zeit, Stuttgart 1951 (= Veröffentlichungen des Deutschen Instituts für Geschichte der nationalsozialistischen Zeit, 1)

Frei, Norbert, Erinnerungskampf. Zur Legitimationsproblematik des 20. Juli 1944 im Nachkriegsdeutschland. In: Von der Aufgabe der Freiheit, S. 493–504

Frei, Norbert, Wie modern war der Nationalsozialismus? In: Geschichte und Gesellschaft, 19 (1993), S. 375

Frieser, Karl-Heinz, Blitzkrieg-Legende. Der Westfeldzug 1940, München 1995 (= Operationen des Zweiten Weltkrieges, 2)

Frieser, Karl-Heinz, Der Zusammenbruch der Heeresgruppe Mitte. In: Das Deutsche Reich und der Zweite Weltkrieg, Bd 8, S. 526–603

Fritzsche, Hans Karl, Ein Leben im Schatten des Verrates. Erinnerungen eines Überlebenden an den 20. Juli 1944, Freiburg i.Br. 1984

Fröhlich, Paul, und Alexander Kranz, Generäle auf Abwegen? Ludwig Ritter von Radlmaier, Adolf von Schell und die Rüstungsbürokratie des Dritten Reiches zwischen militärischer Tradition und »Neuer Staatlichkeit«. In: Vierteljahrshefte für Zeitgeschichte, 64 (2016), S. 227–253

Fröhling, Günter, Innere Führung und Multinationalität. Eine Herausforderung an die Bundeswehr, Berlin 2006

From Hitler's Doorstep. The Wartime Intelligence Reports of Allen Dulles, 1942–1945. Ed. by Neal H. Petersen, University Park, PA 1996

Gaddis, John Lewis, The Cold War. A New History, New York 2005

Ganglmair, Siegwald, Feldwebel Anton Schmid. In: Jahrbuch Dokumentationsarchiv des Österreichischen Widerstandes 2002, S. 25–40

Ganzenmüller, Jörg, Das belagerte Leningrad 1941–1944. Die Stadt in den Strategien von Angreifern und Verteidigern, Paderborn [u.a.] 2005 (= Krieg in der Geschichte, 22)

Garbe, Detlef, Von »Furchtbaren Juristen« und ihrer Sorge um die »Schlagkraft der Truppe«. Deserteure der Wehrmacht und die Wehrmachtjustiz in der Nachkriegszeit. In: Der Krieg in der Nachkriegszeit. Der Zweite Weltkrieg in Politik und Gesellschaft der Bundesrepublik. Hrsg. von Michael Th. Greven und Oliver von Wrochem, Opladen 2000, S. 51–76

De Gaulle et les »Jeunes Turcs« dans les armées occidentales (1930–1945). Une génération de la réflexion à l'action. Ed. par François Cochet, Paris 2008

de Gaulle, Charles, Vers l'Armée de Métier, Paris 1934

Geheimdienstkrieg gegen Deutschland. Subversion, Propaganda und politische Planungen des amerikanischen Geheimdienstes im Zweiten Weltkrieg. Hrsg. von Jürgen Heideking und Christoph Mauch, Göttingen 1993

Geheime Netzwerke im Militär 1700–1945. Hrsg. von Gundula Gahlen, Daniel Marc Segesser und Carmen Winkel, Paderborn [u.a.] 2016 (= Krieg in der Geschichte, 80)

Gehler, Michael, Die Affäre Waldheim. Eine Fallstudie zur Instrumentalisierung der NS-Vergangenheit zur politischen Vorteilsverschaffung. In: Geschichte in Wissenschaft und Unterricht, 69 (2018), S. 67–85

Geilen, Stefan, Das Widerstandsbild in der Bundeswehr. In: Militärgeschichte, 6 (1996), 4, S. 63–71

Gemser, Geralf, Darf eine Schule diesen Namen tragen? Zur Vorbildwirkung des Wehrmachtsgenerals Erich Hoepner, Marburg 2005

»Die Generalsrevolte«. Deutsche Emigranten und der 20. Juli 1944. Dokumentation. Hrsg. von Ursula Adam, Berlin 1994

Georgi, Friedrich, »Wir haben das letzte gewagt ...« General Olbricht und die Verschwörung gegen Hitler. Der Bericht eines Mitverschworenen, Freiburg i.Br. 1990
Gerlach, Christian, Deutsche Wirtschaftsinteressen, Besatzungspolitik und der Mord an den Juden in Weißrussland 1941–1943. In: Nationalsozialistische Vernichtungspolitik 1939–1945. Forschungen und Kontroversen. Hrsg. von Ulrich Herbert, Frankfurt a.M. 1998, S. 263–291
Gerlach, Christian, Hitlergegner bei der Heeresgruppe Mitte und die »verbrecherischen Befehle«. In: NS-Verbrechen und der militärische Widerstand gegen Hitler, S. 62–76
Gerlach, Christian, Männer des 20. Juli und der Krieg gegen die Sowjetunion. In: Vernichtungskrieg. Verbrechen der Wehrmacht 1941–1944. Hrsg. von Hannes Heer und Klaus Naumann, Hamburg 1995, S. 427–446
Gerrens, Uwe, Rüdiger Schleicher. Leben zwischen Staatsdienst und Verschwörung, Gütersloh 2009
Gersdorff, Rudolf-Christoph Frhr. von, Soldat im Untergang, Frankfurt a.M. 1977
Die Gestapo im Zweiten Weltkrieg. Hrsg. von Gerhard Paul und Klaus-Michael Mallmann, Darmstadt 2000
Die geteilte Vergangenheit. Zum Umgang mit Nationalsozialismus und Widerstand in den beiden deutschen Staaten. Hrsg. von Jürgen Danyel, Berlin 1995 (= Zeithistorische Studien, 4)
Gewalt und Alltag im besetzten Polen 1939–1945. Hrsg. von Jochen Böhler und Stephan Lehnstaedt, Osnabrück 2012 (= Einzelveröffentlichungen des Deutschen Historischen Instituts Warschau, 26)
Das Gewissen entscheidet. Bereiche des deutschen Widerstandes von 1933–1945 in Lebensbildern. Hrsg. von Annedore Leber, Frankfurt a.M. 1957
Das Gewissen steht auf. 64 Lebensbilder aus dem deutschen Widerstand 1933–1945. Hrsg. von Annedore Leber, Berlin 1954
Geyer, Michael, Aufrüstung oder Sicherheit. Die Reichswehr in der Krise der Machtpolitik 1924–1936, Wiesbaden 1980 (= Veröffentlichungen des Instituts für Europäische Geschichte Mainz, 91)
Geyer, Michael, Professionals and Junkers. German Rearmament and Politics in the Weimar Republic. In: Social Change and Political Development in Weimar Germany. Ed. by Richard Bessel and E.J. Feuchtwanger, London 1981, S. 77–133
Gieseking, Erik, Der Fall Otto John. Entführung oder freiwilliger Übertritt in die DDR?, Lauf/Pegnitz 2005 (= Subsidia academica. Reihe A: Neuere und neueste Geschichte, 6)
Giordano, Ralph, Die Traditionslüge. Vom Kriegerkult in der Bundeswehr, Köln 2000
Gisevius, Hans-Bernd, Bis zum bitteren Ende. Vom Reichstagsbrand bis zum 20. Juli 1944. Vom Verfasser auf den neuesten Stand gebrachte Sonderausgabe, Hamburg [1960]
Gisevius, Hans-Bernd, Bis zum bittern Ende, Bd 1: Vom Reichstagsbrand zur Fritsch-Krise, Hamburg 1947
Gisevius, Hans-Bernd, Bis zum bittern Ende, Bd 2: Vom Münchner Abkommen zum 20. Juli 1944, Zürich 1946

Goebbels, Josef, Die Tagebücher, Teil II: Diktate 1941–1945. Im Auftrag des Instituts für Zeitgeschichte hrsg. von Elke Fröhlich, Bd 12: April–Juni 1944; Bd 13: Juli–September 1944, München 1995

Goebel, Eckart, Ein Preuße im Widerstand. Carl-Hans Graf von Hardenberg und seine Familie auf Neuhardenberg. In: Schloss Neuhardenberg. Hrsg. vom Deutschen Sparkassen- und Giroverband und der Stiftung Schloss Neuhardenberg, Neuhardenberg 2002, S. 69–80

Goerdeler, Carl Friedrich, Politische Schriften und Briefe Carl Friedrich Goerdelers. Hrsg. von Hans Mommsen und Sabine Gillmann, Bd 1, München 2003

Gordon, Harold J., Hitlerputsch 1923. Machtkampf in Bayern 1923–1924, Frankfurt a.M. 1971

Goschler, Constantin, und Michael Wala, »Keine neue Gestapo«. Das Bundesamt für Verfassungsschutz und die NS-Vergangenheit, Reinbek 2015

Gostomski, Victor von, und Walter Loch, Der Tod von Plötzensee. Erinnerungen, Ereignisse, Dokumente 1942–1945, Frankfurt a.M. 1993

Graeger, Rüdiger, Field Marshal Günther von Kluge as C-in-C West in 1944. In: Journal of the Royal United Services Institute, 143 (1998), 5, S. 59–66

Graml, Hermann, Die außenpolitischen Vorstellungen des deutschen Widerstandes. In: Der deutsche Widerstand gegen Hitler. Vier historisch-kritische Studien, S. 15–72

Graml, Hermann, Der Fall Oster. In: Vierteljahrshefte für Zeitgeschichte, 14 (1966), S. 26–59

Graml, Hermann, Massenmord und Militäropposition. Zur jüngsten Diskussion über den Widerstand im Stab der Heeresgruppe Mitte. In: Vierteljahrshefte für Zeitgeschichte, 54 (2006), S. 1–24

Graml, Hermann, Militärischer Widerstand. In: Lexikon des deutschen Widerstandes, S. 83–97

Graml, Hermann, Die Wehrmacht im Dritten Reich. In: Vierteljahrshefte für Zeitgeschichte, 45 (1997), S. 365–384

Griffin, Roger, Modernism and Fascism. The Sense of a Beginning under Mussolini and Hitler, Basingstoke 2007

Groscurth, Helmuth, Tagebücher eines Abwehroffiziers 1938–1940. Mit weiteren Dokumenten zur Militäropposition gegen Hitler. Hrsg. von Helmut Krausnick und Harold C. Deutsch, Stuttgart 1970 (= Quellen und Darstellungen zur Zeitgeschichte, 19)

Grose, Peter, Gentleman Spy. The Life of Allen Dulles, London 1994

Groß, Gerhard P., Das Ende des Ersten Weltkriegs und die Dolchstoßlegende, Ditzingen 2018

Groß, Gerhard P., Mythos und Wirklichkeit. Geschichte des operativen Denkens im deutschen Heer von Moltke d.Ä. bis Heusinger, Paderborn [u.a.] 2012 (= Zeitalter der Weltkriege, 9)

Grosse, Heinrich W., Dietrich Bonhoeffer, sein Ankläger Manfred Roeder und die Lüneburger Nachkriegsjustiz. In: Jahrbuch der Gesellschaft für niedersächsische Kirchengeschichte, 93 (1995), S. 239–257

Grunberger, Richard, The 12-Year Reich. A Social History of Nazi Germany, 1933–1945, New York 1995

Guderian, Heinz, Erinnerungen eines Soldaten, Heidelberg 1951

Haase, Norbert, Generalstabsrichter Karl Sack. In: Hitlers militärische Elite, Bd 2, S. 201–209

Haeften, Barbara von, »Nichts Schriftliches von Politik«. Hans Bernd von Haeften. Ein Lebensbericht, München 1997
Haffner, Sebastian, Anmerkungen zu Hitler, München 1978
Haffner, Sebastian, Der Teufelspakt. 50 Jahre deutsch-russische Beziehungen, Reinbek 1968
Hagemann, Frank, Parteiherrschaft in der Nationalen Volksarmee. Zur Rolle der SED bei der inneren Entwicklung der DDR-Streitkräfte (1956 bis 1971), Berlin 2002 (= Militärgeschichte der DDR, 5)
Hagemann, Karen, Revisiting Prussia's Wars Against Napoleon. History, Culture and Memory, New York 2015
Halder, Franz, Kriegstagebuch. Tägliche Aufzeichnungen des Chefs des Generalstabes des Heeres, 1939–1942. Hrsg. von Hans-Adolf Jacobsen, Bd 2: Von der geplanten Landung in England bis zum Beginn des Ostfeldzuges (1.7.1940–21.6.1941), Stuttgart 1963
Haller, Christian, Militärzeitschriften in der Weimarer Republik und ihr soziokultureller Hintergrund. Kriegsverarbeitung und Milieubildung im Offizierskorps der Reichswehr in publizistischer Dimension, Trier 2012 (= Geschichte und Kultur. Saarbrücker Reihe, 1)
Hamerow, Theodore S., Die Attentäter. Der 20. Juli – von der Kollaboration zum Widerstand, München 1999
Hammer, Walter, Die »Gewitteraktion« vom 22.8.1944. Vor 15 Jahren wurden deutsche Parlamentarier zu Tausenden verhaftet. In: Freiheit und Recht, 5 (1959), H. 8/9, S. 15–18
Hammerstein, Katrin, Gemeinsame Vergangenheit – getrennte Erinnerung? Der Nationalsozialismus in Gedächtnisdiskursen und Identitätskonstruktionen von Bundesrepublik Deutschland, DDR und Österreich, Göttingen 2017
Handbuch zur deutschen Militärgeschichte 1648–1939. Begründet von Hans Meier-Welcker. Hrsg. vom Militärgeschichtlichen Forschungsamt durch Friedrich Forstmeier [u.a.]. Projektleitung und Gesamtred.: Gerhard Papke und Wolfgang Petter, 6 Bde, München 1979
Hansen, Randall, Disobeying Hitler. German Resistance in the Last Year of WW II, London 2014
Hansen, Randall, Fire and Fury. The Allied Bombing of Germany, 1942–1945, New York 2009
Hardenberg, Reinhild Gräfin von, Auf immer neuen Wegen. Erinnerungen, Berlin 2003
Harrison, Ted, »Alter Kämpfer« im Widerstand. Graf Helldorf, die NS-Bewegung und die Opposition gegen Hitler. In: Vierteljahrshefte für Zeitgeschichte, 45 (1997), S. 385–423
Harsgor, Michael, Portugal in Revolution, Beverly Hills 1976 (= The Washington papers, vol. III, 32)
Hartmann, Christian, Halder. Generalstabschef Hitlers 1938–1942, Paderborn [u.a.] 1991; 2. Aufl. 2010
Hassell, Ulrich von, Die Hassell-Tagebücher 1938–1944. Nach der Handschrift revidierte und erweiterte Ausgabe. Hrsg. von Friedrich Frhr. Hiller von Gaertringen, Berlin 1988
Hassell, Ulrich von, Vom andern Deutschland. Aus den nachgelassenen Tagebüchern 1938–1944, Zürich 1946
H.Dv. 300: Truppenführung, Berlin 1933/34

Heidegger, Hermann, Kann Kriegsgeschichtsunterricht heute noch einen praktischen Nutzen haben? In: Wehrkunde, 10 (1961), S. 195–199; erneut abgedr. in: Militärgeschichte. Probleme, Thesen, Wege, S. 26–33

Heideking, Jürgen, Die »Breakers«-Akte. Das Office of Strategic Services und der 20. Juli 1944. In: Geheimdienstkrieg gegen Deutschland, S. 11–50

Heideking, Jürgen, und Christof Mauch, Das Herman-Dossier. Helmuth Graf von Moltke, die deutsche Emigration in Istanbul und der amerikanische Geheimdienst OSS. Dokumentation. In: Vierteljahrshefte für Zeitgeschichte, 40 (1992), S. 567–623

Heider, Paul, Reaktionen in der Wehrmacht auf Gründung und Tätigkeit des Nationalkomitees »Freies Deutschland« und des Bundes Deutscher Offiziere. In: Die Wehrmacht. Mythos und Realität, S. 614–634

Heinemann, Isabel, »Rasse, Siedlung, deutsches Blut«. Das Rasse- und Siedlungshauptamt der SS und die rassenpolitische Neuordnung Europas, Göttingen 2003 (= Moderne Zeit, 2)

Heinemann, Patrick O., Rechtsgeschichte der Reichswehr 1918–1933, Paderborn [u.a.] 2017 (= Krieg in der Geschichte, 105)

Heinemann, Ulrich, »In den Herzen der Deutschen nie wirklich Wurzeln geschlagen«? Rezeptionsgeschichte des 20. Juli 1944. In: Der 20. Juli 1944 und das Erbe des deutschen Widerstandes. Hrsg. von Günther Brakelmann und Manfred Keller, Münster 2005 (= Zeitansage. Schriftenreihe der Evangelischen Akademikerschaft Westfalen und der Evangelischen Stadtakademie Bochum, 1), S. 194–209

Heinemann, Ulrich, Ein konservativer Rebell. Fritz-Dietlof Graf von der Schulenburg und der 20. Juli, Berlin 1990

Heinemann, Ulrich, Widerstand als politischer Lernprozeß. Caesar von Hofacker und der 20. Juli 1944. In: Von der Aufgabe der Freiheit, S. 451–466

Heinemann, Winfried, A artilharia na Primeira Guerra Mundial e as alterações sociais no setor militar. In: Actas do Colóquio Internacional »A Grande Guerra e a Construção do Mundo Moderno«, Lissabon 2017, S. 179–193

Heinemann, Winfried, Außenpolitische Illusionen des nationalkonservativen Widerstands in den Monaten vor dem Attentat. In: Der Widerstand gegen den Nationalsozialismus (1985), S. 1061–1070

Heinemann, Winfried, Die DDR und ihr Militär, München 2011 (= Beiträge zur Militärgeschichte. Militärgeschichte kompakt, 3)

Heinemann, Winfried, The Development of German Armoured Forces 1919–40. In: Armoured Warfare. Ed. by J. Paul Harris and F. H. Toase, London 1990, S. 51–69

Heinemann, Winfried, Eduard Dietl. Lieblingsgeneral des »Führers«. In: Die Militärelite des Dritten Reiches, S. 99–112

Heinemann, Winfried, L'esercito e l'aeronautica nella resistenza contro Hitler. In: Le operazioni interforze e multinazionali nella storia militare. Acta, 39° Congresso della Commissione Internazionale di Storia Militare, Roma 2013, S. 477–485

Heinemann, Winfried, General der Infanterie Carl-Heinrich von Stülpnagel. In: Der militärische Widerstand gegen Hitler. Der Beitrag Hessens, S. 51–66

Heinemann, Winfried, General Erich Fellgiebel und die Rolle der Kommunikationsmittel am 20. Juli 1944. In: Führung und Führungsmittel. Im Auftrag des Militärgeschichtlichen Forschungsamtes hrsg. von Winfried Heinemann, Potsdam 2011 (= Potsdamer Schriften zur Militärgeschichte, 14), S. 57–66

Heinemann, Winfried, Georg und Philipp von Boeselager im Widerstand gegen den Nationalsozialismus. In: die warte. Heimatzeitschrift für die Kreise Paderborn und Höxter, Nr. 143 (Herbst 2009), S. 23–29

Heinemann, Winfried, »Ich schwöre bei Gott diesen heiligen Eid«. Die Bedeutung des Eides bei der Entscheidung für den Widerstand gegen das »Dritte Reich«. In: Christlicher Glaube als Fundament und Handlungsorientierung des Widerstandes gegen das »Dritte Reich«. XXX. Königswinterer Tagung, 17. Februar 2017. Hrsg. von Christoph Studt (erscheint 2019)

Heinemann, Winfried, Kasernennamen und »neue« Traditionsräume. In: Tradition für die Bundeswehr, S. 163–173

Heinemann, Winfried, und Manfred Wilke, Kein Krieg um Berlin. Sicherheitspolitische Aspekte des Mauerbaus. In: Die Berliner Mauer. Vom Sperrwall zum Denkmal, Bonn 2009 (= Schriftenreihe des Deutschen Nationalkomitees für Denkmalschutz, 76/1), S. 35–51

Heinemann, Winfried, Der militärische Widerstand und der Krieg. In: Das Deutsche Reich und der Zweite Weltkrieg, Bd 9/1, S. 743–892

Heinemann, Winfried, Les officiers de la résistance militaire allemande. De l'opposition loyale à la résistance radicale. In: De Gaulle et les «Jeunes Turcs», S. 251–261

Heinemann, Winfried, Plädoyer für eine Militärgeschichte des Widerstands. In: Das ist Militärgeschichte!, S. 429–441

Heinemann, Winfried, Selbstreinigung der Wehrmacht? Der Ehrenhof des Heeres und seine Tätigkeit. In: Der Umgang des Dritten Reiches mit den Feinden des Regimes, S. 117–129

Heinemann, Winfried, Stein, Gneisenau und Yorck im Widerstand gegen Hitler. In: Wie Napoleon nach Waterloo kam. Eine kleine Geschichte der Befreiungskriege 1813 bis 1815. Im Auftrag des Zentrums für Militärgeschichte und Sozialwissenschaften der Bundeswehr, Potsdam, und in Zusammenarbeit mit dem Napoleonmuseum Thurgau hrsg. von Eberhard Birk, Thorsten Loch und Peter Andreas Popp, Freiburg i.Br. 2015, S. 279–284

Heinemann, Winfried, Unternehmen Walküre. Raum – Zeit – Gedenken. Antrittsvorlesung als Honorarprofessor für Zeitgeschichte am 29.10.2014. In: Forschen – Bauen – Erhalten. Jahrbuch 2015/2016, S. 49–58

Heinemann, Winfried, Vom Verlust gemeinsamer Wertmaßstäbe und Verhaltensweisen. Der Transformationsprozess der Reichswehr zu einer nationalsozialistischen Volksarmee als Problem des Widerstandes. In: Der 20. Juli 1944. Profile, Motive, Desiderate, S. 103–114

Heinemann, Winfried, Vom Verräter zum Freiheitskämpfer. Die Rezeption des Hitler-Attentäters nach dem 20. Juli 1944 in Wehrmacht und Bundeswehr. In: Es lebe das »Geheime Deutschland«!, S. 149–159

Heinemann, Winfried, Wagner, Eduard. In: Neue Deutsche Biographe, Bd 27 (erscheint demnächst)

Heinemann, Winfried, Der Wert funktionalistischer Erklärungen bei der Erforschung des militärischen Widerstands. In: Interessen, Strukturen und Entscheidungsprozesse! Für eine politische Kontextualisierung des Nationalsozialismus. Hrsg. von Manfred Grieger, Christian Jansen und Irmtrud Wojak, Essen 2010, S. 165–178

Heinemann, Winfried, Der Widerstand gegen das NS-Regime im Traditionsverständnis der Bundeswehr. In: Das Vermächtnis ist noch in Wirksamkeit, S. 103–113

Heinemann, Winfried, Der Widerstand gegen das NS-Regime und der Krieg an der Ostfront. In: Militärgeschichte, 8 (1998), 3, S. 49–55

Heiniger, Alix, Exil, résistance, héritage. Les militants allemands antinazis pendant la guerre et en RDA (1939–1975), Neuchâtel 2015

Heinrichs, Dirk, Hauptmann d.R. Wilm Hosenfeld. Retter in Warschau. In: Retter in Uniform, S. 68–87

Heinrici, Gotthard, Notizen aus dem Vernichtungskrieg. Die Ostfront 1941/42 in den Aufzeichnungen des Generals Heinrici. Hrsg. von Johannes Hürter, Darmstadt 2016

Hellfeld, Matthias von, Edelweißpiraten in Köln. Jugendrebellion gegen das 3. Reich. Das Beispiel Köln-Ehrenfeld, Köln 1981

Helmecke, Chris, Ein »anderer« Oberbefehlshaber? Generaloberst Rudolf Schmidt und die deutsche Besatzungsherrschaft in der Sowjetunion 1941–1943. In: Militärgeschichtliche Zeitschrift, 75 (2016), S. 55–93

Helmecke, Chris, Generaloberst Rudolf Schmidt. Denken und Handeln im Vernichtungskrieg. In: Militärgeschichte, [27] (2017), 1, S. 12–17

Henning von Tresckow. Ich bin der, der ich war. Texte und Dokumente. Hrsg. von Sigrid Grabner und Hendrik Röder, Berlin 2001

Herbert, Ulrich, The Holocaust in German Historiography. Some Introductory Remarks. In: On Germans and Jews under the Nazi Regime, S. 67–84

Herlemann, Beatrix, Kommunistischer Widerstand. In: Lexikon des deutschen Widerstandes, S. 28–41

Hett, Ulrike, und Johannes Tuchel, Die Reaktionen des NS-Staates auf den Umsturzversuch vom 20. Juli 1944. In: Widerstand gegen den Nationalsozialismus (1994), S. 522–538

Heuser, Beatrice, Clausewitz lesen! Eine Einführung, München 2005 (= Beiträge zur Militärgeschichte. Militärgeschichte kompakt, 1)

Heusinger, Adolf, Tagesbefehl des Generalinspekteurs der Bundeswehr vom 20. Juli 1959, <http://www.20-juli-44.de>, zuletzt konsultiert am 5.9.2018

Heuss, Theodor, Bekenntnis und Dank. Symbolhaftigkeit des Opferganges. Rede im Auditorium Maximum der Freien Universität Berlin am 20. Juli 1954. In: Bulletin der Bundesregierung Nr. 132 vom 20. Juli 1954, S. 1188 ff.

Hiemann, Rafaela, Rudolf-Christoph Freiherr von Gersdorff als Zeuge des Widerstands. In: Weder überflüssig noch unterlegen, S. 71–88

Hikel, Christine, Sophies Schwester. Inge Scholl und die Weiße Rose, München 2012 (= Quellen und Darstellungen zur Zeitgeschichte, 94)

Hildebrandt, Klaus, Die ostpolitischen Vorstellungen im deutschen Widerstand. In: Geschichte in Wissenschaft und Unterricht, 29 (1978), S. 213–241

Hiller von Gaertringen, Friedrich Frhr., Cäsar von Hofacker. In: Zeugen des Widerstands, S. 65–90

Hiller von Gaertringen, Friedrich Frhr., Johanniter im Widerstand gegen Hitler. Erinnerung an den 20. Juli 1944. In: Johanniterorden, Juni 1994, S. 2–5

Hillmann, Jörg, Die Deutschen Marinen des 20. Jahrhunderts und ihr Umgang mit den Ereignissen des Ersten Weltkriegs. In: Der Erste Weltkrieg zur See. In Zusammenarbeit des Deutschen Marinemuseums und des Zentrums für Militärgeschichte und Sozialwissenschaften der Bundeswehr hrsg. von Michael

Epkenhans und Stephan Huck, Berlin 2017 (= Beiträge zur Militärgeschichte, 78), S. 233–241

Hillmann, Jörg, Der 20. Juli 1944 und die Marine. Ein Beitrag zu Ereignis und Rezeption, Bochum 2004

Himmler, Heinrich, Die Rede Himmlers vor den Gauleitern am 3. August 1944. Hrsg. von Theodor Eschenburg. In: Vierteljahrshefte für Zeitgeschichte, 1 (1953), S. 357–394

Hitler, Adolf, Reden, Schriften, Anordnungen. Februar 1925 bis Januar 1933, III: Zwischen den Reichstagswahlen Juli 1928–September 1930, Teil 2: März 1929–Dezember 1929. Hrsg. von Klaus A. Lankheit, München 1994

Hitlers Lagebesprechungen. Die Protokollfragmente seiner militärischen Konferenzen. Hrsg. von Helmut Heiber, Stuttgart 1962 (= Quellen und Darstellungen zur Zeitgeschichte, 10)

Hitlers militärische Elite. Hrsg. von Gerd R. Ueberschär, [Bd] 1: Von den Anfängen des Regimes bis Kriegsbeginn, Darmstadt 1998

Hitlers militärische Elite. Hrsg. von Gerd R. Ueberschär, [Bd] 2: Vom Kriegsbeginn bis zum Weltkriegsende, Darmstadt 1998

Hitlers Rache. Das Stauffenberg-Attentat und seine Folgen für die Familien der Verschwörer. Hrsg. von Friedrich-Wilhelm von Hase, Holzgerlingen 2014

Hobe, Cord von, Mit Menschen erlebt, dem Enkel erzählt, 2. Aufl., Rendsburg 1977

Höhne, Heinz, Canaris. Patriot im Zwielicht, München 1976

Höhne, Heinz, Canaris und die Abwehr zwischen Anpassung und Opposition. In: Der Widerstand gegen den Nationalsozialismus (1985), S. 405–416

Höhne, Heinz, Kennwort: Direktor. Die Geschichte der Roten Kapelle, Frankfurt a.M. 1970

Hölsken, Heinz Dieter, Die V-Waffen. Entstehung – Propaganda – Kriegseinsatz, Stuttgart 1984 (= Studien zur Zeitgeschichte, 27)

Hoerkens, Alexander W., Unter Nazis? Die NS-Ideologie in den abgehörten Gesprächen deutscher Kriegsgefangener 1939 bis 1945, Berlin 2014

Hofacker, Alfred von, Cäsar von Hofacker. Ein Wegbereiter für und ein Widerstandskämpfer gegen Hitler, ein Widerspruch? Göttingen 2010

Hoffmann, Joachim, Deutsche und Kalmyken 1942 bis 1945, 4. Aufl., Freiburg i.Br. 1986 (= Einzelschriften zur militärischen Geschichte des Zweiten Weltkrieges, 14)

Hoffmann, Joachim, Die Ostlegionen 1941–1943. Turkotataren, Kaukasier und Wolgafinnen im deutschen Heer, Freiburg i.Br. 1976, 1986 (= Einzelschriften zur militärischen Geschichte des Zweiten Weltkrieges, 19)

Hoffmann, Peter, Carl Goerdeler gegen die Verfolgung der Juden, Köln 2013

Hoffmann, Peter, Claus Schenk Graf von Stauffenberg und seine Brüder. Das Geheime Deutschland, Stuttgart 1992

Hoffmann, Peter, Claus Schenk Graf von Stauffenberg. Die Biographie, München 2007

Hoffmann, Peter, Colonel Claus von Stauffenberg in the German Resistance to Hitler. Between East and West. In: The Historical Journal, 31 (1988), S. 629–650

Hoffmann, Peter, Generaloberst Ludwig Becks militärpolitisches Denken. In: Historische Zeitschrift, 234 (1982), S. 101–121

Hoffmann, Peter, The German Resistance and the Holocaust. In: Confront!, S. 105–126
Hoffmann, Peter, Oberst i.G. Henning von Tresckow und die Staatsstreichpläne im Jahr 1943. In: Vierteljahrshefte für Zeitgeschichte, 55 (2007), S. 330–364
Hoffmann, Peter, Stauffenberg und die Veränderungen der außen- und innenpolitischen Handlungsbedingungen für die Durchführung des »Walküre«-Plans. In: Der Widerstand gegen den Nationalsozialismus (1985), S. 1003–1020
Hoffmann, Peter, Stauffenbergs Freund. Die tragische Geschichte des Widerstandskämpfers Joachim Kuhn, München 2007
Hoffmann, Peter, Tresckow und Stauffenberg. Ein Zeugnis aus dem Archiv des russischen Geheimdienstes. In: Frankfurter Allgemeine Zeitung, 20.7.1998, S. 8 f.
Hoffmann, Peter, Widerstand – Staatsstreich – Attentat. Der Kampf der Opposition gegen Hitler, München 1969
Hoffmann, Peter, Zum Ablauf des Staatsstreichversuches des 20. Juli in den Wehrkreisen. In: Wehrwissenschaftliche Rundschau, 14 (1964), S. 377–397
Holler, Regina, 20. Juli 1944. Vermächtnis oder Alibi? Wie Historiker, Politiker und Journalisten mit dem deutschen Widerstand gegen den Nationalsozialismus umgehen. Eine Untersuchung der wissenschaftlichen Literatur, der offiziellen Reden und Zeitungsberichterstattung in Nordrhein-Westfalen von 1945–1986, München 1994 (= Kommunikation und Politik, 26)
Hosenfeld, Wilm, »Ich versuche jeden zu retten«. Das Leben eines deutschen Offiziers in Briefen und Tagebüchern. Im Auftrag des Militärgeschichtlichen Forschungsamtes hrsg. von Thomas Vogel, München 2004
Howell, Esther-Julia, Von den Besiegten lernen? Die kriegsgeschichtliche Kooperation der U.S. Armee und der ehemaligen Wehrmachtselite 1945–1961, München 2015 (= Studien zur Zeitgeschichte, 90)
Hoy, Matthias, Tradition und Traditionspflege im Österreichischen Bundesheer. In: Zum Schutz der Republik Österreich ... 50 Jahre Bundesheer, 50 Jahre Sicherheit: gestern – heute – morgen ... Hrsg. von Wolfgang Etschmann und Hubert Speckner, Wien 2005 (= Schriften zur Geschichte des Österreichischen Bundesheeres, Sonderbd), S. 491–495
Huber, Rudolf Günter, Gerd von Rundstedt. Sein Leben und Wirken im Spannungsfeld gesellschaftlicher Einflüsse und persönlicher Standortbestimmung, Frankfurt a.M. 2004
Hürten, Heinz, Reichswehr und Ausnahmezustand. Ein Beitrag zur Verfassungsproblematik der Weimarer Republik in ihrem ersten Jahrfünft, Opladen 1977
Hürter, Johannes, und Felix Römer, Alte und neue Geschichtsbilder von Widerstand und Ostkrieg. Zu Hermann Gramls Beitrag »Massenmord und Militäropposition«. In: Vierteljahrshefte für Zeitgeschichte, 54 (2006), S. 301–322
Hürter, Johannes, Auf dem Weg zur Militäropposition. Tresckow, Gersdorff, der Vernichtungskrieg und der Judenmord. Neue Dokumente über das Verhältnis der Heeresgruppe Mitte zur Einsatzgruppe B im Jahr 1941. Dokumentation. In: Vierteljahrshefte für Zeitgeschichte, 52 (2004), S. 527–562
Hürter, Johannes, und Matthias Uhl, Hitler in Vinnica. Ein neues Dokument zur Krise im September 1942. Dokumentation. In: Vierteljahrshefte für Zeitgeschichte, 63 (2015), S. 581–639

Hürter, Johannes, Hitlers Heerführer. Die deutschen Oberbefehlshaber im Krieg gegen die Sowjetunion 1941/42, München 2006; 2. Aufl. 2007 (= Quellen und Darstellungen zur Zeitgeschichte, 66)

Hürter, Johannes, Konservative Akteure oder totale Krieger? Zum Transformationsprozess einer militärischen Elite. In: Verbrechen der Wehrmacht. Bilanz einer Debatte. Hrsg. von Christian Hartmann, Johannes Hürter und Ulrike Jureit, 2. Aufl., München 2015, S. 50–59

Hürter, Johannes, Militäropposition und Judenmord bei der Heeresgruppe Mitte im Sommer und Herbst 1941. In: Der militärische Widerstand im Lichte neuer Kontroversen, S. 135–151

Hürter, Johannes, Wilhelm Groener. Reichswehrminister am Ende der Weimarer Republik (1928–1932), München 1993 (= Beiträge zur Militärgeschichte, 39)

Die im Braunschweiger Remerprozeß erstatteten moraltheologischen und historischen Gutachten nebst Urteil. Hrsg. von Herbert Kraus, Institut für Völkerrecht an der Universität Göttingen, Hamburg 1953

IMT siehe Der Prozeß gegen die Hauptkriegsverbrecher

Irving, David, Göring. Eine Biographie, München 1987

Irving, David, Rommel. Eine Biographie, Hamburg 1978

Irving, David, The Trail of the Fox. The Life of Field-Marshal Erwin Rommel, London 1977

Jäckel, Eberhard, Wenn der Anschlag gelungen wäre. In: Der Zwanzigste Juli, S. 69–76

Jacobsen, Hans-Adolf, 1939–1945. Der Zweite Weltkrieg in Chronik und Dokumenten, 6. Aufl., Darmstadt 1961

Jacobsen, Hans-Adolf, Die »Sonderkommission 20. Juli« des Reichssicherheitshauptamtes und die sogenannten »Kaltenbrunner-Berichte«. In: Der Umgang des Dritten Reiches mit den Feinden des Regimes, S. 109–116

Janßen, Karl-Heinz, und Fritz Tobias, Der Sturz der Generäle. Hitler und die Blomberg-Fritsch-Krise 1938, München 1994

John, Antonius, Philipp von Boeselager. Widerstand und Gemeinwohl. Wahrnehmungen aus sechs Jahrzehnten, Bonn 2007

John, Otto A.W., Am achten Jahrestag der Verschwörung. In: Das Parlament. Sonderausgabe »20. Juli« vom 20.7.1952, S. 2

John, Otto, »Falsch und zu spät«. Der 20. Juli 1944. Epilog, München 1984

Johst, David, Begrenzung des Rechtsgehorsams. Die Debatte um Widerstand und Widerstandsrecht in Westdeutschland 1945–1968, Tübingen 2016 (= Beiträge zur Rechtsgeschichte des 20. Jahrhunderts, 91)

Jünger, Ernst, Strahlungen II. Das zweite Pariser Tagebuch, München 1965

Jureit, Ulrike, Spekulatives von der Ostfront. Zur Kontroverse über Militäropposition und Vernichtungskrieg. In: Der militärische Widerstand im Lichte neuer Kontroversen, S. 183–198

Kaiser, Hermann, Mut zum Bekenntnis. Die geheimen Tagebücher des Hauptmanns Hermann Kaiser 1941/1943. Hrsg. von Peter M. Kaiser, Berlin 2010

Kannowski, Bernd, Die Umgestaltung des Sachsenspiegelrechts durch die Buch'sche Glosse, Hannover 2008 (= Schriften der Monumenta Germaniae Historica, 56)

Karlauf, Thomas, Stauffenberg. Porträt eines Attentäters, München 2019

Karlauf, Thomas, Stefan George. Die Entdeckung des Charisma, München 2007

Kaule, Martin, Wolfsschanze [!]. »Führerhauptquartier« in Masuren, Berlin 2014

Keil, Lars Broder, Erich Fellgiebel (1886-1944). »Man muss eben mal seinen Kopf riskieren«. In: Vollmer/Keil, Stauffenbergs Gefährten, S. 44–61

Keil, Lars-Broder, Hans-Ulrich von Oertzen. Offizier und Widerstandskämpfer. Ein Lebensbild in Briefen und Erinnerungen, Berlin 2005

Keitel, Wilhelm, Generalfeldmarschall Keitel. Verbrecher oder Offizier? Erinnerungen, Briefe, Dokumente des Chefs des Oberkommandos der Wehrmacht. Hrsg. von Walter Görlitz, Göttingen 1961

Keller, Peter, »Die Wehrmacht der Deutschen Republik ist die Reichswehr«. Die deutsche Armee 1918–1921, Paderborn [u.a.] 2014 (= Krieg in der Geschichte, 82)

Kellerhoff, Sven Felix, »Mein Kampf«. Die Karriere eines deutschen Buches, Stuttgart 2015

Kershaw, Ian, Der 30. Januar 1933. Ausweg aus der Staatskrise und Anfang des Staatsverfalls. In: Die deutsche Staatskrise, S. 277–284

Kershaw, Ian, Hitler 1889–1936. Hubris, New York 1999

Kershaw, Ian, Hitler 1936–1945. Nemesis, London 2000

Kershaw, Ian, Widerstand ohne Volk? Dissens und Widerstand im Dritten Reich. In: Der Widerstand gegen den Nationalsozialismus (1985), S. 779–798

Kershaw, Ian, »Working towards the Führer«. Reflections on the Nature of the Hitler Dictatorship. In: Contemporary European History, 2 (1993), 2, S. 103–118

Keßelring, Agilolf, und Thorsten Loch, Der »Besprechungsplan« vom 5. Januar 1950. Gründungsdokument der Bundeswehr? Eine Dokumentation zu den Anfängen westdeutscher Sicherheitspolitik. In: Historisch-Politische Mitteilungen, 22 (2015), S. 199–229

Keßelring, Agilolf, und Thorsten Loch, Himmerod war nicht der Anfang. Bundesminister Eberhard Wildermuth und die Anfänge westdeutscher Sicherheitspolitik. In: Militärgeschichtliche Zeitschrift, 74 (2015), S. 60–96

Keßelring, Agilolf, Die Organisation Gehlen und die Neuformierung des Militärs in der Bundesrepublik, Berlin 2017 (= Veröffentlichungen der Unabhängigen Historikerkommission zur Erforschung der Geschichte des Bundesnachrichtendienstes 1945–1968, 6)

Kettenacker, Lothar, Der nationalkonservative Widerstand aus angelsächsischer Sicht. In: Der Widerstand gegen den Nationalsozialismus (1985), S. 712–731

Keyserlingk, Linda von, Erkenntnisgewinn durch historische Netzwerkanalyse. Eine qualitative und quantitative Analyse des Beziehungsgeflechts von zivilem und militärischem Widerstand. In: Das ist Militärgeschichte!, S. 464–478

Keyserlingk, Linda von, Ein geheimes Netzwerk zur Vorbereitung und Durchführung des Attentats- und Staatsstreichversuchs vom 20. Juli 1944. In: Geheime Netzwerke im Militär, S. 204–220

Keyserlingk, Linda von, Das Netzwerk vom 20. Juli 1944. Formen, Zeiträume und Besonderheiten der Kontakte, unveröff. Ms., Greifswald 2008 (Kopie im Archiv Heinemann)

Keyserlingk, Linda von, Der 20. Juli 1944 war nicht die Tat eines Einzelnen. Das Netzwerk des Widerstands um Fritz-Dietlof Graf von der Schulenburg. Eine Ausstellung des Vereins Denkstätte Teehaus Trebbow e.V., Berlin [2011]

Keyserlingk-Rehbein, Linda von, Nur eine »ganz kleine Clique«? Die NS-Ermittlungen über das Netzwerk vom 20. Juli 1944, Berlin 2018

Kiesel, Georg, SS-Bericht über den 20. Juli. Aus den Papieren des SS-Obersturmbannführers Dr. Georg Kiesel. In: Nordwestdeutsche Hefte, 1/2 (1947), Februar, S. 5–34
Kiess, Walter, Der Doppelspieler. Arthur Nebe zwischen Opportunismus, Verbrechen und Opposition, Stuttgart 2011
Kilian, Jürgen, »Wir wollen die geistige Führung der Armee übernehmen«. Die informelle Gruppe von Generalstabsoffizieren um Joachim von Stülpnagel, Friedrich Wilhelm von Willisen und Kurt von Schleicher. In: Geheime Netzwerke im Militär, S. 167–183
Kißener, Michael, Die Aktion »Gewitter«. In: Der Umgang des Dritten Reiches mit den Feinden des Regimes, S. 185–197
Kißener, Michael, Von punktuellen Dissonanzen, Schwarzschlächtern und aktivem Umsturz. Der Widerstandsbegriff im Wandel der Zeit. In: Das Vermächtnis ist noch in Wirksamkeit, S. 29–40
Klausa, Ekkehard, Ganz normale Deutsche. Das Judenbild des konservativen Widerstands. In: Der vergessene Widerstand, S. 183–207
Klausa, Ekkehard, Die Gedenkstätte Deutscher Widerstand. In: Das Vermächtnis ist noch in Wirksamkeit, S. 77–83
Klausa, Ekkehard, Klemens von Klemperer. Ein Lebensbild. In: Klemperer, Der einsame Zeuge, S. 9–32
Klausa, Ekkehard, Politischer Konservativismus und Widerstand. In: Widerstand gegen den Nationalsozialismus (1994), S. 219–234
Klausa, Ekkehard, Preußische Soldatentradition und Widerstand. Das Potsdamer Infanterieregiment 9 zwischen dem »Tag von Potsdam« und dem 20. Juli 1944. In: Der Widerstand gegen den Nationalsozialismus (1985), S. 533–545
Klausa, Ekkehard, Zu wenig und zu spät? Der Kampf des anderen Deutschland. In: Der Nationalsozialismus und die deutsche Gesellschaft. Einführung und Überblick. Hrsg. von Bernd Sösemann, Stuttgart 2002, S. 258–281
Kleine, Nils, Der geschichtspolitische Ort des 20. Juli 1944 in der Frühphase der Bundesrepublik Deutschland. Fallbeispiel Remer-Prozess. In: Das Vermächtnis ist noch in Wirksamkeit, S. 41–54
Klemperer, Klemens von, Adam von Trott zu Solz. Patriot und Weltbürger. In: Klemperer, Der einsame Zeuge, S. 203–216
Klemperer, Klemens von, Die »Außenpolitik« des deutschen Widerstandes. In: Klemperer, Der einsame Zeuge, S. 190–202
Klemperer, Klemens von, Der deutsche Widerstand gegen den Nationalsozialismus. Gestaltwandel eines Forschungsfeldes in fünf Jahrzehnten oder Gedanken zur Historisierung des Widerstandes. In: Klemperer, Der einsame Zeuge, S. 230–244
Klemperer, Klemens von, Der einsame Zeuge. Von der existentiellen Dimension des Widerstands gegen den Nationalsozialismus. Hrsg. von Ekkehard Klausa, Berlin 2016 (= Schriften der Gedenkstätte Deutscher Widerstand, 7)
Klemperer, Klemens von, Mandat zum Widerstand. Der Fall der deutschen Opposition gegen Hitler. In: Klemperer, Der einsame Zeug, S. 35–55
Klemperer, Klemens von, Nationale oder internationale Außenpolitik des Widerstandes. In: Der Widerstand gegen den Nationalsozialismus (1985), S. 639–651

Klemperer, Klemens von, Sie gingen ihren Weg ... Ein Beitrag zur Frage des Entschlusses und der Motivation zum Widerstand. In: Der Widerstand gegen den Nationalsozialismus (1985), S. 1097–1106

Klemperer, Klemens von, Die »Verbindung zu der großen Welt«. Außenbeziehungen des deutschen Widerstandes 1938 bis 1945. In: Klemperer, Der einsame Zeuge, S. 150–171

Klemperer, Klemens, Die verlassenen Verschwörer. Der deutsche Widerstand auf der Suche nach Verbündeten 1938–1945, Berlin 1994

Klink, Ernst, Heer und Kriegsmarine. In: Das Deutsche Reich und der Zweite Weltkrieg, Bd 4, S. 451–652

Klinkhammer, Lutz, Die Abteilung »Kunstschutz« der deutschen Militärverwaltung in Italien 1943–1945. In: Quellen und Forschungen aus italienischen Archiven und Bibliotheken, 72 (1992), S. 483–549

Kniebe, Tobias, Operation Walküre. Das Drama des 20. Juli, Berlin 2009

Knippschild, Dieter, Deserteure im Zweiten Weltkrieg. Der Stand der Debatte. In: Armeen und ihre Deserteure. Vernachlässigte Kapitel einer Militärgeschichte der Neuzeit. Hrsg. von Ulrich Bröckling und Michael Sikora, Göttingen 1998, S. 222–251

Knox, Macgregor, 1 October 1942. Adolf Hitler, Wehrmacht Officer Policy and Social Revolution. In: Historical Journal, 43 (2000), S. 801–825

Koch, Hannsjoachim Wolfgang, Volksgerichtshof. Politische Justiz im Dritten Reich, München 1988

Koehn, Barbara, Carl-Heinrich von Stülpnagel. Offizier und Widerstandskämpfer. Eine Verteidigung, Berlin 2008 (= Zeitgeschichtliche Forschungen, 34)

Köster, Burkhard, Aus Liebe zur Seefahrt! Vizeadmiral Karl-Adolf Zenker. In: Militärische Aufbaugenerationen der Bundeswehr, S. 338–341

Kolb, Eberhard, Bergen-Belsen. Vom »Aufenthaltslager« zum Konzentrationslager 1943–1945, 2. Aufl., Göttingen 1986

Kolb, Eberhard, und Wolfram Pyta, Die Staatsnotstandsplanung unter den Regierungen Papen und Schleicher. In: Die deutsche Staatskrise, S. 155–181

Kopp, Roland, Paul von Hase. Von der Alexander-Kaserne nach Plötzensee. Eine deutsche Soldatenbiographie 1885–1944, Münster 2001

Kossatz, Felix, Traditionsnamen und Wertehorizont in der Bundeswehr. Masterarbeit im Studiengang Geschichte, TU Dresden, 2015

Kramarz, Joachim, Claus Graf Stauffenberg. 15. November 1907 bis 20. Juli 1944. Das Leben eines Offiziers, Frankfurt a.M. 1965

Kraus, Hans-Christof, Das Geheime Deutschland. Zur Geschichte und Bedeutung einer Idee. In: Historische Zeitschrift, 291 (2010), S. 385–417

Krausnick, Helmut, und Hans-Heinrich Wilhelm, Die Truppe des Weltanschauungskrieges. Die Einsatzgruppen der Sicherheitspolizei und des SD 1938–1942, 2 Teile, Stuttgart 1981 (= Quellen und Darstellungen zur Zeitgeschichte, 22)

Krausnick, Helmut, Vorgeschichte und Beginn des militärischen Widerstandes gegen Hitler. In: Vollmacht des Gewissens, Bd 2, S. 177–384

Krautkrämer, Elmar, Generalleutnant Dr. phil. Hans Speidel. In: Hitlers militärische Elite, Bd 2, S. 245–255

Kriegsende 1945 in Deutschland. Im Auftrag des Militärgeschichtlichen Forschungsamtes hrsg. von Jörg Hillmann und John Zimmermann, München 2002 (= Beiträge zur Militärgeschichte, 55)

Kriegstagebuch des Oberkommandos der Wehrmacht (Wehrmachtführungsstab) 1940–1945. Geführt von Helmuth Greiner und Percy Ernst Schramm, 4 Bde. Im Auftrag des Arbeitskreises für Wehrforschung hrsg. von Percy Ernst Schramm [u.a.], Frankfurt a.M. 1961

Das Krisenjahr 1923. Militär und Innenpolitik 1922–1924. Bearb. von Heinz Hürten, Düsseldorf 1980 (= Quellen zur Geschichte des Parlamentarismus und der politischen Parteien. Zweite Reihe: Militär und Politik, 4)

Kroener, Bernhard R., Erinnerungen, Erfahrungen und Erlebnisse im Widerstand. In: Attentat auf Hitler, S. 23–37

Kroener, Bernhard R., Friedrich Fromm. Der »starke Mann im Heimatkriegsgebiet«. In: Die Militärelite des Dritten Reiches, S. 171–186

Kroener, Bernhard R., Friedrich Fromm – »Unser Verräter«? Hinterbliebenenversorgung im Kampf um Deutungshoheit. In: Verräter? Vorbilder? Verbrecher?, S. 73–96

Kroener, Bernhard R., »Frontochsen« und »Etappenbullen«. Zur Ideologisierung militärischer Organisationsstrukturen im Zweiten Weltkrieg. In: Die Wehrmacht. Mythos und Realität, S. 371–384

Kroener, Bernhard R., Hermann Kaiser. Opposition aus konservativer Verantwortungsethik. In: Der militärische Widerstand gegen Hitler. Der Beitrag Hessens, S. 37–49

Kroener, Bernhard R., »Menschenbewirtschaftung«, Bevölkerungsverteilung und personelle Rüstung in der zweiten Kriegshälfte (1942–1945). In: Das Deutsche Reich und der Zweite Weltkrieg, Bd 5/2, S. 777–1001

Kroener, Bernhard R., Die personellen Ressourcen des Dritten Reiches im Spannungsfeld zwischen Wehrmacht, Bürokratie und Kriegswirtschaft 1939–1944. In: Das Deutsche Reich und der Zweite Weltkrieg, 5/1, S. 693–1001

Kroener, Bernhard R., »Der starke Mann im Heimatkriegsgebiet«. Generaloberst Friedrich Fromm. Eine Biographie, Paderborn [u.a.] 2005

Kroener, Bernhard R., Strukturelle Veränderungen in der militärischen Gesellschaft des Dritten Reiches. In: Nationalsozialismus und Modernisierung. Hrsg. von Michael Prinz und Rainer Zitelmann, Darmstadt 1991, S. 267–296

Krolak, Steven, Der Weg zum Neuen Reich. Die politischen Vorstellungen von Claus Stauffenberg. Ein Beitrag zur Geistesgeschichte des deutschen Widerstands. In: Der Widerstand gegen den Nationalsozialismus (1985), S. 546–559

Kroll, Frank-Lothar, Geschichte und Politik im Weltbild Hitlers. In: Vierteljahrshefte für Zeitgeschichte, 44 (1996), S. 327–353

Kroll, Frank-Lothar, Ein nationalsozialistischer Aktivist im Widerstand. Wolf-Heinrich Graf von Helldorff. In: Der 20. Juli 1944. Profile, Motive, Desiderate, S. 47–63

Krüger, Dieter, Hans Speidel und Ernst Jünger. Freundschaft und Geschichtspolitik im Zeichen der Weltkriege, Paderborn [u.a.] 2016

Krüger, Dieter, Otto Ernst Remer. Ein Offizier zwischen Eid und Unkenntnis. Eine Person des Rechtsextremismus nach 1945. In: Widerstand gegen das NS-Regime in den Regionen Mecklenburg und Vorpommern, Schwerin 2005 (= Reihe Beiträge zur Geschichte Mecklenburg-Vorpommern, 12), S. 116–123

Krüger, Dieter, Das schwierige Erbe. Die Traditionsansprache des Kapitäns zur See Karl-Adolf Zenker und ihre parlamentarischen Folgen. In: Marineforum, 72 (1997), 1, S. 28–33

Krusenstjern, Benigna von, »daß es Sinn hat zu sterben – gelebt zu haben«. Adam von Trott zu Solz 1909–1944. Biographie, Göttingen 2009

Kubin, Ernst, Raub oder Schutz? Der deutsche militärische Kunstschutz in Italien, Graz 1994

Kuckhoff, Greta, Vom Rosenkranz zur Roten Kapelle. Ein Lebensbericht, Berlin (Ost) 1972

Kühne, Thomas, Der Judenretter und seine Kameraden. Gemeinschaftsmoral und Gemeinschaftsterror in der Wehrmacht. In: Retter in Uniform, S. 32–43

Kühne, Thomas, Zwischen Akribie und Groteske: Variationen der »Normalisierung« Adolf Hitlers. In: Historische Zeitschrift, 304 (2017), S. 405–422

Kunz, Andreas, Die Wehrmacht in der Agonie der nationalsozialistischen Herrschaft 1944/45. Eine Gedankenskizze. In: Kriegsende 1945 in Deutschland, S. 97–114

Kurowski, Franz, Von der Polizeigruppe z.b.V. »Wecke« zum Fallschirmpanzerkorps »Hermann Göring«. Die Entstehung, Entwicklung und das Endschicksal der Luftwaffeneinheiten mit dem weißen Spiegel »Hermann Göring«, Osnabrück 1994

Lakowski, Richard, Ostpreußen 1944/45. Krieg im Nordosten des Deutschen Reiches, Paderborn [u.a.] 2016 (= Zeitalter der Weltkriege, 15)

Lamberti, Marjorie, The Search for the »Other Germany«. Refugee Historians from Nazi Germany and the Contested Legacy of the Resistance to Hitler. In: Central European History, 47 (2014), S. 402–439

Langbehn, Claus, Das Spiel des Verteidigers. Der Jurist Carl Langbehn im Widerstand gegen den Nationalsozialismus, Berlin 2014

Lange, Sven, Der Fahneneid. Die Geschichte der Schwurverpflichtung im deutschen Militär, Bremen 2002 (= Schriftenreihe des Wissenschaftlichen Forums für Internationale Sicherheit e.V. [WIFIS], 19)

Lange, Sven, Hans Delbrück und der »Strategiestreit«. Kriegführung und Kriegsgeschichte in der Kontroverse 1879–1914, Freiburg i.Br. 1995 (= Einzelschriften zur Militärgeschichte, 40)

Leber, Julius, Ein Mann geht seinen Weg. Schriften, Reden und Briefe. Hrsg. von seinen Freunden, Berlin 1952

Lehmann, Rudolf, und Ralf Tiemann, Die Leibstandarte, Bd IV/1, Osnabrück 1986

Leonhard, Jörn, Die Büchse der Pandora. Geschichte des Ersten Weltkriegs, München 2014

Leonhard, Wolfgang, Die Revolution entläßt ihre Kinder, Köln 1955; 21. Aufl. 2003

Lexikon des deutschen Widerstandes. Hrsg. von Wolfgang Benz und Walter H. Pehle, Frankfurt a.M. 2001

Libero, Loretana de, Tradition in Zeiten der Transformation. Zum Traditionsverständnis der Bundeswehr im frühen 21. Jahrhundert, Paderborn [u.a.] 2006

Libero, Loretana de, Tradition und Traditionsverständnis in der Deutschen Luftwaffe. In: Tradition und Traditionsverständnis in der Deutschen Luftwaffe. Geschichte – Gegenwart – Perspektiven. Im Auftrag des Militärgeschichtlichen Forschungsamtes hrsg. von Heiner Möllers, Potsdam 2012 (= Potsdamer Schriften zur Militärgeschichte, 16), S. 11–22

Libero, Loretana de, Trentzsch, die Bundeswehr und das Attentat auf Hitler. In: Militärische Aufbaugenerationen der Bundeswehr, S. 181–210

Lieb, Peter, Der deutsche Krieg im Osten von 1914 bis 1919. Ein Vorläufer des Vernichtungskriegs? In: Vierteljahrshefte für Zeitgeschichte, 65 (2017), S. 464–506
Lieb, Peter, Erwin Rommel. Widerstandskämpfer oder Nationalsozialist? In: Vierteljahrshefte für Zeitgeschichte, 61 (2013), S. 303–343
Lier, Barbara, »Ohne einen Pfennig Einkommen oder Vermögen« gegen den »Unsinn« über die Verstorbenen. Die Bemühungen um Wiedergutmachung und um Rehabilitierung des Widerstandes in der Öffentlichkeit am Beispiel von Cläre Fellgiebel. In: Das Vermächtnis ist noch in Wirksamkeit, S. 55–75
Lingen, Kerstin von, SS und Secret Service. »Verschwörung des Schweigens«. Die Akte Karl Wolff, Paderborn [u.a.] 2010
Loch, Thorsten, Deutsche Generale 1945 bis 1990. Profession – Karriere – Herkunft, vorauss. 2020
Lockenour, Jay, Soldiers as Citizens. Former Wehrmacht Officers in the Federal Republic of Germany, 1945–1955, Lincoln, NE 2001
Loeben, Elisabeth von, Graf Marogna-Redwitz. Opfergang einer bayerischen Familie, München 1985 (= Bayern privat, 1)
Löffelbein, Nils, Ehrenbürger der Nation. Die Kriegsbeschädigten des Ersten Weltkriegs in Politik und Propaganda des Nationalsozialismus, Essen 2013 (= Zeit der Weltkriege, 1)
Loff, Manuel, A Memória da Ditadura e da Revolução. In: O Regresso das Bandeiras, Barreiro 2016, S. 15–17
Lohse, Eckart, und Markus Wehner, Guttenberg. Biographie, München 2011
Longerich, Peter, Heinrich Himmler. Biographie, München 2010
Longerich, Peter, Hitler. Biographie, München 2015
Ludewig, Joachim, Der deutsche Rückzug aus Frankreich 1944, Freiburg i.Br. 1994 (= Einzelschriften zur Militärgeschichte, 38)
Ludewig, Joachim, Generaloberst Johannes Blaskowitz im Zweiten Weltkrieg. In: Militärgeschichte, 5 (1995), 1, S. 12–19
Lüdicke, Lars, Griff nach der Weltherrschaft. Die Außenpolitik des Dritten Reiches 1933–1945, Berlin 2009 (= Deutsche Geschichte im 20. Jahrhundert, 8)
Lustiger, Arno, Feldwebel Anton Schmid. Judenretter in Wilna 1941–1942. In: Retter in Uniform, S. 44–67
MacDonogh, Giles, A Good German. Adam von Trott zu Solz, London 1990
Macksey, Kenneth, Generaloberst Heinz Guderian. In: Hitlers militärische Elite, Bd 2, S. 80–87
Mählert, Ulrich, Kleine Geschichte der DDR, München 2009
Maier, Hans, Das »Dritte Reich« im Visier seiner Gegner. Profane und religiöse Wahrnehmungen. In: Christlicher Glaube als Fundament und Handlungsorientierung des Widerstandes gegen das »Dritte Reich«. XXX. Königswinterer Tagung, 17. Februar 2017. Hrsg. von Christoph Studt (erscheint 2019)
Maier, Hedwig, Die SS und der 20. Juli 1944. In: Vierteljahrshefte für Zeitgeschichte, 14 (1966), S. 299–316
Maizière, Ulrich de, In der Pflicht. Lebensbericht eines deutschen Soldaten im 20. Jahrhundert, Herford 1989
Mammach, Klaus, Die deutsche antifaschistische Widerstandsbewegung 1933 bis 1939, Berlin (Ost) 1974

Manig, Bert-Oliver, Die Politik der Ehre. Die Rehabilitierung der Berufssoldaten in der frühen Bundesrepublik, Göttingen 2004 (= Veröffentlichungen des Zeitgeschichtlichen Arbeitskreises Niedersachsen, 22)
Manstein, Erich von, Verlorene Siege, Frankfurt a.M. 1955
Manvell, Roger, and Heinrich Fraenkel, Goering. The Rise and Fall of the Notorious Nazi Leader, New York 1962
Martens, Stefan, Hermann Göring. »Erster Paladin des Führers« und »Zweiter Mann im Reich«, Paderborn [u.a.] 1985
Martin, Bernd, Das außenpolitische Versagen des Widerstands 1943/44. In: Der Widerstand gegen den Nationalsozialismus (1985), S. 1037–1060
Mau, Hermann, Die »Zweite Revolution«. Der 30. Juni 1934. In: Vierteljahrshefte für Zeitgeschichte, 1 (1953), S. 119–135
Mauch, Christof, Schattenkrieg gegen Hitler. Das Dritte Reich im Visier der amerikanischen Geheimdienste 1941–1945, Stuttgart 1999
Mauch, Christof, Subversive Kriegführung gegen das NS-Regime. Der Widerstand gegen den Nationalsozialismus im Kalkül des amerikanischen Geheimdienstes OSS. In: Geheimdienstkrieg gegen Deutschland, S. 51–89
Medicus, Thomas, Melitta von Stauffenberg. Ein deutsches Leben, Berlin 2012
Meding, Dorothee von, Barbara von Haeften, geb. Curtius. In: Meding, Mit dem Mut des Herzens, S. 257–286
Meding, Dorothee von, Mit dem Mut des Herzens. Die Frauen des 20. Juli, München 1997
Meding, Dorothee von, und Hans Sarkowicz, Philipp von Boeselager. Der letzte Zeuge des 20. Juli 1944, München 2008
Meehan, Patricia, The Unnecessary War. Whitehall and the German Resistance to Hitler, London 1992
Meier-Dörnberg, Wilhelm, Die Planung des Verteidigungsbeitrages der Bundesrepublik Deutschland im Rahmen der Europäischen Verteidigungsgemeinschaft 1950–1954. In: Anfänge westdeutscher Sicherheitspolitik, Bd 2, S. 605–756
Meier-Welcker, Hans, Aufzeichnungen eines Generalstabsoffiziers 1939–1942, Freiburg i.Br. 1982 (= Einzelschriften zur militärischen Geschichte des Zweiten Weltkrieges, 26)
Meier-Welcker, Hans, Seeckt, Frankfurt a.M. 1967
Meier-Welcker, Hans, Unterricht und Studium in der Kriegsgeschichte angesichts der radikalen Wandlungen im Kriegswesen. In: Wehrkunde, 9 (1960), S. 608–612; erneut abgedr. in: Militärgeschichte. Probleme, Thesen, Wege, S. 18–26
Meinl, Susanne, Friedrich Wilhelm Heinz (1899–1968). Verschwörer gegen Hitler und Spionagechef im Dienste Bonns. In: Konspiration als Beruf. Deutsche Geheimdienstchefs im Kalten Krieg. Hrsg. von Dieter Krüger und Armin Wagner, Berlin 2003, S. 61–83
Meinl, Susanne, »Das gesamte bewegliche und unbewegliche Vermögen der in Deutschland aufhältlichen Angehörigen des jüdischen Volkstums ist beschlagnahmt«. Antisemitische Wirtschaftspropaganda und völkische Diktaturpläne in den ersten Jahren der Weimarer Republik. In: »Arisierung« im Nationalsozialismus. Volksgemeinschaft, Raub und Gedächtnis. Hrsg. von Irmtrud Wojak und Peter Hayes, Frankfurt a.M. 2000, S. 31–58
Meinl, Susanne, Nationalsozialisten gegen Hitler. Die nationalrevolutionäre Opposition um Friedrich Wilhelm Heinz, Berlin 2000

Meldungen aus dem Reich. Die geheimen Lageberichte des Sicherheitsdienstes der SS 1938–1945. Hrsg. von Heinz Boberach, 17 Bde, Herrsching 1984

Melnikov, Daniil E., 20. Juli 1944. Legende und Wirklichkeit, Berlin (Ost) 1964

Merlio, Gilbert, La résistance allemande dans l'historiographie de la RDA. In: Revue d'Allemagne et des pays de langue allemande, 42 (2010), S. 391–407

Mertes, Klaus, Hingabe–Verrat–Gewissen. Rede zum 20. Juli 2018 im Bendlerblock, <https://www.jesuiten.org/fileadmin/Redaktion/Downloads/MertesKlaus_20.07.2018.pdf>, zuletzt konsultiert am 5.9.2018

Mertes, Klaus, und Antje Vollmer, Ökumene in Zeiten des Terrors. Streitschrift für die Einheit der Christen, Freiburg i.Br. 2016

Messerschmidt, Manfred, Außenpolitik und Kriegsvorbereitung. In: Das Deutsche Reich und der Zweite Weltkrieg, Bd 1, S. 533–701

Messerschmidt, Manfred, Juden im preußisch-deutschen Heer. In: Deutsche Jüdische Soldaten. Von der Epoche der Emanzipation bis zum Zeitalter der Weltkriege. Eine Ausstellung des Militärgeschichtlichen Forschungsamtes in Zusammenarbeit mit dem Moses Mendelssohn Zentrum, Potsdam, und dem Centrum Judaicum, Berlin, Hamburg 1996, S. 39–62

Messerschmidt, Manfred, Militärische Motive zur Durchführung des Umsturzes. In: Der Widerstand gegen den Nationalsozialismus (1985), S. 1021–1036

Messerschmidt, Manfred, Motive der militärischen Verschwörer gegen Hitler. In: NS-Verbrechen und der militärische Widerstand gegen Hitler, S. 107–118

Messerschmidt, Manfred, Vier Soldaten der »Weißen Rose« vom Volksgerichtshof verurteilt. In: »Wider die Kriegsmaschinerie«. Kriegserfahrungen und Motive des Widerstandes der »Weißen Rose«. Hrsg. von Detlef Bald, Essen 2005, S. 166–174

Messerschmidt, Manfred, Die Wehrmacht im NS-Staat. Zeit der Indoktrination, Hamburg 1969 (= Truppe und Verwaltung, 16)

Messerschmidt, Manfred, Die Wehrmachtjustiz 1939–1945, Paderborn [u.a.] 2005

Metzger, Martina, Offizierssehre und Widerstand. Das Reiterregiment 17 und die Wurzeln des Staatsstreichs vom 20. Juli 1944, Bayreuth 2016 (= Veröffentlichungen des Bayerischen Armeemuseums, 14)

Meyer, Alexander, Berthold Schenk Graf von Stauffenberg (1905–1944). Völkerrecht im Widerstand, Berlin 2001 (= Tübinger Schriften zum internationalen und europäischen Recht, 57)

Meyer, Georg, Adolf Heusinger. Dienst eines deutschen Soldaten 1915–1964, Hamburg 2001

Meyer, Georg, Auswirkungen des 20. Juli 1944 auf das innere Gefüge der Wehrmacht und auf das soldatische Selbstverständnis im Vorfeld des westdeutschen Verteidigungsbeitrages bis 1950/51. In: Aufstand des Gewissens (1984), S. 297–329

Meyer, Georg, Generaloberst Guderian. Zur Erinnerung an seinen 100. Geburtstag. Militärgeschichtliches Beiheft zur Europäischen Wehrkunde/Wehrwissenschaftliche Rundschau, Heft 3/1988

Meyer, Georg, Zur inneren Entwicklung der Bundeswehr bis 1960/61. In: Anfänge westdeutscher Sicherheitspolitik, Bd 3, S. 851–1162

Meyer, Georg, Zur Situation der deutschen militärischen Führungsschicht im Vorfeld des westdeutschen Verteidigungsbeitrages 1945–1950/51. In: Anfänge westdeutscher Sicherheitspolitik, Bd 1, S. 579–735

Meyer, Kristina, Die SPD und die NS-Vergangenheit 1945–1990, Göttingen 2015 (= Beiträge zur Geschichte des 20. Jahrhunderts, 18)

Meyer, Winfried, Klatt. Hitlers jüdischer Meisteragent gegen Stalin. Überlebenskunst in Holocaust und Geheimdienstkrieg, Berlin 2015

Meyer, Winfried, Staatsstreichplanung, Opposition und Nachrichtendienst. Widerstand aus dem Amt Ausland/Abwehr im Oberkommando der Wehrmacht. In: Widerstand gegen den Nationalsozialismus (1994), S. 319–349

Meyer, Winfried, Unternehmen Sieben. Eine Rettungsaktion für vom Holocaust Bedrohte aus dem Amt Ausland/Abwehr im Oberkommando der Wehrmacht, Frankfurt a.M. 1993

Middendorf, Stefanie, »Verstoßenes Wissen«. Emigranten als Deutschlandexperten im »Office of Strategic Services« und im amerikanischen Außenministerium 1943–1945. In: Neue Politische Literatur, 46 (2001), S. 23–52

Die Militärelite des Dritten Reiches. 27 biographische Skizzen. Hrsg. von Ronald Smelser und Enrico Syring, Berlin 1995

Militärgeschichte. Probleme, Thesen, Wege. Im Auftrag des Militärgeschichtlichen Forschungsamtes aus Anlaß seines 25jährigen Bestehens ausgewählt und zusammengestellt von Manfred Messerschmidt [u.a.], Stuttgart 1982 (= Beiträge zur Militär-und Kriegsgeschichte, 25)

Militärische Aufbaugenerationen der Bundeswehr 1955 bis 1970. Ausgewählte Biografien. Im Auftrag des Militärgeschichtlichen Forschungsamtes hrsg. von Helmut R. Hammerich und Rudolf J. Schlaffer, München 2011 (= Sicherheitspolitik und Streitkräfte der Bundesrepublik Deutschland, 10)

Der militärische Widerstand gegen Hitler. Der Beitrag Hessens zum 20. Juli 1944. Hrsg. von Bernd Heidenreich und Sönke Neitzel, Wiesbaden 2005 (= POLIS, 42)

Der militärische Widerstand im Lichte neuer Kontroversen. XXI. Königswinterer Tagung, 22. bis 24. Februar 2008. Hrsg. von Manuel Becker, Holger Löttel und Christoph Studt, Münster 2010

Mitcham, Samuel, und Gene Mueller, Generaloberst Erich Hoepner. In: Hitlers militärische Elite, Bd 2, S. 93–99

Möckelmann, Reiner, Hannah von Bredow. Bismarcks furchtlose Enkelin gegen Hitler, Darmstadt 2018

Möllers, Heiner, Der neue Streit um alte Namen. Wie die Bundeswehr auf den Hund gekommen ist. In: Portal Militärgeschichte, 26.6.2017, <http://portal-militaergeschichte.de/moellers_streit>, zuletzt konsultiert am 24.9.2018

Möllers, Heiner, »Reichswehr schießt nicht auf Reichswehr«. Legenden um den Kapp-Putsch vom März 1920. In: Militärgeschichte. Zeitschrift für historische Bildung, 11 (2001), 3, S. 53–61

Mönch, Winfried, Entscheidungsschlacht »Invasion« 1944? Prognosen und Diagnosen, Stuttgart 2001 (= Historische Mitteilungen. Beiheft, 41)

Moll, Christiane, Acts of Resistance. The White Rose in the Light of New Archival Evidence. In: Resistance Against the Third Reich, S. 173–200

Molt, Matthias, Von der Wehrmacht zur Bundeswehr. Personelle Kontinuität und Diskontinuität beim Aufbau der deutschen Streitkräfte 1955–1966, Phil. Diss., Heidelberg 2007

Moltke, Helmuth James von, Letzte Briefe aus dem Gefängnis Tegel, 8. Aufl., Berlin 1959

Moltmann, Jürgen, Klaus und Dietrich Bonhoeffer. In: Zeugen des Widerstands, S. 194–216
Mommsen, Hans, Alternative zu Hitler. Studien zur Geschichte des deutschen Widerstandes, München 2000
Mommsen, Hans, Beamtentum im Dritten Reich, Stuttgart 1966 (= Schriftenreihe der Vierteljahrshefte für Zeitgeschichte, 13)
Mommsen, Hans, Bürgerlicher (nationalkonservativer) Widerstand. In: Lexikon des deutschen Widerstandes, S. 55–67
Mommsen, Hans, Carl Friedrich Goerdeler im Widerstand gegen Hitler. In: Goerdeler, Politische Schriften, S. XXXVII–LXV
Mommsen, Hans, Der deutsche Widerstand gegen Hitler und die Überwindung der nationalstaatlichen Gliederung Europas. In: Mommsen, Alternative zu Hitler, S. 266–283
Mommsen, Hans, Forschungskontroversen zum Nationalsozialismus. In: Aus Politik und Zeitgeschichte. Beilage zur Wochenzeitung »Das Parlament«, 14–15/2007, 25.4.2007, S. 14–21
Mommsen, Hans, The German Resistance against Hitler and the Restoration of Politics. In: Resistance Against the Third Reich, S. 151–166
Mommsen, Hans, Die Geschichte des deutschen Widerstands im Lichte der neueren Forschung. In: Aus Politik und Zeitgeschichte. Beilage zur Wochenzeitung »Das Parlament«, B 50/86, 13.12.1986
Mommsen, Hans, Gesellschaftsbild und Verfassungspläne des deutschen Widerstandes. In: Der deutsche Widerstand gegen Hitler. Vier historisch-kritische Studien, S. 73–168
Mommsen, Hans, Hitlers Stellung im nationalsozialistischen Herrschaftssystem. In: Mommsen, Von Weimar nach Auschwitz, S. 214–247
Mommsen, Hans, Militär und zivile Militarisierung in Deutschland 1914 bis 1938. In: Militär und Gesellschaft im 19. und 20. Jahrhundert. Hrsg. von Ute Frevert, Stuttgart 1997, S. 265–276
Mommsen, Hans, Die moralische Wiederherstellung der Nation. Der Widerstand gegen Hitler war von einer antisemitischen Grundhaltung getragen. In: Süddeutsche Zeitung, 21.7.1999, S. 15
Mommsen, Hans, Nationalsozialismus als vorgetäuschte Modernisierung. In: Der historische Ort des Nationalsozialismus. Annäherungen. Hrsg. von Walter H. Pehle, Frankfurt a.M. 1990, S. 31–46
Mommsen, Hans, Der Nationalsozialismus. Kumulative Radikalisierung und Selbstzerstörung des Regimes. In: Meyers Ezyklopädisches Lexikon, Bd 16, Mannheim 1976, S. 785–790
Mommsen, Hans, Neuordnungspläne der Widerstandsbewegung des 20. Juli 1944. In: Mommsen, Alternative zu Hitler, S. 159–206
Mommsen, Hans, Das NS-Regime und die Auslöschung des Judentums in Europa, Göttingen 2014
Mommsen, Hans, The Political Legacy of the German Resistance. A Historiographical Critique. In: Contending With Hitler, S. 151–162
Mommsen, Hans, Politische Perspektiven des aktiven Widerstands gegen Hitler. In: Der Zwanzigste Juli, S. 25–35
Mommsen, Hans, Regierung ohne Parteien. Konservative Pläne zum Verfassungsumbau am Ende der Weimarer Republik. In: Die deutsche Staatskrise, S. 1–18

Mommsen, Hans, Die Rückkehr zu den Ursprüngen. Betrachtungen zur inneren Auflösung des Dritten Reiches nach der Niederlage von Stalingrad. In: Mommsen, Von Weimar nach Auschwitz, S. 309–324

Mommsen, Hans, Die Stellung der Militäropposition im Rahmen der deutschen Widerstandsbewegung gegen Hitler. In: NS-Verbrechen und der militärische Widerstand gegen Hitler, S. 119–134

Mommsen, Hans, Die Stellung der Sozialisten in der Bewegung des 20. Juli 1944, Bochum 2002

Mommsen, Hans, Umvolkungspläne des Nationalsozialismus und der Holocaust. In: Mommsen, Von Weimar nach Auschwitz, S. 295–308

Mommsen, Hans, Verfassungs- und Verwaltungsreformpläne der Widerstandsgruppen des 20. Juli 1944. In: Der Widerstand gegen den Nationalsozialismus (1985), S. 570–597

Mommsen, Hans, Von Weimar nach Auschwitz. Zur Geschichte Deutschlands in der Weltkriegsepoche, Stuttgart 1999

Mommsen, Hans, Der Widerstand gegen Hitler und die deutsche Gesellschaft. In: Der Widerstand gegen den Nationalsozialismus (1985), S. 3–23

Mommsen, Hans, Der Widerstand gegen Hitler und die nationalsozialistische Judenverfolgung. In: Mommsen, Alternative zu Hitler, S. 384–415

Mommsen, Hans, Der 20. Juli und die Arbeiterbewegung. In: Mommsen, Alternative zu Hitler, S. 284–312

Morillo, Stephen, and Michael F. Pavkovic, What is Military History?, 2. ed., Cambridge 2013

Morré, Jörg, Das Nationalkomitee »Freies Deutschland«. Widerstand aus sowjetischer Kriegsgefangenschaft? In: Aufstand des Gewissens (5. Aufl. 2000), S. 541–558

Mühleisen, Horst, Die Canaris-Tagebücher. Legenden und Wirklichkeit. Dokumentation. In: Militärgeschichtliche Zeitschrift, 65 (2006), S. 169–186

Mühleisen, Horst, Fedor von Bock. Soldat ohne Fortune. In: Die Militärelite des Dritten Reiches, S. 66–82

Mühleisen, Horst, Die Fritsch-Krise im Frühjahr 1938. Neun Dokumente aus dem Nachlaß des Generalobersten. In: Militärgeschichtliche Mitteilungen, 56 (1997), S. 471–508

Mühleisen, Horst, Generaloberst Werner Freiherr von Fritsch. In: Hitlers militärische Elite, Bd 1, S. 61–70

Mühleisen, Horst, Hellmuth Stieff und der deutsche Widerstand. In: Vierteljahrshefte für Zeitgeschichte 39, (1991), S. 339–377

Mühleisen, Horst, Das letzte Duell. Die Auseinandersetzungen zwischen Heydrich und Canaris wegen der Revision der »Zehn Gebote«. In: Militärgeschichtliche Mitteilungen, 58 (1999), S. 395–458

Mühleisen, Horst, Patrioten im Widerstand. Carl-Hans Graf Hardenbergs Erlebnisbericht. Dokumentation. In: Vierteljahrshefte für Zeitgeschichte, 41 (1993), S. 419–477

Mühlen, Patrick von zur, Die SPD zwischen Anpassung und Widerstand. In: Der Widerstand gegen den Nationalsozialismus (1985), S. 86–98

Müller, Christian, Oberst i.G. Stauffenberg. Eine Biographie, Düsseldorf 1970 (= Bonner Schriften zur Politik und Zeitgeschichte, 3)

Mueller, Gene, Generalfeldmarschall Erwin von Witzleben. In: Hitlers militärische Elite, Bd 1, S. 265–271

Mueller, Gene, Wilhelm Keitel. Der gehorsame Soldat. In: Die Militärelite des Dritten Reiches, S. 251–269
Müller, Josef, Bis zur letzten Konsequenz. Ein Leben für Frieden und Freiheit, München 1976
Müller, Klaus-Jürgen, Die deutsche Militäropposition gegen Hitler. Zum Problem ihrer Interpretation und Analyse. In: Klaus-Jürgen Müller, Armee, Politik und Gesellschaft in Deutschland 1933–1945, Paderborn [u.a.] 1979, S. 101–123
Müller, Klaus-Jürgen, General Ludwig Beck. Studien und Dokumente zur politisch-militärischen Vorstellungswelt und Tätigkeit des Generalstabschefs des deutschen Heeres 1933–1938, Boppard a.Rh. 1980 (= Schriften des Bundesarchivs, 30)
Müller, Klaus-Jürgen, Generaloberst Ludwig Beck. Eine Biographie, Paderborn [u.a.] 2008
Müller, Klaus-Jürgen, Generaloberst Ludwig Beck. In: Hitlers militärische Elite, Bd 1, S. 9–19
Müller, Klaus-Jürgen, Das Heer und Hitler. Armee und nationalsozialistisches Regime 1933–1940, Stuttgart 1969 (= Beiträge zur Militär- und Kriegsgeschichte, 10)
Müller, Klaus-Jürgen, Militärpolitik, nicht Militäropposition! Eine Erwiderung. In: Historische Zeitschrift, 235 (1982), S. 355–371
Müller, Klaus-Jürgen, Nationalkonservative Eliten zwischen Kooperation und Widerstand. In: Der Widerstand gegen den Nationalsozialismus (1985), S. 24–49
Mueller, Michael, Canaris. Hitlers Abwehrchef, Berlin 2006
Müller, Rolf-Dieter, An der Seite der Wehrmacht. Hitlers ausländische Helfer beim »Kreuzzug gegen den Bolschewismus« 1941–1945, Berlin 2007
Müller, Rolf-Dieter, »Das Deutsche Reich und der Zweite Weltkrieg«. Konzeption und Erfahrungen eines wissenschaftlichen Großprojektes. In: Zeitschrift für Geschichtswissenschaft, 56 (2008), S. 301–326
Müller, Rolf Dieter, Die Mobilisierung der deutschen Wirtschaft für Hitlers Kriegführung. In: Das Deutsche Reich und der Zweite Weltkrieg, Bd 5/2, S. 349–689
Müller, Rolf-Dieter, Von der Wirtschaftsallianz zum kolonialen Ausbeutungskrieg. In: Das Deutsche Reich und der Zweite Weltkrieg, Bd 4, S. 98–189
Müller, Tim B., Krieger und Gelehrte. Herbert Marcuse und die Denksysteme im Kalten Krieg, Hamburg 2010
Mühlen, Bengt von zur, Der vergessene Verschwörer. General Fritz Lindemann und der 20. Juli 1944, München 2014
Mulligan, William, The Creation of the Modern German Army. General Walther Reinhardt and the Weimar Republic, 1914–1930, New York 2005 (= Monographs in German History, 12)
Murray, Williamson, Werner Freiherr von Fritsch. Der tragische General. In: Die Militärelite des Dritten Reiches, S. 153–170
Nachtwei, Winfried, Gedenkadresse zur Gedenkveranstaltung für Generalmajor Henning von Tresckow im Einsatzführungskommando der Bundeswehr bei Potsdam am 19. Juli 2018, <http://nachtwei.de/index.php?module=articles&func=display&aid=1536>, zuletzt konsultiert am 6.9.2018
Nägler, Frank, Der gewollte Soldat und sein Wandel. Personelle Rüstung und Innere Führung in den Aufbaujahren der Bundeswehr 1956 bis 1964/65,

München 2009 (= Sicherheitspolitik und Streitkräfte der Bundesrepublik Deutschland, 9)

Nagel, Anne C., Johannes Popitz (1884–1945). Görings Finanzminister und Verschwörer gegen Hitler. Eine Biographie, Köln 2015

Nakata, Jun, Der Grenz- und Landesschutz in der Weimarer Republik 1918 bis 1933. Die geheime Aufrüstung und die deutsche Gesellschaft, Freiburg i.Br. 2002 (= Einzelschriften zur Militärgeschichte, 41)

Neitzel, Sönke, Abgehört. Deutsche Generäle in britischer Kriegsgefangenschaft 1942–1945, Berlin 2005

Neitzel, Sönke, Der Bedeutungswandel der Kriegsmarine im Zweiten Weltkrieg. Das militärische und politische Gewicht im Vergleich. In: Die Wehrmacht. Mythos und Realität, S. 245–266

Neitzel, Sönke, Die deutschen Generäle und der Widerstand. Neue britische Quellen. In: Portraits zur Geschichte des deutschen Widerstands, S. 227–244

Neitzel, Sönke, und Harald Welzer, Soldaten. Protokolle vom Kämpfen, Töten und Sterben, Frankfurt a.M. 2011

Nelson, Anne, Die Rote Kapelle. Die Geschichte der legendären Widerstandsgruppe, München 2010

Neufeld, Michael J., Die Rakete und das Reich. Wernher von Braun, Peenemünde und der Beginn des Raketenzeitalters, Berlin 1999

Neumann, Franz, Herbert Marcuse und Otto Kirchheimer, Im Kampf gegen Nazideutschland. Die Berichte der Frankfurter Schule für den amerikanischen Geheimdienst 1943–1949. Hrsg. von Raffaele Laudani, Frankfurt a.M. 2016 (= Frankfurter Beiträge zur Soziologie und Sozialphilosophie, 22)

Nolzen, Armin, Die NSDAP, der Krieg und die deutsche Gesellschaft. In: Das Deutsche Reich und der Zweite Weltkrieg, Bd 9/1, S. 99–193

Nolzen, Armin, Von der geistigen Assimilation zur institutionellen Kooperation. Das Verhältnis zwischen NSDAP und Wehrmacht, 1943–1945. In: Kriegsende 1945 in Deutschland, S. 69–96

NS-Verbrechen und der militärische Widerstand gegen Hitler. Hrsg. von Gerd R. Ueberschär, Darmstadt 2000

On Germans and Jews under the Nazi Regime. Essays by Three Generations of Historians. A Festschrift in Honor of Otto Dov Kulka. Ed. by Moshe Zimmermann, Jerusalem 2006

Orlow, Dietrich, The Nazi Party 1919–1945. A Complete History, New York 2008

Ose, Dieter, Entscheidung im Westen 1944. Der Oberbefehlshaber West und die Abwehr der alliierten Invasion, Stuttgart 1982 (= Beiträge zur Militär- und Kriegsgeschichte, 22)

Overmans, Rüdiger, Deutsche militärische Verluste im Zweiten Weltkrieg, München 1999 (= Beiträge zur Militärgeschichte, 46)

Overy, Richard J., Hermann Göring. Machtgier und Eitelkeit, München 1986

Paetel, Karl O., Versuchung oder Chance? Zur Geschichte des deutschen Nationalbolschewismus, Göttingen 1965

Page, Helena P., General Friedrich Olbricht. Ein Mann des 20. Juli, Bonn 1992

Pahl, Magnus, Motive und Ziele. Geheime Aufzeichnung von Oberst i. G. Alexis Freiherr von Roenne. In: Attentat auf Hitler, S. 38–47

Pamperrien, Sabine, Helmut Schmidt und der Scheißkrieg. Die Biografie 1918 bis 1945, München 2014

Papen, Franz von, Der Wahrheit eine Gasse, München 1952
Parssinen, Terry M., Die vergessene Verschwörung. Hans Oster und der militärische Widerstand gegen Hitler, München 2008
Perels, Joachim, Die schrittweise Rechtfertigung der NS-Justiz. In: Joachim Perels, Das juristische Erbe des »Dritten Reiches«. Beschädigungen der demokratischen Rechtsordnung, Frankfurt a.M. 1999 (= Wissenschaftliche Reihe des Fritz-Bauer-Instituts, 7), S. 181–202
Peter, Roland, General der Artillerie Eduard Wagner. In: Hitlers militärische Elite, Darmstadt 1998, [Bd] 2, S. 263–267
Petersen, Michael B., Missiles for the Fatherland. Peenemünde, National Socialism, and the V-2 Missile, Cambridge 2009
Petry, Christian, Studenten aufs Schafott. Die Weiße Rose und ihr Scheitern, München 1968
Peukert, Detlev, Die KPD im Widerstand. Verfolgung und Untergrundarbeit an Rhein und Ruhr 1933 bis 1945, Wuppertal 1980
Pfaff, Ivan, Die Modalitäten der Verteidigung der Tschechoslowakei 1938 ohne Verbündete. In: Militärgeschichtliche Mitteilungen, 57 (1998), S. 23–77
Picht, Clemens, Zwischen Vaterland und Volk. Das deutsche Judentum im Ersten Weltkrieg. In: Der Erste Weltkrieg. Wirkung, Wahrnehmung, Analyse. Im Auftrag des Militärgeschichtlichen Forschungsamtes hrsg. von Wolfgang Michalka, München 1994, S. 736–755
Picker, Henry, Hitlers Tischgespräche im Führerhauptquartier 1941–1942. Im Auftrag des Deutschen Instituts für Geschichte der nationalsozialistischen Zeit geord., eingel. und veröff. von Gerhard Ritter, Bonn 1952
Piraten, Swings und Junge Garde. Jugendwiderstand im Nationalsozialismus. Hrsg. von Wilfried Breyvogel, Bonn 1991
Pöhlmann, Markus, Der »moderne Alexander im Maschinenkrieg«. Erich Ludendorff (1865–1937). In: Kriegsherren der Weltgeschichte. 22 historische Portraits. Hrsg. von Stig Förster, Markus Pöhlmann und Dierk Walter, München 2006, S. 268–286
Pöhlmann, Markus, Der Panzer und die Mechanisierung des Krieges. Eine deutsche Geschichte 1890 bis 1945, Paderborn [u.a.] 2015 (= Zeitalter der Weltkriege, 14)
Pöhlmann, Markus, Von Versailles nach Armageddon. Totalisierungserfahrung und Kriegserwartung in deutschen Militärzeitschriften. In: An der Schwelle zum Totalen Krieg. Die militärische Debatte über den Krieg der Zukunft 1919–1939. Hrsg. von Stig Förster, Paderborn [u.a.] 2002 (= Krieg in der Geschichte, 13), S. 323–391
Pöpping, Dagmar, Kriegspfarrer an der Ostfront. Evangelische und katholische Wehrmachtseelsorge im Vernichtungskrieg 1941–1945, Göttingen 2016 (= Arbeiten zur kirchlichen Zeitgeschichte. B: Darstellungen, 66)
Portraits zur Geschichte des deutschen Widerstands. Hrsg. von Matthias Stickler, Rahden 2005 (= Historische Studien der Universität Würzburg, 6)
Proske, Rüdiger, Wider den Missbrauch der Geschichte deutscher Soldaten zu politischen Zwecken. Eine Streitschrift, Mainz 1996
Proske, Wolfgang, Zwischen Nibelungentreue und besserem Wissen. Ein Fernsehspielfilm über Rommel sorgt für neuen Disput. In: Zeitschrift für Geschichtswissenschaft, 60 (2012), S. 843–852

Der Prozeß gegen die Hauptkriegsverbrecher vor dem Internationalen Militärgerichtshof Nürnberg, 14. November 1945–1. Oktober 1946, Bd XXXIII, Nürnberg 1949, Dokument 3881-PS, S. 299–530: Stenographische Niederschrift der Verhandlung vor dem Deutschen Volksgerichtshof am 7. und 8. August 1944: Verfahren gegen Generalfeldmarschall von Witzleben und 7 andere Offiziere wegen des Attentats auf Hitler vom 20. Juli 1944 (Beweisstück GB-527)

Pyta, Wolfgang, Hitler. Der Künstler als Politiker und Feldherr. Eine Herrschaftsanalyse, München 2015

Pyta, Wolfram, Vorbereitungen für den militärischen Ausnahmezustand unter Papen/Schleicher. Dokumentation. In: Militärgeschichtliche Mitteilungen, 51 (1992), S. 385–492

Rahn, Werner, Reichsmarine und Landesverteidigung 1919–1928. Konzeption und Führung der Marine in der Weimarer Republik, München 1976

Ramm, Arnim, Kritische Analyse der Kaltenbrunner-Berichte über die Attentäter vom 20. Juli 1944. Ein Beitrag zur Geschichte des militärischen Widerstandes, Marburg 2003

Ramm, Arnim, Der 20. Juli vor dem Volksgerichtshof, Berlin 2007 (= Schriften zur Rechtswissenschaft, 80)

Rathert, Ronald, Verbrechen und Verschwörung. Arthur Nebe: Der Kripochef des Dritten Reiches, Münster 2002 (= Anpassung, Selbstbehauptung, Widerstand, 17)

Rathke, Gunther, »Walküre«-Divisionen 1941/42. Letzte Aushilfe in der Winterkrise. In: Militärgeschichte, 6 (1996), 4, S. 55–62

Raulff, Ulrich, Kreis ohne Meister. Das Nachleben Stefan Georges. Eine abgründige Geschichte, München 2009

Rautenberg, Hans-Jürgen, und Norbert Wiggershaus, Die »Himmeroder Denkschrift« vom Oktober 1950. Politische und militärische Überlegungen für einen Beitrag der Bundesrepublik Deutschland zur westeuropäischen Verteidigung. In: Militärgeschichtliche Mitteilungen, 21 (1977), S. 135–206

Rautenberg, Hans-Jürgen, Zur Standortbestimmung für künftige deutsche Streitkräfte. In: Anfänge westdeutscher Sicherheitspolitik, Bd 1, S. 737–879

Reich, Ines, Erinnern und verweigern. Der 20. Juli 1944 in der öffentlichen und wissenschaftlichen Wahrnehmung der sowjetischen Besatzungszone und der DDR. In: Aufstand des Gewissens (5. Aufl. 2000), S. 355–377

Reich, Ines, und Kurt Finker, Der 20. Juli 1944 in der Geschichtswissenschaft der SBZ/DDR seit 1945. In: Zeitschrift für Geschichtswissenschaft, 39 (1991), S. 533–553

Reichherzer, Frank, »Alles ist Front!«. Wehrwissenschaften in Deutschland und die Bellifizierung der Gesellschaft vom Ersten Weltkrieg bis in den Kalten Krieg, Paderborn [u.a.] 2011 (= Krieg in der Geschichte, 68)

Remy, Maurice Philip, Mythos Rommel, München 2002

Resistance Against the Third Reich 1933–1990. Ed. by Michael Geyer and John W. Boyer, Chicago, IL 1992

Retter in Uniform. Handlungsspielräume im Vernichtungskrieg der Wehrmacht. Hrsg. von Wolfram Wette, Frankfurt a.M. 2002

Retter, Ralf, Theological-Political Resistance. The Role of Dietrich Bonhoeffer and Hans-Bernd von Haeften in the German Resistance against Hitler, Berlin 2008

Reuth, Ralf Georg, Erwin Rommel. Des Führers General, München 1987
Reuther, Thomas, Soldaten für den Staatsstreich. Die Heeresgruppe Mitte und der 20. Juli 1944. In: Militärgeschichte. Zeitschrift für historische Bildung, [14] (2004), 4, S. 4–7
Reuther, Thomas, Widerstand und Wehrmacht. Buch und DVD, Freiburg i.Br. 2013
Rezola, Maria Inácia, Os Militares na Revolução de Abril. O Conselho da Revolução e a transição para a democracia em Portugal (1974–1976), Lissabon 2006
Richardi, Hans-Günter, SS-Geiseln in der Alpenfestung. Die Verschleppung prominenter KZ-Häftlinge aus Deutschland nach Südtirol, Bozen 2005
Richter, Hedwig, Die DDR, Paderborn [u.a.] 2009 (= UTB 3252)
Riebling, Mark, Die Spione des Papstes. Der Vatikan im Kampf gegen Hitler, München 2017
Riedel, Manfred, Geheimes Deutschland. Stefan George und die Brüder Stauffenberg, Köln 2006
Ringshausen, Gerhard, Der Aussagewert von Paraphen und der Handlungsspielraum des militärischen Widerstands. Zu Johannes Hürter: Auf dem Weg zur Militäropposition. In: Vierteljahrshefte für Zeitgeschichte, 53 (2005), S. 141–147
Ringshausen, Gerhard, Hans-Alexander von Voß. Generalstabsoffizier im Widerstand 1907–1944, Berlin 2008
Ringshausen, Gerhard, Kuriergepäck und Pistolen. Neue Quellen zu den Attentatsplänen in der Heeresgruppe Mitte im März 1943. In: Vierteljahrshefte für Zeitgeschichte, 56 (2008), S. 415–430
Ritter, Gerhard, Carl Goerdeler und die deutsche Widerstandsbewegung, Stuttgart 1956
Röhricht, Edgar, Pflicht und Gewissen. Erinnerungen eines deutschen Generals 1932 bis 1944, Stuttgart 1965
Römer, Felix, Das Heeresgruppenkommando Mitte und der Vernichtungskrieg im Sommer 1941. Eine Erwiderung auf Gerhard Ringshausen. In: Vierteljahrshefte für Zeitgeschichte, 53 (2005), S. 451–460
Römer, Felix, Der Kommissarbefehl. Wehrmacht und NS-Verbrechen an der Ostfront 1941/42, Paderborn [u.a.] 2008
Römer, Felix, Die Wehrmacht und der Kommissarbefehl. Neue Forschungsergebnisse. In: Militärgeschichtliche Zeitschrift, 69 (2010), S. 243–274
Roewer, Helmut, Die Rote Kapelle und andere Geheimdienstmythen. Spionage zwischen Deutschland und Russland im Zweiten Weltkrieg 1941–1945, Graz 2010
Rohland, Walter, Bewegte Zeiten. Erinnerungen eines Eisenhüttenmannes, Stuttgart 1978
Roloff, Stefan, Die Rote Kapelle. Die Widerstandsgruppe im Dritten Reich und die Geschichte Helmut Roloffs, München 2002
Rommel, Erwin, Krieg ohne Haß, Heidenheim 1950
Rommel, Erwin, The Rommel Papers. Ed. by Basil Henry Liddell Hart, London 1953
Roon, Ger van, Hermann Kaiser und der deutsche Widerstand. In: Vierteljahrshefte für Zeitgeschichte, 24 (1976), S. 259–286

Roon, Ger van, Neuordnung im Widerstand. Der Kreisauer Kreis innerhalb der deutschen Widerstandsbewegung, München 1967

Roon, Ger van, Widerstand und Krieg. In: Der Widerstand gegen den Nationalsozialismus (1985), S. 50–69

Rose, Olaf, Carl von Clausewitz. Zur Wirkungsgeschichte seines Werkes in Rußland und der Sowjetunion 1836–1991, München 1995 (= Beiträge zur Militärgeschichte, 49)

Die Rote Kapelle im Widerstand gegen den Nationalsozialismus. Hrsg. von Hans Coppi, Jürgen Danyel und Johannes Tuchel, Berlin 1994 (= Schriften der Gedenkstätte Deutscher Widerstand. Reihe A: Analysen und Darstellungen, 1)

The Rote Kapelle. The CIA's History of Soviet Intelligence and Espionage Networks in Western Europe, 1936–1945, Washington, DC 1979

Roth, Karl Heinz, Von der Offiziersopposition zur Aktionsgruppe des 20. Juli 1944. In: Rote Kapellen. Kreisauer Kreise. Schwarze Kapellen. Neue Sichtweisen auf den Widerstand gegen die NS-Diktatur 1938–1945. Hrsg. von Karl-Heinz Roth und Angelika Ebbinghaus, Hamburg 2004, S. 91–181

Rothfels, Hans, Die deutsche Opposition gegen Hitler. Eine Würdigung, Krefeld 1949

Ruchniewicz, Krzysztof, Kreisau neu gelesen, Dresden 2018

Rüther, Daniela, Der Widerstand des 20. Juli auf dem Weg in die Soziale Marktwirtschaft. Die wirtschaftspolitischen Vorstellungen der bürgerlichen Opposition gegen Hitler, Paderborn [u.a.] 2002

Rütters, Peter, Zur Instrumentalisierung des »20. Juli 1944« für die politische Rehabilitierung und gesellschaftliche Integration nach dem Zweiten Weltkrieg. In: Zeitschrift für Geschichtswissenschaft, 63 (2015), S. 533–551

Der Ruf des Gewissens. Widerstand gegen Nationalsozialismus zwischen »Walküre« und »Radetzky«, Wien 2005

Sälter, Gerhard, Phantome des Kalten Krieges. Die Organisation Gehlen und die Wiederbelebung des Gestapo-Feindbildes »Rote Kapelle«, Berlin 2016 (= Veröffentlichungen der Unabhängigen Historikerkommission zur Erforschung der Geschichte des Bundesnachrichtendienstes 1945–1968, 2)

Salewski, Michael, Die bewaffnete Macht im Dritten Reich 1933–1939. In: Handbuch zur deutschen Militärgeschichte, Bd 4, Abschnitt VII, S. 13–287

Salzig, Johannes, »Sippenhaft« als Repressionsmaßnahme des nationalsozialistischen Regimes im Umfeld des 20. Juli 1944. In: Der Umgang des Dritten Reiches mit den Feinden des Regimes, S. 165–183

Salzig, Johannes, Die Sippenhaft als Repressionsmaßnahme des nationalsozialistischen Regimes. Ideologische Grundlagen – Umsetzung – Wirkung, Augsburg 2015 (= Schriftenreihe der Forschungsgemeinschaft 20. Juli 1944 e.V., 20)

Sauer, Wolfgang, Die Mobilmachung der Gewalt. In: Karl Dietrich Bracher, Wolfang Sauer und Gerhard Schulz, Die nationalsozialistische Machtergreifung. Studien zur Errichtung des totalitären Herrschaftssystems in Deutschland, Köln 1960, S. 683–966

Sauerbruch, Peter, Bericht eines ehemaligen Generalstabsoffiziers über seine Motive zur Beteiligung am militärischen Widerstand. In: Aufstand des Gewissens (5. Aufl. 2000), S. 263–278

Schäfer, Karen, Die Militärstrategie Seeckts, Berlin 2016

Schäfer, Kirstin A., Werner von Blomberg. Hitlers erster Feldmarschall, Paderborn [u.a.] 2006

Schaefer, Klaus, Der Prozess gegen Otto John. Zugleich ein Beitrag zur Justizgeschichte der frühen Bundesrepublik Deutschland, Marburg 2009 (= Wissenschaftliche Beiträge aus dem Tectum-Verlag. Reihe Rechtswissenschaften, 32)

Schall-Riaucour, Heidemarie Gräfin von, Aufstand und Gehorsam. Offizierstum und Generalstab im Umbruch. Leben und Wirken von Generaloberst Franz Halder, Generalstabschef 1938–1942, Wiesbaden 1972

Schaub, Harry Carl, Abwehr-General Erwin Lahousen. Der erste Zeuge beim Nürnberger Prozess, Wien 2015

Scheurig, Bodo, Henning von Tresckow. Eine Biographie, Oldenburg 1973

Schieder, Wolfgang, Zwei Generationen im militärischen Widerstand. In: Der Widerstand gegen den Nationalsozialismus (1985), S. 435–459

Schiemann, Catherine, Der Geheimdienst beendet den Krieg. »Operation Sunrise« und die deutsche Kapitulation in Italien. In: Geheimdienstkrieg gegen Deutschland, S. 142–165

Schlabrendorff, Fabian von, Offiziere gegen Hitler. Nach einem Erlebnisbericht bearb. und hrsg. von Gero von Schulze-Gaevernitz, Zürich 1946

Schlie, Ulrich, »Es lebe das heilige Deutschland«. Ein Tag im Leben des Claus Schenk Graf von Stauffenberg. Ein biografisches Portrait, Freiburg i.Br. 2009

Schlossplatz – Hindenburgplatz – Neuplatz in Münster. 350 Jahre viel Platz. Begleitband zur gleichnamigen Ausstellung des Stadtmuseums Münster (2.10.2012–24.2.2013). Hrsg. von Barbara Rommé, Bernd Thier und Regine Schiel, Münster 2012 (= Arbeitsheft des LWL-Amtes für Denkmalpflege in Westfalen, 11)

Schmidl, Erwin A., Der »Anschluß« Österreichs. Der deutsche Einmarsch im März 1938, Bonn 1994

Schmidt-Eenbom, Erich, Der innenpolitische Einfluß des Bundesnachrichtendienstes. In: Staat, Demokratie und Innere Sicherheit in Deutschland. Hrsg. von Hans-Jürgen Lange, Wiesbaden 2000, S. 187–202

Schmidt-Hackenberg, Dietrich, 20. Juli 1944. Das »gescheiterte« Attentat. Untersuchung eines geplanten Fehlschlags, Berlin 1996

Schmidt, Ernst-Heinrich, Heimatheer und Revolution 1918. Die militärischen Gewalten im Heimatgebiet zwischen Oktoberreform und Novemberrevolution, Stuttgart 1981 (= Beiträge zur Militär- und Kriegsgeschichte, 23)

Schmidt, Leo, und Uta Mense, Denkmallandschaft Peenemünde. Eine wissenschaftliche Bestandsaufnahme. Conservation Management Plan, Berlin 2013

Schmidt, Rüdiger, Sieger der Geschichte? Antifaschismus im »anderen Deutschland«. In: Friedensstaat, Leseland, Sportnation? DDR-Legenden auf dem Prüfstand. Hrsg. von Thomas Großbölting, Berlin 2009, S. 208–229

Schmidt-Richberg, Wiegand, Die Regierungszeit Wilhelms II. In: Handbuch zur deutschen Militärgeschichte, Bd 3, Abschnitt V, S. 9–155

Schmundt, Rudolf, Tätigkeitsbericht des Chefs des Heerespersonalamtes, General der Infanterie Rudolf Schmundt, fortgeführt von General der Infanterie Wilhelm Burgdorf, 1.10.1942–29.10.1944. Hrsg. von Dermot Bradley und Richard Schulze-Kossens, Osnabrück 1984

Schober, Karl, Eine Chance blieb ungenutzt. In: Darauf kam die Gestapo nicht. Beiträge zum Widerstand im Rundfunk, Berlin 1966 (= Buchreihe des SFB, 4), S. 51–66

Schöllgen, Gregor, Ulrich von Hassell 1881–1944. Ein Konservativer in der Opposition, München 1990

Schönrade, Rüdiger, General Joachim von Stülpnagel und die Politik. Eine biographische Skizze zum Verhältnis von politischer und militärischer Führung in der Weimarer Republik, Potsdam 2007
Scholl, Inge, Students Against Tyranny. The Resistance of the White Rose, Munich, 1942–1943, Middletown, CT 1970
Scholl, Inge, Die Weiße Rose, Frankfurt a.M. 1952
Schollwer, Wolfgang, Potsdamer Tagebuch 1948–1950. Liberale Politik unter sowjetischer Besatzung, München 1988 (= Biographische Quellen zur deutschen Geschichte nach 1945, 6)
Scholtyseck, Joachim, Das »Amt Ausland/Abwehr« – eine Position der unbegrenzten (Widerstands-)Möglichkeiten? In: Der 20. Juli 1944. Profile, Motive, Desiderate, S. 115–137
Scholtyseck, Joachim, Robert Bosch und der liberale Widerstand gegen Hitler, München 1999
Schramm, Wilhelm von, Aufstand der Generale. Der 20. Juli in Paris, München 1964
Schröder, Stephen, Paul Franken und der Bonner Kreis im Widerstand gegen den Nationalsozialismus. In: Weder überflüssig noch unterlegen, S. 139–162
Schütz, Peter, Die Vorläufer der Bundeswehr-Feldjäger. Ein Beitrag zur preußisch-deutschen Wehrrechtsgeschichte, Berlin 2005 (= Schriften zur Rechtsgeschichte, 122)
Schulthess, Konstanze von, Nina Schenk Gräfin von Stauffenberg. Ein Porträt, München 2008
Schulz, Gerhard, Nationalpatriotismus im Widerstand. In: Vierteljahrshefte für Zeitgeschichte, 32 (1984), S. 331–372
Schulz, Hubertus, Persönliche Erinnerungen im Zusammenhang mit dem geplanten Staatsstreich und dem Attentat auf Hitler am 20. Juli 1944. In: Der Panzerspähtrupp, 47 (2010), S. 48–51
Schulze-Wegener, Guntram, Seestrategie und Marinerüstung. In: Die Wehrmacht. Mythos und Realität, S. 267–282
Schuppener, Henriette, Das Gedenken an den 20. Juli 1944 im Wandel der Zeit. In: Weder überflüssig noch unterlegen, S. 163–171
Schuppener, Henriette, »Ihr trugt die Schande nicht, Ihr wehrtet Euch«. Das Gedenken an den 20. Juli 1944 im Wandel der Zeit, Augsburg 2017
Schwarz, Hans-Peter, Adenauer. Der Aufstieg: 1876–1952, Stuttgart 1986
Schwarzmüller, Theo, Generalfeldmarschall August von Mackensen. Soldat zwischen Kaiser und »Führer«. Eine politische Biographie, Paderborn [u.a.] 1995
Schwerin, Detlef Graf von, »Dann sind's die besten Köpfe, die man henkt«. Die junge Generation im deutschen Widerstand, München 1991
Schwerin, Detlef Graf von, Die Jungen des 20. Juli. Brücklmeier, Kessel, Schulenburg, Schwerin, Wussow, Yorck, Berlin 1991
Seibel, Wolfgang, Macht und Moral. Die »Endlösung der Judenfrage« in Frankreich, 1940–1944, Konstanz 2010
Seidt, Hans-Ulrich, Berlin, Kabul, Moskau. Oskar Ritter von Niedermayer und Deutschlands Geopolitik, München 2002
Selected Documents on the Life and Campaigns of Field Marshal Erwin Rommel, Partially compiled by David Irving, East Ardsley 1978 (Microfilm)

Seydlitz, Walther von, Nach Stalingrad. Walther von Seydlitz' Feldpostbriefe und Kriegsgefangenenpost 1939–1955. Hrsg. von Torsten Diedrich und Jens Ebert, Göttingen 2018

Shils, Edward A., and Morris Janowitz, Cohesion and Disintegration in the Wehrmacht in World War II. In: Public Opinion Quarterly, 12 (1948), S. 280–315

Showalter, Dennis, Conscience, Honor and Expediency. The German Army's Resistance to Hitler. In: Confront!, S. 63–79

Sie gaben ihr Leben. Unbekannte Opfer des 20. Juli 1944. General Fritz Lindemann und seine Fluchthelfer. Hrsg. von Bengt von zur Mühlen, Kleinmachnow 1995

Sifton, Elisabeth, und Fritz Stern, Keine gewöhnlichen Männer. Dietrich Bonhoeffer und Hans von Dohnanyi im Widerstand gegen Hitler, München 2013

Simms, Brendan, Karl Wolff. Der Schlichter. In: Die SS. Elite unter dem Totenkopf. Dreißig Lebensläufe. Hrsg. von Ronald Smelser und Enrico Syring, Paderborn [u.a.] 2000, S. 441–456

Simms, Brendan, Walther von Reichenau. Der politische General. In: Die Militärelite des Dritten Reiches, S. 423–445

Smid, Marikje, Hans von Dohnanyi – Christine Bonhoeffer. Eine Ehe im Widerstand gegen Hitler, Gütersloh 2002

Smith, Bradley F., Die Überlieferung der Hoßbach-Niederschrift im Lichte neuer Quellen. In: Vierteljahrshefte für Zeitgeschichte, 38 (1990), S. 329–336

Sösemann, Bernd, Verräter vor dem Volksgericht. Die denkwürdige Geschichte eines Filmprojekts. In: Der Umgang des Dritten Reiches mit den Feinden des Regimes, S. 147–163

Solidarität und Hilfe für Juden während der NS-Zeit. Rettung im Holocaust. Bedingungen und Erfahrungen des Überlebens. Hrsg. von Wolfgang Benz und Mona Körte, Berlin 2001 (= Solidarität und Hilfe, 4

Sonnenhol, Gustav Adolf, Untergang oder Übergang? Wider die deutsche Angst, Stuttgart 1984

Speidel, Hans, Aus unserer Zeit. Erinnerungen, Berlin 1977

Speidel, Hans, Gegendarstellung »Speidel-Memoiren«. In: Der Spiegel, 6.3.1978, S. 77 f.

Speidel, Hans, Invasion 1944. Von Rommels und des Reiches Schicksal, 3. Aufl., Stuttgart 1950

Die Spiegel-Affäre. Ein Skandal und seine Folgen. Hrsg. von Martin Doerry und Hauke Janssen, München 2013

Spiegelbild einer Verschwörung. Die Kaltenbrunner-Berichte an Bormann und Hitler über das Attentat vom 20. Juli 1944. Geheime Dokumente aus dem ehemaligen Reichssicherheitshauptamt. Hrsg. vom Archiv Peter für Historische und Zeitgeschichtliche Dokumentation, Stuttgart 1961

Spiegelbild einer Verschwörung. Die Opposition gegen Hitler und der Staatsstreich vom 20. Juli 1944 in der SD-Berichterstattung. Geheime Dokumente aus dem ehemaligen Reichssicherheitshauptamt. Hrsg. von Hans-Adolf Jacobsen, 2 Bde, Stuttgart 1984

Spínola, António de, Portugal und die Zukunft, Düsseldorf 1974

Staatsfeinde in Uniform? Widerständiges Verhalten und politische Verfolgung in der NVA. Im Auftrag des Militärgeschichtlichen Forschungsamtes hrsg. von Rüdiger Wenzke, Berlin 2005 (= Militärgeschichte der DDR, 9)

Stahel, David, Operation Typhoon. Hitler's March on Moscow, October 1941, Cambridge 2015
Stahl, Friedrich-Christian, General Karl-Heinrich von Stülpnagel. In: Hitlers militärische Elite, Bd 1, S. 240–247
Stahl, Friedrich-Christian, Generaloberst Johannes Blaskowitz. In: Hitlers militärische Elite, Bd 1, S. 20–27
Stalingrad erinnern. Stalingrad im deutschen und im russischen Gedächtnis. Museum Berlin-Karlshorst. Ausstellung 15. November 2003 bis 29. Februar 2004. Hrsg. von Peter Jahn, Berlin 2003
Stalingrad. Eine Ausstellung des Militärhistorischen Museums der Bundeswehr. Hrsg. von Gorch Pieken, Matthias Rogg und Jens Wehner, Dresden 2012
Die Stärkeren im Geiste. Zum christlichen Widerstand der Weißen Rose. Hrsg. von Detlef Bald und Jakob Knab, Essen 2012
Stauffenberg, [Claus] Schenk Graf von, Gedanken zur Abwehr feindlicher Fallschirmeinheiten im Heimatgebiet. In: Wissen und Wehr. Monatsschrift der Deutschen Gesellschaft für Wehrpolitik und Wehrwissenschaften, 19 (1938), S. 459–478
Stein, Hans-Peter, Symbole und Zeremoniell in deutschen Streitkräften vom 18. bis zum 20. Jahrhundert. Mit einem Beitr. von Hans-Martin Ottmer, 2. Aufl., Hamburg [u.a.] 1986
Steinbach, Peter, Claus Schenk Graf von Stauffenberg. Wagnis – Tat – Erinnerung, Stuttgart 2016
Steinbach, Peter, und Johannes Tuchel, Georg Elser. Der Hitler-Attentäter, Berlin 2010
Steinbach, Peter, »Gescheitert, aber nicht erfolglos!« Der Widerstand gegen den Nationalsozialismus im Spannungsverhältnis von Erinnern, Gedenken und historischer Forschung in der Nachkriegszeit. In: Zeitschrift für Geschichtswissenschaft, 60 (2012), S. 735–756
Steinbach, Peter, Hans Günther von Kluge. Ein Zauderer im Zwielicht. In: Die Militärelite des Dritten Reiches, S. 288–324
Steinbach, Peter, Nationalsozialistische Gewaltverbrechen. Die Diskussion in der deutschen Öffentlichkeit nach 1945, Berlin 1981 (= Beiträge zur Zeitgeschichte, 5)
Steinbach, Peter, Soldatischer Widerstand. Seine historische Bedeutung und heutige Bewertung. In: 50 Jahre Innere Führung. Von Himmerod (Eifel) nach Pristina (Kosovo). Geschichte, Probleme und Perspektiven einer Führungsphilosophie. Hrsg. von Eckardt Opitz, Bremen 2001 (= Schriftenreihe des Wissenschaftlichen Forums für Internationale Sicherheit e.V. [WIFIS], 17), S. 43–49
Steinbach, Peter, »Widerstand hinter Stacheldraht«? Zur Diskussion über das Nationalkomitee Freies Deutschland als Widerstandsorganisation seit 1943. In: Der 20. Juli 1944. Bewertung und Rezeption, S. 265–276
Steinbach, Peter, Widerstand im Widerstreit. Der Widerstand gegen den Nationalsozialismus in der Erinnerung der Deutschen, Paderborn [u.a.] 1994
Steinbach, Peter, Zum Verhältnis der Ziele der militärischen und zivilen Widerstandsgruppen. In: Der Widerstand gegen den Nationalsozialismus (1985), S. 977–1002
Steinbach, Peter, Zwischen Gefolgschaft, Gehorsam und Widerstand. In: Hitlers militärische Elite, Bd 1, S. 272–285

Stickler, Matthias, Generalfeldmarschall Erwin Rommel. Ein Mythos im Zwielicht. In: Portraits zur Geschichte des deutschen Widerstands, S. 189–208
Stieff, Helmuth, Ausgewählte Briefe von Helmuth Stieff (hingerichtet am 8. August 1944). Hrsg. von Hans Rothfels. In: Vierteljahrshefte für Zeitgeschichte, 2 (1954), S. 291–305
Stieff, Hellmuth, Briefe. Hrsg. und eingl. von Horst Mühleisen, Berlin 1991 (= Deutscher Widerstand 1933–1945. Zeitzeugnisse und Analysen)
Stöver, Bernd, Der Fall Otto John. Neue Dokumente zu den Aussagen des deutschen Geheimdienstchefs gegenüber MfS und KGB. Dokumentation. In: Vierteljahrshefte für Zeitgeschichte, 47 (1999), S. 103–136
Storkmann, Klaus, Die »Roten Preußen«? Selbstverständnis und Traditionen der NVA im Spiegel der Traditionsdebatte. In: if. Zeitschrift für Innere Führung. Spezial 2018, Heft 2, S. 69–73
Streit, Christian, Keine Kameraden. Die Wehrmacht und die sowjetischen Kriegsgefangenen 1941–1945, Stuttgart 1978 (= Studien zur Zeitgeschichte, 13)
Strenge, Irene, Kurt von Schleicher. Politik im Reichswehrministerium am Ende der Weimarer Republik, Berlin 2006 (= Zeitgeschichtliche Forschungen, 29)
Strohn, Mathias, Les Jeunes Turcs allemands entre les guerres mondiales. Seeckt, Stülpnagel, Blomberg, Fritsch, Beck. De la constitution de la Reichswehr à la guerre. In: De Gaulle et les «Jeunes Turcs», S. 221–235
Strohn, Matthias, The German Army and the Defence of the Reich. Military Doctrine and the Conduct of the Defensive Battle 1918–1939, Cambridge 2011
Studnitz, Hans-Georg von, Rettet die Bundeswehr!, Stuttgart 1967
Stumpf, Reinhard, Erwin Rommel und der Widerstand. In: Militärgeschichte, 1 (1991), 3, S. 45–50
Stumpf, Reinhard, Der Krieg im Mittelmeerraum 1942/43: Die Operationen in Nordafrika und im mittleren Mittelmeer. In: Das Deutsche Reich und der Zweite Weltkrieg, Bd 6, S. 569–757
Stumpf, Reinhard, Die Luftwaffe als drittes Heer. Die Luftwaffen-Erdkampfverbände und das Problem der Sonderheere 1933 bis 1945. In: Soziale Bewegung und politische Verfassung. Beiträge zur Geschichte der modernen Welt. Hrsg. von Ulrich Engelhardt [u.a.], Stuttgart 1976 (= Industrielle Welt, Sonderbd), S. 857–894
Stumpf, Reinhard, Die Wehrmacht-Elite. Rang- und Herkunftsstruktur der deutschen Generale und Admirale 1933 bis 1945, Boppard a.Rh. 1982 (= Wehrwissenschaftliche Forschungen. Abteilung Militärgeschichtliche Studien, 29)
Stumpf, Reinhard, Die Wiederverwendung von Generalen und die Neubildung militärischer Eliten in Deutschland und Österreich nach 1945. In: Militärgeschichte. Probleme, Thesen, Wege, S. 478–497
Sylvan, William C., and Francis G. Smith, Jr., Normandy To Victory. The War Diary of General Courtney H. Hodges and the First U.S. Army. Ed. by John T. Greenwood, Lexington, KY 2008
Syring, Enrico, Erich von Manstein. Das operative Genie. In: Die Militärelite des Dritten Reiches, S. 325–348
Tessin, Georg, Verbände und Truppen der deutschen Wehrmacht und Waffen-SS im Zweiten Weltkrieg, Bd 4: Die Landstreitkräfte 15–30; Bd 9: Die Landstreitkräfte 281–370, Bissendorf 1974

Thamer, Hans-Ulrich, Die Erosion einer Säule. Wehrmacht und NSDAP. In: Die Wehrmacht. Mythos und Realität, S. 420–435
Thiel, Volker, Widerstand im Schatten Stauffenbergs. Werner von Haeften. In: Der 20. Juli 1944. Profile, Motive, Desiderate, S. 81–102
Thun-Hohenstein, Romedio Galeazzo Graf von, Generalfeldmarschall Kluge. In: Militärgeschichte, 4 (1994), 3, S. 39–51
Thun-Hohenstein, Romedio Galeazzo Graf von, Der Verschwörer. General Oster und die Militäropposition, Berlin 1982
Thun-Hohenstein, Romedio Galeazzo Graf von, Wehrmacht und Widerstand. In: Die Soldaten der Wehrmacht. Hrsg. von Hans Poeppel, Wilhelm-Karl Prinz von Preußen und Karl-Günther von Hase, München 1998, S. 62–123
Tomberg, Friedrich, Weltordnungsvisionen im deutschen Widerstand. Kreisauer Kreis mit Moltke – Goerdeler Gruppe – Honoratioren. Stauffenbergs weltanschauliche Motivation, Berlin 2005
Toyka-Seid, Christiane, Gralshüter, Notgemeinschaft oder gesellschaftliche »Pressure Group«? Die Stiftung »Hilfswerk 20. Juli 1944« im ersten Nachkriegsjahrzehnt. In: Der 20. Juli 1944. Bewertung und Rezeption, S. 157–168
Tradition für die Bundeswehr. Neue Aspekte einer alten Debatte. Hrsg. von Eberhard Birk, Winfried Heinemann und Sven Lange, Berlin 2012
Traussnig, Florian, Militärischer Widerstand von außen. Österreicher in US-Armee und Kriegsgeheimdienst im Zweiten Weltkrieg, Wien 2016
Trauttenberg, Hubertus, und Gerhard Vogl, Traditionspflege im Spannungsfeld der Zeitgeschichte. In: Österreichische Militärische Zeitschrift, 45 (2007), S. 407–418
Tuchel, Johannes, Anmerkungen zur Haftzeit Carl Friedrich Goerdelers 1944/45, unveröff. Ms., o.J. (Kopie im Archiv Heinemann)
Tuchel, Johannes, Kontakte zwischen Sozialdemokraten und Kommunisten im Sommer 1944. Zur historischen Bedeutung des 22. Juni 1944. In: Dachauer Hefte, 11 (1995), S. 78–101
Tuchel, Johannes, »... und ihrer aller wartete der Strick«. Das Zellengefängnis Lehrter Straße 3 nach dem 20. Juli 1944, Berlin 2014
Tuchel, Johannes, Die Verfahren vor dem »Volksgerichtshof« nach dem 20. Juli 1944. In: Der Umgang des Dritten Reiches mit den Feinden des Regimes, S. 131–146
Ty Seidule, James, Eisenhower pendant l'entre-deux guerres. In: De Gaulle et les «Jeunes Turcs», S. 263–281
Ueberschär, Gerd R., Die Auswirkungen der Schlacht von Stalingrad auf Graf Stauffenbergs Haltung. In: Es lebe das »Geheime Deutschland«!, S. 123–130
Ueberschär, Gerd R., Der »Ehrenhof« nach dem Attentat auf Hitler vom 20. Juli 1944. In: Die Angeklagten des 20. Juli vor dem Volksgerichtshof. Hrsg. von Bengt von zur Mühlen, Kleinmachnow 2001, S. 22–26
Ueberschär, Gerd R., Franz Halder. Generalstabschef, Gegner und Gefangener Hitlers, Göttingen 1991 (= Persönlichkeit und Geschichte, 137/138)
Ueberschär, Gerd R., Generalmajor Henning von Tresckow. In: Hitlers militärische Elite, Bd 2, S. 256–262
Ueberschär, Gerd R., Militäropposition gegen Hitlers Kriegspolitik 1939 bis 1941. Motive, Struktur und Alternativvorstellungen des entstehenden militärischen Widerstands. In: Der Widerstand gegen den Nationalsozialismus (1985), S. 345–367

Ueberschär, Gerd R., Von der Einzeltat des 20. Juli 1944 zur »Volksopposition«? Stationen und Wege der westdeutschen Historiographie nach 1945. In: Der 20. Juli 1944. Bewertung und Rezeption, S. 101–125
Ueberschär, Gerd R., Zum »Rußlandbild« in deutschen Widerstandskreisen gegen Hitler. In: Jahrbuch Dokumentationsarchiv des Österreichischen Widerstands 1997, S. 69–82
Ullrich, Sebastian, Der Weimar-Komplex. Das Scheitern der ersten deutschen Demokratie und die politische Kultur der frühen Bundesrepublik 1945–1959, Göttingen 2009 (= Hamburger Beiträge zur Sozial- und Zeitgeschichte, 45)
Ulrich, Axel, Wilhelm Leuschner – ein deutscher Widerstandskämpfer. Für Freiheit und Recht, Einheit der Demokraten und eine soziale Republik, Wiesbaden 2012
Umbreit, Hans, Auf dem Weg zur Kontinentalherrschaft. In: Das Deutsche Reich und der Zweite Weltkrieg, Bd 5/1, S. 1–345
Umbreit, Hans, Die deutsche Herrschaft in den besetzten Gebieten 1942–1945. In: Das Deutsche Reich und der Zweite Weltkrieg, Bd 5/2, S. 1–272
Umbreit, Hans, Das unbewältigte Problem. Der Partisanenkrieg im Rücken der Wehrmacht. In: Stalingrad. Ereignis –Wirkung – Symbol. Im Auftrag des Militärgeschichtlichen Forschungsamtes hrsg. von Jürgen Förster, München, Zürich 1993, S. 130–150
Der Umgang des Dritten Reiches mit den Feinden des Regimes. XXII. Königswinterer Tagung, Februar 2009. Hrsg. von Manuel Becker und Christoph Studt, Berlin 2010 (= Schriftenreihe der Forschungsgemeinschaft 20. Juli 1944 e.V., 13)
USA und deutscher Widerstand. Analysen und Operationen des amerikanischen Geheimdienstes im Zweiten Weltkrieg. Hrsg. von Jürgen Heideking und Christof Mauch, Tübingen 1993
Vardi, Gil-li, Joachim von Stülpnagel's Military Thought and Planning. In: War in History, 17 (2010), S. 193–216
Der vergessene Widerstand. Zu Realgeschichte und Wahrnehmung des Kampfes gegen die NS-Diktatur. Hrsg. von Johannes Tuchel, Göttingen 2005 (= Dachauer Symposien zur Zeitgeschichte, 5)
»Das Vermächtnis ist noch in Wirksamkeit, die Verpflichtung noch nicht eingelöst.« Der Widerstand gegen das »Dritte Reich« in Öffentlichkeit und Forschung seit 1945. Hrsg. von Nils Kleine und Christoph Studt, Augsburg 2016 (= Schriftenreihe der Forschungsgemeinschaft 20. Juli 1944 e.V., 19)
Verräter? Vorbilder? Verbrecher? Kontroverse Deutungen des 20. Juli 1944 seit 1945. Hrsg. vom Haus der Geschichte Baden-Württemberg, Berlin 2016 (= Geschichtswissenschaft, 25)
Vitzthum, Wolfgang Graf, Berthold Schenk Graf von Stauffenberg. In: Zeugen des Widerstands, S. 1–41
Vitzthum, Wolfgang Graf, Rechts- und Staatswissenschaften aus dem Geist Stefan Georges? Über Johann Anton, Berthold Schenk Graf von Stauffenberg und Karl Josef Partsch. In: Jenseits von Bologna. Jurisprudentia literarisch. Von Woyceck bis Weimar, von Hoffmann bis Luhmann. Hrsg. von Michael Kilian, Berlin 2006, S. 445–487
Vitzthum, Wolfgang Graf, Stauffenberg. Zur Rechtfertigung von Eidbruch und Tyrannenmord. In: Es lebe das »Geheime Deutschland«!, S. 107–122

Vogel, Detlef, Deutsche und alliierte Kriegführung im Westen. In: Das Deutsche Reich und der Zweite Weltkrieg, Bd 7, S. 417–639
Vogel, Detlef, Generalfeldmarschall Gerd von Rundstedt. In: Hitlers militärische Elite, Bd 1, S. 223–233
Volkmann, Hans-Erich, Die NS-Wirtschaft in Vorbereitung des Krieges. In: Das Deutsche Reich und der Zweite Weltkrieg, Bd 1, S. 177–368
Volkmann, Hans-Erich, Von Blomberg zu Keitel. Die Wehrmachtführung und die Demontage des Rechtsstaates. In: Die Wehrmacht. Mythos und Realität, S. 47–65
Volksgemeinschaft. Neue Forschungen zur Gesellschaft des Nationalsozialismus. Hrsg. von Frank Bajohr und Michael Wildt, Frankfurt a.M. 2009
Vollmacht des Gewissens. Hrsg. von der Europäischen Publikation, 2 Bde, Frankfurt a.M. 1960–1965
Vollmer, Antje, Doppelleben. Heinrich und Gottliebe von Lehndorff im Widerstand gegen Hitler und von Ribbentrop, Frankfurt a.M. 2010 (= Die andere Bibliothek, 309)
Vollmer, Antje, und Lars-Broder Keil, Stauffenbergs Gefährten. Das Schicksal der unbekannten Verschwörer, München 2013
Von der Aufgabe der Freiheit. Politische Verantwortung und bürgerliche Gesellschaft im 19. und 20. Jahrhundert. Festschrift für Hans Mommsen zum 5. November 1995. Hrsg. von Christian Jansen, Lutz Niethammer und Bernd Weisbrod, Berlin 1995
Wachtel, Joachim, und Günther Ott, Im Zeichen des Kranich. Die Geschichte der Lufthansa von ihren Anfängen bis 1945, München 2016
Wagner, Eduard, Der Generalquartiermeister. Briefe und Tagebuchaufzeichnungen des Generalquartiermeisters des Heeres, General der Artillerie Eduard Wagner. Hrsg. von Elisabeth Wagner, München 1963
Wagner, Patrick, Die letzte Schlacht der »alten Kämpfer«. Isolation, Vergemeinschaftung und Gewalt nationalsozialistischer Aktivisten in den letzten Kriegsmonaten 1945. In: Mittelweg 36, Heft 4/2015, S. 25–50
Wagner, Walter, Der Volksgerichtshof im nationalsozialistischen Staat, Stuttgart 1974 (= Die deutsche Justiz und der Nationalsozialismus, 3; Quellen und Darstellungen zur Zeitgeschichte, 16/3)
Wala, Michael, Gegenspieler. Otto John, Reinhard Gehlen und die Sicherheitsarchitektur der frühen Bundesrepublik. In: Achtung Spione! Geheimdienste in Deutschland 1945 bis 1956. Essays. Hrsg. von Magnus Pahl, Gorch Pieken und Matthias Rogg, Dresden 2016, S. 115–125
Walle, Heinrich, Marineoffiziere im Widerstand gegen Hitler und das NS-Regime. In: Aufstand des Gewissens (5. Aufl. 2000), S. 493–509
Walle, Heinrich, Die Tragödie des Oberleutnants zur See Oskar Kusch, Stuttgart 1995 (= Historische Mitteilungen der Ranke-Gesellschaft. Beiheft, 13)
Warth, Julia, Verräter oder Widerstandskämpfer? Wehrmachtsgeneral Walther von Seydlitz-Kurzbach, München 2006
Was ist Militärgeschichte? Hrsg. von Thomas Kühne und Benjamin Ziemann, Paderborn [u.a.] 2000 (= Krieg in der Geschichte, 6)
Wassermann, Rudolf, Zur juristischen Bewertung des 20. Juli 1944. Der Remer-Prozess in Braunschweig als Markstein der Justizgeschichte. In: Recht und Politik. Vierteljahreshefte für Rechts- und Verwaltungspolitik, 20 (1984), S. 68–80

Wassiltschikow, Marie, Die Berliner Tagebücher der »Missie« Wassiltschikow, Berlin 1987
Weber, Hermann, und Gerda Weber, Damals, als ich Wunderlich hieß. Vom Parteihochschüler zum kritischen Sozialisten. Die SED-Parteihochschule »Karl Marx« bis 1949, Berlin 2002
Weber, Hermann, Die DDR 1945–1990, München 2000 (= Oldenbourg Grundriß der Geschichte, 20)
Weber, Thomas, Hitlers erster Krieg. Der Gefreite Hitler im Weltkrieg – Mythos und Wahrheit, Berlin 2011
Wedemeyer, Albert C., Wedemeyer Reports!, New York 1958
»Weder überflüssig noch unterlegen«. Neue Forschungen zum Widerstand im »Dritten Reich«. Hrsg. von Rafaela Hiemann und Christoph Studt, Augsburg 2016
Wegner, Bernd, Einführende Bemerkungen [zu Teil II: Deutsches Führungsdenken und technologische Entwicklung in den Weltkriegen]. In: Erster Weltkrieg – Zweiter Weltkrieg. Ein Vergleich. Krieg, Kriegserlebnis, Kriegserfahrung in Deutschland. Im Auftrag des Militärgeschichtlichen Forschungsamtes hrsg. von Bruno Thoß und Hans-Erich Volkmann, Paderborn [u.a.] 2002, S. 135–141
Wegner, Bernd, Erschriebene Siege. Franz Halder, die »Historical Division« und die Rekonstruktion des Zweiten Weltkrieges im Geiste des deutschen Generalstabes. In: Politischer Wandel, organisierte Gewalt und nationale Sicherheit. Beiträge zur neueren Geschichte Deutschlands und Frankreichs. Festschrift für Klaus-Jürgen Müller. Hrsg. von Ernst Willi Hansen, Gerhard Schreiber und Bernd Wegner, München 1995 (= Beiträge zur Militärgeschichte, 50), S. 287–302
Wegner, Bernd, Hitler, der Zweite Weltkrieg und die Choreographie des Untergangs. In: Geschichte und Gesellschaft, 26 (2000), S. 493–518
Wegner, Bernd, Hitlers politische Soldaten. Die Waffen-SS 1933–1945. Studien zu Leitbild, Struktur und Funktion einer nationalsozialistischen Elite, Paderborn [u.a.] 1982
Wegner, Bernd, Der Krieg gegen die Sowjetunion 1942/43. In: Das Deutsche Reich und der Zweite Weltkrieg, Bd 6, S. 759–1102
Die Wehrmacht. Mythos und Realität. Im Auftrag des Militärgeschichtlichen Forschungsamtes hrsg. von Rolf-Dieter Müller und Hans-Erich Volkmann, München 1999
Weinberg, Gerhard L., Rollen und Selbstverständnis des Offizierkorps der Wehrmacht im NS-Staat. In: Die Wehrmacht. Mythos und Realität, S. 66–74
Weinberg, Gerhard L., Eine Welt in Waffen. Die globale Geschichte des Zweiten Weltkriegs, Stuttgart 1995
Weise, Niels, Reichskriminaldirektor Arthur Nebe. Dissident und Opportunist. In: Portraits zur Geschichte des deutschen Widerstands, S. 245–260
Die Weiße Rose. Widerstand aus den Reihen des Sanitätsdienstes? Hrsg. von Ralf Vollmuth, Erhard Grunwald und André Müllerschön, Bonn 2016 (= Referatebände der Gesellschaft für Geschichte der Wehrmedizin, 3)
Weizsäcker, Ernst von, Erinnerungen. Hrsg. von Richard von Weizsäcker, München 1950
Welkerling, Wolfgang, General der Artillerie Fritz Lindemann. In: Hitlers militärische Elite, Bd 2, S. 107–115

Wentker, Hermann, Der Widerstand gegen Hitler und der Krieg. Oder: Was bleibt vom »Aufstand des Gewissens«? In: Geschichte in Wissenschaft und Unterricht, 53 (2002), S. 4–19

Wenzel, Michael, Die Vorgeschichte der Portugiesischen Revolution vom 25. April 1974, unveröff. Ms. (Diplomarbeit, FU Berlin), Berlin 1987

Wenzke, Rüdiger, Geschichte der Nationalen Volksarmee 1956–1990, Erfurt 2013

Wette, Wolfram, Feldwebel Anton Schmid. Ein Held der Humanität, Frankfurt a.M. 2013

Wette, Wolfram, Gustav Noske. Eine politische Biographie, Düsseldorf 1987

Wette, Wolfram, Helfer und Retter in der Wehrmacht als Problem der historischen Forschung. In: Retter in Uniform, S. 11–31

Wette, Wolfram, Ideologien, Propaganda und Innenpolitik als Voraussetzungen der Kriegspolitik des Dritten Reiches. In: Das Deutsche Reich und der Zweite Weltkrieg, Bd 1, S. 25–173

Wette, Wolfram, »Wir müssen etwas tun, um das Reich zu retten.« Stauffenbergs Motive zum Widerstand. In: Es lebe das »Geheime Deutschland«!, S. 73–92

Wette, Wolfram, Zwischen Untergangspathos und Überlebenswillen. Die Deutschen im letzten halben Kriegsjahr 1944/45. In: Das letzte halbe Jahr. Stimmungsberichte der Wehrmachtpropaganda 1944/45. Hrsg. Wolfram Wette, Ricarda Bremer und Detlef Vogel, Essen 2001 (= Schriften der Bibliothek für Zeitgeschichte, N.F. 13), S. 9–37

Wheeler-Bennett, John W., The Nemesis of Power. The German Army in Politics 1918–1945, London 1953

Der Widerstand gegen den Nationalsozialismus. Die deutsche Gesellschaft und der Widerstand gegen Hitler. Hrsg. von Jürgen Schmädeke und Peter Steinbach im Auftrag der Historischen Kommission zu Berlin in Zusammenarbeit mit der Gedenkstätte Deutscher Widerstand, München 1985 (= Schriftenreihe der Historischen Kommission zu Berlin)

Widerstand gegen den Nationalsozialismus. Hrsg. von Peter Steinbach und Johannes Tuchel, Bonn 1994 (= Schriftenreihe der Bundeszentrale für politische Bildung, 323)

Der Widerstand gegen den Nationalsozialismus und seine Bedeutung für Gesellschaft und Bundeswehr heute. Hrsg. von Paul Klein und Dieter Walz, Baden-Baden 1995

Wieninger, Manfred, und Christiane Pabst, Feldwebel Anton Schmid. Retter in Wilna. In: Solidarität und Hilfe, S. 187–204

Wiggershaus, Norbert, Zur Bedeutung und Nachwirkung des militärischen Widerstandes in der Bundesrepublik Deutschland und in der Bundeswehr. In: Aufstand des Gewissens (4. Aufl. 1994), S. 465–491

Wildt, Michael, Generation des Unbedingten. Das Führungskorps des Reichssicherheitshauptamtes, Hamburg 2002

Wildt, Michael, Geschichte des Nationalsozialismus, Göttingen 2008

Wildt, Michael, Nationalsozialismus oder deutscher Faschismus? In: Zeitschrift für Geschichtswissenschaft, 65 (2017), S. 103–155

Wildt, Michael, »Volksgemeinschaft«. Eine Antwort auf Ian Kershaw. In: Zeithistorische Forschungen/Studies in Contemporary History, 8 (2011), 1, S. 102–109

Witte, Hans Joachim, und Peter Offermann, Die Boeselagerschen Reiter. Das Kavallerie-Regiment Mitte und die aus ihm hervorgegangene 3. Kavallerie-Brigade/Division 1943–1945, München 1998

Witzleben, Georg von, »Wenn es gegen den Satan Hitler geht ...« Erwin von Witzleben im Widerstand, Hamburg 2013

Wohlfeil, Rainer, Heer und Republik. In: Handbuch zur deutschen Militärgeschichte, Bd 3, Abschnitt VI, S. 5–303

Wojak, Irmtrud, Fritz Bauer 1903–1968. Eine Biographie, München 2009

Wrochem, Oliver von, Erich von Manstein. Vernichtungskrieg und Geschichtspolitik, Paderborn [u.a.] 2006 (= Krieg in der Geschichte, 27)

Wuermeling, Henric L., »Doppelspiel«. Adam von Trott zu Solz im Widerstand gegen Hitler, Darmstadt 2004

Young, Arthur P., Die X-Dokumente. Die geheimen Kontakte Carl Goerdelers mit der britischen Regierung 1938/39. Hrsg. von S. Aster, München 1989

Zamoyski, Adam, 1812. Napoleon's Fatal March on Moscow, London 2004

Zeidler, Manfred, Reichswehr und Rote Armee 1920–1933. Wege und Stationen einer ungewöhnlichen Zusammenarbeit, München 1993 (= Beiträge zur Militärgeschichte, 36)

Zelle, Karl-Günter, Hitlers zweifelnde Elite. Goebbels – Göring – Himmler – Speer, Paderborn [u.a.] 2010

Zeller, Eberhard, Geist der Freiheit. Der zwanzigste Juli, 4. Aufl., München 1963

Zeller, Eberhard, Oberst Claus Graf Stauffenberg. Ein Lebensbild, Paderborn [u.a.] 1994

Zeugen des Widerstands. Hrsg. von Joachim Mehlhausen, Tübingen 1996

Zeugen für Christus. Das deutsche Martyrologium des 20. Jahrhunderts. Hrsg. von Helmut Moll, 2 Bde, Paderborn [u.a.] 1999–2000; 4. Aufl. 2006

Zimmermann, John, Die deutsche militärische Kriegführung im Westen 1944/45. In: Das Deutsche Reich und der Zweite Weltkrieg, Bd 10/1, S. 277–489

Zimmermann, John, Pflicht zum Untergang. Die deutsche Kriegführung im Westen des Reiches 1944/45, Paderborn [u.a.] 2009 (= Zeitalter der Weltkriege, 4)

Zimmermann, John, Ulrich de Maizière. General der Bonner Republik. 1912 bis 2006, München 2012

Der 20. Juli 1944. Bewertung und Rezeption des deutschen Widerstandes gegen das NS-Regime. Hrsg. von Gerd R. Ueberschär, Köln 1994

Der 20. Juli 1944. Profile, Motive, Desiderate. XX. Königswinterer Tagung, 23. bis 25. Februar 2007. Hrsg. von Stephen Schröder, Christoph Studt und Mathias Lutz, Münster 2008 (= Schriftenreihe der Forschungsgemeinschaft 20. Juli e.V., 10)

Der Zwanzigste Juli. Alternative zu Hitler? Hrsg. von Hans Jürgen Schultz, Stuttgart 1974

Personenregister

Der Name Hitler wurde nicht aufgenommen.

Achamer-Pifrader, Humbert 218
Adenauer, Gussie 253
Adenauer, Konrad 198, 252 f., 304, 309 f., 312
Ahlers, Conrad 313
Aicher-Scholl, Inge 15, 20, 329, 336
Angermair, Rupert 14
Apel, Hans 317
Arntz, Hellmut 223, 225 f.
Bach-Zelewski, Erich von dem 146
Bandera, Stepan 164
Bargatzky, Walter 276, 293
Baudissin, Wolf Graf von 305, 317
Bauer, Fritz 13–15
Bauer, Walter 12
Beck, Ludwig 21, 23, 27, 32, 35, 43 f., 49, 51–56, 60, 62, 64, 76, 80–82, 85, 88, 92, 94, 95, 111–117, 120–122, 126, 128 f., 132, 135, 142, 150, 153, 174, 178, 180, 186, 188, 190 f., 195, 197–199, 202, 222, 229, 231, 247, 257–259, 261, 273, 278 f., 284, 288 f., 293–296, 299 f., 315, 317, 321, 343 f., 346
Bell, George 281 f.
Bentzien, Hans 338
Bergstraesser, Arnold 12
Bernardis, Robert 125, 135, 251, 341 f.
Bernstorff, Albrecht Graf von 280
Best, Sigismund Payne 139
Bismarck, Otto Fürst von 140
Bismarck-Schönhausen, Gottfried Graf von 140, 285
Bittenfeld, Hans-Heinrich Herwarth von 165
Blank, Theodor 315
Blaskowitz, Johannes 123, 196
Blomberg, Werner von 32 f., 51, 53–56, 58–62, 68, 81, 111 f., 153 f., 176
Blücher, Gebhardt Leberecht von 172
Blumenthal, Hans-Jürgen Graf von 83, 203
Blumentritt, Günter 197
Bock, Fedor von 90, 116, 118, 144, 150, 156, 165
Boeselager, Georg Freiherr von 107, 151, 166, 168 f., 189, 275, 318
Boeselager, Philipp Freiherr von 76, 107, 168, 189, 216, 246, 312, 318
Boineburg-Lengsfeld, Hans von 254
Bonhoeffer, Dietrich 77, 100, 105, 139 f., 180 f., 216, 236, 252, 260, 281–283, 327
Bonhoeffer, Emmy 105
Bonhoeffer, Klaus 105 f., 213, 216, 252, 283 f.
Bormann, Martin 40, 126, 136, 218, 229, 240, 242 f., 267, 289
Bosch, Robert 189
Brandenburg, Wilhelm 286
Brandt, Willy 268, 337
Brauchitsch, Walther von 61, 63, 82, 85, 112–115, 120, 154, 280
Braun, Wernher Freiherr von 73
Bredow, Ferdinand von 50 f., 54 f.
Brockdorff-Ahlefeldt, Walter Graf von 118, 199
Broszat, Martin 24, 296
Brücklmeier, Eduard 47, 280
Buchheit, Gert 283
Bülow, Bernhard Wilhelm von 60
Burgdorf, Wilhelm 231, 233, 248
Busch, Ernst 50, 190

Personenregister

Bussche, Axel Freiherr von dem 168, 176, 189, 309
Calvin, Ian 117
Canaris, Wilhelm 40, 52, 56, 62, 64, 77, 91, 105, 113, 139 f., 150, 155, 161, 167, 178, 183, 236, 252, 266, 281, 283, 316, 327
Carsten, Francis L. 28
Chamberlain, Sir Neville 117, 134, 280 f.
Choltitz, Dietrich von 249, 254 f.
Churchill, Winston S. 268, 281, 285, 301
Clausewitz, Carl von 30, 127, 133 f., 152
Curtis, Lionel 299
Curtius, Julius 152
Dalton, Hugh 282
Deist, Wilhelm 28
Delbrück, Justus 96
Delp, Alfred 315
Dethleffsen, Erich 309
Dietl, Eduard 45, 207, 244
Dipper, Christof 20
Dönhoff, Marion Gräfin 10, 182, 314, 317
Dönitz, Karl 108, 236
Dohnanyi, Christine von 105, 140
Dohnanyi, Hans von 77, 96, 105 f., 123, 139 f., 167, 181, 216, 236, 252, 287, 295, 327
Dulles, Allen W. 11, 139, 178, 180, 244, 256, 265, 274, 281 f., 290
Earle, George H. 281, 283
Ebert, Friedrich 35, 57, 65
Einsiedel, Heinrich Graf von 267
Eisenhower, Dwight D. 42, 271, 284 f.
Elser, Georg 75, 139, 182
Eppelmann, Rainer 338
Erdmann, Hans Otto 193, 228
Erler, Fritz 15
Eschenburg, Theodor 12
Fahrner, Rudolf 172
Falkenhausen, Gottfried Freiherr von 17, 137, 181, 216, 236, 274
Fellgiebel, Erich 193, 223–229, 266
Ferber, Ernst 228, 245
Fest, Joachim 24, 119, 254
Finck, Hans-Jürgen 327
Finckh, Eberhard 86, 169, 197
Finker, Kurt 337, 339
Foertsch, Hermann 305

Freisler, Roland 10, 138, 150, 175, 178, 250 f.
Freytag von Loringhoven, Wessel Freiherr 152
Frick, Wilhelm 74
Friedrich II., König von Preußen 338
Frießner, Johannes 308
Fritsch, Werner Freiherr von 61–64, 68, 71, 75, 81, 95 f., 111, 121
Fritzsche, Hans Karl 43, 176, 269, 316
Fromm, Friedrich 23, 31 f., 35, 39, 41, 44, 48, 50, 54, 60 f., 67 f., 73 f., 78, 82, 84, 91, 94 f., 111, 116, 124–126, 129 f., 134, 148, 152, 174, 178, 183, 187, 195, 200 f., 208, 211, 217–222, 226, 239
Funk, Walther 130
Gadolla, Josef Ritter von 342
Gaulle, Charles de 30, 284
Gehlen, Reinhard 163, 304, 312 f.
Gehre, Ludwig 86, 123, 186, 204, 284
Gehrts, Erwin 101
George, Stefan 172, 263, 291 f., 298
Georgi, Friedrich 104, 220–222
Gerlach, Christian 21, 156
Gersdorff, Rudolf-Christoph Freiherr von 17, 89, 90, 131, 134 f., 144–146, 148, 151 f., 159–161, 165–167, 169 f., 177, 183, 189, 246, 278, 309, 313, 316, 318
Geßler, Otto 48
Geyer, Michael 28
Geyr von Schweppenburg, Leo 60
Gisevius, Hans-Bernd 51, 56, 62, 71 f., 75 f., 118, 121 f., 178, 180, 265, 267 f., 270 f., 274, 279, 283, 285, 300
Gneisenau, August Graf Neidhardt von 172, 271 174, 292, 294
Goebbels, Joseph 40, 70, 74, 78, 84, 112, 126–128, 136, 174, 187, 192, 205, 207, 217–219, 223, 227, 229, 239 f., 245, 247, 250, 256, 259
Goerdeler, Carl Friedrich 11 f., 19, 36, 38, 52, 56, 63 f., 91, 105, 117, 120 f., 128 f., 137, 139, 147, 150 f., 153 f., 168, 171–174, 178–180, 186–192, 195–199, 201–203, 228 f., 238, 246 f., 252, 260–266, 269–271, 273–275, 277, 279–281, 284–286, 289, 291–296, 300, 335 f., 343 f., 346

Göring, Hermann 18, 53, 59, 69–71, 73, 75, 90 f., 100–102, 106 f., 130, 143 f., 187, 192, 194, 207, 212, 229, 236, 238, 250, 256, 281
Graf, Willi 153
Graml, Hermann 19
Grimme, Adolf 327
Groener, Wilhelm 37, 65
Groscurth, Helmuth 64, 120 f., 123, 153 f., 166
Grzesinski, Albert 192
Guderian, Heinz 92, 94, 116, 205, 232, 234, 243
Guttenberg, Karl Ludwig Freiherr von und zu 47
Haeften, Hans-Bernd von 43, 180, 231, 251, 280, 298
Haeften, Hans von 43
Haeften, Werner von 43, 83, 180, 280, 319, 325
Hagen, Albrecht von 185, 206, 251
Hagen, Hans W. 222
Halder, Franz 3, 22, 36, 62, 85, 88, 95, 114, 120–122, 126, 154, 180, 188, 280, 315
Halifax, Edward Lord 117
Hammerstein-Equord, Kurt Freiherr von 263
Hansen, Georg Alexander 168, 271
Hansen, Gottfried 309, 311
Hardenberg, Carl-Hans Graf von 12, 39, 52, 150, 156, 170, 173, 189, 206 f., 210
Harnack, Adolf von 105
Harnack, Arvid 100–102, 106, 260, 334
Harnack, Falk 100
Harnack, Mildred 102, 106
Hartmann, Christian 229
Hase, Paul von 194, 209 f., 212, 214
Hassel, Kai-Uwe von 316
Haßel, Kurt 224, 227
Hassell, Ulrich von 17, 19, 40, 64, 104, 120, 135, 153 f., 170, 197, 202, 261, 263 f., 266, 270, 273, 279, 281, 292, 295, 296, 343
Haubach, Theodor 264
Haushofer, Albrecht 101
Hausser, Paul 73
Hayessen, Egbert 203, 210
Heckenast, Franz 340
Heinemann, Gustav 317

Heinz, Friedrich Wilhelm 64, 118, 150, 192, 313
Heisterman von Ziehlberg, Georg-Erich 315
Heisterman von Ziehlberg, Gustav 245, 315
Helldorff, Wolf-Heinrich Graf von 53, 62, 75, 76, 138, 185, 192, 208
Hensel, Walther 312
Herber, Franz 220–222
Herfurth, Otto 194
Heusinger, Adolf 16, 83, 85, 89, 93, 179, 190, 193, 234, 237, 246 f., 304 f., 308, 312–317
Heuss, Theodor 12, 14 f., 312, 314
Heyde, Bolko von der 220–222
Hierl, Konstantin 48
Himmler, Heinrich 40, 56, 62 f., 71–75, 77, 81, 106, 128, 136–141, 144, 163, 166, 178, 186 f., 198, 200 f., 204, 207, 224, 229–232, 237, 239–243, 245, 249 f., 256, 286
Hindenburg, Paul von 36, 50 f., 53, 57 f., 176, 180
Hobe, Cord von 289, 315
Hoepner, Erich 43, 50, 98, 156, 211, 222, 229, 247, 251, 294, 316 f.
Hofacker, Caesar von 102–104, 107, 142, 184, 193, 196 f., 203, 216 f., 236, 252, 260, 272–277, 316
Hoffmann, Albert 205
Hoffmann, Heinz 337
Hoffmann, Joachim 164
Hoffmann, Peter 7, 12 f., 20 f., 28, 52, 112, 160, 164, 182, 203, 207, 266
Hohenthal, William 284 f.
Horst, Max 103
Hosenfeld, Wilm 255
Hoßbach, Friedrich 115
Hößlin, Hubert von 248
Hößlin, Roland von 34, 44, 98, 136, 149, 182 f., 193–195, 204, 228, 230, 242, 246, 248, 261, 289, 298
Huber, Ernst-Rudolf 50
Huppenkothen, Walter 71, 79, 327
Irving, David 196, 234, 276 f.
Iwand, Hans-Joachim 14
Jacobsen, Hans-Adolf 331
Jahn, Gerhard 329
Jakob, Friedrich 227
Jansa, Alfred 340
Jessen, Jens 108

Personenregister

Jessen, Sidney 108 f., 186, 193, 224
Jodl, Alfred 80, 88, 94, 95, 124, 126
John, Hans 105 f., 252, 260, 284
John, Otto 105 f., 139, 184 f., 204, 213, 271, 274, 283–285, 312
Jünger, Ernst 16, 274
Jung, Edgar 52, 100
Kaiser, Hermann 175, 178, 236, 270, 287
Kaiser, Jakob 252
Kaltenbrunner, Ernst 18, 65, 182, 185, 233, 245, 256, 259
Kammler, Hans 73, 242
Kapp, Wolfgang 38, 120, 263
Kaulbars, Wladimir 155
Keitel, Wilhelm 33, 35, 44, 61 f., 68, 73 f., 77 f., 80–82, 88, 94 f., 111 f., 116, 124, 128, 143, 174, 227, 231 f., 234, 236 f., 240
Kersten, Felix 256
Kessel, Albrecht von 280
Kesselring, Albert 69, 255
Kielmansegg, Johann Adolf Graf von 234, 247, 305, 308, 313
Kielpinski, Walter von 18
Kiep, Otto Carl 280
Kiesel, Georg 265
Kinzel, Eberhard 294
Kirchheim, Heinrich 231–233
Klamroth, Bernhard 163
Klausa, Ekkehard 20, 150, 300
Klausing, Friedrich Karl 251
Kleist, Ewald-Heinrich von 27, 325
Kleist-Schmenzin, Ewald von 52, 117
Klemperer, Klemens von 10, 271, 279, 311
Kloss, Hans 106, 284
Kluge, Hans Günther von 85, 88–90, 95, 97, 116, 167, 169 f., 184, 190, 196 f., 232, 248, 275, 278 f., 283, 170
Knauß, Robert 104, 305
Knoblauch, Kurt 145
Koehler, Carl-Erik 44
Köstring, Ernst-August 165
Kohl, Helmut 332
Kollontaj, Aleksandra 268
Kordt, Erich 280
Kordt, Theodor 117, 280
Korfes, Otto 249
Kortzfleisch, Joachim von 194, 203, 218, 231

Kranzfelder, Alfred 108, 193, 236, 268, 316
Kriebel, Karl 232
Kroener, Bernhard R. 23, 27, 32, 201
Kuban, Hans Heinrich 221
Kuckhoff, Adam 334
Kuckhoff, Greta 334
Küchler, Georg von 97
Kuhn, Joachim 18, 85, 89, 124, 130 f., 134, 141, 154, 161, 181, 183, 185, 202 f., 206, 233, 237, 245, 263, 266 f., 292, 298, 245, 327
Kupfer, Max 224
Kusch, Oskar 9, 109
Lahousen, Erwin von 164, 167, 342
Landfried, Friedrich 128
Langbehn, Carl 138, 270
Lange, Herbert 186
Lattmann, Hans 276 f.
Lattre de Tassigny, Jean de 30
Lautz, Ernst 140, 231
Leber, Annedore 11, 312, 315
Leber, Julius 11, 15, 38, 172, 184, 186, 192, 212, 260, 263 f., 268, 271, 279, 290, 293 f., 300, 312, 315, 335
Lechler, Otto 245
Ledebur, Leopold Freiherr von 177
Leeb, Wilhelm Ritter von 235
Lehndorff-Steinort, Heinrich Graf von 150, 156, 163, 183, 194, 207, 210, 247
Lejeune-Jung, Georg 315
Leonrod, Ludwig Freiherr von 86, 181, 203, 298, 331
Leuschner, Wilhelm 260, 294
Liddell Hart, Basil H. 22
Liebknecht, Karl 41
Lindemann, Fritz 131, 208, 228, 246
Lipschitz, Joachim 316
List, Wilhelm 85, 89
Louis Ferdinand, Prinz von Preußen 105
Lübke, Heinrich 317
Ludendorff, Erich 30, 32, 36, 38, 45, 47 f., 127
Lüttwitz, Heinrich von 283
Lüttwitz, Walther von 38
Luxemburg, Rosa 41, 133, 150
Maaß, Hermann 264, 295
Mackensen, August von 123
Mahraun, Artur 100
Maisel, Ernst 221, 233, 248

Maizière, Lothar de 338
Maizière, Ulrich de 83, 90, 125 f., 310
Mammach, Klaus 337
Manstein, Erich von 17, 54, 81, 84, 88, 116, 169 f., 318
Marcuse, Herbert 260, 282
Marogna-Redwitz, Rudolf Graf von 342
Maximilian Egon, Prinz zu Hohenlohe-Langenburg 265
Mazowiecki, Tadeusz 332
Meier-Welcker, Hans 3
Mellenthin, Horst von 310
Merkel, Angela 319
Merlio, Gilbert 342
Mertz von Quirnheim, Albrecht Ritter 32, 43, 174, 201, 205, 210 f., 217, 220, 222, 226, 228, 231, 249, 319
Mertz von Quirnheim, Hermann Ritter 43
Meyer, Georg 232
Michel, Elmar 294
Mierendorff, Carlo 264
Milch, Erhard 61
Model, Walter 233, 244
Moltke, Helmuth James Graf von 102, 105, 143, 154, 181, 186, 189, 260–262, 267, 331, 293, 295, 299
Moltke, Helmuth Karl Bernhard Graf von 59, 232
Momm, Harald 219, 247, 322
Mommsen, Hans 19, 20, 24, 296
Montgomery, Bernard Law 276
Müller, Christian 301
Müller, Heinrich 233, 245
Müller, Josef 139, 280, 281, 314
Müller, Klaus-Jürgen 20–23, 112, 115, 191, 296, 299
Mussolini, Benito 1, 114
Naumann, Klaus 311
Nebe, Arthur 75 f., 146, 156, 159, 186, 187, 247, 192, 197, 208, 212, 219
Neumann, Franz 260, 282
Neurath, Konstantin Freiherr von 63, 111
Niedermayer, Oskar Ritter von 165
Noske, Gustav 39
Nostitz, Eberhard Graf von 304, 308–310
Oertzen, Hans-Ulrich von 190, 194, 203 f., 209, 218, 246

Olbricht, Friedrich 27, 32, 78, 82, 104, 120, 131, 154, 168, 174, 178, 180, 188, 190 f., 195, 201 f., 208 f., 217, 220–222, 224, 226, 228, 231, 247, 319
Oster, Achim 313 f.
Oster, Hans 52, 55 f., 62, 64 f., 72, 77, 105 f., 116 f., 120–123, 134, 139 f., 150, 166, 181, 236, 252, 280, 283, 313, 316, 327
Pabst, Waldemar 32
Papen, Franz von 50, 282 f.
Perels, Justus 106, 271, 284 f.
Pétain, Philippe 142
Petry, Christian 20
Pfeffer von Salomon, Franz 47
Pfordten, Theodor von der 39
Pius XII., Papst 280
Popitz, Johannes 39 f., 64, 138 f., 252, 258, 264, 295, 343
Preysing, Konrad Kardinal Graf von 148
Pridun, Karl 17, 179 f., 220 f., 247
Raeder, Erich 61, 68
Rathenau, Walther 118, 150
Rauchensteiner, Manfried 340
Reichenau, Walter von 33, 49 f., 53, 56, 58, 80, 94, 97, 121
Reichwein, Adolf 264, 290, 334
Reinecke, Hermann 243
Reinhardt, Walther 32, 260
Reisert, Franz 242
Remer, Otto Ernst 13 f., 212, 217, 219, 221, 223, 229 f.
Reuter, Ernst 12
Ribbentrop, Joachim von 63, 136, 194
Richthofen, Bolko Freiherr von 165
Ritter, Gerhard 11 f., 269
Roeder, Manfred 77, 101, 106, 283, 327
Röhm, Ernst 34, 45, 47, 51, 53 f., 56, 63, 182
Roenne, Alexis Freiherr von 91, 136, 149, 152, 163, 165, 182, 208, 246, 272, 384
Rommel, Erwin 10, 16, 87, 91, 102 f., 116, 180, 184, 196 f., 233 f., 248, 252, 272–278, 283, 294, 297, 315, 346
Rommel, Lucie 10
Rommel, Manfred 10
Roon, Ger van 20

Personenregister

Roosevelt, Franklin D. 281
Rosenberg, Alfred 163
Rost, Hans-Günther von 194
Rothfels, Hans 3, 10–13, 88, 337
Rühe, Volker 318
Ruge, Friedrich 91, 276
Rundstedt, Gerd von 192, 232, 234, 237, 278
Sack, Karl 186, 289, 327
Salazar, António de Oliveira 330 f.
Sas, Gijsbertus 121, 280
Sauckel, Fritz 163
Sauerbruch, Ferdinand 47, 106
Sauerbruch, Peter 64, 89, 128, 131, 195, 234
Schacht, Hjalmar 122
Scharnhorst, Gerhard von 172, 174, 317
Scharping, Rudolf 317
Schenckendorff, Max von 145, 162
Schenk von Stauffenberg, Alexander Graf 12, 106, 141
Schenk von Stauffenberg, Berthold Graf 12, 106, 108, 141, 147, 193, 236, 259, 300, 316
Schenk von Stauffenberg, Berthold Maria Graf 313–315
Schenk von Stauffenberg, Claus Graf 11 f., 16, 27 f., 32, 34 f., 38, 41, 43 f., 55, 63 f., 70, 74–76, 83, 85 f., 89, 92 f., 97–99, 103 f., 106, 108 f., 123 f., 126, 128, 130–132, 135, 137, 141, 147–149, 151 f., 154, 161–166, 168–174, 176 f., 179–188, 190–199, 201–205, 207–209, 211, 213, 216 f., 219 f., 222 f., 225–231, 234, 236, 238 f., 245 f., 249, 258 f., 262–272, 274–280, 283–286, 288–295, 298, 300 f., 314, 319, 324 f., 335–339, 343 f., 346
Schenk von Stauffenberg, Maria Gräfin 141
Schenk von Stauffenberg, Marie-Gabriele Gräfin 141, 299
Schenk von Stauffenberg, Melitta Gräfin 106 f., 248, 250, 316
Schenk von Stauffenberg, Nina Gräfin 248
Schlabrendorff, Fabian von 13, 17, 52, 76, 95, 144, 159, 167, 175, 185, 189, 207, 246, 312

Schleicher, Kurt von 31 f., 51 f., 54 f.
Schleicher, Rüdiger 100, 105 f., 108, 143, 252, 271, 284
Schleicher, Ursula 105
Schmid, Anton 9, 255, 341
Schmidt, Helmut 251
Schmidt von Altenstadt, Hans Georg 162 f., 169, 179, 216
Schmitt, Carl 50
Schmorell, Alexander 147
Schmundt, Rudolf 44, 81, 97, 231–235, 247 f., 389
Schönfeld, Hans 281
Scholl, Hans 15, 100
Scholl, Sophie 15, 100
Scholz-Babisch, Friedrich 86, 193
Schramm, Percy Ernst 13
Schroth, Walter 231, 232
Schulenburg, Friedrich-Werner Graf von der 266
Schulenburg, Fritz-Dietlof Graf von der 63, 75, 194 f., 197, 266, 273 f.
Schulze-Boysen, Harro 100–102, 334
Schulze-Büttger, Georg 169
Schwedler, Viktor von 94
Schwerin von Schwanenfeld, Ulrich-Wilhelm Graf von 47, 150, 251, 288
Seeckt, Hans von 30–33, 35–39, 48, 55, 71, 81, 86, 99, 116, 152 f., 170, 261 f.
Seidt, Ulrich 165
Seydlitz-Kurzbach, Ingeborg von 249
Seydlitz-Kurzbach, Walther von 133, 155, 236, 249, 267
Sorge, Richard 335
Specht, Karl-Wilhelm 99, 231 f.
Speer, Albert 72, 104, 128, 130, 136, 242, 254, 258
Speer, Julius 181
Speidel, Hans 16, 50, 104, 180, 196 f., 233 f., 274–278, 304 f.
Sperr, Franz 131
Spínola, António de 331
Staehle, Wilhelm 150, 186
Stalin, Iosif V. 101, 138, 153–155, 166, 237, 265–269, 281, 333, 335, 337
Stauffenberg siehe Schenk von Stauffenberg
Steinbach, Peter 8 f., 296

Steiner, Felix 243
Stein, Heinrich Friedrich Karl Reichsfreiherr vom und zum 171, 173
Stern, Fritz 10, 311
Stevens, Richard 139
Stieff, Hellmuth 49, 85, 88, 91, 149, 160, 163, 178 f., 182, 184, 190, 193, 202, 207, 228, 251, 278, 288, 298
Stirius, Hans-Werner 213, 221, 313
Strasser, Otto 139
Strauß, Franz Josef 315
Strölin, Karl 180, 196, 275
Strünck, Theodor 265
Studnitz, Hans-Georg von 310
Stülpnagel, Carl-Heinrich von 32, 53, 88, 103 f., 114, 142, 153, 156, 161, 196 f., 248, 273, 277 f., 317
Stülpnagel, Joachim von 31, 32–34, 53, 81 f., 172, 292, 306
Stülpnagel, Otto von 142
Stumpf, Reinhard 303
Suhr, Otto 316
Szokoll, Carl 342
Tann, Ludwig von der 315
Teuchert, Friedrich Freiherr von 196, 276
Thiele, Fritz 193, 223, 229
Thierack, Otto 231
Thiersch, Urban 194
Thoma, Busso 175
Thomas, Georg 122, 143
Thomas von Aquin 179, 298
Thüngen, Dietz Freiherr von 86, 194, 292, 298
Tiburtius, Joachim 316
Todt, Fritz , 136
Tresckow, Henning von 27, 55, 76, 83, 85, 88, 92, 95, 97, 143–146, 148, 151, 155, 157, 159, 165–171, 183–185, 189–191, 194, 199, 201, 204, 207, 209, 246, 259, 266, 275, 294, 300 f., 305, 315, 318, 321, 346
Trettner, Heinz 309
Trott zu Solz, Adam von 192, 247, 265, 268, 271 f., 280, 284 f.
Truchseß von Wetzhausen, Dietrich Freiherr 194

Uhl, Matthias 203
Üxküll-Gyllenband, Albertine Gräfin von 103
Üxküll-Gyllenband, Nikolaus Graf von 150, 152, 165, 288
Vansittart, Robert, 1. Baron Vansittart 117
Vlasov, Andrej A. 163, 241
Vollmer, Antje 329
Voss, Hans-Alexander von 345
Voss, Rüdiger von 345
Wagner, Eduard 91, 123, 145, 162 f., 190, 225 f., 246
Waldheim, Kurt 340
Wallenberg, Raoul 285
Warlimont, Walter 94, 124
Warning, Elmar 277
Wedemeyer, Albert 283
Wehrle, Hermann 181
Weinstein, Adelbert 330 f.
Weizsäcker, Ernst von 117, 136, 280
Wellesley, Arthur, 1. Duke of Wellington 172
Werthmann, Georg 299
Wildermuth, Eberhard 304
Wilhelm II., dt. Kaiser 57
Wilhelm I., König von Preußen 87
Wilhelm, Prinz von Preußen 105
Wilson, Woodrow 281
Winkelmann, Henri 121
Wirmer, Ernst 307
Wirmer, Josef 251
Witzleben, Erwin von 62, 81, 85, 117–119, 122, 178, 195, 202, 210, 218, 239, 247, 251, 258, 277
Woellwarth, Konrad Freiherr von 312
Wohlgemuth, Wolfgang 106
Wolf, Ernst 14
Wolff, Kurt 138
Yorck von Wartenburg, Ludwig Graf von 155, 173, 265
Yorck von Wartenburg, Peter Graf von 123, 150, 173, 179, 193, 232, 251, 264, 267, 271
Zeller, Eberhard 11, 17, 177, 180, 221
Zenker, Karl-Adolf 316
Ziegler, Delia 220
Ziegler, Heinz 241

www.ingramcontent.com/pod-product-compliance
Lightning Source LLC
Chambersburg PA
CBHW071809230426
43670CB00013B/2406